Le Guide Vert

B. Kaufmann/MICHELIN

Andalousie

Direction	Hervé Deguine
Rédaction en chef	Nadia Bosquès
Rédaction	Catherine Brett, Matilde Miñón Marquina, Caroline Palvadeau
Traduction et adaptation	Mike Brammer, Caroline Palvadeau
Informations pratiques	Lucía Fernández Sánchez
Cartographie	Alain Baldet, Geneviève Corbic, Thierry Lemasson
Iconographie	Catherine Guégan
Secrétariat de rédaction	Mathilde Vergnault, Danièle Jazeron
Correction	Sophie Jilet
Mise en page	Marie-Pierre Renier, Michel Moulin, Jean-Paul Josset
Conception graphique	Christiane Beylier, Bernard Dumas
Maquette de couverture	Agence Carré Noir
Fabrication	Pierre Ballochard, Renaud Leblanc
Marketing	Cécile Petiau
Ventes	Antoine Baron (France), Robert Van Keerberghen (Belgique), Christian Verdon (Suisse), Nadine Naudet (Canada), Sylvaine Cuniberti (grand export)
Relations publiques	Gonzague de Jarnac
Pour nous contacter	Le Guide Vert Michelin – Éditions des Voyages 46, avenue de Breteuil 75324 Paris Cedex 07 ☎ 01 45 66 12 34 Fax : 01 45 66 13 75 www.ViaMichelin.fr LeGuideVert@fr.michelin.com

Note au lecteur

À la découverte de l'Andalousie

Andalousie, Andalucía, al-Andalus ! Des sonorités veloutées qui suffisent à évoquer tant d'images et de rêves : lourdes senteurs du jasmin, maisons éclatantes de blancheur, fenêtres ornées de grilles de fer forgé ouvragé, patios fleuris d'où s'exhale une mystérieuse fraîcheur, remparts crénelés de couleur ocre, accords de guitares égrenés avec nonchalance, processions où déambulent des pénitents cagoulés derrière des effigies de Vierges en pleurs portées dans les rues dans une ambiance de feria, interminables soirées de tapeo, un verre de xérès à la main…

Et c'est tout cela, mais plus encore. Sans renier ces images, l'Andalousie est plus profonde, plus jonda comme l'on dit du chant flamenco lorsque de son inspiration née de l'indéfinissable duende jaillissent des poitrines de rauques olés.

Poésie de García Lorca ou de Rafael Alberti, arpèges de Manuel de Falla, véroniques d'un torero inspiré sur le sable de la Real Maestranza de Séville, arabesques infinies du palais de Boabdil à Grenade, somptueuse sévérité de la forêt de colonnes de la Mezquita cordouane, orgueilleuse affirmation de foi de la cathédrale de Séville, demeures blasonnées de Ronda posée au bord de son Tajo, broderies argentées des oliveraies de Jaén… telle est l'Andalousie que nous vous proposons de découvrir dans ce guide.

Quels que soient vos projets, tout au long de votre voyage, ce Guide Vert « Andalousie » sera un compagnon fiable, à la hauteur de vos attentes. Sous la direction de Nadia Bosquès, rédactrice en chef des Guides Verts, Catherine Brett, responsable de ce guide, a coordonné les travaux de mise à jour effectués sur place par Matilde Miñon Marquina, membre de la rédaction espagnole des guides Michelin et par Caroline Palvadeau, pour l'adaptation française.

Cette édition 2003 a été particulièrement soignée. La maquette a été revue afin d'accroître le confort de lecture des textes. Un effort particulier a été fait sur la mise en pages et le choix des photos. Plusieurs centaines d'adresses d'hôtels, de restaurants, de boutiques ou de distractions ont été ajoutées afin de faciliter votre séjour. Malgré nos efforts, il se peut que des erreurs ou des oublis se soient glissés ici ou là ; si tel était le cas, signalez-le nous ! Car, depuis plus de cent ans, notre souci est de vous offrir le meilleur des guides.

Merci d'avoir choisi le Guide Vert et bon voyage en Andalousie !

Hervé Deguine
Directeur des Guides Verts
LeGuideVert@fr.michelin.com

Sommaire

Informations pratiques

Invitation au voyage

B. Kaufmann/MICHELIN

La Giralda, Séville.

Avant le départ en mer.

Villes et sites

Patio de la Capilla, palacio de Viana, Cordoue

Paysage agricole près de Carmona

Cartographie

Les cartes routières qu'il vous faut

Carte Michelin nº 578 España (Andalucía – Costa del Sol), qui couvre la totalité du territoire andalou
– cartographie à 1/400 000 avec le détail du réseau routier et l'indication des sites et monuments isolés décrits dans ce guide
– répertoire des localités

Atlas routier Michelin Espagne & Portugal
– la même cartographie que dans la carte nº 578, étendue à l'ensemble de la péninsule Ibérique

Carte Michelin nº 734 (Espagne & Portugal)
– carte à 1/1 000 000 mettant en évidence le grand réseau routier de la péninsule Ibérique

Atlas routier Michelin Europe
– toute l'Europe à 1/1 000 000 présentée en un seul volume
– les grands axes routiers et 70 plans d'agglomérations ou cartes d'environs
– la réglementation routière appliquée dans chaque pays

Cartes thématiques

Schémas

Plans de villes

Plans de sites et monuments

Légende

Monuments et sites

Itinéraire décrit, départ de la visite

Église

Temple

Synagogue - Mosquée

Bâtiment

Statue, petit bâtiment

Calvaire

Fontaine

Rempart - Tour - Porte

Château

Ruine

Barrage

Usine

Fort

Grotte

Habitat troglodytique

Monument mégalithique

Table d'orientation

Vue

Autre lieu d'intérêt

Signes particuliers

Gendarmerie (Guardia Civil)

Parador (établissement hôtelier géré par l'État)

Arènes

Oliveraie

Orangeraie

Sports et loisirs

Hippodrome

Patinoire

Piscine : de plein air, couverte

Cinéma multiplexe

Port de plaisance

Refuge

Téléphérique, télécabine

Funiculaire, voie à crémaillère

Chemin de fer touristique

Base de loisirs

Parc d'attractions

Parc animalier, zoo

Parc floral, arboretum

Parc ornithologique, réserve d'oiseaux

Promenade à pied

Intéressant pour les enfants

Abréviations

D   Conseil provincial (Diputación)

G   Délégation du gouvernement (Delegación del Gobierno)

H   Hôtel de ville (Ayuntamiento)

J   Palais de justice (Palacio de Justicia)

M   Musée (Museo)

POL. Police (Policía)

T   Théâtre (Teatro)

U   Université (Universidad)

	site	station balnéaire	station de sports d'hiver	station thermale
vaut le voyage	★★★	☆☆☆	✳✳✳	‡‡‡
mérite un détour	★★	☆☆	✳✳	‡‡
intéressant	★	☆	✳	‡

Autres symboles

🛈		Information touristique
═══	═══	Autoroute ou assimilée
❶	❶	Échangeur : complet ou partiel
═══	═══	Rue piétonne
I═══I		Rue impraticable, réglementée
▭▭▭	- - - -	Escalier - Sentier
🚆	🚆	Gare - Gare auto-train
🚐	SNCF	Gare routière
──•──		Tramway
Ⓜ		Métro
🅿R		Parking-relais
♿		Facilité d'accès pour les handicapés
✉		Poste restante
☎		Téléphone
✉		Marché couvert
⚔		Caserne
⚠		Pont mobile
⋃		Carrière
✗		Mine
B	F	Bac passant voitures et passagers
🚤		Transport des voitures et des passagers
⛴		Transport des passagers
③		Sortie de ville identique sur les plans et les cartes Michelin
Bert (R.)...		Rue commerçante
AZ B		Localisation sur le plan
►►		Si vous le pouvez : voyez encore...

Carnet pratique

20 ch. : 118,79/ 180,76€	Nombre de chambres : prix de la chambre pour une personne/ chambre pour deux personnes
« ch. doubles »	Chambres pour deux personnes uniquement
⇆ *5,16€*	Prix du petit déjeuner lorsqu'il n'est pas indiqué dans le prix de la chambre
demi-pension ou pension complète 78,45€	Prix par personne, sur la base d'une chambre occupée par deux clients (pension ou demi-pension obligatoire)
100 appart./ ch. sem. 200/300€	Nombre d'appartements ou de chambres, prix mini/maxi par semaine (seulement « agriturismo » ou hébergement loué obligatoirement à la semaine en été)
100 lits 15,49€	Nombre de lits (auberges de jeunesse, refuges ou équivalents) et prix par personne
150 empl. 19,63€	Nombre d'emplacements de camping : prix de l'emplacement pour deux personnes avec voiture
10/26€	Restaurant : prix mini/maxi pour un repas complet (boisson non comprise)
réserv.	Réservation recommandée
⧸	Cartes bancaires non acceptées
🅿	Parking réservé à la clientèle de l'hôtel
🏊	Piscine
▤	Air conditionné
♿	Chambres accessibles aux handicapés physiques

Les prix sont donnés à titre indicatif, pour la haute saison (TVA non incluse).

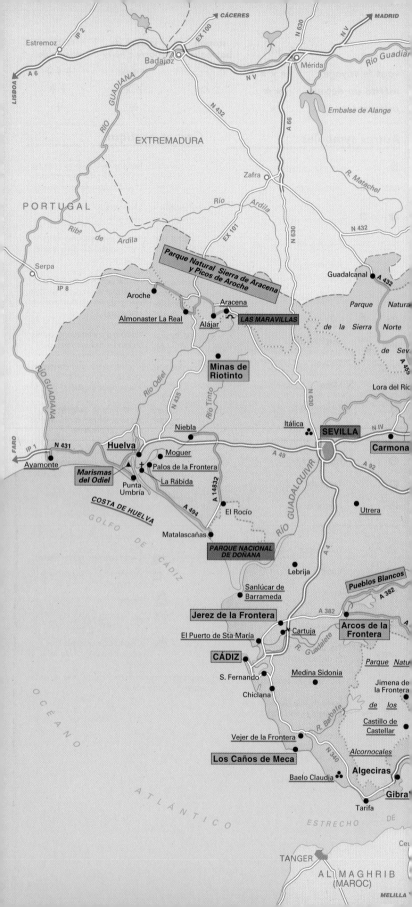

Les plus beaux sites

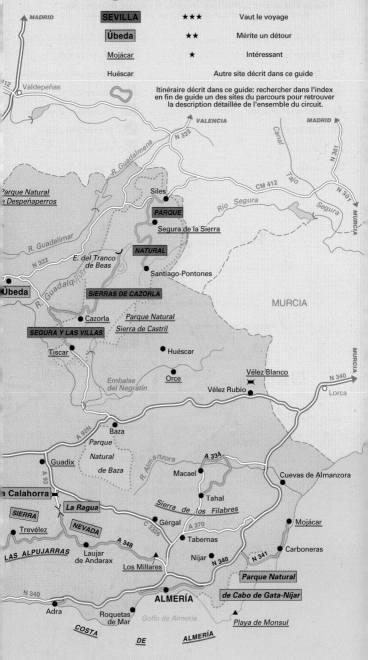

Circuits de découverte

Pour de plus amples explications, consulter la rubrique du même nom
dans la partie "Informations pratiques" en début de guide

- Site archéologique
- Édifice religieux
- Château
- Chemin de fer touristique
- Curiosités diverses
- Fortification
- Grotte
- Jardin

- Lieu d'histoire
- Loisirs sportifs
- Monument mégalithique
- Panorama
- Promenade en bateau
- Site remarquable
- Ville ancienne
- Vignoble

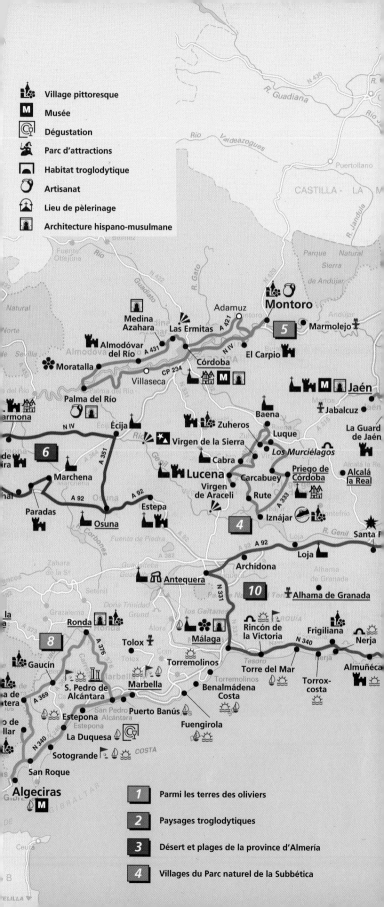

Légende

- 🏘 Village pittoresque
- Ⓜ Musée
- 🍷 Dégustation
- Parc d'attractions
- Habitat troglodytique
- 🏺 Artisanat
- ⛪ Lieu de pèlerinage
- Architecture hispano-musulmane

CASTILLA - LA

R. Guadiana

Río Valdeazogues

Puertollano

Parque Natural Sierra de Andújar

R. Jandula

Montoro

Adamuz

Marmolejo

Medina Azahara

Las Ermitas

El Carpio

Almodóvar del Río

Córdoba

Moratalla

Villaseca

CP 234

Ⓜ Jaén

Palma del Río

Baena

Jabalcuz

Écija

Zuheros

Luque

La Guardia de Jaén

Virgen de la Sierra

Los Murciélagos

Cabra

Priego de Córdoba

Alcalá la Real

Marchena

Lucena

Carcabuey

Virgen de Araceli

Rute

Paradas

Osuna

Estepa

Iznájar

Santa

Loja

Archidona

Antequera

Alhama de Granada

Ronda

Rincón de la Victoria

Frigiliana

Tolox

Málaga

Nerja

Gaucín

Torremolinos

Torre del Mar

Torrox-costa

Almuñécar

S. Pedro de Alcántara

Marbella

Benalmádena Costa

Estepona

Puerto Banús

Fuengirola

La Duquesa

Sotogrande

San Roque

Algeciras

Ⓜ

Lieu de séjour
Station thermale
Station balnéaire
Station de ski
Port de plaisance
Golf

5 Le Guadalquivir dans la campagne cordouane

6 Art et histoire dans la campagne sévillane

7 Chevaux, taureaux et vin

8 Terres de brigands

9 Vins et jambon

10 Vestiges nasrides

0   50 km

Informations pratiques

L'Espagne a la même heure légale que la France.
Pour téléphoner en Espagne depuis la France, faire le 00 + 34 + numéro à neuf chiffres du correspondant.

Avant le départ

adresses utiles

Pour organiser son voyage, rassembler la documentation nécessaire, vérifier certaines informations, s'adresser en premier lieu à l'**Office du tourisme espagnol** :
– à **Paris** : 43 r. Decamps, 75016, ☏ 01 45 03 82 50, renseignements sur Minitel 3615 Espagne, et sur Internet www.espagne.infotourisme.com
– à **Bruxelles** : r. Royale, 97, 1000, ☏ 32/2 280 19 26, fax 32/2 230 21 47, www.tourspain.be
– à **Genève** : 15 r. Ami-Lévrier, 2°, 1201, ☏ 41/22 731 1133, fax 41/22 731 1366, ginebra@tourspain.es
– à **Madrid** : Secretaría General de Turismo, calle José Lázaro Galdiano, 6, 28036, ☏ 913 43 35 00. **Turespaña** (www.tourspain.es) offre un service de renseignements très complets sur les transports, l'hébergement, les loisirs sportifs et autres activités touristiques.
Ambassade d'Espagne : 22 av. Marceau, 75008 Paris, ☏ 01 44 43 18 00.
Consulat général d'Espagne : 165 bd Malesherbes, 75017 Paris, ☏ 01 44 29 40 00.
Instituto Cervantes (centre culturel) : 7 r. Quentin-Bauchart, 75008 Paris, ☏ 01 40 70 92 92.
Librairie espagnole : 72 r. de Seine, 75006 Paris, ☏ 01 43 54 56 26.
Chambre de commerce franco-espagnole : 17 av. de l'Opéra, 75001 Paris, ☏ 01 42 61 33 10.
RENFE : Iberrail, 57 r. de la Chaussée-d'Antin, 75009 Paris, ☏ 01 40 82 63 60.
Trasmediterránea (Compagnie de navigation) représentée par : Iberrail, 57 r. de la Chaussée-d'Antin, 75009 Paris, ☏ 01 40 82 63 63 et Voyages Victoria, 6 bd Victor-Hugo, 06000 Nice, ☏ 04 93 82 38 38. Le site Internet de la RENFE permet de consulter tous les horaires et tarifs avant le départ : www.renfe.es

... en Espagne

Ambassade de France : Salustiano Olozaga, 9, 28001 Madrid, ☏ 914 35 55 60.
Consulats de France :
– Marqués de la Ensenada, 10, 28004 **Madrid**, ☏ 913 19 71 88.
– Ronda Universidad, 22-4°, 08007 **Barcelona**, ☏ 934 87 81 40.
– Avenida Argentina, 45-1°, 07013

Palma, ☏ 971 23 03 01.
– Plaza de Santa Cruz, 1, 41004 **Sevilla**, ☏ 954 22 28 97.
Ambassade de Belgique : Paseo de la Castellana, 18-6°, 28046 Madrid, ☏ 915 77 63 00.
Consulats de Belgique :
– Diputació 303-1°, 08009 **Barcelona**, ☏ 933 18 98 99.
– Recogidas 66-1° A, 18002 **Granada**, ☏ 958 25 16 31.
Ambassade de Suisse : Gran Vía de Carles III, 94-7°, 08028 Barcelona, ☏ 933 30 92 11.
Junta d'Andalousie : renseignements sur le site www.junta-andalucia.es
Centro Internacional de Turismo de Andalucía – Ctra. Nacional, 340, 29600 Marbella (Málaga), ☏ 952 83 87 85, fax 952 83 63 69.
Dirección General de Turismo de Andalucía – Av. República Argentina, 25, 41011 Sevilla, ☏ 954 55 84 11 et également sur Internet : info@andalucia.org
Réservations en Andalousie – Séneca est une centrale de réservations, opérant exclusivement en Andalousie. Elle confirme en temps réel tout type de réservation touristique (hôtels, restaurants, randonnées à bicyclette ou équestres, parcs aquatiques, ports de plaisance, etc.).
Séneca : Rte nationale 340 km, 189,6, 29600 Marbella (Málaga), ☏ 952 92 02 10, fax 952 92 02 16, www.seneca-web.com

INFORMATIONS TOURISTIQUES

Offices de tourisme – Sur les plans des villes de ce guide, les offices de tourisme sont signalés par le symbole ⬛. Vous trouverez l'adresse et le numéro de téléphone de l'Office de tourisme dans le paragraphe « La situation » de la partie descriptive du guide.
Renseignements touristiques : ☏ 901 30 06 00 (lun.-jeu. 8h30-19h30, ven. 8h30-14h30).

formalités d'entrée

PIÈCES D'IDENTITÉ

La carte nationale d'identité en cours de validité ou le passeport (même périmé depuis moins de 5 ans) sont valables pour les ressortissants des pays de l'Union européenne, d'Andorre, du Liechtenstein, de Monaco et de Suisse. Les mineurs voyageant seuls ont besoin d'un passeport en cours de validité. S'ils n'ont que leur carte d'identité, il est demandé une autorisation parentale sous forme d'attestation délivrée par la mairie ou le commissariat de police.

VÉHICULES
Pour le conducteur : permis de conduire à trois volets ou permis international. Le conducteur doit être en possession d'une autorisation écrite du propriétaire, si celui-ci n'est pas dans la voiture. Outre les papiers du véhicule, il est nécessaire de posséder la carte verte d'assurance.

ASSURANCE SANITAIRE
Afin de profiter de la même assistance médicale que les Espagnols, les Français, doivent avant le départ, se procurer le formulaire E 111 auprès de leur centre de paiement de Sécurité sociale (la demande peut être effectuée par Internet : www.cerfa.gouv.fr). Dès l'arrivée en Espagne, vous devez solliciter auprès de la « Dirección provincial del Instituto National de la Seguridad Social » un carnet à souches de soins de santé qui vous sera remis en échange de l'imprimé E 111.

ANIMAUX DOMESTIQUES
Pour les chats et les chiens, un certificat de vaccination antirabique de moins d'un an et un certificat de bonne santé sont exigés.

quand partir

LA BONNE PÉRIODE
Le printemps et l'automne sont généralement les saisons les plus favorables à une visite. En hiver, le littoral bénéficie d'un climat doux, tandis que les régions montagneuses affichent des conditions rigoureuses. En été, la chaleur est écrasante et l'Andalousie enregistre des températures très élevées dans la plupart des régions.

Renseignements météo
☎ 906 36 53 65. www.inm.es
Tableau des températures
(maximales en caractères romains, minimales en italique)

JOURS FÉRIÉS
Établir une liste exhaustive se révèle difficile car la communauté autonome et chaque localité ont leurs propres jours fériés. Aussi citerons-nous seulement la fête de la communauté autonome et les jours fériés communs à toute l'Espagne :
1er janvier, 6 janvier (Épiphanie), 28 février (Fête de l'Andalousie), Jeudi et Vendredi saints, 1er mai, 15 août, 12 octobre (Fête du Pilar, Fête de la Hispanidad), 1er novembre, 6 décembre (Fête de la Constitution), 8 et 25 décembre.

budget

Afin de vous aider à préparer votre voyage, nous vous proposons des budgets indicatifs calculés en fonction des trois catégories d'établissements que nous vous proposons. Chaque prix indiqué (par jour et par personne), comprend la nuit dans une chambre double, le déjeuner et le dîner. Les autres types de frais (transports, visites des monuments) n'ont pas été pris en compte.

PETITS BUDGETS
Environ 46€ : une chambre en hôtel « À bon compte », un repas léger (tapas ou menu) et un repas complet dans un restaurant simple.

BUDGETS MOYENS
Environ 81€ : une nuit en hôtel « Valeur sûre », un repas léger (tapas ou menu) et un autre dans un restaurant de niveau moyen.

BUDGETS PLUS LARGES
Environ 120€ : une nuit en hôtel « Une petite folie ! » (cher sans être exorbitant), tapas ou restaurant simple et un repas gastronomique dans un restaurant renommé.

	Janv.	Fév.	Mars	Avr.	Mai	Juin	Juil.	Août	Sept.	Oct.	Nov.	Déc.
Almería	16	16	18	20	22	26	29	29	27	23	19	17
	8	*8*	*10*	*12*	*15*	*18*	*21*	*22*	*20*	*16*	*12*	*9*
Cadix	15	16	18	21	23	27	29	30	27	23	19	16
	8	*9*	*11*	*12*	*14*	*18*	*20*	*20*	*19*	*16*	*12*	*9*
Cordoue	14	16	19	23	26	32	36	36	31	24	19	14
	4	*5*	*8*	*10*	*13*	*17*	*19*	*20*	*17*	*13*	*8*	*5*
Grenade	12	14	18	20	24	30	34	34	29	22	17	12
	1	*2*	*5*	*7*	*9*	*14*	*17*	*17*	*14*	*9*	*5*	*2*
Huelva	16	18	20	22	25	29	32	32	29	25	21	17
	6	*7*	*9*	*11*	*13*	*16*	*18*	*18*	*17*	*14*	*10*	*7*
Jaén	12	14	17	20	24	30	34	34	29	22	16	12
	5	*5*	*8*	*10*	*13*	*17*	*21*	*21*	*18*	*13*	*9*	*5*
Málaga	16	17	19	21	24	28	30	30	28	24	20	17
	8	*8*	*10*	*11*	*14*	*17*	*20*	*20*	*18*	*15*	*12*	*9*
Séville	15	17	20	23	26	32	36	36	32	26	20	16
	6	*6*	*9*	*11*	*13*	*17*	*20*	*20*	*18*	*14*	*10*	*7*

tourisme et handicapés

Personnes handicapées – Servi-Cocemfe, la **Confederación Coordinadora Estatal de Minusválidos Físicos de España** *(Eugenio Salazar, 2, 28000 Madrid, ☏ 914 13 70 10, www.cocemfe.es)* fournit des renseignements sur les installations adaptées. Sa section Loisirs et Temps libre organise des activités pour les personnes handicapées. Renseignements en Andalousie : **Confederación Andaluza de Minusválidos Físicos**, Alfarería, 126 A, 41010 Séville, ☏ 954 33 03 11.

L'agence de voyages **Rompe Barreras Travel**, Roncesvalles, 3, 28007 Madrid, ☏ 915 51 36 22, fax 915 52 62 07 organise des voyages et des séjours pour personnes handicapées.

Transports

comment arriver

EN VOITURE

Les principaux postes frontière se trouvent aux deux extrémités des Pyrénées : à Irún (pont international de Béhobie) et à la Jonquera (col du Pertus). On peut passer également par des postes situés le long de la chaîne des Pyrénées (Vera de Bidasoa, Etxalar, Dantxarinea, Erratzu, etc.) ou par l'Andorre.

Pour définir l'itinéraire entre votre point de départ en France et votre destination en Andalousie, consultez la carte Michelin n° **734** couvrant l'ensemble du réseau routier espagnol ou les cartes régionales Michelin n°s **571** à **578** au 1/400 000. À noter, la carte Michelin n° **705** Europe qui indique les autoroutes, routes nationales, régionales, etc. entre les différents pays d'Europe.

Michelin permet d'établir plusieurs itinéraires entre votre point de départ dans 43 pays d'Europe et votre destination en Espagne (par Internet www.ViaMichelin.com ou par Minitel 3615 Michelin). Le kilométrage total et le temps de parcours sont alors indiqués (ainsi que les sites touristiques et la sélection Michelin des hôtels, restaurants et terrains de camping). Pour les itinéraires avec autoroutes, le coût des péages sur le parcours français est également indiqué.

EN AVION

Des vols directs assurés par plusieurs compagnies aériennes relient les grands aéroports français de Paris, Lyon, Bordeaux, Marseille, Nice aux aéroports de Málaga et Séville. Pour tout renseignement, s'adresser à :

– Air France : renseignements-réservations ☏ 0 820 820 820 ; agence Opéra, 14 av. de l'Opéra, 75001 Paris, ☏ 0 820 820 820.

– Iberia : 1 r. Scribe, 75009 Paris, tarifs-réservations ☏ 0 802 075 075.

EN TRAIN

Paris (gare d'Austerlitz) est relié à Madrid via Bordeaux par le Madrid Talgo Francisco de Goya (train de nuit) en 12h30 (8h à partir de Bordeaux). Le TGV est une autre possibilité, nécessitant des changements.

Se renseigner auprès de la RENFE *(voir « adresses utiles »)* ou de la SNCF, ☏ 08 36 35 35 35, Minitel 3615 SNCF.

EN AUTOCAR

Se renseigner auprès de Cie Eurolines, Gare internationale de Paris-Gallieni, 28 av. du Général-de-Gaulle, BP 313, 93541 Bagnolet Cedex, ☏ 01 49 72 51 61, renseignements et réservations ☏ 08 36 69 52 52 et www.eurolines.fr

sur place

AU VOLANT

SUR LA ROUTE

Le réseau routier andalou s'est nettement amélioré ces dernières années. Aujourd'hui il recense plus de 24 000 km d'autoroutes, de quatre-voies et autres types de routes. L'Autovía del 92 est très connue ; en effet, cette longue voie rapide traverse la Communauté d'Est en Ouest, reliant tous les chefs-lieux directement ou par d'autres quatre-voies. La circulation est généralement fluide excepté l'été où les embouteillages sont courants dans les zones touristiques. Néanmoins, l'automobile demeure le meilleur moyen de locomotion pour ceux qui disposent d'un temps suffisant pour la visite des différentes localités.

Lors de vos déplacements en Andalousie, sachez que la vitesse est limitée à 50 km/h dans les villes et agglomérations, à 90 km sur le réseau courant, à 100 km/h sur les routes nationales et à 120 km/h sur les autoroutes et voies rapides.

Information routière – Pour obtenir des informations sur l'état des routes, consultez la Dirección General de Tráfico ☎ 900 12 35 05 *(appel gratuit)* et www.dgt.es

CARTES ET PLANS

Pour la préparation de votre voyage et le choix de l'itinéraire, utilisez l'**atlas** et la **carte routière Michelin** qui est indiquée dans le chapitre **Cartes et plans** *(voir p. 6)* du sommaire.

ASSISTANCE AUTOMOBILE

RACE ☎ 902 12 04 41 et 915 93 33 33, www.race.net

ESSENCE

Les prix de l'essence – *normal* (92 octanes), *super* (97 octanes) ou *sin plomo* (sans plomb) – varient (0,66€ à 0,69€ environ) selon les compagnies en fonction du prix maximum déterminé par le gouvernement chaque quinzaine. Il en va de même pour le *gasóleo* (environ 0,54€).

LOCATION DE VOITURES

Possibilités de location dans les aéroports, les gares, les grands hôtels et les principales agences de location :

Avis ☎ 902 24 88 24. www.avis.es

Europcar ☎ 902 40 50 20. www.europcar.es

Hertz ☎ 902 22 00 24. www.hertz.es Attention : même si en Espagne l'âge minimum légal pour conduire est de 18 ans, la plupart des agences de location refusent de louer aux moins de 21 ans.

EN TRAIN

La compagnie **RENFE**, société nationale des chemins de fer espagnols, (renseignements 24h/24, réservations de 5h à 23h50 ☎ 902 24 02 02 ; www.renfe.es) gère le réseau ferroviaire. Les tarifs sont relativement avantageux. De plus la RENFE propose des réductions spéciales :

– les **jours bleus**, qui excluent généralement les jours fériés, les veilles de fête et les périodes de vacances, les voyageurs bénéficient d'une réduction de 50 % ;

– le **carnet jeune** destiné aux usagers de 12 à 25 ans ; réduction de 50 % hors jours bleus ;

– la **carte touristique**, destinée à tous les visiteurs étrangers, permet la libre circulation sur toutes les lignes, sans limite de kilométrage. Prix variable selon la classe et le nombre de jours d'utilisation (8, 15 ou 22 jours) ;

– l'**Euro-railpress**, destinée aux personnes résidant hors d'Espagne, permet de circuler sur toutes les lignes, sans limite de kilométrage et à n'importe quelle date. Prix variable selon la durée d'utilisation (15, 25, 30, 60 ou 90 jours).

AVE : train rapide reliant Madrid (Atocha) à Cordoue en 1h45 et à Séville en 2h15. Renseignements et réservations :
Madrid ☎ 915 06 63 29.
Séville ☎ 954 48 56 32.

Talgo Pendular : train de haute technologie (200 km/h), qui a bénéficié de l'infrastructure de l'AVE, et relie en quelques heures Madrid aux principales villes andalouses comme Málaga, Algésiras, Cadix et Huelva.

GARES VERTES

Les gares vertes se trouvent à proximité de différents sites naturels. Haltes idéales pour les amateurs de randonnée, de VTT et tous ceux qui souhaitent partir à la découverte de la beauté de l'Andalousie rurale. Renseignements horaires dans les gares des chefs-lieux de province. Renseignements touristiques www.renfe.es/medio-ambiente

QUELQUES TRAINS TOURISTIQUES

Train + visite d'Isla Mágica – Offre comprenant le trajet aller-retour en train, au départ de plusieurs localités andalouses à destination de la gare de Séville Santa Justa, et le billet d'entrée du parc à thème Isla Mágica. Tarifs réduits pour les enfants et les plus de 65 ans. Renseignements dans toutes les gares RENFE d'Andalousie.

Tren de la Naturaleza – Visite du **Parc naturel de la Sierra de Cazorla-Úbeda**. Uniquement au départ de Madrid. Durée : 2 jours. Le forfait (environ 150€) inclut l'aller-retour par le Tren Regional Exprés, les liaisons locales en autocar, les repas et l'hébergement. Renseignements : Viajes Mundo Libero ☎ 915 73 30 48.

L'Expreso Al Andalus – Ce luxueux hôtel sur rail, décoré dans un style Belle Époque, parcourt les terres

Province	Gare verte	Ligne
Almería	Gádor	Linares-Almería
Cadix	Jimena de la Frontera	Bobadilla-Algeciras
Cordoue	Aguilar de la Frontera	Cordoue-Málaga
Grenade	Guadix	Linares-Almería
Huelva	San Juan del Puerto-Moguer	Séville-Huelva
Jaén	Andújar	Alcázar-Séville-Huelva
Málaga	Ronda	Bobadilla-Algeciras
Málaga	Fuente de Piedra	Cordoue-Málaga et Séville-Málaga
Séville	Cazalla-Constantina	Mérida-Séville
Séville	Lebrija	Séville-Cadix

andalouses pendant une semaine. Au départ de Séville ou Madrid, il permet de visiter Jerez de la Frontera, Carmona, Ronda, Antequera, Grenade et Cordoue. Le prix du billet (entre 2 440 et 4 120€ par personne) comprend la visite des villes, plusieurs repas, et des spectacles. Les repas non pris à bord sont servis dans les meilleurs hôtels et restaurants de la région. Rivalisant d'élégance et de raffinement, le train se compose de deux wagons-restaurants, d'un salon, d'une voiture aménagée en salle de jeux, d'un bar, de cinq wagons-lits et d'une voiture réservée à l'équipage. En service d'avril à juin et de septembre à novembre. ☎ 915 71 66 96 *(9h-13h)*. www.alandalusexpreso.com

EN BUS

Les autocars sont un moyen pratique, moderne et économique pour se déplacer en Andalousie. Plusieurs lignes relient les chefs-lieux andalous aux autres villes espagnoles. Les **carnets pratiques** dans la partie descriptive des principales localités de ce guide listent les adresses et les numéros de téléphone des gares routières et des principales compagnies de transport routier de personnes.

EN AVION

L'Andalousie compte de nombreux aéroports, dont vous trouverez les numéros de téléphone ci-dessous :
Almería ☎ 950 21 37 00/950 21 37 01.
Cordoue ☎ 947 21 41 00.
Grenade ☎ 958 24 52 00.
Jerez de la Frontera ☎ 956 15 00 00.
Málaga ☎ 952 04 84 84.
Séville ☎ 954 44 90 00.
Principales compagnies aériennes :
Iberia ☎ 902 400 500
(renseignements et réservations).
www.iberia.com

Air Europa ☎ 902 401 501 (renseignements et réservations). www.air-europa.com
Spanair ☎ 902 13 14 15. www.spanair.com

EN BATEAU

Dans les ports de commerce d'Algésiras, de Cadix, Málaga et Almería, vous trouverez des compagnies maritimes :

Ferry de la Trasmediterránea à Algésiras

Trasmediterránea – Compagnie la plus importante. Elle relie Cadix aux principales îles de l'archipel des Canaries *(1 fois par sem.)*, et Ceuta et Melilla à Almería, Málaga et Algésiras *(tlj)*. ☎ 902 45 46 45 (renseignements et réservations). www.trasmediterranea.es
Agences :
Recinto del Puerto, 11201 Algésiras.
Parque Nicolás Salmerón, 19, 04002 Almería.
Avenida Ramón Carranza, 26, 11006 Cadix.
Gare maritime Recinto del Puerto, Local E1, 29016 Málaga.

Hébergement, restauration

les adresses du guide

Dans la partie descriptive intitulée « Villes et sites », nous vous proposons une sélection d'adresses utiles, d'hôtels, de restaurants, de bars à tapas et autres établissements, qui vous permettront de bien réussir votre séjour et de découvrir chaque site dans les meilleures conditions possibles. Notre souhait était que toutes ces adresses soient à la portée de toutes les bourses.
Pour connaître l'explication des abréviations et des symboles utilisés, consulter les pages 8 et 9.

L'HÉBERGEMENT

Notre sélection d'hôtels, d'auberges et de pensions est répartie en trois catégories, sur la base du prix hors taxes d'une chambre double en haute saison. À noter l'éventualité d'un écart de prix important entre les périodes de haute et de basse saison ; c'est pourquoi nous vous recommandons de bien vérifier le montant du prix lors de la réservation. Tous les établissements ont été choisis pour leur situation, leur confort, leur bon rapport qualité-prix, et aussi parfois, pour leur charme.

– « **À bon compte** » : prix des chambres inférieur à 55€. En général, hôtels modestes mais confortables.

– « **Valeur sûre** » : prix des chambres compris entre 55 et 120€. Établissements agréables.

– « **Une petite folie !** » : hôtels au charme particulier, garantissant un séjour mémorable. Prix élevés, en rapport avec les prestations : supérieurs à 120€.

LA RESTAURATION

Nous vous offrons ici une sélection de restaurants choisis pour leur situation, leur ambiance ou leur caractère insolite. Les prix indiqués correspondent à un repas économique et à un repas préconisé par la carte. Ils sont également répartis en trois catégories : **À bon compte** *(repas à moins de 18€)*, **Valeur sûre** *(repas compris entre 18 et 36€)* et **Une petite folie !** *(repas à plus de 36€)*.

TAPAS

Les bars à tapas sont de grands lieux de rencontre : on s'y retrouve pour l'apéritif, tradition bien établie, pour y boire entre amis un verre de vin en grignotant des **tapas** ou les **raciones**, hors-d'œuvre variés en petite quantité allant des olives aux calmars et aux pommes de terre à la mayonnaise. Nous vous en signalons quelques-uns.

DISTRACTIONS

Dans certains carnets pratiques, vous trouverez ces nouvelles sections : Une petite pause, Sorties, Achats et Spectacles. Elles proposent une liste d'établissements variés (bars, cafés, boutiques, théâtres, mais aussi discothèques et salles de concerts).

... et aussi

LE GUIDE ROUGE MICHELIN ESPAÑA & PORTUGAL

Mis à jour chaque année, il recommande un large choix d'établissements avec indication de leur classe et de leur confort, de leur situation, de leur agrément, de leur équipement (piscine, tennis, golf, jardin...), et de leur prix. Ce choix a été établi après visites et enquêtes sur place. Les établissements qui se distinguent par leur agrément et leur tranquillité (décor exceptionnel, site, vue exceptionnelle) sont indiqués par des symboles rouges. Les localités qui disposent de tels hôtels sont repérées sur plusieurs cartes dans les pages d'introduction du guide.
Le Guide Rouge Michelin propose également une large sélection de restaurants qui permettront de découvrir et de savourer les meilleures spécialités d'Espagne. Les établissements remarquables pour la qualité de leur cuisine sont signalés par des étoiles de bonne table (une à trois étoiles).
Sur la carte n° 578, les soulignés rouges signalent les hôtels et restaurants sélectionnés dans Le Guide Rouge.

LES HÔTELS

Le Secrétariat général de Tourisme édite aussi un guide des hôtels. Ceux-ci sont classés de 1 à 5 étoiles. Les prix varient selon les saisons mais aussi selon les localités.

TARIFS RÉDUITS

Certaines chaînes hôtelières et bon nombre d'hôtels proposent des tarifs réduits le week-end. Il est également possible d'obtenir des coupons pour une ou plusieurs nuits à des prix très intéressants. Renseignez-vous à l'avance auprès des agences de voyages.
NH Hoteles ☎ 902 11 51 16 (24h/24) et www.nh-hoteles.com. Offres spéciales le week-end, à partir de 81,14€ la nuit, par personne.
Bancotel ☎ 915 09 61 22 et www.bancotel.com. Chéquiers de cinq coupons, vendus exclusivement dans les agences de voyages et par l'intermédiaire de son site Web. Hôtels de trois, quatre et cinq étoiles. Réductions très intéressantes par rapport aux prix affichés.
Halcón Viajes ☎ 902 30 06 00 (renseignements et réservations) et www.halcon-viajes.es. Coupons individuels (une nuit pour une ou deux personnes) à prix réduit.
Hoteles Meliá ☎ 902 14 44 40 et www.solmelia.com. Carte de fidélité MAS et offres spéciales le week-end.

LES PARADORS

Au chapitre de l'hôtellerie, les paradors de tourisme méritent une mention spéciale : plusieurs sont installés dans des monuments historiques restaurés (châteaux, palais, monastères), et tous sont merveilleusement situés et pourvus de tout le confort. Le prix moyen pour une chambre double est de 93 à 137€ environ (plus la TVA). Prix intéressants hors saison (période variable en fonction de l'emplacement). Avec la « Tarjeta Amigos de Paradores » (Carte des Amis des Paradors), vous pouvez cumuler des points et gagner des séjours gratuits.

Parador Castillo de Santa Catalina, Jaen.

Paradores

Pour tout renseignement, s'adresser à Paradores de Turismo, calle Requena, 3, 28013 Madrid, ☎ (00 34) 915 16 66 66, www.parador.es. *Les paradors sont indiqués sur les cartes Michelin par le symbole* 🅿

LES GÎTES RURAUX

Le **Réseau andalou des gîtes ruraux** (Red Andaluza de Alojamientos Rurales – RAAR) est une association privée de propriétaires, proposant plus de 350 formules pour passer des vacances au contact de la nature et en partageant le mode de vie andalou à la campagne. Le RAAR distribue, sur demande, un guide pratique décrivant chaque type de logement (chambres d'hôte, gîtes pour groupes, fermes-auberges, campings dans des propriétés privées...). Réservations auprès des propriétaires, dans les agences de voyages ou auprès de la centrale de réservation du RAAR, ☎ 902 44 22 33 (lun.-ven. 10h-14h et 17h-19h), fax 950 27 16 78, www.raar.es et info@raar.es

L'**Association des hôtels ruraux d'Andalousie** (Asociación de Hoteles Rurales de Andalucía - AHRA) est un groupement de petits hôteliers, offrant une vaste gamme d'**hôtels ruraux** (54) en Andalousie. Mode de paiement possible : coupons de 33€. Centrale de réservation de l'AHRA ☎ 952 37 87 57, fax 952 37 87 84, www.hotelesruralesandaluces.org, info@hotelesruralesandaluces.org

AUBERGES DE JEUNESSE (ALBERGUES JUVENILES)

L'organisme **Inturjoven**, dépendant de la Junta d'Andalousie, gère un large réseau d'auberges de jeunesse (vingt centres bénéficiant d'un emplacement stratégique en milieu urbain, balnéaire ou montagnard) et organise tout type d'activités sportives, culturelles et touristiques.

Pour se loger dans l'une de ces auberges, il faut posséder la carte des auberges de jeunesse (individuelle ou de groupe) que l'on peut se procurer dans toutes les auberges du réseau ou auprès de la centrale de réservation d'Inturjoven. Les titulaires d'une carte de la Fédération internationale des auberges de jeunesse peuvent séjourner dans les auberges espagnoles. Réservations par courrier, téléphone, fax, ou e-mail : **Red de Albergues Juveniles de Andalucía**, Centrale de réservation : Miño, 24, 41011 Sevilla. ☎ 902 51 00 00, fax 955 03 58 48, www.inturjoven.com, informacion@inturjoven.junta-andalucia.es

CAMPING, CARAVANING

La Junta d'Andalousie *(voir Kiosque)* édite un guide complet sur le camping-caravaning qui donne des précisions sur les équipements de chaque terrain. Le camping sauvage est autorisé dans certaines régions ; se renseigner auprès des mairies.

à table !

CONSTITUTION D'UN REPAS

Traditionnellement il se compose d'un « **primero** » ou hors-d'œuvre *(entremeses)* : crudités, charcuterie ; d'un « **segundo** » comprenant viande *(carne)* ou poisson *(pescado)* ; d'un « **postre** » (dessert) comprenant fruits *(frutas)*, pâtisserie *(repostería)* ou glace *(helado)*.

Des petits restaurants sympathiques offrent un menu « de la casa » accompagné du *vino de la casa* de bonne qualité et à des prix raisonnables.

BOISSONS

L'**eau** *(agua)* naturelle peut se servir en carafe *(jarra)* mais on peut préférer l'eau minérale en bouteille ; dans ce cas demander *agua mineral*, *sin gas* (plate), *con gas* (gazeuse). Le **vin** *(vino)* peut être blanc *(blanco)*, rouge *(tinto)* ou rosé *(rosado)*. Il peut se servir en bouteille *(botella)* mais aussi en pichet *(frasca)*. La **bière** *(cerveza)* peut être servie à la pression *(caña)* ou en bouteille *(botella)* ; les principales marques locales sont : San Miguel, Mahou, Águila, Damm...

La **sangría** peut se boire en guise d'apéritif accompagnée de quelques tapas ; le **Cuba libre** : Coca et gin *(ginebra)* ou Coca et rhum *(ron)* se boit bien frais avec de la glace.

RECETTES ANDALOUSES

AJO BLANCO

Ingrédients :

20 amandes crues et pelées
4 gousses d'ail
Mie de pain rassis
Quelques grains de raisin (petits)
Huile d'olive, sel et vinaigre

Préparation :

Mettez les amandes, l'ail et un peu de sel dans un mortier et pilez jusqu'à obtention d'une pâte homogène ; ajoutez alors la mie (que vous aurez préalablement mise à tremper) et continuez à piler pour bien mélanger le tout.

Versez l'huile petit à petit tout en continuant à mélanger jusqu'à obtenir une texture semblable à la mayonnaise. Ajoutez le vinaigre et continuez à battre le mélange. Mettez celui-ci dans une soupière, ajoutez de l'eau froide et remuez jusqu'à parvenir à la fluidité d'une soupe.

Ajouter ensuite les grains de raisin et quelques croûtons, rectifier l'assaisonnement si nécessaire... et ce sera prêt à servir.

COCIDO ANDALUZ

Ingrédients (pour 6 personnes) :

400 g de viande de bœuf
un morceau d'échine de porc
100 g de lard
un os de jambon (avec moelle)
2 chorizos frais
2 boudins
200 g de pois chiches (que vous aurez mis à tremper la veille)
200 g de haricots verts plats coupés en deux
500 g de pommes de terre en dés
un bon morceau de potiron découpé
une gousse d'ail
safran
une cuillère à café de paprika
3 l d'eau
sel, poivre, une feuille de laurier

Préparation :

Porter l'eau à ébullition et y mettre les pois chiches, la viande, l'échine, le lard et l'os. Dès que l'ébullition reprend, écumer, ajouter le sel et laisser mijoter à petit feu.

Au bout de deux heures, on ajoute les haricots, les pommes de terre, le potiron, le chorizo et le boudin. Pendant ce temps, piler l'ail, le safran (grillé) et le paprika, puis verser le mélange dans la préparation.

Vous servirez d'abord les légumes avec un peu de sauce et ensuite la viande, le chorizo, le boudin et le lard que vous mangerez directement avec le pain.

Bon appétit !

POURBOIRE

Même si le service est compris, il est de bon usage en fonction de la prestation de laisser un pourboire dans les bars, les restaurants, les hôtels ainsi qu'aux chauffeurs de taxi.

L'Andalousie au quotidien

voyager moins cher

VOYAGER JEUNE...

Information auprès de l'**Institut de la jeunesse** : c/ Muñoz Olivé, 1, 3°, 41001 Séville, ☎ 955 03 50 00, fax 955 03 50 41 ou sur son site www.junta-andalucia.es/iaj
La **Carte Jeune EURO < 26**, que délivrent l'Institut de la jeunesse en Espagne et d'autres organismes équivalents dans 39 pays, offre aux jeunes âgés de 14 à 25 ans toute une série de réductions dans les transports, les sorties culturelles, l'hébergement, etc. Cette carte compte, en Espagne, près de 50 000 partenaires.
La **Carte d'étudiant** (à partir de 12 ans) donne droit également à de nombreuses réductions.

... ET MOINS JEUNE

Les plus de 65 ans ont droit à d'importantes réductions dans les transports, les accès aux monuments et aux spectacles. Ils bénéficient d'une réduction de 50 % dans de nombreux musées et peuvent entrer gratuitement dans les monuments du patrimoine national.
La RENFE accorde des réductions variant en fonction de la destination et de la période pour les plus de 60 ans munis d'une carte vermeil.

bon à savoir

URGENCES

Urgences : ☎ 112 ou 902 50 50 61

HORAIRES

La matinée (**« mañana »**) dure jusqu'à 14h, heure à laquelle on prend le déjeuner (**« almuerzo »** ou **« comida »**). Ensuite c'est la sieste et l'après-midi (**« tarde »**) commence vers 17h. Vers 20h on pense à l'apéritif qui entame la soirée (**« noche »**). Le dîner (**« cena »**) est servi à partir de 21h et la soirée peut se poursuivre fort tard.

ARGENT

L'Espagne a adopté l'**euro** depuis le début de l'année 2002. Les ressortissants des pays non-membres de la zone euro peuvent changer leurs devises dans les aéroports, les banques, certaines gares, la plupart des hôtels et agences de voyages. Les ressortissants de la zone euro peuvent en théorie utiliser leur chéquier. En pratique, le **chèque** est moins répandu en Espagne qu'en France et de nombreux commerçants ne l'acceptent pas. Par ailleurs, l'utilisation d'un chèque à l'extérieur de ses propres frontières entraîne le prélèvement d'une commission spécifique (souvent élevée) par votre banque. Renseignez-vous auprès d'elle avant votre départ.

BANQUES

Ouvertes du lundi au samedi de 8h30 à 14h. En été, elles sont fermées le samedi.

CARTES DE CRÉDIT

Les chèques de voyage et les principales cartes de crédit internationales (dont la Carte Bleue Visa) sont acceptés dans presque tous les commerces, hôtels et restaurants. Ils vous permettent également de réaliser des retraits d'espèces. Distributeurs de billets : fonctionnent notamment avec la carte Visa internationale.

En cas de perte ou de vol de cartes, téléphonez immédiatement à :
Visa/Mastercard ☎ 91 362 62 00 ;
American Express ☎ 91 572 03 03 ;
Eurocard ☎ 91 519 60 00 ;
Diners Club ☎ 91 547 40 00.

POSTE

Les bureaux de poste, signalés par le nom « **Correos** », sont ouverts : du lundi au vendredi de 8h30 à 14h30 et le samedi de 9h30 à 14h. Pour envoyer du courrier en poste restante, indiquer le nom du destinataire, *Apartado de Correos* et le nom de la ville précédé du code postal.
Les timbres *(sellos)* sont également en vente dans les bureaux de tabac *(estancos)*.

TÉLÉPHONE

Service de renseignements : ☎ 1003
Renseignements internationaux :
☎ 025

Pour appeler l'Espagne depuis la France, la Belgique et la Suisse, composer le 00 suivi du 34, l'indicatif du pays puis le numéro du correspondant à 9 chiffres.
Pour appeler l'étranger depuis l'Espagne, composer le 00 suivi de l'indicatif du pays de destination (33 pour la France, 32 pour la Belgique, 352 pour le Luxembourg, 41 pour la Suisse) et du numéro du correspondant.
Les cabines téléphoniques fonctionnent avec des pièces ou des cartes téléphoniques *(tarjetas telefónicas)* qui sont en vente dans les bureaux de poste et dans les *estancos*.

Les codes postaux et les indicatifs téléphoniques sont donnés dans **Le Guide Rouge Michelin España & Portugal** pour chaque localité citée.

JOURNAUX ET TÉLÉVISION

Principaux quotidiens : *ABC, Diario 16, El Mundo, El País* et *La Vanguardia*. Les hebdomadaires : *Cambio 16, El Siglo, Época, Tiempo* et *Tribuna*.
Chaînes publiques nationales : TVE 1, la 2. Chaînes privées : Antena 3, Tele 5.

SHOPPING

Les magasins sont généralement ouverts de 10h à 14h et de 17h à 20h30. Cependant, de plus en plus de commerces (grands magasins ou hypermarchés) restent ouverts le midi. Ils sont fermés le dimanche, parfois même le samedi après-midi.

horaires de visite

Vous trouverez dans le chapitre « Villes et sites » les horaires de visite et les prix des billets d'entrée aux monuments, musées, églises, etc. Tous les renseignements fournis sont donnés à titre indicatif, en raison de l'évolution incessante du coût de la vie et des variations fréquentes dans les horaires d'ouverture des monuments.
Ces renseignements s'adressent à des touristes voyageant isolément et ne bénéficiant pas de réduction. Les groupes peuvent obtenir, sur accord préalable, des conditions spéciales aussi bien pour les horaires que pour les tarifs.
N'hésitez pas à vous renseigner par téléphone avant d'entreprendre un parcours : des travaux de restauration peuvent entraîner la fermeture momentanée de certains monuments. Les conditions de visite des églises ne sont spécifiées que si l'intérieur présente un intérêt particulier, si les horaires de visite sont déterminés ou si la visite est payante. Généralement, les églises ne se visitent pas pendant les offices. Dans le cas où une église n'est ouverte que pendant les offices, il convient alors d'observer une attitude respectueuse.

Propositions de séjour

Le littoral andalou présente la particularité d'être baigné par l'océan Atlantique et la mer Méditerranée. Cette caractéristique et les vingt-cinq espaces naturels protégés qui longent la côte confèrent à ses plages une diversité et des côtés uniques.

CÔTE ATLANTIQUE

De la frontière portugaise au détroit de Gibraltar, la **Costa de la Luz** déroule ses 330 km de littoral (de la province de Huelva à la province de Cadix). Les plages de la côte atlantique sont essentiellement fréquentées par des Espagnols. La température de l'eau est assez froide, les journées sont chaudes et les nuits très fraîches.

Les quinze **plages de la province de Huelva** présentent les caractéristiques suivantes : sable doré, eaux propres, souvent agitées en raison de la houle, nombreuses dunes de sable et grandes pinèdes. Parallèlement aux équipements sportifs sophistiqués d'endroits comme **Isla Canela** par exemple, on peut, dans certaines grandes stations balnéaires, découvrir à pied certaines zones sauvages très protégées. Parmi les plages les plus connues, on citera celles d'**Isla Cristina**, **La Antilla** (22 km de long, proche de Lepe), **El Rompido** et ses immenses dunes et pinèdes, dispensant de splendides vues, **Punta Umbría** et son important port de plaisance, **Mazagón**, adossée à une immense pinède et **Matalascañas**, la célèbre plage du Rocío et du Parc national de Doñana.

Le **littoral gaditan**, le plus méridional de la péninsule, s'étend sur 200 km. Ses plages de sable fin que bordent des localités historiques (Sanlúcar, Rota, El Puerto de Santa María, Cadix...) offrent l'avantage de combiner à la fois le repos et le tourisme culturel. Après la plage de **Bajo de Guía**, où se déroulent en été des courses hippiques, on accède aux quatre plages de **Chipiona**, chargées en iode et très fréquentées depuis longtemps. **La Puntilla** et **Valdelagrana** figurent au nombre des superbes plages d'El Puerto de Santa María, à deux pas du luxueux **Puerto Sherry**. En atteignant Cadix, on voit les plages de **La Victoria**, **La Caleta** et **Cortadura**. La récente station balnéaire de **Sancti Petri** se trouve à Chiclana. À partir de Conil se succèdent des plages paradisiaques encore peu fréquentées par les touristes : **Caños de Meca**, **Zahara de los Atunes**, **Bolonia**... Seul inconvénient de la région : le vent fort qui balaie la côte. Mais il fait la joie des véliplanchistes.

CÔTE MÉDITERRANÉENNE

Le littoral se découpe en différentes zones géographiques qui bénéficient néanmoins du même climat sec et chaud et des mêmes eaux paisibles, tièdes et limpides :

Costa del Sol – Le littoral de la province de Málaga est la principale destination touristique d'Andalousie (*voir p. 205*). Plus de 50 % des hôtels de la côte andalouse se concentrent dans l'Ouest jusqu'à Málaga ; la même région compte également treize ports de plaisance, nombre d'installations récréatives et sportives, etc. Chose paradoxale, les plages sont en général des plages de galets. Dans l'Est (région de la Axarquía – *voir p. 142*), le développement touristique est moins important (on dénombre plus de résidences hôtelières que d'hôtels). Les stations balnéaires les plus fréquentées sont **El Rincón de la Victoria**, **Nerja** et **Torre del Mar**. Les plages sont petites et coupées de nombreuses falaises.

Costa Tropical – Le littoral grenadin doit son nom au microclimat subtropical dont il bénéficie grâce aux hauts sommets de la sierra Nevada. Ses plages offrent une grande diversité, depuis les petites criques à l'abri des vertigineuses falaises jusqu'aux immenses plages comme celle d'**Almuñécar**, envahie par les touristes. Le tourisme de masse afflue également à Salobreña (plage touristique du **Peñón** et plage sauvage de **La Guardia**), à Motril (plages de **Poniente** et de **Grenade**), ainsi qu'à Castell de Ferro et La Rábita.

Costa de Almería – Le littoral almérien couvre le quart de la côte andalouse. Les stations balnéaires se concentrent pour la plupart dans la région comprise entre Adra (située à proximité des immenses plages sablonneuses de **Balanegra** et **Balerma** ainsi que du centre touristique d'**Almerimar**) et

Cabo de Gata : San José.

Aguadulce. Puis, les falaises se succèdent jusqu'au chef-lieu de la province. À l'Est d'Almería s'étendent le Parc naturel du cap de Gata et ses magnifiques plages comme celles de **Morrón de los Genoveses** et du beau village de **San José**.

parcs nationaux et naturels

La Junta d'Andalousie accorde de plus en plus d'importance à la protection de l'environnement : la communauté compte aujourd'hui deux parcs nationaux, vingt parcs naturels et nombre d'espaces préservés.

Pour tout renseignement : **Consejería de Medio Ambiente (Junta de Andalucía)**, Avenida Manuel Siurot, 50, 41013 Sevilla, ☎ 955 00 34 00/35 00, fax 955 00 37 75, www.cma.junta-andalucia.es **Biblioteca de la Consejería de Medio Ambiente :** Avenida de la Palmera, 19, immeuble (Edificio) Winterthur, 2-3ᵉ étage, 41071 Sevilla, ☎ 955 00 30 5492/77, biblioteca@cma.junta-andalucia.es

Parcs nationaux	Provinces	Ha	☎ renseignements	Voir p.
Doñana	Huelva-Séville-Cadix	50 720	959 45 01 59	215
Sierra Nevada	Grenade-Almería	86 208	958 53 76 00	354
Parcs naturels				
Cap de Gata-Níjar	Almería	33 663	950 38 97 42	155
Sierra María-Los Vélez	Almería	22 500	950 52 70 05	372
La Breña y marais de Barbate	Cadix	3 797	956 59 09 71	373
Bahía de Cádiz	Cadix	10 000	956 59 02 43	
Los Alcornocales	Cadix-Málaga	170 025	956 41 33 07	266
Sierra de Grazalema	Cadix-Málaga	51 695	956 71 60 63	307
Sierra de Cardeña y Montoro	Cordoue	41 245	957 45 32 11	298
Sierra de Hornachuelos	Cordoue	67 202	957 45 32 11	303
Sierras Subbéticas	Cordoue	31 568	957 33 40 64	159
Sierra de Baza	Grenade	52 337	958 86 10 13	153
Sierra de Castril	Grenade	12 265	958 53 76 00	248
Sierra de Huétor	Grenade	12 428	958 53 76 00	
Sierra de Aracena et pics d'Aroche	Huelva	184 000	959 12 84 75	137
Despeñaperros	Jaén		953 12 50 18	213
Sierras de Andújar	Jaén	60 800	953 50 02 79	129
Sierras de Cazorla, Segura y Las Villas	Jaén	214 336	953 72 01 25	173
Sierra Mágina	Jaén	19 900	953 49 22 66	257
Montes de Málaga	Málaga	4 900	952 04 11 69	279
Sierra de las Nieves	Málaga	16 564	952 87 77 78	322
Sierras de Tejeda y Almijara	Málaga-Grenade	40 600	952 04 11 48	
Sierra Norte de Sevilla	Séville	164 840	955 88 00 72	257

Itinéraires à thème

circuits de découverte

Pour ceux qui désirent réaliser un circuit en voiture de plusieurs jours, nous vous proposons dix itinéraires, signalés sur la **carte des circuits de découverte**, *p. 13*.
Vous pouvez aussi consulter la **carte des plus beaux sites**, dont vous trouverez la description dans la partie **Villes et sites**.

① PARMI LES TERRES DES OLIVIERS

Circuit de 225 km au départ de Jaén – Cet itinéraire sur les terres de la province de Jaén est ponctué de collines ombragées d'oliviers et de paysages montagneux et traverse de belles localités historiques aux édifices Renaissance majeurs.
Après la visite de **Jaén**, protégée par son ancienne forteresse arabe, le château Santa Catalina, de sa cathédrale Renaissance et des magnifiques bains arabes, prendre la direction de **Baeza** et **Úbeda**. Ces villes voisines sont ravissantes et présentent deux des plus beaux centres monumentaux d'Andalousie dont vous remarquerez l'excellent degré de conservation. D'Úbeda, rendez-vous à **Sabiote**, pour une promenade dans ses ruelles jalonnées d'élégantes demeures et pour y admirer son château. Le voyage se poursuit jusqu'à **Torreperojil**, couronné en son centre par l'église gothique de l'Assomption. Après être passé par **Villacarrillo** et son église Renaissance qui mérite une visite, l'itinéraire se dirige vers **Cazorla**, pittoresque village montagnard dominé par son château, qui se révèle le point de départ idéal pour la visite du spectaculaire **Parc naturel des Sierras de Cazorla, Segura et las Villas**. En rebroussant chemin vers Jaén, vous passerez par **Jódar**, où se situe le Centre d'interprétation du **Parc naturel de Sierra Mágina**.

Oliveraies.

B. Kaufmann/MICHELIN

② PAYSAGES TROGLODYTIQUES

Circuit de 272 km au départ de Guadix – La sierra Nevada et les sierras de Cazorla et Segura sont séparées par des vallées et des chaînes montagneuses d'une grande richesse archéologique. Les villages dissimulent dans leurs terrains argileux nombre de maisons troglodytiques.
Le voyage démarre à **Guadix**, village couronné par l'un des plus beaux ensembles troglodytiques de la région. **Purullena** est un curieux village où les « maisons-grottes » et les boutiques de céramique s'alignent de chaque côté de la route qui le traverse. Puis le circuit longe le Farbes jusqu'à la **station thermale d'Alicún** avant de redescendre par la vallée du Gor. En arrivant sur la commune de **Gorafe**, vous découvrirez les 200 dolmens datant du néolithique. Et dans le petit village, les maisons troglodytiques ne manquent pas non plus. Après avoir emprunté un tronçon d'autoroute, vous vous dirigerez vers la sierra. **Zújar** est située au pied du mont Jabalcón, à proximité du lac de retenue Negratín ; ses thermes lui ont valu sa grande renommée, et ce depuis l'Antiquité. Poursuivre alors vers le Nord, l'itinéraire borde le Sud du Parc naturel des Sierras de Cazorla, Segura et las Villas et aboutit à **Castril**, pittoresque village de montagne qu'abrite un imposant rocher à deux pas du splendide **Parc naturel de la Sierra de Castril**. Un peu plus loin à **Huéscar**, vous attendent la Plaza Mayor et la collégiale de l'Incarnation. Puis la route amorce sa descente en direction du Sud. À **Galera**, les vestiges d'une nécropole ibère cohabitent avec ceux d'un quartier arabe et un ensemble de maisons troglodytiques dans sa partie haute. À deux pas, dans un impressionnant paysage agreste, se découvre **Orce**, village devenu célèbre au début des années 1980 lorsque furent découverts les restes d'un enfant d'un million et demi d'années. La dernière étape du voyage avant de rebrousser chemin vers Guadix est **Baza**, ancienne colonie ibère majeure où fut mise au jour la célèbre « dame de Baza ». La localité, dominant la vallée du même nom et bordant le Parc naturel de la Sierra de Baza, recèle un intéressant patrimoine artistique dont vous retiendrez essentiellement les bains arabes de la période califale et la collégiale Ste-Marie-de-l'Incarnation.

③ DÉSERT ET PLAGES DE LA PROVINCE D'ALMERÍA

Circuit de 254 km au départ d'Almería – C'est sous un ciel lumineux d'un bleu limpide que le circuit réserve de surprenants paysages désertiques, de belles plages isolées, des vergers inattendus, des étendues infinies de serres, des villégiatures estivales sans oublier les pittoresques villages à l'intérieur des terres.

Almería, que protège sa magnifique forteresse arabe, est le point de départ du voyage. La première étape sera le **Parc naturel du cap de Gata**, dont vous pourrez admirer la beauté des plages, des dunes et des récifs. Après la visite de **Níjar**, à l'intérieur des terres, petit village blanc accroché au flanc d'une montagne autour de l'église paroissiale, et en retournant sur la côte, la route qui relie **Agua Amarga** et Mojácar offre de belles vues du littoral révélant d'anciennes tours de guet. **Mojácar**, situé à 2 km de la mer et perché sur un promontoire rocheux, est l'un des villages les plus charmants de la province d'Almería ; ses maisons et ses rues dégagent une indéniable saveur arabe. En poursuivant votre chemin, vous pénétrerez dans le désert almérien qui se distingue par un paysage rocailleux d'une grande aridité et nombre de collines. En dépassant sur votre droite le **site naturel de Karst en Yesos**, dont les milliers de grottes sont dues à l'action érosive de l'eau sur le calcaire, on arrive au village de **Sorbas**, qui domine d'un escarpement argileux un méandre du río Aguas. Un peu plus loin, vous découvrirez **Tabernas**, reposant au pied de l'ancienne forteresse arabe, et **Mini-Hollywood**, décor cinématographique d'un village de l'Ouest américain où furent tournés quelques célèbres *westerns-spaghettis*. Avant de repartir sur Almería, la visite de **Los Millares** vaut le détour : vous y découvrirez le gisement de l'âge du cuivre le plus important d'Europe.

④ VILLAGES DU PARC NATUREL DE LA SIERRA SUBBÉTICA

Circuit de 175 km au départ de Lucena – Ce voyage dans la sierra Subbética cordouane est jalonné de collines tapissées d'oliviers, de petits villages accrochés aux versants montagneux et dominés par des châteaux taillés dans le roc, de belles localités et de singuliers belvédères. Après la visite de **Lucena** et de son église St-Matthieu, nous vous conseillons de grimper au **sanctuaire de la Vierge d'Araceli**, d'où s'offre un vaste panorama. En retournant sur Lucena, vous passerez par **Rute**, un village connu pour ses anisettes et qui une fois dépassé dispense des vues du lac de barrage d'**Iznájar**. Le pittoresque village du même nom domine le lac du haut d'une colline. La prochaine étape sera **Priego de Córdoba**, si belle et surprenante capitale du baroque cordouan. Après avoir franchi **Carcabuey** et son château, puis Luque, prendre la direction de **Zuheros**, petit village de charme perché qui se serre autour de son château de pierre. Une belle route panoramique vous conduira non loin de là à la **grotte des Chauves-souris** (*cueva de los Murciélagos*), et ses magnifiques salles dont vous pourrez admirer les stalagmites et stalactites, ainsi que les vestiges de peintures et de gravures néolithiques. En retournant à Zuheros, le trajet se poursuit jusqu'à **Baena**, importante ville de l'olive, qui conserve des églises dignes d'intérêt. Prochaine étape à **Cabra**, paisible localité assise sur le versant de la cordillère du même nom. De là et avant de repartir sur Lucena, ne manquez pas la visite de l'**ermitage de la Vierge de la Sierra**, bénéficiant d'un site privilégié d'où l'on domine de vastes vues de la campagne cordouane.

⑤ LE GUADALQUIVIR DANS LA CAMPAGNE CORDOUANE

241 km au départ de Montoro – Le Guadalquivir fend les terres de la province cordouane et dans ses eaux se mirent de pittoresques villages, quelque imposant château ou des ruines qui évoqueront par ailleurs la ravissante capitale cordouane. Le voyage démarre à **Montoro**, village noble et ravissant enclavé dans un méandre du fleuve. Après avoir abandonné le cours du Guadalquivir, vous prendrez la direction d'**Adamuz**, situé parmi de vastes oliveraies. Puis une petite route longeant le fleuve vous conduira à **Cordoue**. La visite de la mosquée et une promenade dans la Judería valent à elles seules le voyage à Cordoue, ville d'art et d'histoire, où les petites places abondent et où les patios fleuris débordent de charme. Après l'émotion que la visite d'une telle ville peut susciter, vous pourrez gagner paisiblement les **ermitages**, qui bénéficient d'un magnifique décor montagneux, d'où s'offre un immense panorama sur la campagne. La prochaine étape sera **Medina Azahara** ; ou encore les magnifiques vestiges de cette cité palatiale, dont l'édification et la destruction remontent respectivement à la fin du 10e s. et au début du 11e s. Vous admirerez l'un des plus beaux exemples d'architecture civile hispano-musulmane. Vous poursuivrez votre route jusqu'à **Almodóvar del Río**, sis, contre le fleuve, au pied d'une colline couronnée par son majestueux château. Avant d'atteindre Palma del Río, faites donc une halte à **Moratalla** pour profiter de ses beaux jardins. **Palma del Río**, qui déroule ses maisons blanches entre le Guadalquivir et le Genil, conserve quelques pans de murailles de l'époque almohade et plusieurs églises intéressantes. Avant de reprendre le chemin de Cordoue, en empruntant la quatre-voies direction Montoro, vous passerez près de **El Carpio**, qui s'étage sur une colline protégée par une grosse tour mudéjare.

Medina Azahara (Córdoba), la Maison des Vizirs.

H. Champollion/MICHELIN

6 **ART ET HISTOIRE DANS LA CAMPAGNE SÉVILLANE**
Circuit de 278 km au départ de Séville – Pour ce circuit, vous emprunterez essentiellement les N IV-E 5 et A 92. Vous partirez à la découverte de localités parmi les plus belles de la campagne sévillane : d'élégants villages aux splendides églises qui dressent leurs superbes tours et que l'histoire de la région a également dotés de magnifiques monuments civils.
Votre point de départ sera **Séville**, capitale de l'Andalousie et ville aux mille charmes et attraits, avant de prendre la direction de **Carmona**, localité empreinte d'histoire, dont vous retiendrez en particulier le centre monumental historique, l'*alcázar* et la nécropole romaine. Vous poursuivrez jusqu'à **Écija**, riche en palais et églises, dont les tours baroques se rangent au nombre des plus élégantes d'Andalousie. En partant vers le Sud, vous rencontrerez **Osuna**, autre localité historique recelant un beau centre monumental Renaissance perché au sommet d'une colline, et héritière d'un riche passé de cité ducale ; ne manquez pas de vous attarder dans son quartier aux nombreux palais, demeures seigneuriales et églises

essentiellement baroques. L'étape suivante est **Estepa** qui conserve, outre les vestiges d'un mur d'enceinte d'origine arabe perché au sommet d'une colline, plusieurs monuments dignes d'intérêt. De retour à Osuna, vous pousserez jusqu'à **Marchena**, qui recèle dans les murs de son église St-Jean-Baptiste de magnifiques chefs-d'œuvre ainsi que le singulier musée Zurbarán. Vous franchirez ensuite **Paradas**, qui doit son nom aux anciennes caravanes qui faisaient halte en ce lieu (*parada* signifiant halte ou arrêt en espagnol), avant d'atteindre **El Arahal**, charmant village d'origine arabe accueillant en son sein des édifices néoclassiques et baroques. Avant d'arriver à Séville, vous terminerez votre visite par **Alcalá de Guadaira**, qui s'étend au pied d'une imposante forteresse almohade.

7 **CHEVAUX, TAUREAUX ET VIN**
Circuit de 216 km au départ de Cadix – Cet itinéraire dans l'Ouest gaditan, traversant de belles villes et de pittoresques villages continentaux et côtiers, évoque des estampes de scènes de feria et de chevaux andalous, des journées de corrida, des échos de guitare et les odeurs émanant des caves.
Cadix, ville de lumière et de mer, et point de départ du circuit, conserve d'intéressants édifices baroques et néoclassiques sans oublier les places et les rues pleines de charme. Dans la baie du même nom, **El Puerto de Santa María**, station balnéaire animée l'été et plaisante ville ponctuée d'édifices soignés des 18e et 19e s. Puis direction **Sanlúcar de Barrameda** : dans la patrie de la *manzanilla*, située à l'embouchure du Guadalquivir, vous ne manquerez pas la visite du vieux quartier haut qui se caractérise par ses monuments et ses nombreuses caves. Plus loin, les terres fertiles de la campagne accueillent **Jerez de la Frontera**, élégante et seigneuriale avec son noyau médiéval où furent érigées après la Reconquête diverses églises ; à noter, au nombre de ses principales curiosités, la cathédrale, le Cabildo, l'église St-Michel, le musée des Horloges, l'École royale andalouse d'art équestre, sans oublier bien sûr les emblématiques bodegas. Puis le parcours se dirige plus à l'intérieur des terres pour aboutir à **Arcos de la Frontera**, superbe village blanc aux rues étroites et escarpées qui, de son site spectaculaire, domine la vallée du Guadalete. En cheminant vers le Sud, vous traverserez **Medina Sidonia**, qui du haut d'une colline offre un vaste panorama campagnard. L'ensemble archéologique romain ainsi que la partie ancienne avec l'église Ste-Marie-la-Majeure et les vestiges

de l'*alcázar* méritent une visite. En se rapprochant de la côte, voici **Vejer de la Frontera**, ravissant village blanc perché sur une colline. En reprenant la direction de Cadix, vous traverserez **Chiclana de la Frontera**, en bordure des marais salants, station balnéaire très prisée l'été en vertu de sa magnifique et longue plage de la Barrosa distante de 7 km et des complexes touristiques de Sancti Petri et Novo Sancti Petri. La dernière étape du parcours, juste avant le retour à Cadix, sera **San Fernando**, localité qui présente la particularité d'être liée à la Marine espagnole depuis le 18ᵉ s.

8 TERRES DE BRIGANDS

Circuit de 256 km au départ d'Algésiras – Cet itinéraire pénètre de spectaculaires paysages montagneux et isolés où se nichent de pittoresques villages, anciens repaires de bandits, avant de redescendre vers la mer et de traverser certaines célèbres stations balnéaires de la Costa del Sol.
Après avoir admiré le rocher de Gibraltar, dont on a une magnifique vue depuis la ville portuaire d'**Algésiras**, direction **Castillo de Castellar**, ravissant village-forteresse d'origine arabe niché dans le Parc naturel des Alcornocales, et dominant le réservoir de Guadarranque. L'étape suivante est **Jimena de la Frontera**, qui déroule ses maisons blanches sur le flanc d'une colline. À l'instar de Castillo de Castellar, Jimena fut le témoin des combats qui opposèrent chrétiens et Maures. Puis on pénètre dans la Serrania de Ronda et après avoir traversé **Gaucín**, enclavé sur une colline, la route longe en altitude un versant rocheux pour aboutir à **Ronda**. Cette ville romantique, berceau de la tauromachie et de célèbres bandits, jouit d'un site tout à fait impressionnant, au sommet d'un roc vertigineux ; elle est découpée en deux par le Tajo, profonde gorge au fond de laquelle coule le río Guadalevín. Puis, le voyage jusqu'à San Pedro de Alcántara est tout à fait spectaculaire ; après avoir dépassé le col d'Alájar, on descend brutalement jusqu'au la mer. **San Pedro de Alcántara** est une station balnéaire réputée qui conserve d'intéressants vestiges archéologiques. À deux pas de là, voici **Puerto Banús**, le port de plaisance le plus réputé de la Costa del Sol, suivi de **Marbella**, la cosmopolite au luxe débordant, point d'ancrage de la *jet set* internationale l'été. Retour à San Pedro de Alcántara puis avant le retour définitif sur Algésiras, on passera par **Estepona**, autre station balnéaire estivale, et **La Duquesa**, port de plaisance moderne. Enfin, non loin de **Sotogrande**, on traversera un ensemble de résidences luxueuses s'ordonnant autour d'un célèbre terrain de golf.

9 VINS ET JAMBON

Circuit de 338 km au départ de Huelva – Ce parcours dans la province de Huelva commence par longer le littoral avant de traverser plus loin des localités vinicoles puis de grimper en direction de la sierra de Aracena, zone de production du meilleur jambon espagnol, un pur régal en perspective.
Le circuit démarre donc à **Huelva**, nichée entre les embouchures du Tinto et de l'Odiel. Vous ferez une première halte au **monastère de la Rábida**, dont le nom demeure à jamais uni à celui de Christophe Colomb et à la chanson de geste de la Découverte de l'Amérique. L'itinéraire longe toujours la côte, bordant ainsi la longue plage de sable fin de **Mazagón**, pour arriver à **Matalascañas**, station balnéaire animée et prisée. Puis vous laisserez la mer derrière vous pour vous diriger vers **El Rocío**, qui borde les marécages du **Parc national de Doñana**. Cette petite bourgade accueille lors du premier week-end de Pentecôte le pèlerinage le plus important et le plus populaire d'Espagne. En suivant, **Almonte**, **Bollullos del Condado**, et **La Palma del Condado** sont de paisibles et élégantes localités vinicoles qui produisent des vins blancs et doux, sous l'appellation contrôlée Condado de Huelva. Sur le chemin de la sierra, vous traverserez **Zalamea la Real**, qui tire sa célébrité de ses anisettes. La route serpente au détour des contreforts montagneux jusqu'à **Minas de Riotinto**, qui bénéficie d'un singulier environnement marqué par l'activité minière depuis l'Antiquité. Le parc minier percé de ses spectaculaires exploitations à ciel ouvert ainsi que le quartier « anglais » de Bellavista sont les principales curiosités de la localité. Par une belle route de montagne, vous pénétrerez dans le **Parc naturel de la Sierra de Aracena et Picos de Aroche**, et arriverez à **Aracena**, ravissant village abrité par son château : halte obligée à la grotte des Merveilles, cette grotte

Cochons noirs d'Espagne.

spectaculaire qui mérite bien son nom. Le voyage se poursuit à l'intérieur du parc, dans des bois peuplés et traverse de pittoresques villages comme **Jabugo**, célèbre pour ses jambons, **Cortegana**, important centre artisanal dont on remarquera surtout le château médiéval, et **Almonaster la Real**, qui conserve une mosquée du 10ᵉ s. En rebroussant chemin vers Huelva, vous découvrirez **Valverde del Camino**, qui tire sa célébrité de ses bottes, et **Niebla**, splendide village médiéval fortifié.

🔟 Vestiges nasrides

Circuit de 330 km au départ de Grenade – Cet itinéraire sur les terres de l'ancien royaume nasride de Grenade parcourt une région de contreforts montagneux, de belles localités ainsi qu'une bonne partie du littoral malaguène et grenadin. Après la visite de **Grenade**, capitale du royaume nasride, et donc de l'Alhambra, qui compte parmi les plus beaux monuments du monde, vous démarrerez votre voyage par **Santa Fé**, lieu d'histoire où les Rois catholiques et Christophe Colomb signèrent les célèbres conventions, puis vous découvrirez **Loja**, dominant la fertile vallée du Genil du haut de son petit promontoire. L'étape suivante sera **Archidona**, situé au bas de la sierra de Gracia dans un paysage de vertes oliveraies, et dont le principal attrait est la singulière place octogonale. À moins de 20 km se trouve **Antequera**, et ses maisons blanches aux fenêtres grillagées, qui conserve plusieurs monuments dignes d'intérêt dont une forteresse arabe, et qui constitue un point de départ idéal pour partir à la découverte des charmes naturels que recèle la zone. Une belle route escarpée dans un paysage de montagne relie Antequera à **Málaga**. La capitale de la Costa del Sol possède un intéressant patrimoine historique qui témoigne de son essor depuis les temps romains. À noter les vestiges de Gibralfaro et la forteresse qui sont les principaux témoins du système défensif de la Malaka arabe. Vous poursuivrez votre route en longeant le littoral de l'**Axarquía**, qui compte plusieurs stations balnéaires ; vous pourrez également visiter la **Cueva del Tesoro**, grotte formée par l'érosion marine (non loin de Rincón de la Victoria), ainsi que la spectaculaire **grotte de Nerja**. De **Nerja**, centre touristique animé, ne manquez pas la visite de **Frigiliana**, pittoresque village blanc de l'intérieur qui vous charmera par son architecture civile très soignée, à l'allure immanquablement mauresque. Puis, la route en corniche vous offrira de belles vues de la côte découpée. Après avoir franchi les localités grenadines d'**Almuñecar** et de

Salobreña, ravissant village au sommet d'une colline et dominé par son château, vous entamerez le voyage de retour vers Grenade. En vous échappant de la route principale, s'offriront à vous de pittoresques villages tels que **Guajar de Faragüit** et, après avoir pénétré les Alpujarras, **Nigüelas**.

Salobreña.

B. Kaufmann/MICHELIN

le Legs andalou

Le Legs andalou a été fondé par la Junta d'Andalousie et le gouvernement espagnol. Sa vocation est de réunir le plus d'informations possibles sur l'occupation arabe de la péninsule Ibérique et sur les réalisations de l'Espagne musulmane. En d'autres termes, le Legs andalou, ce sont des expositions, des circuits touristiques dans al-Andalus (Andalousie, région de Murcie, Portugal et Afrique du Nord) promus par le Conseil au tourisme et au sport de la Junta d'Andalousie, la publication d'ouvrages sur cette période et le répertoire complet de l'architecture arabe et de tous les monuments.

Circuits dans al-Andalus

Ces itinéraires hors des sentiers battus du tourisme habituel proposent non seulement une véritable approche du patrimoine historique, artistique et architectural d'une des civilisations les plus brillantes de l'Histoire, mais aussi celle de sa gastronomie et de son artisanat. Les visiteurs tireront de ces circuits une grande connaissance de cette culture et pourront ressentir son empreinte.

Les Circuits dans al-Andalus reçurent en 1998 du Conseil de l'Europe l'appellation d'**Itinéraire culturel européen**. Cette distinction est habituellement décernée aux circuits promouvant le tourisme culturel et qui invitent à parcourir et à approfondir les moyens ayant contribué à la formation de l'identité européenne.

Choix de trois circuits totalement balisés :

Route du Califat – Elle relie Cordoue à Grenade, les deux capitales de l'histoire hispano-musulmane qui sont aussi les deux pôles héritiers de l'immense legs culturel, politique et social d'al-Andalus. Sous vos yeux se déroule un territoire de légendes, de châteaux et de villages remarquables.

Itinéraire : Cordoue, Fernán Núñez, Montemayor, Montilla, Aguilar de la Frontera, Lucena, Cabra, Priego de Córdoba, Espejo, Castro del Río, Baena, Zuheros, Luque, Alcaudete, Castillo de Locubín, Alcalá la Real, Moclín, Pinos Puente, Colomera, Güevejar, Cogollos Vega, Alfacar, Viznar, Grenade.

Route de Washington Irving – Ce circuit ressuscite plus ou moins le trajet parcouru en 1829 par l'auteur romantique américain qui lui donne son nom, absolument fasciné par l'exotisme et l'exubérance des vestiges arabes en Andalousie. Reliant les villes de Séville et Grenade, il suit une voie historique qui au Moyen Âge servit d'importante voie de communication entre le royaume nasride et les autorités chrétiennes.

Itinéraire : Séville, Alcalá de Guadaira, Carmona, Marchena, Écija, Osuna, Estepa, La Roda de Andalucía, Fuente de Piedra, Molina, Humilladero, Antequera, Archidona, Loja, Moraleda de Zafayona, Alhama de Granada, Huétor Tájar, Montefrío, Illora, Chauchina, Fuente Vaqueros, Santa Fe, Grenade.

Route des Nasrides – Ce parcours sur les terres des provinces de Jaén et de Grenade est dédié aux héros du dernier chapitre de la Reconquête, il est l'épilogue de la riche histoire de l'Islam en Espagne. Il prend naissance aux cols de la sierra Morena, témoins de l'avancée chrétienne. C'est à Las Navas de Tolosa, non loin de Despeñaperros, que fut livrée la fameuse bataille (1212) qui allait ouvrir les portes de l'Andalousie à la chrétienté, avant de se solder par la prise de Grenade en 1492.

Itinéraire : Las Navas de Tolosa, La Carolina, Baños de la Encina, Bailén, Mengíbar, Andújar, Arjona, Porcuna, Torredonjimeno, Martos, Torredelcampo, Linares, Baeza, Úbeda, Mancha Real, Jódar, Jimena, Jaén, La Guardia de Jaén, Cambil, Huelma, Guadahortuna, Piñar, Iznalloz, Deifontes, Albolote, Maracena, Grenade.

Renseignements – El Legado Andalusí, calle Mariana Pineda, Edif. Corral del Carbón, 2ᵉ étage, 18009 Granada. ☎ 958 22 59 95, fax 958 22 86 44, www.legadoandalusi.es, turismo@legadoandalusi.es

Découvrir autrement le pays

avec des enfants

Les espaces de loisirs aménagés se multiplient à proximité des principales villes de la Costa del Sol et dans certains parcs naturels. Pendant vos vacances familiales, évadez-vous quelques heures dans un parc aquatique, un zoo, un aquarium, un parc d'attractions ou un jardin botanique. En voici quelques exemples :

Parc à thème Isla Mágica, à Séville.

Musée interactif des Sciences de Grenade.

Mini-Hollywood, près d'Almería : lieu de tournage de quelques célèbres « westerns-spaghettis », constitue une halte obligée si vous parcourez la région.

Renseignements dans les offices de tourisme et dans le guide *Andalucía sólo hay una* (voir Kiosque).

Sports et loisirs

En Andalousie, les activités de plein air sont possibles toute l'année. De plus, la diversité de ses paysages offre aux sportifs un vrai paradis.

randonnée et VTT

Ce n'est un doute pour personne... la nature et le soleil ne manquent pas en Andalousie. C'est pourquoi les amateurs de randonnée et de VTT se trouvent parfois confrontés à un dilemme : quel sentier balisé choisir ? Les livres *Bicicleta, Andalucía Natural* et *Senderismo*, publiés par les Publicaciones de Turismo Andaluz *(voir Kiosque-tourisme)*, et le site www.andalucia.org proposent deux cents itinéraires de randonnée et cent vingt itinéraires cyclables.
Federación Andaluza de Ciclismo : Edificio La Compañía 4, 11403 Jerez de la Frontera (Cádix), ☎ 956 34 88 12, fax 956 34 86 17.

Randonnée dans les Alpujarras.

sports nautiques

De la voile à la plongée sous-marine en passant par le ski nautique ou la **planche à voile**, sport de prédilection à Tarifa, l'Andalousie offre une myriade de possibilités pour pratiquer et s'initier aux activités nautiques.
Federación Andaluza de Vela : Avenida de la Libertad, Puerto Sherry, 11500 El Puerto de Santa María (Cádix), ☎ 956 85 48 13, fax 956 87 48 05.
Federación Andaluza de Esquí Náutico : Plaza de San Miguel, 13-1° A, 29620 Torremolinos (Málaga), ☎ 952 44 42 34.

ports de plaisance

La tradition maritime de l'Andalousie n'est plus à démontrer, et ce depuis des siècles. Aujourd'hui, elle se

La Duquesa (Costa del Sol).

manifeste au travers de ses nombreux ports de plaisance (plus de trente), ponctuant les 836 km de côte atlantique et méditerranéenne et de ses deux ports fluviaux à Séville. La plupart des ports sont dotés d'écoles de voile, de plongée et de planche à voile. Certains disposent même d'une école de canoë-kayak. Le guide *Náutica* et la brochure *Puertos Deportivos*, publiés par la Junta d'Andalousie *(voir Kiosque-tourisme)*, recensent les ports andalous et fournissent des précisions sur leurs équipements.
Pour tout renseignement : www.puertosdeandalucia.com

plongée

Les étrangers doivent être en possession d'un permis délivré par la direction générale de la Marine marchande espagnole, ou avoir un titre équivalent certifié par l'un des clubs adhérant à la Fédération des activités sous-marines. De plus, il faut être muni d'une autorisation spéciale à caractère temporaire délivrée par l'autorité provinciale ou l'autorité locale maritime, selon qu'il s'agisse de plongée en eau douce ou en mer. Outre les clubs des ports de plaisance, il existe six clubs de plongée pour les plus chevronnés.
Sachez que la plongée dans l'océan Atlantique n'est pas comparable à celle pratiquée dans les eaux méditerranéennes. Les conditions de plongée sont difficiles dans l'Atlantique : eau froide, visibilité de 15-20 m parfois même quasiment nulle, forts courants. C'est pourquoi nous recommandons l'assistance d'un instructeur local. En revanche, la Méditerranée présente des conditions favorables : excellente visibilité dans une mer tiède et calme.

Pour tout renseignement : Federación Andaluza de Actividades Subacuáticas : Playa de las Almadrabillas, 10, 04007 Almería, ☎ 950 27 06 12, fax 950 27 62 99, www.andalucia.org

pêche en eau douce

Le permis, obligatoire, s'obtient auprès des services officiels d'agriculture andalous, sur présentation du passeport. Elle se pratique surtout dans les provinces de Jaén et Grenade : les eaux des rivières et lacs de barrage sont riches surtout en truites, et parfois en cyprinidés et crabes. La saison dure en général du 15 mars au 15 août. Néanmoins, à Jaén, plusieurs réserves de pêche sont ouvertes toute l'année.
Pour tout renseignement : Federación Andaluza de Pesca : Apartado de Correos 71, 14080 Córdoba, ☎ 957 25 30 59, fax 957 26 16 54.

tourisme équestre

Le cheval est depuis toujours étroitement lié à la culture andalouse. Des traditions hippiques très anciennes se perpétuent dans la région : les festivités dans le village du Rocío et dans le Parc naturel de Doñana (« saca de las yeguas » le 26 juin), les courses de taureaux de Villamanrique et Séville (avril), les courses de Sanlúcar de Barrameda, ou encore les défilés d'attelages (tirés par des chevaux ou des mules) dans les principales arènes andalouses lors des ferias.
Au nombre des compétitions internationales, on mentionnera Le Trofeo del Sol, compétition hippique de saut d'obstacles, qui se déroule en hiver dans diverses localités de la Costa del Sol ainsi que les tournois de polo de Sotogrande (province de Cadix) en juillet et août. La Feria du cheval de Jerez (mai) et le SICAB, salon international qui se tient en novembre à Séville, sont les deux événements phares de l'univers du cheval andalou.
L'Andalousie est la région rêvée pour les cavaliers, qui peuvent parcourir des endroits de toute beauté sans fouler l'asphalte des jours durant. Les randonnées de plusieurs jours, les séjours dans de grandes propriétés rurales, des cours de dressage classique ou de vacher sont autant de possibilités offertes par les nombreux organismes dans la discipline en Andalousie.
Pour tout renseignement : consulter El Caballo (voir Kiosque-Tourisme), dans les offices de tourisme.

Federación Hípica Andaluza : O'Donnell, 16-3°, 41001 Sevilla, ☎ 954 56 16 33, fax 954 56 16 33.
Asociación de Empresas de Turismo Ecuestre y Rural de Andalucía : Isla de la Cartuja, 41092 Sevilla, ☎ 954 48 89 00, fax 954 48 89 11.

chasse

Chaque chasseur doit posséder un permis de port d'arme délivré par la police de la frontière, sur présentation du passeport et du permis de chasse français en règle, accompagnés de leur traduction et certifiés par le consulat d'Espagne ; un permis de chasse délivré sur présentation du passeport par les autorités de la région choisie ; une assurance obligatoire. Les adeptes conserveront un souvenir impérissable de leurs chasses au gros en Andalousie. Peu d'autres endroits en Europe peuvent s'enorgueillir d'une aussi grande variété de gibier : sangliers (Doñana), boucs (Cazorla, sierra Nevada, Ronda), daims, chevreuils (serranía de Cádiz), mouflons (élevés dans des enclos)… La chasse traditionnelle « au lièvre » se pratique également en plaine. Il existe aussi les battues des délicieuses perdrix et cailles. Pour tout renseignement, consulter la brochure La Caza (voir Kiosque-Tourisme), distribuée dans les Delegaciones Provinciales de la Consejería de Agricultura y Pesca et les fédérations provinciales de chasse.
Federación Andaluza de Caza : Los Morenos, 29300 Archidona (Málaga), ☎ 95 271 48 71/65, www.fac.es

golf

Les golfeurs qui choisissent l'Andalousie pour s'adonner à ce sport seront séduits par la douceur du climat et le nombre important de terrains de golf d'excellente qualité. La communauté autonome en dénombre environ soixante-dix, qui se concentrent plus particulièrement sur la Costa del Sol (citons le terrain de Valderrama qui accueillit la Ryder Cup

en 1997). Certains se trouvent aux abords des grandes villes comme Séville, Huelva, Cadix, Grenade et Almería.

Le livre *Golf (voir Kiosque-Tourisme)* fournit des renseignements détaillés sur chaque terrain.

Federación Andaluza de Golf : Sierra de Grazalema, 33 – 5 – 1°B, 29016 Málaga, ☎ 952 22 55 90, fax 952 22 03 87, www.fga.org

sports d'hiver

La station de ski de la sierra Nevada, l'une des plus fréquentées d'Espagne, est très bien desservie : accès en voiture *(à 1/2h de Grenade par la route la plus escarpée d'Europe)*, en autocar *(lignes locales et liaison quotidienne Madrid-Sierra Nevada)*, en train *(gare ferroviaire à 33 km)* et en avion *(aéroports de Grenade, Málaga et Séville)*. Elle est dotée d'un domaine skiable de 61 km de pistes balisées et des équipements les plus sophistiqués.

Pour tout renseignement : Oficina Central de Cetursa : Plaza de Andalucía, 18196 Sierra Nevada, Monachil Grenade, ☎ 958 24 91 00, fax 958 24 91 22, www.cetursa.es, agencia@cetursa.es

Federación Andaluza de Deportes de Invierno : Avenida de la Constitución, 27- 1° A, 18014 Granada, ☎ 958 13 57 48, fax 958 13 57 49.

Forme et santé

Les onze stations thermales andalouses proposent à la fois aux curistes repos, tourisme et remise en forme dans de très beaux cadres naturels (quatre dans la province de Grenade, deux dans la province d'Almería, deux dans celle de Jaén et un dans la province gaditane). Il existe également cinq hôtels de remise en forme (quatre à Málaga et un à Almería), aux prestations luxueuses, qui font appel aux techniques les plus avancées dans le domaine.

Pour tout renseignement : Asociación de Balnearios de Andalucía : ☎ 950 16 02 57.

Guide *Balnearios y Curhoteles (voir Kiosque-tourisme)* et site www.andalucia.org

Souvenirs

L'artisanat andalou offre une large gamme de produits dont les caractéristiques varient selon les régions surtout en ce qui concerne la poterie et la céramique, mais les traditions sont communes à la majorité des provinces. Ces dernières années, de gros efforts ont été déployés pour remettre à l'honneur des techniques et des motifs presque oubliés. Mais certains arts décoratifs, comme par exemple le tissage de la soie qui était une industrie prospère sous la période musulmane, ont malheureusement disparu à jamais.

POTERIE ET CÉRAMIQUE

Dans ce domaine, la gamme de produits est infinie car elle comprend aussi bien des pièces dont l'usage est tombé en désuétude, comme les cruches, les pots de grès et les terrines, qui sont uniquement des pièces décoratives, que la somptueuse faïence artistique de Pickman-La Cartuja de Séville, de grande qualité, aux motifs gris, roses et verts.

Les fours de la région d'Almería à Albox, Níjar et Sorbas sont quasiment les mêmes qu'à l'époque arabe. Dans la province de Grenade, on trouve beaucoup de fours à bois du 19ᵉ s. et à Guadix, les tours sont toujours scellés dans le sol.

Dans le quartier de Triana à Séville, il y a encore de nombreux ateliers de céramique ou de fabrication d'azulejos (dans les tons bleus, jaunes, oranges et mauves) tandis que Sanlúcar la Mayor est en train de réaliser un grand travail de reproduction de dessins hispano-arabes de céramique aux reflets métalliques.

Dans la région de Jaén, terre de potiers, c'est la céramique bleue et blanche d'Andújar qui est la plus célèbre. À Cordoue, on trouve des reproductions de céramique aux décors géométriques, végétaux et animaux de l'époque du califat.

LE BOIS

Si les ateliers perpétuent la tradition depuis des siècles, comme les sculpteurs sévillans qui s'inspirent des créations de Martínez Montañés et de

Pedro Roldán, le travail du bois revêt également son importance avec la fabrication de meubles qui est une caractéristique de l'Andalousie.

Au 19e s., après l'achat de chais par des Anglais, les habitants de la région de Cadix (Sanlúcar de Barrameda et San Fernando), experts dans la fabrication de tonneaux et de barriques de bois, se sont tournés vers l'ébénisterie et ont commencé ainsi à créer des meubles d'acajou, de style anglais, travaillés et assemblés à la main. À Ronda, on fabrique plutôt du mobilier rustique.

Les artisans de la région de Grenade sont renommés pour leur parfaite habileté dans le travail de la marqueterie (avec incrustations d'os, de nacre, d'ambre ou d'ivoire) et de la dorure. Certains villages de la province se sont spécialisés avec le temps comme c'est le cas de Capileira ou de Baza où l'on fabrique des meubles de style mudéjar ou des meubles de style Renaissance.

Les « chaises de Séville », aux couleurs vives décorées de motifs floraux, sont fabriquées dans plusieurs villages de la province de Huelva (Valverde, Galorza, Zalamea).

TRAVAIL DU CUIR

Le monde des chevaux occupe une telle place en Andalousie qu'il a favorisé le développement d'une importante fabrication de selles et, bien entendu, de culottes de cuir, de besaces ainsi que de tout équipement d'équitation et de chasse. Les centres les plus importants se situent à Jerez de la Frontera, Alcalá de los Gazules, Villamartín, Almodóvar del Río, ainsi que dans la province de Huelva (Almonte et Zalamea la Real).

Ubrique et Prado del Rey sont devenues les capitales de la maroquinerie et tous leurs ateliers confectionnent des articles de petite maroquinerie (sacs, ceintures, gants) pour des sociétés du monde entier. L'industrie de la chaussure est aussi présente avec les bottes de Valverde del Camino et les chaussures cousues main de Montoro.

Enfin, on ne peut terminer cette énumération sans citer les magnifiques cuirs repoussés de Cordoue au décor moderne ou traditionnel.

TRAVAIL DU MÉTAL ET DU FER FORGÉ

Dans de nombreux villages, on continue de travailler le fer selon les méthodes traditionnelles, c'est-à-dire avec la forge et l'enclume, et l'on fabrique des escaliers ou des grilles pour portes et fenêtres comme dans la région d'Arcos de la Frontera ou dans la région de Torredonjimeno. En outre, certains villages de la région de Málaga, comme Arroyo de la Miel, Cártama et Estepona, se sont spécialisés dans la production de fer forgé d'art.

N'oublions pas de mentionner les originales lanternes de fer blanc et de verre d'Úbeda ainsi que les curieuses cloches de Cortegana ou les attelages de Bollulos del Condado, qui présentent à la fois un travail de fer forgé et d'ébénisterie.

H. Champollion/MICHELIN

AUTRES

N'oublions pas non plus les marbres de Macael et les jarapas ou catalognes de Níjar qui sont des tapis aux tons doux faits de bandes de tissu, les couvertures de Grazalema, les tapis faits main de Málaga, de Marbella et d'Estepona, la vannerie de Lanjarón, la bijouterie de Cordoue, les éventails, les châles et les grands peignes de Séville, les costumes régionaux d'Antequera et les guitares de Grenade, de Cordoue et de Marmolejo.

Kiosque

art et architecture

Images et idées dans la peinture espagnole du 17ᵉ s., par Jonathan Brown *(Éditions G. Monfort, 1993, coll. Imago Mundi).*
Les Architectures fantastiques de Gaudi ; l'Alhambra de Grenade, par Xavier Gûęll *(Guides Visuels, Hazan).*
Art préroman hispanique *(2 tomes) (Zodiaque).*

histoire

Les Morisques et l'Inquisition, par Louis Cardaillac *(Publisud, 1990).*
Ce que la culture doit aux Arabes d'Espagne, par J. Vernet *(Éditions Sindbad, coll. La petite bibliothèque Sindbad).*

récits de voyage

Les Terres de Níjar, par Juan Goytisolo *(Gallimard, 1964, collection du Monde Entier).*
Christophe Colomb : Mémoires, avec la complicité de Stephen Marlowe *(Seuil, coll. Points-Roman).*
Guadalquivir, par Jacques Durand et Jacques Maigre *(Seghers).*

romans

Mémoires écarlates, par Antonio Gala *(Lattès, 1996).*
Contes de l'Alhambra, par Washington Irving *(Phébus, 1998).*

poésie

Federico García Lorca : **Romancero gitan et chant funèbre pour Ignacio Sánchez Mejías** *(P. de Tartas, 1976) ;*
Poésies *(Gallimard, coll. Poésies).*
Le Collier de la colombe, par Ibn Hazm *(Papyrus, 1983).*

théâtre

Federico García Lorca : **La Maison de Bernarda Alba**, suivi de **Noces de sang** *(Gallimard, coll. Folio, 1973).*
Lope de Vega : **Fuente Ovejuna**, *(Aubier-Flammarion, coll. Bilingue).*

traditions et coutumes

Séville, 16ᵉ s. : de Colomb à don Quichotte, entre Europe et Amériques, le cœur et les richesses du monde, par Carlos Martínez Shaw *(Autrement, 1992).*

tourisme

Les éditions **Publicaciones de Turismo Andaluz, S.A.** publient dans plusieurs langues de nombreux livres et brochures touristiques que l'on peut se procurer dans les principaux offices de tourisme d'Andalousie ou en consultant le site internet : info@andalucia.org

Calendrier festif

Chaque jour, une fête est célébrée en Andalousie. Dans cette section, nous ne prétendons pas donner une liste exhaustive de toutes les manifestations en Andalousie.

Nous ne citons que les principales, mais vous trouverez dans les offices de tourisme des calendriers des fêtes régionales.

2 janvier

Commémoration de la prise de Grenade. **Grenade**

Semaine précédant le mercredi des Cendres (entre le 5 février et le 4 mars)

Fêtes du carnaval. **Cadix (chef-lieu et province), Isla Cristina et Ayamonte**

2 février

Processions de la Chandeleur. **Dans de nombreuses localités**

Semaine sainte

Processions solennelles. **Dans toute l'Andalousie, surtout à Séville, Málaga, Cordoue et Grenade**

En avril (après la Semaine sainte)

Feria. **Séville**

Dernier dimanche d'avril

Romería à la Virgen de la Cabeza. **Andújar (province de Jaén)**

1re quinzaine de mai

Festival international de théâtre. **Grenade**

7-11 mai

Feria du printemps et du *vino fino*. **El Puerto de Sta. María**

10-17 mai

Feria du cheval. **Jerez**

19-24 mai

Feria de la *manzanilla*. **Sanlúcar de Barrameda (province de Cadix)**

Mai (tout au long du mois)

Croix de Mai, Festival des patios, Feria et Concours national de flamenco (triennal) **Cordoue**

Pentecôte (mai ou juin)

Pèlerinage du Rocío. **Almonte (province de Huelva)**

2e jeudi après la Pentecôte : Corpus Christi (Fête-Dieu)

Procession solennelle. **Grenade**
Festival de flamenco (le plus ancien d'Espagne).

Juin-juillet

Festival international de musique et de danse. **Grenade**

16 juillet (Vierge du Carmel)

Processions en mer. **Dans nombre de localités côtières, surtout dans la province d'Almería**

22-27 juillet

Festival des grottes de Nerja.

Nerja (province de Málaga)

3ᵉ semaine de juillet

Fêtes commémoratives de la bataille de Bailén.

Bailén (province de Jaén)

Juillet-août

Fêtes colombines.

Huelva

Août

Courses de chevaux sur la plage.

Sanlúcar de Barrameda

Festival international de musique et de danse.

Priego de Córdoba (province de Cordoue)

Courses de chevaux à Sanlúcar de Barrameda.

22-31 août

Fêtes mariales.

Almería

13-21 août

Feria.

Málaga

Avant-dernier dimanche d'août

Fêtes des Maures et des chrétiens.

Bubión (province de Grenade)

4-8 septembre

Fête de N.-D. de Regla.

Chipiona (province de Cadix)

1ᵉʳ dimanche de septembre

Fête des vendanges.

Montilla (province de Cordoue)

8 septembre

Romería à la Vierge de Setefilla.

Lora del Río (province de Séville)

1ʳᵉ semaine de septembre

Corridas *goyescas*.
Festival de *Cante Grande*.

Ronda (province de Málaga)

2ᵉ quinzaine de septembre-1ʳᵉ quinzaine d'octobre

Fêtes d'automne (vendanges et Semaine du cheval).

Jerez (province de Cadix)

Octobre

Feria de San Lucas.

Jaén

28 décembre

Fête de *los Verdiales*.

Málaga

Lexique

mots usuels

Pour les termes liés à l'hôtellerie, voir le Guide Rouge España & Portugal.

Termes de politesse

oui, non	**sí, no**
bonjour (le matin)	**buenos días**
bonjour (l'après-midi)	**buenas tardes**
au revoir	**hasta luego, adiós**
s'il vous plaît	**por favor**
Comment allez-vous ?	**¿ qué tal ?**

Le temps

quand ?	**¿ cuándo ?**
à quelle heure ?	**¿ a qué hora ?**
aujourd'hui	**hoy**
hier	**ayer**
demain matin	**manãna por la mañana**
demain après-midi	**manãna por la tarde**

Les achats

merci (beaucoup)	**(muchas) gracias**	combien (coûte)	**¿ cuánto (vale) ?**
pardon	**perdón**	(trop) cher	**(demasiado) caro**
je ne comprends pas	**no entiendo**	beaucoup, peu	**mucho, poco**
monsieur, vous...	**señor, Usted...**	plus, moins	**más, menos**
madame	**señora**	grand, petit	**grande, pequeño**
mademoiselle	**señorita**	carte de crédit	**tarjeta de crédito**

Le courrier

boîte aux lettres	**buzón**
poste	**correos**
téléphone	**telégrafos, teléfonos**
lettre	**carta**
carte postale	**(tarjeta) postal**
poste restante	**apartado (de Correos)**
timbre	**sello**
appel téléphonique	**conferencia, llamada**
bureau de tabac	**estanco**

Sur la route et en ville

voiture	**coche**
essence	**gasolina**
à droite	**a la derecha**
à gauche	**a la izquierda**
travaux	**obras**
dangereux	**peligroso**
attention	**cuidado**
faire le tour de...	**dar la vuelta a...**
après, au-delà de...	**después de...**
tourner	**girar**

Sites et curiosités

Voir également Quelques termes d'art, dans la section Invitation au voyage.

où se touve ?	¿ **dónde está ?**
peut-on visiter ?	¿ **se puede visitar ?**
clé	**llave**
lumière	**luz**
sacristain	**sacristán**
guide	**guía**
gardien, concierge	**guarda, conserje**
ouvert, fermé	**abierto, cerrado**
interdit	**prohibidoe**
entrée, sortie	**entrada, salida**
s'adresser à...	**dirigirse a**
attendre	**esperar**
étage, escalier	**piso, escalera**

alcazaba	forteresse arabe
alcázar	palais arabe
ayuntamiento	hôtel de ville
balneario	établissement thermal
barranco	ravin
barrio	quartier
bodega	cave, chais
calle	rue
campanario	clocher
capilla	chapelle
carretera	route
casa consistorial	hôtel de ville
castillo	château fort
castro	village celtique
ciudad	ville, cité
collado, alto	petit col
cruz	croix, calvaire
cuadro	tableau
cueva, gruta	grotte

desfiladero	défilé
embalse	barrage, retenue
ermita	ermitage
excavaciones	fouilles
fuente	fontaine
gargantas	gorges
lago	lac
mezquita	mosquée
monasterio	monastère
nacimiento	source, crèche
palacio (real)	palais (royal)
pantano	lac artificiel
paseo	promenade
plaza	place
plaza mayor	grand-place
plaza de toros	arènes
portada	portail
pórtico	portail, porche
presa	barrage
pueblo	village, bourg
puente	pont
puerta	porte
puerto	port, col
romano, románico	romain ; roman
talla	bois sculpté
tapices	tapisseries
techo	plafond
tesoro	trésor
torre	tour, clocher
torre del homenaje	donjon
valle	vallée
vidriera	vitrail
yacimiento	gisement (archéologique)

Casares

Invitation
au voyage

Au Sud, l'Andalousie

H. Champollion/MICHELIN

*La superficie totale de la commu-
nauté autonome la plus méridionale
d'Espagne est de 87 300 km² (l'équivalent du Portugal ou de la Suisse),
soit 17,3 % de la superficie totale du
pays. Plus de 7 millions d'habitants
(18 % de la population espagnole)
vivent dans cette région historique,
véritable passerelle entre l'Europe et
l'Afrique, et entre l'Orient et l'Occident.
L'Andalousie émerveilla pendant des
siècles les vagues successives de colo-
nisateurs. Elle s'étend de la sierra
Morena au Nord, qui la sépare des
communautés d'Estrémadure et de
Castille-La Manche, à la côte méridionale espagnole au Sud et du
fleuve Guadiana à l'Ouest, frontière
naturelle hispano-portugaise, à la
communauté de Murcie à l'Est.*

Castril.

Entre mers et montagnes

Contrairement aux idées reçues, l'Andalousie est une terre de contrastes climatiques et géographiques. La vallée fertile du Guadalquivir, qui caractérise parfaitement l'Andalousie, se trouve entre deux chaînes montagneuses très élevées, la
sierra Morena au Nord et la chaîne Bétique au Sud. L'océan Atlantique et la mer
Méditerranée baignent les côtes andalouses aux paysages très éclectiques.

La sierra Morena

Son nom est à lui seul une énigme. Certains pen-
sent qu'il est un dérivé de sierra Mariana (de
Mario, prêteur de l'Hispanie romaine), d'autres
défendent la théorie de la couleur noire de la
terre andalouse, où l'ardoise prédomine.
En dépit de son aspect accidenté et escarpé, il
ne s'agit pas d'une sierra ou d'une cordillère
ordinaire, mais de l'extrémité méridionale du
plateau de Castille qui chute brusquement sur la
dépression du Guadalquivir. La sierra Morena
apparaît au Nord de Jaén, où elle atteint son
point culminant (sierra Madrona – 1 323 m) et
se prolonge à l'Ouest par la sierra de Hornachuelos à Cordoue, la sierra Norte à Séville et la
sierra de Aracena à Huelva.
Le défilé de **Despeñaperros** permet d'accéder
à l'Andalousie par le plateau.

GÉOLOGIE
Sur le plan géologique,
l'Andalousie est une région
jeune. Elle a remplacé la grande
mer qui séparait les masses
continentales d'Eurasie et
Goswana. La formation des
chaînes Bétiques résultant des
mouvements alpins de l'ère
tertiaire et la lente
sédimentation du Guadalquivir
refermèrent la mer, ne laissant
qu'un passage étroit de 14 km,
le détroit de Gibraltar, lequel,
hormis le canal de Suez, est
l'unique porte de la
Méditerranée.

Il est creusé par la rivière du même nom, dans une région d'étonnantes formations géologiques, recouverte de chênes-lièges, de chênes verts et de chênes rouvres. Grâce aux travaux réalisés il y a quelques années, la route qui le franchit est bien plus praticable qu'auparavant. Elle demeure, néanmoins, tout aussi spectaculaire que celle tracée en 1779 par l'architecte français Le Maur.

La sierra Morena et sa richissime faune protégée (loup, lynx, mangouste, aigle impérial, vautour noir, vautour néophron, alimoche) côtoient des régions hautement cynégétiques où abondent cerfs et sangliers. Elle abrite trois parcs naturels. Deux d'entre eux se trouvent dans la province de Jaén, le **Despeñaperros** et les **sierras de Andújar**. Le troisième, au Nord de Huelva, l'un des plus vastes de la région andalouse (184 000 ha), couvre la **sierra de Aracena et les pics de Aroche**, zones montagneuses à la végétation diversifiée. On y dénombre vingt-huit municipalités prospères (41 000 habitants), vivant de l'exploitation des chênes-lièges, de l'élevage des cochons rouges et noirs (les meilleurs jambons d'Espagne sont produits à Jabugo, Cortegana et Cumbres Mayores) et depuis quelques années également du tourisme rural (des Sévillans en particulier), en constant développement.

Le Parc naturel des sierras de Andújar, au cœur de la sierra Morena, illustre parfaitement l'écosystème méditerranéen. Il offre une végétation très abondante et diversifiée, de grandes masses forestières et la garrigue méditerranéenne.

La dépression du Guadalquivir

Épine dorsale de l'Andalousie, elle se situe entre la sierra Morena et les chaînes Bétiques. Les terres plates, foyer de la civilisation tartessienne *(voir encadré au chapitre Histoire)*, forment un triangle. Son sommet est à l'Est, dans la province de Jaén, et la base s'étend le long du golfe de Cadix qui laisse pénétrer l'influence atlantique.

Toute la vallée, qui représente 65 % de la région, est une zone agricole de forte densité en raison de la fertilité des sols noirs. La terre est irriguée par les affluents du Guadalquivir. Les plaines cultivées d'arbres fruitiers et de cultures maraîchères, les grandes étendues de céréales, d'oliviers et de vignobles cohabitent dans cette vallée.

La dépression accueille deux capitales historiques – **Cordoue et Séville** – et l'un des espaces naturels les plus riches d'Europe, le **Parc national de Doñana**.

Le cours paresseux du Guadalquivir

Ch. Sappa/HOA QUI

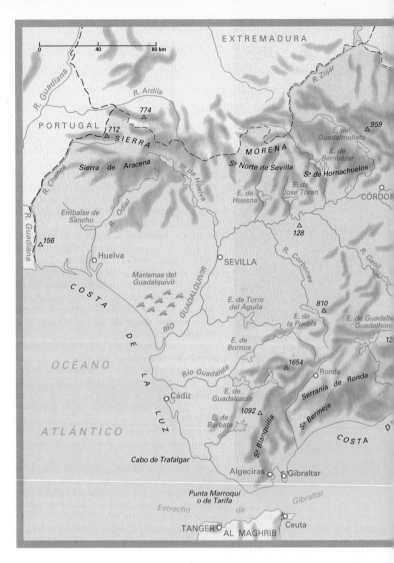

Le Guadalquivir – Les Romains le baptisèrent Betis et les Arabes Grand Fleuve (Guad-al-Quivir) mais, quel que soit son nom, il a toujours été l'âme de l'Andalousie. Le Guadalquivir est le seul grand cours d'eau de la péninsule (670 km de long) qui ne traverse que l'Andalousie. Les puissants affluents des chaînes Bétiques ont progressivement déplacé son lit ; actuellement le fleuve coule au pied de la sierra Morena.

Le Guadalquivir prend sa source dans la **sierra de Cazorla** (Jaén), à 1 600 m d'altitude. Il parcourt ensuite un petit trajet montagneux avant de s'enfoncer dans la dépression Bétique, poursuit sa descente de Cordoue à Séville (de 100 à 10 m d'altitude), puis devient navigable après avoir reçu les eaux du Genil. Il débouche enfin dans l'océan Atlantique en formant une immense zone marécageuse, Doñana, que les Romains baptisèrent Lacus Ligustinus.

Les affluents de la sierra Morena (Viar, Bembézar, Guadiato) sont courts mais ils ont une forte puissance érosive, ceux des chaînes Bétiques (Guadiana Menor et Genil, entre autres) ont un débit bien plus important.

Les chaînes Bétiques

La région la plus escarpée de la communauté autonome se dresse entre la dépression du Guadalquivir et la côte. Couvrant la totalité de l'Andalousie orientale, elle est composée de deux chaînes montagneuses de type alpin – la chaîne Subétique au Nord et la chaîne Pénibétique au Sud – et d'un couloir qui les traverse, la **dépression Pénibétique**.

Ce couloir s'élargit vers l'Est pour former la dépression de **Grenade**, arrosée par le Genil, puis les cuvettes de **Guadix et Baza**, avant de bifurquer des deux côtés de la **sierra de Filabres** et devenir la vallée d'Almanzora et les dépressions d'Almería.

Le tracé du **système subétique**, qui rejoint à l'Est la sierra Morena, est très mal défini. Les zones les plus hautes, les **sierras de Cazorla, Segura et Las Villas** (de 600 à 2 100 m d'altitude), constituent des parcs naturels. Entre les chênes verts, les arbousiers et les sabines vivent des rapaces, des chèvres sauvages et diverses espèces cynégétiques.

La **chaîne Pénibétique** est plus élevée. Elle s'étend parallèlement à la côte, de la **serranía de Ronda**, à l'Ouest, dans la province de Málaga, à la communauté de Murcie. À proximité de Grenade se dressent la **sierra Nevada** et ses quatorze sommets de plus de 3 000 mètres d'altitude, dont le mont **Veleta** (3 392 m) et le pic le plus élevé de la péninsule Ibérique, le **Mulhacén** (3 481 m). La région historique des **Alpujarras**, sauvage et difficile d'accès, occupe le versant Sud. Vers l'Est, déjà dans la province d'Almería, derrière les **sierras de Filabres et Gádor**, se trouve une grande zone volcanique aux paysages spectaculaires, qui contraste avec le bleu intense de la mer ; il s'agit de l'espace naturel du **cap de Gata-Níjar**.

La côte

La côte andalouse (environ 900 km de littoral) est une zone touristique privilégiée. Les plages où débarquèrent les marchands orientaux et les guerriers africains de l'Antiquité accueillent aujourd'hui des vacanciers qui n'aspirent qu'à passer d'agréables vacances au soleil ou des retraités fuyant les frimas hivernaux du Nord de l'Europe.

Cabo de Gata : pointe près de San José.

La **Costa de la Luz**, soumise à l'influence de l'océan Atlantique, s'étend de la frontière portugaise au détroit de Gibraltar. Ses immenses plages de sable fin étaient encore désertes il y a peu, hormis certains lieux qui drainaient le tourisme familial espagnol, et plus particulièrement les Sévillans (La Antilla et Matalascañas, dans la province de Huelva). Depuis quelques années, plusieurs centres résidentiels attirent les touristes étrangers (Zahara de los Atunes, Caños de Meca et Tarifa, colonisée par les surfers).

Les plages méditerranéennes sont moins longues et moins ouvertes que celles de la côte Atlantique mais elles sont beaucoup plus connues, probablement parce qu'il y fait très beau presque toute l'année. Les plages de Marbella, capitale de la célèbre **Costa del Sol**, ne sont pas aussi belles que celles de Rincón de la Victoria, à Málaga, mais leur luxe et leurs installations sportives compensent bon nombre d'inconvénients. Sur la **Costa Tropical** de Grenade, le littoral est rocheux et les eaux transparentes sont parfaites pour la plongée sous-marine. Les défenseurs de l'environnement trouveront sur la **Costa de Almería** des plages protégées et éloignées du tumulte, comme celles de Los Genoveses ou du cap de Gata.

L'architecture populaire

En Andalousie, l'architecture est aussi variée que les paysages et pourtant, les villages présentent tous des similitudes : ruelles sinueuses, façades blanchies à la chaux, niches abritant la Vierge ou un saint, fenêtres grillagées, galeries ou balcons, terrasses ensoleillées, séchoirs... Pénétrons dans l'une des maisons et traversons le vestibule qui mène directement au patio et permet ainsi à l'air de circuler agréablement l'été. Puis revenons sur nos pas : sur ce même niveau se trouvent la cuisine et la pièce principale ; les chambres sont au premier étage et enfin au-dessus se trouve le grenier ou *soberao*, qui sert éventuellement de séchoir pour la charcuterie. Dans les milieux plus aisés, on dispose de chambres à l'étage inférieur pour l'été et à l'étage supérieur pour l'hiver.

Les toitures varient d'un endroit à l'autre et sont soit en terrasse, comme à Almería, soit en tuiles à deux pentes.

Dans la campagne autour de Cordoue et de Séville, on trouve des latifundios (vastes propriétés rurales) et des *cortijos*, terme employé souvent à tort pour désigner l'habitat andalou. Il s'agit d'exploitations agricoles et d'élevage où l'on

cultive la vigne et l'olivier. Ces grandes propriétés s'articulent généralement autour de deux cours ou patios, l'une, très vaste sur laquelle donnent les écuries, les entrepôts et les habitations des employés, et l'autre, plus petite autour de laquelle s'ordonne la demeure des propriétaires.

Jusqu'au 19ᵉ s., les villes étaient constituées de maisons individuelles mitoyennes mais l'exode rural a entraîné de nouvelles constructions. C'est ainsi que l'on a vu naître les *corrales de vecindad* ou maisons de rapport à clientèle populaire, créées parfois dans d'anciens couvents abandonnés. De nos jours, elles ont été souvent réhabilitées et sont très prisées des artistes et des professions libérales. C'est au début du 20ᵉ s. que l'on a commencé à construire des immeubles.

Enfin, il convient de mentionner ces habitations particulièrement originales que sont les maisons troglodytiques dans les provinces de Grenade (notamment à Guadix) et d'Almería, les cabanes à colombages et recouvertes de joncs de Doñana, les maisons des Alpujarras inspirées directement de l'architecture mauresque, les galeries et les arcades des villages de la Axarquía (province de Málaga) et enfin les inoubliables villages blancs des provinces de Cadix et Málaga.

TELS DES VIGILES SUR LES ROUTES…

Ces taureaux de fer dont les impressionnantes et altières silhouettes se découpent depuis près d'un demi-siècle en haut de collines constituent l'une des images que l'on garde des routes espagnoles. Apparus en 1956 pour assurer la publicité des vins et liqueurs de la maison Osborne, ils auraient dû disparaître après qu'une loi de 1988 eût interdit toute publicité « en dehors des sections urbaines des routes nationales ». Bien que l'on ait supprimé toute identification de la société commerciale, la polémique s'engagea quant au maintien de la silhouette. Le dépôt de plaintes fut à l'origine d'un débat dont les médias s'emparèrent. Des pétitions circulèrent et on créa des associations en faveur du maintien des taureaux… Leurs adhérents estimaient que ceux-ci avaient plus qu'assuré leur fonction publicitaire et constituaient l'un des éléments du paysage, symbolique de l'Espagne. L'Assemblée d'Andalousie prit alors le parti de les « gracier » en leur attribuant le statut de monuments…

Patio fleuri, Cordoue.

Chêne-liège.

LES FLEUVES ANDALOUS

Au Guadalquivir s'ajoutent de nombreux fleuves qui composent le réseau hydrographique andalou. Leur débit varie sensiblement d'une saison à l'autre. Les barrages construits au cours de la seconde moitié du 20ᵉ s. ont permis de réguler leur débit et d'augmenter l'étendue des zones cultivées.

Les fleuves du versant atlantique (le Guadiana, le Tinto, l'Odiel et le Guadalete) sont longs. Leur débit est assez important et ils forment des estuaires et des étendues sablonneuses à l'embouchure.

Les fleuves du versant méditerranéen (le Guadiaro, le Guadalhorce, le Guadalfeo, l'Adra, l'Almería et l'Almanzora) prennent source dans les chaînes Bétiques. Ils sont courts et s'achèvent en général en deltas. Dans les provinces de Grenade et d'Almería au cours de l'étiage, les « ramblas », ces sillons très larges et profonds qui sont en réalité les lits de fleuves asséchés, restent à découvert. Après une longue période de sécheresse, les habitants en profitent pour semer et construire. Les années très pluvieuses, l'eau descend bien entendu par les *ramblas* et détruit tout sur son passage, provoquant d'importants dégâts matériels et humains.

Ajoutons que l'Andalousie possède plusieurs étendues humides très vastes (l'estuaire du Tinto-Odiel, la baie de Cadix, l'Adra et bien sûr la Doñana), des marais et des étangs naturels, des nappes aquifères souterraines et des aires parsemées de lagunes, comme celle de **Fuente de Piedra** (Málaga).

Climat, végétation et faune

Climat

Le climat andalou est plutôt de type méditerranéen – la température moyenne annuelle est de 16,8 °C –, les étés sont secs et chauds et les hivers relativement tempérés et pluvieux. Les précipitations sont en général faibles et irrégulières.

Une analyse climatique plus détaillée révèle l'existence de deux grandes zones. En effet, la communauté andalouse est très vaste et la présence de grands systèmes montagneux à proximité d'un long littoral ouvert sur deux mers influence le climat. Ainsi, alors que le climat de la vallée du Guadalquivir est typiquement méditerranéen, les températures des zones montagneuses sont plus basses et les précipitations plus fortes. Sur la côte, les plages tranquilles de la Méditerranée et leurs eaux chaudes contrastent avec les plages ouvertes de l'Atlantique, où l'eau est plus froide. Celles-ci sont balayées par des vents forts atteignant une vitesse moyenne de 30,6 km/h, surtout à Tarifa (détroit de Gibraltar), paradis du surf.

Dans certaines zones bien définies, les grandes différences climatiques de la région sont frappantes. Sur l'axe Andújar-Cordoue-Séville, où, en été, la température dépasse 40 °C, le printemps fait son apparition dès la fin du mois de février. Les régions montagneuses occidentales de la sierra Morena, mais également les sierras de Cadix et Málaga, dans les chaînes Bétiques, sont les plus humides car elles sont soumises à l'action des vents de l'Atlantique. À titre d'exemple, la sierra de Grazalema enregistre la plus forte pluviométrie en Espagne (4 000 litres au m² par an). La sierra Nevada affiche, quant à elle, les températures les plus froides ; des neiges éternelles recouvrent certains sommets et le domaine skiable est en général ouvert jusqu'au mois de mai. Dans la province limitrophe d'Almería, l'aspect aride et volcanique des terres du Campo de Níjar est saisissant.

Végétation

Cette terre aux multiples contrastes offre une grande variété d'espèces végétales. Le paysage naturel le plus représentatif est la forêt méditerranéenne, constituée d'arbustes de petite taille (cistes, lentisques et genévriers), de plantes aromatiques (thym, lavande et romarin) et d'arbres de type Quercus, comme les chênes verts, les chênes rouvres et les chênes-lièges.

Certaines zones comptent également des châtaigniers, des caroubiers, des oliviers sauvages et des oliviers sylvestres de grande taille.

Les pins colonisent les hauteurs et les côtes. Il en existe plusieurs sortes : le pin parasol (ou pin pignon), le pin maritime utilisé pour fixer les dunes sur la côte atlantique, le pin d'Alep résistant et le pin laricio (ou pin de Corse). Nombreux sont ceux, qui à l'instar des eucalyptus, résultent des repeuplements effectués à une époque où les caractéristiques de la végétation autochtone n'étaient pas prises en compte. N'oublions pas les forêts de **sapins d'Espagne** *(abies pinsapos)*, vestiges de la période tertiaire (forêts de Grazalema (Cadix), de la sierra de las Nieves et de la sierra Bermeja (province de Málaga). Sur les rives des fleuves, des ruisseaux et des grandes lagunes, se dressent des frênes, des saules et des peupliers noirs. Les terrains humides sont peuplés de roseaux et de tamaris, qui offrent aux oiseaux aquatiques des conditions idéales de nidification.

Dans les nombreuses zones naturelles protégées, pousse un éventail considérable d'espèces végétales (chênes de la sierra Quintana, près d'Andújar, chênes-lièges à Cadix), dont plusieurs ont disparu du continent européen.

Faune

D'une grande richesse et d'une grande variété, à l'égal de la flore, la faune andalouse compte également de nombreuses espèces protégées, déjà éteintes ou en voie d'extinction dans le reste du monde, comme les phoques moines des îles Chafarinas (province d'Almería) ou les érismatules à tête blanche des lagunes de la chaîne Subétique (province de Cordoue).

Les animaux hautement cynégétiques, comme le sanglier, le cerf, le chevreuil, la chèvre sauvage et le bouquetin (nombreux dans la sierra de Cazorla y Segura) partagent leur territoire avec des populations de **lynx** et **mangoustes**, qui font l'objet d'une protection toute particulière.

L'avifaune doit être traitée à part. Cent quatre-vingt-quatre espèces différentes ont été recensées en Andalousie et une cinquantaine y passent l'hiver avant de se diriger vers d'autres régions. Parmi les oiseaux aquatiques, on compte de nombreux **flamants roses** à Fuente de Piedra (province de Málaga) et des falcinelles que l'on ne trouve que dans cette région. Les rapaces sont également très présents dans les régions les plus inaccessibles : on observe de très beaux spécimens d'**aigle impérial**, d'alimoche et de vautour noir.

L'Andalousie aujourd'hui

Communauté autonome au sein de l'État espagnol, l'Andalousie dispose désormais d'institutions propres à assurer son développement. Celui-ci, longuement freiné par les aléas de l'histoire et des structures sociales parfois archaïques, dispose désormais d'un atout majeur : le tourisme qui, sous ses diverses formes, permet à la région de s'enrichir sans pour autant perdre son âme.

G. Bludzin/MICHELIN

Le Palais de San Telmo, siège du Parlement andalou à Séville.

Une région autonome

Après le retour de la démocratie en Espagne, l'Andalousie devint la quatrième communauté autonome reconnue de l'État espagnol, qui en compte aujourd'hui dix-sept.
Le peuple andalou s'exprima lors du référendum du 28 février 1980 en faveur du statut d'autonomie qui fut approuvé en 1981.

Organisation politique

La **Junta de Andalucía** est l'organe exécutif autonome qui coordonne et dirige l'administration de la communauté. Son président collabore avec le conseil du gouvernement, composé de treize conseillers. Le **Parlement andalou**, dont le siège est à Séville, assume les fonctions législatives. Ses cent neuf membres sont élus au suffrage universel tous les quatre ans.

L'organe judiciaire suprême est le **Tribunal supérieur de justice** andalou, dont le siège est à Grenade.

L'administration centrale est représentée à Séville par un délégué du gouvernement qui gère un réseau de sous-délégués provinciaux.

La communauté autonome est divisée en huit provinces : Almería, Cadix, Cordoue, Huelva, Jaén, Grenade, Málaga et Séville. Chacune est dirigée par sa propre « députation ». La plus petite division territoriale est la municipalité, gérée par un conseil municipal.

BLAS INFANTE (1885-1936)

Au cours de la Seconde République, ce politicien fit parler de lui en tant que leader du mouvement andalou. Il participa à l'élaboration de l'avant-projet sur le statut de l'Andalousie (1933) et présida l'assemblée constituée pour obtenir la reconnaissance de l'État confédéral andalou. Auteur, entre autres, de *L'Idéal andalou* (1915), il fut fusillé au début de la guerre civile.

Les symboles de l'Andalousie

Approuvés définitivement par une loi du Parlement andalou, les trois symboles de l'Andalousie ne datent cependant pas d'hier. En effet, il est clairement stipulé dans le statut de l'Andalousie (1982) que l'hymne, les armoiries et le **drapeau** vert et blanc sont ceux définis en 1918 par l'Assemblée de Ronda et en 1933 par les juntes libérales d'Andalousie.

Les **armoiries**, inspirées de celles de la ville de Cadix, représentent Hercule entre deux colonnes, soutenant deux lions. On peut lire au-dessus de lui l'inscription latine *Dominator Hercules Fundator* et à ses pieds la légende « l'Andalousie, par soi, pour l'Espagne et pour l'Humanité ». **L'hymne**, quant à lui, recueille les revendications traditionnelles du peuple qui réaffirme son amour pour la paix et parie sur un avenir dans lequel les Andalous recouvrent leur place privilégiée d'antan.

L'économie

Afin d'exprimer son admiration pour les immenses richesses naturelles de l'Andalousie, le géographe romain Strabon compara cette région aux champs Élysées. Comment expliquer que plus tard des paysans aient pu connaître la famine et l'émigration ?

L'expulsion des musulmans marque le début du déclin agricole. Les nouveaux occupants, témoignant plus d'intérêt pour les guerres et la colonisation de l'Amérique que pour les travaux agricoles, abandonnèrent les terres. Plus tard, les grands propriétaires et les dirigeants ne s'employèrent pas à améliorer la situation. Cependant, pour d'aucuns le sous-développement de l'Andalousie est en réalité un phénomène relativement récent qui débuta pendant la seconde moitié du 19e s. Au début de ce même siècle, les richesses étaient encore assez bien réparties sur tout le territoire espagnol, tandis que la naissance du capitalisme espagnol vint bouleverser cet équilibre en fragilisant la région méridionale. Les problèmes s'aggravèrent pendant la période d'après-guerre et les classes les plus défavorisées durent émigrer vers d'autres régions d'Espagne (en particulier la Catalogne et le Pays basque) et vers différents pays d'Europe (l'Allemagne, la France et la Suisse). Dans les années 1960, plus de 900 000 Andalous abandonnèrent leur terre. À partir des années 1970, la conjoncture commença à s'améliorer lentement, malgré la persistance de problèmes endémiques de la région : répartition inégale des terres (*latifundia*), faible investissement industriel et formation professionnelle insuffisante.

1992 fut une année faste pour l'Andalousie. L'**Exposition universelle**, qui accueillit quarante millions de visiteurs, généra de gros profits à Séville et dans les villes du littoral, ainsi que dans les autres provinces. Grâce à cet événement, les axes de communication de toute la région se sont améliorés avec la création d'une autoroute reliant Séville, Cordoue, Grenade et Málaga, ainsi que d'une ligne ferroviaire à grande vitesse (AVE), desservant Madrid, Cordoue et Séville.

L'euphorie de 1992 ne fit que masquer la crise industrielle sous-jacente, qui finit par ressortir ; celle-ci fut aggravée par les problèmes liés à la sécheresse, aux incendies de forêt en découlant et au chômage.

Ces dernières années, l'Andalousie affiche un taux de croissance comparable au taux de développement moyen du pays et si son taux de chômage reste le plus élevé de la nation, il a cependant sensiblement reculé.

R. Corbel/MICHELIN

Armoiries andalouses.

Paysage agricole près de Jerez de la Frontera.

L'agro-alimentaire

L'**agriculture** est le principal secteur de l'économie andalouse traditionnelle. La production céréalière se concentre autour de Séville (première région productrice espagnole), Cadix, Almería et Grenade. Les fruits (agrumes en particulier) et les légumes sont essentiellement produits dans la plaine cultivée de Grenade. Les oliveraies se trouvent dans les provinces de Jaén et de Grenade, la vigne à Jerez, Montilla et Málaga, et le coton à Cordoue et Séville. Ces dernières années, d'immenses zones des provinces de Huelva et Almería se sont recouvertes d'une véritable « mer » de bâches de plastique destinées à protéger les cultures de primeurs et qui ont profondément changé le paysage.

L'**élevage,** quant à lui, se concentre essentiellement sur les pâturages de la sierra Morena, la sierra de Cadix et la chaîne Subétique. Les pâturages sont des terrains le plus souvent clôturés et dépouillés des taillis et d'une partie de leur végétation initiale, constituée de chênes verts et de chênes-lièges. Ce système agroforestier est unique en Europe : en effet, l'élevage du bétail cohabite avec la production de bois, de liège et de miel.

L'élevage traditionnel, de type extensif, profite des pâturages naturels. On y élève le cheval andalou dit « cartujano », le mouton mérinos, le savoureux porc ibérique et le taureau de combat.

Le secteur **agro-alimentaire** mérite d'être mentionné en raison de la grande production et de l'excellente qualité des vins (notamment autour de Jérez, de Montilla et de Málaga) et de la réputation de l'huile d'olive. On n'aura garde d'oublier la pêche : poissons (thons et sardines en particulier), mollusques (clovisses, bucardes) et crustacés (crevettes roses et grosses crevettes) font de l'Andalousie la deuxième zone de pêche espagnole.

Une terre peu industrialisée

L'Andalousie est une région traditionnellement peu industrialisée si l'on excepte, dans la province de Huelva, la région de La Rábida où se sont implantées nombre d'industries chimiques et pétrochimiques. Quant aux **mines**, industrie traditionnelle s'il en fut (nul n'a oublié que les gisements métallifères ont fait la fortune de Tartessis dans l'Antiquité), leur heure de gloire est révolue, même si l'on extraie toujours du plomb dans les provinces de Jaén, Almería et Cordoue, de la pyrite et du bioxyde de manganèse dans celle de Huelva et du fer dans celles de Grenade, Séville et Almería. Du moins si l'on excepte les impressionnantes mines à ciel ouvert de Riotinto (province de Huelva) qui, lorsqu'elles étaient exploitées par une compagnie anglaise à la fin du 19e s., employaient plus de 10 000 ouvriers. Elles sont devenues aujourd'hui, tant par l'empreinte laissée sur le paysage que par les villages de style victorien, incongrus dans ces parages, qui accueillaient leurs employés, une des curiosités touristiques les plus étranges d'une terre qui n'en manque pas.

Le tourisme, vecteur du développement

Étonnante revanche sur le sort, cette activité économique majeure du monde contemporain fait aujourd'hui la richesse des pays et des régions qui, deux siècles plus tôt, ont laissé passer le coche de l'industrialisation. Chaque année, plus de quinze millions de touristes visitent l'Andalousie, devenue la troisième destination touristique des vacanciers étrangers en Espagne.

Il est vrai que les attraits ne manquent pas, quelles que soient les attentes des touristes. Grâce à son climat et ses plages, le **littoral andalou** attire les foules à la recherche de mer et de soleil. La Costa del Sol, entre Málaga et Estepona, se taille bien entendu la part du lion. Tourisme de masse comme dans les stations hérissées de tours de Torremolinos ou Benalmádena, ou plus élitiste comme à Marbella ou Puerto Banús, refuges estivaux de la jet set espagnole et internationale : hôtels, restaurants, discothèques, ports de plaisance s'y succèdent, et ont profondément changé la physionomie des villages de pêcheurs d'autrefois... Plus intime sans doute, le littoral atlantique de la province de Huelva (ou Costa de la Luz) avec ses immenses plages, a ses partisans, notamment nombre d'adeptes du surf. Plus accidentée, la côte tropicale de la province de Grenade a conservé une partie de son authenticité. Il en va de même de la côte d'Almería, en particulier avec les zones protégées du Cabo de Gata.

Très appréciés des espagnols, le **tourisme vert** et le **tourisme de montagne** rappellent que l'Andalousie ne saurait se limiter à ses côtes, aussi agréables soient-elles. La serranía de Ronda avec ses villages blancs, la sierra de Cazorla où l'on vient parfois de très loin écouter le brame du cerf, la sierra de Aracacena avec ses forêts et ses lacs, la sierra Morena et la sierra Subbética sont parsemées de sentiers de randonnées permettant de découvrir la faune et la flore... et de bénéficier d'un peu de fraîcheur ! Végétation parfois luxuriante, parfois quasi désertique, oliveraies s'étendant à perte de vue, longues étendues plantées de cannes à sucre, sommets enneigés dominant des plaines caniculaires, la variété des paysages est telle qu'on ne se lasse pas de les contempler.

Le **tourisme culturel**, enfin, prospère grâce aux villes d'art qui jalonnent l'Andalousie : il y a bien sûr Séville, Grenade et Cordoue mais aussi de nombreuses cités qui méritent l'attention, que ce soit Ronda, Carmona et Écija, Guadix, ou encore Úbeda et Baeza.

À la découverte d'un art de vivre

Dans ces villes, comme dans de plus humbles villages, le visiteur débouche soudain sur une placette au sol pavé : des maisons aux murs d'un blanc éblouissant, une fontaine ouvragée, la façade blasonnée d'une demeure seigneuriale ou celle, baroque, d'une église, un bar où, en fin d'après-midi, se retrouvent jeunes et moins jeunes, des dames jouant avec une virtuosité sans égale de leur éventail : c'est une porte qui s'entrebâille sur l'Andalousie authentique, celle que l'on apprend peu à peu à découvrir et à aimer : une vie à la fois branchée et délicieusement surannée, indolente et fataliste en apparence mais débordant d'activités, éloignée des clichés qu'elle s'ingénie pourtant à perpétuer, pleine de contrastes qu'elle assume sans le moindre complexe.

Vous adopterez bientôt le rythme de ces journées estivales coupées par une longue sieste et prolongées tard dans la nuit, et vous vous habituerez sans trop de peine aux horaires des repas un peu déconcertants pour le profane. Vous aimerez observer le spectacle de la rue, son animation bruyante et le brouhaha perpétuel qui règne dans les lieux publics (une foule andalouse s'exprime plusieurs tons au-dessus de son homologue française !). Vendeurs de billets de loterie lançant leur lancinant « para hoooy », indolents lecteurs de journaux aux terrasses de cafés, indifférents en apparence au *limpiabotas* qui fait reluire leurs chaussures, claquement sec des éventails maniés avec une virtuosité sans pareille... Images fugaces de cet art de vivre andalou qui, peu à peu, commence pour vous à se dévoiler.

Terrasse de café dans un village des Alpujarras.

S. Ollivier/MICHELIN

Un peu d'histoire

Un royaume mythique, celui de Tartessos : une longue période de rayonnement, celle de la civilisation d'al-Andalus, peu à peu grignotée par la Reconquête ; un siècle d'or

Conquête de Tolède par Alphonse VI le 25 mai 1085.

favorisé par la découverte du Nouveau Monde... Tels sont les points culminants de l'histoire d'une région qui devait ensuite entamer un long et douloureux déclin, marqué par la pauvreté, les conflits parfois violents pour la possession de la terre, et la nostalgie de sa gloire passée. Déclin aujourd'hui enrayé avec l'avènement de la société post-industrielle et l'érection de la région en communauté autonome, l'une des plus originales de l'État espagnol.

Les Phéniciens

À la fin du 2e millénaire, alors que les premières tribus indo-européennes pénètrent par les Pyrénées, des navigateurs provenant de la Méditerranée extrême-orientale débarquent sur les côtes méridionales. Lorsqu'ils découvrent les richesses du Sud de la péninsule (argent, or, cuivre et étain), les **Phéniciens** fondent leurs premiers comptoirs.

Mosaïque romaine de la Casa del Planetario, Itàlica.

● **1100 avant J.-C.** – Fondation de Cadix, colonie phénicienne la plus importante de la Méditerranée occidentale, point de départ de l'exportation des minéraux extraits de Riotinto et d'Aznalcóllar.

● **8e-7e s. avant J.-C.** – Apogée du royaume des Tartessiens qui multiplient les échanges commerciaux avec les Phéniciens et les Grecs installés au Sud de la péninsule.

Les Carthaginois

Avant J.-C.

● **6e-4e s.** – Les **peuples ibères**, très différents les uns des autres, s'installent et évoluent dans la péninsule. L'Andalousie est l'espace le plus homogène.

Les Carthaginois s'établissent progressivement au Sud de la péninsule à la place des Phéniciens. Cadix devient

un port de premier ordre et une ville prospère, tandis que la côte méditerranéenne de l'Andalousie connaît un développement croissant.

● **264-241 – Première guerre punique.** Rome écrase Carthage et réduit sensiblement sa liberté de mouvement ainsi que ses sources de revenus de la Méditerranée.

● **237** – Le général carthaginois Hamilcar Barca débarque à Cadix, s'allie avec les Ibères et établit au Sud de la péninsule sa base d'opération contre les Romains ; Hasdrubal lui succède, prend le contrôle des territoires les plus riches et établit sa capitale à Carthago Nova (Carthagène). Les Carthaginois perfectionnent les techniques agricoles et la vallée du Guadalquivir devient la réserve du Nord de l'Afrique. Les pêcheurs carthaginois sillonnent les côtes andalouses et le salage du poisson devient une activité florissante.

● **218-201 – Deuxième guerre punique.** Vaincus à nouveau par Rome, les Carthaginois doivent renoncer à leurs bases en Espagne.

La domination romaine

● **197** – Les Romains conquièrent Cadix, dernière position carthaginoise de la péninsule.

● **83-45** – L'Hispanie est le théâtre d'une guerre civile entre Sertorius et Sylla. Des guerres pompéiennes s'y succèdent également avant de se solder par la victoire de César à Munda (Montilla) en 45.

● **40** – **Auguste** est fait empereur. L'intégration de l'Hispanie dans la politique romaine commence alors.

La romanisation

Avec l'arrivée au pouvoir de Jules César, Rome établit une véritable politique colonisatrice et favorise l'essor des cités. Auguste divise la péninsule en trois grandes provinces : la Tarraconaise, la Lusitanie et la Bétique (Andalousie). Connaissant une romanisation avancée, cette dernière passe sous le contrôle du Sénat tandis que les deux autres régions demeurent sous l'égide impériale. Pour loger les vétérans des guerres civiles, de nombreuses villes de Bétique font l'objet d'un soin

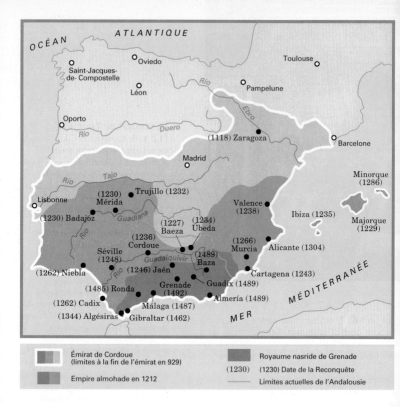

OCÉAN ATLANTIQUE

Saint-Jacques-de-Compostelle
Oviedo
Toulouse
Léon
Pampelune
Oporto
Río Duero
Río Ebro
(1118) Zaragoza
Barcelone
Madrid
Río Tajo
Minorque (1286)
Lisbonne
(1230) Mérida
Trujillo (1232)
Valence (1238)
Ibiza (1235)
Majorque (1229)
(1230) Badajoz
Guadiana
(1227) Baeza
(1234) Úbeda
(1236) Cordoue
(1266) Murcia
Alicante (1304)
Séville (1248)
Guadalquivir
(1489) Baza
(1262) Niebla
Río
(1246) Jaén
Cartagena (1243)
(1485) Ronda
Grenade (1492)
Guadix (1489)
MÉDITERRANÉE
(1262) Cadix
Almería (1489)
(1344) Algésiras
Málaga (1487)
Gibraltar (1462)
MER

Émirat de Cordoue (limites à la fin de l'émirat en 929)
Empire almohade en 1212
Royaume nasride de Grenade
(1230) Date de la Reconquête
Limites actuelles de l'Andalousie

particulier : Cordoue (la capitale), Cadix, Hispalis (Séville), Itálica... La romanisation progresse ; les soldats romains reçoivent des terres et épousent des femmes ibères. Pour faciliter le déplacement des troupes et le commerce avec la métropole (métaux, vin, huile et salaisons), des voies sont construites ; l'une d'elles, la Via Augusta, longe la Méditerranée et traverse la Bétique d'Est en Ouest. L'Andalousie va connaître plusieurs siècles de paix.

Après J.-C.

● **14-37** – Sous le règne de Tibère, de nombreux patriciens d'Hispanie obtiennent la citoyenneté romaine et vont s'installer à Rome. Parmi eux figurent des citoyens de la Bétique qui deviendront célèbres comme le philosophe Sénèque, né à Cordoue en l'an 4 avant J.-C., et son neveu le poète Lucain (né en 39). Tous deux se suicideront en 65 dans la ville impériale, sur ordre de Néron.

● **74** – **Vespasien** octroie le droit de citoyenneté aux habitants d'Hispanie pour les remercier de leur contribution lors de la période de crise qui s'ensuit après l'assassinat de Néron.

● **98-117** – Règne de **Trajan**, né à Itálica en 53, premier empereur à n'être ni romain ni italien.

● **117-138** – Règne d'**Hadrien**, également originaire d'Itálica. La Bétique et le reste de l'Hispanie atteignent leur apogée.

● **3ᵉ s.** – Arrivée du christianisme, sans doute par le Nord de l'Afrique.
Rome déplace son axe commercial vers l'Est et la lente décadence de l'Hispanie s'amorce.

● **300-314** – Concile des évêques d'Hispanie à Elvira (province de Grenade).

● **395** – Mort de **Théodose**, dernier grand empereur romain, né probablement à Itálica.

La domination wisigothe

● **411-425** – Les Vandales et les Alains occupent l'Andalousie brièvement, car les Wisigoths, alliés de Rome et menés par Athaulf, les expulsent vers le Nord de l'Afrique.

● **441** – Le roi suève Rechilla conquiert Séville.

● **484-507** – L'occupation wisigothe de l'Andalousie se consolide durant le règne d'**Alaric II**.

- **522** – L'empereur byzantin **Justinien** constitue la province byzantine du Sud-Est de la péninsule, reconquise plus tard par les Wisigoths.
- **568-586** – Sous le règne de Leovigilde, l'Andalousie appuie le soulèvement d'**Hermenigilde** contre le roi son père.
- **589** – Ier concile de Tolède. Le roi Récarède Ier impose le catholicisme aux Goths.
- **615** – **Flavius Sisebute** tente pour la première fois au nom de l'État d'éradiquer le judaïsme de la péninsule Ibérique.
- **7e s.** – Pendant cette période, sous l'impulsion de **saint Léandre** († 600) et de **saint Isidore** († 636) qui dédie ses *Étymologies* au roi Flavius Sisebute, la Bétique est l'unique noyau culturel d'importance dans la chrétienté latine. Les marchands syriens et grecs commercent avec le Sud de la péninsule.
Les juifs commencent à s'installer à Cordoue, Séville et Málaga. Abandon du droit romain. Évêques et juges succèdent aux patriciens.
- **710** – Mort du roi **Vitiza**. Gouverneur de la Bétique, **Rodéric** se fait élire roi de préférence à Agila, héritier légitime de Vitiza. Les partisans d'Agila font alors appel aux Maures d'Afrique.

L'Andalousie musulmane ou al-Andalus (8e s.-15e s.)

Au début du 8e s., le califat omeyyade de Damas conquiert les territoires berbères d'Afrique du Nord. La péninsule arabe est devenue trop petite et la guerre sainte permet de détourner l'agressivité des chefs berbères vers un ennemi extérieur. Les tribus dominées adhèrent d'emblée à la foi islamique et rejoignent les puissantes forces musulmanes.

LE GRENIER DE L'EUROPE

Pendant l'occupation de l'Hispanie, les Romains exploitent les mines de la sierra Morena et de Riotinto ainsi que les carrières de marbre de Macael (province d'Almería). Ils favorisent également le développement de l'agriculture en Bétique. Les vins de Cadix sont exportés dans différentes zones de l'Empire (particulièrement en Italie et dans le Sud de la France), l'huile se vend sur les marchés de Rome, de Gaule, de Germanie et de Bretagne, et le bétail se multiplie au Nord de Huelva et dans les marais du Guadalquivir. Finalement, le salage du poisson dans les moulins à huile d'Hispalis et de Cordoue atteint un niveau méconnu jusque-là. Mais malgré sa richesse, la Bétique ne restera qu'une simple colonie exportatrice ne transformant les produits que pour la consommation locale.

- **711** – Une armée de sept mille hommes menée par le Berbère **Tarik**, gouverneur de Tanger, traverse le détroit et met en déroute Rodéric près du fleuve Guadalete ou sur les lagunes de La Janda. Elle progresse vers le Nord et conquiert Tolède, capitale du royaume wisigoth. Commence alors la domination musulmane en Espagne.
- **712** – Débarquement de dix-huit mille soldats avec à leur tête le gouverneur Muza, chef de l'armée de Tarik.
Damas prend de l'ampleur grâce aux conquêtes arabes. Les califes respectent les gouvernements locaux établis sur les territoires conquis. En 719, les troupes du calife tentent de conquérir le Sud de la France mais Charles Martel les arrête définitivement à Poitiers. Les Arabes s'installent dans la vallée du Guadalquivir et cèdent aux Berbères les terres moins productives de Castille, de León et de Galice.
- **740-750** – Affrontements entre les différents groupes ethniques de religion musulmane qui occupent la péninsule.
En Arabie, la dynastie abbasside élimine les Omeyyades.

L'émirat de Cordoue (756-929)

Fondation du royaume d'al-Andalus qui va englober la quasi-totalité de la péninsule Ibérique. Bien que théoriquement soumis à l'autorité de Bagdad, la nouvelle capitale abbasside, les émirs andalous sont pratiquement indépendants.
- **755** – Abd er-Rahman, survivant de la famille omeyyade, débarque dans le Sud de l'Espagne et parvient rapidement à unifier la grande masse musulmane. Un an après, **Abd er-Rahman Ier** s'installe à Cordoue et s'autoproclame émir, jetant ainsi les bases du royaume andalou.

● **784** – Début de la construction de la mosquée de Cordoue.

● **788-929** – À la mort d'Abd er-Rahman Ier, toutes les tensions apparemment apaisées ressurgissent et les conflits internes se succèdent, les différentes communautés s'affrontant (Arabes, Berbères, juifs, muwallads ou chrétiens convertis à l'islam). L'émirat s'affaiblit et les royaumes chrétiens du Nord frappent plus d'une fois l'armée andalouse.

Le califat de Cordoue (929-1031)

Le nouveau califat, qui rompt définitivement tout lien avec Bagdad, devient le royaume occidental le plus puissant et sa cour la plus raffinée et cultivée. L'Espagne méditerranéenne retrouve sa vocation commerçante, quasiment abandonnée sous l'occupation wisigothe. Les razzias musulmanes et chrétiennes se succèdent dans la péninsule et des réseaux de châteaux sont édifiés pour surveiller l'ennemi.

SAINT JACQUES LE MATAMORE

En 834, le roi Alphonse II commande la construction d'un temple pour commémorer la découverte de la tombe de l'apôtre saint Jacques dans le diocèse d'Iria (Galice). Rapidement, le saint devient le patron des troupes chrétiennes et porte le surnom de saint Jacques le Matamore, qui se justifie pleinement après sa miraculeuse intervention en faveur des troupes chrétiennes lors de la bataille de Clavijo (844?). L'existence de ladite bataille est néanmoins controversée par les historiens.

● **929** – Début du gouvernement d'**Abd er-Rahman III** (912-961), qui s'autoproclame calife et prince des croyants, pacifie son royaume et renforce les provinces militaires de Tolède, Badajoz et Saragosse.

● **936** – Début de la construction de la ville de Medina Azahara.

● **978** – Le général **Al-Mansour** prend le pouvoir, devient Premier ministre ; le calife n'est plus qu'une figure symbolique.

● **1002** – La mort d'Al-Mansour à Calatañazor et les prémices d'une guerre civile déstabilisent le califat.

● **1031** – Fin de la dynastie omeyyade. Rébellion des notables de Cordoue et destruction de Medina Azahara. Provinces et villes deviennent indépendantes. Création de divers royaumes autonomes.

Premiers royaumes de « taifas » et domination almoravide (1009-1110)

Les royaumes de « taifas » (en arabe, groupe ou faction), qui surgissent au début du 11e s., s'organisent en fonction de critères ethniques. Ainsi, les Berbères dominent la côte du Guadalquivir jusqu'à Grenade et les Arabes prédominent à Cordoue et à Séville.

Au début, les rois de taifas font et défont des alliances avec leurs voisins et n'hésitent pas non plus à passer des accords avec les chrétiens quand ils en ressentent la nécessité. Parfois même, ils vont jusqu'à verser de lourds tributs pour pouvoir rester sur leurs terres.

Les monarques chrétiens profitent de la faiblesse de leurs ennemis et s'emparent de plusieurs places importantes.

● **1042** – Début de la construction de l'alcázar de Séville.

● **1064** – Début des travaux de l'alcazaba de Málaga.

● **1085** – **Alphonse VI** de Castille et León conquiert Tolède. Dures campagnes chrétiennes contre Séville et Badajoz.

● **Mohammed II**, roi de Séville, se sent menacé et demande de l'aide aux Almoravides qui, à l'époque, contrôlent le Nord de l'Afrique. Yusuf ben Tashefin lui répond, traverse le détroit et ne tarde pas à prendre le contrôle de tous les royaumes de taifas.

● **1118** – Les expéditions d'**Alphonse Ier** le Batailleur en Andalousie montrent la faiblesse des Almoravides tandis qu'au Maroc surgit le mouvement almohade.

Seconds royaumes de taifas (1144-1170) et domination des Almohades

Durant une brève période, profitant de la décadence des Almoravides, les royaumes de taifas se reconstituent mais disparaissent bientôt à la suite de l'invasion almohade dirigée par Yusuf Abd el-Moumen (le Miramamolin des chroniques chrétiennes).

Détail de la porte Est de la mosquée de Cordoue.

● **1147** – Les troupes almohades occupent Marrakech, Tarifa et Algésiras.
Après avoir vaincu la résistance chrétienne ainsi que certains rois d'al-Andalus, les Almohades parviennent à dominer tout le Sud de la péninsule.

● **1163** – Séville est la capitale d'al-Andalus.

● **1184** – Début des travaux de construction de la grande mosquée de Séville, dont le minaret porte de nos jours le nom de Giralda.

● **1195** – La bataille d'Alarcos, où Al-Mansour réussit à vaincre le roi castillan **Alponse VIII**, est le dernier grand triomphe de l'armée almohade. Cet événement marque le début de la décadence des envahisseurs berbères.

● **1212 – Bataille de las Navas de Tolosa.** Les armées de Castille, d'Aragon et de Navarre mettent définitivement en déroute les Almohades.

Le royaume nasride (1232-1492)

Alors que la puissance almohade s'essouffle, Mohammed Ier, de la dynastie Banu Nasr ou nasride, parvient à unifier les territoires de Grenade, de Málaga et d'Almería pour créer un royaume qui durera deux siècles et demi. Au début, pour consolider sa puissance, il n'hésite pas à se constituer vassal des rois de Castille, proposant même sa collaboration lors de la conquête de Séville. Mais il profite rapidement de l'exode des populations d'al-Andalus chassées par les chrétiens pour constituer un royaume très peuplé et hautement productif.

Cependant, les vingt-trois monarques nasrides n'ont de cesse de s'affronter en luttes fratricides ; la chute du royaume nasride n'est que la conséquence des violentes luttes opposant les Zégri aux Abencérage.

● **1237** – Début de la construction de l'alcazaba, partie la plus ancienne du palais de l'Alhambra.

● **1248** – La **conquête de Séville** par les troupes chrétiennes établit une frontière inamovible jusqu'au 15e s.

● **1313** – Début des travaux du Generalife.

● **1410** – L'infant Ferdinand, régent de Castille, prend Antequera.

● **1462** – **Henri IV** conquiert Gibraltar et Archidona. Les Nasrides appellent vainement à l'aide différents pays musulmans.

● **1464-1482** – **Hassan Ier** gouverne sans succès car les impôts sont très lourds.

● **1482-1492** – **Boabdil**, fils d'Hassan Ier, destitue son père et s'empare du trône. Il décide d'attaquer Lucena mais est fait prisonnier par les Rois catholiques, qui le laissent en liberté contre la promesse de ne pas se réconcilier avec son père.
Mort d'Hassan Ier auquel succède son frère.
Les défaites nasrides se succèdent sans interruption.

● **1492** – Boabdil capitule et se retire dans la seigneurie des Alpujarras que les vainqueurs mettent à sa disposition. Puis il part au Maghreb et s'installe à Fès.

La Reconquête (12ᵉ s.-15ᵉ s.)

Le démembrement du califat et la proclamation des royaumes de taifas affaiblissent le pouvoir d'al-Andalus. Les troupes musulmanes des différents royaumes continuent de se disputer les territoires au lieu d'arrêter l'avancée des chrétiens.

● **1158-1214** – Règne d'**Alphonse IX de Castille**. Début des campagnes chrétiennes en Andalousie. La Castille s'empare de la sierra Morena. Défaite des Almohades à Las Navas de Tolosa (1212).

● **1217-1252** – **Saint Ferdinand III**, roi de Castille, fait un pas décisif dans la reconquête andalouse, s'empare de l'Andalousie orientale, entre dans Cordoue en 1236 et reprend l'Andalousie occidentale (Séville, 1248).

● **1252-1284** – **Alphonse X le Sage**, fils de Ferdinand III, conquiert le royaume de Niebla (Huelva), consolide la domination castillane en Basse Andalousie, réprime les soulèvements de Cadix et de Jerez.

● **1284-1469** – La Reconquête progresse très lentement et semble stagner de 1350 environ au début du 15ᵉ s. ; les victoires des chrétiens vont se succéder sous les règnes de Jean II et d'Henri IV.

● **1469** – Mariage d'**Isabelle de Castille** et de **Ferdinand d'Aragon**, auxquels le pape valencien Alexandre VI donne le titre de Rois catholiques en 1492. C'est le début de l'unification des royaumes chrétiens.

● **1481** – L'Inquisition procède au premier autodafé à Séville.

● **1482-1492** – Les Rois catholiques entament la grande offensive contre le royaume nasride de Grenade. Les villes musulmanes tombent les unes après les autres : Ronda (1485), Málaga (1487), Baza (1489), Almería et Guadix (1489).

● **2 janvier 1492** – **Boabdil** remet les clés de Grenade aux **Rois catholiques**. Lors des capitulations, les monarques victorieux s'engagent à respecter la religion, les lois et les coutumes de ceux qui désireront rester dans le pays.

ALMORAVIDES ET ALMOHADES

Le mouvement religieux **almoravide** naquit au début du 11ᵉ s. quand le chef d'une tribu berbère de Mauritanie fonda un monastère destiné à préparer les soldats pour la guerre sainte contre les infidèles. Cette institution fut à l'origine d'un grand empire qui s'étendit le long de l'Atlantique et de la côte Nord de l'Afrique. Après avoir fondé Marrakech (1052) qui allait devenir leur capitale, les Almoravides occupèrent Fès et étendirent leur pouvoir à l'ensemble du Maroc actuel. L'empire **almohade** fut fondé par Abd el-Moumen (1130-1163), successeur d'Ibn Toumert, un religieux berbère qui mena à bien une profonde réforme juridique et religieuse fondée sur la stricte observance des préceptes coraniques. Vers le milieu du 12ᵉ s., les domaines almohades s'étendaient de l'Atlantique à la Libye et du Tage au Sahara.

Conséquences de la Reconquête

Au 13ᵉ s., l'Andalousie connaît deux grands mouvements de population, sous le règne de Ferdinand III puis sous celui d'Alphonse X. Les Andalous résistant à l'occupation chrétienne doivent émigrer ; entre 1240 et 1270, plus de 300 000 musulmans fuient leur lieu de résidence pour s'installer à Grenade. À la suite du soulèvement de 1262 et de l'expulsion des musulmans qui s'ensuit, la main-d'œuvre se réduit sensiblement et favorise le début du *latifundisme*.

La Reconquête du royaume de Grenade entraîne des conséquences identiques. Cependant, la plupart des habitants demeurent sur leur lieu d'origine car les capitulations signées s'engagent à respecter les coutumes. Le non-respect de ces engagements de la part des chrétiens donne lieu aux deux rébellions des Alpujarras, qui sont violemment réprimées. En 1570, les Maures doivent se disperser dans toute la Castille. Leur expulsion définitive est décrétée en 1609.

Caravelles de Christophe Colomb.

Le siècle d'or andalou

Le commerce avec l'**Amérique** enrichit Séville et ses alentours, notamment Cordoue et Málaga. Séville, qui bénéficie du monopole, devient la plus grande ville espagnole et le paradis des riches commerçants, des aventuriers et des marginaux. La situation est inégale dans le reste de l'Andalousie. L'arrivée de nouveaux produits en provenance des Indes (cochenille, indigo) transforme une partie de l'industrie textile traditionnelle tandis que le travail de la soie (Grenade), qui produit du satin, du velours et du damas, subit de grave préjudices en raison de l'austérité vestimentaire que l'Autriche impose à l'Empire espagnol. Cordoue se spécialise dans la production de harnais et de cordouan (cuir de chèvre et de mouton maroquiné) confectionnés avec des peaux en provenance des Amériques ; le mercure des mines d'Almadén, utilisé pour l'amalgame d'argent, devient indispensable pour l'exploitation des filons argentifères du Mexique et du Pérou. En outre, le perpétuel alourdissement des impôts et la forte demande de produits agricoles entraînent le début du processus de concentration des terres aux mains des plus puissants.

● **1492 – Christophe Colomb** s'embarque le 3 août dans le port de Palos de la Frontera (Huelva). Le 12 octobre, il arrive à l'île de Guanahaní (Bahamas).

Expulsion des juifs non convertis au christianisme. Plus de 150 000 personnes sont contraintes d'abandonner Sefarad (l'Espagne). La plupart d'entre eux s'installent dans des pays méditerranéens, où ils se constituent en communautés séfarades dont certaines continuent à parler le castillan de cette époque (le *ladino*).

● **1499-1501 – Première rébellion des Alpujarras.** L'intransigeance du cardinal Cisneros provoque le soulèvement des musulmans de l'Albaicín à Grenade, qui s'étend bientôt aux Alpujarras, à la sierra de los Filabres et à la serranía de Ronda.

● **1502** – Publication d'une Pragmatique (décret) qui oblige les musulmans révoltés à se convertir au christianisme ou à abandonner le pays. La plupart d'entre eux préfèrent se faire baptiser et reçoivent dès lors le nom de **morisques**.

● **1503** – Création de la chambre de commerce (Casa de Contratación) qui détient le monopole du marché colonial.

● **1516 – Charles Ier**, futur empereur Charles Quint, hérite du trône d'Espagne à la mort de son grand-père, Ferdinand le Catholique.

● **1530** – Début de la construction du palais de Charles Quint dans l'Alhambra.

● **1556** – Charles Quint abdique en faveur de son fils **Philippe II**.

● **1568-1571 – Seconde rébellion des Alpujarras.** De peur que les morisques ne s'allient aux Turcs et aux Berbères, Philippe II interdit la pratique de la langue arabe et de la religion islamique. Soulèvements dans toute la région et dispersion des morisques de Grenade dans toute l'Espagne.

● **1599** – Naissance à Séville du peintre **Diego Vélasquez**, qui travaillera dans sa ville natale jusqu'en 1622.

L'INQUISITION ESPAGNOLE

Le tribunal de l'Inquisition fut créé en 1468 pour punir les juifs convertis qui continuaient de pratiquer leur religion en secret. Mais très vite, elle fut utilisée pour châtier tout type de déviation morale ou d'hérésie. Son organisation complexe comprenait un conseil de la Suprême Inquisition, des inquisiteurs locaux, des procureurs et des civils. Toute méthode était bonne pour obtenir la confession de l'accusé, mais une fois condamné, celui-ci était remis au bras séculier pour l'application de la peine. Pendant quatre siècles (elle fut abolie par les Cortes de Cadix en 1813), elle fut un moyen efficace de répression au service de l'État et de l'Église, en particulier jusqu'au 18e s.

Philippe IV par Velasquez, Galleria Palatina, Florence.

La longue crise des 17ᵉ et 18ᵉ s.

La première moitié du 17ᵉ s. voit le début de la décadence de l'Andalousie, provoquée surtout par la diminution du nombre d'habitants décimés par quatre grandes épidémies de peste (celle de 1649 réduit de moitié la population de Séville) et par l'expulsion définitive des morisques, qui jouaient un rôle clé dans l'agriculture. Puis la campagne andalouse poursuit son inévitable déclin. La plupart des terres appartiennent à de grands propriétaires. Plus de 80 % des paysans sont journaliers et seulement 7 % de la terre appartient à ceux qui la travaillent. Les caciques vont créer peu à peu une puissante oligarchie rurale associée à l'administration municipale, qui règne sur la vie des villages. L'industrie sévillane, étroitement liée au commerce maritime, s'écroule après la construction de la passe de Sanlúcar qui empêche les navires de fort tonnage d'emprunter le Guadalquivir.

● **1610** – **Décret d'expulsion** de la population morisque.

● **1621** – Accession au trône de **Philippe IV**.

● **1641** – Émeutes dans les principales villes andalouses dues au mécontentement de la population face à la terrible situation économique.

● **1680** – Cadix supplante Séville et devient le premier port atlantique.

● **1700** – Mort à Madrid de **Charles II**, dernier monarque de la maison d'Autriche.

● **1702** – Début de la **guerre de Succession d'Espagne** entre Philippe V et Charles d'Autriche. L'Angleterre appuie l'archiduc et prend **Gibraltar** (ratification par le traité d'Utrecht en 1713).

● **1767** – **Charles III** entame la repopulation de la sierra Morena.

● **1788** – Abolition du monopole colonial de Cadix.

Les conflits sociaux du 19ᵉ s.

Au début du 19ᵉ s., le développement industriel de l'Andalousie est assez limité. Ce n'est qu'au milieu du siècle que l'on commence à exploiter de manière rationnelle les ressources minières, qui sont cédées en 1868 à des monopoles étrangers, anglais en particulier. À Cadix, la construction navale est encouragée. On commence à commercialiser des produits agricoles et c'est le début de la construction des principales lignes de chemin de fer. Le commerce avec les colonies jusqu'en 1898 facilite les échanges avec divers pays européens. Grâce à ces contacts, une bourgeoisie libérale naît dans les grandes villes.

● **1808** – L'armée française pénètre en Espagne. C'est le **début de la guerre d'Indépendance.** Le 19 juillet, le général Dupont est battu à **Bailén** dans la province de Jaén par les troupes espagnoles commandées par le général Castaños.

● **1812** – Pendant l'invasion française, les **Cortes de Cadix** se réunissent et rédigent une constitution de type libéral.

● **1814** – Fin de la guerre d'Indépendance.

● **1820** – Le militaire **Rafael del Riego** se soulève en Andalousie et oblige le roi Ferdinand VII à prêter serment à la Constitution de 1812.

● **1835-1837** – Le ministre Mendizábal décrète la vente forcée des biens de l'Église et des biens communaux.

● **1840** – Les paysans andalous, victimes du libéralisme, s'organisent pour améliorer leurs conditions de vie.

● **1863** – Un vétérinaire, Pérez del Álamo, prend la tête d'un soulèvement républicain de grande ampleur qui s'étend à Málaga, Grenade, Jaén et Almería.

● **1873** – Proclamation de la **Ire République**. Timides tentatives de répartition des terres.

● **1875** – **Restauration** de la monarchie (Alphonse XII).
L'anarchisme andalou glisse vers le terrorisme et les grèves se multiplient.

20e s.

● **1900-1931** – Grèves et conflits sociaux menés par les syndicats, la CNT et la FAI en particulier, se succèdent sans interruption.

● **1931** – Proclamation de la **IIe République** et timides tentatives de réforme agraire qui ne satisfont pas les agriculteurs, en proie au chômage et à la famine.

● **Janvier 1933** – Événements de **Casas Viejas** (Cadix). La grève générale révolutionnaire qui y a débuté s'achève tragiquement quand la Garde Civile et la Garde d'Assaut incendient la maison où s'étaient réfugiés les dirigeants anarchistes. Il s'ensuit la défaite des socialistes aux élections.

● **1936-1939** – Dans les premiers jours de la **guerre civile**, la majeure partie de l'Andalousie tombe aux mains des garnisons militaires de Cadix, Grenade, Cordoue et Séville, tandis que l'Est de la région demeure fidèle à la République.

● **1960** – L'**émigration** des Andalous s'intensifie vers les régions les plus industrialisées d'Espagne (Pays basque et Catalogne) et différents pays européens (RFA, France et Suisse).

● **1975** – Mort de Francisco Franco. **Juan Carlos Ier** est proclamé roi d'Espagne.

● **1977** – Le Parti socialiste ouvrier espagnol (PSOE) remporte les élections en Andalousie.

● **1978** – Le gouvernement d'Adolfo Suárez approuve le régime de pré-autonomie de la région et constitue la Junta de Andalucía (gouvernement andalou).

● **1980** – L'autonomie de l'Andalousie est approuvée par référendum.

● **1982** – Entrée en vigueur du **statut d'autonomie de l'Andalousie**.
Premières élections au Parlement andalou. **Rafael Escuredo**, premier président de la Junta.

● **1984** – Présidence de Juan Rodríguez de la Borbolla.

● **1990** – Présidence de Manuel Chaves.

● **1992** – Exposition universelle à Séville. Inauguration du TGV (AVE) Madrid-Séville.

● **Août 1999** – Championnats du monde d'athlétisme à Séville.

AVE en gare de Séville.

G. Bludzin/MICHELIN

L'art avant les Arabes

*Si les Arabes ont donné à cette région certains de ses monu-
ments les plus emblématiques, ils ne s'étaient pas établis sur
une terre vierge : depuis l'époque paléolithique,
nombre de civilisations, autochtones ou étrangères, s'étaient succédé sur le sol andalou où elles
avaient laissé leur empreinte...*

Préhistoire et Antiquité

La **grotte de La Pileta** (Benaoján, Málaga), dont les kilomètres de galeries sont
décorés d'animaux et de dessins schématisés, et les **grottes de Nerja** (Málaga)
attestent de la présence humaine dès le **paléolithique** (30 000-9 000 av. J.-C.). La
grotte d'Ambrosio (Vélez Blanco, Almería) présente une frise décorative sculptée
sur l'une de ses parois et constitue un curieux exemple de grotte en plein air.
Au **néolithique**, les représentations anthropomorphes et zoomorphes très sché-
matisées sont souvent accompagnées de soleils, d'idoles et de symboles variés.
Les grottes du Tajo de las Figuras (Cadix), de La Graja (Jaén) et de Los Letreros
(Vélez Blanco) illustrent bien cette période.

Au troisième millénaire, des peuples méditerranéens introduisent la **culture mégalithique**
qui atteint son apogée au cours du deuxième
millénaire et dont la plus belle illustration est
le village de **Los Millares** (Gádor, Almería) : ce
vaste ensemble atteste que le peuple qui l'édifia maîtrisait parfaitement le travail des métaux
et possédait d'étonnantes connaissances dans
le domaine de la céramique, de la vannerie et
du tissage. Citons également les célèbres **dolmens d'Antequera** (nécropoles de Menga,
Viera et Romeral), de Castilleja de Guzmán et de Trigueros (dolmen du Soto – 4ᵉ-
3ᵉ s. avant J.-C.), qui constituent l'ensemble le plus important d'Espagne par leur
taille et par le niveau de culture qu'ils reflètent.

L'influence orientale

Les Phéniciens – L'art oriental va pénétrer en Andalousie par l'intermédiaire
des Phéniciens qui, après avoir fondé Gades (Cadix), s'établissent de part et
d'autre du détroit de Gibraltar avant de progresser le long des côtes méditerranéennes. Morro de Mezquitilla (Málaga) daté du 9ᵉ s. avant J.-C. est le plus
ancien site, mais il convient également de citer les nombreux vestiges localisés
dans les provinces de Cadix, de Málaga (tombes de Trayamar) et d'Almería
(nécropole de Sexi).

Tartessos – Le royaume de Tartessos (9ᵉ-4ᵉ s. avant J.-C.), qui maintient d'étroites
relations avec les Phéniciens, produit des objets utilitaires en bronze et en céramique (jarres, aiguières, poteries) ainsi que de fins ouvrages d'orfèvrerie (dia-
dèmes, ceintures, pendentifs) en or rehaussés de divers motifs, sans doute des
objets de culte.

Les Ibères – Les premières manifestations de **sculpture** ibère remontent au 5ᵉ s.
avant J.-C. et subissent très nettement l'influence de l'art gréco-phénicien (les statues sont hiératiques et représentées de face). Ces statues à caractère funéraire
devaient protéger les défunts dont les cendres étaient déposées dans des urnes ou
des sarcophages placés dans de grands mausolées de pierre, comme ceux de La
Toya (Jaén), Baza (Grenade) et Villaricos (Almería). L'apogée de cette sculpture
locale se situe aux 5ᵉ et 4ᵉ s. et subit une indéniable influence hellénique comme
le prouve la magnifique **dame de Baza**. Dans le domaine de la **céramique**, on

L'éphèbe d'Antequera.

retrouve le vernis rouge des Phéniciens ou l'art des vases grecs. Les motifs très variés vont des rubans ou des cercles primitifs aux dessins plus complexes de feuilles et de fleurs entrelacées de motifs géométriques.

L'art romain en Espagne

Selon leur habitude, lorsque les Romains arrivent en Hispanie au 2ᵉ s. avant J.-C., ils imposent l'art officiel de la capitale de l'Empire. Si au fil des temps, de nombreux ouvrages sont intégralement réalisés en Espagne, on ne peut parler d'art hispano-romain, mais plutôt d'art romain exécuté en Hispanie.

La Bétique est la région la plus développée de la péninsule Ibérique à l'époque romaine ; le long du Guadalquivir (ou Bétis), on voit naître des villes au plan orthogonal comme celui de Rome. Cordoue est la capitale de la province mais ne parvient pas à atteindre la splendeur d'**Itálica**, qui rayonne sous Trajan et Hadrien, tous deux d'origine andalouse. **Hispalis** (Séville), **Carmona** et **Acinipo** (Ronda) comptent de riches demeures patriciennes et de vastes édifices publics en marbre de Macael.

Dans le domaine de la **sculpture,** les représentations des empereurs et de leurs familles ou des dieux et déesses protecteurs (Vénus d'Itálica) sont courantes. La décoration des demeures patriciennes est elle aussi calquée sur ce qui se faisait à Rome. Elle se compose de **mosaïques** multicolores, de statuettes de bronze illustrant les travaux des esclaves (portefaix, candélabres), sans oublier celles des dieux domestiques (lares) qui règnent sur la vie quotidienne.

Enfin, les importantes **villas campagnardes** allaient avoir une profonde influence sur l'architecture andalouse ultérieure.

L'art hispano-wisigothique (6ᵉ s.-8ᵉ s.)

Les Wisigoths qui arrivent en Espagne au 5ᵉ s. sont des nomades sans tradition architectonique propre, si bien que la tradition paléochrétienne déjà pétrie d'influences byzantine et orientale va s'étendre sur toute la Bétique romaine jusqu'à la fin du 6ᵉ s.

Pour de nombreux auteurs, la proclamation du 3ᵉ concile de Tolède (589), qui fonde l'unité du royaume, est à l'origine d'un nouveau type d'architecture qui, après quelques balbutiements, va atteindre une unité indéniable.

Les premiers édifices religieux présentent un plan basilical classique, légèrement modifié (Alcalá de los Gazules), qui évolue pour devenir cruciforme. Les nefs sont séparées par des colonnes qui soutiennent des **arcs outrepassés**. Les voûtes sont généralement en fer à cheval et les nefs présentent des armatures de bois. La décoration reflète une très nette **influence orientale** avec plus de **motifs géométriques** que de motifs végétaux et peu de représentations humaines. Extérieurement, les temples sont dépourvus de contreforts.

La plupart d'entre eux ayant été modifiés par la suite, seuls les plans des édifices primitifs sont reconnaissables : à San Pedro de Alcántara (Málaga), à El Germo (Cordoue) et à Gerena (Séville).

L'art wisigothique le plus connu est l'**orfèvrerie** qui atteint son plus haut degré de perfection au 7ᵉ s., produisant deux types d'objets : les objets liturgiques (croix de procession et objets votifs comme les célèbres couronnes) et les objets à usage personnel (fibules, bracelets, colliers, pendentifs). Certaines de ces œuvres exposées à l'heure actuelle dans les musées faisaient partie de trésors qui avaient été cachés devant l'avancée des musulmans, comme c'est le cas pour **Torredonjimeno** (Jaén).

L'art hispano-musulman (8ᵉ s.-15ᵉ s.)

L'invasion musulmane, qui aurait pu sembler a priori une véritable tragédie, est en réalité le point de départ d'une époque de splendeur qui permet aux Andalous, confron- tés à l'idéal esthétique de l'Islam, de manifester toute leur créativité. Ces huit siècles d'occupation musulmane en Espagne vont imprégner l'art d'al-Andalus, qui va se forger des caractéristiques que l'on ne retrouve dans aucun autre courant artistique de l'époque.

L'art mauresque

Les arcs

Au début, on emploie surtout l'**arc en fer à cheval** d'influence wisigothe ou orientale, et on joue avec la bichromie des claveaux : claveaux blancs (blanchis à la chaux) et rouges (en brique) sont ainsi alternés. Les arcs, jusqu'ici éléments de soutien, deviennent décoratifs, formant par exemple des séries d'arcatures aveugles. Les rangées entrecroisées d'arcs vont ensuite céder la place à l'arc brisé outrepassé qui sera le plus courant dès le 12ᵉ s.

La tour de l'Or (Séville).

Au fil du temps, les **arcs lobés**, déjà présents dans la *maksourah* de la mos- quée de Cordoue, vont être remplacés par les **arcs polylobés** entremêlés.

L'**alfiz**, ou moulure rectangulaire enca- drant l'arc, apparaît souvent et aura ensuite une grande influence sur l'art mudéjar.

Voûtes, charpentes et plafonds artesonados

Les voûtes mauresques subissent l'in- fluence de l'art islamique oriental. Contrairement à l'art chrétien (voûtes d'arête ou de croisée), les nervures ne se croisent pas en plein centre. Les voûtes qui précèdent le mihrab de la mosquée de Cordoue en sont un bon exemple.

Outre ces voûtes si spécifiques, il convient de citer les plafonds de bois, très en vogue à cette époque, qui témoignent d'une parfaite maîtrise de la technique et de l'esthétique : de simples chevrons et tenons alternent avec des plafonds à caissons sophisti- qués décorés en étoiles et formant de merveilleux entrelacs.

Arcades de la cour des Lions à l'Alhambra (Grenade).

La décoration : matériaux et motifs

L'austérité des murs extérieurs des palais andalous dissimule des intérieurs d'une beauté insoupçonnée. À certaines époques, les revêtements servent aussi à masquer la pauvreté des matériaux de construction.

Les Hispano-musulmans vont parvenir à associer des techniques d'une infinie variété : c'est ainsi que les **azulejos** et les **alicatados** (magnifiques soubassements d'azulejos aux reflets métalliques), les panneaux de pierre ou de stuc, les mosaïques d'influence orientale et les bois travaillés formant des jalousies et de magnifiques plafonds à caissons dits *artesonados* vont constituer de luxueux ensembles.

On peut classer les motifs utilisés dans la décoration en trois groupes :

– **les motifs géométriques**, principalement utilisés dans la décoration des soubassements de céramique vernissée et dans la décoration du bois (portes, jalousies et plafonds artesonados). Les lignes sont brisées et forment des polygones et des étoiles ;

– **les motifs végétaux** ou motifs **atauriques**, qui servent à décorer des panneaux de pierre sculptée ou de stuc. Au fil du temps, les motifs (feuille de palme, vigne) deviennent plus stylisés et aboutissent à des formes complexes. On retrouve souvent l'arbre de vie stylisé, décor végétal qui s'ordonne autour d'un axe vertical. Les **moçárabes**, motifs décoratifs évoquant les stalactites, ornent arcs et coupoles ;

– **les motifs épigraphiques** ont un rôle informatif comme les images dans d'autres styles architecturaux. L'**écriture coufique**, aux hampes anguleuses, et l'**écriture nesjí**, plus libre, sont les types les plus fréquemment utilisés.

Les arts appliqués

Les arts décoratifs vont produire une vaste gamme de riches objets que l'on peut classer en deux groupes : les productions utilitaires et les productions somptuaires, qui répondent à la demande d'une classe dirigeante raffinée, très attachée à soigner la décoration de ses palais et soucieuse d'offrir à ses hôtes étrangers des pièces magnifiques et exceptionnelles.

Dans le domaine de la **céramique**, on distingue la faïence « **verte et manganèse** », faïence dite « **de cuerda seca** » (azulejos) employée pour décorer les panneaux, et la faïence dorée ou céramique au **reflet métallique**, dont la fabrication débute au 9e s. à Cordoue et atteint son apogée pendant la période nasride à Malaga où elle est produite.

Almería prend la suite de Cordoue, où Abd er-Rahman II avait fondé la Casa del Tiraz, manufacture royale des tissus de soie, et se spécialise dans l'élaboration de **textiles** luxueux et raffinés. Aux 14e et 15e s., les ateliers de Grenade produisent de merveilleuses pièces de soie cousues de fils d'or, aux couleurs en général intenses, et rehaussées d'inscriptions et de motifs architecturaux.

Motifs atauriques (Medina Azahara, Cordoue).

Les **orfèvres** nasrides ont une prédilection pour les épées de gala et ornent avec raffinement gardes et poignées d'ivoire, de filigrane et d'émaux polychromes.

Pour compléter cet aperçu de l'artisanat mauresque, on ne peut passer sous silence les délicates **statues d'ivoire** de l'époque du califat, les **marqueteries** (bois incrusté d'ivoire et de bois d'autres couleurs) qui décorent le mobilier nasride, ainsi que les ouvrages de cuir (**cuir de Cordoue** en peau de chèvre et **cuirs repoussés** en peau de mouton).

Bon nombre de ces pièces nous sont parvenues car les chrétiens les avaient en grande estime. Ainsi, les coffres et les écrins d'ivoire dans lesquels les femmes musulmanes rangeaient leurs bijoux et leurs parfums servirent par la suite à conserver les reliques des saints.

Le califat de Cordoue (8ᵉ s.-10ᵉ s.)

La mosquée de Cordoue et le palais de Medina Azahara sont les deux monuments de cette époque réunissant tous les éléments caractéristiques de l'art hispano-mauresque qui allait fleurir pendant les trois siècles où Cordoue fut la capitale d'al-Andalus.

Comme de coutume, les musulmans vont assimiler la culture des populations conquises et associer avec adresse les techniques et les éléments de l'art wisigothique et romain aux traditions orientales de la péninsule d'Arabie.

Les grands apports de l'art califal sont l'**arc lobé** et l'**« alfiz »**, sorte de moulure encadrant l'arc en fer à cheval. En ce qui concerne le décor, les motifs géométriques initiaux en carrés ou losanges cèdent progressivement la place à des motifs floraux (feuilles de vigne, grappes de raisin, acanthes, palmettes et rosettes) d'inspiration omeyyade, qui deviendront par la suite des fleurs cordiformes d'inspiration abbasside.

La prospérité économique du califat transparaît dans les matériaux employés (pierre de taille et revêtements de marbre travaillé) et dans la richesse des **mosaïques byzantines** aux reflets métalliques, exécutées par des artisans étrangers.

Période des royaumes des « taifas » (11ᵉ s.)

Aussi paradoxal que cela puisse paraître, malgré la division politique qui caractérise les royaumes des taifas, l'activité artistique de cette époque présente une grande homogénéité car l'Andalousie, isolée de l'Islam, reste en marge des influences orientales. Les artistes de l'ex-califat de Cordoue émigrent vers les différentes cours des taifas, perpétuant ainsi la tradition cordouane.

La décadence économique entraîne l'abandon des matériaux nobles (pierre de taille pour les murs et marbre pour les colonnes et les piliers) et dès lors l'emploi de la **brique**, du **plâtre** et du **mortier** se généralise. En revanche, les **décors** deviennent particulièrement spectaculaires (décors épigraphiques, entrelacs et décors végétaux) et apparaissent toutes sortes d'**arcs** (**lobés**, **mixtilignes**, en fer à cheval semi-circulaires et brisés, entrecroisés...) qui vont former les célèbres arabesques.

L'architecture religieuse à cette époque occupe moins de place que l'architecture civile (construction de nombreux **bains publics** comme le Bañuelo de Grenade) et militaire (*alcazabas* de Málaga, Grenade et Almería).

Autres constructions de l'époque califale

Les minarets de San Juan et de Santa Clara à Cordoue, d'El Salvador à Séville et de San José à Grenade, ainsi que les fortifications de Tarifa et le pont de Pinos à Grenade, datent également de cette époque.

Période almoravide (12ᵉ s.)

Après l'arrivée des tribus almoravides dans la péninsule, l'art d'al-Andalus se diffuse dans tout le Maghreb. Marrakech et Séville deviennent les capitales du nouveau royaume de part et d'autre du détroit de Gibraltar et peu à peu de nouvelles tendances apparaissent, aboutissement des influences mutuelles entre les populations des deux continents.

Les arcs deviennent de plus en plus complexes tout comme les **coupoles**, dont certaines sont ajourées et d'autres ornées de moçárabes. C'est le début de la décoration géométrique formant un réseau de losanges (la « **sebka** ») ; les entrelacs et les combinaisons épigraphiques se compliquent.

Presque toutes les constructions andalouses de cette époque ont disparu ou sont masquées par les apports almohades, sauf à Almería où la mosquée (aujourd'hui église San Juan) possède un mihrab almoravide aux dires des experts.

Période almohade (13ᵉ s.)

Le puritanisme et l'austérité des Almohades transparaissent dans l'aspect **simple** et **monumental** des constructions à caractère généralement défensif, comme l'alcázar et la Torre del Oro de Séville. Ce type de construction fortifiée aux solides portes et aux tours défensives (*albarranas* ou tours de guet) indépendantes de l'enceinte fortifiée sert de modèle aux chrétiens pour la construction des châteaux forts.

Les Almohades vont employer les mêmes matériaux que leurs prédécesseurs, soit la brique, le mortier, le plâtre et le bois, mais vont opter pour une **décoration plus sobre** avec de grands espaces dénudés et des **décors géométriques** à la place des décors végétaux. On abandonne l'arc en fer à cheval traditionnel, sauf dans certains cas exceptionnels, au profit de l'**arc en fer à cheval brisé** et de l'arc lobé.

Le monument le plus représentatif de cette époque est sans aucun doute la Giralda de Séville, qui fut en son temps le minaret de la grande mosquée de la capitale du royaume almohade.

Période nasride (13ᵉ s.-15ᵉ s.)

Nombreux sont les spécialistes qui considèrent que cette période représente le grand moment de la créativité artistique en al-Andalus. Longtemps, les spécialistes de l'art

B. Kaufmann/MICHELIN

Chapiteau califal (Medina Azahara, Cordoue).

nasride opposent la pauvreté des matériaux à la richesse du décor. On sait aujourd'hui que c'était la fonction de l'édifice qui conditionnait le choix des matériaux. Ainsi, alors que pour les forteresses (comme l'alcazaba de Grenade) et les bains on utilise la pierre de taille, la brique et le mortier (composé d'argile qui donnait cette couleur rouge typique), dans les palais (comme celui de l'Alhambra) on emploie le **marbre** sur les sols et les colonnes, la **céramique vernissée** (azulejos) sur les zones exposées ainsi que les **voûtes et plafonds artesonados de bois** et les **voûtes de moçárabes**.

Deux types de **chapiteaux** apparaissent : le chapiteau à base cylindrique ornée de feuilles lisses, surmontée d'un parallélépipède habillé de feuillage, et le chapiteau à moçárabes d'inspiration orientale.

Église San Lorenzo (Cordoue).

La **couleur**, même partiellement effacée par les ans, demeure l'une des caractéristiques de l'architecture nasride, dont les intérieurs devaient ressembler en leur temps à des tableaux pointillistes. Outre les soubassements d'azulejos, les revêtements de plâtre et de bois polychromes mêlent les tons rouge, bleu, vert et or tandis que les chapiteaux et les colonnes sont en marbre de couleurs variées. Si l'Alhambra nous fascine à l'heure actuelle par sa finesse, on a peine à imaginer son aspect dans sa période de splendeur.

Art médiéval andalou

Art mudéjar (13ᵉ -16ᵉ s.)

Après la conquête de Cordoue et de Séville dans la première moitié du 13ᵉ s., les modèles chrétiens sont imposés à la partie annexée à la Castille, mais on confie leur réalisation aux habiles bâtisseurs musulmans. C'est ainsi que l'on voit naître l'art mudéjar, typiquement espagnol, produit de la fusion entre l'art islamique et l'art occidental.

L'architecture mudéjare va évoluer au fil des siècles et s'adapter à la typologie dominante dans chaque territoire, si bien que l'art mudéjar andalou diffère de celui des autres régions d'Espagne. Malgré des distinctions, il reste fidèle à la tradition musulmane dans les matériaux (plâtre, brique, bois), les techniques de construction (préparation des murs, arc en fer à cheval, arc brisé, toitures en bois) et la décoration (plafonds artesonados, emploi de l'alfiz, ouvrages de plâtre travaillés).

El Cervatillo, musée archéologique de Cordoue.

Les églises de Séville (San Marcos, San Pablo, Santa Marina), généralement en brique, présentent des plafonds artesonados et sont décorées dans la tradition almohade.

Dans le domaine de l'architecture civile, les toitures à deux ou quatre versants prédominent ; c'est le cas du palais de l'alcázar de Séville,

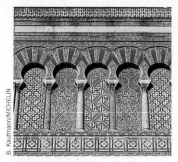

Mosquée de Cordoue, façade Est.

reconstruit par Pierre Ier en 1366, de la tour de Don Fadrique (Séville), de la tour d'El Carpio (Cordoue), du château de San Romualdo (San Fernando, Cadix) et de la Casa de Pilatos (Séville).

Art gothique (13e-15e s.)

L'art primitif gothique andalou, inspiré du modèle cistercien (grandes rosaces sur les façades, nef centrale avec deux nefs latérales plus basses et voûtes en ogive), a produit des œuvres intéressantes comme les églises ferdinandines de Cordoue (Santa Marina, San Miguel, San Lorenzo). L'an 1401 voit le début de la construction de la cathédrale de Séville, parfait exemple de gothique andalou et l'une des dernières cathédrales gothiques espagnoles. Les artistes flamands qui interviennent dans cette ambitieuse construction apportent une série d'innovations qui seront reprises dans d'autres églises d'Andalousie, comme le plan rectangulaire, le chevet plat avec une petite abside, les fins piliers fasciculés, les voûtes en étoile et la décoration chargée.

Sous le règne d'Isabelle la Catholique apparaît le **style isabélin**, à mi-chemin entre l'art gothique et l'art de la Renaissance, où se mêlent avec exubérance les éléments flamboyants et mudéjars. C'est la Chapelle royale de Grenade, d'Enrique Egas, qui illustre le mieux ce style.

Les artistes étrangers qui se rendent à Séville au 15e s. apportent à la sculpture andalouse l'influence flamande, caractérisée par son profond réalisme. **Lorenzo Mercadante**, originaire de Bretagne, est une figure marquante de la sculpture gothique andalouse. Il travaille surtout à la cathédrale de Séville et introduit la technique de la terre cuite que vont reprendre ensuite de nombreux artistes locaux. Citons également **Pedro Millán**, auteur de la Vierge du Pilar de la cathédrale de Séville.

L'EAU DANS L'ARCHITECTURE D'AL-ANDALUS

L'eau, denrée rare dans le royaume d'al-Andalus, a toujours joué un rôle fondamental dans l'architecture en raison de sa triple fonction, pratique, religieuse et esthétique. Pratique, car on en a besoin pour vivre (il faut arroser les jardins et remplir les bains) ; religieuse, car le Coran stipule qu'il est nécessaire de pratiquer certaines ablutions avant la prière ; esthétique, car l'eau des bassins et des étangs reflète l'élégante décoration des murs et des plafonds tandis que les jets d'eau, les fontaines et les canaux émettent un murmure apaisant qui rafraîchit l'atmosphère. De plus, l'eau permet de créer des jardins si bien intégrés à l'architecture que l'on finit par ne plus savoir s'ils sont l'œuvre de l'homme ou de la nature.

Azulejos de l'alcázar de Séville.

Renaissance et baroque

L'arrivée de la manne constituée par l'or des Amériques a coïncidé avec l'introduction en Espagne des nouvelles formes artistiques nées de la Renaissance. Séville, Cordoue, Grenade,

Coupole de la chapelle del Sagrario, Priego de Cordoba.

mais aussi bien d'autres lieux redeviennent des foyers de création artistique, grâce à l'apparition d'artistes majeurs. Ce foisonnement atteindra son apogée lors des deux siècles suivants avec la grande époque du baroque andalou.

La Renaissance (16ᵉ s.)

Architecture

Le début de la Renaissance en Espagne coïncide avec une nouvelle période de splendeur en Andalousie : le monopole du commerce avec le Nouveau Monde détenu par Séville permet à d'immenses fortunes de se constituer et Séville, comme les autres cités andalouses, se couvre alors de monuments, tant civils que religieux. Cependant, au début, la splendeur du gothique finissant et la tradition mudéjare freinent l'adoption des critères de la Renaissance. En effet, pendant le premier tiers du 16ᵉ s., c'est le **style plateresque** qui s'impose dans la continuité du style isabélin. Il est ainsi nommé car les sculptures qui recouvrent les façades évoquent, par leur richesse, leur profusion et leur finesse, le travail des orfèvres (*plateros* en espagnol). L'arc en plein cintre, le bossage, les balustrades, les chapiteaux classiques ainsi que la présence de médaillons et de blasons sur les façades caractérisent ce courant. Si le chef-d'œuvre du genre est sans doute l'hôtel de ville (ayuntamiento) de Séville, dû à **Diego de Riaño**, vous en découvrirez un certain nombre d'autres exemples en Andalousie : parmi les plus belles réussites, citons à Grenade la gracieuse Lonja de la Capilla Real et le porche de l'église du monastère de San Jerónimo (œuvre de Diego de Siloé), nombre de palais et d'églises de Baeza et d'Úbeda dans la province de Jaén, ou encore la façade de l'église de Sainte-Marie de l'Assomption, réalisée par Alonso de Baena, à Arcos de la Frontera.

À mesure que l'on avance dans le siècle, les proportions prennent le pas sur la décoration et on abandonne définitive-

Palais de Charles Quint, Alhambra, Grenade.

ment toutes les formes gothiques. Les voûtes en berceau, en plein cintre ou sur pendentifs dominent ; on utilise presque exclusivement l'arc plein cintre et les motifs décoratifs deviennent plus volumineux, se concentrant sur certaines parties et laissant ainsi de vastes espaces libres.

Trois noms illustrent parfaitement l'architecture de la Renaissance en Andalousie.

Diego de Siloé (1495-1563) achève la cathédrale de Grenade, modifiant ainsi le projet gothique conçu par Enrique de Egas. Cet ouvrage, l'un des plus représentatifs de l'époque, va servir de modèle aux cathédrales de Málaga et de Guadix. Diego de Siloé se montrera très actif, intervenant tant à Guadix, qu'à Montefrío (Iglesia de la Villa) et que dans la province de Jaén, où il travailla en étroite collaboration avec son disciple, **Andrés de Vandelvira** (1509-1575). Celui-ci laisse libre cours à son audace architecturale, comme l'attestent la cathédrale de Jaén ainsi que divers monuments de la province, en particulier à Úbeda (église du Salvador) et à Baeza.

Enfin, Pedro Machuca (mort en 1550), architecte et peintre, demeure, quant à lui, fidèle à la formation italienne qu'il reçut auprès de Michel-Ange. Son œuvre maîtresse, le palais de Charles Quint dans l'Alhambra de Grenade, est une construction au plan d'une simplicité extrême (un cercle inscrit dans un carré), totalement innovatrice et incomprise en son temps... comme de nos jours par nombre de visiteurs du palais de Boabdil.

À Séville, citons tout particulièrement **Martín Gaínza** (Chapelle royale de la cathédrale) et le Cordouan **Hernán Ruiz**, à qui l'on doit la physionomie actuelle de la Giralda.

Dans le dernier tiers du 16ᵉ s., le **style herrérien**, du nom de **Juan de Herrera**, architecte du monastère de l'Escorial, s'impose avec force en Espagne. Séville s'honore de posséder une œuvre de l'architecte favori de Philippe II, l'Archivo General de Indias (Archives des Indes), dont la façade sobre et rectiligne présente tous les éléments caractéristiques de l'art de la Contre-Réforme.

Sculpture

Réalisme et force de l'expression règnent dans la sculpture de cette période, qui annonce déjà le baroque. Les commandes proviennent généralement de l'Église, ce qui explique la prédominance du thème religieux dans les œuvres. De plus, le dernier tiers du siècle voit naître la Contre-Réforme, dont Philippe II sera l'actif défenseur. Les sculptures sont le plus souvent réalisées en bois polychrome ; le marbre, l'albâtre et la pierre sont quant à eux présents dans les quelques ouvrages profanes ainsi que dans l'art funéraire ou l'architecture monumentale. Comme pendant la période gothique, on trouve de nombreux autels décorés de retables de grandes dimensions.

Parmi les nombreux artistes italiens qui travaillent en Andalousie, il convient de citer **Domenico Fancelli** (1469-1518), auteur du tombeau des Rois catholiques dans la Chapelle royale de la cathédrale de Grenade, **Jacobo Florentino** (1476-1526), qui réalise *L'Enterrement du Christ* exposé au musée de Grenade et **Pietro Torrigiano**, dont le *Saint Jérôme pénitent* (musée de Séville) ne sera pas sans exercer une grande influence sur les sculpteurs baroques sévillans. Le Bourguignon **Felipe Vigarny** (mort en 1543) travaille surtout en Castille avec Berruguete, mais exécute à Grenade l'un de ses chefs-d'œuvre, le retable de la Chapelle royale.

Mausolée de Jeanne la Folle, Capilla Real, Grenade.

H. Champollion/MICHELIN

Malgré sa mort prématurée, le sculpteur espagnol le plus important de cette époque est **Bartolomé Ordóñez** (mort en 1520), originaire de Burgos mais formé en Italie et décédé à Carrare après avoir travaillé sur les tombeaux de Jeanne la Folle et de Philippe le Beau (Chapelle royale de Grenade).

Peinture

De même que pour la sculpture, les thèmes religieux l'emportent sur les thèmes profanes, mais Séville échappe à la règle, car quelques familles fortunées font figurer dans la décoration de leurs demeures des thèmes profanes, mythologiques et allégoriques (Casa de Pilatos). L'influence flamande avec sa prédilection pour le concret domine dans la première partie du siècle. Peu à peu, le maniérisme toscan et le classicisme de Raphaël préparent l'arrivée de la peinture vénitienne.

Le meilleur représentant de la Renaissance primitive à Séville est le peintre **Alejo Fernández** (1475 ?-1546), d'origine allemande malgré son nom espagnol emprunté à son épouse. À l'image des peintres flamands, il apprécie par-dessus tout les effets de perspective et le parfait ordonnancement de l'espace; c'est lors de son séjour à Cordoue qu'il réalise sa célèbre *Flagellation* (musée du Prado, Madrid) et le *Christ à la colonne* qui est exposé au musée de Cordoue. Lorsqu'il s'installe à Séville, il préfère les représentations humaines ; outre la *Vierge à la rose* (église de Santa Ana), son œuvre la plus célèbre est la *Vierge des Navigateurs* de l'alcázar de Séville.

Le Sévillan **Luis de Vargas** (1506-1568), formé en Italie par un disciple de Raphaël, s'inspire du maniérisme de Vasari et de la délicatesse du Corrège. Son œuvre la plus célèbre, *Scènes de la vie du Christ* (cathédrale de Séville), reçut le surnom de « la gamba » en raison de l'élégance de la jambe (en italien, *gamba*) d'Adam. **Luis de Morales** (1520 ?-1586 ?), originaire d'Estrémadure mais très andalou, mérite également d'être mentionné. Son œuvre très personnelle mêle les influences flamande et italienne. La douceur des personnages féminins ainsi que l'expression du Christ souffrant (*Ecce homo* de l'académie de San Fernando de Madrid) en ont fait l'artiste le plus apprécié du public et le plus imité de ses contemporains.

Au cours du 16e s., de nombreux peintres flamands viennent à Séville, attirés par sa richesse et dans l'espoir de trouver du travail aux Amériques. Citons le robuste Peter Kempeneer, connu sous le nom de **Pedro de Campaña** (1503-1563), auteur de la grande *Descente de croix* de la cathédrale de Séville, ainsi que **Hernando Sturbio** (mort en 1577), qui y réalise également le retable des Évangélistes.

Le baroque (17ᵉ s.-18ᵉ s.)

Dans le paysage baroque espagnol, l'Andalousie occupe une place de premier plan dans tous les domaines.

En architecture, le style herrérien continue de dominer dans la première moitié du 17ᵉ s. Les églises présentent un plan rectangulaire très simple, des motifs ornementaux de plâtre et parfois des façades décorées de panneaux d'azulejos (Hospital de la Caridad de Séville). Puis l'austérité s'adoucit et les édifices commencent à se couvrir de détails décoratifs ; cependant, les structures sont toujours très simples et de nombreuses coupoles sont simulées : elles sont en fait constituées d'une armature de bois rehaussée de plâtre au lieu d'être exécutées en pierre.

C'est au milieu de ce siècle qu'**Alonso Cano**, architecte, sculpteur et peintre réalise la façade principale de la cathédrale de Grenade.

Cependant, après l'arrivée des Bourbons, le baroque andalou entame sa période de splendeur, d'autant que le développement des échanges commerciaux avec l'Amérique (du fait de l'ensablement du Guadalquivir, Cadix a succédé en 1717 à Séville comme lieu privilégié d'échanges avec le Nouveau Monde) entraîne une véritable frénésie de constructions sur tout le territoire andalou. Nombre de petites villes se sont alors dotées de demeures seigneuriales et d'églises baroques qui leur confèrent un charme particulier : c'est le cas entre autres exemples d'Osuna (clocher de l'église de la Merci, palais des marquis de Gomera...), d'Écija (palais de Benamejí et de Peñaflor, clocher de l'église Saint-Jean...), de Lucena (chapelle du Sacrement), de Priego de Córdoba, d'Alcalá la Real, de Guadix (clocher et façade de la cathédrale), de Carmona (palais et couvent des Descalzas), d'Estepa avec le porche de l'église du Carmen...

L'imagination débordante des artistes n'a plus de limites. Les structures concaves et convexes offrent un mouvement ondoyant aux façades et les motifs décoratifs (volutes, chapelets de fleurs, colonnes torses) recouvrent toutes les surfaces. En proie à une commune exubérance, tous les architectes interprètent le baroque au gré de leur imagination. L'influence arabe et la fantaisie coloriste prédominent dans le sanctuaire de la Chartreuse de Grenade, d'un faste confinant au délire, réalisé par **Francisco Hurtado** (1669-1725). Et que dire de l'extraordinaire décoration de l'église de San Juan de Dios dans cette même ville ? **Vicente Acero**, auteur de la Manufacture royale de tabac (Real Fábrica de Tabacos), s'inspire quant à lui de la cathédrale Renaissance de Grenade pour réaliser à Cadix, entre 1722 et 1729, la dernière grande cathédrale espagnole.

Le Sévillan **Leonardo de Figueroa** (1650-1730), auteur d'ouvrages civils aussi importants que le palais de San Telmo (une école pour les futurs navigateurs, devenue aujourd'hui siège du gouvernement andalou) et l'Hospital de los Venerables, réalise également à Séville deux magnifiques églises, celle du Salvador et celle de San Luis de los Franceses ; cette dernière, au plan central et aux colonnes torses, montre la parfaite maîtrise de l'artiste qui a su mêler brique, céramique et revêtement de couleur.

Sculpture

Tandis qu'en Italie et en France les statues de marbre et de bronze inspirées de thèmes allégoriques et mythologiques abondent, l'art en Andalousie reste au service de la Contre-Réforme, et le réalisme demeure sa note dominante.

Au début du 17ᵉ s., l'Andalousie devient un foyer de sculpture religieuse. Les temps sont difficiles et les gens recherchent dans la religion la solution à leurs problèmes. De multiples confréries se créent et multiplient les commandes de statues ou de groupes, qui seront vénérés sur les autels ou sortis en procession dans

H. Champollion/MICHELIN

Chapelle del Sagrario (détail), Priego de Cordoba.

Le repas des Chartreux, *de Zurbarán.*

les rues (*pasos* de la Semaine sainte). Les œuvres, de plus en plus réalistes et expressives, sont toujours en bois polychrome mais les couleurs sont plus naturelles. Les corps sont souvent recouverts de tissus, seuls les visages et les mains sont sculptés, et on ajoute même parfois des yeux ou des larmes de verre.

Surnommé par ses contemporains le « Dieu du bois », **Juan Martínez Montañés** (1568-1648), né à Alcalá la Real (province de Jaén) est le véritable fondateur de l'école de sculpture de Séville, et le plus illustre représentant de cette sculpture andalouse à son apogée. Davantage inspiré par la Renaissance que ses contemporains, ce sculpteur n'évoluera vers le style baroque qu'à la fin de sa carrière. Auteur d'une considérable œuvre en bois polychrome (dont les couleurs étaient souvent apposées par le peintre Francisco Pacheco), il sait conférer une grande sérénité à l'expression de ses visages. Outre de nombreux retables d'inspiration maniériste (Saint Jean de l'église de San Leandro), il est l'auteur d'innombrables statues du Christ et de saints (son chef d'œuvre étant sans doute le *Christ de la Clémence* de la cathédrale de Séville) et même de statuettes d'ivoire. De sa période baroque, il faut retenir l'extraordinaire retable de la Bataille des Anges (église San Miguel de Jérez de la Frontera) et les magnifiques *Immaculées* songeuses de la cathédrale de Séville. Parmi les disciples de Montañés, aux personnalités très variées, citons le sévillan **Alonso Martínez** (mort en 1668) qui collabora à nombre de chefs-d'œuvre de son maître, le Cordouan **Juan de Mesa** (1583-1627), au style plus dramatique, auteur en 1620 du célèbre et vénéré *Jésus du Grand Pouvoir* exposé aujourd'hui dans un sanctuaire sévillan édifié en 1965, le Temple de Nuestro Padre Jesús del Gran Poder.

Artiste polyvalent, peintre et architecte, le grenadin **Alonso Cano** (1601-1667) conduit l'école de Séville avec Martínez Montañés. Ses personnages, empreints de simplicité et de délicatesse, seront repris plus tard par ses nombreux disciples, comme **Pedro de Mena** (1628-1693), auteur des stalles du chœur de la cathédrale de Málaga ainsi que **José de Mora** (1642-1724), dont le déséquilibre psychologique (il mourut fou) transparaît dans des œuvres parfois saisissantes.

Vers le milieu du 17ᵉ s. et surtout au début du 18ᵉ s., on note l'influence italienne inspirée du style du Bernin. L'agitation, le mouvement et le sens dramatique dominent et les artistes andalous adhèrent à l'unanimité à ce courant. **José de Arce** (mort en 1666) est le précurseur de ce mouvement dans lequel **Pedro Roldán** (1624-1700)

LES CRÈCHES DE « LA ROLDANA »

La tradition des crèches, dont saint François d'Assise est sans doute l'initiateur, a toujours beaucoup inspiré les artistes espagnols ; à l'époque du baroque, de nombreux sculpteurs ou imagiers inspirent ou créent des personnages de terre cuite polychrome populaires et très variés, qui appartiennent maintenant au patrimoine culturel du pays. La Roldana, fille de Pedro Roldán, est l'un des meilleurs représentants de l'école andalouse. On lui doit notamment la « Vierge des Angoisses » de Cadix.

occupe une place importante. Il travaille surtout à Séville (groupe de l'enterrement du Christ de l'Hospital de la Caridad), tandis que **Pedro Duque Cornejo** (1677-1757) doit sa célébrité aux œuvres qu'il réalise pour les chartreux de Séville, mais aussi aux belles stalles de la cathédrale de Cordoue.

Enfin, n'oublions pas, et cette liste n'est pas exhaustive, **Torcuato Ruiz del Peral**, auteur de nombreuses têtes très expressives de saints décapités ainsi que des stalles de la cathédrale de Guadix.

Le siècle d'or de la peinture andalouse

Le 17ᵉ s. est sans conteste le siècle d'or de la peinture andalouse, qui commence par respecter la tradition flamande souveraine au 16ᵉ s. pour gagner ensuite en richesse et en luminosité. À partir du milieu du 17ᵉ s., Séville et Madrid deviennent les capitales indiscutables de la peinture espagnole.

Cependant, la renommée de certains peintres sévillans du début de ce siècle, dont **Francisco Pacheco**, beau-père de Vélasquez, a été quelque peu éclipsée par la gloire des trois maîtres incontestables, Vélasquez, Zurbarán et Murillo.

Diego Vélasquez passe la majeure partie de sa vie professionnelle à Madrid en tant que peintre de la Cour et grand portraitiste de Philippe II en particulier. Cependant, ni sa renommée, ni l'influence des peintres italiens qu'il admire tant, comme le Titien par exemple, ne lui font oublier sa formation sévillane. Avant de quitter sa ville natale, entre 1617 et 1623, il réalise essentiellement des peintures religieuses ou de mœurs (*Adoration des Mages*, musée du Prado, Madrid).

Francisco de Zurbarán (1598-1664), originaire d'Estrémadure, grand peintre de la vie monastique et auteur de merveilleuses natures mortes, représente la réalité de la façon la plus fidèle possible avec une grande économie de moyens et une palette volontairement limitée, s'attachant aux jeux de la lumière qui, dans ses tableaux, semble jaillir des personnages. Son atelier devient rapidement l'un des plus importants de Séville et il exporte beaucoup d'œuvres vers l'Amérique.

Bartolomé Esteban Murillo (1617-1682), dont les peintures religieuses (Immaculée, Enfant Jésus) ont été maintes fois reproduites, fut le peintre le plus célèbre de son époque. Lui aussi exporta par l'intermédiaire de son atelier d'innombrables toiles destinées aux églises du Nouveau Monde. La délicatesse et la fraîcheur de ces peintures, parfois un peu mièvres, ne sauraient toutefois cacher qu'il s'agit d'un artiste maîtrisant parfaitement la technique et la couleur, excellent dans des scènes de genre.

Dans un tout autre style, **Juan Valdés Leal** (1662-1695) s'attache plutôt à l'expression et traite des thèmes plus macabres, avec une vigueur et un réalisme saisissants, voire parfois franchement morbides, comme dans les fresques réalisées pour l'église de l'Hospital de la Caridad de Séville.

À Grenade, **Alonso Cano** (1601-1667), qui a déjà été évoqué, grand compagnon de Vélasquez, est le peintre baroque le plus classique. Son œuvre la plus connue est l'ensemble de toiles représentant la vie de la Vierge (cathédrale de Grenade), d'inspiration vénitienne ; il avait fréquenté en effet les peintres vénitiens alors qu'il travaillait sous la protection du favori du roi Philippe IV, le comte-duc d'Olivarès.

L'art des 19ᵉ s. et 20ᵉ s.

Après des siècles de splendeur, le dynamisme créatif andalou semble s'essouffler au début du 19ᵉ s. La profonde crise économique est ressentie dans toute la région et les commandes et projets d'envergure s'amenuisent. Néanmoins, certaines figures isolées originaires d'Andalousie émergent dans le paysage artistique de l'époque.

Peinture

Dans le domaine de la peinture romantique, il convient de citer les Sévillans Antonio Martínez Esquivel, José Gutiérrez de la Vega et **Valeriano Domínguez Bécquer**. Ce dernier, frère du poète Gustavo Adolfo Bécquer, réalise surtout des scènes de mœurs empreintes de gaieté, qui ne marquent pas les difficultés de sa vie privée. **Manuel Rodríguez de Guzmán** mérite d'être mentionné pour ses excellents dessins de scènes andalouses ; sa vision aimable de la vie au Sud de l'Espagne, si appréciée par les étrangers, a nettement contribué à créer le mythe romantique andalou.

À la fin du 19ᵉ s., le peintre réaliste **Julio Romero de Torres** (1880-1930), originaire de Cordoue, peint essentiellement de ravissantes femmes andalouses à la sensualité contenue *(Oranges et citrons)*. Bien qu'ayant connu quelques détracteurs, son œuvre est devenue si populaire qu'un musée a été installé dans sa maison natale après sa mort.

Contradiction, *de Julio Romero de Torres.*

Totalement différent de Romero de Torres, tant par son style que par sa vie au-delà des frontières, **Pablo Ruiz Picasso** (1881-1973), originaire de Málaga, est à n'en pas douter le peintre contemporain le plus célèbre ; et même s'il ne vécut que huit années sur sa terre natale, il n'en demeura pas moins très attaché à ce qui s'y passait et garda toujours sa passion pour les corridas.

À mi-chemin entre le 19ᵉ s. et le 20ᵉ s., deux peintres méritent d'être mentionnés : **Daniel Vázquez Díaz** (1882-1969), peintre d'inspiration

Pont de la Barqueta (Séville).

cubiste et auteur des fresques du monastère de la Rábida (Huelva), et **Rafael Zabaleta** (1907-1960), célèbre pour son expressionnisme stylisé et rustique. Plus tard, Luis Gordillo (1934) et Guillermo Pérez Villalta (1948) rejoignent le mouvement figuratif représenté par Alfonso Fraile, Vicente Vela, Alfonso Albacete, Carmen Laffon, Chema Cobo et José Guerrero, originaire de Grenade.

Sculpture

Mateo Inurria (1869-1924), auteur de la statue du « Grand Capitaine » à Cordoue, et **Jacinto Higueras** sont les figures les plus connues de la première moitié du 20ᵉ s. **Miguel Berrocal** (1933), sculpteur abstrait à ses débuts, évolue par la suite vers des formes plus figuratives.

Architecture

Les grands changements affectant l'architecture s'opèrent assez tardivement en Andalousie. Le modernisme ne produit que quelques exemples curieux dans l'environnement bourgeois (intérieurs, petits magasins), particulièrement dans la province de Cadix. Parallèlement, et inspiré du Costurero de la Reina (Séville, 1893), naît le mouvement historiciste instauré lors de l'Exposition hispano-américaine de 1929. Outre les pavillons de cette exposition internationale, il convient de citer quelques édifices officiels comme le palais provincial de Jaén et quelques cinémas et théâtres comme le Falla de Cadix et l'Aliatar de Grenade.

L'architecture des dernières décennies s'adapte sans équivoque aux dernières tendances et traduit bien la positive évolution économique de l'Andalousie. Depuis les années 1960, où apparaît l'école d'architecture de Séville, bon nombre d'édifices publics ainsi que des complexes touristiques et des immeubles ont été conçus par les meilleurs architectes andalous ou nationaux (Saénz de Oiza, Moneo, de La-Hoz, García de Paredes, Cano Lasso...).

Enfin, les opérations d'urbanisme et architecturales menées à bien lors de l'Exposition universelle de 1992 traduisent bien le dynamisme actuel de l'Andalousie.

Quelques termes d'art

Les mots indiqués en italique et en espagnol n'ont pas d'équivalent en français.

Abside : extrémité arrondie d'une église, derrière la *capilla mayor* (chœur). Elle peut être en hémicycle, polygonale ou en fer à cheval.

Ajimez : baie géminée.

Alcazaba : enceinte militaire fortifiée.

Alcázar : palais royal arabe.

Alfiz : moulure rectangulaire encadrant un arc.

Alicatado : technique céramique d'origine persique, qui consiste à découper de petits motifs géométriques à partir d'une pièce plus grande pour former des motifs de décoration.

Aljibe : mot arabe désignant une citerne.

Arabesque : terme romantique utilisé pour exprimer l'effet de décor de l'art islamique.

Archivolte : ensemble des voussures, moulures concentriques qui forment la face externe d'un arc ébrasé.

Artesonado : plafond à marqueterie où des baguettes assemblées dessinent des caissons en étoiles. Ce décor, né sous les Almohades, eut une grande diffusion, même en Espagne chrétienne aux 15e et 16e s.

Atalaya : tour de guet.

Ataurique : décor végétal stylisé inspiré de la feuille d'acanthe, caractéristique de l'art califal et adopté dans le style mudéjar.

Azulejo : carreau de faïence vernissée.

Barbacane : enceinte extérieure plus basse que la muraille, d'où l'on empêche les machines de guerre d'approcher.

Bossage : mur dont les moellons sont biseautés ou en saillie.

Camarín : petite chapelle située à l'arrière du retable, au premier étage, où l'on vénère généralement une statue de la Vierge précieusement vêtue.

Capilla mayor : chapelle placée dans l'axe de la nef et recevant le maître-autel. Équivaut au chœur des églises françaises.

Chevet : partie extérieure de l'église, dite *cabecera* en Espagne.

Churrigueresque : dans le style de Churrriguera, famille d'architectes du 18e s. Désigne un décor baroque surchargé.

Colonne salomonique : colonne torse décorée d'un réseau végétal.

Coracha : mur qui relie une tour extérieure ou une tour de guet à la muraille principale.

Coro : enceinte souvent établie au milieu de la nef.

Coufique : de la ville de Kufa, écriture arabe aux lignes majuscules et anguleuses.

Créneaux : parapet, généralement ajouré, qui couronne un ouvrage.

Cuerda seca : technique de céramique vernissée par laquelle on sépare les couleurs à l'aide d'une ligne de matière grasse qui disparaît ensuite à la cuisson.

Église-halle : église dont les trois vaisseaux sont de même hauteur.

Enjuta (= *pechina* ou **pendentif**) : tout arc est inscrit dans un rectangle ; les deux triangles dont l'un des côtés est courbe et qui sont inscrits entre l'arc et le rectangle imaginaire s'appellent les pendentifs (*enjutas* ou *albanegas*).

Entrelacs : décor géométrique formé d'une série de lignes entrecroisées qui composent des motifs polygonaux ou en étoile. Décor caractéristique de l'art arabe.

Flamboyant : style décoratif de la fin de l'époque gothique (15e s.) ainsi nommé pour ses découpures en forme de flammèches aux remplages des baies.

Flèche : comble en pointe, conique ou pyramidal d'une tour.

Gaine : support dont la partie la plus étroite se situe à la base (tronc de pyramide inversé).

Géminé : se dit des ouvertures, fenêtres ou colonnes unies par deux.

Grotesque : décor typique de la Renaissance qui mêle des éléments végétaux, des êtres fantastiques et des animaux enlacés formant un tout.

Lanterne : corps se trouvant sur la partie supérieure d'une coupole éclairant d'en haut l'édifice.

Mâchicoulis : parapet en encorbellement d'un château, soutenu par des consoles.

Madraza : medersa, université ou académie religieuse arabe.

Mihrab : dans la mosquée, niche ouverte dans le mur sacré *(quibla)*, au grand luxe décoratif.

Minaret : tour de la mosquée d'où le muezzin appelle les fidèles pour la prière.

Moçárabes : motifs décoratifs de l'architecture musulmane en forme de stalactites, employés sur les plafonds, les chapiteaux, les arcs et les corniches.

Modillon : pièce en saillie destinée à soutenir une corniche, le départ d'un arc, etc.

Mozarabe : art réalisé par des chrétiens vivant en territoire musulman avant la Reconquête.

Mudéjar : art réalisé par des musulmans vivant en territoire chrétien après la Reconquête.

Paso : sorte de char montrant une étape de la Passion du Christ, représentée par un groupe sculpté en bois grandeur nature.

Pendentif, ou écoinçon : chacun des quatre triangles curvilignes qui soutiennent une coupole. Ils permettent de passer du plan carré au plan circulaire.

Presbiterio : espace entourant le maître-autel et séparé de la nef par des marches ou une clôture.

Quibla : dans la mosquée, mur normalement orienté vers La Mecque, où se dirige l'attention de ceux qui prient.

Retable : les églises andalouses sont fréquemment décorées d'un retable monumental, dit *retablo mayor* (grand retable), qui s'élève souvent jusqu'aux voûtes. Il est placé derrière le maître-autel, lui-même situé dans la *capilla mayor*.

Sagrario : chapelle où est conservé le saint sacrement ; parfois le *sagrario* est une église indépendante.

Sebka : décor à base de brique, consistant en la répétition jusqu'à l'infini de petits arcs polylobés ou mixtilignes formant un réseau de losanges (art almohade).

Stuc *(yesería)* : décor sculpté en plâtre.

Tambour : élément architectural cylindrique ou polygonal, sur lequel s'élève une coupole semi-sphérique. Chacune des pièces cylindriques qui forment le fût d'une colonne (quand elle n'est pas monolithe).

Tour d'enceinte : tour extérieure qui protège un lieu stratégique. Elle est reliée à l'enceinte fortifiée par un mur.

Transept : nef transversale qui coupe la nef principale.

Trasaltar : mur postérieur du chœur *(capilla mayor)*, où se trouvent sculptures ou tombeaux.

Trascoro : face postérieure souvent sculptée du *coro*.

Trompes : petites voûtes semi-coniques au sommet inversé, qui servent à transformer un plan carré en plan octogonal et à soutenir ainsi une coupole.

Tympan : surface intérieure d'un fronton. Espace généralement décoré, compris entre l'archivolte et le linteau, se trouvant sur la façade des églises.

Venera : élément décoratif en forme de coquille Saint-Jacques.

Yamur : couronnement du minaret formé de diverses boules, de diamètres décroissants, enfilées sur une tige verticale.

Palacio de San Telmo, Séville.

Al-Andalus

L'Andalousie musulmane ou al-Andalus est le théâtre pendant huit siècles (de 711 à 1492) de l'incroyable cohabitation de deux mondes religieux, culturels et architecturaux totalement opposés : l'Islam et la chrétienté. L'empreinte laissée par les musulmans est immense.

R. Corbel/MICHELIN

La population

La population en al-Andalus était aussi variée que disparate. Au fil des années, la distinction entre autochtones et étrangers se réduisit. La population autochtone était constituée d'Hispano-romains wisigoths, chrétiens ou juifs de culture latine, organisés en une société féodale tandis que la population étrangère comprenait des Arabes et des Berbères de religion musulmane et de culture arabe.

Les processus d'islamisation et d'arabisation engagés par le pouvoir en al-Andalus donnèrent naissance à une société arabo-islamique assez homogène. Au début, elle se composait de deux classes sociales : la haute classe ou *khassa* et la basse classe ou *amma*, très différentes l'une de l'autre jusque dans la juridiction car nobles et plébéiens n'étaient pas châtiés de la même manière. Vers le 11ᵉ s., on vit apparaître une classe moyenne qui prit de plus en plus d'importance. Les pauvres ou miskin survivaient grâce à un travail sporadique et étaient journaliers pour le labour ou la récolte. Les clients ou *maulas* étaient des serviteurs libres liés à un maître dont ils pouvaient prendre le nom. Les esclaves les plus nombreux étaient ceux qui appartenaient au groupe *sakaliba* (esclaves), acquis sur le marché international ou prisonniers de guerre et qui travaillaient en général au service des grands seigneurs. Les esclaves noirs ou *abid* servaient surtout dans l'armée et provenaient du marché africain.

Ses composantes

Les Arabes

Ils pénétrèrent dans la péninsule en deux vagues, la première au 8ᵉ s. et la seconde au 12ᵉ s. à l'époque almohade et occupèrent toujours les fonctions de décision. D'emblée, ils souhaitèrent islamiser les autochtones, qui, pour cela, devaient prendre un nom islamique qu'ils pouvaient obtenir en fonction de leurs relations.

Les Berbères

Le premier grand contingent de cette ethnie du Nord de l'Afrique traversa le détroit au 8ᵉ s. sous les ordres des généraux Tarik et Musa. Dans la seconde moitié du 10ᵉ s. et au début du 11ᵉ s., de nombreux coreligionnaires leur emboîtèrent le pas et réussirent à prendre le contrôle de plusieurs royaumes des *taifas* dont celui de Grenade. Si certains occupèrent des postes élevés, ils travaillèrent pour la plupart dans l'agriculture, l'élevage ou l'artisanat.

Les mozarabes

Les chrétiens donnèrent ce nom aux chrétiens arabisés qui demeurèrent sur leurs terres, fidèles à leur religion, après l'arrivée des musulmans. Les Arabes les dénommèrent nazaréens *(naara)*.

Les « muwallads »

Ces chrétiens convertis à l'islam occupèrent souvent de hauts postes. Au cours du 11ᵉ s., nombreux furent ceux qui truquèrent leur généalogie pour s'attribuer un lignage arabe leur permettant ainsi de conserver la place privilégiée qu'ils occupaient dans la société.

Les juifs

Très maltraités par les Wisigoths, ils se réjouirent de l'arrivée des musulmans et s'intégrèrent parfaitement dans la société islamique jusqu'à l'invasion almohade.

La vie en ville ou à la campagne

En ville

Les musulmans modifièrent considérablement le paysage hispano-wisigoth, devenu très rural après la longue période de décadence. Et la culture islamique éminemment urbaine favorisa le développement de grandes villes : Cordoue par exemple, la plus grande cité européenne de son temps, possédait une population nombreuse et jouissait d'un grand dynamisme culturel. Notons qu'en al-Andalus, les villes comptaient un réseau d'égouts et divers services communaux dont l'éclairage urbain. Il y avait en outre bien plus de commodités que dans les villes chrétiennes de cette époque.

En Espagne musulmane, la **médina** (al-Madinat) de l'Espagne musulmane était le noyau initial fortifié de la ville et présentait un enchevêtrement de rues et de ruelles, conséquence d'une urbanisation totalement déréglementée. Dans les quartiers *(harat)*, se regroupaient les artisans de même corporation ou les familles de même religion *(judería* ou quartier juif et *mozarabía* ou quartier mozarabe). À l'intérieur de la médina se trouvaient des *zocos* (de l'arabe souk) ou marchés, des bains publics (hammam), des mosquées, des auberges et même une université, ou *madraza*, dans certaines grandes villes.

Autour de la médina s'étendaient les **faubourgs** (al-Rabad), quartiers plus modernes qui, au fil du temps, allaient se fortifier. Le **cimetière** *(maqbara)* était hors de l'enceinte près des chemins d'accès à la médina et une grande esplanade (la « **sa'ría** ») faisait office de camp d'entraînement militaire *(musalla)*, de lieu de réunion des fidèles *(musara)* pour la célébration de la fin du ramadan ou même de lieu de prière dans les petites villes. Après la Reconquête, ces esplanades servirent au battage du grain et reçurent le nom d'aire.

Les autorités civiles et militaires ainsi que les troupes et leurs familles résidaient dans l'« **alcazaba** » (al-Qasaba), cette citadelle indépendante fortifiée et dotée de services propres.

R. Corbel/MICHELIN

La maison

En général, en al-Andalus chaque maison logeait une famille. Les plus fortunés pouvaient se permettre le luxe d'avoir plusieurs épouses, mais les mariages monogames étaient les plus courants. La surface des maisons découvertes par les archéologues varie de 50 à 300 m².

La recherche de l'intimité est une dominante dans la maison en al-Andalus. Chacun construit son habitation comme il le peut mais en l'isolant toujours du bruit de la rue. En général, les juifs regroupent leurs maisons autour d'une grande cour avec une entrée commune située au bout d'un cul-de-sac. Elles sont protégées par une façade très sobre aux rares ouvertures dissimulées par des jalousies, et s'ordonnent autour d'une cour desservie par un couloir. Chacune dispose de latrines, d'une cuisine et d'une ou plusieurs chambres, ainsi que d'une étable. L'eau est stockée dans un réservoir ou tirée du puits de la cour. En général, les cheminées sont absentes et on se chauffe à l'aide d'un brasero. Les femmes cuisinent à la braise dans des récipients de terre cuite.

Les objets utilisés au quotidien sont simples : ustensiles de céramique et de terre cuite, grands coffres, tapis, tapisseries murales et coussins de coton, de laine ou de soie selon le niveau de vie de chaque famille.

Le marché ou zoco (souk)

Le marché existait surtout dans les villes et parfois dans les campagnes. En ville, il y avait des marchés spécialisés où l'on vendait des produits de la campagne. Les produits de luxe ou de grande qualité étaient commercialisés dans des marchés particuliers, les « **alcaicerías** ». De là, les produits étaient exportés vers trois grands marchés : les marchés méditerranéen, islamique et maghrébin. Le vérificateur des poids et mesures contrôlait l'activité commerciale jusque dans ses moindres détails pour éviter abus ou pratiques illégales.

Salle fraîche

Étuve

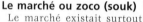

Salle voûtée *Chaudières*

R. Corbel/MICHELIN

Les **halles au grain** servaient à la fois d'entrepôt pour les produits et de logis pour les marchands. C'est leur nom arabe *funduq* qui est à l'origine du mot espagnol *fonda* (auberge). Le Corral del Carbón de Grenade est une ancienne halle aux grains reconstruite.

Les bains

Tous les quartiers des villes étaient dotés de bains publics ou hammams afin de répondre à la forte demande d'une population aimant l'eau et soucieuse d'accomplir les préceptes islamiques de propreté du corps et de l'esprit. À l'époque califale, Cordoue en comptait plus de six cents. De plus, ces bains étaient des lieux de rencontre et de détente gérés par un personnel spécialisé. Les hommes s'y rendaient le matin, les femmes et les enfants l'après-midi.

Les bains étaient couverts de voûtes percées de petites lucarnes qui tamisaient la lumière extérieure. À l'intérieur, ils étaient tapissés d'azulejos et divisés en quatre zones principales dont la température augmentait progressivement. Dans la première zone, les clients prenaient les serviettes et les sabots de bois, puis se déshabillaient. Ensuite, ils entraient dans une salle fraîche où se trouvaient les latrines et enfin c'était le bain. Le rite du bain s'effectuait dans deux salles, l'une chaude, l'étuve, et l'autre tiède : dans la première, ils se détendaient

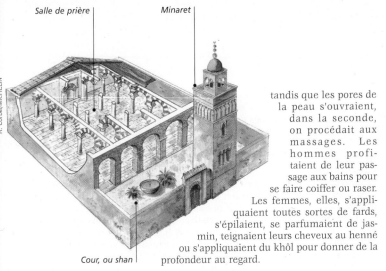

Salle de prière | Minaret

Cour, ou shan

tandis que les pores de la peau s'ouvraient, dans la seconde, on procédait aux massages. Les hommes profitaient de leur passage aux bains pour se faire coiffer ou raser. Les femmes, elles, s'appliquaient toutes sortes de fards, s'épilaient, se parfumaient de jasmin, teignaient leurs cheveux au henné ou s'appliquaient du khôl pour donner de la profondeur au regard.

La mosquée

La mosquée n'est pas un temple habité par Dieu mais une maison de prière dans laquelle tout musulman âgé de plus de 16 ans doit procéder obligatoirement à la prière du vendredi à midi. al-Andalus comptait des mosquées de quartier, de petite taille, et des mosquées plus importantes ou *aljamas* comme celle de Cordoue. Comme dans tout territoire islamique, la mosquée jouait un rôle civique plus ou moins identique à celui du forum romain ou de la place publique médiévale. Ainsi, on y lisait les documents d'intérêt public ; on y bénissait les étendards avant chaque expédition militaire. À l'origine, la mosquée servait même de centre d'enseignement et de maison du Trésor public.

La structure de la mosquée s'inspire de la maison de la Médina où le prophète Mahomet vécut et dispensa son enseignement. Comme la maison traditionnelle, elle compte deux espaces clairement différenciés : la **zone couverte** ou salle de prière *(haram)*, au sol recouvert d'une natte, et la **cour** (patio ou *shan*) avec une fontaine ou un bassin *(sabil)* pour les ablutions rituelles. Les autres composantes essentielles sont les suivantes :

– la « **quibla** », ou mur principal de la salle, est orientée vers La Mecque. Étrangement, les mosquées andalouses étaient orientées vers le Sud et non vers le Sud-Est en direction de La Mecque depuis l'Andalousie. D'après certains, les constructions se sont inspirées des plans en usage en Syrie, tandis que d'autres historiens considèrent que le Sud indiquait le chemin à emprunter pour se rendre à La Mecque.

– le **mihrab**, niche vide située au centre de la quibla, rappelle le lieu où s'installait Mahomet pour prier.

– la « **maksourah** », enceinte entourée de jalousies, précédant le mihrab, était sans doute l'espace réservé au calife.

– le « **mimbar** » est une sorte de pupitre de bois où se plaçait l'imam pour diriger la prière du vendredi *(jutba)*.

– le **minaret**, symbole islamique par excellence, est la tour adossée à l'un des murs du patio. Le muezzin se place sur la partie supérieure et appelle les fidèles à la prière. Généralement, les minarets hispano-musulmans étaient couronnés de trois sphères dorées *(yamur)* de taille décroissante surmontées d'une fleur de lys.

À la campagne

Aux environs des grandes villes s'étendaient des propriétés d'agrément du nom d'« **almunias** ». Demeures luxueuses, dotées de jardins et de vergers, de pièces d'eau et de fontaines, leur beauté n'avait d'égale que celle des palais royaux. La plus célèbre était la propriété d'al-Rusafa, au Nord-Est de Cordoue.

Si les souverains et les grands seigneurs possédaient d'immenses domaines culti-vés par des journaliers, des cultivateurs et des éleveurs travaillaient leur propre terre. Ils vivaient regroupés dans des villages, les « **alquerías** », en général défen-dus par un château et constitués de maisons, de dépendances, de terres de labour et de fermes. Les plus grands ensembles étaient entourés de fortifications et avaient une organisation communale qui s'apparentait à celle des villes.

L'agriculture

Les techniques hydrauliques élaborées en al-Andalus modifièrent l'écosystème méditerranéen de l'Andalousie. Certaines de ces techniques datent de l'époque romaine, comme c'est le cas des norias fluviales, mais il faut attribuer aux habi-tants d'al-Andalus le mérite d'avoir su tirer l'eau du sous-sol et de l'avoir conduite par des canalisations qui irriguaient d'immenses étendues de cultures. L'influence des Arabes sur les techniques d'irrigation est mise en évidence par les mots espagnols d'origine arabe dans le domaine agricole : *noria*, *acequia* ou canal d'irrigation, *alberca* ou réservoir d'eau, *aljibe* ou citerne, *azud* ou roue hydraulique...

De plus, les musulmans introduisirent les cultures en terrasses, les norias à traction ani-male ainsi qu'un système d'irrigation d'origine orientale qui consistait à forer des puits jus-qu'à la localisation de la source ; les puits servaient ensuite à contrôler la pression de l'eau qui en affleurant était canalisée vers les zones désirées.

C'est la loi islamique qui régissait l'utilisation de l'eau, considérée comme un bien commun. La *zabacequia* organisait la distribution de l'eau. Chaque agriculteur avait le droit d'irriguer son champ en fonction de tranches horaires qui lui étaient attribuées. S'il n'était pas là à temps pour ouvrir les vannes des canaux alimentant son champ, il ne pouvait pas « récupérer » à un autre moment, déjà attribué à quelqu'un d'autre.

À côté des cultures traditionnelles (olivier, céréales, vigne) étaient apparues d'autres pro-ductions venues d'Orient, tels le riz, la grenade, le coton et le safran et des produits rares et coû-teux à l'époque : épices, mûrier pour l'élevage des vers à soie. Les jardins potagers regor-geaient de produits de grande qualité souvent introduits par les Arabes comme l'aubergine, l'artichaut, l'endive et l'asperge. Les giroflées, les roses, le chèvrefeuille et le jasmin embau-maient les jardins.

L'élevage

Les habitants d'al-Andalus furent de grands éleveurs de bêtes de trait, de selle et de bou-cherie. Les **chevaux andalous**, héritiers des chevaux arabes, allaient devenir célèbres dans le monde entier. Pour répondre aux besoins de l'industrie du cuir, particulière-ment florissante, on intensifia l'élevage des brebis, dont le nombre demeura constamment élevé. Malgré l'interdiction de la religion isla-mique de consommer du porc, on a retrouvé curieusement des textes qui font référence à cet animal et qui évoquent même la rémuné-ration des éleveurs de porcs. Les principales zones d'élevage se situaient dans les marais du bas Guadalquivir ainsi qu'à l'Est de Cordoue.

La défense du territoire

Les habitants d'al-Andalus construisirent de nombreux équipements militaires tant pour se défendre que pour attaquer les chrétiens ou leurs propres coreligionnaires ; bon nombre d'entre eux sont toujours debout et ont été réutilisés après la Reconquête.

Après l'alcazaba, la construction urbaine la plus typique était le **château**, surtout dans les villes frontalières. Il s'agissait généralement de solides forteresses orientées d'Est en Ouest, divisées en deux zones clairement distinctes : l'alcazar réservé aux représentants et organisé autour d'un patio central, et une grande esplanade où se dressaient les bâtiments destinés à la troupe ; dépendant d'un château principal, une série de forteresses de moindre importance communiquait en permanence avec des **tours de guet**.

Les **murailles** étaient renforcées par des tours où logeait la garnison et par des créneaux dont le sommet était de forme pyramidale. À l'intérieur, on empruntait le chemin de ronde qui faisait le tour de la muraille.

Au 11e s., on vit apparaître les premières **barbacanes**, ouvrages défensifs situés devant les murailles, ainsi que les premières douves. Plus tard, à l'époque almohade, on commença à édifier des **tours avancées** (Torre del Oro de Séville), indépendantes de l'enceinte à laquelle elles sont néanmoins reliées par un mur ou « **coracha** ».

Au début, les portes des enceintes étaient renforcées par des plaques métalliques et du cuir. Lorsqu'au 11ᵉ s. on entreprit de les ouvrir entre des tours, on les protégea au moyen d'un pont-levis puis de **mâchicoulis**, petits ouvrages en saillie extérieure.

Bien entendu, les techniques de construction varièrent au fil des siècles. Sous le califat de Cordoue, on utilisa surtout la pierre de taille mais ensuite, on préféra l'emploi du mortier de glaise, de sable, de chaux et de gravillon plus résistant et fabriqué dans des moules puis badigeonné de couleur claire pour éblouir l'ennemi.

Sages, poètes et philosophes...

Pendant huit siècles, al-Andalus fut un important foyer culturel où s'épanouirent tant les sciences que les lettres. Tandis que dans le reste de la péninsule la guerre était la seule préoccupation des souverains et de leur cour, habitant de lugubres châteaux, les émirs, califes, et rois andalous résidaient dans de luxueux palais et favorisaient l'essor culturel. Des scientifiques, des philosophes, des poètes et des artistes furent les ambassadeurs de la puissance et du raffinement des dirigeants. N'oublions pas que les grandes figures de la culture andalouse n'étaient pas isolées mais travaillaient en étroite collaboration avec la Cour, dans de grandes bibliothèques comme celle d'Al-Hacam II à Cordoue qui comportait jusqu'à 300 000 volumes, ou dans les *madrazas* (universités) créées à cet effet.

À partir du 11ᵉ s., l'arabe fut la langue dominante sur tout le territoire. Chrétiens et juifs conservaient leurs propres langues mais utilisaient l'arabe dans la vie quotidienne ou dans les travaux scientifiques et littéraires. Notons également que les échanges culturels avec d'autres terres furent permanents, que ce soit l'Islam oriental – lors des voyages à La Mecque – ou les régions du Nord de l'Afrique surtout aux époques almoravide et almohade.

La plupart de ces connaissances, très appréciées dans le monde occidental à la Renaissance et même par la suite, furent conservées grâce à l'immense travail d'Alphonse X. Avec l'aide des mozarabes et des juifs, ce monarque chrétien fit copier et corriger les manuscrits arabes récupérés à la suite de ses propres conquêtes et de celles de son père Saint Ferdinand III.

Les sciences

Les sages andalous ne négligeaient aucun aspect des sciences. Les **alchimistes** se penchèrent sur le comportement des corps métalliques et leur évolution ; les agronomes écrivirent de nombreux traités d'agriculture et insérèrent des chapitres sur l'élevage des pigeons voyageurs, qui étaient le moyen de communication le plus rapide et le plus efficace à l'époque ; les **naturalistes** créèrent des parcs zoologiques peuplés d'espèces inconnues et les **mathématiciens** comme Avempace, qui fut également un grand astronome, furent particulièrement brillants en trigonométrie.

La **médecine** atteignit un niveau étonnant pour l'époque et compta de grands spécialistes qui regroupèrent toutes leurs connaissances dans des encyclopédies. Nous savons ainsi qu'ils étaient capables de réaliser des opérations chirurgicales d'une extrême complexité et connaissaient déjà des maladies comme l'hémophilie. Le médecin le plus célèbre de son temps fut **Averroès**, grand philosophe par ailleurs : citons également les cinq générations de la famille **Avenzoar**. La médecine était étroitement liée à la **botanique**, domaine dans lequel ils étaient très avancés : citons en exemple Ibn al-Baytar, originaire de Málaga, auteur d'un précis répertoriant mille quatre cents médicaments d'origine végétale et minérale, qui ne fut pas sans exercer une grande influence à l'époque de la Renaissance.

Toutes ces connaissances scientifiques se traduisirent par des **inventions** révolutionnaires en leur temps : les astrolabes et les quadrants nécessaires à la navigation, les systèmes de refroidissement, les jeux de lumière obtenus grâce à de petites piles de mercure, les pendules anaphoriques (mues par l'eau) – très utiles pour fixer les heures de prière – et même les jouets mécaniques. On adopta également les techniques chinoises de production du papier, qui commença à être fabriqué à Cordoue au 10ᵉ s. et les **chiffres arabes firent leur apparition dans la péninsule** ; étymologiquement, les mots *guarismo* (chiffre arabe) et algorithme sont dérivés du nom du mathématicien Al-Juwarizmi.

R. Corbel/MICHELIN

Les lettres

Dans le domaine de la littérature, la poésie fut beaucoup plus développée que la prose. Les auteurs arabes improvisaient, composant des poésies à haute voix, et imposaient souvent à leurs esclaves d'apprendre leurs poèmes par cœur afin de les vendre plus chers.

Au début, les « casidas », poésies arabes classiques, à une rime, étaient divisées en trois parties : l'évocation de l'être aimé, la description du voyage et l'éloge du destinataire. À la fin du 9e s., un poète de Cabra inventa le « **muwashshah** », dont une partie était écrite en arabe classique et l'autre en roman *(kharja)*. Les **kharjas** dans les muwashshahs arabes sont les expressions les plus anciennes de la poésie lyrique européenne. Le « **zejel** », sans doute créé par **Avempace,** fut un autre type de composition poétique assez fréquent en al-Andalus. C'était un récit narratif écrit en langue vulgaire.

Abbad Ier, roi de Séville à l'époque des royaumes des taifas, fut l'un des plus grands poètes de l'Espagne musulmane, mais le plus apprécié fut le Cordouan Ibn Zaydun qui était épris de Wallada, princesse et poétesse omeyyade.

Dans le domaine de la prose, l'ouvrage le plus important à l'époque du califat fut *El collar único*, d'Abd al-Rabbini, également auteur de nombreux ouvrages épistolaires. Cependant, l'écrivain le plus connu de nos jours est le jurisconsulte polygraphe **Ibn Hazm**, dont l'ouvrage *El collar de la paloma sobre el amor y los amantes* a été traduit dans de nombreuses langues. Il y raconte diverses aventures amoureuses à la Cour de Cordoue, dont l'épilogue est toujours édifiant ou moralisateur. Au 14e s., le poète le plus célèbre fut **Ibn Zamrak**, dont les vers furent gravés sur les murs de l'Alhambra.

Enfin, la philosophie grecque, en particulier la pensée d'Aristote, ne nous serait pas parvenue sans **Averroès** (Ibn Rusd), héritier de la pensée d'Avicenne. Ce célèbre Cordouan (1126-1198), qui fut *cadi* de Séville et de Cordoue et même médecin de la cour, se fonda sur les textes des penseurs grecs pour élaborer sa philosophie propre d'après les hypothèses de la religion islamique. Médecin, musicien, astronome, mathématicien et poète, Averroès fut la personnalité la plus complète de la culture andalouse de cette époque.

Une terre d'inspiration

L'Andalousie a vu naître de nombreuses célébrités dans bien des domaines : depuis le philosophe Sénèque, en passant par certains prix Nobel de littérature comme Juan Ramón Jiménez (auteur de Platero y yo) ou Vicente

Index/Archivi Alinari, Firenze

Carmen.

Aleixandre, sans oublier Luis de Góngora, la liste est infinie. Certains sont restés en Andalousie ou lui sont demeurés très attachés, d'autres ont quitté leur terre d'origine. Cette région tout en contrastes n'a cessé d'inspirer également de grandes personnalités étrangères dont nous ne citerons ici que quelques noms.

LES BANDITS DE LA SIERRA MORENA

La sierra Morena fut pendant des siècles le refuge des personnes présumées hors-la-loi ; cela n'a rien d'étonnant, les contours accidentés de la sierra s'y prêtaient.

Les auteurs romantiques, en particulier les Anglais et les Français, furent très inspirés par les proscrits des 18e et 19e s. et leur consacrèrent de nombreux récits. Ainsi naquit l'image faussée du bandit andalou, justicier et défenseur des opprimés. Les paysans les considéraient parfois comme des héros capables d'affronter l'autorité établie, mais la plupart du temps, ils les protégeaient plutôt par crainte. Deux personnages historiques appartiennent à l'histoire du banditisme espagnol.

Diego Corrientes(1757-1781), voleur de chevaux dans les propriétés rurales et les fermes, mourut supplicié à Séville. Le plus connu, **José María el Tempranillo** (1805-1835) rejoignit la fameuse bande des Enfants de Écija après avoir tué un homme pour défendre son honneur. Il passa son temps à taxer les voyageurs qui empruntaient la sierra Morena, mais vint en aide aux libéraux exilés. À la suite d'une pétition populaire, le roi lui pardonna ses crimes peu avant que le jeune héros ne périsse de sa belle mort.

En littérature

Tirso de Molina (1579-1684), probable auteur du *Trompeur de Séville*, a placé au bord du Guadalquivir les aventures de don Juan Tenorio. Ce grand conquérant allait devenir l'un des grands mythes de la littérature mondiale aux côtés de don Quichotte et de Faust grâce à José Zorrilla, écrivain romantique prolifique, contemporain de quelques auteurs étrangers qui ont trouvé en Andalousie l'exotisme et le mystère qu'ils recherchaient. Des écrivains britanniques comme **Richard Ford**, des Français comme **Théophile Gautier**, Victor Hugo et Latour, des Américains comme **Washington Irving** et des Italiens comme Edmundo d'Amicis ont été les premiers voyageurs étrangers à se rendre dans le Sud de l'Espagne. Et c'est ainsi qu'est né le mythe de l'Andalousie terre de brigands, de toreros, de gitans et de gens insouciants, mythe si apprécié et pourtant sans grand lien avec la réalité. Entre-temps en Espagne, le poète sévillan **Gustavo Adolfo Bécquer** écrivait ses célèbres *Rimas* qui ont été considérées par certains auteurs comme la parfaite association du lied allemand, des *siguiriyas* et du fandango andalous (chants et danses populaires). Dans la première moitié du 20e s., la poésie andalouse a atteint ses lettres de noblesse grâce à certains membres de la génération de 1927. **Antonio Machado** (1875-1939), auteur de ce qu'il nommait des *cantares*, évoque toujours avec mélancolie son enfance dans un patio de

Séville et chante, de même que son frère **Manuel Machado** (1874-1947, auteur du *Chant profond*), sa grande nostalgie de l'Andalousie. **Federico García Lorca** (1898-1936) a porté le lyrisme andalou à son paroxysme dans le *Romancero gitan* et le *Chant funèbre pour Ignacio Sánchez Mejías*. **Rafael Alberti** (1902-1999), peintre et poète, révèle une poésie très andalouse, à la fois plaisante et populaire *(Marin à terre)*.

Dans la seconde moitié du 20ᵉ s., la littérature andalouse est illustrée par les grands noms de **Félix Grande**, **José Caballero Bonald**, **Antonio Muñoz Molina** et surtout **Antonio Gala** (1936), originaire de Cordoue, qui a su comme personne saisir la réalité de l'Andalousie contemporaine et la grandeur de celle des siècles passés.

En musique

Trois grands compositeurs espagnols classiques qui puisèrent leur inspiration dans la musique populaire ont su parfaitement véhiculer l'âme andalouse dans leurs œuvres. L'un d'eux était un enfant du Sud mais les deux autres, étrangement, étaient catalans.

Né à Cadix, **Manuel de Falla** (1876-1946) est certainement le plus illustre compositeur espagnol du 20ᵉ s. ; musicien classique d'inspiration régionale et non folklorique, il révèle sa passion pour le *cante jondo* et l'éclat du flamenco dans ses deux ballets les plus célèbres, *L'Amour sorcier* et *Le Tricorne*.

Originaire de Gérone, **Isaac Albéniz** (1860-1909), grand représentant du mouvement nationaliste espagnol, a dédié à l'Andalousie certains de ses chefs-d'œuvre comme *Caprices andalous* ainsi qu'une grande partie de la suite *Iberia*. **Enrique Granados** (1867-1916), enfin, a consacré à l'Andalousie l'une de ses trois *Danses espagnoles*.

Et n'oublions pas les deux célèbres opéras, *Carmen* de Bizet et *Don Giovanni* de Mozart.

Au cinéma

Le cinéma espagnol s'est souvent inspiré de thèmes andalous, considérés comme les plus représentatifs de l'Espagne. Dans son inoubliable *Bienvenue M. Marshall*, Berlanga a caricaturé cette tendance qui a progressivement disparu, mais Carlos Saura a su remettre à l'honneur avec brio le folklore andalou dans des œuvres comme *Noces de sang*, *Flamenco* et *Sévillanes*.

Récemment, après le succès de *Solas*, la critique a vu chez **Benito Zambrano** le premier représentant du nouveau cinéma andalou.

Bandit.

Traditions populaires

Les Andalous ont le sens de la fête, ils la vivent intensément. Plus de trois mille fêtes jalonnent l'année : la plupart sont d'inspiration religieuse (processions et pèlerinages), d'autres d'inspiration profane comme les ferias ou les carnavals.

Corrida.

La Semaine sainte

Les longs défilés de la Semaine sainte, la plus grande fête d'Andalousie, s'ébranlent au rythme des tambours. Les vêtements richement brodés scintillent à la lumière des chandelles, les statues majestueuses glissent entre les orangers au clair de lune, les incantations spontanées *(saetas)* jaillissent des balcons au passage de la Vierge et de son Fils...

Toutes les villes comme tous les villages d'Andalousie commémorent la Passion et la Mort du Christ en sortant pour les processions de magnifiques œuvres d'art réalisées par d'illustres sculpteurs comme Alonso Cano, Martínez Montañés ou Pedro de Mena. Ces statues sont placées sur les **pasos** (Séville) ou les **tronos** (Málaga), sortes de chars en bois sculpté, rehaussés d'argent ciselé et ornés d'innombrables fleurs. Sous ces chars, cachés sous de lourdes jupes de velours, les porteurs, ou **costaleros**, avancent lentement, supportant chacun quatre-vingts kilos soit un poids total de trois tonnes ! Cet effort nécessite un entraînement qui s'effectue entre Noël et la Semaine sainte où les porteurs les moins expérimentés s'exercent en parcourant le chemin de la procession avec une charge égale à celle qu'ils supporteront tout au long de la Semaine sainte.

En Andalousie, près de mille **Cofradías** ou **Hermandades de Pasión** (confréries) assument les frais de la réalisation et de l'entretien des pasos. Les dons des particuliers ainsi que diverses tombolas permettent d'entretenir ou d'enrichir les pasos. N'oublions pas que les statues de la Vierge disposent d'une impressionnante garde-robe changée à chaque occasion par la *santera* responsable de son vestiaire.

Tandis que les processions parcourent la ville, on se déplace en différents endroits pour admirer l'adresse des costaleros lors de passages difficiles ou simplement pour s'extasier devant le magnifique spectacle d'un paso qui illumine une rue sombre. Les rues grouillent de monde, les terrasses des bars se remplissent et ce bouillonnement aux allures parfois très profanes pourrait en surprendre plus d'un « ¡ Al cielo con Ella !» (Au ciel avec elle !)... Le paso s'ébranle et le cortège se met en marche...

Pèlerinage du Rocío.

R. Mattes/MICHELIN

Les pèlerinages (romerías)

Les Andalous vouent une dévotion toute particulière à la Vierge à tel point que l'on dit que « l'Andalousie est la terre de la Très Sainte Vierge ». Toutes les régions comptent d'innombrables sanctuaires où l'on vénère la Vierge sous divers vocables : Vierge de la Tête, Vierge de la Beauté et de la Règle, de la Lune et du Soleil, du Roc et de la Montagne...

J. Malburet/MICHELIN

Si chaque pèlerinage présente ses particularités, parfois assez originales, tous se déroulent à peu près de la même manière : on se rend d'abord à l'église (souvent en carrioles décorées menées par des chevaux), puis ont lieu la cérémonie religieuse et la procession, suivies du repas et, pour finir, le dîner dans la campagne rythmé par les chants et les danses jusqu'à l'aube.

Le pèlerinage andalou le plus célèbre est celui de la **Vierge du Rocío**, événement exceptionnel auquel participent environ un million de pèlerins regroupés en confréries originaires de toute l'Espagne et même de certains pays d'Europe *(voir El Rocío)*.

Les Croix de Mai

La fête des Croix, qui a lieu le 3 mai, est célébrée à l'occasion de la fête religieuse de l'Invention de la Sainte Croix. La tradition veut qu'au 6e s. de notre ère, la mère de l'empereur Constantin découvrit la croix *(Lignum crucis)* sur laquelle fut crucifié le Christ et la divisa en petits fragments qui furent répartis dans tout le monde chrétien.

La Croix de Mai est célébrée partout en Andalousie mais de différentes manières : dans certains villages, les croix sont fixes et vénérées tout au long de l'année (La Palma del Condado) ; dans d'autres, on dresse la croix spécialement à cette occasion (Conil). Mais partout, les croix sont décorées de branches de romarin et de fleurs et vénérées, puis l'on chante et l'on danse une bonne partie de la nuit. Les Croix de Mai de Cordoue, installées dans toute la ville, se révèlent les plus originales et les plus somptueuses.

Le carnaval

Dans la plupart des cités andalouses, le carnaval est une fête traditionnelle, mais c'est à **Cadix** qu'il est le plus spectaculaire. Après des mois d'essayages et de travaux de couture pour préparer les costumes et mettre sur pied des animations où on laisse libre cours à l'imagination, le carnaval se déroule sous le signe de la gaieté et de la bonne humeur. Les héros de la fête sont les **comparsas**, ces groupes vêtus à l'identique, qui parcourent les rues en chansonnant les récents événements politiques ou sociaux, ne reculant pas devant l'impertinence.

Dans les villages plus proches de la Meseta, le carnaval, nettement plus sobre, fête « l'enterrement de la sardine », en référence au poisson que l'on mangeait en période de carême.

La feria

Les ferias andalouses, si colorées, pleines de musique, de danses et de gaieté sont issues des traditionnelles foires au bétail du printemps et de l'automne créées au Moyen Âge. Au fil du temps, ces foires ont perdu leur sens primitif et sont devenues des fêtes où l'on se rend vêtu de ses plus beaux atours avec chevaux et calèches.

Casetas illuminées lors de la feria de Séville.

R. Mattes/MICHELIN

Chaque feria a ses particularités mais toutes présentent des points communs. Curieusement, la Feria de Séville qui est de renommée mondiale et sert de modèle à d'autres grandes ferias comme celles de Cordoue, Málaga ou Jerez, ne date que de 1847.

L'enceinte de la feria est un terrain clos auquel on accède par une grande porte décorée d'ampoules multicolores. À l'intérieur, les différents espaces sont clairement délimités : le secteur des attractions foraines (la grande roue, les montagnes russes, les stands de tir, la tombola) où les rues portent des noms évocateurs : **calle del Infierno** (enfer), du **Recreo** (plaisance)..., le secteur commerçant ou Rastro (uniquement dans les villages) et enfin le **Real** de la Feria : c'est là que sont installées les « **casetas** », fragiles et éphémères pavillons de bois et de toile décorés de lanternes, de tableaux et de mobilier plus ou moins luxueux où l'on mange, chante et danse tout au long du jour et de la nuit. Certaines *casetas* sont privées, à l'accès strictement limité, d'autres sont publiques et tout le monde peut y accéder.

Même si cela ne semble pas très évident pour qui assiste à une feria pour la première fois, le programme est rigoureusement établi à l'avance. De midi à 16h environ, tout le monde se rend au Real en costume typique. La musique bat son plein dans les *casetas* et tandis que les uns dansent, les autres se promènent dans les rues à pied, à cheval, sur de superbes chevaux harnachés ou dans des calèches. Après la sieste ou la corrida, les enfants sont les rois de la fête. Le soir, les gens viennent dîner à la feria, vêtus cette fois-ci simplement, prêts à faire la fête toute la nuit. Ainsi s'écoule l'épuisante semaine de la feria où l'on réussit tout de même à travailler une bonne partie de la journée...

La corrida

Bien qu'elle ne soit pas spécifiquement andalouse, la corrida tient une telle place dans la culture régionale qu'un voyageur en Andalousie peut difficilement l'ignorer.

Qu'il s'agisse d'une *corrida de toros*, d'une *novillada* (au cours de laquelle des taureaux de trois ans sont combattus par des aspirants toreros) ou d'une *corrida de rejoneo* (à cheval), la tauromachie est l'élément fort de la feria.

Une corrida comporte habituellement la mise à mort de six taureaux répartis entre trois matadors. Chacun des combats est divisé en trois actes (ou *tercios*) : celui des piques au cours duquel les toreros manient une grande cape rose ; celui des banderilles ; et, enfin, la mise à mort précédée de la *faena* (travail) de *muleta* (pièce de serge rouge fixée sur un bâton) au cours de laquelle le matador, seul en piste, démontre son art, sa technique ou sa témérité.

Que la faena soit réussie et qu'une estocade (coup d'épée) efficace et portée dans les règles vienne la conclure et les gradins se couvrent de mouchoirs blancs, afin d'obtenir du président qu'il accorde des récompenses : une oreille, deux oreilles, voire la queue de l'animal.

La chaleur et la compétence du public fait de l'Andalousie la région idéale pour découvrir la corrida, de préférence dans les belles arènes de Séville et de Ronda, mais aussi à Antequera, au Puerto de Santa María, à Sanlúcar de Barrameda ou au cours des ferias de Jerez, Cordoue, Grenade, Almería et Jaén.

Le flamenco

Le flamenco, né au milieu du 19e s., est le produit de différentes formes musicales qui existaient déjà en Andalousie, telles que les musiques juive, byzantine, arabe et même hindoue. Actuellement, les spécialistes ne sont pas unanimes sur l'influence de ces formes musicales, mais en revanche le berceau du flamenco semble être la Basse Andalousie (Jerez, Utrera, Lebrija, Cadix...) où des familles ont perpétué la tradition artistique de père en fils. On reconnaît en outre que si le flamenco n'a pas été créé par les gitans, ils lui ont apporté leur touche personnelle et leur magistrale capacité d'interprétation.

Le flamenco fut longtemps associé aux « voyous » par la bonne société, soutenue par des intellectuels comme Azorín, Baroja et Unamuno. Mais en puisant leur inspiration dans le folklore, García Lorca et Manuel de Falla lui permirent d'acquérir ses lettres de noblesse et d'apparaître comme une manifestation culturelle du peuple andalou.

Depuis, le **cante** (chant) a compté des noms mythiques (Antonio Mairena, Fosforito, la Niña de la Puebla...) auxquels se sont ajoutées d'autres grandes figures comme l'immense **Camarón de la Isla** et de grands interprètes du **toque** (art de la guitare) comme Paco de Lucía et du **baile** (danse) comme Lucía Hoyos.

Les générations récentes ont su démontrer que le flamenco est toujours vivant et qu'il est ainsi à même d'évoluer et d'assimiler de nouveaux rythmes. Ce n'est certes pas l'avis des puristes mais des groupes tels que Ketama et Navajita Plateá, des *tocaores* (musiciens) comme Raimundo Amador et des *bailaores* (danseurs) comme Joaquín Cortés et Antonio Canales prouvent que le flamenco est capable de s'orienter vers de nouvelles voies.

Bulerías, peteneras, siguiriyas, cantes de ida y vuelta, fandangos, soleás...(chants et danses populaires andalous), les différents styles et rythmes du flamenco ne sont pas toujours aisés à saisir pour qui n'est pas andalou...

R. Mattes/MICHELIN

Quand survient le duende...

Les costumes régionaux

Chaque province andalouse possède son propre costume qui diffère totalement d'un endroit à l'autre. À Málaga, par exemple, le costume de **verdiales** surprend par le chapeau masculin totalement recouvert de fleurs naturelles et de rubans de couleurs tandis qu'à Cadix, le costume de **piconera** est composé d'une jupe de satin, d'une blouse blanche, d'un tablier noir et d'un filet à pompons qui retient les cheveux ; dans les Alpujarras grenadines, la jupe à rayures de couleurs se porte avec une blouse à manches courtes et un petit châle à fleurs...

Mais malgré toute cette variété, le costume andalou par excellence reste celui qui était porté traditionnellement à Cordoue et à Séville mais qui a subi certaines transformations dans la seconde moitié du 20e s. Car le costume andalou suit sa propre mode et les couleurs, le nombre et la longueur des volants ou la forme des manches varient d'une année sur l'autre.

Mises à part certaines variantes, le **traje de faralaes** ou costume flamenco sied particulièrement aux femmes aussi bien par ses couleurs vives que par sa coupe ajustée qui affine la silhouette ; le profond décolleté et les volants qui soulignent la partie inférieure de la robe confèrent un charme particulier à ce costume qui s'accompagne parfois d'un petit châle à franges. Enfin, la touche finale est donnée par les boucles d'oreille *(zarcillos)* et les bracelets assortis à la robe ainsi que les fleurs naturelles ou artificielles piquées dans les cheveux. Quand elle doit monter à cheval, l'Andalouse revêt un costume plus rustique, composé d'une jupe d'amazone, d'une blouse à jabot de dentelle et d'une veste courte noire.

Le costume des hommes, noir, gris ou marron foncé, se compose d'une veste courte, d'une chemise blanche sans cravate, d'un pantalon ajusté et de guêtres de peau ou de bottes en veau retourné. Enfin, le célèbre chapeau de Cordoue à larges bords ou le sévillan un peu plus petit complètent cette tenue.

La gastronomie

La cuisine andalouse, haute en couleur, affiche un caractère très nettement méditerranéen. Les produits du terroir d'une très grande richesse en sont les ingrédients privilégiés, avec une mention spéciale pour l'huile d'olive, championne incontestée de la saveur. Autre vedette des tables de la région : le vin, issu des nombreuses vignes andalouses et célébré dans le monde entier, accompagne les mets si bien...

LE GAZPACHO

Ce potage froid, rafraîchissant et très nourrissant est connu dans le monde entier. Il se compose de tomates, de concombres, de poivrons, d'huile, de vinaigre, d'ail et de sel et on y ajoute parfois de la mie de pain pour épaissir, de l'oignon ou même de l'œuf dur haché. Les proportions varient légèrement selon les goûts des familles. Chaque *gazpacho* est différent et certains autres plats comme le *salmorejo* (pain écrasé avec des tomates, de l'ail, de l'huile, du vinaigre et du sel) ou l'*ajo blanco* (qui lui ressemble un peu mais les tomates sont remplacées par des amandes et le mets s'accompagne de raisin et de melon) ou la *porra antequerena* sont considérés comme des variantes du gazpacho car ils se consomment frais également.

Gazpacho

La présence arabe a profondément marqué la culture andalouse et exercé une influence indéniable sur la gastronomie locale. Les nouvelles techniques agricoles fondées sur l'utilisation optimale de l'eau grâce aux réseaux d'irrigation développés par les Arabes ont permis la culture de terres inexploitées jusque-là. C'est ainsi que la région put produire des fruits et des légumes tout au long de l'année. De nouvelles cultures sont apparues (riz, aubergines, artichauts, asperges) de même que des épices jusque-là inconnues du monde occidental comme le poivre, la cannelle ou le cumin.

Dans un autre registre, ce sont les Arabes qui ont établi l'ordre actuel de présentation des plats : auparavant, en effet, tous les plats étaient servis simultanément.

Bien qu'ils aient longtemps occupé le pays, les Arabes n'ont cependant pas étouffé les traditions alimentaires andalouses, fondées sur les produits de la vigne et de l'olivier. Les vins andalous sont désormais appréciés dans le monde entier *(voir encadré p. 57)* et les différents types d'huile d'olive, avec deux appellations contrôlées – Baena (Cordoue) et Sierra de Segura (Jaén) –, sont très prisés.

Les traits dominants de la gastronomie andalouse diffèrent suivant que vous vous trouviez en bordure de la côte ou plus à l'intérieur des terres : un climat plus frais s'accompagnera volontiers d'une cuisine où domineront potages, salades et gibier, tandis que sur le littoral les produits de la mer seront les vedettes incontestables.

LES TAPAS

Le *tapeo*, invention andalouse et plus spécialement sévillane, est une coutume indissociable de la gastronomie espagnole et aujourd'hui célèbre bien au-delà des frontières de l'Espagne. Même si initialement les tapas (une fine tranche de jambon, une grosse crevette, un petit morceau d'omelette) s'accompagnaient d'un verre de bon vin, les portions sont devenues plus variées au fil du temps à tel point qu'aujourd'hui de nombreux bars d'Andalousie ne servent que des tapas. Vous n'aurez que l'embarras du choix entre charcuteries (dont le fameux *ibérico*), fromages, gambas (*a la plancha*, *al ajillo*), calamars, *tortillas* (omelettes), *pescaítos fritos* (petite friture)... Désignées suivant leur taille du nom de *porciones* ou *raciones* et constituant alors de véritables plats, les tapas accompagnées d'un verre de vin ou d'une choppe de bière, se consomment le plus souvent debout au comptoir, voire parfois en pleine rue lorsque l'établissement est bondé. Il faut alors savoir jouer des coudes pour accéder au comptoir et commander les spécialités du lieu généralement inscrites sur une ardoise. Moment de bruyante convivialité qui peut fort bien tenir lieu de repas !

Même si le poisson frit *(pescaíto frito)* se sert dans tous les bars de la côte, la cuisine andalouse repose sur les **plats cuisinés**. Le *cocido* andalou (genre de pot-au-feu), qui porte aussi le nom de *olla* ou de *puchero*, est préparé dans toutes les provinces mais varie selon les produits locaux. Il se compose de viande de porc ou de poulet cuisinée avec des légumes, des pois chiches et des haricots. La viande et le lard consommés à part constituent le « **pringá** », tapa des bars sévillans.

Dans les régions montagneuses de l'intérieur, d'excellents plats de gibier apportent toutes les calories nécessaires pour combattre le froid. Sur la côte, on trouve une multitude de **poissons** cuisinés de manière très variée : cuits ou *a la plancha*, c'est-à-dire, grillés à même une plaque de métal (grosses crevettes et gambas de Sanlúcar), cuisinés (plats de poissons de Cadix), frits (anchois, limandes, petites seiches...), grillés (sardines de Málaga ou orphies).

L'Andalousie, terre de contrastes, possède également une grande diversité de fruits et de légumes frais, on trouve aussi une excellente **charcuterie**. Le gros boudin et le **jambon de Jabugo**, la terre par excellence du porc ibérique nourri de glands, la saucisse de Ronda ainsi que les saucisses et les jambons de Trévelez feront la joie des amateurs de charcuterie.

Les fromages andalous sont peu connus en dehors de la région et sont préparés avec du lait de chèvre ou de brebis, mais rarement avec du lait de vache. Ils sont assez forts et ne se prennent jamais en fin de repas mais plutôt à l'apéritif, accompagnés de vins de *manzanilla*, *finos* ou *olorosos* (variété aromatique de xérès). Ils proviennent généralement des montagnes d'Almería et de Grenade, de la serranía de Ronda et de la sierra de Grazalema.

L'influence arabe ou juive est très nette également dans la **pâtisserie** andalouse, délicieuse et très variée. À Estepa, on fabrique les *polvorones* (petits gâteaux à base de farine, de suif et d'amandes) et *mantecados* que l'on déguste à Noël dans l'Espagne toute entière ; les délicieux *tocinos de cielo* (sorte de flan) sont fabriqués à Jerez ; et que dire des petits pains de toutes sortes, des mille-feuilles, des beignets au miel... Aujourd'hui, ces pâtisseries sont souvent réalisées dans des couvents suivant des recettes traditionnelles, ce qui explique peut-être leurs noms si évocateurs... *huesos de santos* ou os de saints, *cabellos de ángel* ou cheveux d'ange, *suspiro de monjas* ou soupir de nonne, *tocino de cielo* ou lard céleste !

Caves de la Bodega Gonzales Byass. J. Malburet/MICHELIN

Spécialités locales

Parmi les spécialités locales, citons à **Grenade** les *habas con jamón* (fèves au jambon), la *sopita de ajo* (soupe à l'ail), les *tortillas* (omelettes) del Sacromonte ou *granaína* (avec jambon, cervelle et rognons de porc), le *rabo de toro* (queue de taureau) ainsi que le vigoureux *potaje de san Antón* à base de fèves, lard, boudin et oreille de porc qui se consomme traditionnellement le 17 janvier.

À **Cordoue**, les maîtres queux préparent d'excellents *churrascos* (pavés) de porc, et se régalent d'*alcachofas* (artichauts) *a la montillana* et de *flamenquines*, avant de terminer par une pâtisserie, le soupir d'Al-Mansour *(suspiro de Almanzor)* qui aurait bien du mal à dissimuler son origine !

À **Jaén**, vous ne manquerez pas de déguster les *croquetas de collejas*, les poireaux *(espárragos)* en sauce, les *empanadas del viernes* (pâtés en croûte du vendredi) et le potage de fèves aux aubergines.

Farine, morue, pommes de terre et poivron composent la *gurupina*, spécialité de **Baza** dans la montagne grenadine où l'on apprécie également le *testuz* à base de fèves, haricots blancs, boudin, lard et oreille de porc. Il faut également citer les *talarines* de la **montagne de Cazorla**, sortes de tartes fourrées à la viande de perdrix ou de lapin, ou bien des plats à base de gibier, la perdrix à l'escabèche ou encore l'étonnante soupe de poissons à l'orange amère dont **Baena** s'est fait une spécialité.

Notez enfin l'*arroz marinero*, variante andalouse de la paella présentée beaucoup plus mouillée que sa cousine valencienne.

Vins andalous

Avec ses 86 000 ha de vignobles, l'Andalousie est une zone viticole dont les produits sont célèbres dans le monde entier.

Les vins andalous s'obtiennent essentiellement à partir de deux variétés de raisin blanc, le palomino, utilisé à Jerez et à Sanlúcar, et le pedro jiménez, employé pour les vins doux de xérès, certains Málagas et les montilla-moriles.

LES VINS DE SOLERA

La **solera**, c'est ce procédé d'élevage auquel sont soumis la plupart des vins andalous, et qui permet d'obtenir une qualité constante d'une année sur l'autre : il s'agit d'un entassement de fûts posés les uns sur les autres, sur quatre à huit niveaux. Après avoir procédé à la fermentation comme pour un vin normal et rajouté de l'alcool pur, on place le vin nouveau dans le fût supérieur. Le vin mis en bouteille est tiré de la solera, le fût le plus proche du sol ; il est immédiatement remplacé par du vin provenant du fût immédiatement supérieur **(criadera primavera)** et ainsi de suite jusqu'en haut. De cette sorte, on obtient un vin d'une qualité constante d'une récolte sur l'autre.

Appellations d'origine

Il existe en Andalousie quatre appellations d'origine (*denominaciones de origen*, ou D.O.) : jerez, montilla-moriles, condado de Huelva et Málaga. Chacune produit surtout des vins généreux, mais ces dernières années, la diversification aidant, on a vu apparaître sur les marchés des vins de table jeunes, légers et fruités.

D.O. jerez

« Vins des rois » selon Jean Cocteau, ce sont les vins les plus prestigieux, bien connus des Français sous le nom de xérès. Cette appellation regroupe le *fino* (vin sec, pâle et un peu doré), le *manzanilla* (produit à Sanlúcar de Barrameda), l'*oloroso* sombre et long en bouche, le *dulce* (vin doux) comme le moscatel et le pedro jiménez ; elle compte également l'*amontillado* (vin très sec, ambré, au bouquet aromatique), soumis à un long processus d'oxydation.

D.O. montilla-moriles

Ces vins forts en degré produits dans la province de Cordoue sont très différents des xérès mais présentent les mêmes critères de classement.

D.O. málaga

Jusqu'à il y a une centaine d'années, les vins doux de Málaga figuraient sur toutes les grandes tables européennes. Aujourd'hui, ils occupent une place moins importante car les goûts ont évolué. Néanmoins, ils accompagnent toujours parfaitement les desserts ou les sucreries.

D.O. condado

Ces vins blancs, jeunes, pâles et fruités sont élaborés à partir d'une variété de raisin, le Zalema.

Les vins généreux sont de deux types, le condado pálido, qui rappelle les vins fins de xérès ou la manzanilla, et le condado viejo, un grand *oloroso*, qui peut atteindre 23°.

Hormis ces grandes régions vinicoles, d'autres territoires andalous produisent des vins purement régionaux. Citons les vins d'Aljarafe et de Los Palacios (prov. de Séville), de Villaviciosa de Córdoba (prov. de Cordoue), de Bailén, Lopera et Torreperogil (prov. de Jaén), de Costa-Albondón (prov. de Grenade) et de Laujar (prov. d'Almería).

Comment les boire ?

Les vins généreux andalous jouissent d'une qualité uniforme tout au long de l'année en raison de leur mode d'élevage et se dégustent dans des verres à pied étroits et allongés.
Chaque variété se boit à une température différente :
– le fino doit se prendre entre 8 et 10 °C. Une fois ouverte, la bouteille doit être consommée très rapidement,
– l'amontillado est à sa température idéale entre 12 et 14 °C,
– les olorosos développent tout leur arôme à 18 °C.

Vignes et bouteilles de montilla-morilles

H. Champollion/MICHELIN

Villes et sites

Aguilar de la Frontera★

Le village historique d'Aguilar s'étend sur une petite colline formant une tache blanche allongée au milieu des vignobles verdoyants. Tout le quartier ancien conserve nombre de demeures seigneuriales et d'églises baroques qui lui confèrent un indéniable cachet. Après la Reconquête, au 13e s., le village musulman de Bulay prit le nom d'Aguilar, complété rapidement par *de la Frontera* (de la frontière) en raison de la proximité des frontières du royaume de Grenade. L'histoire de ce village est intimement liée à celle de la famille Fernández de Córdoba, dont les membres reçurent le titre de seigneurs d'Aguilar en 1370.

La situation
13 397 habitants. Carte Michelin n° 578 T 16 – Andalousie (Cordoue).
Situé dans la province de Cordoue, Aguilar est accessible par la N 331 en provenance de Cordoue au Nord et de Lucena au Sud-Est.
🛈 *Cuesta de Jesús, 2, 14920 Aguilar de la Frontera,* ☎ *957 66 00 00.*
Vous pouvez poursuivre votre voyage en visitant : CABRA (à l'Est), LUCENA (au Sud-Est), MONTILLA (au Nord) ou Cordoue (CÓRDOBA, 51,5 km au Nord).

se promener

Il est préférable de se garer dans le llano de las Coronadas, près du paseo de Vicente Aranda qui forme un agréable espace vert dans le village.
Remarquez les demeures des 17e et 19e s. de la **calle Arrabal** (*n°s 5, 11 et 13*).
En arrivant sur la placilla Vieja, monter la cuesta de Jesús.

Nuestra Señora del Soterraño★
Sur demande. ☎ *957 66 00 14.*
L'église principale du village, consacrée à sa patronne, fut construite au 16e s. grâce à Catalina Fernández de Córdoba.

> **GOÛTEZ SANS HÉSITATION...**
>
> ... aux *risaos* (préparation à base d'amandes, de sucre, de jaune d'œuf avec un zeste de citron) ainsi qu'aux excellentes meringues au café ou à la fraise.

Extérieur – Deux portails de pierre ornent la façade : à gauche, un portail baroque très représentatif du 17e s., comme plusieurs autres du village, provenant d'une église qui n'existe plus, à droite, un portail plateresque délicatement ouvragé.

Intérieur – Les chapelles sont d'une richesse étonnante. Les trois vaisseaux sont séparés par des arcs en ogive reposant sur des piliers cruciformes. L'abside triple est rectiligne, comme souvent dans ces régions. Dans la nef centrale, il ne reste qu'une partie du plafond *artesonado* mudéjar. La *capilla mayor* présente une voûte en croisée gothique. Un grand retable baroque de sept panneaux, présidé par une statue de la patronne du village, orne le *presbiterio*.

Un lutrin et de belles **stalles** de noyer du 18e s. occupent le fond de la nef centrale. Chaque dossier est orné d'un médaillon octogonal où figure un relief : saints, apôtres, vierges, etc. Appréciez la vigueur de l'expression malgré la technique assez primitive de l'ouvrage.

La **chapelle du Sacré-Cœur**★ et celle de l'**Immaculée** (*à gauche et à droite de la capilla mayor*) possèdent de remarquables stucs du 18e s. Dans la première se trouve un curieux **haut-relief de la Dernière Cène**.

La **chapelle de Jésus de Nazareth**★ se situe dans le bas-côté droit. Ce grand ensemble baroque du 18e s., coiffé d'une coupole en ove totalement recouverte de stucs, abrite une statue de Jésus à laquelle on voue une grande dévotion. Dans la partie postérieure, un *camarín* offre une décoration exubérante.

Derrière l'église, sur la petite colline, on aperçoit les rares vestiges du château de Poley.
Du llano de las Coronadas, prendre la calle Santa Brígida.

Église de l'hôpital de Santa Brígida
Cette église du 16e s. a subi d'importantes modifications aux 17e et 18e s. Remarquez la curieuse façade avec sa tour centrale flanquée de deux simples portails baroques. Cette tour du 18e s. presque néoclassique, aux proportions harmonieuses, diffère totalement des tours baroques des autres églises du village.
Retourner au llano de las Coronadas et prendre la calle Moralejo.

Couvent des Carmélites (Monasterio de San José y San Roque)
La construction du monastère fondé en 1668 s'acheva en 1761. L'intérieur de l'église (*ouverte uniquement à l'heure des offices*) est d'une richesse surprenante et c'est bien le joyau de toute l'architecture baroque d'Aguilar. Aucun espace n'est épargné par la décoration, retables, peintures et plâtres au décor de feuilles, de volutes et d'angelots forment un ensemble à l'unité de style remarquable.
Observez les maisons seigneuriales des calles Moralejo et Carrera.
Dans la calle Moralejo, prendre la calle Granada ou la calle Mercaderes.

Plaza de San José★

Quatre arcs voûtés desservent cette grande place octogonale à l'architecture néoclassique (elle a été achevée en 1810) assez originale en Espagne. Remarquez l'hôtel de ville et appréciez la simplicité et l'harmonie qui se dégagent du tout.

Quitter la plaza de San José par la calle Don Teodoro.

Torre del Reloj★

Tour baroque du 18ᵉ s., la **tour de l'Horloge** s'élève majestueusement sur la plaza de los Desamparados mais n'a jamais fait partie d'un édifice religieux ; ce fut toujours un bâtiment civil malgré son clocher typiquement andalou. Elle est surmontée d'un dôme orné d'azulejos et d'une tourelle.

La calle del Carmen

On y accède par la calle Desamparados dont les maisons se découpent merveilleusement sur les vignobles des alentours. Sur la **petite plaza del Carmen**, près de l'église du même nom, un modeste Christ aux lanternes n'est pas sans rappeler celui de Cordoue.

Détail de la tour de l'Horloge.

B. Kaufmann/MICHELIN

Reprendre la calle Moralejo puis Vicente Núñez. Au nº 2, la curieuse **demeure seigneuriale du cheval de saint Jacques** doit son nom à un saint Jacques à cheval qui orne le balcon central.

alentours

Laguna de Zóñar

Prendre la A 309 en direction de Puente Genil. Au bord de la route, le **centre d'accueil** *(centro de visitantes)* **des zones humides El Lagar** présente les caractéristiques géographiques, ainsi que la faune et la flore de ces écosystèmes formés par trois étangs. Plus loin, le **centre d'accueil Zóñar** *(centro de visitantes Zóñar)* propose une exposition interactive sur l'étang. Depuis l'observatoire, on peut apercevoir des **érismatules à tête blanche**, sorte de canard dont l'espèce aujourd'hui protégée était en voie de disparition il y a une dizaine d'années. *Renseignements* ☎ 957 33 52 52.

Puente Genil

18 km par la A 309. Ce lumineux village de la *campiña* établi au bord du Genil doit son nom au pont du 16ᵉ s. (dessiné par Hernán Ruiz) qui enjambe la rivière que longe une agréable promenade offrant une belle vue. Puente Genil est réputé pour ses fameuses pâtes de coing qui séduiront tous les amateurs.

Le cœur historique compte plusieurs maisons seigneuriales, surtout calle Don Gonzalo, ainsi qu'un petit **Musée archéologique et ethnographique** *(Museo Arqueológico y Etnográfico)*, qui expose des vestiges trouvés dans les gisements archéologiques de la région. *Tlj sf lun. 10h30-13h30. Gratuit.* ☎ 957 60 29 34.

Certaines églises méritent d'être visitées : **N.-D.-de-la-Conception** (17ᵉ s.), avec son portail encadré de tours et son retable principal de stuc polychrome ; **l'église de la Purification**, dont le joli

> **LA PARTICULARITÉ DE LA SEMAINE SAINTE**
> En passant par Puente Genil, vous remarquerez peut-être les curieux noms de certaines maisons : *Imperio Romano* (Empire romain), *Cien Luces* (cent lumières), *Los Levitas* (les Lévites)... C'est ici que se réunissent tout au long de l'année les soixante-cinq corporations qui accompagnent les confréries pendant ces originales processions de la Semaine sainte où défilent des personnages issus du Nouveau ou de l'Ancien Testament.

clocher du 19ᵉ s. est rehaussé d'une flèche, et qui recèle une Vierge Immaculée de Pedro Duque Cornejo ; **l'église du couvent St-François**, dotée de belles statues (N.-D. de los Ángeles, de La Roldana) ; enfin, **l'église de Jésus-de-Nazareth**, décorée de peintures d'artistes locaux du 19ᵉ s., hébergeant une statue très vénérée du patron de la localité, qui a donné son nom à l'église.

Alcalá la Real★

Dans une région vallonnée et quadrillée d'oliviers, sise sur sa colline, la belle Alcalá la Real est dominée par la forteresse de la Mota qui offre des vues panoramiques★ imprenables sur le village et ses alentours.

Aujourd'hui, le berceau du grand poète Juan Ruiz, connu sous le nom d'archiprêtre de Hita, et des sculpteurs Juan Martínez Montañés et Pablo de Rojas est aussi un centre agricole et commerçant animé, dont les principaux magasins se pressent calle San Fernando.

La situation

21 493 habitants. Carte Michelin n° 578 T 18 – Andalousie (Jaén). Située au Sud de la province de Jaén, Alcalá se trouve à mi-chemin entre Grenade et Jaén.

🛈 *Paseo de los Álamos, Fortaleza de la Mota, 23680 Alcalá la Real,* ☎ *953 58 22 17.*

Vous pouvez poursuivre votre voyage en visitant : PRIEGO DE CÓRDOBA (24 km à l'Ouest), MONTEFRÍO (24 km au Sud),

ENTRE CHRÉTIENS ET MUSULMANS

Alcalá la Real est une ville frontalière, d'origine préhistorique, qui, en raison de sa situation stratégique, fut l'un des principaux champs de lutte entre chrétiens et musulmans. L'ancienne *Qalat* - qui signifie « ville fortifiée » en arabe – a atteint son apogée sous la période de domination arabe qui dura plus de six cents ans. Alphonse XI reconquit la ville en 1341.

Grenade (GRANADA, 52 km au Sud-Est par la N 432) ou JAÉN (par la C 3221, au Nord).

carnet pratique

RESTAURATION – TAPAS

• À bon compte

El Curro – *Ramón y Cajal, 6 -* ☎ *953 58 30 50 - 15,03/18,03€ - fermé mer.* Ce restaurant d'aspect anodin est avant tout un bar populaire fréquenté par les habitants de la ville. Les habitués ne dînent pas dans le salon-restaurant mais devant la cheminée d'une salle plus typique au plafond bas. Spécialités : grillades et jambon.

HÉBERGEMENT

• À bon compte

Río de Oro – *Alamos, 4 -* ☎ *953 58 03 37 - 9 ch. : 39/41€.* Hôtel familial central.

Chambres correctes, dont certaines avec balcon et vue sur la placette et le parc. Bon rapport qualité/prix.

Torrepalma – *Conde de Torrepalma, 2 -* ☎ *953 58 18 00 - 38 ch. : 42/54€.* Hôtel moderne aux grandes chambres confortables. Seul désagrément : sa situation à deux pas de la rue la plus commerçante et bruyante de la ville.

SPÉCIALITÉS

Ne manquez pas de goûter au *pollo a la secretaria*, préparation culinaire locale à base de poulet.

visiter

Fortaleza de la Mota★★

Cette forteresse s'élève majestueusement sur la colline de la Mota. Les pierres et les rochers se fondent dans la muraille percée de sept portes – remarquez la porte principale qui ressemble étonnamment à la porte de la Justice de l'Alhambra de Grenade.

La forteresse présente deux ensembles d'époque différente : la forteresse arabe et les églises abbatiales. La première est un château avec une cour d'armes et trois tours, celle de Mocha, celle de la Campana et le donjon. À l'intérieur du château, sur les vestiges de l'ancienne mosquée, l'**église St-Dominique**★, de style gothico-mudéjar, a été édifiée par Alphonse XI. Elle conserve la tour de l'ancien minaret - une des images les plus populaires d'Alcalá - et accueille un beau retable du 15ᵉ s. L'**église Ste-Marie-Majeure**, fortement endommagée pendant la guerre d'Indépendance, s'élève sur l'esplanade de la forteresse. Diego de Siloé participa à la construction de cet édifice qui présente une belle **façade** Renaissance plateresque. Le donjon renferme, quant à lui, un **Musée archéologique** (Museo Arqueológico) intéressant dont les collections proviennent de la ville et de la région. *Juil.-sept. : 10h30-13h30, 17h-20h ; oct.-juin : 10h30-13h30, 15h30-18h30, w.-end et j. fériés 10h30-13h30, 16h30-18h30. 1,25€, gratuit ven.* ☎ *639 64 77 96.*

Dominant Alcalá la Real, la forteresse de la Mota.

R. Mattès/MICHELIN

Nuestra Señora de las Angustias

Cet imposant bâtiment au plan octogonal fut érigé par Ventura Rodríguez au 18ᵉ s. Il recèle un ensemble exceptionnel de **plaques médiévales**★, ainsi que les fonts baptismaux où furent baptisés les artistes Martínez Montañés et Rojas.

Ayuntamiento

Sur l'agréable **plaza del Arcipreste de Hita**, l'hôtel de ville occupe un magnifique bâtiment baroque (18ᵉ s.) flanqué de deux tours. Réalisé par Fernando Tapia, un **cadran lunaire**★ d'une grande valeur artistique lui fait face.

> #### LE PASEO DE LOS ÁLAMOS
>
> Cette agréable promenade qui débouche sur la fontaine est un lieu idéal pour se reposer après une épuisante journée de voyage. Installés aux terrasses et au comptoir des bars à tapas devant un verre de vin bien frais de la région, les habitants échangent les derniers potins de la ville.

Palacio Abacial

Ce sobre bâtiment néoclassique au portail en relief orné d'armoiries se dresse devant la belle fontaine des Álamos. Le balcon sur la façade est d'inspiration Renaissance.

alentours

Castillo de Locubín

12 km au Nord par la J 2340. La route serpente jusqu'au col où s'élève le petit village blanc, d'où l'on bénéficie de splendides **vues panoramiques**★ sur le río de San Juan et le lac de Víboras. Les vestiges de l'**ancien château arabe** méritent une visite. Le château, comme ceux d'Alcaudete et d'Alcalá la Real, faisait partie du système défensif de la frontière avec le royaume maure.

Alcaudete

26 km au Nord-Ouest par la N 432. Ce village établi au flanc d'un petit promontoire se cache entre les oliveraies. Il fut conquis en 1408 par l'infant Ferdinand d'Antequera avant de devenir l'un des bastions de la frontière avec le royaume maure de Grenade. Localité réputée pour ses gâteaux, ses *hojaldrinas*, ses *empanadillas* au cidre et ses *roscos* au vin préparés par les religieuses du couvent Ste-Claire.

Ruines du château – Il ne reste que quelques vestiges des murailles et du donjon de la forteresse arabe érigée sur le site d'une ancienne forteresse romaine.

Santa María – La silhouette solennelle de cette ancienne église gothique au portail latéral plateresque se dresse au pied du château. Remarquez à l'intérieur le beau **plafond à caissons**, les grilles Renaissance du maître-autel et les portes de la sacristie.

San Pedro – Église mudéjare du 16ᵉ s. dans laquelle trône un retable intéressant.

Plaza Mayor – La grand-place se trouve au cœur d'un quartier aux ruelles étroites bordées de magasins, bars et autres établissements de détente. L'hôtel de ville (18ᵉ s.) surgit après avoir dépassé l'Arco de la Villa.

Algeciras

Algésiras est une ville marchande ouverte, où l'animation bat son plein. Sa situation stratégique, face au rocher de Gibraltar sur lequel elle offre une vue privilégiée, a eu de tout temps un fort impact sur cette localité portuaire qui, dès le début de l'occupation musulmane, était déjà l'un des principaux ports de débarquement des troupes maures. De nos jours, elle conserve sa vocation de passerelle maritime entre l'Europe et l'Afrique, s'affichant comme le premier port de voyageurs d'Espagne.

La situation

101 972 habitants. Plan dans le Guide Rouge España & Portugal. Carte Michelin nº 578 X 13 – Andalousie (Cadix) ; Gibraltar : territoire britannique. Situés à l'extrémité la plus méridionale de l'Espagne, Algésiras et Gibraltar sont proches du continent africain. Algésiras est enclavée dans la baie du même nom, entre la mer et la N 340-E 5. *Algeciras : Juan de la Cierva, 11207 Cádiz,* ☎ *956 57 26 36.*
Vous pouvez poursuivre votre voyage en visitant : TARIFA (21 km au Sud-Ouest), JIMENA DE LA FRONTERA (au Nord) ou encore la COSTA DEL SOL (à l'Est, de Sotogrande à Torremolinos en passant par Estepona, Marbella et Fuengirola).

> ### UN PEU D'HISTOIRE
>
> Les Arabes l'avaient baptisée « al-Yazirat aljadra », ou « île Verte ». C'est sous la domination arabe (711-1344) qu'Algésiras, alors province du territoire de Cadix, connut sa période de splendeur. Au 18e s., après la prise de Gibraltar par les Anglais, la ville recouvra son importance stratégique, sa population augmenta et elle contrebalança la domination britannique sur le détroit. En 1906, la **conférence d'Algésiras** vit les puissances européennes se répartir les zones d'influence au Maroc.

visiter

Museo Municipal

De mi-juin à fin sept. : tlj sf w.-end 10h-14h ; le reste de l'année : tlj sf dim. 10h-14h, 17h-20h. Fermé j. fériés. ☎ *956 57 06 72.*
Ce musée est installé dans une grande maison au sein du joli parc des Acacias. Il expose de nombreux objets datant de l'époque romaine comme des amphores et leurs bouchons, qui témoignent de l'importance commerciale des eaux de la baie d'Algésiras. À voir aussi, les pièces relatives au **siège d'Algésiras** (1342-1344), au cours duquel les troupes d'Alphonse XI firent preuve d'ingéniosité.

Marché

Il est situé sur la plaza Palma et cette structure de béton et d'acier a été dessinée par l'ingénieur espagnol **Eduardo Torroja** dans les années 1950. Son originalité réside dans le fait que la toiture ne s'appuie que sur quatre points, ce qui était à l'époque une prouesse technique.

Plaza Alta

C'est le cœur emblématique de la ville. Remarquez la fontaine néomudéjare de briques et d'azulejos des années 1930, toute entourée de palmiers. Sur cette place s'élève l'**église N.-D.-de-la-Palme**, du 18e s., de style baroque et néoclassique ainsi que la petite église baroque **N.-D.-de-l'Aurore**.

> ### PACO D'ALGECIRAS
>
> C'est à Algeciras qu'est né, le 21 décembre 1947, Francisco Sánchez Gómez. Très vite reconnu par ses pairs comme un génie du « toque » (jeu de guitare flamenco), accompagnateur du grand « Camarón de la Isla », il a acquis une reconnaissance internationale grâce à ses improvisations en compagnie des jazzmen John McLaughlin et Al Di Méola. De qui s'agit-il ? Vous aurez sans aucun doute reconnu **Paco de Lucía**.

Baños Merinies

En 1999, la mairie transféra dans le **parc María Cristina** les vestiges de ces bains du 13e s., qui faisaient partie de la résidence des Mérinides, dynastie marocaine qui régna quelque temps sur Algésiras. Une noria et un puits ont été reconstitués et leur fonctionnement est expliqué.

alentours

Route de Tarifa

Le tronçon de route d'à peine 21 km, qui sépare Algésiras de Tarifa est le plus méridional d'Europe. D'ici on bénéficie de **vues**★★★ spectaculaires sur toute la côte rocheuse d'Afrique. Les voitures peuvent s'arrêter au **belvédère du détroit** (mirador del Estrecho, à 13 km d'Algésiras), bien que les vues soient également belles près d'Algésiras. À droite de la route, sur la montagne Ahumada, les **moulins à vent** modernes forment un paysage tout droit sorti du *Don Quichotte*.

La Línea de la Concepción

17 km à l'Ouest d'Algésiras. La localité, l'une des plus jeunes d'Espagne, remonte au 18e s. Après la conquête de Gibraltar par les Anglais, une ligne défensive, dite ligne de Gibraltar, fut établie ; à côté des bastions s'établit un hameau qui grandit peu à peu et reçut le statut de village en 1870, avec le nom de la Línea de la Concepción en l'honneur de l'Immaculée Conception, alors patronne de l'armée.

La ville ne présente pas grand intérêt pour le touriste. Le centre, assez défiguré, s'organise autour de la calle Real et de l'église de l'Immaculée Conception, de 1879.

> **HÉBERGEMENT**
>
> **AC La Línea de la Concepción** – *Los Caireles, 2 -* ☎ *956 17 55 66 - 80 ch. : 66/74,20€.* Hôtel aménagé dans un immeuble moderne ouvrant sur la baie, avec vue sur le rocher de Gibraltar. Chambres confortables et fonctionnelles avec terrasses donnant sur le Rocher ou la piscine.

GIBRALTAR★

Plan dans le Guide Rouge España & Portugal.

20 km à l'Est. Territoire britannique. Pièce d'identité exigée à l'entrée. Avant d'entrer, renseignez-vous auprès de la douane : les formalités pour sortir en voiture du territoire demandent parfois près d'une heure, et il vaut mieux alors laisser le véhicule en territoire espagnol.

Gibraltar, c'est avant tout le rocher, cet extraordinaire piton calcaire qui s'élève à quelque 500 m au-dessus du niveau de la mer et qui se distingue de tous les points de la baie. Plus on s'en approche, plus sa dimension et sa beauté frappent, à tel point que l'on en oublie toute autre considération à son sujet.

L'histoire de Gibraltar est intimement liée à sa position stratégique. C'est ici que débarqua en 711, **Tarik-ibn-Ziyad** à la tête des troupes maures qui allaient conquérir toute la péninsule. Appelée dans l'Antiquité Calpe, Gibraltar tire son nom actuel de « djebel Tarik », qui signifie le « mont de Tarik ». Au 14e s., il fut le théâtre d'affrontements terribles entre musulmans et chrétiens, avant d'être définitivement reconquis par le duc de Medina Sidonia en 1462. Puis, la place sombra peu à peu dans l'oubli jusqu'à ce qu'au 18e s., pendant la **guerre de Succession d'Espagne**, les Anglais l'envahissent. Depuis lors, l'Espagne s'efforce de retrouver sa souveraineté sur cette partie de son territoire...

> **HÉBERGEMENT**
>
> **Cannon** – *9 Cannon Lane -* ☎ *350 517 11 - 18 ch. : 58,30€.* Tout près de Main Street. Hôtel doté de chambres correctes, sans télévision ni téléphone. Le petit déjeuner anglais est servi dans un patio.

Museum

Tlj sf dim. 10h-18h, sam. 10h-14h. Fermé j. fériés. 3€. ☎ *956 77 42 89.*

Bon début pour la visite, il est situé au centre, tout près de l'Office de tourisme, dans une simple maison coloniale construite sur des **bains arabes★** du 14e s. On y trouve divers objets qui évoquent l'histoire du rocher, depuis le célèbre **crâne de Gibraltar** (celui d'une femme néandertalienne découvert en 1848) jusqu'au rôle de Gibraltar pendant la Seconde Guerre mondiale. À voir absolument l'immense **maquette★** de 1865.

> **LES « LLANITOS »**
>
> C'est ainsi que l'on surnomme les habitants de Gibraltar, étrange mélange d'Anglais et d'Andalous, qui s'expriment aussi bien dans un anglais châtié d'Oxford que dans un espagnol à l'accent très nettement andalou.

Le Rocher de Gibraltar.

B. Kaufmann/MICHELIN

Main Street

C'est la rue principale de Gibraltar, où sont regroupés presque tous les commerces. Les prix ne sont plus aussi compétitifs qu'il y a quelques années, mais elle mérite le détour. L'euro est accepté presque partout. C'est là que se trouvent la **cathédrale catholique**, élevée sur l'emplacement de l'ancienne grande mosquée musulmane, et le **Couvent**, où réside le gouverneur depuis 1728. Plusieurs fois par jour, on peut assister à la relève de la garde.

À l'extrémité Sud du rocher, on a de belles **vues de l'Afrique** depuis le **phare de la pointe de l'Europe**. Dans les alentours, on trouve la chapelle N.-D.-d'Europe, patronne de Gibraltar, et la mosquée d'Ibrahim-al-Ibrahim.

Partie haute du rocher

On peut atteindre le sommet du rocher par le téléphérique ou en voiture. Suivre Main Street et ensuite la signalisation pour Upper Rock. 9h30-19h. Billet combiné pour la visite du château arabe, de la réserve naturelle, des tunnels du Grand Siège, de la Guarida de los monos et St Michael's Cave. 7,50€ (enf. : 3,25€ ; accès en voiture : 0,50€). ☎ *956 77 49 50 ou 956 74 50 00.*

Cette partie du rocher, déclarée **réserve naturelle**, est l'un des endroits les plus plaisants de Gibraltar. On remarquera les célèbres singes, ramenés d'Afrique du Nord par les troupes anglaises à la fin du 18e s.

Empruntez donc le **funiculaire**, au pied du rocher, pour aller visiter cette petite enclave naturelle... *9h30-17h15 (dernière descente 16h15). 9€ AR.*

Moorish Castle – Le château arabe a une position stratégique d'où l'on peut surveiller toute la baie. Il fut édifié au 14e s., très certainement sur les ruines d'un château du 8e s. Voir le donjon.

The Great Siege Tunnels – Il est possible de visiter cet impressionnant ensemble de galeries (près de 60 km), dites **tunnels du Grand Siège**, et creusées par les Anglais pour défendre le rocher lors du siège (1779-1783).

St Michael's Cave – La tradition raconte que cette grotte n'a pas de fond et qu'un tunnel communique avec la côte africaine. En fait, c'est une grotte calcaire qui descend jusqu'à 62 m dans sa partie la plus profonde et où stalactites et stalagmites ont donné naissance à d'étranges formations. La salle principale a été aménagée en salle de spectacles.

Alhama de Granada

Littéralement suspendu au-dessus d'une gorge impressionnante, Alhama est certainement l'un des plus beaux villages d'Andalousie. Sa situation particulièrement romantique n'a cessé d'inspirer poètes et voyageurs tout au long de son histoire. Ses maisons blanches et ses ruelles semblent raconter des histoires légendaires. Les Arabes lui donnèrent le nom d'Al-Hamma, ou source chaude, en raison de la présence de sources thermales ; et sa renommée fut telle qu'à l'époque de la Reconquête les chrétiens n'hésitaient pas à dépenser des sommes exorbitantes pour en bénéficier.

La situation

5 894 habitants. Carte Michelin n° 578 U-V 18 - Andalousie (Grenade). Situé à l'extrémité Sud-Ouest de la province de Grenade, sur les rives du río Alhama, le village est à 60 km au Sud-Ouest de Grenade par la A 338. *Vous pouvez poursuivre votre voyage en visitant : LOJA (32 km au Nord), ANTEQUERA (à l'Ouest), MÁLAGA (au Sud-Ouest), NERJA et ALMUÑÉCAR (au Sud) et Grenade (GRANADA).*

> **¡AY DE MI ALHAMA!**
> Disait le romance qui chantait la prise d'Alhama par les troupes du Castillan **Ponce de León** en 1482. Cet événement allait marquer le début de la **guerre de Grenade** qui devait s'achever par la prise de la capitale nasride en 1492. Le site privilégié de cette ville quasiment imprenable, les champs fertiles l'entourant, et surtout les thermes connus pour leurs vertus médicinales depuis l'époque romaine avaient fait d'Alhama l'un des joyaux de la couronne nasride, ô combien regretté après sa perte.

se promener

DANS LE QUARTIER ARABE★

Alhama a conservé un intéressant quartier arabe qu'il faut visiter. Le mieux est de commencer au belvédère situé derrière l'**église du Carmel**, d'où l'on embrasse une impressionnante vue **panoramique★** sur le célèbre précipice du río Alhama. Contourner l'église par la splendide chapelle baroque de Jésus le Nazaréen pour laisser sur la gauche l'ancienne *alcazaba* arabe, qui n'est plus de nos jours qu'un simple pastiche du 19e s., puis monter la calle Baja de la Iglesia jusqu'à l'étonnante tour de l'**église de l'Incarnation**, qui surgit entre les murs chaulés des maisons.

carnet pratique

HÉBERGEMENT

• À bon compte

El Ventorro – *À 3 km d'Alhama de Granada direction Jatar par la GR 141 -* ☎ *958 35 04 38 - 19 ch. : 42€* ☐. *Au bord de la rivière. Les chambres, petites, sont sobres et rustiques mais décorées avec goût. La cuisine du restaurant est très simple mais excellente.*

• Valeur sûre

Hotel Balneario – *Sur la rte de l'établissement thermal, à tout juste 1 km en direction de Grenade -* ☎ *958 35 00 11 -* *116 ch. : 55,53/74,03€ - mai-oct.* Déjà connues des Romains, les eaux acquirent une grande réputation à l'époque califale. Bâtiment du 19e s. La partie la plus spectaculaire est la ravissante **citerne arabe**★ (où jaillit la source), construite sur un soubassement romain, dont la voûte d'arête octogonale est soutenue par des arcs en fer à cheval (11e s.). Les propriétaires possèdent un autre hôtel, le **Baño Nuevo** (*ch. : 30,05€*). Clientèle d'âge mûr.

La Encarnación★

Mar.-jeu. 12h-14h. 1€. ☎ *958 36 06 86.*

Pour marquer la suprématie de la foi chrétienne sur l'islam, cette église fut bâtie sur l'ancienne grande mosquée dont les pierres de taille se distinguent encore sur la façade Sud. Le portail baroque que nous contemplons aujourd'hui cache la façade primitive gothique ornée de gargouilles et d'animaux fantastiques. L'intérieur, à nef unique, est assez sobre et coiffé d'une voûte en croisée assez complexe. Le petit musée, installé dans la sacristie, conserve un ensemble de vêtements sacerdotaux du 16e s., d'une valeur inestimable.

En sortant de l'église à droite, on trouve la **maison de l'Inquisition**, bâtiment de style gothique isabélin qui fut démoli puis reconstruit dans les années 1950. De l'autre côté de la tour, on appréciera la charmante plaza de los Presos sur laquelle s'élève, à droite, l'ancienne **prison** du 17e s. et en face, la belle façade en parfait état de conservation du **grenier à grain communal** du 16e s. La calle Vendederas mène à un hôpital de premier secours (1485), le premier du royaume de Grenade, dans lequel est actuellement installé l'**Office de tourisme**.

Contourner l'édifice et prendre la calle Caño Wamba. Remarquez une curieuse fontaine du 16e s. et un peu plus loin les ruines de l'**église des Angoisses**.

Descendre par la calle de la Mina. On arrive alors aux **prisons arabes**, étranges cavités creusées dans le roc, utilisées autrefois comme silos et très certainement aussi comme prisons.

La citerne arabe à l'intérieur des thermes.

Almería

Dans une région particulièrement aride, Almería s'étend au pied de sa forteresse, face à un horizon d'un bleu si intense que ciel et mer semblent se confondre. Chef-lieu d'une province historiquement isolée où la mer était pratiquement le seul accès, cette ville a vu son destin évoluer avec l'implantation d'infrastructures modernes et le développement d'une technologie agricole avancée qui la place maintenant à la tête de l'agriculture espagnole. Enfin, le tourisme, favorisé par un climat exceptionnel, contribue très nettement au développement de toute la région.

La situation

168 025 habitants. Carte Michelin n° 578 V 22 – Andalousie (Almería). Située dans le golfe du même nom, la ville n'eut pendant longtemps que la mer pour lien avec le monde extérieur, jusqu'à l'ouverture, relativement récente, de voies de communication terrestres. **🏛** *Parque Nicolás Salmerón, 04002 Almería,* **☎** *950 27 43 55.*
Vous pouvez poursuivre votre voyage en visitant : à l'Est, le Parc naturel du cap de GATA-NÍJAR, Níjar et Mojácar (voir COSTA DE ALMERÍA), au Nord-Est TABERNAS, au Nord-Ouest GUADIX (109 km) et à l'Ouest le littoral d'Almería à Adra (voir COSTA DE ALMERÍA).

comprendre

La ville arabe – C'est Abd-er-Rahmán II qui fonda Almería au 9ᵉ s. Un siècle plus tard, Abd-er-Rahmán III fit construire l'*alcazaba* et les murailles de la ville, dont il fit l'un des ports les plus importants d'al-Andalus. Après la chute du califat (11ᵉ s.), Almería devint la capitale d'un royaume de *taifa* gouverné par Jairan, qui en fit une grande ville commerçante dotée d'une solide industrie textile (on y comptait plus de dix mille métiers à tisser). Les Aragonais s'inquiétant de son expansion menaçante sur la Méditerranée organi-sèrent quelques incursions contre la ville. Et c'est lors de l'une d'entre elles qu'Alphonse VII de Castille parvint à s'en emparer. De nouveau reprise par les Arabes, elle fut annexée au royaume nasride de Grenade, puis défi-nitivement reconquise par les Rois catholiques en 1489.

Le déclin – Le 16ᵉ s. vit le début de la décadence d'Almería : les attaques ber-bères se répétèrent et les tremblements de terre de 1512, 1522 et 1550 asséné-rent un coup fatal à la population, le pire d'entre eux étant celui de 1522 qui détruisit presque toute la ville. Enfin, l'expulsion définitive des morisques contribua également au déclin.

La reprise – La période sombre dura jusqu'au 19ᵉ s. où l'on commença à tirer pro-fit des abondantes ressources minières de la région. Le renouveau économique assura un tel développement urbain qu'il fallut abattre les anciennes murailles et édifier de nouveaux quartiers. La Première Guerre mondiale toucha de plein fouet le secteur minier et, par voie de conséquence, la ville entière, car les compagnies exploitantes, pour la plupart étrangères, se retirèrent. Mais depuis, Almería s'est redressée et tire ses revenus principaux du tourisme et de l'agriculture.

découvrir

ALCAZABA★

Avr.-oct. : 9h30-20h30 ; nov.-mars : 9h30-18h30. Fermé 1ᵉʳ janv. et 25 déc. 1,50€, gra-tuit pour les ressortissants des pays de l'UE. **☎** *950 27 16 17.*
Du haut de sa colline, l'alcazaba domine Almería et toute la baie, occupant ainsi un emplacement privilégié. Abd er Rahmán III fit construire la forteresse au 10ᵉ s. pour défendre la ville ; puis elle fut agrandie par Soliman Iᵉʳ Musta'in, qui créa un magnifique palais maure ; enfin, après la Reconquête, les Rois catholiques élevè-rent un alcázar chrétien, mais lors du tremblement de terre de 1522 tout l'ensemble subit de graves dommages.
Pour y accéder, franchir l'arc et emprunter la promenade en escaliers qui mène aux trois enceintes fortifiées.

carnet pratique

RESTAURATION

• Valeur sûre

Balzac – *Calle Gerona, 29* - ☎ *950 26 61 60* - *15/24€* - *fermé w.-end et août.* Restaurant original tant par son décor médiéval (grilles, armures et épées) que par sa cuisine méditerranéenne élaborée par un Marseillais. Dîners très plaisants.

La Gruta – *5 km à l'O par la N 340* - ☎ *950 23 93 35* - *19,82/27,73€* - *fermé nov. et dim.* Les immenses grottes d'une ancienne carrière offrent un cadre singulier à ce restaurant spécialisé dans les viandes grillées *(seulement le soir)*. Une autre façon de pouvoir se régaler d'une cuisine simple élaborée avec des produits de qualité.

TAPAS

Casa Puga – *Jovellanos, 7* - ☎ *950 23 15 30* - *fermé dim. et j. fériés (hors Semaine sainte), 1-21 sept.* À Almería, on ne compte plus les bars à tapas, et Casa Puga y détient le record de longévité. Vaste choix de tapas, de bons vins et de charcuteries.

Las Botas – *Fructuoso Pérez, 3* - ☎ *950 26 22 72.* C'est une tête de taureau qui préside cet endroit où les tonneaux font office de tables et les affiches de corrida couvrent les murs. Excellentes tapas appréciées de la clientèle locale. Les propriétaires possèdent aussi le restaurant **Valentín**, de la calle Tenor Iribarne.

HÉBERGEMENT

L'idéal pour se loger est la petite plaza de Flores sur laquelle se trouvent trois hôtels de différentes catégories, **Torreluz**, **Torreluz II** et **AM Torreluz**, un restaurant et un bar à tapas.

• À bon compte

Nixar – *Antonio Vico, 24* - ☎ *950 23 72 55* - *37 ch. : 23,35/40€.* Petit hôtel sans charme particulier (pas d'ascenseur). Malgré tout, les chambres sont correctes pour dormir à prix raisonnable. Celles qui donnent sur la rue sont plus claires et ont un balcon.

• Valeur sûre

Costasol – *Paseo de Almería, 58* - ☎ *951 23 40 11* - *55 ch. : 53,30/66,60€.* Dans la plus grande rue commerçante de la ville, hôtel installé dans un immeuble typique des années 1960. Chambres spacieuses et confortables, dont certaines avec balcon. Parking privé.

Torreluz II – *Plaza Flores, 6* - ☎ *950 23 43 99* - *64 ch. : 44,60/61,55€.* Hôtel moderne doté de vastes chambres. Les propriétaires possèdent l'hôtel **Torreluz**, à côté : un peu moins bien.

Torreluz IV – *Plaza Flores, 5* - ☎ *950 23 49 99* - *105 ch. : 60,63/103€.* Hôtel de luxe en plein centre d'Almería. Garage privé, piano-bar, restaurant, piscine et salle de musculation.

La **première enceinte** contient de beaux jardins et la citerne. Le mur de la tour de guet couronnée d'un clocher-mur sépare la première enceinte de la suivante. La cloche servait à prévenir la population des attaques des pirates. Au Nord, les murailles relient l'alcazaba à la colline San Cristóbal.

Dans la **seconde enceinte** se tient la cité palatiale dont on a conservé quelques constructions : la citerne califale (salle d'expositions), un ermitage mudéjar, une maison musulmane reconstituée, un bassin et les bains de la troupe. La grande esplanade était la cour d'armes du palais d'Almotacín. Dans un angle se trouvent les bains privés de la reine.

La **troisième enceinte**, la plus à l'Ouest, défend le château que les Rois catholiques firent construire. Remarquez dans le grand patio le robuste donjon et son portail gothique.

Des chemins de ronde, les **vues**★ se succèdent sur la ville et le port entre les collines arides et une mer resplendissante. Remarquez le quartier populaire de **La Chanca** dont les modestes maisons troglodytiques sont peintes de toutes les couleurs.

Almería entre ciel et mer.

B. Kaufmann/MICHELIN

ALMERÍA

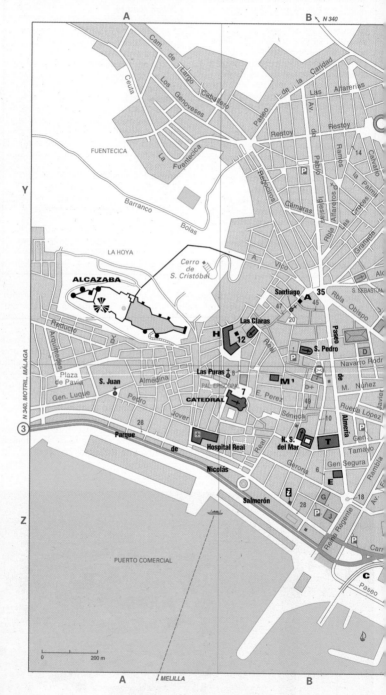

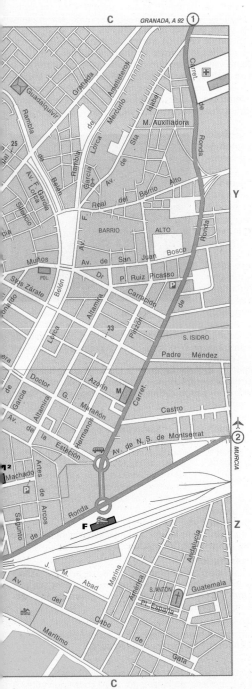

se promener

DANS LE CENTRE-VILLE

Voir itinéraire sur le schéma.

Cathédrale★

Visite guidée 10h-16h30. S'abstenir de visiter pendant les offices. 2€. ☎ 609 57 58 02.
Cette étrange cathédrale qui ressemble davantage à une forteresse qu'à une église a été construite au 16ᵉ s. sur l'emplacement de l'ancienne mosquée. Les attaques fréquentes des pirates berbères expliquent ses tours crénelées et ses solides murs jalonnés de grands contreforts. Sur le côté, où s'ouvre la porte principale, une grande tour (17ᵉ s.) abritant les cloches se termine en un petit clocher-mur.

Le beau **portail principal**★ Renaissance forme un contraste avec l'austérité de la façade mais la richesse du décor n'altère en rien les lignes classiques. Sur le fronton de la porte, on remarquera les armes de l'évêque fondateur et, sur le registre supérieur, celles de Charles Quint avec l'aigle à deux têtes ; sur les médaillons, saint Pierre et saint Paul. Le portail d'entrée, dans un style similaire, est plus simple que le portail principal.

Juste avant d'entrer dans la cathédrale, jetez un coup d'œil au curieux **soleil de Portocarrero**★ – un soleil animé, symbole de la ville – sculpté sur le chevet.

Intérieur – Les trois nefs gothiques de cette église-halle sont couvertes de voûtes nervurées qui reposent sur des colonnes fasciculées. La *capilla mayor*, qui a conservé sa voûte gothique, a été repensée au 18ᵉ s. (tabernacle, retable, arcs du déambulatoire).

Les stalles Renaissance du **coro** méritent d'être mentionnées, tout particulièrement ces étranges médaillons ornés de visages de profil sur les stalles hautes, sans oublier les sculptures de personnages au mouvement vigou-

Détail d'une stalle.

R. Kaufmann/MICHELIN

reux. Le *trascoro* néoclassique, de marbres de différentes couleurs, est l'œuvre de Ventura Rodríguez. Au niveau du transept, une porte de style gothique flamboyant communiquait autrefois avec le cloître.

Trois chapelles s'articulent autour du **déambulatoire** : la chapelle axiale, gothique, recèle le Christ de l'Écoute, particulièrement vénéré à Almería ; les chapelles latérales sont Renaissance. Saint Indalecio, patron d'Almería, repose dans celle de droite et on reconnaîtra différentes peintures d'Alonso Cano dans celle de gauche.

Sur la **plaza de la Catedral**, on remarquera le palais épiscopal qui date de la fin du 19ᵉ s. et l'église de las Puras, qui fait partie d'un ancien couvent fondé au 16ᵉ s.

Las Puras

L'église et la tour datent du 17ᵉ s. Le portail baroque est orné d'un blason flanqué de deux têtes de lions et de vases ornementaux décorés d'un soleil et de la lune. À l'intérieur, retable baroque d'Alonso Cano représentant une Immaculée Conception.

> #### SANTO CRISTO DE LA ESCUCHA
> La légende veut que ce Christ, que l'on avait emmuré de peur qu'il ne tombât aux mains des Arabes, répétait sans cesse le mot « écoute ». Après la reconquête de la ville, à force d'entendre « écoute » chuchoté derrière le mur, on retrouva la statue... d'où son étrange nom.

Plaza Vieja ou plaza de la Constitución

Cette agréable place à arcades présidée par l'**hôtel de ville** n'a pris son aspect actuel qu'au 19ᵉ s. même si elle existait déjà sous la domination arabe avec ses bâtiments administratifs et ses bazars. La colonne du centre rend hommage aux libéraux morts dans leur lutte contre le despotisme en 1824.

Las Claras

Derrière une élégante porte sans prétention se cache cette petite église du 17ᵉ s. ; remarquez la coupole du transept ornée de plâtres et de blasons.

San Pedro

Même si elle fut fondée par les Rois catholiques, l'église actuelle de style néoclassique n'a été bâtie qu'au 18ᵉ s. À l'intérieur, un balcon qui court sous une voûte en berceau à lunettes accentue encore la longueur de la nef centrale.

Santiago

L'église St-Jacques (16ᵉ s.) se trouve dans la petite rue commerçante de las Tiendas qui est l'une des plus anciennes de la ville. Son beau **portail Renaissance**★ se rapproche très nettement de celui de la cathédrale, tant par sa disposition que par la technique employée. Notez le superbe relief de saint Jacques le « Matamore » (tueur de Maures). Les attributs du saint, coquilles et croix patriarcale, décorent les espaces entre les colonnes. Au bas de l'église s'élève une solide tour percée par des arcs dans sa partie inférieure.

Tout près, dans la calle Tenor Iribarne, ne manquez pas, du moins si vous avez la chance de les trouver ouvertes, de jeter un œil aux anciennes **citernes arabes** du 11ᵉ s. qui approvisionnaient la ville.

Puerta de Purchena

Cette place est le centre névralgique de la ville. La plupart de ses demeures seigneuriales datent de la fin du 19ᵉ s.

Paseo de Almería

Dans la rue principale d'Almería, des constructions du début du 20ᵉ s. cohabitent avec des tours modernes. On y trouve toutes sortes de commerces, des banques, des cafétérias et des bars qui en font un endroit très animé. Remarquez le **cercle des Marchands**, dont une partie de la décoration date de 1920 (plafonds, plâtres peints, soubassements d'azulejos). Derrière se situe le **théâtre Cervantès,** une véritable institution dans la ville, inauguré en 1921. À proximité, la **basilique N.-D.-de-la-Mer** recèle la statue vénérée de la patronne d'Almería ; l'**École des beaux-arts** est installée dans son joli cloître du 18ᵉ s.

Reprendre le paseo de Almería.

Le nᵒ 64 est un bâtiment du 19ᵉ s., un ancien casino, dans lequel est actuellement installée la **délégation du gouvernement de la Junta**, avec un patio central et des salons de réception. Au bout de la rue, près de la plaza Emilio Pérez, remarquez la maison Montoya, étrange construction de style montagnard (typique du Nord de l'Espagne).

Parque de Nicolás Salmerón

Un plaisant axe de verdure agrémenté de fontaines et de pièces d'eau longe le port dans un endroit autrefois occupé par d'anciens entrepôts.

Hospital Real

Bien que fondé au 16ᵉ s., ce grand hôpital royal a une façade et un portail tout à fait néoclassiques (18ᵉ s.).

San Juan

Le sobre portail à colonnes annelées, le fronton et le blason donnent plutôt à l'église une allure de bâtiment civil. Mais à l'intérieur, le mihrab (12ᵉ s.) et le mur de la *quibla* indiquent que l'église St-Jean a été bâtie sur les vestiges d'une mosquée du 10ᵉ s.

visiter

Museo de Almería

En attendant la construction d'un nouveau bâtiment, les collections sont partiellement exposées à la bibliothèque Villaespesa et aux Archives historiques.

Biblioteca Villaespesa – Elle présente du matériel provenant des gisements archéologiques de la province, dont surtout des pièces trouvées à El Argar et Los Millares. *Tlj sf dim. 9h-14h, sam. 9h30-13h30. Fermé j. fériés.* ☎ 950 26 44 92 ou 950 01 11 32.

Archivo Histórico – Les Archives occupent l'ancien palais des vicomtes d'Almansa (19ᵉ s.) et présentent un choix de pièces des civilisations établies à Almería : céramiques grecque et romaine, mosaïques, sarcophages, etc. *Tlj sf w.-end et j. fériés 9h-14h.*

Estación

Belle construction de la fin du 19ᵉ s., en brique, la **gare** est décorée de céramiques et de fer forgé.

Cable inglés

On donne cette appellation de « câble anglais » au prolongement de la voie ferrée réalisé au début du 20ᵉ s. depuis la gare jusqu'à l'embarcadère et constitué d'un viaduc de pierre qu'emprunte la voie et que prolonge un pont roulant.

alentours

Los Millares★

19 km au Nord-Est par la A 92 puis la A 348 à gauche de Benahadux. Bureau d'accueil le long de la route. Tlj sf lun. et dim. 9h-14h, 18h-21h, ven.-sam. 9h-14h. ☎ 627 52 18 95.

Ce gisement qui date de l'âge du cuivre, le plus important d'Europe par sa taille et son contenu, est un passage obligé pour ceux qui apprécient l'archéologie. De 2700 avant J.-C. environ à 1800 avant J.-C., il exista ici un village qui compta, estime-t-on, jusqu'à 1 500 habitants, ce qui révèle une société déjà orientée vers le modèle urbain. Les habitants étaient des cultivateurs et des bergers ; ils travaillaient le cuivre et développèrent leur propre céramique rituelle. Le plateau sur lequel il est établi, et qui domine la vallée de l'Andarax, était un lieu privilégié à l'époque : on y jouissait d'un climat méditerranéen plus humide et d'un paysage moins aride que de nos jours, les champs étaient fertiles et propices à la culture, la chasse abondante, et les mines de cuivre se trouvaient dans la toute proche Sierra de Gádor.

On peut noter les vestiges d'un système complexe de défense, avec murailles et fortins. La muraille extérieure est la plus longue de cette époque que l'on connaisse, et elle est entrecoupée de tours semi-circulaires à intervalles réguliers. Les maisons étaient des cabanes rondes de 4 à 7 m de diamètre. Remarquez surtout les restes de la **nécropole**, qui contient une centaine de tombes collectives. L'une d'elles a été conservée et révèle parfaitement leur conception et leur structure : atrium, couloir doté de branches séparées par des pierres perforées et chambre circulaire couverte en encorbellement intérieur irrégulier, le tout enfoui sous un tumulus de terre.

Almuñécar

Le nom actuel de cette localité du littoral grenadin provient de l'arabe « Hins-al-Monacar » qui signifie « ville forteresse » et évoque la situation stratégique d'Almuñécar au sommet d'une colline. Protégée du froid par la chaîne qui longe la côte et tempérée par les vents chauds du Nord de l'Afrique, elle accueille les visiteurs toute l'année. Les cultures sous plastique qui prolifèrent, grâce au climat chaud, le long du littoral, ainsi que le tourisme, sont les principales ressources économiques d'Almuñécar.

La situation

20 997 habitants. Carte Michelin n° 578 V 18 – Andalousie (Grenade).
À l'extrémité méridionale de la province de Grenade, Almuñécar est lovée dans la vallée fertile du río Verde, sur le littoral Est de la Costa del Sol. Elle est desservie par la N 340-E 15 qui relie Málaga à Almería.
🛈 *Av. Europa, Palacete La Najarra, 18690 Almuñécar,* ☎ *958 63 11 25.*
Vous pouvez poursuivre votre voyage en visitant : la COSTA DEL SOL, en passant par NERJA (22 km à l'Ouest, voir LA AXARQUÍA), MÁLAGA (à l'Ouest) et ALMERÍA (à l'Est).

carnet pratique

RESTAURATION
• *Valeur sûre*
Vizcaya – *Paseo de las Flores (Playa de San Cristóbal)* - ☎ *958 63 57 12 - 15/29€ - fermé 15 oct.-15 fév.* Sur une jolie plage de galets, ce restaurant propose paellas, viandes grillées et poissons de Biscaye. Ambiance très animée le jour, romantique la nuit.
Antonio – *Bajos del Paseo, 12* - ☎ *958 63 00 20 - 26/35,02€.* Spécialités de poissons et de fruits de mer font la solide réputation de l'établissement depuis trente ans (« Ici, les surgelés sont bannis, nous n'avons que des produits frais. »). Langouste, espadon et jambon de Jabugo.

HÉBERGEMENT
• *Valeur sûre*
Casablanca – *Plaza San Cristóbal, 4 -* ☎ *958 63 55 75 -* 🅿 *- 35 ch. : 45/60€.* Dépaysement garanti ! La coupole et la façade de couleur framboise imitent l'architecture des petits palais marocains. Dans les chambres, le marbre et les lustres en cristal créent une ambiance orientale de bon goût. Il vaut mieux réserver.

visiter

Palacete de la Najarra
De mi-juin à mi-sept. : 10h-14h, 18h-21h ; de mi-sept. à mi-mars : 10h-14h, 16h-19h ; de mi-mars à mi-juin : 10h-14h, 17h-20h. Fermé 1ᵉʳ janv. ☎ *958 63 11 25.*
L'Office de tourisme occupe ce petit palais de style néo-arabe de la fin du 19ᵉ s., qui contient un jardin exotique.

Castillo de San Miguel★
Été : tlj sf lun. et dim. 10h30-13h30, 18h30-21h30 ; le reste de l'année : tlj sf lun. et dim. 10h30-13h30, 16h-18h. Fermé j. fériés ap.-midi, 1ᵉʳ janv. et 25 déc. 2,02€. ☎ *958 63 11 25.*
Cette forteresse d'origine romaine porte aujourd'hui l'empreinte de ses occupants successifs : Omeyyades, Almoravides, Almohades, Nasrides et chrétiens. Le château fut sérieusement endommagé lors de la guerre contre les Français en 1808, puis abandonné pendant de longues années. De l'époque nasride, où il était le

palais des rois de Grenade, datent un cachot et une maison, tandis que les massives tours de l'entrée furent élevées sous le règne de Charles Quint. D'intéressantes **maquettes** de la région d'Almuñécar sont exposées dans le petit musée.

Cueva de los Siete Palacios (Museo Arqueológico)

Été : tlj sf lun. 10h30-13h30, 18h30-21h, dim. et j. fériés 10h30-14h ; le reste de l'année : tlj sf lun. 10h30-13h30, 16h-18h, dim. et j. fériés 10h30-14h. 2,02€. ☎ 958 63 11 25.
Divers objets extraits des nécropoles phéniciennes qui se trouvaient sur le territoire de la cité sont exposés dans ce musée qui occupe un sous-sol d'origine romaine. Le musée recèle ce que l'on peut considérer comme le document écrit le plus ancien de la péninsule : l'**urne funéraire**★ égyptienne de marbre gris d'Apophis Ier.

Parc « El Majuelo »

Dans ce petit parc botanique qui répertorie un grand nombre de plantes subtropicales, dont quatre cents espèces de palmiers, se dressent les vestiges d'un ancien **atelier phénicien** de salaison ; le **garum** *(voir Tarifa)* élaboré ici jouissait d'une excellente réputation à l'époque romaine comme l'attestent les propos de Strabon et Galien.

alentours

LA COSTA TROPICAL

Le nom de côte tropicale désigne les cent et quelques kilomètres de littoral de la province grenadine, de La Herradura à La Rábita. Les petites criques de la côte escarpée et soulignée de falaises sont difficiles d'accès.

La Herradura

8 km à l'Ouest. Cette baie spectaculaire se situe entre la pointe de la Mona et le **cerro Gordo**, deux promontoires qui protègent la **plage de La Herradura**. Le paysage est somptueux, la montagne marquée par le temps s'en remet à la mer pour trouver son repos. À la pointe de la Mona se trouve le **port de plaisance Marina del Este**. La route mène au cerro Gordo qui dispense de splendides **panoramas**.

carnet pratique

HÉBERGEMENT

• *Valeur sûre*
Salobreña – *Sur la N 340, à 3 km de Salobreña vers Malaga* - ☎ *958 61 02 61 -* **P** *- 195 ch. : 49/70,50€.* Complexe touristique qui se décline en un chapelet d'immeubles modernes. Chambres avec vue sur la mer ou la côte, jardin avec piscine et vues sur la Méditerranée. On entend le bruit des vagues, grâce à l'éloignement de la route…

PLONGÉE

La Herradura est un lieu très prisé des amateurs de plongée sous-marine. Plusieurs centres de plongée proposent des stages.
Buceo La Herradura : *Port de plaisance de Marina del Este -* ☎ *958 82 70 83.*
Granada Sub : *Paseo Andrés Segovia, 6 -* ☎ *958 64 02 81.*

Salobreña★

15 km à l'Est d'Almuñécar. Au sommet d'une colline où se dresse un **château** imposant, dominant une mer d'un bleu indigo profond et entouré de champs de canne à sucre et de vergers, Salobreña est probablement le plus beau village de la côte grenadine. Le village aux maisons d'un blanc éblouissant tapisse la colline, tandis qu'abondent dans les ruelles escarpées les bougainvilliers. Il convient de citer le château et l'**église de la Vierge du Rosaire**. La **plage d'El Peñón** est une des belles plages de Salobreña.

Château – *La route d'Almuñécar offre la meilleure vue sur le château. Été : 10h30-14h, 17h-21h30 ; hiver : tlj sf lun. 10h30-14h, 16h-19h. 2€ (2,55€ visite du musée incluse). ☎ 958 61 27 33/03 14.*
D'après certaines sources, cette forteresse existait déjà au 10e s. Au 14e s., elle connut sa période de gloire et fut l'une des luxueuses résidences des monarques nasrides ainsi qu'une prison royale.
On pénètre à l'intérieur par une porte d'angle jusqu'à la première enceinte défensive qui dissimule à l'arrière la forteresse. Remarquez les deux réservoirs à grains et le donjon.

UN CHÂTEAU LÉGENDAIRE…

Washington Irving raconte que le roi de Grenade **Mohammed IX** enferma ses trois filles, les princesses Zaida, Zoraida et Zorahaida, dans le château afin qu'elles échappent à un présage annoncé par les astrologues du roi. Les princesses devaient se tenir à l'écart des dangers du monde. Les trois princesses vécurent choyées dans le château pendant des années. Un jour, leur père vint les chercher pour les conduire au palais de l'Alhambra, et comme de juste, elles n'échappèrent pas à leur destin : les jeunes musulmanes s'éprirent de trois prisonniers chrétiens que le cortège croisa sur la route.

Motril

21 km à l'Est d'Almuñécar et 6 km à l'Est de Salobreña. Avec plus de 50 000 habitants, Motril est aujourd'hui la ville la plus peuplée de la côte tropicale. Jadis, ce n'était qu'un petit village, où résidait la mère de Boabdil. Au 18e s., la canne à sucre envahit le paysage et Motril fut surnommé « la petite Cuba ». Peu d'attraits pour les touristes. Presque tous les hôtels bordent la **plage du Poniente** *(environ 4 km au Sud-Ouest)*.

À partir de **Motril**, la route longe la mer et traverse les villages de Torrenueva, **Carchuna**, **Calahonda** et Castell de Ferro. Les plages sont plus longues et plus larges que celles d'Almuñécar. La route est jalonnée de tours de guet de l'époque médiévale (Torre de Carchuna, Torrenueva et La Rábita). De La Rábita, on peut procéder à une excursion de 5 km jusqu'à **Albuñol**, petit village blanc de la sierra de la Contraviesa.

Les **Alpujarras**★

Cette région parsemée de petits villages blancs, aux montagnes escarpées et aux vallées boisées, s'étend sur les provinces de Grenade et d'Almería. Son isolement et sa topographie accidentée lui ont valu d'être le cadre d'événements historiques majeurs : dernier bastion nasride après la conquête de Grenade, siège de la révolte des morisques en 1568, région ensuite oubliée pendant trois siècles et finalement redécouverte par les voyageurs romantiques au 19e s., les Alpujarras (dérivé de l'arabe al-bucharrat qui signifie les pâturages) sont aujourd'hui une des principales destinations touristiques d'Andalousie, tout en conservant leurs charmes et traditions.

La situation

Carte Michelin n° 578 V-19-20-21 – Andalousie (Grenade et Almería).
Cette région très accidentée, aux paysages variés, s'étend sur le versant Sud de la sierra Nevada, entre les massifs de Gádor et de la Contraviesa.
🄘 *Oficina de Información del Legado Andalusí, avenida de Madrid, Lanjarón,* ☎ *958 77 02 82.*
Vous pouvez poursuivre votre voyage en visitant : Grenade (GRANADA, au Nord-Ouest), la SIERRA NEVADA et sa fameuse station de ski (au Nord), GUADIX (au Nord), la sierra de los FILABRES (à l'Est) et ALMERÍA (au Sud-Est).

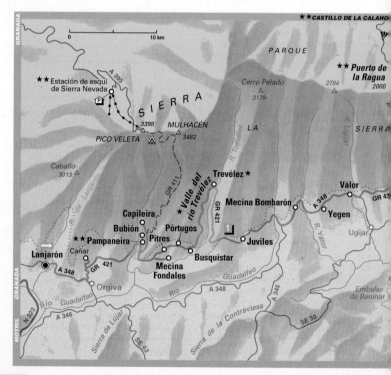

comprendre

La présence arabe dans les Alpujarras – La conquête arabe en 711 marque l'arrivée des premiers habitants de ces vallées. Ces tribus berbères, habituées aux terrains montagneux et austères d'Afrique du Nord, se consacrèrent à la culture de l'olivier et de la vigne, ainsi qu'à l'élevage des vers à soie. Cette région connut son apogée à l'époque nasride, entre les 13e et 15e s. Les Alpujarras étaient alors administrativement divisées en *tahas (voir plus loin Pitres)*, la population s'accrut et l'industrie textile, entre autres, prospéra. Après la conquête de Grenade, les Rois catholiques cédèrent ces terres à Boabdil qui en devint le seigneur. L'intolérance religieuse se manifesta de plus en plus à l'encontre des musulmans. En 1499 éclata la première rébellion des Alpujarras ; en 1569, Ferdinand de Córdoba y Válor, connu ensuite sous le nom de **Mohammed Aben-Humeya**, dirigea un vaste soulèvement. La répression et l'expulsion des Morisques, ordonnée par Philippe II, bouleversèrent la région qui amorça une période de déclin.

circuits

Voir schéma.

L'ALPUJARRA GRENADINE ⬚1 ★★

De Lanjarón à Bayárcal

100 km (127 km si l'on effectue l'excursion au col de la Regua) – environ 2 jours.

Lanjarón

Porte des Alpujarras quand on vient de Grenade, Lanjarón est célèbre pour ses eaux minérales qui attirent chaque année un nombre important de curistes, dont l'afflux a provoqué une véritable inflation hôtelière. Il convient de citer également le **château** du 16e s. remarquablement bien situé sur un promontoire qui domine l'entrée de la vallée.

On quitte Lanjarón par la route A 348 qui réserve des vues exceptionnelles sur le paysage aride et imposant de la sierra de Lújar.

9 km à l'Est de Lanjarón, avant d'arriver à Órgiva, prendre à gauche la GR 421 qui suit le versant Nord des Alpujarras (étroite route de montagne, conduire prudemment).

Avant Pampaneira, la route traverse trois petits villages, **Cañar**, où s'ouvrent de belles vues, ainsi que Carataunas et Soportújar, oubliés des touristes.

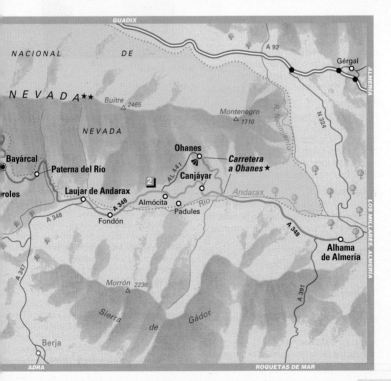

Pampaneira★★

Laisser la voiture au parking à l'entrée du village, et se promener à pied. Le **défilé de Poqueira**★★ regroupe trois villages. Pampaneira est le plus traditionnel, malgré l'invasion récente des touristes. La rue principale, bordée de boutiques de produits régionaux, mène à la **plaza de la Libertad**, où se dresse l'église baroque de la Ste-Croix (17e s.). La meilleure façon de découvrir ces villages charmants est de flâner au hasard des ruelles. À Pampaneira, plusieurs ateliers de tissage confectionnent encore des *jarapas* de façon artisanale. Le **bureau d'accueil** organise des excursions. *10h30-14h, 16h-19h.* ☎ *958 76 31 27.*

Reprendre la route GR 421 sur 2 km, puis bifurquer vers Bubión et Capileira.

Bubión

Situé à 1 296 m d'altitude, Bubión est devenu célèbre pendant la révolte de 1569. La tour fut un bastion important de la résistance morisque. À l'instar des autres villages du défilé, les maisons, aux murs crépis et chaulés et aux toits plats, évoquent l'Afrique du Nord.

Capileira

À 1 436 m d'altitude, Capileira est le plus haut des trois villages. L'église paroissiale (16e s.) accueille un beau retable baroque. Installé dans une des maisons, le **musée des Arts et Traditions populaires** (Museo Alpujarreño de Artes y Costumbres Populares) restitue la vie dans les Alpujarras au 19e s. *Tlj sf lun. 11h30-14h30, sam. 16h-19h (en été 20h).* ☎ *958 76 30 51.*

Ruelle de Pampaneira.

Revenir sur la GR 421.

Mecina Fondales

Belles randonnées au départ de Fondales dans la vallée formée par le río Trevélez. Une petite route relie le village à Ferreirola, qui doit son nom à l'abondance du minerai de fer dans la région.

La route traverse un paysage d'une rare beauté et s'enfonce peu à peu dans la vallée du río Trevélez.

Pitres

C'est le plus grand des sept villages de la **Taha**, ancienne organisation territoriale arabe regroupant Pitres, **Capilerilla**, Mecina, Mecinilla, Fondales, Ferreirola et Atalbéitar.

Pórtugos

Village réputé pour sa **source Agria** d'eau ferrugineuse située derrière l'ermitage N.-D.-des-Angoisses, à la sortie du village. On dit que l'eau jaillissant de chacune des cinq bouches a un goût différent : libre à chacun de procéder à un test ! En face, en montant les marches, vous parviendrez au **Chorreón**, une cascade de couleur rougeâtre qui révèle la composition ferreuse du terrain.

Busquístar

Paisible village de style mozarabe situé à l'entrée de la spectaculaire **vallée du río Trevélez**★. Une route relie Busquístar au village qui donne son nom à toute la vallée. Les maisons, d'une blancheur éclatante, sont moins intéressantes que celles du village voisin, Poqueira.

Trevélez★

Les trois quartiers de la commune la plus haute d'Espagne s'échelonnent (le plus élevé se situe à 1 600 m d'altitude). Le **Mulhacén** (3 482 m), point culminant de la péninsule, se dresse tel un vigile en toile de fond.

LA MAISON DES ALPUJARRAS

Elle évoque indéniablement le passé arabe de la région et les similitudes avec l'Afrique du Nord sont flagrantes. De deux étages en général, aux murs totalement enduits de chaux, elle est orientée plein Sud, de façon à capter la chaleur solaire. Répartie sur plusieurs niveaux, elle épouse la forme du terrain et s'étage en terrasses, formant ainsi des ruelles pentues, qui laissent l'eau dévaler. Elle se caractérise par le **terrao**, toit plat fait de grandes poutres de châtaignier et de planches recouvertes d'un mortier obtenu à partir d'une argile grise, la **launa**. Ces terrasses servaient autrefois de lieux de réunion. Aujourd'hui encore, certaines femmes y tendent leur linge ou s'en servent comme séchoir ou garde-manger.

carnet pratique

VISITE

Centro de Interpretación del Parque Nacional de Sierra Nevada (NEVADENSIS), à **Pampaneira**, plaza de la Libertad (☎ 958 76 33 01). Le centre d'accueil du Parc national de la sierra Nevada organise des randonnées à travers les Alpujarras, des ascensions de la sierra Nevada, des circuits équestres et des descentes de ravins.

Centro de Información del Puerto de la Ragua, sur la route du col de la Ragua (☎ 958 76 02 31). Renseignements, entre autres, sur le ski de fond et des randonnées en traîneau tiré par des chiens. www.laragua.net

Rustic Blue, à **Bubión** (Barrio la Ermita, ☎ 958 76 33 81). Entreprise privée spécialisée dans le tourisme rural dans la province de Grenade. Renseignements sur les modes d'hébergement et les activités proposées.

HÉBERGEMENT

• À bon compte

Alcazaba de Busquístar – Rte GR 421, à 4 km de Trevélez vers Juviles - ☎ 958 85 86 87 - 43 ch. : 30/36,65€. Construction et décor inspirés de l'architecture locale : toits en pierre, sols en terre cuite, murs blanchis à la chaux. Grandes chambres avec vues sur la sierra.

Alquería de Morayma – Rte A 348, à 2 km de Cádiar vers Torvizcón - ☎ 958 34 32 21 - 13 ch., 5 appt : 38/55€. Petit hôtel de campagne avec vues sur la sierra et le petit village de Cádiar. Bar, restaurant. Des tonneaux d'argile décorent la cave. Bon rapport qualité/prix.

España – Avenida de la Alpujarra, 42 - ☎ 958 77 01 87 - 36 ch. : 32/48€ (TVA incluse). Hôtel central (début du 20e s.) ayant compté parmi ses illustres clients García Lorca et Manolete. Belle hauteur sous plafond dans les chambres.

La Fragua – Barrio Medio, San Antonio, 4 - ☎ 958 85 85 73 - 14 ch. : 33€. Hôtel situé dans une ruelle escarpée, bordée de maisons blanchies à la chaux. Chambres simples avec téléphone et salle de bains. Certaines sont agrémentées d'une terrasse dominant le village et la sierra.

• Valeur sûre

Villa Turística de Bubión – Barrio Alto - ☎ 958 76 39 09 - 43 appt : 60/75€. Appartements simples et traditionnels avec cuisine, salon, salle de bains et chambre à

H. Champollion/MICHELIN

Jambons de Trevélez.

coucher. L'une des meilleures tables de la région. Spécialités : chevreau, truite et charcuterie régionale.

ACHATS

Jarapas – Ces tapis, à l'origine faits de morceaux de couleurs vives cousus les uns aux autres, sont maintenant tissés d'un seul tenant et selon des formes diverses. En général bon marché, ils sont en vente dans toute la région. Fabrication artisanale dans deux ateliers de Pampaneira : **Hilacar** (calle Viso - ☎ 956 76 32 26) et **La Rueca** (calle José Antonio, 4 - ☎ 958 76 30 27).

SPÉCIALITÉS

Jambons – Plusieurs séchoirs à Trevélez, endroit idéal pour l'achat des jambons. Le prix au kilo varie entre 6 et 9€.

Après Trevélez, la GR 421 redescend la vallée du côté Est. On peut, après avoir parcouru 6 km, prendre à droite la GR 413 – qui passe devant les anciennes mines du Conjuro –, gagner Torvizcón et la A 348, et parcourir la partie Sud des Alpurrajas. En empruntant la GR 421 jusqu'à Juviles, on poursuit la visite de la partie Est.

Juviles

Le paysage change ici radicalement, et après la verdure des deux vallées précédentes, devient beaucoup plus inhospitalier. L'**église Ste-Marie-de-Grâce** (16e s.) est l'une des plus belles de l'Alpujarra grenadine.

Après Bérchules, on débouche sur la A 348, que l'on prend à gauche.

Mecina Bombarón

Ici, le milieu naturel, beaucoup plus sec, convient à un type de végétation plus méditerranéen, et il n'est donc pas surprenant que s'étende au Sud la **Contraviesa**, région réputée pour ses vins. Le village, jadis appelé Mecina Buenvarón, est traversé de petits ravins qui isolent ses différents quartiers. À la sortie et à côté du pont moderne, un pont romain enjambe le río Mecina.

> **DU JAMBON, RIEN QUE DU JAMBON...**
> La reine **Isabelle II** ayant vanté les mérites de ses jambons, le nom de Trevélez est depuis étroitement lié à sa succulente charcuterie. Ce sont des jambons de porc blanc, grands (10 kg) et un peu enrobés. Les conditions climatiques (froid et sec) et l'emploi exclusif de sel marin sont les secrets du séchage.

Yegen

L'hispaniste anglais **Gerald Brenan**, auteur du roman *Al Sur de Granada*, excellent recueil des traditions et coutumes de la région des Alpujarras, vécut entre 1923 et 1934 dans ce village anodin, qui lui doit aujourd'hui sa célébrité. Une plaque commémorative a été fixée sur le mur de sa maison.

Válor

C'est le plus grand village de cette partie de l'Alpujarra. L'**église St-Joseph** (16ᵉ s.) est de style mudéjar comme la plupart des églises de la région. Sur la place trône une fontaine (fin du 18ᵉ s.). Ferdinand de Válor, mieux connu sous le nom de **Mohammed Aben-Humeya**, instigateur de la révolte des morisques en 1568, naquit et vécut à Válor.

Peu après Válor, prendre à gauche la GR 431.

Laroles

De ce petit village situé au pied du col de la Ragua, on retiendra l'étrange tour de son église paroissiale. Les hameaux de Picena et Cherín se trouvent plus au Sud.

2 km après Laroles, une route très étroite permet de rejoindre directement Bayárcal, premier village de l'Alpujarra almérienne. En poursuivant vers le Nord par la A 337, on peut monter jusqu'au col de la Ragua, par la seule route reliant les deux versants de la sierra Nevada (fermé en hiver).

Puerto de la Ragua★★

Jusqu'au col (2 000 m), la route grimpe doucement et la végétation devient peu à peu celle de la haute montagne. Après le col, la route, plus étroite et plus escarpée, descend vers le haut plateau de Guadix, réservant des vues magnifiques sur le **château de la Calahorra**★★ *(voir Guadix).*

Faire demi-tour, et revenir vers Bayárcal par le versant Est de la vallée.

L'ALPUJARRA ALMÉRIENNE ②★

De Bayárcal à Alhama d'Almería

73 km – environ 3h.

Bayárcal

Accrochée au flanc de la montagne, Bayárcal est la localité la plus élevée de la province d'Almería (1 275 m), et sa chênaie est également l'une des plus étendues. De divers points de ce très agréable village, beaux panoramas. L'**église St-François-Xavier** (16ᵉ s.), de style mudéjar, abrite quelques sculptures intéressantes : saint François Xavier, le saint patron du village, une Immaculée d'Alonso Cano et un Ecce homo.

Paterna del Río

7 km à l'Est de Bayárcal. Ce village de la sierra est entouré de châtaigniers, de chênes verts et de peupliers. L'**église St-Jean-Baptiste** conserve un plafond *artesonado* mudéjar.

carnet pratique

Laujar de Andarax

Laujar, principale localité de l'Alpujarra almérienne, est située à deux pas de la source du río Andarax, entre les sierras Nevada et de Gádor. Quelques maisons seigneuriales des 16ᵉ et 17ᵉ s. s'alignent le long de ses rues, qui comptent aussi de nombreuses fontaines. Laujar vit naître le poète **Francisco Villaespesa** (1877-1936), admirateur et divulgateur

> **UN FAIT D'HISTOIRE**
> L'instigateur de la révolte des Alpujarras en 1568, **Mohammed Aben-Humeya**, fut assassiné à Laujar par d'autres chefs de la rébellion le 20 octobre 1569. En 1571, après le soulèvement, les morisques furent expulsés d'Espagne.

du grand poète symboliste nicaraguayen Rubén Darío en Espagne. Deux plaques commémoratives lui sont dédiées : l'une au belvédère de la Vega, proche de la plaza de l'Alpujarra, et l'autre sur le mur de sa maison natale.

La Encarnación – Église en brique (16ᵉ s.) dédiée au mystère de l'Incarnation, dont le clocher domine le chevet. La nef unique recèle un beau retable baroque ornant le maître-autel et une Immaculée Conception réalisée par Alonso Cano.

Hôtel de ville – La façade de cette construction en brique du 18ᵉ s. est équilibrée et d'une grande sobriété. À gauche se trouve le **pilier aux quatre bouches**, une jolie fontaine publique en pierre (17ᵉ s.).

Source de l'Andarax – *À 1,5 km. Suivre l'indication «Nacimiento» à gauche de la place.* Site agréable aux pinèdes touffues, où le río Andarax prend sa source. Une aire de pique-nique a été aménagée.

Prendre la A 348 vers l'Est.

De Laujar à Canjáyar

La route traverse le fertile bassin de l'Andarax parmi les champs d'orangers, de figuiers de Barbarie et quelques vignes qui donnent le raisin si prisé d'Almería.

Entre Laujar de Andarax et Canjáyar, on traverse entre autres villages **Fondón** et **Almócita**, typiques des Alpujarras avec leurs maisons blanches et leurs belles églises paroissiales.

> **ÉTRANGE DÉVOTION**
>
> De petits ermitages s'élèvent aux entrées de nombreux villages comme Laujar, Fondón, Ohanes ou Canjáyar. Ils sont appelés *Ánimas* ou âmes en français. Ces petites chapelles abritent un autel orné d'une peinture représentant la Vierge du Carmel sauvant des flammes les âmes à l'aide des anges. Un judas sur la porte d'entrée permet de voir à l'intérieur.

La route dispense une belle vue sur **Padules** et son église du 16ᵉ s., qui domine le village posé sur une colline.

Canjáyar

Sur un coteau, au pied de l'ermitage San Blas, s'étire le village aux rues blanches qui conservent leur allure mauresque.

Poursuivre sur la A 348, et 3 km après Canjáyar bifurquer à gauche vers Ohanes.

Route d'Ohanes★

La route sinueuse qui grimpe jusqu'au village d'Ohanes (958 m) épouse les contours de la montagne et réserve des **vues**★ de plus en plus spectaculaires. Aucun village, aucune trace de civilisation ne vient troubler le charme de ce magnifique paysage. Vaste panorama saisissant, où se profilent au loin les sommets de la sierra de Gata. Le village apparaît au détour d'un virage.

Ohanes – Sur un **site**★ privilégié, Ohanes domine la vallée de l'Andarax. Ses maisons forment une tache blanche sur le vert manteau recouvrant le flanc de la montagne. L'église paroissiale en pierre ajoute une touche de couleur ocre à ce beau tableau. Les rues étroites et escarpées, littéralement suspendues dans le vide, se détachent sur le ciel bleu vif.

Sur les pentes, au pied du village, des terrasses portent des vignobles.

Revenir vers la A 348 et poursuivre vers Alhama.

Alhama de Almería

Remarquez le contraste des paysages autour de la localité : d'un côté, le désert de Tabernas et la vallée de l'Andarax, de l'autre, la sierra de Gador. Station thermale – les eaux atteignent une température de 46°C –, Alhama possède quelques maisons seigneuriales et un vieux café du début du 20ᵉ s., le Tertulia. Alhama vit naître en 1838 **Nicolás Salmerón**, président de la Iʳᵉ République, qui préféra démissionner de son poste en 1873 plutôt que signer une condamnation à mort. Dans un autre registre, ne manquez pas de goûter aux délicieuses gimblettes *(rosquillas)* d'Alhama.

Canjáyar

Andújar★

Premier producteur d'olives d'Espagne, Andújar n'en conserve pas moins un cœur historique aux tortueuses ruelles pavées et aux nombreuses églises et maisons des 15ᵉ et 16ᵉ s., sans oublier les quelques pans de la monumentale muraille arabe du 9ᵉ s. La ville se niche parmi les oliveraies, au pied du **Parc naturel de la Sierra de Andújar**, spectaculaire zone boisée creusée de petits cours d'eau et qui abrite le célèbre sanctuaire de la Virgen de la Cabeza (Vierge de la Tête).

La situation
35 803 habitants. Carte Michelin nᵒ 578 R 17 – Andalousie (Jaén).
À l'Ouest de la province de Jaén, la ville se trouve dans la dépression du Guadalquivir, à 76 km à l'Est de Cordoue par la N IV-E 5.
Vous pouvez poursuivre votre voyage en visitant : MONTORO (36 km à l'Ouest par la N IV-E 5), Cordoue (CÓRDOBA), JAÉN (45 km au Sud-Est par la A 311) et LINARES (39 km à l'Est par la N IV-E 5 et la N 322).

comprendre

D'illustres visiteurs – L'ancienne Isturgis ibère, qui reçut les Romains puis les Arabes, fut définitivement reconquise par Ferdinand III de Castille en 1225. D'illustres hôtes ont séjourné dans cette charmante ville : parmi elles, l'écrivain Francisco de Quevedo qui y prépara un voyage de Philippe IV, Côme de Médicis, dont la suite traversa la ville alors qu'il regagnait l'Italie après un séjour à Cordoue, enfin plus tardivement, aux 18ᵉ et 19ᵉ s., Joseph Towsend, célèbre voyageur britannique, ainsi que le dramaturge Leandro Fernández de Moratín et Prosper Mérimée.

carnet pratique

visiter

Santa María
Située sur l'élégante place du même nom, l'église Ste-Marie (fin 15ᵉ s.-début 17ᵉ s.) offre une intéressante diversité architecturale. À l'intérieur, vous remarquerez la variété des voûtes en croisée d'ogive, circulaires ou sur pendentifs, ainsi que les remarquables œuvres qu'elle recèle telles *L'Assomption de la Vierge* par Pacheco *(absidiole à gauche)*, une Vierge de Giuseppe Cesari, un manuscrit de saint Jean de la Croix et surtout le ***Christ au jardin des Oliviers***★★, du Greco, dans une chapelle à gauche, fermée par une élégante **grille**★ du maître Bartolomé (16ᵉ s.). Cette grande toile, qui a inspiré diverses légendes ou interprétations, montre le Christ, vêtu d'une élégante tunique rouge, et éclairé du haut du ciel par un flot de lumière vive, l'isolant des autres personnages : un ange vêtu de blanc et les apôtres saint Pierre, saint Jacques et saint Jean qui semblent assoupis à ses pieds.

Ayuntamiento
Tlj sf w.-end 8h-14h30. Fermé j. fériés. ☎ 953 50 49 59.
L'hôtel de ville, édifice du milieu du 17ᵉ s., conserve l'ancienne salle de théâtre.

San Miguel

L'**église St-Michel** s'élève majestueusement sur la plaza de España dite plaza del Mercado. À noter à l'intérieur les curieuses peintures murales des 17e et 18e s., un singulier *coro* ainsi qu'un beau tambour, tous deux ornés de reliefs savamment sculptés.

Palacio de Los Niños de don Gome

De déb. juil. à mi-sept. : tlj sf dim. et lun. 10h30-13h ; de mi-sept. à fin juin : tlj sf dim. et lun. 19h-21h. Fermé j. fériés. ☎ *953 51 31 78.*
Élégante construction du 16e s., dont la décoration de la sobre tour est d'influence indienne. Le palais des Enfants de don Gome possède un joli patio à portiques et des écuries dont on a conservé les anciennes mangeoires.

San Bartolomé

Église fin 15e s. On s'attardera surtout sur la façade : les trois élégants **portails gothiques**★ sont décorés de remarquables dentelles de pierre.

Torre del Reloj

La calle Silera et les donjons de la Fuente Sorda et de Tavira ainsi que cette ancienne tour de guet sont les uniques vestiges de la muraille arabe.

alentours

Villanueva de la Reina

14 km au Sud-Est par la JV 2310. Ce village tranquille au bord du Guadalquivir permet d'apprécier une merveilleuse vue sur les profils de la sierra qui contrastent avec la Meseta. Dans le vieux quartier se trouve l'**église N.-D.-de-la-Nativité** (18e s.).

Parque Natural de la Sierra de Andújar★

Quitter Andújar par la J 5010 vers le Nord. Bureau d'accueil du Parc – de déb. juin à mi-oct. : ven. 18h-20h, w.-end et j. fériés 10h-14h, 18h-20h ; le reste de l'année : jeu. 10h-14h, 16h-18h., ven. 16h-18h, w.-end et j. fériés 10h-14h, 16h-18h. Fermé 1er, 6 janv. et 25 déc. ☎ *953 54 90 30.*
La route en corniche grimpe à travers les forêts de chênes, de chênes-lièges, les oliviers sauvages et les arbousiers...
Les **vues**★★ sont superbes...

> **DES FORÊTS DE CHÊNES... MAGIQUES ?**
> L'olivier est certes l'arbre qui a la vedette dans la région de Jaén mais il ne faut pas pour autant négliger d'évoquer les magnifiques forêts de chênes qui peuplent la Sierra de Andújar. Ces superbes arbres adoptent des teintes et des formes différentes suivant les heures de la journée. La légende raconte aussi que la nuit, les chênes dansent et ne s'arrêtent qu'aux premiers rayons du soleil... Il est donc impossible de les reconnaître en plein jour !

Sur les premiers contreforts de la sierra Morena, dominant la vallée du Guadalquivir, les 60 800 ha du parc offrent une large palette de paysages : les prairies où paissent les troupeaux sauvages alternent avec les ravins obscurs, où la dense végétation constitue l'habitat privilégié des cerfs, daims, lynx et sangliers. Les eaux impétueuses des ríos Jándula et Yeguas se prêtent à la pêche tandis que les randonneurs apprécieront les nombreux sentiers balisés traversant les merveilleuses forêts de chênes, le maquis, ou les tapis de jasmin sauvage et de lentisque.

Santuario de la Virgen de la Cabeza

Musée marial – dim. et j. fériés 10h-14h, 16h-18h. En semaine, sur demande, ☎ *953 54 90 15.*
Le sanctuaire se blottit au cœur du parc, non loin du superbe **Coto Nacional de Lugar Nuevo** à environ 32 km d'Andújar. Selon la tradition, la Vierge apparut sur cette hauteur en forme de tête *(cabeza)*. Pour commémorer le miracle, on édifia un sanctuaire, qui se

> **HÉBERGEMENT**
> **La Mirada** – *Sanctuaire Virgen de la Cabeza, à 30 km environ d'Andújar -* ☎ *953 54 91 11 - 15 ch. : 55/58€.* En plein cœur du Parc naturel d'Andújar. Chambres correctes, propres et modernes, dont le prix peut décupler au moment du pèlerinage. Bonne adresse accessible le reste de l'année.

doubla plus tard d'un monastère détruit durant la guerre civile. C'est aujourd'hui l'un des principaux pèlerinages mariaux d'Andalousie, qui voit se presser une foule importante lors de la « **romería** » *(dernier dimanche d'avril).*

Bailén

23 km au Nord-Est par la N IV. Localité célèbre en raison de la **bataille** (1808) qui se déroula aux alentours et qui, opposant l'armée française sous les ordres du général Dupont de l'Étang aux troupes espagnoles commandées par le général Castaños, marqua le début de la déroute française en Espagne.
Village typiquement andalou, aux maisons chaulées et aux agréables places. Le principal monument est l'**église de l'Incarnation**, de style gothico-Renaissance (16e s.), abritant le tombeau du général Castaños.

Antequera★

La ville blanche et millénaire a su parfaitement intégrer les constructions modernes à ses églises monumentales et à ses paseos. Les ruelles pavées si andalouses, les petites maisons chaulées aux fenêtres grillagées et les balcons tous parés de fleurs lui confèrent son indéniable cachet andalou. Le clocher de San Sebastián avec son beau décor mudéjar en brique constitue l'image emblématique d'Antequera. Antequera – l'Antikaria romaine ou cité antique – fut conquise par Ferdinand d'Aragon en 1410, avant de connaître un rayonnement sans précédent entre les 16e et 18e s., comme l'attestent les monuments religieux ou civils construits à cette époque.

La situation

40 239 habitants. Carte Michelin n° 578 U 16 – Andalousie (Málaga).
Au cœur de la province de Málaga et au pied de la sierra del Torcal, Antequera s'étire dans une fertile vallée face à la Peña de los Enamorados, à 7 km de la A 92, qui relie Grenade à Séville.
🛈 *Plaza de San Sebastián, 7, 29200 Antequera,* ☎ *952 70 25 05.*
Vous pouvez poursuivre votre voyage en visitant : MÁLAGA (55 km au Sud par la N 331), la COSTA DEL SOL, OSUNA (74 km au Nord-Ouest par la A 92), LUCENA (52 km au Nord par la N 331), CABRA (au Nord par la N 331 puis la A 340), et LOJA (43 km à l'Est).

> ### PEÑA DE LOS ENAMORADOS
> C'est une légende toute empreinte de romantisme qui a valu son nom de rocher des Amoureux à ce beau rocher situé à mi-chemin entre Antequera et Archidona. On raconte que Tazgona, la fille du chef arabe de la région, était tombée éperdument amoureuse de Tello, jeune chrétien alors prisonnier dans un village proche d'Antequera. Tous deux décidèrent de s'enfuir, mais furent découverts par les gardes du père de Tazgona, qui les poursuivit jusqu'au sommet d'un rocher. Pris au piège, les deux amants se précipitèrent dans le vide main dans la main, scellant ainsi leur amour pour l'éternité.

carnet pratique

RESTAURATION

• **À bon compte**
El Escribano – *Plaza de los Escribanos, 11 -* ☎ *950 70 65 33 - 15€ - 11h-24h.* Dans la partie la plus haute du village. Restaurant et bar avec terrasse donnant sur la collégiale Ste-Marie.
La Espuela – *Plaza de Toros -* ☎ *952 70 34 24 - 12€ - 12h-24h.* Ce restaurant situé au pied des arènes propose toute une variété de plats régionaux ou du pays.

• **Valeur sûre**
Lozano – *Avenida Principal, 2 -* ☎ *952 84 27 12 - 13,80/23,30€ - ch. : 45/57€.* Malgré sa situation dans un quartier industriel apparemment peu attrayant, c'est l'un des meilleurs restaurants de la ville. Spécialités de viandes et de poissons servies dans une grande salle pleine d'animation.

HÉBERGEMENT

• **Valeur sûre**
Parador de Antequera – *García del Olmo -* ☎ *952 84 02 61 - 55 ch. : 67,85/84,82€.* Ce parador moderne se trouve en dehors de la ville et domine toute la vallée. Chambres de bonne taille.

SPÉCIALITÉS

On appréciera la gastronomie régionale, qui propose d'excellents plats comme la *porra antequerana* (variante du *gazpacho*), les pieds de porc aux haricots et le *bienmesabe*, un gâteau d'origine arabe à base d'amandes.

FÊTES

La **Semaine sainte**, si populaire et riche en émotions avec ses merveilleux *pasos*, est particulièrement poignante la nuit du Vendredi saint, sur la plaza de San Sebastián : les deux confréries de la Santa Cruz de Jerusalén et du Dulce Nombre de Jesús, fondées au 16e s., procèdent à leurs « adieux ».

visiter

Alcazaba

Fermé pour restauration.
On rejoint la forteresse après avoir emprunté sous des frondaisons touffues une promenade réservant de belles **vues**★ sur la sierra del Torcal, la plaine d'Antequera, avec la Peña de los Enamorados (rocher des Amoureux) en toile de fond, et le centre-ville dont on aperçoit les jolis toits peints et les élégants clochers. Première forteresse du royaume de Grenade conquise par les chrétiens (1410), elle fut reprise rapidement par les Arabes. Les murailles (15e s.), construites avec des matériaux romains récupérés, enserrent aujourd'hui un agréable jardin, propice au repos et à la méditation dans ce quartier paisible de la ville. À noter, la tour de l'Étoile (Estrella), la tour Blanche et surtout le donjon, dénommé couramment Papabellotas, et surmonté d'un petit temple abritant la populaire cloche d'Antequera.

Antequera, à la tombée de la nuit.

Hidalgo-Lopesino/MARCO POLO

Santa María★

Été : tlj sf lun. et mar. ap.-midi 10h30-14h, 21h-23h, w.-end et j. fériés 10h30-14h ; le reste de l'année : tlj sf lun. et mar. 10h30-14h, 16h30-18h30, w.-end et j. fériés 10h30-14h. Fermé 1er, 6 janv., Ven. saint, 1er mai, 23 août, 12 sept., 24, 25 et 31 déc. ☎ 952 70 25 05 (Office de tourisme).

Au bas des jardins du château, sur la plaza Santa María, cette collégiale du 16e s. constitue un bel exemple de l'art du début de la Renaissance. On y accède par l'**arc des Géants** (16e s.), construit par le réemploi de pierres et de sculptures provenant de monuments romains voisins. La collégiale est une église monumentale présentant trois vaisseaux coiffés de voûtes mudéjares et séparés par des arcs en plein cintre reposant sur des colonnes ioniques. Appréciez la superbe **façade**, inspirée des arcs de triomphe romains et surmontée de légers pinacles, ainsi que la *capilla mayor*, au plan rectangulaire, coiffée d'une voûte gothico-mudéjare.

El Carmen

De déb. juil. à mi-sept. : 10h-14h, 17h-20h (mer.-ven. 23h), dim. et j. fériés 10h-14h ; le reste de l'année : 10h-14h, 16h-19h, dim. et j. fériés 10h-14h. 1,30€. ☎ 952 70 25 05 ou 609 53 97 10.

Unique vestige d'un ancien couvent, l'**église du Carmel** fut élevée entre les 16e et 17e s. Sa nef unique aux proportions avantageuses est couverte d'un élégant plafond « artesonado » mudéjar. Abondamment décorée à l'intérieur de peintures et de stucs polychromes, elle a conservé au maître-autel un beau **retable** du 18e s., réalisé en bois brut par Antonio Primo, et qui loge dans sa partie centrale un *camarín* orné de peintures.

Museo municipal

Visite guidée : 40mn. De déb. juil. à mi-sept. : tlj sf lun. 10h-13h30, 21h-23h, w.-end 11h-13h30 ; le reste de l'année : tlj sf lun. 10h-13h30, 16h-18h, w.-end 11h-13h30. Fermé j. fériés. 2€. ☎ 952 70 40 21.

Installé dans le **palais de Nájera** (17e s.), le musée possède une belle tour-mirador et une remarquable collection d'archéologie dont la pièce maîtresse est l'**éphèbe d'Antequera★**. Cette superbe sculpture en bronze de l'époque romaine (1er s.) représente un adolescent nu, dont les mains semblent porter un objet qui a disparu de nos jours. Appréciez la légèreté de ce chef-d'œuvre et l'expression toute contenue du personnage.

Convento de San José

Visite guidée : 1/2h. Été : tlj sf lun. 10h30-13h30, 18h-19h30, sam. 10h-12h30, 18h-19h30, dim. 10h-12h ; le reste de l'année : tlj sf lun. 10h30-14h, 17h-19h, sam. 10h-12h30, dim. 10h-12h. Fermé j. fériés et août. 2,10€ (musée). ☎ 952 84 19 77.

La façade du couvent St-Joseph est un exemple intéressant d'art baroque local. Cet ensemble tout à fait original se compose d'un portail à arc en plein cintre, lequel repose sur des gaines et des décors à base de personnages faisant office de consoles et soutenant une corniche ornée de formes végétales finement travaillées et de masques de grotesques. À l'intérieur, il accueille une intéressante collection de peinture ancienne.

Convento de la Encarnación

L'église du 16e s. à haute capilla mayor, présente quelques points communs avec certaines églises mudéjares de Grenade. Le portail de la calle Encarnación se compose d'un arc en plein cintre ; sur les pendentifs figurent l'Ange et la Vierge, qui forment ainsi une Annonciation. À l'intérieur, intéressantes sculptures du 18e s.

San Sebastián

Le portail principal de cette église du 16e s. est un intéressant exemple de style plateresque ; il est surmonté d'une élégante tour du 18e s. formée de quatre corps, image emblématique d'Antequera. À l'intérieur, parmi les nombreux chefs-d'œuvre, remarquez la sculpture de la Vierge de l'Espérance du 15e s., ainsi que quelques œuvres d'Antonio Mohedano, peintre maniériste.

> ### « SALGA EL SOL POR ANTEQUERA... »
>
> Cette expression, devenue en Espagne un dicton populaire employé pour s'armer de courage avant une entreprise difficile, tire son origine de la reconquête de la ville. En 1410, l'infant Ferdinand de Castille, assiégeant en vain depuis cinq mois Antequera, hésitait sur la stratégie à adopter. Une nuit, dans son sommeil, une belle jeune fille entourée de lions lui serait apparue et lui aurait dit : « Mañana, salga el sol por Antequera y que sea lo que Dios quiera » (Demain, que le soleil se lève sur Antequera, et qu'il en soit selon la volonté de Dieu). Le lendemain, 16 septembre, fête de sainte Euphémie de Chalcédoine, les troupes chrétiennes s'emparèrent de la ville, qui fut consacrée à la sainte, identifiée comme inspiratrice de l'infant. Une autre version veut que le mot ait été prononcé par Ferdinand lui-même pour conclure une discussion. Ferdinand ne fut plus connu que sous le nom de Ferdinand d'Antequera, avant d'être élu au trône d'Aragon en 1412.

San Agustín

Construite par Diego de Vergara, celui même qui édifia la cathédrale de Málaga, cette église du 16e s. possède une nef coiffée d'une voûte en croisée gothique et une jolie tour des 17e-18e s. Le portail maniériste est un arc en plein cintre orné d'un balcon au-dessus duquel apparaissent des niches abritant des sculptures religieuses. Sur le maître-autel, d'intéressantes toiles de Mohedano illustrent la vie de saint Augustin.

Palacio Municipal

Cet ancien couvent de moines franciscains présente une étrange façade néobaroque réalisée en 1953. À voir, le cloître formé de deux élégantes galeries, la galerie inférieure se composant d'arcs en plein cintre et de voûtes d'arêtes, et la supérieure offrant de grandes ouvertures rehaussées de frontons. L'escalier baroque est coiffé d'une voûte recouverte de stucs et décoré de marbre polychrome.

Convento de Nuestra Señora de los Remedios

L'église du 17e s., dédiée à Notre-Dame de Recouvrance, patronne d'Antequera, possède un plan en croix latine avec deux chapelles latérales, ainsi qu'une somptueuse décoration reprenant des thèmes d'iconographie franciscaine et des motifs végétaux. Sur le maître-autel, un beau retable en bois doré abrite un camarín orné de stucs dans lequel trône la Vierge de la Recouvrance (16e s.).

Real Convento de San Zoilo

Cette construction de la fin du gothique (16e s.) présente un décor chargé à base de stucs polychromes formant des motifs végétaux ou géométriques. À noter, le plafond artesonado mudéjar, un retable composé de panneaux Renaissance (16e s.) et le célèbre Christ vert, statue Renaissance attribuée à Pablo de Rojas.

Convento de Belén

L'église de ce couvent du 18e s. présente trois vaisseaux à l'ornementation chargée. La nef centrale est coiffée d'une voûte en berceau à lunettes, tandis que les bas-côtés, distribués comme des chapelles, sont séparés par des arcs en plein cintre. Dans les bras du transept, qui est surmonté d'une coupole en demi-cercle, on remarquera deux autels ; celui du croisillon droit possède un camarín orné de stucs qui recèle une statue du Christ de José Mora. Les religieuses du couvent confectionnent d'excellentes pâtisseries qu'elles proposent à la vente.

Dolmens de Menga y Viera★

À la sortie d'Antequera par la A 354, direction Grenade. Tlj sf lun. 9h-17h30 (mar. 15h), dim. et j. fériés 10h-14h30. Fermé 1er, 6 janv., 28 fév., 1er mai, 15, 23 août, 1er nov., 24, 25, 31 déc. Gratuit. ☎ 952 70 25 05.

Ces énormes tombeaux collectifs, situés au pied du Cerro de la Cruz, remontent à l'âge du bronze. Démontrant par là la maîtrise de techniques astucieuses, les bâtisseurs avaient

Dolmen de Menga.

imaginé une tranchée latérale afin de glisser les pierres. Le **dolmen de Menga** (2500 avant J.-C.) est une sorte de grotte artificielle dotée d'une vaste chambre ovale précédée d'une galerie d'environ 25 m de long, 7 m de large et 2,70 m de haut ; celle-ci présente dix monolithes latéraux et cinq en couverture. La chambre, recouverte d'une énorme dalle, est constituée de sept grands monolithes de chaque côté et d'une pierre au chevet. Remarquez le troisième monolithe à gauche dans la galerie, sur lequel apparaissent des représentations humaines et des symboles solaires. Le **dolmen de Viera** (2200 avant J.-C.) se compose d'une longue galerie qui aboutit à la chambre funéraire, laquelle forme une espèce de cube composé de quatre monolithes verticaux et d'une grande dalle en couverture.

alentours

Dolmen d'El Romeral★
4 km au Nord-Est. Quitter Antequera par la A 354, parcourir 3,5 km et tourner à gauche (signalisation). Été : tlj sf lun. 8h40-17h30, sam. 9h-15h, dim. 10h-14h ; le reste de l'année : tlj sf lun. 9h-15h, sam. 9h-15h, dim. 10h-14h. ☎ 952 70 25 05.
Ce dolmen datant de 1800 avant J.-C. possède une structure nettement plus complexe que ceux de Menga et de Viera : des murs de pierres plates en encorbellement, deux salles circulaires et une galerie couverte de pierre calcaire. La première salle est fermée par un grand monolithe derrière lequel une porte ouvragée accède à la seconde chambre, où se trouve une sorte d'autel destiné aux offrandes.

Parque Natural de El Torcal★★
14 km au Sud-Est. Prendre la C 3310 en direction de Villanueva de la Concepción, puis tourner à droite vers le bureau d'accueil du Parc (signalisation). 10h-14h, 16h-18h. ☎ 952 03 13 89.
Ce parc naturel de plus de 12 ha assure la préservation de l'un des paysages karstiques les plus impressionnants de la péninsule. L'érosion du vent tout comme la pluie chargée d'anhydre de carbone ont donné naissance à des gouffres, des obélisques et des formations des plus variées. La flore (scille espagnole et ombilic de Vénus) confère au parc des tons et des odeurs extraordinaires, tout particulièrement au printemps. C'est un lieu magique où il ne faut pas hésiter à laisser vagabonder son imagination au sein d'une nature extrême et tout en contraste.
Pour éviter de se perdre, il est préférable de se rendre à l'accueil et de suivre l'un des deux sentiers balisés ; le plus court *(1h AR)* va par le chemin de la Losa jusqu'à la dépression de la Maceta ; du belvédère de las Ventanillas, l'un de ses points culminants, on embrasse une **vue exceptionnelle**★★. L'itinéraire le plus long *(3h AR)* passe par le gouffre del Chamorro, le rocher del Pizarro et le chemin de los Topaderos.

Archidona
19 km au Nord-Est. Quitter Antequera par la A 354 et gagner la A 92 que l'on quitte à la sortie 163 en direction d'Archidona. Ce village qui a conservé de nombreux vestiges arabes dans son quartier ancien se situe au bas de la sierra de Gracia, au pied du pic del Conjuro, dans un paysage ondulé de collines plantées d'oliviers.

Plaza Ochavada★ – La place, l'un des symboles les plus populaires d'Archidona, doit son nom à sa forme octogonale. Construite au 18e s. par les architectes Francisco Astorga et Antonio González, elle mêle les éléments d'urbanisme français à des caractéristiques typiquement andalouses. Les façades voient alterner sur la place briques rouges (arcs et piliers), murs blancs et balcons fleuris. Cette place faisait autrefois office d'arène.

Ermita de la Virgen de Gracia – Cet ermitage se situe tout en haut de la ville, à l'intérieur de l'ancien château arabe dont il ne reste que quelques pans de murailles, le donjon, les ruines d'une citerne et la Puerta del Sol toute restaurée. Cette petite église est couronnée d'une coupole semi-sphérique dont la calotte elliptique (18e s.) présente des ouvrages de plâtre. Elle a conservé divers éléments d'ornementation de l'ancienne mosquée musulmane. De là, la vue s'étend sur Archidona et les alentours.

Santa Ana – *Sur demande ☎ 952 71 40 82.*
Remarquez la superbe façade baroque 18e s. de cette construction à la base gothique, la solide tour triangulaire surmontée d'un pinacle en forme de pyramide coiffée de tuiles vernissées vertes et blanches ; voir aussi à l'intérieur d'intéressantes œuvres d'art.

Convento de las Mínimas – Admirez le portail baroque (18e s.) de cet ancien couvent et sa tour polygonale de brique rouge ornée de céramique vernissée.

Las Escuelas Pías – *Sur demande. ☎ 952 71 40 82.*
L'église recèle une statue très vénérée de Jésus de Nazareth.

Laguna de la Fuente de Piedra★
22 km au Nord-Est. Quitter Antequera par la A 354 et prendre la A 92 en direction de Séville. À la sortie 132, prendre la MA 701 jusqu'à Fuente de Piedra. Arrivé au village, suivre les indications. Ce grand lac salé à la flore diversifiée (soude, joncs, etc.) héberge une faune variée : citons l'importante colonie de flamants roses – l'une des plus grandes d'Europe –, les cigognes, les mouettes rieuses, les grues et autres espèces. Au crépuscule, tous ces oiseaux forment sur l'eau un ballet féerique aux couleurs étonnantes.

VALLÉE DU GUADALHORCE★

D'Antequera jusqu'à la grotte d'Ardales
70 km au Sud-Ouest – une demi-journée.

Le fleuve Guadalhorce a creusé une vallée tortueuse magnifique à travers la serranía de Ronda et les monts de Málaga, qui aboutit au barrage de Guadalteba-Guadalhorce. Des paysages variés (oliveraies et terres cultivables non irriguées) séparent la plaine alluviale de la montagne et, sur les collines, on aperçoit de petits hameaux blancs accrochés ou d'inaccessibles parois rocheuses formant un ensemble surprenant ; très belles **vues**.

Quitter Antequera vers le Sud par la A 343 (avenida de la Legión) en direction d'Álora.

La **route** en lacet dessert des paysages superbes et, après la vallée d'Abdalajís, se poursuit en corniche jusqu'à Álora.

Álora★
La patrie de la *malagueña*, l'une des expressions les plus authentiques du *cante jondo*, s'élève sur une colline au bord du Guadalhorce, au pied du mont Hacho. Le château, d'où l'on a une très belle vue sur les alentours, s'élève dans le centre, au milieu d'un dédale de ruelles tortueuses bordées de maisons chaulées.

À la sortie d'Álora par la M 441, prendre à droite la MA 444 en direction d'El Chorro (signalisation).

La **route**★ en corniche traverse un magnifique décor montagneux et aboutit à la Garganta del Chorro.

Défilé de los Gaitanes★★
Cet étonnant défilé est le principal attrait du Parque de Ardales. Il est préférable de laisser la voiture au camping El Chorro et de continuer à pied par une route goudronnée *(1/2h AR)* qui monte jusqu'à un pont métallique d'où l'on bénéficie d'un **panorama**★★★ spectaculaire. Ce pont suspendu au-dessus du lit du fleuve encaissé entre des roches immenses dans un paysage sauvage semble totalement détaché du monde terrestre. À l'extrémité du pont, un escalier de bois et de corde en mauvais état, le « caminito del Rey », s'étire le long des parois rocheuses et mène à un autre pont nettement plus rudimentaire et pratiquement détruit.

> **ATTENTION !**
> L'itinéraire du défilé de los Gaitanes étant très dangereux, nous vous conseillons de terminer votre promenade au pont suspendu sur les gorges d'El Chorro, car au-delà de cette limite, vous courez des risques inutiles.

Du camping, revenir sur la MA 444 et prendre la direction d'Ardales ; à un croisement signalisé, tourner à gauche et prendre la piste.

Cette **piste goudronnée**★★ en corniche traverse des montagnes désertes et silencieuses avant d'aboutir au barrage Tajo de la Encantada.

Laisser la voiture sur la route et prendre le sentier indiqué ; compter 1/2h AR.

Ruines de Bobastro
C'est dans l'ancienne Bobastro qu'Omar ben Hafsun, né d'un couple mixte, descendant d'un noble wisigoth, avait établi son quartier général et regroupé des opposants à l'organisation étatique omeyyade. Depuis les Mesas de Villaverde, cimes inaccessibles, ce chef intrépide prit la tête d'une rébellion qui résista de 880 à 917 à l'émirat de Cordoue avant d'embrasser la foi chrétienne. De nos jours, il ne reste de Bobastro que les ruines des murailles de l'alcázar, quelques grottes et surtout, une église inachevée (10e s.) de plan basilical, dotée de chapelles orientées. Creusée dans la roche, elle est une synthèse architecturale étrange entre l'art romain de la péninsule, l'art wisigoth et l'art musulman.

Reprendre la MA 444. Après avoir parcouru 2 km, tourner à droite et se rendre aux points d'information du Parc de Ardales, face au barrage Conde de Guadalhorce.

Barrage du Guadelteba-Guadalhorce★
Centre d'accueil du Parc : 9h-22h. ☎ 952 11 24 01 ou 952 15 25 48.

Au cœur du Parc d'Ardales, au milieu de bois épais, de roches claires et de vastes zones de promenade, ce barrage constitue avec ceux de Gaitejo, de Tajo de la Encantada et de Conde de Guadalhorce un lieu merveilleux propice au tourisme rural. De nombreux sentiers longent des eaux cristallines ou bien traversent des endroits totalement sauvages. Le silence surprenant, en particulier l'hiver, la pureté de l'air, le climat extraordinaire, en font un lieu agréable et accessible toute l'année ; très jolies vues depuis les collines qui entourent le barrage.

Du barrage Conde de Guadalhorce, reprendre la MA 444 vers Ardales. Avant ce village, prendre la A 357 en direction de Málaga ; la grotte se situe 3 km plus loin.

Cueva de Ardales★

Visite guidée (3h) 10h30 (réserver 20 j. à l'avance). Fermé lun., mer., ven. et Noël. 5€.
☎ 952 45 80 46.

Cette grotte est un gisement archéologique de 1 600 m de long dont les vestiges indiquent qu'elle a été occupée du paléolithique à l'âge du bronze. Remarquez les peintures rupestres (cinquante-quatre représentations d'animaux et cent trente symboles), qui constituent un étrange spécimen de l'art du quaternaire. L'illustration schématique du « grand cerf » au cœur et aux pattes peints en rouge est particulièrement impressionnante.

Aracena★

Au cœur de la sierra de Aracena, la localité s'échelonne sur le flanc d'une colline couronnée par les vestiges du château des Templiers. Un bel ensemble de maisons basses, d'une blancheur qui contraste avec les pavés des rues, compose le centre. Les sombres porches ornés de grilles en fer forgé des grandes demeures qui bordent ses rues offrent un magnifique abri pour se protéger de la chaleur estivale. Le **musée en plein air de Sculpture contemporaine**, dont les œuvres parsèment les rues et les places d'Aracena, apporte une pointe de modernité à ce pittoresque bourg.

La situation

6 500 habitants. Carte Michelin n° 578 S 10. Schéma : Parque Natural de la Sierra de ARACENA Y PICOS DE AROCHE – Andalousie (Huelva).
Située au Nord-Est de la province de Huelva, non loin de l'Estrémadure, Aracena est au cœur du Parc naturel de la sierra de Aracena et éloignée des grandes centres urbains ; 93 km la séparent de Séville (au Sud-Est par la N 433 puis la N 630) et 108 km de Huelva (au Sud-Ouest par la A 479, la A 461 et la N 435).
🛈 *Plaza de San Pedro, 21200 Aracena, ☎ 959 12 82 06.*
Vous pouvez poursuivre votre voyage en visitant : le Parc naturel de la sierra de ARACENA Y PICOS DE AROCHE (voir circuit d'Aracena à Aroche), le Parc naturel de la SIERRA NORTE DE SEVILLA (à l'Est), MINAS DE RIOTINTO (34,5 km au Sud par la A 479 puis la A 461), Séville (SEVILLA) et HUELVA.

découvrir

Gruta de las Maravillas★★★

Visite guidée (3/4h) 10h-18h30. 6€. ☎ 959 12 83 55 (réserver).
Située au cœur du village, la grotte des Merveilles est une spectaculaire formation géologique qui descend sous terre à plus de 100 m de profondeur. Le film *Tarzan et les mines du roi Salomon* a été tourné dans ce décor exceptionnel.

carnet pratique

RESTAURATION
• **Valeur sûre**
La Despensa de José Vicente – *Avenida de Andalucía, 53* - ☎ 959 12 84 55 - *fermé ven., de mi-juin à fin juin* - *18,15/26,75€*. Un des meilleurs restaurants de la province où « l'on ne mange que des produits frais », comme le dit le propriétaire. La carte de ce petit restaurant, décoré avec soin, comprend des champignons de la région et des produits à base de porc.

TAPAS
Casino de Arias Montano – *Plaza del Marqués de Aracena*. Ce magnifique édifice (1910), orné de colonnes sur la façade, s'élève sur la grand-place. Ses salons affichent une belle hauteur sous plafond. Lieu de réunion très prisé des retraités.

HÉBERGEMENT
• **À bon compte**
Hotel Los Castaños – *Avenida de Huelva, 5* - ☎ 959 12 63 00 - 🅿 - *33 ch. : 40/48,05€*. Situé au centre de la ville, dans un immeuble moderne de type andalou, cet hôtel propose des chambres fonctionnelles et soignées. Certaines donnent sur un grand patio intérieur.

• **Valeur sûre**
Finca Valbono – *Carretera de Carboneras (à 1,5 km de la ville)* - ☎ 959 12 77 11 - *5 ch., 20 appt : 66/83€*. Ce complexe hôtelier en pleine campagne (chambres, bungalows et maisons individuelles pour huit personnes) est doté d'une piscine, d'un centre équestre et d'un terrain de handball. La terrasse embrasse des vues sur la campagne où sont élevés des cochons *pata negra*. Location de vélos.

SPÉCIALITÉS
Halte obligée dans l'une des nombreuses auberges d'Aracena pour y goûter le délicieux **jambon serrano**.

Une musique d'ambiance accompagne le visiteur qui traverse des salles de stalagmites et stalactites aux reflets verts, bleus et roses, dus aux oxydes métalliques. Les plafonds calcaires d'une singulière beauté se reflétant dans les eaux d'extraordinaires lacs intérieurs complètent la visite qui comprend en particulier le salon des Orgues, la salle de la Cathédrale, présentant une formation calcaire ressemblant à la silhouette d'une Vierge à l'Enfant, le lac des Émeraudes, le bain de la Sultane, le salon des Brillants recouvert d'une multitude de points lumineux, la salle des Nus et le **salon de la Verrerie de Dieu**★★, où les reflets lumineux produisent un effet réellement prodigieux. La grotte héberge également le **Musée géologique minier** (Museo Geológico Minero), dont une intéressante collection de minéraux, roches et fossiles. *10h-18h30. Gratuit.* ☎ *959 12 83 55.*

L'intérieur spectaculaire de la grotte.

H. Champollion/apence

visiter

Château

10h-19h. ☎ *959 12 82 06 (Office de tourisme).*
Juchée sur un promontoire, sa silhouette domine le village et les alentours. Les sombres pinèdes entourent l'édifice pour laisser place ensuite à de majestueuses châtaigneraies qui s'étirent à perte de vue. Le château du 9ᵉ s., érigé sur les vestiges d'une forteresse almohade, héberge une église gothique et une **tour de style mudéjar**, ancien minaret, dont la face Nord présente des pans de *sebka* ressemblant à ceux de la Giralda de Séville.

Nuestra Señora del Mayor Dolor

Élevée entre le 13ᵉ et le 14ᵉ s. sur un site extraordinaire dispensant d'exceptionnels **panoramas**★★, l'église recèle la statue de la Vierge, patronne de la ville, ainsi que le gisant de Pedro Vázquez.

Plaza Alta

Cette paisible place, centre névralgique de la vie locale, est bordée d'intéressants édifices, comme l'église N.-D.-de-l'Assomption et l'ancien hôtel de ville.

Nuestra Señora de la Asunción – Cette église de style Renaissance (16ᵉ et 17ᵉ s.) est un lieu solennel, à l'extérieur soigné. De jolis détails décoratifs et des baies raffinées ornent la façade.

Cabildo Viejo – L'ancien magasin municipal et hôtel de ville (15ᵉ s.) héberge un **centre d'information** (Centro de información del Parque Natural de la Sierra de Aracena y Picos de Aroche), retraçant l'histoire de la région et présentant son environnement géographique. *9h30-18h30.* ☎ *959 14 32 06.*

Parque Natural de la Sierra de
Aracena y Picos de Aroche★★

Parc naturel de la sierra de Aracena y Picos de Aroche

La visite de ce merveilleux parc naturel et de ses pittoresques villages éveille tous les sens. Les quelques rochers pointus qui parsèment les vastes superficies boisées offrent des **panoramas** exceptionnels. Dans cet environnement très contrasté, le murmure de l'eau se mêle au sifflement du vent qui fait danser les cimes feuillues des arbres avant de s'engouffrer dans les ruelles des villages de montagne.

La situation
Carte Michelin n° 578 S 9-10 – Andalousie (Huelva).
Le parc naturel couvre l'extrémité Nord de la province de Huelva, formant une frontière naturelle avec le Portugal à l'Ouest et l'Estrémadure au Nord. Éloigné des grands centres urbains, il est relié à Huelva par la N 435 et à Séville par la N 433 puis la N 630.
Vous pouvez poursuivre votre voyage en visitant : le Parc naturel de la SIERRA NORTE DE SEVILLA (à l'Est), MINAS DE RIOTINTO (34,5 km au Sud d'Aracena par la A 479 puis la A 461), Séville (SEVILLA, au Sud-Est) et HUELVA (au Sud-Ouest).

carnet pratique

POINTS D'INFORMATION
Château d'Aroche – *Sur demande au*
☎ *959 14 02 61.*
Château de Cortegana – *Tlj sf lun. 10h-14h, 16h30, 18h30. 1,20€.*
☎ *959 13 16 56.*
Hôtel de ville d'Almonaster – *9h30-18h30.* ☎ *959 14 32 06.*
Cabildo Viejo d'Aracena – *Voir Aracena.*

HÉBERGEMENT
• *À bon compte*
Galaroza Sierra – *Sur la N 433, à l'O de la localité -* ☎ *959 12 32 37 - 29 ch.,*

7 appt : 35/50€. Hôtel moderne et tranquille doté de vingt-neuf chambres, sept bungalows et un restaurant.
• *Valeur sûre*
Posada de Cortegana – *Rte N 433 - El Repilado -* ☎ *959 50 33 01 - 40 ch. : 65,60/78,80€.* El Repilado réunit plusieurs usines de salaisons. Les bungalows de La Posada se trouvent en pleine nature à l'ombre des arbres. Des troupeaux de moutons et de porcs dits « pattes noires » paissent le long du chemin de terre qui y conduit *(1 km environ).*

circuit

D'ARACENA À AROCHE
64 km – une journée. Voir schéma.

Aracena★ *(voir ce nom)*
Emprunter la A 470 vers l'Ouest jusqu'à Alájar.

Alájar★
Ce pittoresque village blanc aux maisons basses regroupées autour de l'église et de son clocher pointu, se trouve sur un charmant site naturel. Alájar et ses environs sont un vrai paradis pour les randonneurs car ils offrent au visiteur un éventail complet des attraits du parc : bois sombres de chênes-lièges et chênes verts, rochers escarpés, vues spectaculaires, etc.
Peña Arias Montano – Site naturel à quelques kilomètres au Nord du village, dispensant d'extraordinaires **vues panoramiques★★**. Il porte le nom du savant et érudit **Benito Arias Montano**, maître de Philippe II, bibliothécaire du monastère de l'Escurial et diplomate qui contrôla pour le roi l'édition de la *Bible polyglotte* et, après une vie intellectuelle bien remplie, choisit de se retirer sur ces terres pour s'adonner à la contemplation.
L'ermitage N.-D.-des-Anges accueille nombre de visiteurs le week-end.
Quitter Alájar vers le Nord jusqu'à Fuenteheridos, puis prendre à gauche la N 433.

LE PATTE NOIRE
Le jambon de Jabugo *pata negra* est tout aussi célèbre et inimitable que Chanel n° 5 ou une Ferrari. Son goût caractéristique, son arôme, le soin particulier dont il fait l'objet et bien entendu son prix en font un mets de choix.

Jabugo
Ce petit village tranquille perdu en plein cœur de la sierra est néanmoins connu dans le monde entier. Il doit sa réputation à ses célèbres **jambons** et **charcuteries**, disponibles dans chacune de ses nombreuses usines.
Prendre la N 435 vers le Sud, puis prendre une petite route sur la gauche.

Castaño del Robledo

Cette localité est devenue l'un des lieux de prédilection des amateurs de randonnée du fait de sa situation géographique privilégiée. Se promener dans les forêts de châtaigniers, faire une halte sur un promontoire, apercevoir au loin le vol rythmé des compagnies d'oiseaux constituent sans doute les principaux attraits de Castaño.

Poursuivre la N 435 vers le Sud. Au croisement avec la A 470, prendre celle-ci à droite vers l'Ouest.

Almonaster La Real★

Cette localité est une véritable petite surprise nichée au beau milieu d'un épais manteau végétal de châtaigniers, d'eucalyptus, de chênes-lièges et de chênes verts, tapissant les rochers alentours. Son architecture blanche s'étire sur ce singulier **site**. Le temps semble s'être figé dans les ruelles silencieuses bordées de grandes demeures coloniales et de vestiges de grandes propriétés andalouses. La gastronomie – mets à base de porc – et le folklore – à ne pas manquer, les fêtes des Croix de mai – complètent l'offre de ce village attrayant. L'**hôtel de ville** accueille un point d'**information du parc** qui recense les activités proposées dans le parc et les randonnées. *9h30-18h30.* ☎ 959 14 32 06.

Mezquita★ – *W.-end et j. fériés 11h-19h. Gratuit.*
Située à l'intérieur d'une enceinte fortifiée, la mosquée est l'un des rares exemples de l'architecture califale (10ᵉ s.)

Intérieur de la mosquée.

encore présents dans la région. Ses murs rougeâtres adossés à la roche règnent dans le ciel limpide et silencieux de la sierra. À proximité se trouvent d'étonnantes arènes et intra-muros la forteresse dispense de belles **vues** sur le village.

San Martín – Sobre bâtiment où se mêlent les styles gothique et mudéjar.

Prendre la A 470 vers le Nord-Ouest sur 7 km.

Cortegana

En plein cœur d'un paysage naturel d'une singulière beauté, cet agréable village est l'un des centres névralgiques de l'industrie et de l'artisanat montagnards. Cortegana est devenu un foyer commercial actif. La viande de Cortegana, ses usines de liège, ses balances romaines artisanales et ses poteries attirent de nombreux visiteurs. Les bâtiments les plus connus

> ### JOURNÉES MÉDIÉVALES À CORTEGANA
> Du 9 au 12 août, l'animation bat son plein dans les rues de Cortegana où affluent des milliers de personnes. Les représentations théâtrales, les défilés, les banquets médiévaux, les reconstitutions de scènes de la vie quotidienne au Moyen Âge et les concerts de musique sacrée andalouse réjouiront petits et grands.

de la ville sont l'**église du Sauveur**, élégant édifice de style gothique mudéjar (16ᵉ s.), l'**église St-Sébastien** de style gothique Renaissance, et surtout, le **château** médiéval. Cette forteresse monumentale, érigée à la fin du 13ᵉ s., offre de belles **vues panoramiques** sur la ville et les alentours et accueille un point d'information retraçant l'évolution des systèmes architecturaux défensifs des villages du Parc. *Tlj sf lun. 10h-14h, 16h30-18h30. 1,20€.* ☎ 959 13 16 56.

De Cortegana, prendre la N 433 vers le Nord-Ouest, sur 14 km.

Aroche

C'est l'un des plus anciens villages de la sierra, comme en témoignent les célèbres **pierres du Diable** (Piedras del diablo), ensemble de dolmens situé 3 km au Sud-Ouest par la H 9002, à deux pas de l'ermitage de San Mamés, au milieu d'un bel environnement paysager. Un labyrinthe de ruelles tortueuses bordées de maisons seigneuriales, de bâtiments vétustes et de petits ateliers spécialisés dans la fabrication de selles, grimpe jusqu'au **château★** qui abrite les arènes.

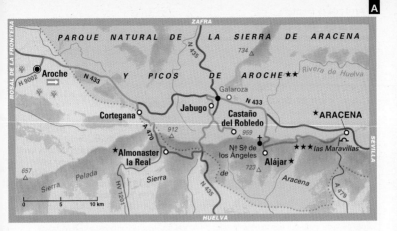

Cette sobre construction du 12ᵉ s., refuge du roi Sanche IV le Brave, accueille le point d'information du Parc, consacré au vautour noir, espèce en voie d'extinction. À noter que les terres du Parc accueillent l'une des principales colonies d'élevage en Espagne. *Sur demande.* ☎ *959 14 02 61.*

La vaste **église N.-D.-de-l'Assomption** (13ᵉ s.) et le **couvent des Hiéronymites** méritent une visite.

Arcos de la Frontera★★

Juchée sur sa colline, la ville d'Arcos jouit d'un site★★ exceptionnel et ses maisons semblent plonger tout droit dans l'incroyable précipice formé par le río Guadalete. Et c'est bien cette situation stratégique d'où l'on domine toute la vallée qui a incité ses habitants successifs à s'établir ici. Néanmoins, l'attrait d'Arcos ne réside pas seulement dans son emplacement mais aussi dans les ruelles escarpées de sa vieille ville, où cohabitent demeures seigneuriales Renaissance ou baroques et maisons blanches aux fenêtres grillagées, toutes fleuries de géraniums.

La situation

27 897 habitants. Carte Michelin n° 578 V 12 – Schéma : Ruta de los PUEBLOS BLAN-COS – Andalousie (Cadix). Située dans la province de Cadix, au sommet d'un roc entaillé par le Guadalete, Arcos de la Frontera est la passerelle occidentale menant à la route des Villages blancs. La A 382, en provenance de Jérez de la Frontera, et la A 372 reliant Arcos à El Bosque et Grazalema vous dispenseront les meilleures **vues**★ du site. 🛈 *Plaza del Cabildo, 11630 Arcos de la Frontera,* ☎ *956 70 22 64 ; Plaza de San Sebastián, 7, 11630 Arcos de la Frontera,* ☎ *952 70 25 05.*
Vous pouvez poursuivre votre voyage en visitant : les Villages blancs (PUEBLOS BLANCOS ; voir circuit au départ d'Arcos par la A 372), JÉREZ DE LA FRONTERA (30 km à l'Ouest), EL PUERTO DE SANTA MARÍA et Cadix (CÁDIZ, au Sud-Ouest), et MEDINA SIDONIA (33 km au Sud).

comprendre

D'après la légende, le nom d'Arcos viendrait d'Arcobrigán, l'arche du petit-fils de Noé, Brigo, qui serait également le fondateur de la ville. En réalité, Arcos doit son nom à la colonie romaine d'Arx-Arcis (qui signifie forteresse haut perchée). Quoi qu'il en soit, ce fut une importante ville musulmane et, au 11ᵉ s., la capitale d'un royaume de *taifa*. Après une première tentative de Ferdinand III, la ville ne fut définitivement reconquise par Alphonse X qu'en 1264.

se promener

2h. Il vaut mieux parcourir ce genre de ville à pied pour profiter pleinement d'une visite agréable. Le plus simple est de se garer dans la ville basse (paseo de Boliches) et de se promener ensuite.

Prendre la cuesta de Belén qui relie la partie moderne (19ᵉ s.), très animée avec tous ses commerces, à la partie haute de la ville : nous nous trouvons ici dans la partie médiévale caractérisée par ses étroites ruelles escarpées et ses maisons chaulées.

RESTAURATION
• **Valeur sûre**
El Convento – *Marqués de Torresoto, 7 -* ☎ *956 70 32 22 - 21,50/30€ - fermé 7-22 janv., 1er sem. juil.* En face de l'hôtel Marqués de Torresoto, le restaurant fait partie du même ensemble mais dispose d'une entrée indépendante. Décoration traditionnelle et patio à colonnes. Spécialités : soupe d'asperges, faisan *al paraíso* et perdrix nappée d'une sauce aux amandes.

TAPAS
Alcaraván – *Calle Nueva, 1.* Dans la muraille du château et aisément reconnaissable à ses pots de terre cuite qui décorent la façade. On peut y déguster des viandes grillées, des poivrons farcis ou du sauté d'agneau, le tout accompagné de musique de flamenco. Le prix de poésie « Alcaraván » est décerné depuis cinquante ans dans la ville d'Arcos de la Frontera.

HÉBERGEMENT
• **Valeur sûre**
El Convento – *Maldonado, 2 -* ☎ *956 70 23 33 - 11 ch. : 52/65€ - fermé 7-22 janv.* Hôtel empreint de charme, installé dans un ancien couvent du 17e s., dans une petite rue du centre. Chambres calmes ; la plupart bénéficient de la vue sur la vallée.
Marqués de Torresoto – *Marqués de Torresoto, 4 -* ☎ *956 70 07 17 - 15 ch. : 50,28/70,62€.* Ancien palais du 17e s. situé au centre, dans la partie historique de la ville. Chapelle baroque et joli patio à arcades. Meubles d'époque dans les chambres.

La porte de Jerez, qui se trouvait à cet emplacement, était l'une des trois entrées de la ville arabe fortifiée. Après avoir dépassé le **callejón de Juan del Valle**, admirez sur la droite la **façade**★ gothico-mudéjare (15e s.) du **palais des comtes d'Águila**, dont le splendide portail, encadré d'un *alfiz* au fin tracé, est surmonté de deux personnages ; admirez aussi la belle fenêtre à meneaux.
À droite, prendre la calle Nueva qui longe le mur du château.

Plaza del Cabildo
La tour imposante de l'**église Ste-Marie** s'élève sur cette place qui constitue le cœur de la partie ancienne d'Arcos. C'est ici que se trouvent également l'**hôtel de ville**, le *parador*, installé dans l'ancienne demeure du corregidor (officier de justice) ainsi que le château *(privé)*. À l'Ouest, une terrasse domine la vallée et offre une **vue**★ merveilleuse sur l'entaille formée par le fleuve et sur l'église St-Pierre.

Santa María de la Asunción★
Été : tlj sf dim. 16h-19h, sam. 10h-14h ; le reste de l'année : tlj sf dim. 15h30-18h30, sam. 10h-14h. Fermé janv.-fév. et j. fériés. 1€. ☎ *956 70 00 06.*
Construite vers 1530 sur le site d'une église du 14e s., cette église porte le titre de basilique mineure depuis 1993 et occupe l'emplacement de l'ancienne grande mosquée musulmane. La **façade principale**★, ouvrage d'Alonso de Baena, est une parfaite illustration de l'art plateresque. L'entrée se fait par la façade latérale droite, de style néoclassique. À l'intérieur, les trois vaisseaux sont séparés par de robustes colonnes qui soutiennent des voûtes en étoiles à tiercerons. Au maître-autel, un **retable** du 17e s., œuvre de Jerónimo Hernández et de Juan Bautista Vázquez, repré-

> ### LES « ARMAOS »
> On donne le nom d'*armaos* à ces hommes en costumes romains qui défilent le **Vendredi saint** dans les rues d'Arcos. Rien ne manque à cet étonnant défilé : les casques, les étendards, les lances et les armures colorent étrangement les processions de la Semaine sainte.

sente l'Assomption de la Vierge et camoufle l'abside polygonale de l'église primitive mudéjare. Les **fresques**★ représentant *Le Couronnement de la Vierge*, qui ornaient le maître-autel primitif, ont été déplacées sur le mur latéral gauche dans les années 1960.
Prendre le paseo qui contourne la façade Ouest et s'engager dans le callejón de las Monjas. Les arcs-boutants ont été élevés au 17e s. pour freiner la poussée de l'église. Dépasser la **façade Renaissance**★ du couvent de l'Incarnation et poursuivre par la calle del Marqués de Torresoto où, au n° 4, on peut admirer le patio classique (17e s.) du **palais des marquis de Torresoto**. Au bout de la rue, sur la petite place Boticas, s'élève le **couvent des religieuses de l'ordre de la Merci** (Mercedarias Descalzas – *clôture, vente de pâtisseries*) et la maison inachevée des jésuites (18e s.), de nos jours marché de la ville.
Par la calle Boticas et la calle Nuñez de Prado on accède à un autre noyau important d'Arcos.
Autour de l'église St-Pierre se trouvent la **chapelle de la Miséricorde**, ornée d'une arcade brisée aveugle, et le **palais del Mayorazgo**, actuel conservatoire de musique, avec son étroite façade terminée par une jolie loggia Renaissance.

Façade du palais del Mayorazgo.

San Pedro

10h30-14h, 16h-19h, dim. et j. fériés 10h-13h30 (offices 11h30-12h30). 1€. ☎ 956 70 11 07.
Édifiée au début du 15e s., l'église a longtemps rivalisé en importance et en élégance avec Ste-Marie. La façade est ornée d'un imposant clocher néoclassique. L'intérieur à nef unique est couvert d'une voûte en croisée à tiercerons.

Au n° 7 de la calle San Pedro, derrière une façade platéresque, vous trouverez une boutique de céramique. Prendre la calle Cadenas.

On trouve ici deux intéressants exemples de demeures seigneuriales : à gauche, dans la calle Juan de Cuenca, le palais du même nom, et un peu plus loin, sur la petite plaza del Cananeo, l'ancien palais des marquis de Torresoto.

Continuer par la calle Bóvedas.
À l'angle avec la calle Boticas s'élève la maison des Gamaza.

Pour retrouver la plaza del Cabildo, le plus simple est de continuer par la calle Boticas et, sur la plazuela de Boticas, de prendre la charmante calle de los Escribanos, en n'oubliant pas de jeter un coup d'œil aux beaux balcons de fer forgé.

visiter

Convento de la Caridad★
Ce couvent du milieu du 18e s. situé sur la plaza de la Caridad, dans la partie basse d'Arcos, en dehors de la ville médiévale, a un aspect colonial. Beau porche à l'entrée de l'église.

Façade du palais del Mayorazgo.

La Axarquía★

La région associe plages et relief montagneux. Ainsi, les stations balnéaires modernes et animées de la côte contrastent avec les paisibles villages traditionnels de l'intérieur. Tout au long du littoral se dressent les vestiges des tours de guet élevées après la Reconquête pour surveiller la mer et prévenir les attaques des pirates berbères qui assaillirent la région jusqu'au 18e s. C'est cette menace qui poussa les habitants à édifier leurs villages dans la montagne. Dans ce beau cadre naturel, les vignes s'échelonnent le long des versants montagneux (à noter l'excellence des raisins de table) tandis que les plaines accueillent les cultures des fruits et des plantes subtropicales. On peut déjà voir dans la région ces surprenantes serres sous plastique, si caractéristiques de la province almérienne.

La situation
Carte Michelin n° 578 V 17 et 18 – Andalousie (Málaga).
La contrée de la Axarquía se situe à l'extrémité orientale de la province de Málaga. Ses terres dévalent le versant méridional de la sierra de Almijara jusqu'à la mer. La E 15 – N 340 et la route côtière longent le littoral tandis que d'autres routes secondaires se dirigent vers l'intérieur des terres.

L'AXARCO
Au sein de la zone euro, il existe une région qui n'a pas succombé aux délices de la nouvelle monnaie : c'est la Axarquía où subsiste l'axarco, monnaie mise en circulation dans les 31 municipalités de la région en 1988. S'il n'est pas interdit de payer en euros, la plupart des commerces acceptent cette monnaie frappée d'un côté du portrait d'un botaniste arabe qui introduisit au 13e s. la culture des agrumes en Andalousie, et de l'autre de celui de Philippe II. Risques de fausse monnaie ? Aucun : chaque billet est en effet signé au stylo-bille par son créateur, Antonio Gámez, descendant d'une famille de Morisques ayant échappé au massacre ordonné par Philippe II. Subdivisé en axarquitos, l'axarco, qui vaut 60 centimes d'euro, peut être acheté dans les mairies… comme dans les banques de la région !

Hidalgo-Lopesino/MARCO POLO

carnet pratique

RESTAURATION

Magasins, bars et restaurants se succèdent sur le front de mer de Torrox Costa. Il convient de citer **Antonio**, restaurant spécialisé dans les poissons et les fruits de mer.

• À bon compte

La Parrala – *Playa Burriana - Nerja -* ☎ *952 52 22 89 - 15,03€*. Restaurant avec terrasse sur la plage. Spécialité de paella.

Valeur sûre

Pepe Rico – *Almirante Ferrándiz, 28 - Nerja - ☎ 952 52 02 47 - 46€ - fermé mar., 1er quinzaine de déc. et 2e sem. de janv.* Ce restaurant tenu par des Suédois est situé dans une rue piétonne ; vous apprécierez sa terrasse très agréable et ses spécialités de poissons et de viandes (filet de bœuf au poivre vert). Il compte aussi dix appartements *(49,88€)*.

HÉBERGEMENT

• À bon compte

Cortijo Amaya – *Torrox Costa -* ☎ *952 53 02 45 - 14 ch. : 39,07/60,10€.* Juchée sur une colline, cette ancienne ferme ouvre sur la mer et les serres. Chambres simples et confortables. Jardin soigné avec piscine et courts de tennis.

Hostal San Miguel – *San Miguel, 36 - Nerja -* ☎ *952 52 72 17 -* 🍴 *- 13 ch. : 36,06/48€ (TVA incluse).* Hôtel récent installé dans une maison du centre-ville. Petites chambres modestes mais impeccables. Terrasse avec une petite piscine au dernier étage.

• Valeur sûre

Nerja Princess Hotel – *Los Huertos, 46 bis - Nerja -* ☎ *952 52 89 86 -* 🍴 *- 20 ch. : 54,09/78,13€.* À quelques minutes du « Balcon de l'Europe », ce petit hôtel distingué se dissimule derrière une façade discrète. Entrée en marbre, chambres joliment décorées et belle piscine. Bon rapport qualité/prix.

• Une petite folie !

Molino de Santillán – *Rte MA 106 vers Macharaviaya - Rincón de la Vistoria -* ☎ *902 12 02 40 - 10 ch. : 98,90/119,90€.* Un chemin de terre conduit à cette ferme située en pleine campagne où règnent tranquillité et paix. Établissement plus facile à localiser de jour.

Vous pouvez poursuivre votre voyage en visitant : MÁLAGA (au Sud-Ouest), ALHAMA DE GRANADA (au Nord), au Nord-Est les ALPUJARRAS (voir circuits) et Grenade (GRANADA).

circuit

DE MÁLAGA À NERJA

99 km avec les excursions vers l'intérieur.

Málaga *(voir ce nom)*

Quitter Málaga par la N 340 – E 15 vers l'Est. À la première sortie pour Rincón de la Victoria, suivre l'indication « Cueva del Tesoro ».

Cueva del Tesoro ou del Higuerón★

De mi-juin à fin août : 10h-14h, 16h-20h ; le reste de l'année : 10h-14h, 15h-18h. 3,60€. ☎ *952 40 61 62.*

La tradition veut qu'à l'époque arabe un grand trésor ait été dissimulé dans cette grotte, que nul ne parvint à retrouver. Formée par l'érosion marine, elle émergea lors des soulèvements de la croûte terrestre. Ses salles curvilignes, remarquables par leur grande beauté et leur aspect à la fois artificiel et onirique, et ses formes usées par l'érosion pourraient bien avoir inspiré Gaudí (Casa Milà à Barcelone).

Rincón de la Victoria

Station balnéaire dotée de nombreux hôtels et grands immeubles résidentiels. Longue plage de sable de plus de 3 km.

Reprendre la N 340 – E 15 et poursuivre vers l'Est, jusqu'à la sortie n° 272.

La plage de Rincón de la Victoria.

Torre del Mar

Cette localité côtière est en réalité la plage de Vélez-Málaga. Importante station balnéaire, son immense plage est bordée d'un élégant front de mer.

Prendre la A 335 vers le Nord.

Vélez-Málaga

Le donjon de l'ancienne forteresse, qui fut détruite par les troupes napoléoniennes, domine Vélez-Málaga, première ville de la Axarquía. Ses rues escarpées, ses maisons blanches et son église Ste-Marie (16ᵉ s.), de style mudéjar, avec son beau clocher, se déroulent sur le flanc de la colline au pied du donjon. Le **quartier de la Villa**, d'origine maure, dispense de magnifiques panoramas sur la plaine cultivée. On y accède en quittant la plaza de la Constitución, où s'élèvent l'église St-Jean-Baptiste, et son ostensible clocher, ainsi que quelques pans et bastions de l'ancienne muraille.

Au centre se trouve l'hôtel de ville, installé dans le palais des marquis de Beniel (17ᵉ s.), à la façade sobre et élégante.

Revenir sur la N 340 – E 15, que l'on quitte à la sortie nº 277 vers Algarrobo.

Algarrobo

Les maisons blanches de ce typique village arabe dominent la mer du haut d'une colline (190 m). Ses ruelles tortueuses grimpent vers la partie la plus haute, où se trouvent l'ermitage St-Sébastien et ses jardins soignés, d'où l'on peut voir la côte.

Revenir vers la côte, et juste avant la route côtière, prendre à gauche la bifurcation indiquant la direction de la nécropole de Trayamar.

Necrópolis de Trayamar

Des tombes puniques et phéniciennes, dont certaines dateraient des 8ᵉ et 7ᵉ s. avant J.-C., figurent au nombre des vestiges de cette importante nécropole.

Poursuivre le long de la côte par l'ancienne N 340.

Remarquez deux tours de guet sur le trajet.

Torrox Costa

Ce fut jadis le site d'une ville romaine. Sur la plage, à deux pas du phare *(prendre la direction du phare)*, de petits bassins qui servaient autrefois à l'élaboration du *garum (voir encadré à Tarifa)*, furent mis au jour ; certains même servirent de sépulture. Belles plages.

Torrox

4 km à l'intérieur des terres. Le village est juché sur une colline, d'où l'on domine la côte et les oliveraies en terrasses.

Poursuivre à l'intérieur vers le Nord.

De Torrox à Cómpeta

La route sinueuse grimpe sur les contreforts de la sierra de la Almijara. Les villages et les fermes parsèment de leurs taches blanches les montagnes, tandis qu'au détour d'un virage on bénéficie d'un beau panorama sur **Cómpeta**, qui déploie ses maisons blanches sur un versant. Au centre du village se dresse le clocher en brique de l'église paroissiale.

Revenir par la même route sur la N 340 – E 15 et poursuivre sur 8 km.

Nerja★

Principal centre touristique de la Axarquía, Nerja, joli village d'origine arabe aux ruelles blanches, domine la mer du haut de sa falaise. Les derniers contreforts de la Sierra de Almijara expliquent l'aspect escarpé de cette côte jalonnée de belles plages à

Grotte de Nerja.

Champollion/MICHELIN

l'intérieur de criques. Les nombreuses terrasses de cafés, les restaurants, les discothèques et autres établissements de loisirs font de Nerja un lieu de villégiature très prisé l'été.

Balcón de Europa★ – Situé tout près du cœur historique de Nerja, ce magnifique belvédère a été bâti sur le site de l'ancien château. La grande place, transformée en jardin, donne sur la mer, et, depuis ses allées de palmiers, on a de belles vues sur la côte accidentée et, par beau temps, sur le littoral africain.

Remarquez l'église du Sauveur (17ᵉ s.), blanchie à la chaux, et son clocher.

Cueva de Nerja ★★

4,5 km à l'Est, en direction de Motril. Juil.-août : 10h-14h, 16h-20h ; le reste de l'année : 10h-14h, 16h-18h30. 5€. ☎ 952 52 95 20.

Découverte en 1959, cette immense grotte d'origine karstique s'est formée dans les marbres de la sierra de Almijara. Elle était habitée à l'époque paléolithique, comme en témoignent les vestiges archéologiques découverts (ustensiles, céramique, restes humains et peintures rupestres), dont certains sont exposés dans les premières salles.

La grotte est tout à fait impressionnante avec ses vastes salles et les spectaculaires stalactites et stalagmites formées au cours des millénaires par les eaux d'infiltration. On ne visite qu'un quart de la surface totale. La **salle de la Cascade ou du Ballet**, qui doit sa première appellation aux formations que l'on voit sur la droite sert de cadre aux **festivals de musique et de danse** *(2e ou 3e sem. de juillet)*. La colonne centrale de 17 m n'est rien, comparée à l'immense colonne (32 m) de la **salle du Cataclysme**, qui se distingue par sa taille imposante et la beauté de ses formations.

Quitter Nerja vers le Nord et l'intérieur des terres par la MA 105.

> ### PARC NATUREL DES SIERRAS DE TEJEDA ET ALMIJARA
>
> Les sierras de Tejeda et Almijara forment un alignement d'escarpements rocheux, créant la barrière naturelle entre les provinces de Málaga et de Grenade et culminant à 2 068 m d'altitude avec le pic Maroma. Les 40 600 ha de ce Parc, situé au Sud d'Alhama de Granada, s'étendent principalement sur la contrée de La Axarquía.
>
> Des versants escarpés recouverts de pins, des crêtes pointues, de profonds ravins et des ruisseaux tortueux caractérisent les superbes paysages de ces âpres montagnes qu'escaladent les chèvres sauvages. Sur ces terres légendaires arpentées jadis par les brigands, les villages conservent une indéniable allure morisque. Frigiliana et Nerja se trouvent à l'extrémité méridionale du Parc.

Promenade dans Frigiliana.

B. Kaufmann/MICHELIN

Frigiliana ★

Ce ravissant village blanc s'échelonne sur les versants méridionaux de la Sierra de la Almijara. Dans sa partie la plus haute, il conserve son **quartier maure-mudéjar ★★**, bel exemple d'architecture andalouse très soigné, où la sobriété du blanc contraste avec le bleu azur du ciel et les touches de couleur des fleurs, composant ainsi un cadre enchanteur. Les rues piétonnes, pavées et escarpées ou coupées de marches espacées, grimpent parmi les maisons blanches aux belles entrées, les recoins pittoresques et les belvédères balayant la plaine. Dans les rues, des azulejos sur les murs commémorent les batailles opposant Maures et chrétiens.

Ayamonte★

Ayamonte est une petite ville tout en contraste, ouverte, dynamique et marquée par la présence d'un port où le va-et-vient des bateaux et le brouhaha des ventes à la criée se mêlent à l'animation des terrasses sur le paseo de la Ribera, face à la darse. À l'écart du port et escaladant les flancs d'une colline s'élève le noyau urbain, formé de ruelles tortueuses pentues, de modestes maisons blanchies à la chaux ornées d'élégantes fenêtres closes par des grilles de fer forgé, de pittoresques places, sans oublier les maisons aux couleurs vives construites par des Espagnols revenus d'outre-Atlantique à la fin du 19ᵉ s., qui confèrent à Ayamonte une allure coloniale.

La situation

17 000 habitants. Carte Michelin n° 578 U 7 – Andalousie (Huelva).
C'est sa position géographique qui fait tout l'intérêt de cette agglomération située à l'embouchure du Guadiana, face aux terres portugaises dont elle n'est séparée que par un moderne pont de fer très fréquenté.
Vous pouvez poursuivre votre voyage en visitant : à l'Est, HUELVA (60 km par la N 431), la côte de HUELVA (COSTA DE HUELVA ; voir circuits), LA RÁBIDA et MOGUER.

carnet pratique

visiter

Las Angustias
Coincée entre des petites maisons anciennes, l'**église des Douleurs**, de type basilical, à l'air colonial (16ᵉ s.), est remarquable par ses vastes dimensions ; sa tour se détache harmonieusement sur le ciel limpide d'Ayamonte.

Convento de San Francisco
Cette construction Renaissance du 16ᵉ s. est intéressante par son élégant clocher-mur et son superbe intérieur ; remarquez le magnifique plafond artesonado mudéjar polychrome, les colonnes recouvertes d'inscriptions anciennes et l'immense retable du maître-autel.

El Salvador
L'**église du Sauveur** (13ᵉ s.) s'élève sur l'emplacement d'une ancienne mosquée. Notez surtout la porte et la tour avec leurs décors de plâtre.

Muelle de Portugal
Ce bassin récent est le point de départ de différents circuits touristiques en bateau vers le Portugal et la localité voisine de Sanlúcar de Guadiana.

alentours

Isla Cristina
14 km à l'Est. Prendre la N 431 direction Lepe, puis tourner à droite dans la H 412. Cette localité se divise en deux pôles, le centre ancien composé de maisons basses ornées d'azulejos et le front de mer avec son port de plaisance et ses marais (*marismas*) préservés, déclarés site naturel, ainsi que les belles plages de la pointe del Caimán, Central, del Hoyo, Casita Azul et La Redondela.

carnet pratique

RESTAURATION

• **À bon compte**

Acosta – *Plaza de las Flores, 13 - Isla Cristina - ☎ 959 33 14 20 - 18,03€.* Ce restaurant familial situé sur une jolie place propose poissons et fruits de mer. La cuisine est si bonne qu'on en oublie la décoration.

Casa Rufino – *Avenida de la Playa - Isla Cristina - ☎ 959 33 08 10 - 30,05€ - fermé janv. ; déc.-juin (le soir) ; Sem. sainte.* À deux pas de la mer, ce restaurant de poissons et de fruits de mer propose à ses clients le célèbre « *Tonteo* », un menu composé de huit plats de poisson (*60€ pour 4 pers.*). Clientèle touristique.

Isla Canela

7 km au Sud-Est par la H 410. C'est l'une des principales stations balnéaires de la province de Huelva. La grande plage de sable fin est bordée de complexes résidentiels et d'un club de golf.

Punta del Moral

9 km au Sud-Est par la H 410. Ce petit village séduira les amateurs de pêche et de poissons que l'on pourra apprécier dans les nombreux petits bars et restaurants.

Baena

Les maisons de Baena recouvrent de leur manteau blanc une colline qui descend jusqu'à la vallée, dans un paysage légèrement vallonné, planté des oliviers qui sont à l'origine du fameux liquide doré de Baena, son huile d'olive vierge. Baena se compose de deux quartiers très différents : son quartier ancien, le barrio alto, où se dresse le clocher de Ste-Marie-la-Grande, et le quartier moderne et commerçant, dit le Llano.

Le **tambour**, emblème de la ville, est le héros de l'exceptionnelle Semaine sainte de Baena, si trépidante.

La situation

20 057 habitants. Carte Michelin n° 578 T 17 – Andalousie (Cordoue).

Située à l'Est de la province de Cordoue dans une terre d'oliviers, Baena est desservie par la N 432 qui relie Cordoue à Grenade.

🛈 *Plaza de España, 9, 14850 Baena, ☎ 957 66 50 10/15.*

> **ENFANTS CÉLÈBRES**
> Baena fut le berceau de Juan Alfonso de Baena (16e s.), célèbre troubadour auteur du *Cancionero de Baena*, et de la famille Río (José Amador, écrivain et politicien, et Demetrio, architecte, qui entama la restauration de la cathédrale de León, au Nord de l'Espagne).

Vous pouvez poursuivre votre voyage en visitant : MONTILLA (à l'Ouest), AGUILAR DE LA FRONTERA (au Sud-Ouest), CABRA et LUCENA (au Sud), PRIEGO DE CÓRDOBA (au Sud-Est), MARTOS (au Nord-Est) et Cordoue (CÓRDOBA, 62 km au Nord-Ouest).

découvrir

Baena fleure bon l'huile

Et c'est vrai ! De nombreuses études médicales ont récemment démontré les bienfaits de l'huile d'olive sur la santé. Base de l'alimentation méditerranéenne, l'huile d'olive vierge andalouse mérite son excellente réputation, qui remonte à l'époque romaine ; plus encore, celle de Baena, qui bénéficie d'une appellation d'origine, est l'une des meilleures. Issue d'une variété d'olive, dite *picuda*, elle est aussi bien utilisée pour les salades, les plats cuisinés ou la friture.

se promener

BARRIO ALTO

Ancien quartier musulman au Moyen Âge, la partie haute de la ville se compose de rues étroites et escarpées. On peut encore y voir des restes des fortifications qui protégeaient la ville arabe.

Santa María la Mayor

L'église du 16e s., qui se dresse sur le site de l'ancienne mosquée, a souvent été remaniée. L'élément le plus remarquable est le portail de l'Ange, de style plateresque ; le quadrillage qui encadre la porte, trois blasons et deux colonnes torses constituent son décor, simple mais élégant. L'ancien minaret, légèrement incliné, composé de deux corps baroques surmontés d'une flèche recouverte d'azulejos vert et bleu, sert de clocher.

Église du couvent Madre de Dios
Le couvent ne se visite pas. Réservé au culte : 13h (jeu. 19h). ☎ *957 67 09 10.*
Fondée au début du 16e s. par Diego Fernández de Córdoba, cinquième seigneur de Baena, l'église fut commencée dans le style gothique et achevée dans le style Renaissance. La nef unique est dotée d'un **chœur**★ intéressant, en partie réalisé par Hernán Ruiz II et dessiné par Diego de Siloé. Une belle grille platéresque ferme la *capilla mayor*. L'abside polygonale expose des peintures de l'atelier de Bassano au maître-autel, surmonté d'une demi-coupole, aux décors sculptés, à l'effigie d'apôtres et anges entre les oves.
À l'extérieur, beau portail gothique tardif. À noter, les restes de peintures murales sur les corniches.

visiter

LE LLANO
Casa del Monte
Située sur la plaza de la Constitución, ou Coso, cet imposant bâtiment de trois étages, à la large façade, date de 1774. La même place accueille l'hôtel de ville.

Guadalupe
À proximité de la plaza de España. Élevée au 16e s., l'église de Guadalupe se distingue par sa capilla mayor carrée, au beau **plafond à caissons mudéjar**★ et présentant un retable baroque du 18e s. Dans le bas-côté gauche, à l'entrée de l'église, s'ouvre la **chapelle de la Vierge de Guadalupe**, elle aussi dotée d'un *artesonado* mudéjar et ornée d'un autel baroque. C'est en 1617 qu'y fut transférée la fresque de la Vierge (fin du 15e s.).

Ancien couvent de San Francisco
Actuellement maison de retraite. À la sortie du village vers Cordoue, prendre à gauche juste après la station-service une rue encaissée. Lun.-mar. et jeu. 10h-13h, 17h-19h30, ven. 8h-13h, 17h-19h30. ☎ *957 67 01 42.*
L'**église baroque** (18e s.), au plan en croix latine, est couverte de voûtes en plein cintre à lunettes. La coupole du transept présente la particularité d'être ovale et transversale. Les peintures des murs sont à fresque, tandis que celles des plafonds ne subsistent que dans les bras du transept. Un retable baroque domine le chœur. Dans le bas-côté gauche, le **Christ de Nazareth** (18e s.) aurait été, au dire d'une inscription lapidaire, mitraillé onze fois pendant la guerre civile sans subir de dégradations.

alentours

Zuheros★
17 km au Sud par la CV 327. Ce pittoresque village assis sur un socle calcaire au bord de la sierra bénéficie d'un **site**★★ magnifique. Vous serez séduit par sa silhouette dominée par l'imposant château taillé dans le roc, en équilibre sur le précipice. Belle démonstration d'architecture populaire avec ses étroites rues blanches soignées et escarpées, bordées de recoins fleuris.

Plaza de la Paz – Ce vaste belvédère naturel *(à 622 m d'altitude)* dispense des **panoramas**★★ sur les collines plantées d'oliviers, avec Baena en toile de fond. À gauche, sur un muret, au pied de l'imposante masse rocheuse sur laquelle se dresse le château, vous remarquerez une pierre préromaine.

Museo Arqueológico – Le Musée archéologique expose plusieurs pièces de la préhistoire à l'époque romaine trouvées dans la grotte de los Murciélagos (des Chauves-souris).

Château – C'est ici même que les Romains élevèrent une forteresse. Les vestiges datent de deux époques différentes : la robuste tour carrée et crénelée est d'origine arabe *(escalier à l'intérieur)*, tandis que, du côté opposé, les restes du palais Renaissance datent du 16e s. De la cour d'armes, on voit les remparts et une autre grosse tour isolée, qui faisait partie jadis de l'enceinte défensive. *Visite du château et du Musée archéologique – Été : visite guidée (40mn)*

HÉBERGEMENT
Zuhayra – *Mirador, 10 - Zuheros -*
☎ *957 69 46 93 - 18 ch. : 41/53€ (⬚).*
Hôtel typique, aux chambres rustiques. Vue exceptionnelle de la tour en ruine sur le paysage d'oliviers et des terres environnantes aux tonalités rouges, blanches et grises. Bon rapport qualité/prix.

Zuheros se détachant sur une mer d'oliviers.

12h30-18h, w.-end et j. fériés 10h-14h, 16h-19h ; le reste de l'année : 12h30-16h30, w.-end et j. fériés 10h-14h, 16h-18h. Réserver. Fermé 1er janv. et 25 déc. 1,80€. ☎ 957 69 47 75 (Office de tourisme).

Cueva de los Murciélagos

4 km à l'Est de Zuheros par la route signalée à la sortie du village. Été : visite guidée (1h) 12h30-18h, w.-end et j. fériés 11h, 12h30, 14h, 18h, 19h30 ; le reste de l'année : 12h30-16h30, w.-end et j. fériés 11h, 12h30, 14h, 16h, 17h30. Réserver. Fermé 1er janv. et 25 déc. 3,60€. ☎ 957 69 47 75 ou 639 15 78 86.

L'ascension jusqu'à la grotte offre d'agréables **vues**★★ panoramiques.

La splendide grotte naturelle, aux salles ponctuées de stalactites et stalagmites, recèle un important fonds archéologique du néolithique, comprenant des peintures schématiques, des gravures, une intéressante chambre funéraire et divers outils, ornements et poteries. Les restes mis au jour sont datés de 4300 à 3980 avant J.-C.

Luque

5 km au Nord-Est de Zuheros par la CO 240. Laisser la voiture sur la place. Le village s'étend au pied d'un rocher, dominé par une forteresse d'origine arabe, qui fut transformée. Sur la place se dresse l'**église de l'Assomption** (16e s.), de style Renaissance, attribuée à Hernán Ruiz II et Hernán Ruiz III. On retiendra son élégant clocher orné de colonnes et d'un toit conique, recouvert d'éléments décoratifs sphériques. À l'intérieur, la capilla mayor recèle un retable baroque du 18e s., où trône une Assomption.

Derrière l'hôtel de ville s'élèvent les **vestiges du château** sur un piton rocheux. L'escalier conduisant au pied des remparts dispense de belles vues sur le village et ses environs.

Baeza★★

Paisible ville seigneuriale, Baeza, se situe sur une petite colline – La Loma –, au milieu de vastes champs de céréales et d'oliviers ; le poète Antonio Machado l'immortalisa ainsi : « Campagnes de Baeza, je vous verrai en rêve quand vous serez loin de moi. » Elle possède un riche patrimoine architectural de la Renaissance (églises, monuments et demeures seigneuriales en belle pierre dorée) qui témoigne de la splendeur que connut ce tranquille bourg aux 16e et 17e s. On ne peut que conseiller sa visite lors de la **Semaine sainte** ou à la **Fête-Dieu**, car c'est l'occasion d'assister à des processions solennelles.

La situation

17 691 habitants. Carte Michelin n° 578 S 19 – Andalousie (Jaén).
Elle se trouve au cœur de la province de Jaén, sur la rive gauche du Guadalquivir, dans une zone hydrographique riche, proche du Parc naturel de Cazorla (à l'Est).
🖪 *Plaza del Pópulo, 23440 Baeza, ☎ 953 74 04 44.*
Vous pouvez poursuivre votre voyage en visitant : ÚBEDA (9 km à l'Est par la A 316), le Parc naturel de CAZORLA (55 km à l'Est), LINARES (27 km au Nord-Ouest par la N 322) et JAÉN (48 km au Sud-Ouest par la A 316).

comprendre

L'origine de Baeza remonte à l'âge du bronze, mais c'est à l'époque romaine qu'elle reçoit le titre de ville et on lui donne le nom de *Biatia*. C'est un siège épiscopal au 7e s. sous la domination wisigothe, puis la capitale d'un royaume de *taifa* qui englobe le Guadalquivir jusqu'à la Sierra Morena. À cette époque, on voit le commerce se développer intensément et la ville détient une place importante dans la vie politique. Reconquise en 1227 par Saint Ferdinand III, Baeza occupe une situation de choix dans la christianisation d'al-Andalus, ce qui lui valut le surnom de « nid royal des éperviers ». Mais c'est entre les 16e et 17e s. que la ville connaît sa période de rayonnement. On assiste alors à la construction de magnifiques édifices Renaissance formant le cœur historique de la ville et à la création de la prestigieuse université, dont le dynamisme culturel perdurera jusqu'au 19e s. C'est à cette période (16e et 17e s.) que Baeza reçoit la visite d'importantes personnalités du monde des lettres, d'architectes et de poètes parmi lesquels saint Jean d'Avila, Andrés de Vandelvira et surtout saint Jean de la Croix qui achèvera à Baeza son célèbre *Cantique spirituel*. Entre 1912 et 1919, l'écrivain Antonio Machado donne des cours de français à l'université après avoir quitté Soria après le décès de son épouse Leonor.

carnet pratique

RESTAURATION

• Valeur sûre
Andrés de Vandelvira – *San Francisco, 14 -* ☎ *953 74 81 72 - 21/24€ - fermé dim. soir, lun.* Élégant établissement occupant une partie du monastère franciscain (16e s.). Pour accéder à la salle qui se trouve au premier étage, on traverse un cloître impressionnant.

HÉBERGEMENT

• À bon compte
El Patio – *Conde de Romanones, 13 -* ☎ *953 74 02 00 - 29 ch. : 21/33,06€.* Hôtel un peu désuet et sombre, avec patio. Chambres propres et soignées malgré un prix modique.

• Valeur sûre
Hotel-Palacete Santa Ana – *Santa Ana Vieja, 9 -* ☎ *953 74 07 65 - 13 ch. : 39,07/60,10€.* Un petit palais du 16e s., situé au cœur de la vieille ville, abrite cet hôtel original aux patios ravissants. Chambres agréables.
Hospedería Fuentenueva – *Paseo Arca del Agua -* ☎ *953 74 31 00 - 12 ch. : 40,27/69,12€.* Ancienne prison pour femmes, c'est désormais un petit hôtel aux chambres modernes, malheureusement un peu loin de la ville, sur la route d'Úbeda.

SPÉCIALITÉS

Goûtez donc à la gastronomie régionale, comme la morue cuisinée à la Baeza, le pot-au-feu de la mer et les typiques *ochíos*, à base de mie de pain et d'huile, roulés dans le poivre.

se promener

CENTRE MONUMENTAL★★★

Une demi-journée – Voir l'itinéraire de visite sur le plan.

Plaza del Pópulo★

C'est au centre de cette jolie place que s'élève la **fontaine des Lions** (fuente de los Leones), l'une des images les plus populaires de Baeza. Construite avec des éléments issus des ruines de la ville voisine de Cástulo, elle est présidée par une statue qui représenterait Imilce, l'épouse d'Hannibal. Autour de la place se dressent

BAEZA

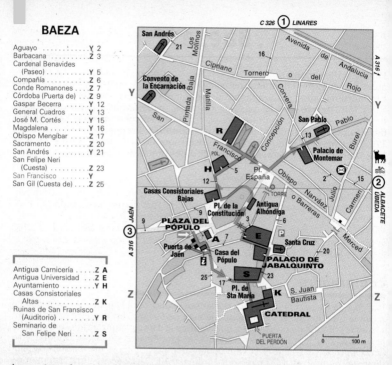

les anciens abattoirs et l'ancien tribunal (Casa del Pópulo). À l'un des angles apparaît l'**arc de Villalar**, érigé en souvenir de la victoire de Charles Quint sur les *comuneros* puis à sa suite, la **porte de Jaén**, élevée à l'occasion du passage de l'empereur dans la ville alors qu'il se rendait à Séville épouser Isabelle de Portugal. Cette fortification dont il ne reste que des vestiges est reliée à l'ancien tribunal par un petit balcon où fut célébrée la première messe après la conquête de Baeza.

Antigua Carnicería – Les **anciens abattoirs** occupent une demeure seigneuriale Renaissance d'une rare noblesse en dépit de son usage. Remarquez le blason de Charles Quint à l'étage supérieur, là où se tenait l'ancien tribunal de justice.

Casa del Pópulo – Ancien siège de la confrérie des Caballeros Hijosdalgos de Baeza et de l'Audience civile – autrefois au premier étage –, cet édifice abrite de nos jours l'**Office de tourisme**. Admirez ses proportions harmonieuses, la délicatesse du décor de la façade, les médaillons et les ouvertures ; les six portes correspondaient à autant de bureaux de greffiers.

Plaza de Santa María
La grande **fontaine** décorée de cariatides et d'atlantes est l'œuvre de Ginés Martínez. Sur l'un des côtés de la place, la façade du **séminaire St-Philippe-Neri** (17e s.) porte encore des inscriptions : c'était un privilège accordé aux étudiants à l'obtention de leur diplôme que d'y inscrire leur nom et la date de leur succès avec du sang de taureau. Sur la gauche, remarquez les deux belles fenêtres géminées des **Casas Consistoriales Altas** qui encadrent les blasons de Jeanne la Folle et Philippe le Beau.

Cathédrale★
Juin-sept. : 10h-13h30, 17h-19h ; le reste de l'année : 10h-13h30, 16h-18h. Gratuit.
☎ 953 74 41 57.

Saint Ferdinand III la fit construire sur une ancienne mosquée. Derrière elle, des ruelles pavées inhabitées prennent une allure étrange et mystérieuse à la lueur du crépuscule...

Détail de la chaire.

Extérieur – La façade principale Renaissance contraste avec le côté Ouest où figurent les éléments les plus anciens, comme la porte de la Luna (style gothico-mudéjar du 13e s.) et la grande rosace gothique du 14e s. Sur le mur Sud s'ouvre la porte du Pardon (15e s.).

Intérieur★★ – Ici, l'austérité de l'architecture castillane est adoucie par la lumière diaphane d'Andalousie. La cathédrale fut reconstruite au 16e s. d'après un projet d'Andrés de Vandelvira qui a couvert les trois nefs de voûtes sur pendentifs. De nombreuses chapelles méritent que l'on s'y arrête : la chapelle Dorée, à côté des fonts baptismaux, d'inspiration italienne ; la chapelle St-Jacques, sur la gauche ; celle de St-Joseph, ornée de cariatides et surtout, la belle **chapelle du Sacré-Cœur** au fond à droite, où est exposé un **ostensoir** baroque en argent utilisé en procession le jour de la Fête-Dieu. Notez la porte plateresque de la sacristie ornée de délicats reliefs, la **chaire** de métal repoussé et peint à la croisée du transept (1580), le retable baroque du maître-autel et la singulière **grille** de Bartolomé qui ferme la première travée de la nef. Dans le cloître, vous remarquerez quatre chapelles mudéjares décorées d'atauriques et d'inscriptions arabes.

Palacio de Jabalquinto★
Fermé pour restauration.

L'ancienne résidence de Juan Alfonso de Benavides, plus connu sous le nom de Capitán de Lorca, est un parfait exemple de gothique flamboyant. La **façade**★★ exceptionnelle, attribuée à Juan Guas et à Enrique Egas, est une pure merveille dont on appréciera d'autant plus la beauté au soleil couchant ; elle traduit parfaitement l'engouement de la noblesse de l'époque pour une décoration chargée (formes pyramidales, fleurons de pierre, légers pinacles, blasons somptueux...). À l'intérieur, un gracieux patio Renaissance aux colonnes corinthiennes de marbre et un escalier baroque monumental complètent l'ensemble.

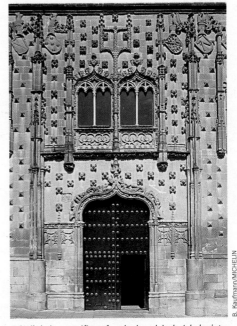

Détail de la magnifique façade du palais de Jabalquinto.

B. Kaufmann/MICHELIN

Santa Cruz
On remarquera dans cette petite église romane une chapelle gothique et des fresques dans l'abside.

Antigua Universidad
10h-13h, 16h-18h. ☎ 953 74 04 44.

Près de la porte de Jaén, on franchit l'arc del Barbudo, unique vestige de l'enceinte fortifiée. Fondée au 16e s. par Rodrigo López et Juan de Ávila, l'université devint un établissement d'enseignement secondaire en 1875.

Admirez sur la façade le médaillon représentant la Sainte-Trinité et appréciez le charmant **patio** intérieur Renaissance où Antonio Machado écrivit certains de ses poèmes les plus mélancoliques.

Plaza del Mercado Viejo ou de la Constitución
Les bâtiments de l'ancienne halle aux grains et de l'ancien hôtel de ville s'élèvent sur cette place centrale de Baeza qui abrite sous ses arcades des bars animés ou des cafés au charme désuet...

Antigua Alhóndiga – Ce bâtiment de trois étages est l'**ancienne halle au grain** du 16e s.

Casas Consistoriales Bajas – L'**ancien hôtel de ville** fut élevé au 18e s. et ses fenêtres servaient de tribune officielle lors des fêtes (corridas, feux d'artifice...) données sur la grand-place.

Ayuntamiento★
L'**hôtel de ville** occupe l'ancien palais de justice et la prison ; la façade de ce monument plateresque formé de deux étages séparés par une corniche cannelée s'orne de quatre fenêtres qui encadrent le blason de la ville, celui de Philippe II et du corregidor Juan de Borja.

Ruines de San Francisco

Ce magnifique couvent Renaissance durement atteint par les pillages et les catastrophes naturelles était considéré à son époque comme l'un des chefs-d'œuvre de Vandelvira. Le transept monumental et l'abside, les colonnes fasciculées et les somptueux retables de pierre permettent d'imaginer la magnificence de cet ouvrage qui fait office actuellement d'**auditorium**.

Palacio de Montemar (ou de los Condes de Garcíez)

Cette maison noble du 16ᵉ s. possède de jolies fenêtres gothiques et un patio intérieur platéresque à double arcade.

San Pablo

La façade Renaissance dissimule un intérieur gothique formé de trois larges nefs appuyées sur des piliers gothiques. Elle a conservé quelques panneaux peints sur bois et une statue du *Christ de l'Expiration*.

visiter

San Andrés

Réservé au culte 19h30, dim. et j. fériés 11h30. ☎ *953 74 06 78.*
C'est après la Reconquête que Saint Ferdinand III fonda dans cette église au portail platéresque la « Compañía de los Doscientos Ballesteros del Señor Santiago », institution militaire composée de chevaliers de Baeza qui devaient obéissance au roi et avaient l'obligation de résider à moins de six lieues de la ville. Remarquez dans la **sacristie** une intéressante collection de neuf **peintures gothiques sur bois**★, dont les coloris témoignent de la qualité de la peinture andalouse.

Convento de la Encarnación

C'est dans cet édifice occupé par des carmélites, parfait exemple de la transition entre la Renaissance et le baroque, que saint Jean de la Croix acheva son *Cantique spirituel*.

Baza

De l'ancienne grande ville arabe, la paisible Baza ne conserve plus que les bains et le tracé labyrinthique de certaines rues. L'expulsion des morisques à la fin du 16ᵉ s. ouvrit une longue période de déclin. Mais son origine est bien antérieure et remonte au 4ᵉ s. avant J.-C., époque où une peuplade primitive d'Hispanie s'établit, à 2 km de la ville actuelle, là où des fouilles mirent au jour la célèbre dame de Baza.

La situation

20 113 habitants. Carte Michelin nº 578 T 21 – Andalousie (Grenade).
Dans la province de Grenade, Baza s'étend dans la cuvette du même nom, à proximité de la A 92 N, la reliant à Grenade (au Sud-Ouest). Elle se trouve également au Sud du lac de retenue de Negratín, non loin de l'extrémité septentrionale du beau Parc naturel de la Sierra de Baza *(voir alentours).*
🛈 *Plaza Mayor, 18800 Baza,* ☎ *958 70 05 63 ou 958 86 13 25.*
Vous pouvez poursuivre votre voyage en visitant : au Sud-Ouest, GUADIX (48 km par la A 92 N) et Grenade (GRANADA), et au Sud-Est la Sierra de los FILABRES.

se promener

Santa María de la Encarnación★

Cette imposante collégiale austère ressemble à une forteresse s'abritant derrière un étonnant mur de contreforts. Elle est construite sur l'emplacement de la Grande Mosquée. L'église présente un plan parfaitement classique d'église-halle.
Sur la **Plaza Mayor** s'élève le bâtiment Renaissance de l'ancien hôtel de ville où se trouve actuellement le **Musée municipal** qui présente une reproduction de la dame de Baza *(l'original est au Musée archéologique de Madrid). Été : 10h-14h,*

17h-19h, dim. 11h-14h ; le reste de l'année : 10h-14h, 16h-18h30, dim. 11h-14h. Fermé 1er janv. et 25 déc. 1,20€. ☎ 958 86 13 25.

Quitter la Plaza Mayor par l'arc de la Magdalena, près du clocher (18e s.), et s'engager à gauche dans la calle Zapatería qui mène à l'ancien quartier morisque de la ville.

Dans ce dédale de ruelles qui témoignent bien du passé morisque de Baza se dressent l'**église St-Jean-Baptiste**, de style mudéjar, le **couvent de la Merci,** qui recèle la Vierge de Pitié, ainsi qu'une maison agrémentée d'un ravissant balcon de bois très représentatif du 17e s.

Retourner sur ses pas vers l'arc de la Magdalena et descendre la calle Zapatería. Sur la gauche, remarquez les **anciennes boucheries**, qui datent de 1568. *Continuer jusqu'à la plaza de Santo Domingo.*

Sur la place, le **couvent St-Dominique** est dans un état d'abandon total ; on a réussi à

Plaza Mayor.

conserver un peu mieux le cloître du 17e s., dissimulé à l'intérieur d'un bâtiment du début du 20e s. qui servit autrefois de théâtre.

Prendre la calle Dolores. L'**église des Douleurs** (17e-18e s.) a un étonnant portail baroque encadré de deux puissantes colonnes torses.

Continuer par la calle Dolores et prendre à gauche la calle del Agua. Descendre jusqu'à la calle Caniles.

Bains arabes★

Quartier de Santiago, dans la calle Caniles. En cas de fermeture, se rendre calle Caniles, 19 et demander Mateo ou Manuela.

Ces bains datant de l'époque califale (10e s.) se situent dans l'ancien quartier juif, près de l'église, et sont les plus anciens d'Europe. La salle principale est séparée par des arcs en fer à cheval qui reposent sur de fines colonnettes de marbre ; les voûtes primitives qui étaient éclairées par des lucarnes en étoiles n'existent plus. Deux salles rectangulaires à usage de vestiaire et de chaudière complètent l'ensemble.

LE « CASCAMORRAS »

L'origine de cette curieuse fête remonte au 15e s. ; la légende veut qu'un habitant de Guadix qui travaillait dans un ancien ermitage mozarabe aux alentours de Baza découvrit une belle statue de la Vierge. Très vite, les deux villages se la disputèrent. Le conflit alla jusqu'au tribunal qui conclut que la ville de Baza conserverait la Vierge, mais que sa fête serait célébrée une fois par an à Guadix. Au moment de faire valoir leurs droits, des habitants de Guadix, avec à leur tête le premier Cascamorras, réclamèrent la Vierge et furent expulsés de Baza à coups de bâton. De retour à Guadix, leurs concitoyens, furieux de leur échec, les reçurent tout aussi mal. C'est pourquoi de nos jours, chaque année le **6 septembre**, un habitant de Guadix, couvert d'oripeaux bariolés, tente d'atteindre l'**église de la Merci**. Et sur son chemin, les habitants de chaque village malmènent le malheureux Cascamorras.

alentours

Parque Natural de la Sierra de Baza

15 km par la A 92 N en direction de Guadix. Suivre la signalisation. En quittant la voie rapide, on parcourt 5 km avant d'arriver au centre d'accueil de Narváez. Été : tlj sf lun. et mar. 10h-14h, 18h-20h ; le reste de l'année : tlj sf lun. et jeu. 10h-14h, 16h-18h. Gratuit. ☎ 958 00 20 05 ou 670 94 28 89.

Ce parc récemment créé et à l'infrastructure encore modeste séduira cependant les amateurs de randonnées pédestres. La sierra de Baza, très montagneuse, possède des pics qui dépassent les 2 000 m. On y trouve surtout des chênes et des pins, parfois des pins sylvestres. Elle accueille également une importante colonie de rapaces.

Belalcázar

Gaete, petit village de la sierra cordouane, prit le nom de Belalcázar au 15e s., en hommage à sa superbe forteresse (« Bello Alcázar » en espagnol) dominant orgueilleusement une hauteur, à deux pas du village. Ce fief des Sotomayor, seigneurs du comté de Belálcazar, à l'origine de l'élévation de la forteresse, fut également le berceau d'un célèbre conquistador, Sébastián de Belalcázar, fondateur de la ville de Quito en Équateur et conquérant du Nicaragua.

La situation

3 879 habitants. Carte Michelin n° 578 Q 14 – Andalousie (Cordoue).
Belálcazar se trouve au Nord de la province de Cordoue, non loin du río Zújar délimitant la frontière avec l'Estrémadure.
🛈 *Plaza de la Constitución, 11 (hôtel de ville), 14280 Belalcázar,* ☎ *957 14 60 04.*
Vous pouvez poursuivre votre voyage en visitant : FUENTE OBEJUNA (54,5 km au Sud-Ouest par la A 449 et la N 432) puis rallier Cordoue (CÓRDOBA, 131 km au Sud-Est : voir circuit dans chapitre FUENTE OBEJUNA).

visiter

Se garer plaza de la Constitución.

Santiago

Été : 19h30 ; le reste de l'année : 18h30. Réservé au culte : été 21h, le reste de l'année 19h30, dim. 11h.
Au bout de l'agréable plaza de la Constitución, l'**église** paroissiale **St-Jacques** (16e-17e s.) présente une façade datée de la fin de sa construction et, en son centre, un clocher inachevé. Une grande austérité se dégage de l'ensemble de granit, soulignée par les robustes contreforts latéraux qui lui donnent une allure de forteresse. À l'**intérieur**, on retrouve le plan d'une église vouée à la prédication, avec sa nef unique et ses chapelles latérales entre les contreforts. Le chœur, détruit lors de la guerre civile, est récent. Le couvrement d'origine de la nef s'étant effondré, on le remplaça par un plafond beaucoup plus bas, ce qui eut pour effet de condamner la partie haute des fenêtres et de rompre l'équilibre architectural. Néanmoins, l'ensemble demeure assez séduisant grâce aux belles pierres de taille admirablement sculptées, qui ornent certains arcs à l'entrée des chapelles.

Hôtel de ville

Sur cette même place, le corps central de l'édifice (19e s.) de granit est rehaussé d'un fronton dont le tympan s'orne d'une horloge.
À droite de l'église, prendre la calle Sebastián de Belalcázar, menant à la fontaine del Pilar.
Le bassin de la **fontaine del Pilar** (1570) servait autrefois d'abreuvoir. D'ici, vous bénéficierez d'une superbe vue sur le château.

Château★

Le château de la seconde moitié du 15e s. fut sans doute érigé sur l'emplacement d'une forteresse romaine. De forme quadrangulaire, il est doté de tours aux angles et au centre des murs, tandis qu'une ligne de modillons longe le haut des murs et des tours. On s'intéressera surtout à l'imposant donjon qui domine l'ensemble et dont les proportions attirent particulièrement l'attention. En haut de la tour, des échauguettes semi-cylindriques reposant sur de petites consoles de style gothique flamboyant sont ornées d'immenses écus aux armes des Sotomayor, seigneurs du château.
On trouve encore à Belálcazar quelques maisons nobles comme la Casa Grande et la Casa de la Administración de los Osuna ; à proximité, on remarquera le pont sur lequel passait la voie romaine.

> ### LA ROMERÍA DE « LA CHIQUININA »
> La dernière semaine d'avril, on célèbre le pèlerinage de Notre-Dame-de-Grâce de la Alcantarilla, sainte patronne de Belalcázar, dite « La Chiquinina ». Le samedi matin, les pèlerins vont à l'ermitage situé à 20 km du village, puis reviennent le dimanche avant l'aurore avec la statue. Si ces règles n'étaient pas respectées scrupuleusement, le village de Monterrubio de la Serena (province de Badajoz) conserverait la statue.

Santa Clara

800 m au Sud-Est du village par la A 420, puis une route signalée à gauche. 11h-13h, 16h-18h. ☎ *957 14 61 24.*
Ce monastère, fondé en 1476 pour une communauté de moines, devint en 1483 un couvent de religieuses, ce qui obligea la communauté monastique masculine à fonder non loin le **couvent St-François**, à l'état de ruine actuellement. De style gothique tardif, c'est l'un des principaux couvents de la province de Cordoue.

L'église, à nef unique, est dominée par un *Christ à la colonne* ; les voûtains de la voûte à croisée d'ogives du chœur sont peints à fresque. À l'extérieur, le portail s'orne d'un arc surbaissé, rehaussé de trois statues mutilées, sans doute le Christ, sainte Madeleine et sainte Claire, qu'encadre un arc trilobé.

> **POUR LES AMATEURS DE PÂTISSERIE...**
> Halte obligée au couvent de clarisses dont la renommée n'est plus à faire dans ce domaine. Spécialités variées et surtout à ne pas manquer, les *flores de almendra* et les *repelaos* (en général sur commande). *Horaires de vente : 9h30-13h30, 16h30-18h30.*

alentours

Hinojosa del Duque

8,5 km au Sud. Dans ce village de la sierra cordouane, on remarquera surtout l'église St-Jean-Baptiste, monument le plus important du Nord de la province de Cordoue. *Suivre les indications « Catedral de la Sierra ».*

San Juan Bautista★ – *9h-13h, 16h-20h30.* ☎ *957 14 01 64.*
Surnommée la cathédrale de la Sierra, l'église St-Jean-Baptiste (15e -16e s.) a été érigée par les architectes cordouans Hernán Ruiz Ier, Hernán Ruiz II et Juan de Ochoa. La **façade principale**★ présente un beau portail Renaissance encadré de colonnes corinthiennes. À droite du portail, la **sacristie**, couronnée d'une magnifique **crête** et trois fenêtres, forment un superbe ensemble agrémenté de blasons, de coquilles St-Jacques, de niches, etc. À gauche du portail, une curieuse **fenêtre** produit un effet marqué de profondeur grâce au jeu des colonnes et des niches. À l'entrée de l'église, le **clocher** (1590) sert chaque année de lieu de rendez-vous aux cigognes. À l'**intérieur**, la pierre des arcs, les piliers et les nervures des voûtes contrastent avec les murs chaulés, qui mettent en valeur le décor architectural. La nef centrale est couverte d'un beau plafond *artesonado* mudéjar, les collatéraux de voûtes en croisée et la *capilla mayor* d'une voûte d'ogives ornée de peintures à fresque. Sur la place, à droite de l'église, se dresse, parmi les maisons, l'**église de la Vierge du Château**, qui fait actuellement office de salle d'exposition.

Convento de las Madres Concepcionistas – La sobre **façade Sud** du couvent (16e s.), composée d'une succession de solides contreforts entre les arcs, est couronnée d'un svelte clocher-mur où viennent nicher les cigognes.

Parque Natural de
Cabo de Gata-Níjar★★

Parc naturel du Cap de Gata-Níjar

Sous un ciel bleu azur, le **Parc naturel maritime et terrestre du cap de Gata-Níjar** allie une succession de falaises abruptes, de belles plages sauvages et de criques. Vous pourrez aussi vous plonger dans les eaux les plus cristallines qui soient. Seuls les figuiers de Barbarie, les agaves et autres espèces végétales adaptés au climat désertique agrémentent ces sols arides et isolés, qui enregistrent la plus faible pluviométrie du pays.

La situation

Carte Michelin no 578 V 23 – Andalousie (Almería).
Le parc se situe au Sud de la chaîne volcanique du cap de Gata, orientée Sud-Ouest Nord-Est et qui longe la mer.
Vous pouvez poursuivre votre voyage en visitant : la COSTA DE ALMERÍA jusqu'à Mojácar au Nord (voir circuit) et ALMERÍA (à l'Ouest).

carnet pratique

PLONGÉE SOUS-MARINE
Mer calme, eaux cristallines, températures douces et splendides fonds marins caractérisent la réserve marine du Parc naturel du cap de Gata, l'une des plus importantes d'Europe, un vrai paradis pour les amateurs de plongée sous-marine. Les conditions favorables de la réserve (bonne visibilité, grande richesse biologique, grottes labyrinthiques, colonnes basaltiques) offrent nombre de sites de plongée : Cala San Pedro, Playazo de Rodalquivar, Cala del Embarcadero *(Los Escullos)*...

Informations pratiques – La pêche sous-marine est formellement interdite. La pratique de la plongée en apnée n'est subordonnée à aucune autorisation ; en revanche, pour utiliser du matériel de plongée, il faut être titulaire d'un document délivré par la Consejería de Medio Ambiente de la Junta de Andalucía. Renseignements auprès des clubs de plongée de la région.

visiter

NÍJAR

En dehors du Parc, au Nord.

Beau village d'origine arabe, au Sud de la sierra de Alhamilla, campé sur le flanc d'une colline qui domine et réserve de belles vues sur la plaine agricole du **Campo de Níjar**. Autrefois aride, la région est aujourd'hui fertile grâce à l'irrigation. Avec ses petites maisons blanches, ses rues étroites et escarpées, parsemées de coins tranquilles, Níjar est une belle démonstration d'architecture populaire.

Artisanat – La tradition artisanale de Níjar est bien ancrée : sa **céramique** bleue ou verte, à base d'argile et de marne, puis trempée dans un bain de kaolin, est très appréciée. En outre, les typiques *jarapas*, ces bandes de coton ou de laine assemblées pour la confection de ponchos, châles ou couvertures, sont encore plus caractéristiques.

Église paroissiale

(15ᵉ s.) Elle se dresse à deux pas de la place. Son clocher arbore les armes de Philippe II, avec l'aigle bicéphale. L'intérieur, au plafond de bois, présente également un bel *artesonado* mudéjar.

Tour de guet

Monter à pied de la place de l'église à la place du Marché *(plaza del Mercado)*, où s'élèvent une fontaine en céramique du 19ᵉ s. et quatre peupliers centenaires. Puis, grimper le sentier rocailleux et escarpé qui se faufile entre les

Les typiques **jarapas.**

maisons *(les derniers mètres sont les plus difficiles)*. Perchée sur la colline, la tour domine le village, et dispense un large **panorama**, embrassant la plaine de Níjar, avec le cap de Gata et la Méditerranée en toile de fond.

circuit

DANS LE PARC NATUREL★★

90 km – une journée.

De Níjar, prendre la E 15 vers Almería, puis à la sortie nº 467, prendre à gauche, puis encore à gauche, avant d'atteindre Retamar, au Sud.

La route traverse une région plate et désertique, avec la mer à droite et la chaîne vallonnée au fond.

En arrivant à une bifurcation, tourner à droite.

Le petit village de **San Miguel de Cabo de Gata** borde la mer.

Marais salants

Les 300 ha de marais salants du cap de Gata s'étendent sur 4,5 km au Sud-Est du village. Cette réserve d'oiseaux limicoles, hautement protégée, accueille des milliers d'oiseaux migrateurs. Se munir de jumelles pour mieux les observer.

carnet pratique

RESTAURATION

Au port, restaurants de poissons et fruits de mer. À retenir, le **Mesón El Tempranillo** à San José et ses excellentes paellas pour deux.

HÉBERGEMENT

• À bon compte

Puerto Genovés – *Balandro - San José -* ☎ 950 38 03 20 - 18 ch. : *42,70€ (54,90€ en août)*. À 200 m de la mer, petite pension de famille. Chambres impeccables et modernes, mais sans téléphone. Bar avec billard.

• *Valeur sûre*

Las Salinas de Cabo de Gata – *Almadraba de Monteleva - 4 km au SE de El Cabo de Gata -* ☎ *950 37 01 03 - 14 ch. : 72,12/96,16€ - fermé oct.* Situé dans un endroit tranquille du Parc naturel du cap de Gata, cet hôtel est le point de départ idéal pour de belles excursions. Les chambres donnent sur les salines ou sur la plage.

Cap de Gata

La route sinueuse, qui grimpe jusqu'au phare, réserve de belles vues sur les eaux cristallines et les singulières formations rocheuses volcaniques, comme les récifs dits des Sirènes et du Doigt, le long du littoral. À côté du phare, vous trouverez un belvédère et un point d'information.

Revenir à la bifurcation, puis prendre à gauche.

Centro de Visitantes Amoladeras

Été : tlj sf lun. 10h-14h, 17h30-21h ; le reste de l'année : tlj sf lun. 10h-15h. Fermé Sem. sainte, de mi-juil. à mi-sept., 1ᵉʳ et 6 janv., 25 et 31 déc. Gratuit. ☎ 950 16 04 35 ou 950 38 02 99.

Au bureau d'accueil, à deux pas du phare, exposition thématique sur le Parc. Librairie. Cette route à l'intérieur des terres traverse des cultures sous plastique, si caractéristiques de la province d'Almería. Vous apercevrez à droite le **CEMA** (Centre d'expérimentation Michelin d'Almería), où des tests sont effectués sur les nouveaux pneus Michelin.

À 13 km environ, prendre l'embranchement vers Los Escullos.

Los Escullos

Petit port de pêche longeant une très belle plage immense, où se dressent à l'une de ses extrémités une tour de guet, la Calahiguera (18ᵉ s.), ainsi qu'une batterie côtière, de la même époque.

Sur la route vers Rodalquilar se trouvent la crique de l'**Isleta del Moro** et le **belvédère des Amatistas**, qui offre de beaux panoramas sur la côte (Los Escullos et l'Isleta del Moro).

Rodalquilar

Village minier déserté dans les années 1960. Dans la partie haute, on voit les anciennes installations minières.

Le chemin de terre qui mène à la **plage del Playazo** est bordé de quelques constructions typiques : une noria, la tour de Rodalquilar ou des Alumbreras (16ᵉ s.) et, sur la côte, la batterie côtière St-Romain (18ᵉ s.).

> ### NOCES DE SANG
>
> En 1928, le Cortijo del Fraile, proche de Rodalquilar, fut le théâtre de la tragédie qui inspira Federico García Lorca : une jeune mariée prit la fuite avec l'un de ses cousins, le jour de son mariage. La fin de l'histoire est dramatique puisque l'amoureux fut assassiné.

Revenir jusqu'à l'embranchement de Los Escullos, puis prendre la direction de San José. Point d'information à El Pozo de los Frailes.

San José

Petit village côtier, doté d'une agréable plage, très fréquenté l'été. Les maisons blanches s'échelonnent sur le flanc de la montagne. Se détachent les dômes de certaines maisons, caractéristiques de l'architecture populaire de la province d'Almería, destinés à rafraîchir la température de la pièce principale. Petit port de plaisance.

Plages – Éloignées du centre et situées aux confins de la localité, les deux superbes plages, de los Genoveses et de Monsul, sont parfaitement signalées à l'entrée du village. Deux kilomètres plus loin environ, sur un chemin non goudronné mais praticable, apparaît à gauche dans une vaste baie la **plage de los Genoveses**★, où l'on a pied longtemps. À 2,5 km, la **plage de Monsul**★ est une superbe étendue de sable fin, nichée entre deux contreforts montagneux qui s'avancent dans la Méditerranée. Au centre, un grand rocher ajoute à son charme. Sur la gauche, se dresse une dune mouvante, et, sur la droite, un passage permet d'accéder à l'anse de la Media Luna.

Playa de los Genoveses.

Cabra

Niché dans un paysage vallonné, tapissé d'oliviers, Cabra forme une vaste tache blanche sur le flanc de la chaîne du même nom. Sur une petite colline se dressent le robuste donjon du château et la svelte tour de l'église paroissiale de l'Assomption et des Anges.

La situation

20 057 habitants. Carte Michelin n° 578 T 16 – Andalousie (Cordoue).
Cabra est situé dans le Sud de la province de Cordoue et dans le Parc naturel subétique.
🖬 *Calle Santa Rosalía, 2, 14940 Cabra,* ☎ *957 52 01 10.*
Vous pouvez poursuivre votre voyage en visitant : LUCENA (10 km au Sud-Ouest), PRIEGO DE CÓRDOBA (à l'Est), BAENA (au Nord), MONTILLA (au Nord-Ouest) et AGUILAR DE LA FRONTERA (à l'Ouest).

carnet pratique

SPÉCIALITÉS

Pour les gourmands, passage obligé au couvent des Mères Augustines *(plaza de San Agustín)* pour acheter une boîte de biscuits glacés.

FÊTES

Tout au long de l'année, le **sanctuaire de la Vierge de la Sierra** est un lieu de pèlerinage très couru, dédié à la patronne de la ville. La statue de la Vierge est portée jusqu'au village une fois par an, à l'occasion de la **Feria de Notre-Dame de la Sierra** *(3-8 sept.).*

se promener

PLAZA ALTA

La rue, qui relie la plaza Vieja à une esplanade où s'élèvent l'église de l'Assomption et des Anges, ainsi que les vestiges du château, grimpe entre cyprès et palmiers. Remarquez en montant, les petits bancs de pierre et les murets, dont certains conservent des fossiles.

La Asunción y Ángeles

L'église principale du village fut érigée sur le site d'une ancienne mosquée, ce qui explique probablement le plan à cinq vaisseaux. Le bâtiment actuel a subi maintes transformations entre le 17ᵉ s. (abside) et le 18ᵉ s. (nef). À l'extérieur se détache la tour en brique apparente et le portail latéral en marbre, de style baroque, orné de colonnes diminuées et torses. À l'intérieur, les retables de marbre, les stalles et la couverture des fonts baptismaux, œuvre de Benlliure, sont les éléments les plus intéressants.
Du côté opposé, l'esplanade est fermée par un tronçon de muraille crénelée.

Torre del Homenaje

Le **donjon** appartenait, tout comme les remparts, au château des comtes de Cabra, une forteresse d'origine arabe reconstruite après la Reconquête. Aujourd'hui, la tour restaurée se trouve à l'intérieur d'un collège. Pour l'admirer de près, entrer dans la cour de l'école *(sonner à la grille).* À noter, la présence du salon octogonal au décor néomudéjar (1887).

Barrio de la Villa

Le quartier de la Villa s'étend derrière l'église, à l'intérieur de l'enceinte crénelée, tandis que la calle Villa dessert un jardin belvédère entouré du chemin de ronde.

Quartier musulman « El Cerro »

Cuesta de San Juan. Les étroites rues blanches, escarpées et sinueuses, parfois dotées d'arcs, comme la **Puerta del Sol**, nous racontent le passé arabe de Cabra.

Santo Domingo

Fondé au 15ᵉ s., le couvent renferme l'église St-Dominique, dont la façade, bien que remaniée, présente deux intéressants portails baroques en marbre (18ᵉ s.). Le simple portail principal est orné de colonnes torses.

Instituto Aguilar y Eslava

Une Vierge domine l'élégant portail classique de marbre rouge (17ᵉ s.), au décor héraldique. Le patio est recouvert d'une verrière arborant le blason des comtes de Cabra. En face de l'institut s'élève l'**église de la Vierge de la Solitude** (18ᵉ s.). Sa façade de pierre est surmontée d'un clocher-mur. À l'intérieur, on admirera les décors de plâtre sur la coupole et dans le *camarín* de la Vierge.

Demeures seigneuriales

Elles bordent les calles Priego et José Solís du quartier ancien.

Museo Arqueológico

*Calle Martín Belda. 11h-14h, 18h-19h,
w.-end et j. fériés sur demande.* ☎ 957 52
01 10.

Le patrimoine du Musée archéologique
recense des objets mis au jour dans la
région lors de fouilles. Exposition bien
présentée et adaptée aux non-voyants.

Parque Alcántara-Romero

Connu également sous le nom de Paseo, ce rectangle de verdure date du milieu
du 19e s. Agréable lieu de repos et de promenade très ombragé.

alentours

Ermita de la Virgen de la Sierra★

*Prendre la C 336 vers Priego de Córdoba, parcourir 5 km et tourner à gauche. Embran-
chement indiqué.* La route sinueuse et escarpée *(7 km)* traverse une terre aride et
rocailleuse. Attention aux troupeaux de moutons ! Le sanctuaire s'élève dans un
cadre★ magnifique au sommet de la sierra de Cabra (1 223 m), et dispense de
vastes **panoramas**★★ sur les sierras Subbéticas et la plaine de Cordoue. À côté de
l'antenne, sur la gauche, belvédère avec table d'orientation.
Reconstruit au 16e s., l'ermitage date en fait du Moyen Âge. À l'intérieur, on retiendra surtout le riche retable en marbre (17e s.) et son camarín recélant une statue
de la sainte patronne revêtue de ses plus beaux atours. Le cloître fut ajouté au 18e s.

Parque Natural de las Sierras Subbéticas

Le Parc couvre les communes de Cabra, Carcabuey, Doña Mencía, Zuheros, Luque,
Priego de Córdoba, Iznájar et Rute.

Centro de acogida Santa Rita – *Sur la A 340, le long de la route.* Le centre d'accueil Santa Rita, situé au col de Mojón, fournit des renseignements détaillés sur le
Parc, notamment sur ses chemins balisés et ses terrains de camping.
Ce beau site naturel est un paysage montagneux, aux précipices et escarpements
raides. On distingue trois zones : le massif de Cabra, le défilé de Carcabuey et les
sierras de Rute et la Horconera.
Le massif de Cabra est un terrain calcaire jalonné de reliefs karstiques comme ceux
de Lapiaz de Las Lanchas, Los Hoyones, La Nava (au pied du pic de l'ermitage de
la Vierge de la Sierra) et la Cueva de los Murciélagos *(voir Baena)*. L'olivier prédomine dans le défilé de Carcabuey, qui accueille la plupart des villages, ainsi que
dans les sierras de Rute et la Horconera, jusqu'à une certaine altitude. Ces chaînes,
dont le point culminant est le pic de La Tiñosa (1 570 m), offrent les paysages les
plus spectaculaires et les plus élevés du Parc.

Cádiz★★

Cadix

Comme une île ouverte sur l'Océan, comme un navire prêt à larguer les
amarres, c'est ainsi qu'apparaît Cadix, lumineuse et étincelante, plus marine
que jamais... « Cadix, à la salinité marine... » chante le poète Manuel
Machado. Fière de ses origines, elle revendique avec passion ses racines
mythiques, sa place de choix dans la péninsule. Ville paisible, elle vit serei-
nement l'originalité de sa situation géographique, rattachée au continent
par un fil ténu qui lui confère son statut quasi insulaire.

La situation

143 129 habitants. Carte Michelin n° 578 W 11 – Andalousie (Cadix).
Véritable bastion cerné par la mer, Cadix n'est rattachée au continent que par un
étroit banc de sable. Au Sud et à l'Ouest, la ville embrasse l'Océan, tandis qu'au
Nord et à l'Est, d'où l'on aperçoit la rive opposée de la baie et la localité de El Puerto
de Santa María, les beaux **jardins**★ se succèdent.
🏛 *Avenida Ramón de Carranza, 11006 Cádiz,* ☎ *956 25 86 46 ; plaza de San Juan de
Dios, 11, 11005 Cádiz,* ☎ *956 24 10 01.*
*Vous pouvez poursuivre votre voyage en visitant : la Costa de Cádiz depuis SANLÚCAR DE
BARRAMEDA (au Nord), en passant par EL PUERTO DE SANTA MARÍA (au Nord-Est)
et VEJER DE LA FRONTERA (au Sud-Est) ; MEDINA SIDONIA (44 km à l'Est), JEREZ DE
LA FRONTERA (35 km au Nord-Est) et ARCOS DE LA FRONTERA (60 km au Nord-Est).*

comprendre

Mythe et histoire – D'après la légende, Cadix fut la première ville fondée en Europe vers 1100 avant J.-C. par les Phéniciens de Tyr, qui, après plusieurs tentatives sur les côtes de Grenade et de Málaga et poussés par des nécessités économiques, gagnèrent ces côtes pour fonder la ville fortifiée de Gadir sur un îlot rattaché au continent par un étroit banc de sable. Cette première fondation s'étendait du château de Santa Catalina jusqu'à l'île de Sancti Pietri. Cinq siècles durant, Gadir déploya une intense activité commerciale, en dépendant tout d'abord de Tyr, puis de Carthage jusqu'en 206 avant J.-C., où la ville fut définitivement rattachée à Rome. À l'époque romaine, Gadir rebaptisée Gades devint un important port d'échange commercial entre la Bétique et Rome. On a peu d'informations sur la suite de l'histoire de la ville : il semblerait que son importance fût toute relative à l'époque wisigothique ou pendant l'occupation arabe. Conquise en 1240 par saint Ferdinand III le Catholique, elle fut définitivement occupée en 1262 par son fils Alphonse X le Sage, qui en fit un port stratégique à l'importance économique encore assez faible. Ce noyau primitif occupait le quartier actuel du Pópulo et était ceint d'une muraille dont il reste trois des quatre portes d'origine : les **arcs des Blancs**, **du Peuple** et **de la Rose**. Au 15e s., après la découverte des Amériques, la ville s'étendit au-delà de l'arc des Blancs ; c'est alors que fut fondé le quartier actuel de Santa María. Cette période de croissance, favorisée par le commerce transatlantique, régressa après l'assaut mené par le comte d'Essex (1596), qui détruisit une bonne partie de la ville. Au 17e s., en revanche, la ville connut une expansion considérable, comme en témoignent les nombreux édifices baroques toujours existants. Enfin, 1717, l'année du transfert de la Chambre de commerce de Séville à Cadix, illustre l'âge d'or de la ville, qui devint la passerelle portuaire du commerce outre-atlantique.

se promener

Cadix est une ville qui invite à découvrir ses rues, ses places ou ses jardins. Nous vous proposons deux itinéraires qui vous permettront de visiter les quartiers les plus typiques ainsi que les principales curiosités *(voir schéma)*.

QUARTIERS DE SANTA MARÍA ET DU PÓPULO 1

Cette promenade fera découvrir deux quartiers de Cadix particulièrement typiques et singuliers, habités par l'esprit gitan, et où les traditions du flamenco, de la guitare et de la danse se

> ### UNE VILLE DU 19e S.
> La ville actuelle, qui nous étonne par sa belle architecture, a déçu plus d'un voyageur au 19e s. Cadix était loin d'être la ville romantique au passé passionnant qu'ils s'étaient imaginés. Il ne restait rien de la forteresse de Gerión, aucun vestige de la présence arabe, à peine quelques traces du Moyen Âge, enfin, tout semblait être une imitation pâle de Londres ou de Paris. Cependant aujourd'hui, tout le charme de Cadix tient en sa configuration classique, rationnelle et ordonnée du 19e s., ses édifices élevés hauts en couleur, ses rues droites et toutes ses places à la végétation exotique et à l'allure coloniale.

mêlent au quotidien. Le quartier del Pópulo correspond à la ville médiévale primitive, tandis que le quartier de Santa María est un faubourg né au 15e s., au-delà de l'arc des Blancs. Mais malgré leur beauté, ces deux quartiers demeurent les plus pauvres et les plus dégradés de Cadix. On a heureusement entrepris ces derniers temps d'importants travaux de restauration et de réhabilitation des maisons (dont beaucoup sont du 17e s.) et des voies.

Plaza de San Juan de Dios

Appelée autrefois plaza de la Corredera, cette place est la plus ancienne de la ville avec la plaza de San Antonio, car elle existe depuis le 16e s. Sa situation face au port en a fait le cœur de la ville, et elle fut très longtemps le site du marché. Sur l'un des côtés se détache la façade néoclassique de l'**hôtel de ville**, réalisée par Torcuato Benjumeda en 1799 et, à côté, la tour baroque de l'**église St-Jean-de-Dieu**. C'est ici également que se trouve l'**Office de tourisme** *(n° 11)*, dans une belle maison néoclassique.

Prendre la calle Sopranis, à gauche de l'église St-Jean-de-Dieu.

Calle Sopranis

C'est dans cette rue que sont regroupés certains des meilleurs exemples d'architecture civile baroque de la ville. On retiendra les façades des nos 9-10 (appelée aussi « maison des Lilas » en raison du décor du portail) et le patio des nos 17-19, dont l'escalier vaut le coup d'œil. Au bout de la rue, à gauche, au croisement avec la calle Plocia, le bâtiment de brique et de fer qu'occupe le palais des congrès est l'ancienne **manufacture de tabac**, un parfait exemple de l'architecture industrielle du 19e s. En face se trouve le **couvent St-Dominique**

Prendre la calle Botica jusqu'à la calle Concepción Arenal.

carnet pratique

TRANSPORTS

Aéroport – L'aéroport de Jerez de la Frontera est à 1/2h par la A 4. ☎ 956 15 00 00/83.

Trains – La gare est située sur la plaza de Sevilla près du centre et du port. Au départ de Cadix, toutes les 1/2h environ, des trains desservent les principales villes d'Espagne, dont Séville, Madrid et Barcelone, et de la province. ☎ 956 25 43 01 (gare) ou 902 24 02 02 (RENFE).

Autocars interurbains – Trois points de départ :

– **Transportes Generales Comes** (Plaza de la Hipanidad, 1) vers toute la province et vers Séville. ☎ 956 21 17 63.

– **Transportes Los Amarillos** (Avenida de Ramón de Carranza, 31) essentiellement vers les provinces de Séville et Málaga. ☎ 956 28 58 52.

– **Secorbus** (Plaza Elios, 1) vers Séville et Madrid. ☎ 956 25 74 15.

Autobus – Les principaux arrêts sont sur la plaza de España et tout près du port. Billet simple : 0,70€ ; coupon de 10 voyages : 5,17€. ☎ 956 21 31 47 ou 956 28 38 04.

Taxis – ☎ 956 21 21 21/22/23, 956 26 38 04.

Calèches – L'été, on peut se promener une heure environ en calèche dans le quartier touristique. 25€ env. ; arrêt : plaza de San Juan de Dios.

VISITE

Informations – L'hôtel de ville publie tous les mois un guide intitulé *Cádiz entre columnas*, donnant toutes les informations sur les activités culturelles et distribué gratuitement dans les centres culturels, les offices de tourisme, etc.

RESTAURATION

• **Valeur sûre**

El Faro – San Félix, 15 - ☎ 956 21 10 68 - 30,90/37€. Restaurant et bar à tapas d'excellente qualité. Décoration moderne où le bois domine, cuisine soignée. Les enfants des propriétaires tiennent deux autres restaurants tous deux appelés « El Faro » ; l'un est situé sur la route de San Fernando et l'autre à El Puerto de Santa María.

La Marea – Paseo Marítimo, 1 - ☎ 956 28 03 47 - 24,04€. Sur la plage de Cadix (à deux pas de l'hôtel Meliá). Spécialités de poissons et de fruits de mer, vendus au poids.

Terraza – Plaza de la Catedral, 3 - ☎ 956 28 26 05 - 25€. Restaurant situé sur la place piétonne de la cathédrale. Spécialités de poissons et de fruits de mer. Établissement sans prétention, au décor sobre.

TAPAS

Aurelio – Zorrilla, 1 - ☎ 956 22 99 08 - fermé lun. sf juil.-sept. Situé à côté de la place centrale de Mina, ce petit établissement spécialisé dans les fruits de mer est devenu un endroit réputé pour ses tapas.

El Cañón – Rosario, 49 - ☎ 956 28 50 05. Petit bar traditionnel du 19e s. avec comptoir et boutique, où l'on peut se procurer des produits ibériques et des vins locaux. Sur le trottoir d'en face, **La Manzanilla** est un lieu idéal pour savourer les vins du terroir.

Joselito – San Francisco, 38 - ☎ 956 28 28 25 - fermé dim. en été. Peu de charme pour l'un des bars les plus réputés de la ville, spécialisé dans les grosses crevettes et les fruits de mer. Comptoir, et petite terrasse, située dans le paseo de Canalejas.

Taberna Manteca – Corralón de los Carros, 66 - ☎ 956 21 36 03. Les vieilles affiches nous rappellent que le propriétaire de ce bar traditionnel était torero dans son jeune temps. À conseiller aux amateurs de charcuterie.

HÉBERGEMENT

• **À bon compte**

Hostal Fantoni – Flamenco, 5 - ☎ 956 22 99 08 - 17 ch. : 45€ (certaines seulement avec salle de bains). Pourquoi dépenser plus lorsqu'il est possible de loger dans cet hôtel tout simple mais fort plaisant ? Préférez les chambres avec salle de bains, qui donnent sur la petite voie piétonne.

• **Valeur sûre**

Bahía – Plocia, 5 - ☎ 956 25 91 10 - 21 ch. : 41,20/52,30€ (TVA incluse). Petit hôtel très bien situé dans le cœur historique. Chambres modernes et propres. Bon rapport qualité/prix.

Hotel Francia y París – Plaza de San Francisco, 6 - ☎ 956 22 23 49 - 🖳 - 57 ch. : 53,87/67,34€. Hôtel installé dans un bâtiment du début du 20e s. et niché sur une place piétonne du centre. Chambres correctes.

Parador H. Atlántico – Avenida Duque de Nájera, 9 - ☎ 956 22 69 05 - 141 ch., 8 suites : 75,39/94,74€. Parador moderne merveilleusement situé dans le parc Genovés.

UNE PETITE PAUSE

Café Parisien – Plaza de San Francisco, 1 - 9h-23h. Situé sur une place paisible, ce café ancien possède une terrasse où viennent s'attabler des gens de tous les âges. Possibilité de se restaurer.

SORTIES

L'hiver, toute l'animation se concentre dans le **cœur** de la ville, en particulier dans les rues et sur les places du quartier commerçant. En été, elle se déplace vers la **plage de la Victoria** et son **front de mer** (paseo Marítimo). Dans la **calle General Muñoz Arenillas**, on trouve des bars destinés à un public plus jeune qui appréciera aussi, à l'autre bout de la ville, la **Punta de San Vicente.**

El Café de Levante – Rosario - 17h-3h. Ce café tranquille qui se trouve dans une rue du centre historique accueille une clientèle variée qui se retrouve devant un verre dans une ambiance décontractée, idéale pour discuter. Belle décoration moderne. Concerts le jeudi.

La Mirilla – *Plaza Asdrúbal, 8-9 - 16h-24h env.* Idéal pour prendre un verre ou un café (carte variée) tranquillement, avec vue sur l'Atlantique.

O´Conels – *Sagasta, près de la plaza de San Francisco - 13h-3h30.* La jeunesse de Cadix comme les touristes étrangers apprécient cet endroit accueillant, au décor typiquement irlandais. Grand choix de bières et de whiskies. Repas servis jusqu'à la fermeture.

Yogui – *General Muñoz Arenillas, 9 - 22h-4h.* C'est le lieu de prédilection des jeunes, l'été. Cet endroit très soigné, fréquenté par une clientèle un peu plus mûre qu'ailleurs, propose quatre-vingts variétés de bières ; karaoké le jeudi et le dimanche. Musique espagnole des années 1980, classiques en tous genres.

SPECTACLES

Le **Gran Teatro Falla** *(plaza Falla)* propose une saison de théâtre et de concerts, tandis que les **centres culturels** de la ville *(El Palillero, El Bidón, La Viña, La Lechera)* offrent aussi une grande variété d'expositions, d'ateliers… ou encore les concerts de flamenco du **bastión de la Candelaria** *(Alameda de Apodaca)*.

ACHATS

Le quartier commerçant le plus typique de Cadix se concentre dans quelques rues du cœur historique, dans de longues rues étroites, où abondent aussi bien les boutiques traditionnelles que les magasins des grandes chaînes commerciales. Un exemple : le carré formé par les **calles San Francisco**, **Columela**, **Compañía** et **Pelota**, ou la **calle Ancha** et la **plaza de San Antonio**.

Vous trouverez aussi dans ces rues des pâtisseries régionales traditionnelles comme le **Horno Compañía** *(calle Compañía, 7)*, qui propose des produits typiques comme le pain de Cadix.

Marchés – Les petits marchés de produits artisanaux sont courants à Cadix. Pour y goûter, rendez-vous le dimanche sur celui qui se dresse près de l'**arc du Peuple**, ou tôt le lundi matin, sur l'avenida de la Bahía, au célèbre marché d'**« El Piojito »** : vous y trouverez de tout. Animation assurée.

FÊTES

Les **carnavals** de Cadix sont les plus réputés de la péninsule.

Le carnaval de Cadix...

O. Torres/MARCO POLO

Cárcel Real★

Élevée en 1792 par l'architecte local Torcuato Benjumeda, la **prison royale** est le premier édifice néoclassique de Cadix, tout à fait représentatif de ce style en Andalousie. La façade est précédée d'une sorte d'arc de triomphe doté de quatre grandes colonnes adossées dans le style toscan et surmonté de deux lions, qui encadrent le blason de la monarchie espagnole. À l'intérieur, les tribunaux aménagés en 1990 s'organisent autour d'un grand patio et de deux patios latéraux.

Prendre la calle Santa María jusqu'à l'église du même nom.

Santa María

L'église (17e s.) de l'ancien couvent Santa María a donné son nom à tout le quartier. Nichée au bout de la rue, sa façade, de style maniériste, présentant de très nettes réminiscences de Juan de Herrera, est l'œuvre d'Alonso de Vandelvira, fils du célèbre architecte Renaissance Andrés de Vandelvira. Elle est surmontée d'un clocher couronné d'une flèche (18e s.), ornée d'azulejos. À l'intérieur, on remarquera le dynamisme du retable baroque, et les **carreaux de Delft**, qui décorent le soubassement de la chapelle du Nazaréen.

Au nº 11 de la calle Santa María, la **Casa Lasquetty** illustre l'architecture civile baroque en marbre du début du 18e s.

Traverser la calle Félix Soto en direction de l'arc des Blancs.

L'**Arco de los Blancos** nous conduit dans le fameux quartier populaire du Pópulo. Élevée au 13e s., cette porte s'appelait autrefois porte de la Terre.

Franchir la porte et continuer par la calle Mesón Nuevo jusqu'à la petite plaza de San Martín.

Casa del Almirante

Édifiée par l'amiral Diego de Barrios à la fin du 17e s., la demeure est un bel exemple de palais baroque. On retiendra une caractéristique commune à ce type de palais, la prédominance accordée au **portail**★★ en marbre de Gênes, qui mêle des colonnes toscanes dans le registre inférieur et des colonnes torses dans le registre supérieur.

Prendre à gauche la calle Obispo José María Rancés, poursuivre jusqu'à la plaza Fray Félix.

Cette petite place est le centre religieux de la ville depuis des siècles, puisque l'église Santa Cruz est bâtie sur le site de l'ancienne mosquée. Au nº 1 se trouve la maison baroque d'Estopiñán.

Façade de la cathédrale.

Santa Cruz★
Érigée à la fin du 16ᵉ s. sur le site de la première (13ᵉ s.), les Gaditans l'appellent l'ancienne cathédrale. La sobriété extérieure de l'ensemble n'est égayée que par quelques éléments de céramique vernissée. Les trois vaisseaux, de belles proportions, sont séparés par de robustes colonnes de style toscan.

Teatro Romano
Tlj sf lun. 11h-13h30. Fermé j. fériés. ☎ 956 21 22 81.
Situé juste derrière l'église Santa Cruz, le théâtre romain a conservé en bon état une partie des gradins et quelques galeries souterraines.
De la plaza Fray Félix, s'engager dans le pittoresque callejón de los Piratas jusqu'à la plaza de la Catedral.

Cathédrale★★
10h-13h. 3€ (incluant la visite du musée).
☎ 956 28 61 54.
D'un style différent, la cathédrale ne laisse personne insensible. Commencée en 1722 dans un style baroque très épuré, elle ne fut achevée, après bien des difficultés, qu'en 1883. La façade est un jeu de surfaces concaves

> **UNE PAUSE AGRÉABLE...**
> Deux endroits plaisants sur la plaza de San Juan de Dios : le classique **Novelty Café** et **La Caleta**, avec son comptoir en forme de bateau.

et convexes flanquées de deux tours surmontées de petits temples, ressemblant à des observatoires astronomiques. 1844 marqua l'achèvement du grand cul-de-four couvrant le transept ; depuis, le dôme, par certains jours de brume, semble flotter au-dessus de la ville. L'intérieur, présentant un plan en croix latine et déambulatoire, surprend par sa taille et sa luminosité.
La calle de la Pelota si populaire nous ramène plaza de San Juan de Dios.

DE LA PLAZA SAN JUAN DE DIOS À LA CATHÉDRALE 2
Partir de la calle Nueva et prendre à gauche la calle Cristóbal Colón.

Casa de las Cadenas
Édifiée à la fin du 17ᵉ s. suivant la mode baroque de l'époque, la maison présente un **portail★** en marbre réalisé à Gênes. Très semblable à la casa del Almirante, elle s'en distingue par les deux colonnes torses qui encadrent la porte.
Poursuivre par la calle Cristóbal Colón, tourner à droite calle Cobos, puis à gauche, calle Nicaragua jusqu'à la plaza de la Candelaria.

Plaza de la Candelaria
On s'arrêtera surtout au n° 6, construction de fer et de verre de la fin du 19ᵉ s. et au petit palais isabélin du n° 15. À côté se trouve la maison natale d'un homme politique, Emilio Castelar, dont le buste trône au centre de la place.
De là, continuer par la calle Santo Cristo avant de rejoindre la calle Nueva. Poursuivre jusqu'à la plaza de San Agustín.

Plaza de San Agustín
C'est ici que se trouvait le couvent St-Augustin dont il ne reste que l'église baroque et le joli **patio** néoclassique, à l'intérieur du collège actuel.
Emprunter la calle Rosario.

PARQUE
GENOVÉS

Castillo de
Sta Catalina

Castillo de San Sebastián

Playa de la Caleta

Moreno

Virgen de la Palma

Pericón de Cádiz

LA VIÑA

Venezuela

Campo

La Palm

OCÉANO

CÁDIZ

0   200 m

Oratorio de la Santa Cueva★

Été : tlj sf lun. 10h-13h, 17h-20h, w.-end 10h-13h ; le reste de l'année : tlj sf lun. 10h-13h, 16h30-19h30, w.-end 10h-13h. Fermé j. fériés. 1,50€. ☎ 956 22 22 62.

Cette petite chapelle, véritable joyau de l'art néoclassique, présente une décoration exubérante. De forme elliptique, elle est couverte d'une coupole à lunettes portée par des colonnes ioniques. Les trois **peintures**★★ (1795) de Goya ont été restaurées récemment.

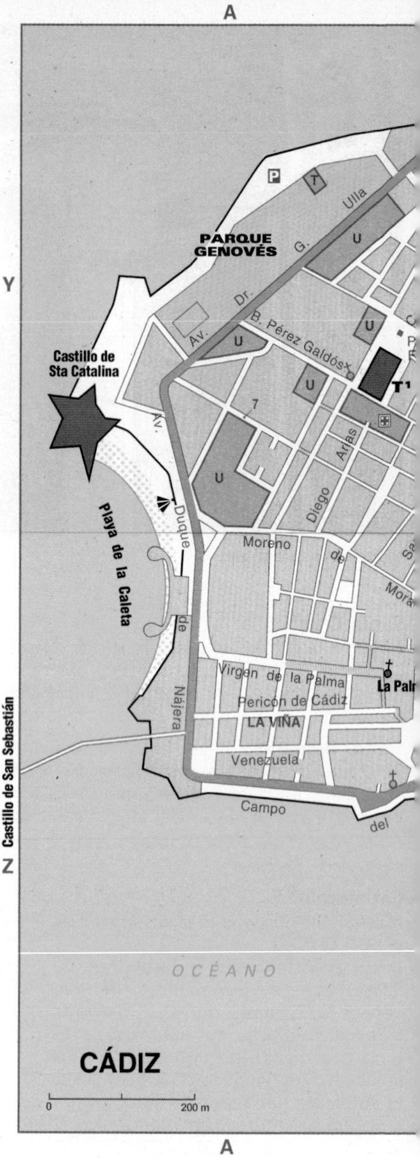

Plaza de San Francisco

Sur l'un des côtés de cette petite place animée se dresse l'**église St-François**, ornée d'une sobre façade, dont seule la tour du 18e s. émerge du corps central. L'intérieur, à l'origine du 16e s., a été modifié au 18e s. dans un style baroque chargé de rocaille et de plâtres. Sous la fausse coupole sur pendentifs, admirez les deux anges portant des lampes et attribués à Pedro Roldán.

À l'angle de la calle Sagasta et du callejón del Tinte, se détache un **élégant bâtiment** d'origine baroque modifié au 19e s. suivant le style isabélin avec de jolies baies, puis, callejón del Tinte, au n° 2, remarquez le beau spécimen d'architecture néoclassique. En face, un impressionnant dragonnier millénaire.

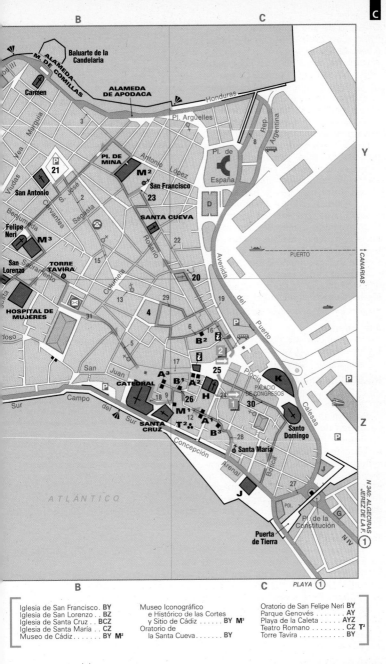

Plaza de Mina★★

C'est au 19e s. que furent créées plusieurs places sur les terrains dont furent expropriés des ordres religieux. Créée en 1838 dans le jardin du couvent St-François, l'une de ces premières places fut la plaza de Mina. Aujourd'hui, c'est l'une des places les plus charmantes de Cadix avec sa végétation exubérante qui lui confère son air colonial ; remarquez les maisons (nos 11 et 16) qui illustrent parfaitement le style isabélin, ainsi que le palais néoclassique qui héberge le **musée de Cadix**★ (voir description dans « visiter »).

Plaza de San Antonio

Cette grande place dépouillée est l'une des plus anciennes de Cadix. Elle fut le lieu de résidence préféré de la bourgeoisie au 17e s., avant de devenir la place principale au 19e s. Elle fait parfois office d'arènes ou de salle de cinéma. Sur l'un des côtés se détache la façade baroque de l'**église St-Antoine**. Quelques élégants bâtiments du 19e s. Au no 15, on remarquera le casino de Cadix et son impressionnant patio néomudéjar.

Continuer calle San José jusqu'à la plaza San Felipe Neri. Au no 34 de la calle San José, bel exemple d'architecture Art nouveau.

Oratorio de San Felipe Neri

Tlj sf dim. 10h-13h30. Fermé j. fériés.
0,90€. ☎ 956 21 16 12.

Construite entre 1688 et 1719, cette
église baroque est l'une des rares en
Andalousie à avoir un plan elliptique.
Son dôme subit d'importants dommages lors du tremblement de terre de
1755, avant d'être restauré en 1764.
Deux niveaux en compartimente l'intérieur. Au rez-de-chaussée, des
pilastres rythment une alternance de
niches et de chapelles richement décorées, et on remarquera sur le retable du
maître-autel une **Vierge** par Murillo
dont la particularité est d'être noire (la
mort du peintre survint alors que
l'œuvre était en cours de réalisation).
Le second niveau, marqué à la base par
une tribune, est décoré de pilastres

> ### CADIX EN 1777
>
> En 1777, Charles III chargea l'ingénieur militaire
> Alfonso Ximénez, par l'intermédiaire de l'archi-
> tecte Sabatini, de réaliser une **maquette★** de la
> ville de Cadix à l'échelle 1/250. Ce souhait, qui a
> toute l'apparence d'un caprice royal, revêt tout
> son sens si l'on considère qu'au 18ᵉ s. l'État ten-
> dait à se consolider : recensement de la popula-
> tion, établissement d'un cadastre, normalisation
> de la langue, etc. Le résultat de cette entreprise
> est une merveilleuse maquette de 25 m² en aca-
> jou, ébène et ivoire, d'une grande précision ; on
> reconnaîtra une bonne partie des édifices actuels
> de Cadix et on pourra juger de l'évolution de cer-
> tains secteurs, telles la plaza de Mina ou la place
> de la Cathédrale. La maquette est exposée au
> **Museo Iconográfico e Histórico de las Cortes
> y Sitio de Cádiz** *(calle Santa Inés, 9).*

d'ordre toscan soutenant une coupole à calotte surhaussée dont chaque étage est
souligné par un balcon. L'oratoire s'inscrit dans l'histoire de l'Espagne, car c'est ici
que se réunirent les Cortes de Cadix en 1812, à la suite de la prise de San Fernando
par les troupes napoléoniennes.

Prendre la calle Santa Inés jusqu'à la calle Sagasta.

San Lorenzo

Sobre église baroque, dont la tour polygonale est décorée d'azulejos typiques dans
les tons blanc et bleu.

Reprendre la calle del Hospital de Mujeres.

Hospital de Mujeres★

Tlj sf dim. 10h-13h. Fermé j. fériés. 0,60€.
☎ 956 22 36 47.

C'est l'un des principaux édifices
baroques de Cadix. Pour pallier le
manque d'espace, l'architecte avait
imaginé une façade étroite et de grands
volumes intérieurs. Le bâtiment s'organise autour de deux patios reliés par un
extraordinaire **escalier★★** monumental
sous une voûte. Dans le patio, remar-

> ### TOURS-MIRADORS
>
> Dans un paysage urbain compliqué comme celui de
> Cadix, où les ruelles étroites se mêlent aux bâti-
> ments élevés, la quête de lumière, d'espace et de
> vues, dont étaient privés la plupart des habitants,
> était permanente. Aux 17ᵉ et 18ᵉ s., les commer-
> çants de Cadix firent ériger plus de cent soixante
> tours pour surveiller l'arrivée de leurs bateaux, mais
> aussi comme symboles de prospérité et de prestige.
> C'est le couronnement qui différencie chaque tour.

quez le *Chemin de croix* d'azulejos de Triana (18ᵉ s.). L'église conserve un Saint
François du Greco *(demander au gardien).*

Torre Tavira★

De mi-juin à mi-sept. : visite guidée (3/4h) 10h-20h ; le reste de l'année : 10h-18h. Der-
nière entrée 1/2h av. fermeture. 3,50€. ☎ 956 21 29 10.

Sa situation, dans la partie haute de la ville, en a fait en 1778 la tour de guet
officielle. Les entrées et les sorties des navires étaient contrôlées de cette tour,
moyennant un système compliqué de pavillons. On y a aménagé en 1995 la
première **chambre obscure** d'Espagne, où un ingénieux dispositif de miroirs et de
lentilles dispense des vues de la ville.

Descendre vers la plaza del Mercado. Derrière le bâtiment de brique de la poste se trouve
la plaza de las Flores.

Plaza de las Flores

La « place des Fleurs » est la désignation populaire de la plaza Topete. Les fleuristes,
cafés et boutiques en font l'une des places les plus animées, d'où partent quelques
rues commerçantes comme la calle Columela et la calle Compañía.

visiter

Casa de la Contaduría (Museo Catedralicio)★

10h-13h, 16h-19h, sam.-lun. et j. fériés 10h-13h. 3€ (visite de la cathédrale incluse).
☎ 956 25 98 12.

Cet ensemble de quatre édifices admirablement restaurés et arborant un **patio
mudéjar★** (16ᵉ s.) abrite le musée de la cathédrale, qui expose des objets, vêtements et divers documents liturgiques, dont une lettre signée de sainte Thérèse de
l'Enfant-Jésus. On remarquera plus particulièrement un ostensoir en argent doré
réalisé par Enrique Arfe, la **Custodia del Cogolloa**, et l'**ostensoir du Million**
(18ᵉ s.), comportant, dit-on, près d'un million de pierres précieuses.

Museo de Cádiz★

Tlj sf lun. 9h-20h, mar. 14h30-20h, dim. 9h30-14h30. Fermé j. fériés. 1,50€, gratuit pour les ressortissants de l'UE. ☎ 956 21 22 81.

Installé dans un petit palais néoclassique du milieu du 19ᵉ s., à la façade sobre, le musée de Cadix recèle une collection archéologique organisée selon des critères didactiques très précis ; on retiendra surtout la partie consacrée au monde phénicien : les pièces les plus remarquables sont deux superbes **sarcophages anthropomorphes★★** de marbre blanc (5ᵉ s. avant J.-C.), qui imitent des modèles égyptiens et furent très certainement l'œuvre d'artisans grecs. Le réalisme des visages et des mains était la meilleure façon d'immortaliser le défunt. Dans la section des Beaux-Arts, ne pas manquer de voir les neuf saisissants **tableaux sur bois★** de Zurbarán (peints entre 1638 et 1639 pour la cha-

pelle du Sacré-Cœur de la chartreuse de Jerez), qui révèlent la parfaite maîtrise du peintre dans les jeux d'ombre et de lumière.

Parque Genovés★

Désigné autrefois sous le nom de paseo del Perejil, le parc est, de nos jours, le poumon de la ville, un endroit calme, propice à d'agréables promenades. En face, l'ancienne caserne de Charles III est maintenant le siège de l'université.

Castillo de Santa Catalina

Tlj sf dim. 10h-19h, sam. 10h-14h. Fermé j. fériés. Gratuit. ☎ 956 22 63 33.

Situé à l'autre bout de la plage de la Caleta, ce bastion militaire à plan en étoile fut érigé par Cristóbal de Rojas en 1598, à la suite du pillage par les troupes du comte d'Essex. Il est actuellement en cours de restauration.

> **UN CONSEIL…**
> L'été est la saison du maquereau. Dans le quartier de la Viña, de nombreux vendeurs à la sauvette proposent ce délicieux poisson. L'endroit idéal pour le déguster est le bar de la **plaza del Tío de la Tiza**.

Playa de la Caleta

Ancien port naturel de la ville, c'est aujourd'hui la plage du quartier ancien. À l'une de ses extrémités, sur une petite île reliée au littoral par un bras de terre, se trouve le **château de San Sebastián** (18ᵉ s.), toujours à usage militaire. D'après la légende, ce site aurait accueilli le temple de Cronos. Au beau milieu de la plage fut construit le **Balneario de la Palma**, établissement de bains récemment restauré.

Barrio de la Viña

Ce quartier populaire traditionnel est l'un des plus typiques de la ville. À l'origine, c'était un modeste quartier, loin du port et des commerces, et souvent frappé par les intempéries. De nos jours, il est connu pour accueillir tous les ans, au mois de février, le **carnaval de Cadix★★**, sans nul doute l'un des plus colorés et animés de la péninsule. Autour de l'église de la Palma abondent les bars à tapas, où vous pourrez déguster de délicieux poissons.

La Palma – L'église baroque de plan circulaire a été édifiée au début du 18ᵉ s.).

Baluarte de la Candelaria

Élevé au 17ᵉ s., ce bastion faisait partie de l'enceinte qui fermait trois des côtés de la ville. À l'époque, il servait de plateforme pour les canons. Les importantes modifications effectuées au 19ᵉ s., conférèrent à sa façade intérieure son actuelle apparence néoclassique.

Clocher-mur de l'église du Carmen.

B. Kaufmann/MICHELIN

Carmen

Église la plus américaine de Cadix, elle illustre parfaitement les influences réciproques de la métropole et des colonies. Érigée au milieu du 18ᵉ s., elle se distingue surtout par sa **façade baroque**★. Le sobre portail de marbre est encadré par deux clochers-murs richement ornés de volutes et de colonnes diminuées.

alentours

San Fernando

9 km au Sud-Est par la N IV. Telles deux sœurs siamoises, San Fernando et Cadix sont étroitement liées. D'origine mythique, San Fernando a commencé à prendre de l'essor au 18ᵉ s., en devenant une importante place militaire et commerciale, parallèlement à Cadix, sa voisine, qui connaissait alors sa plus forte période d'expansion. En 1766, Charles III y déplaça le ministère de la Marine, ce qui explique le lien indéfectible unissant la ville à l'armée et la marine. Entre 1810 et 1811, elle reçut les députés espagnols, qui promulguèrent la première Constitution, et Ferdinand VII, en hommage à sa lutte contre la France, lui conféra le statut de ville et son nom de **San Fernando**.

La ville s'organise autour de la calle Real, où se trouve l'hôtel de ville, **l'église du Carmel** et le **musée municipal d'Histoire**. *Été : tlj sf w.-end 10h-14h ; le reste de l'année : tlj sf w.-end 10h-14h, 18h-21h. Fermé j. fériés. Gratuit.* ☎ *956 94 42 54.*

Tout près, la place de l'église accueille l'**église Majeure**, bâtiment néoclassique dédié aux saints Pierre et Paul, et le théâtre des Cortes, où se réunirent les députés en 1811.

Le principal bâtiment civil de San Fernando est l'**observatoire astronomique de la Marine**, édifice néoclassique fondé par Jorge Juan en 1753, et précédant la construction de l'observatoire de Madrid. *Visite guidée (1h) tlj sf w.-end 10h-14h. Fermé j. fériés. Gratuit.* ☎ *956 59 93 67.*

En quittant San Fernando, le **pont de Suazo**, d'origine romaine, était encore récemment la seule voie de communication entre la ville et la péninsule.

Chiclana de la Frontera

25 km au Sud-Est par la N IV. Entourée de marais salants et de champs, la localité n'en demeure pas moins l'une des stations balnéaires les plus importantes de la province. À 7 km à peine, la **plage de la Barrosa**★★, l'une des plus belles du littoral andalou, offre 8 km de sable fin. Elle propose nombre d'activités de loisirs, ainsi qu'un grand choix d'hôtels (**Sancti Petri** et **Novo Sancti Petri**). À Chiclana, ne manquez pas de voir sur la Plaza Mayor l'imposante église néoclassique **St-Jean-Baptiste**, de Torcuato Cayón.

Carmona★★

Carmona est l'une des plus vieilles villes d'Andalousie : fondée par les Carthaginois, elle se développa considérablement sous l'occupation romaine, devenant un important municipe. La ville conserva son influence tant à l'époque arabe qu'après la Reconquête. Son riche passé se concentre dans la vieille ville, quartier monumental où le visiteur découvrira des palais élégants, des maisons nobles et de majestueux édifices religieux.

La situation

25 326 habitants. Carte Michelin nᵒ 578 T 13 – Andalousie (Séville).
Juchée au bord d'un plateau de la campagne sévillane, dominant l'immense plaine fertile qu'arrose le río Corbones, Carmona est à 40 km à l'Est de Séville par la N IV-E 5.
🛈 *Plaza de las Descalzas, 41410 Carmona,* ☎ *954 14 22 00 ; Arco de la Puerta de Sevilla, 41410 Carmona,* ☎ *954 19 09 55.*
Vous pouvez poursuivre votre voyage en visitant : ÉCIJA (53 km à l'Est par la N IV-E 5), MARCHENA (27 km au Sud-Est par la A 380), OSUNA et ESTEPA (au Sud-Est).

se promener

VIEILLE VILLE★

Une demi-journée – Voir itinéraire de visite sur le schéma.
Laisser la voiture dans la partie basse de la ville près de la porte de Séville.

Remparts

On accède à la vieille ville par la **porte de Séville**★, au double arc en fer à cheval, l'un des rares vestiges de l'ancienne forteresse de la ville basse. Des restes des imposantes murailles élevées par les Carthaginois puis renforcées par les Romains parsèment la vieille ville. L'un des éléments les plus spectaculaires en est la **porte de Cordoue**★, où vous remarquerez les deux grosses tours octogonales d'origine romaine et la porte ajoutée au 17ᵉ s.

carnet pratique

RESTAURATION-TAPAS

• À bon compte

La Almazara – *Santa Ana, 33 - ☎ 954 19 00 76 - 18,03€*. Le bar est installé dans un ancien moulin à huile. Décor accueillant, plafond voûté en bois. Spécialités : épinards, perdrix et cochon de lait.

HÉBERGEMENT

• À bon compte

Pensión Comercio – *Torre del Oro, 56 - ☎ 954 14 00 18 - 14 ch. : 48,08€ (TVA incluse)*. La même famille gère cet établissement depuis quatre générations. L'hôtel occupe une maison du 16e s. agrémentée d'un beau patio. Chambres simples et correctes.

Parador de Carmona.

Paradores

• Valeur sûre

Parador de Turismo de Carmona – *Dans l'alcázar - ☎ 954 14 10 10 - 63 ch. : 93/116,24€*. Magnifique hôtel, cette ancienne résidence des Rois catholiques dispense une vue panoramique sur la plaine du Corbones. Le restaurant est l'un des plus beaux de la chaîne de *paradors*. Spécialités : épinards de Carmona et perdrix.

• Une petite folie !

Casa de Carmona – *Plaza de Lasso, 1 - ☎ 454 19 10 00 - 31 ch., 1 suite : 270/300€*. Dans le cœur historique de la ville, délicieux palais du 16e s. qui appartint à un gouverneur du Chili. Grands salons aristocratiques, patio, fontaine et jardin arabe.

SPÉCIALITÉS

Les pâtisseries des couvents – Impossible de quitter Carmona sans avoir acheté ses célèbres pâtisseries élaborées dans les nombreux couvents de la ville. Les biscuits marocains, les couronnes imbibées de sirop, les galettes et les petits pains à l'huile sont délicieux.

FÊTES

Le **carnaval** est connu dans toute la province pour son caractère burlesque, et la **Semaine sainte** est une bonne occasion d'apprécier la beauté des processions qui arpentent les ruelles silencieuses de la vieille ville.

San Pedro★

Lun. et jeu.- ven. 11h-14h, 16h-18h, w.-end 11h-14h. 1,20€. ☎ 954 14 12 70.

Sur l'élégant paseo del Estatuto, l'église St-Pierre (15e s.), remaniée à l'époque baroque, est ornée d'un beau **clocher★** appelé la « Giraldilla » en raison de sa ressemblance avec la Giralda de Séville. À l'intérieur, notez les remarquables décors de la somptueuse **chapelle du Sacré-Cœur** et les **fonts baptismaux** en céramique verte (16e s.).

La porte de Séville.

B. Kaufmann/MICHELIN

Convento de la Concepción

Le **cloître** et l'église mudéjare sont ses éléments les plus remarquables.
Franchir la porte de Séville.

San Bartolomé

D'origine gothique, l'église St-Barthélemy fut reconstruite aux 17ᵉ et 18ᵉ s. selon un plan basilical. Elle est ornée d'une gracieuse tour néoclassique. Intéressante chapelle tapissée d'azulejos Renaissance *(à gauche du maître-autel).*

San Felipe★

L'église St-Philippe est une belle illustration de l'architecture mudéjare (14ᵉ s.) avec son élégante tour, son plafond *artesonado* orné des armes des Hurtado de Mendoza et sa *capilla mayor* couverte d'azulejos colorés du 16ᵉ s.

Plaza Mayor ou de San Fernando

Paisible place bordée d'élégantes demeures mudéjares et Renaissance.

Hôtel de ville

8h-15h. ☎ *954 14 00 11.*
Cet intéressant bâtiment baroque au cœur de la vieille ville conserve dans son patio une élégante **mosaïque** romaine.

El Salvador

Tlj sf mer. et jeu. 10h-14h, 16h30-18h30. Fermé 1ᵉʳ janv. et 25 déc. 1,20€.
La belle place Cristo Rey accueille cette grande église baroque, au plan en croix latine, élevée entre les 17ᵉ et 19ᵉ s. sur les vestiges d'une église de la Compagnie de Jésus. Notez le splendide **retable** churrigueresque et l'intéressante collection de tableaux, retables et pièces d'orfèvrerie religieuse des 17ᵉ et 18ᵉ s.

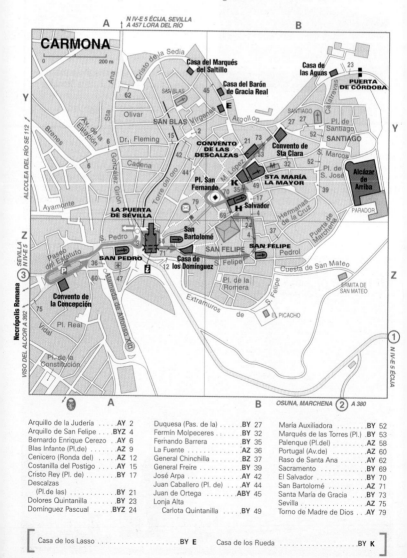

Santa María la Mayor★

Été : 10h-14h, 18h-19h30 ; le reste de l'année : 9h-14h, 17h-19h. Fermé sam. ap.-midi, dim. et août. 2,40€. ☎ 954 14 13 30.

Cette grande église gothique (15ᵉ s.) remaniée dans les styles Renaissance et baroque s'élève dans la vivante calle San Ildefonso sur l'emplacement d'une ancienne mosquée dont subsistent une cour intérieure, le patio des Orangers, et quelques arcs outrepassés d'une grande beauté. À remarquer également le **calendrier wisigothique** (6ᵉ s.) sur le fût d'une colonne.

L'intérieur, à trois vaisseaux, est dominé par un monumental **retable plateresque**★ illustrant des scènes de la Passion sculptées avec la plus grande délicatesse. Les chapelles latérales, comme celle du Christ des Martyrs, conservent des retables d'une rare beauté derrière les **grilles plateresques** (16ᵉ s.) minutieusement ouvragées. La sacristie abrite une collection de pièces d'orfèvrerie de valeur, dont une custode processionnelle d'époque Renaissance, œuvre d'Alfaro.

Convento de las Descalzas★

Magnifique exemple du baroque sévillan (18ᵉ s.), au plan en croix latine, doté d'une tour à deux clochers et orné d'azulejos.

Santa Clara

Sur demande. ☎ 954 14 21 02.

Fondé au milieu du 15ᵉ s., le monastère conserve deux agréables cloîtres et une belle église mudéjare qui expose plusieurs peintures de Valdés Leal ainsi qu'une belle collection de portraits de femmes où se lit l'influence de Zurbarán.

> ### MAISONS NOBLES
>
> Nombre de demeures des 17ᵉ et 18ᵉ s. bordent les places de la ville. Il convient de citer la maison des **Rueda**, celles des **Domínguez**, des **barons de Gracia Real**, des **marquis del Saltillo**, des **Lasso** et la **maison des Eaux**. Ces élégantes constructions, qui habillent Carmona de raffinement et de noblesse, contrastent avec les bâtiments vétustes situés au cœur du vieux quartier.

visiter

Alcázar de Arriba

Cette ancienne forteresse romaine offre de fantastiques **vues**★ sur les environs de Carmona. Agrandie par les Almoravides, elle devint, plus tard, le palais de Pierre Iᵉʳ. Du bâtiment primitif, il ne reste aujourd'hui que quelques pans de mur, des tours et le corps de casernement, occupé par le **parador**.

Nécropole romaine★

Accès signalé par la route de Séville, au bout de la calle Jorge Bonsor. De mi-juin à mi-sept. : tlj sf dim. et lun. 8h30-14h, sam. 10h-14h ; le reste de l'année : tlj sf lun. 9h-17h, w.-end 10h-14h. Fermé j. fériés. 1,50€, (gratuit pour les ressortissants des pays de l'UE). ☎ 954 14 08 11.

Ce remarquable site archéologique (1ᵉʳ s.) est l'un des plus importants d'Andalousie. Plus de cent tombes, des mausolées et des fours crématoires occupent pour la plupart des chambres funéraires voûtées, où des niches recevaient les urnes cinéraires. La plus surprenante est la **tombe de l'Éléphant**, qui doit son nom à une statue que l'on y trouva et qui comprend trois salles à manger et une cuisine ; la **tombe de Servilia**, creusée dans la roche, est aussi vaste qu'une demeure patricienne ; notez aussi le colombarium et un vaste mausolée circulaire. Dans les limites de la nécropole se trouvent les restes d'un amphithéâtre et un petit musée exposant une intéressante collection de vestiges mis au jour sur place.

alentours

Viso del Alcor

12 km au Sud-Ouest par la A 392. Localité d'origine celte, Viso se situe sur la partie la plus élevée d'une ligne de coteaux *(alcores)*. Son monument principal est l'**église Ste-Marie-du-Coteau**, excellent témoignage d'art mudéjar tardif, dont les trois vaisseaux sont couverts de voûtes en croisée d'ogives et le *presbiterio* surmonté d'une sobre coupole Renaissance. Elle conserve la statue de la Vierge du Coteau et une intéressante collection de tableaux de l'école vénitienne du 17ᵉ s. L'**église de la Merci** (15ᵉ s.), autre partie du patrimoine artistique local, recèle une singulière collection de retables peints et sculptés des 17ᵉ et 18ᵉ s.

Mairena del Alcor

16 km au Sud-Ouest par la A 392. Cette paisible localité aux rues silencieuses bordées de maisons blanches s'étire dans une petite plaine, à l'ombre de quelques grosses tours, seuls vestiges du château musulman. Son principal attrait, l'**église de l'Assomption**, de style mudéjar mais excessivement remaniée, abrite un beau **retable** (17ᵉ-18ᵉ s.) et plusieurs peintures baroques exposées dans la sacristie.

Alcolea del Río

17 km au Nord par la SE 112, puis la SE 129 à partir de Guadajoz. Située sur les rives du Guadalquivir, entre la sierra Morena et la plaine de Séville, Alcolea possède deux moulins, celui de la Aceña et celui de la Peña de la Sal, qui témoignent du rôle du fleuve dans le développement du village. Deux églises s'y dressent, celle du Christ, baroque (18ᵉ s.), et celle de **St-Jean-Baptiste**, bel exemple d'architecture mudéjare (15ᵉ s.), qui accueille la statue de la Vierge de la Consolation, patronne du village.

Cazorla★

Bénéficiant d'un site exceptionnel dans le noyau vert du **Parc naturel des Sierras de Cazorla, Segura et Las Villas★★★** *(voir chapitre suivant)*, l'ancienne Carcesa romaine, peuplée plus tard par les Arabes, semble pointer son nez entre les profils escarpés du rocher des Halcones. Ses rues bordées de maisons blanches aux balcons abondamment fleuris constituent un cadre parfait pour flâner tranquillement en s'arrêtant dans les boutiques artisanales ou sur une des belles places de la ville. Les soirs d'été, Cazorla est une ville très animée, les terrasses et les bars à tapas ne désemplissent pas.

La situation

8 527 habitants. Carte Michelin nº 578 S 20. Schéma : Parque Natural de las Sierras de CAZORLA, SEGURA Y LAS VILLAS – Andalousie (Jaén). Perché au sommet du rocher des Halcones, Cazorla se trouve dans la sierra de Cazorla.
🛈 *Calle Juan Domingo, 2, 23470 Cazorla, ☏ 953 72 01 15.*
Vous pouvez poursuivre votre voyage en visitant : le Parc naturel des SIERRAS DE CAZORLA, SEGURA et LAS VILLAS (voir circuits), ÚBEDA (46 km au Nord-Ouest) et BAEZA (55 km au Nord-Ouest).

carnet pratique

RESTAURATION

• Valeur sûre

La Sarga – *Plaza del Mercado* - ☏ *953 72 15 07 - 25/30€ - fermé mar., sept.* Au centre du village avec vue sur la montagne, ce restaurant soigné et accueillant vous propose une cuisine régionale élaborée avec de bons produits. Service aimable.

TAPAS

La Montería – *Corredera, 20* - ☏ *953 72 05 42.* D'énormes têtes de gibier naturalisées décorent ce bar très fréquenté à toute heure. Spécialités : jambon, fromage et viande de cerf.

HÉBERGEMENT

• À bon compte

Guadalquivir – *Calle Nueva, 6* - ☏ *953 72 06 96 - 11 ch. : 27,04/36,06€.* Petit hôtel très banal situé dans le centre-ville. Chambres fonctionnelles avec salle de bains, téléphone et poste de télévision.

Molino La Fárraga – *À 150 m des ruines de Santa María, au bout de la calle de la Torre camino del Ángel* - ☏ *953 72 12 49 - 8 ch. : 30,05/54,66€* 🍴 *(TVA incluse).* Un jardin traversé par un ruisseau, une piscine avec vue sur le château et la montagne plantent le décor de cet hôtel rustique, installé dans un moulin à huile du 18e s.

• Valeur sûre

Villa Turística de Cazorla – *Ladera de San Isicio* - ☏ *953 71 01 00 - 32 appt : 50,49/68,52€.* En face de Cazorla. Appartements équipés d'une cuisine, d'une salle de bains, d'un salon et d'une chambre à coucher. Restaurant, piscine et jardin avec arbres fruitiers, noyers et grenadiers.

FÊTES

La fête patronale de Saint Isicio a lieu le **14 mai**. À la tombée de la nuit, les typiques *caracoladas* illuminent les façades des maisons. Les habitants utilisent des coquilles d'escargots pleines d'huile pour dessiner des formes géométriques lumineuses, ou celles de clovisses, collées sur les murs avec de l'argile.

visiter

Castillo de la Yedra

Accès en voiture par la rue escarpée qui longe le río Cerezuelo. Tlj sf lun. 9h-20h, mar. 15h-20h, dim. et j. fériés 9h-15h. Gratuit.
Cette ancienne forteresse d'origine romaine se dresse sur le point culminant de Cazorla. Elle a été restaurée par les Arabes dans un premier temps puis au 14e s. Le donjon offre de belles **vues** sur la ville et les alentours. Une chapelle abrite un Christ roman grandeur nature d'inspiration byzantine, qui est entouré de douze peintures des apôtres.

Plaza de Santa María

Au centre de cette place agréable, noyau du quartier ancien, s'élève la monumentale **fontaine des Chaînes** de style Renaissance. Les ruines de l'église Ste-Marie, une réalisation de Vandelvira aujourd'hui utilisée comme auditorium, bordent un côté de la place.

Ayuntamiento

L'hôtel de ville occupe l'ancien couvent de la Merci, royal bâtiment de brique doté d'une grande arcade à sa base et d'une tour élancée.

San Francisco

L'**église St-François** faisait partie d'un couvent franciscain (17e s.). Elle recèle la statue du Saint Christ de la Consolation, très vénérée par le village.

Parque Natural de las Sierras de
Cazorla, Segura y Las Villas★★★

Parc naturel des Sierras de Cazorla, Segura et las Villas

Ce parc magnifique est situé sur un territoire accidenté d'une incroyable beauté, où les montagnes, coupées de profonds ravins, sont parcourues par un réseau complexe de fleuves et de ruisseaux, dont le Guadalquivir est issu. L'hydrographie particulière du parc et son altitude expliquent la cohabitation d'une végétation montagneuse exubérante et d'une végétation méditerranéenne. Il est aussi jalonné par une multitude de petits villages typiques, localités montagnardes qui renferment des splendeurs de l'art local. Une sensation étrange envahit le touriste qui arpente ces rochers escarpés. Il se retrouve dans un lieu désert, où le silence n'est rompu que par le murmure des ruisseaux et les cris éloignés de quelques animaux, tandis que la lumière sombre de la sierra Morena baigne la végétation dense des versants.

La situation

Carte Michelin n° 578 S 20-21-22 R 20-21-22 Q 21-22 – Andalousie (Jaén).
Créé en 1986, le plus grand parc naturel d'Espagne s'étend sur 214 300 ha à une altitude variant de 600 à 2 017 m entre les sierras de Cazorla, Segura et Las Villas, importante chaîne reliant la Sierra Morena et la cordillère Bétique et fermant à l'Est la dépression du Guadalquivir.
🛈 *Carretera del Tranco (km 48,3), 23379 Torre del Vinagre,* ☎ *953 71 30 40 ; Juan Domingo, 2, 23470 Cazorla,* ☎ *953 72 01 15.*
Vous pouvez poursuivre votre voyage en visitant : ÚBEDA (46 km au Nord-Ouest du village de Cazorla) et BAEZA (55 km au Nord-Ouest).

circuits

Voir l'itinéraire conseillé sur le schéma.

SIERRAS DE CAZORLA, LAS VILLAS ET EL POZO

92 km – une journée.
Ces itinéraires concilient l'intérêt artistique de localités de la sierra de Cazorla, comme Cazorla ou Quesada, et l'observation des sites naturels des contreforts de la sierra Morena.

De Cazorla à Tíscar ①

Cazorla★ *(voir ce nom)*
Prendre la A 319 vers l'Ouest et, à un carrefour, tourner à gauche sur la A 315 vers Quesada.

ET LA FLORE ET LA FAUNE...

L'hydrographie particulière du Parc a favorisé l'abondance de la végétation. Une des plantes les plus remarquables est la violette de Cazorla, espèce endémique qui pousse dans les forêts de pins laricio, de chênes verts, de noisetiers, de chênes pubescents et de houx. Le parc recense également de nombreuses espèces animales, comme le sanglier, le cerf, le chamois, le daim – chasse autorisée à certaines périodes de l'année sur le territoire national de chasse de Cazorla –, des prédateurs comme la genette, la fouine, le chat sauvage ou le renard, des espèces aquatiques comme la loutre, ainsi que de nombreuses truites, barbeaux et crabes. Beaucoup d'oiseaux survolent le parc, essentiellement diverses espèces de rapaces (aigle royal, faucon, milan, vautour barbu, etc.).

carnet pratique

VISITE

Plusieurs routes conduisent à ce Parc immense. Il est conseillé de se diriger immédiatement vers l'un des **points d'information** afin de prévoir un itinéraire permettant d'admirer l'extraordinaire beauté des paysages. Le point d'information situé dans la Torre del Vinagre est le plus réputé bien qu'il en existe d'autres (**Cazorla**, Segura de la Sierra, Siles). Des routes locales, de nombreux chemins forestiers, des sentiers balisés ainsi que des pistes cyclables et équestres parcourent le parc naturel.
Les itinéraires décrits sont proposés à titre indicatif. Il existe une multitude de chemins d'accès au parc, et chacun peut définir son propre parcours en fonction de ses centres d'intérêt.

HÉBERGEMENT

• À bon compte

Sierra de Cazorla – *À la sortie de La Iruela en direction du Parc naturel -* ☎ *953 72 00 15 - 57 ch., 2 suites : 45/61,10€.* Les magnifiques vues sur la sierra et la piscine en plein air compensent l'allure moderne du bâtiment peu soigné et les chambres désuètes.

• Valeur sûre

Parador de Cazorla (El Adelantado) – *Sierra de Cazorla - 26 km à l'E de Cazorla -* ☎ *953 72 70 75 - 33 ch. : 75,39/94,24€.* Le magnifique *parador* se trouve dans le parc *(garde-barrière 23 km plus bas)* près d'un ancien relais de chasse. Idéal pour les amateurs de nature.

Quesada

Les maisons chaulées de ce village perché sur la colline de la Magdalena dessinent une tache blanche au milieu d'une oliveraie sombre. Le **musée**, qui porte le nom du peintre Rafael Zabaleta (1907-1960) né à Quesada, expose de nombreuses œuvres de l'artiste qui a merveilleusement bien restitué la belle luminosité du village et l'amabilité de ses habitants. *11h-14h, 17h-19h.* ☎ *953 73 38 24.*

C'est aussi sur le territoire communal que se trouve la **source du Guadalquivir**, à la **Cañada de las Fuentes**, à 1 400 m d'altitude *(accès par un chemin à droite de la A 315, au Nord de Quesada).*

À deux pas de la ville, à Cerro Vitar et dans la grotte de l'Encajero, on peut voir de belles peintures rupestres de l'époque paléolithique.

Tíscar★

20 km au Sud-Est de Quesada par la C 323. Le **sanctuaire de Tíscar** se trouve dans un site magnifique, encaissé entre des rochers où le murmure de l'eau se mêle aux chants lointains des oiseaux habitant les grottes. *Réservé au culte. Juin-sept. : 11h-13h, 17h-19h ; oct.-mai : 11h30-13h, 16h30-18h.*

La belle **grotte de l'Eau★**, cavité naturelle où une source spectaculaire jaillit des rochers, se situe en aval du centre de pèlerinage qui abrite l'image de la Vierge.

De Cazorla au barrage du Tranco de Beas ②

Quitter Cazorla au Nord-Est par la A 319, parcourir 1,5 km et bifurquer à droite vers La Iruela.

La Iruela

Sur un piton rocheux dominant ce petit village fondé par les Carthaginois au 3ᵉ s. avant J.-C. se dressent les vestiges d'un château de Templiers qui offre des **vues★★** fantastiques sur la vallée du Guadalquivir. L'église St-Dominique, édifice de style Renaissance conçu par Vandelvira, s'élève au milieu du village.

De La Iruela au barrage du Tranco★

Sur ses dix-sept premiers kilomètres, la A 319 serpente en corniche, dispensant de **spectaculaires vues panoramiques★★**. Un embranchement escarpé et sinueux *(8 km)* mène parmi les pinèdes au parador d'**El Adelantado**, rendez-vous des chasseurs.

Revenir à la A 319 qui longe le fleuve.

Torre del Vinagre – Ce **centre d'accueil** (Centro de Interpretación), d'où plusieurs sentiers s'enfoncent dans le parc, comprend un jardin botanique recensant toutes les espèces autochtones et un musée de la Chasse. Outre les précieux trophées qu'il expose (on y voit notamment les bois enchevêtrés de deux cerfs morts en luttant, comme le prouve la photographie prise lors de la découverte), il retrace l'histoire de cette activité. *Été : tlj sf w.-end et lun. 11h-14h, 16h-18h ; le reste de l'année : tlj sf w.-end et lun. 11h-14h, 17h-20h. Gratuit.* ☎ *953 71 30 40/953 72 01 15.*

Poursuivre sur la A 319 *(environ 15 km)* jusqu'au **parc cynégétique de Collado del Almendral**. Il est équipé de belvédères où l'on peut observer au petit matin avec des jumelles plusieurs espèces d'animaux (cerfs, chamois, daims, etc.). *Renseignements,* ☎ *953 71 01 25 (Office de tourisme).*

Le château de La Iruela et la Sierra de Cazorla.

B. Kaufmann/MICHELIN

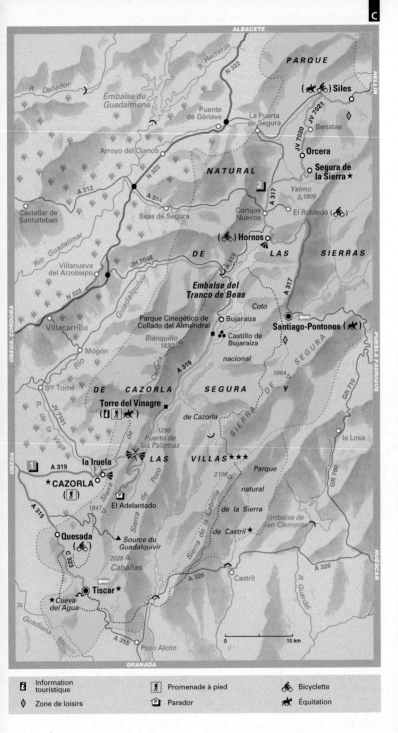

	Information touristique		Promenade à pied		Bicyclette
	Zone de loisirs		Parador		Équitation

Barrage du Tranco de Beas – C'est le premier plan d'eau du Guadalquivir depuis sa source. Plusieurs terrains de camping et de nombreux hôtels installés autour du lac proposent des activités aquatiques. Le lac est l'un des sites touristiques les plus fréquentés du parc. Au milieu du plan d'eau, face au fantastique **belvédère Rodríguez de la Fuente**, se trouvent l'île de Cabeza la Viña et l'**île de Bujaraiza** où se dressent les ruines d'un ancien château arabe.

FÉLIX RODRÍGUEZ DE LA FUENTE

Le nom de ce naturaliste et présentateur de télévision est associé pour toujours au Parc naturel de Cazorla. De nombreux documentaires de la série « L'Homme et la Terre », qui éveilla un sentiment d'amour et de respect de la nature chez plusieurs générations d'Espagnols, furent tournés dans le parc.

SIERRA DE SEGURA

De Santiago-Pontones à Siles ③

79,5 km – une demi-journée.

Cet itinéraire traverse un ensemble de villages blancs, situés autour de Segura de la Sierra, où l'empreinte laissée par la culture arabe est encore apparente.

Santiago-Pontones

Cette commune, qui regroupe un ensemble de bourgades disséminées dans la montagne, compte de nombreux sites archéologiques, tels ceux de la **grotte du Nacimiento** de 9 000 ans et les peintures rupestres des **grottes de Engalbo.**

Hornos

27 km au Nord-Ouest de Pontones par la A 317. Le dédale de rues très escarpées de ce village-forteresse s'intègre parfaitement dans le tracé des murailles. Au sommet d'une falaise rocheuse s'élèvent les vestiges du château, qui offre des **vues**★ extra-ordinaires sur le barrage du Tranco et la vallée du Guadalquivir. Le premier samedi du mois, un pittoresque souk de produits artisanaux confectionnés dans la sierra s'installe à Hornos.

Prendre la A 317 vers le Nord et tourner à droite à un carrefour (signalisation).

Segura de la Sierra★

24 km au Nord-Est de Hornos. Cette charmante petite ville située à 1 240 m d'altitude au sommet d'une colline est protégée par son **château arabe**. Cette forteresse conserve la place d'armes, la chapelle Ste-Anne, et surtout le donjon, où de spectaculaires **vues panoramiques**★★ embrassent la sierra de Segura.

Les ruelles silencieuses du centre-ville sont bordées de maisons basses et de bâtiments monumentaux, dont l'**hôtel de ville** et son beau portail plateresque et l'**église paroissiale**, qui renferme une belle Vierge gothique d'albâtre polychrome et un Christ gisant attribué à Gregorio Hernández. Il convient de citer la surprenante forme carrée des arènes, la fontaine impériale, ornée du blason de Charles Quint, et surtout les **bains arabes**, à trois vaisseaux longitudinaux divisés par de doubles arcs en fer à cheval et couverts d'une voûte en plein cintre et d'ouvertures en étoiles.

Orcera

7,5 km au Nord-Ouest de Segura par la JV 7020. La place pentagonale de l'hôtel de ville reçoit l'église N.-D.-de-l'Assomption, au portail dépouillé de style Renaissance, et une fontaine du 16ᵉ s. À l'écart de la localité s'élèvent les trois tours massives de Santa Catalina, seuls vestiges de la forteresse arabe.

Emprunter la JV 7020, puis la JV 7021 après Benatae.

Siles

21 km au Nord-Est d'Orcera. Il subsiste quelques pans de l'ancienne muraille. À proximité se trouve le site naturel de Las Acebeas, charmant espace paysager proche de la source du ruisseau de Los Molinos.

Córdoba★★★

Cordoue

Qui n'a jamais entendu parler de la mosquée de Cordoue ou n'a jamais vu au moins une fois en photo l'éblouissante forêt de ses colonnes ? Gardons-nous cependant de n'évoquer que la mosquée, son joyau le plus précieux, qui domine le centre historique, et sachons découvrir le charme de cette ville emblématique, de cet extraordinaire carrefour de cultures. Partout transparaît la splendeur de son passé tour à tour romain, arabe, juif et chrétien. Et l'ancienne capitale califale garde tout l'ensorcellement et la beauté qui ont inspiré tant d'artistes tout au long de son histoire. Cordoue incite les visiteurs à se perdre dans ses étroites ruelles, à la parcourir lentement pour découvrir des patios fascinants et charmants, une grille en fer forgé, un balcon fleuri, un petit autel éclairé par une lanterne...

La situation

310 388 habitants. Carte Michelin n° 578 S 15 – Andalousie (Cordoue). Cordoue s'élève au centre de la province qui porte son nom, sur la rive droite du Guadalquivir, au contact de la **Campiña** au Sud, plaine couverte de blé et d'oliviers, et des plateaux de la sierra de Córdoba, au Nord, de tous temps voués à l'élevage. Elle est à proximité de l'autoroute N IV-E V qui la relie à Écija (52 km au Sud-Ouest) et à Séville (143 km au Sud-Ouest), tandis que 164 km la séparent de Grenade (au Sud-Est) par la N 432. **🛈** *Calle Torrijos, 10, 14003 Córdoba, ☎ 957 47 12 35 ; Plaza Judá Levi, 14003 Córdoba, ☎ 957 20 10 40.*
Vous pouvez poursuivre votre voyage en visitant : MONTORO (42 km au Nord-Est par la N IV-E 5), ANDÚJAR (76 km à l'Est par la N IV-E 5), MONTILLA et AGUILAR DE LA FRONTERA (au Sud), et ÉCIJA (au Sud-Ouest).

comprendre

EN MAI...

Cordoue se pare de ses plus beaux atours pour vivre avec intensité toutes les festivités qui jalonnent ce mois de mai plein d'animation.
Les dates sont données à titre indicatif. Consultez l'Office de tourisme pour obtenir des précisions d'une année sur l'autre.
Les Croix de Mai – Cette fête a lieu au tout début du mois. Un concours est organisé, qui consiste à réaliser de grandes croix en fleurs ; confréries, associations... y participent. Les Cordouans peuvent venir les admirer sur les places ou dans les recoins qu'elles décorent.
Concours de patios – Ce concours a lieu pendant la première quinzaine de mai et succède aux Croix de Mai. Qu'elle soit de quartier ou de maître, chaque maison – surtout dans la vieille ville et le quartier San Basilio – se doit de présenter un patio décoré et de participer à ce traditionnel concours. Ne manquez pas d'être à Cordoue à ce moment-là, vous profiterez d'un merveilleux spectacle fleuri tout en couleurs et en délicatesse.
Concours national de flamenco – Tous les trois ans *(prochain concours en 2003)*, chanteurs, danseurs et guitaristes se donnent rendez-vous pour ce prestigieux concours. À conseiller aux amateurs d'authentique flamenco.
La Feria – Elle a lieu fin mai. Dans des pavillons *(casetas)* qui appartiennent à des institutions publiques, à des entreprises, à des groupes d'amis ou à des confréries, on se retrouve avec un bon verre de xérès autour de tapas et on danse la sévillane jusqu'à l'aube. Divertissement assuré pour les amateurs de fêtes ! Et comme de coutume, les plus fameux toreros viendront participer aux corridas.

UN PASSÉ GLORIEUX

L'histoire riche et agitée de Cordoue connaît plusieurs périodes déterminantes. Sous la domination romaine, elle est la capitale de la Bétique et l'une des plus importantes cités de la péninsule Ibérique. Après la conquête arabe, Cordoue devient une ville raffinée et la plus cosmopolite de l'Occident. Enfin, la période de la Reconquête introduit de nombreux changements tant dans la vie quotidienne que dans l'architecture.
La ville romaine – En 152 avant J.-C., Cordoue devient une colonie romaine et demeure la capitale de la Bétique presque jusqu'à la fin de l'Empire. La construction de la Via Augusta marque le début de son essor et on assiste à l'érection des premières fortifications. À cette époque, on peut déjà parler de dynamisme culturel et c'est ainsi qu'apparaissent d'illustres personnages tels **Sénèque le Rhéteur** (55 avant J.-C.-39 de notre ère), son fils le philosophe stoïcien précepteur de Néron, **Sénèque** (4 avant J.-C.-65 de notre ère), ou le poète **Lucain**, neveu de Sénèque le Philosophe et compagnon d'études de Néron, auteur du poème épique contant les

guerres de César et de Pompée, *La Pharsale*. À l'époque chrétienne, Cordoue est encore le berceau d'une grande personnalité de l'époque, l'**évêque Ossius** (257-359), conseiller de l'empereur Constantin et ennemi juré de l'arianisme lors du concile de Nicée qu'il présidait lui-même.

Cordoue à l'époque arabe – Véritable creuset de cultures, Cordoue va devenir à cette époque l'une des villes phares de tout l'Occident. Après sa conquête en 711, les émirs vont y résider jusqu'en 719. En 755, Abd er-Rahman Ier, seul survivant omeyyade du massacre ordonné par les Abbassides, crée un **émirat indépendant**, qui ne reconnaît plus en Bagdad que sa suprématie religieuse. La situation se stabilise et une structure juridique est peu à peu mise en place. Au 9e s., sous le règne d'Abd er-Rahman II, les arts et les lettres fleurissent et le poète irakien Ziryab se rend célèbre à la Cour par son raffinement.

Le califat – En 929, Abd er-Rahman III proclame le califat de Cordoue dont il obtient l'indépendance totale. Le calife concentre tous les pouvoirs. Cordoue devient alors une ville administrative et centraliste. Le commerce, favorisé par un excellent réseau de voies, permet le développement de l'économie citadine ; l'industrie, l'agriculture et l'élevage connaissent également une grande impulsion. Le 10e s. marqué par la paix et la prospérité connaît un rayonnement culturel sans précédent. La tolérance qui y règne permet aux trois cultures – juive, chrétienne et musulmane – de cohabiter pacifiquement tout en s'enrichissant mutuellement. Cordoue devient la grande capitale de tout l'Occident, réunissant les pouvoirs politique, économique, culturel et artistique. La population dépasse les 250 000 habitants, certains chroniqueurs parlent même de chiffres frôlant le million. La ville

Les jardins de l'Alcázar.

compte environ trois mille mosquées, une multitude de souks et de bains ainsi qu'un réseau d'égouts très sophistiqué ; de plus, elle possède une célèbre université, de nombreuses bibliothèques – le calife Al-Hakam II réunit la plus grande bibliothèque de son temps – et de somptueuses constructions. Le luxe et le raffinement surprennent tous les voyageurs comme l'expriment les artistes de l'époque.

Un royaume de « taifa » – Le premier tiers du 11e s. est marqué par des luttes acharnées qui aboutissent à la dissolution du califat en 1031. Certaines villes puissantes déclarent leur indépendance, donnant naissance ainsi aux royaumes de taifas. Mais la tradition califale se poursuit et aucune rupture n'apparaît dans le domaine culturel ou artistique. Cordoue n'est qu'un royaume de taifa parmi les autres jusqu'à sa reconquête en 1236. De nombreuses personnalités illustrent cette période tant dans le domaine des sciences (astronomie, mathématiques, médecine...) que dans celui de la philosophie ; nous retiendrons surtout Averroès (1126-1198) et Maimonide (1135-1204), qui se distinguent dans cet étonnant olympe intellectuel. Les commentaires du musulman **Averroès** sur l'œuvre d'Aristote vont exercer une influence sans précédent sur le monde occidental du Moyen Âge. Quant au juif **Maimonide**, il doit sa célébrité à ses connaissances médicales et philosophiques. Son *Guide des égarés*, dans lequel il établit une conciliation entre la foi et la raison, influencera non seulement les juifs et les musulmans mais également toute la scolastique chrétienne, comme saint Thomas d'Aquin essentiellement.

La ville chrétienne – Le 29 juin 1236, **saint Ferdinand III** reprend Cordoue. L'arrivée des chrétiens transforme radicalement le paysage architectural de la ville et on construit quatorze églises dites « ferdinandines ».

Au 15e s., c'est à Cordoue que **Christophe Colomb** rencontre pour la première fois les Rois catholiques (1486), auxquels il soumet son projet de voyage aux Indes. Après des années difficiles, la Couronne décide de soutenir ce projet et les Capitulations de Santa Fe sont signées à Grenade : c'est le point de départ d'une aventure qui va changer le cours de l'histoire.

carnet pratique

TRANSPORTS

Aéroport – *Avenida Aeropuerto* -
☎ *957 21 41 00*. L'aéroport de Cordoue
n'est desservi que par des vols nationaux.
Pour les vols internationaux, le plus proche
est celui de Séville (☎ *954 44 90 00*), à
140 km. Cordoue et Séville sont très bien
reliées par train ou autobus.
Réservations nationales : ☎ *901 33 31 11*.
Réservations internationales : ☎ *901 33
32 22*.
Trains – *Plaza de las Tres Culturas* -
☎ *957 49 02 02*. Cordoue et Séville sont
reliées à Madrid par l'AVE (le TGV). On peut
ainsi se rendre en 2h à Madrid. Lignes
régulières vers toutes les villes de la province
ou de l'Espagne.
RENFE – *Ronda de los Tejadores, 10* -
☎ *902 24 02 02*.
Autobus urbains – *AUCORSA - Avenida
Libia, 61* - ☎ *957 76 46 76*. Cordoue
possède un vaste réseau qui dessert toute la
ville. Prix du billet : 0,80€ ; coupon de
10 billets : 5,40€ avec changements.
Abonnement mensuel : 32,50€.
Gare routière – *Glorieta de las Tres Culturas*
- ☎ *957 40 43 83*. C'est d'ici que partent
des autobus vers toutes les villes
d'Andalousie ou d'Espagne.
Taxis – ☎ *957 76 44 44*.
Calèches – Un service de calèches sillonne
toute la zone touristique de la ville. Stations
dans la calle Torrijos (près de la mosquée) et
au Campo Santo de los Mártires.

VISITE

Ne manquez pas :
– la mosquée illuminée de nuit ;
– la vue de la ville depuis la terrasse de la
tour de la Calahorra ;
– le minaret de la mosquée depuis la calleja
de las Flores.

RESTAURATION

• À bon compte

Taberna los Faroles – *Velázquez Bosco, 1* -
☎ *957 49 29 64 - 12/24€ - fermé dim.
soir, lun*. Cette taverne doit son nom aux
nombreuses lanternes qui illuminent la nuit
son joli patio. Dégustation de spécialités
régionales dans une ambiance fraîche
renforcée par les carreaux de faïence
(azulejos) qui recouvrent les murs.

• Valeur sûre

El Churrasco – *Romero, 16* - ☎ *957 29 08 19
-32,46/39,07€ - fermé août*. Restaurant
typique doté d'un patio très plaisant.
L'apéritif et autres consommations peuvent
être pris au bar. Spécialité de viandes à la
braise. Menu du jour *(21,05€)*.
La Almudaina – *Jardines Santos Mártires, 1*
- ☎ *957 47 43 42 - 32,10€ - fermé dim.
(de mi-juin à fin août) et dim. soir le reste de
l'année*. Élégant restaurant très agréable.
Ravissant patio couvert. On y sert à la fois
des plats andalous et une cuisine
internationale.
Bodegas Campos – *Lineros, 32 (près
de la plaza del Potro)* - ☎ *957 49 76 43 -
30,05/33,06€ - fermé dim. soir*.
Aménagé dans d'anciennes caves (1908),
le restaurant s'articule autour de divers
patios. À l'entrée *(à droite)*, taverne décorée
de photos de célébrités.

El Caballo Rojo – *Cardenal Herrera, 28* -
☎ *957 47 53 75 - 22/30,30€*. Toute
proche de la mosquée, cette véritable
institution est précédée d'un petit patio.
Décoration classique.

TAPAS

Cordoue fait honneur à la tradition
andalouse du *tapeo* et compte un très
grand nombre d'établissements proposant
les tapas les plus variées. Profitez-en pour
déguster les spécialités locales *(salmorejo* –
gazpacho épaissi de pain trempé –,
flamenquines, queue de taureau,
charcuteries) et les vins du pays *(finos,
amontillados, olorosos...)*.

DANS LA JUDERÍA

Casa Salinas – *Puerta de Almodóvar, 2* -
☎ *957 29 08 46 - fermé mer., août*. Bar
traditionnel tranquille avec comptoir, deux
salles et un petit patio. Ambiance conviviale.
Azulejos et photos de célébrités composent le
décor.
Taberna Guzmán – *Judíos, 9 (face à la
synagogue)* - ☎ *957 29 09 60 - fermé jeu*.
Taverne traditionnelle et pleine de charme,
décorée d'azulejos, de motifs
tauromachiques et de belles affiches de la
Feria.
La Bacalá – *Medina y Corella (près de la
mosquée)*. Bar déroulant sa terrasse sur une
agréable placette. La spécialité de la maison,
la morue, est servie sur fond de musique de
flamenco.
Pepe « de la Judería » – *Romero, 1 (entre
le Zoco et la mosquée)* - ☎ *957 20 07 44*.
Inauguré en 1928, il conserve le comptoir de
l'époque. Plusieurs salles où l'on peut
manger des tapas s'ouvrent sur le patio.
Restaurant à l'étage supérieur.

ZONE PLAZA DE LA CORREDERA – PLAZA DEL POTRO

Salinas – *Tundidores, 3 (près de la plaza de
la Corredera)* - ☎ *957 48 01 35 - fermé
dim., août*. Jolie taverne ancienne fondée en
1924. Patio couvert entouré de plusieurs
salles. Spécialités : sauté de gambas et de
jambon, aubergines frites et queue de
taureau.
Sociedad de Plateros – *San Francisco,
6 (près de la plaza del Potro)* - ☎ *957 47
00 42 - fermé lun*. La Société des Orfèvres
possède plusieurs tavernes dont celle-ci, très
typique, datant de 1872. Le dimanche midi,
la salle est comble.

ZONE GRAN CAPITÁN – CRUZ CONDE

Taberna San Miguel « El Pisto » – *Plaza
de San Miguel, 1 (près de l'église San
Miguel)*. Taverne typique, fondée en 1886.
Les murs recouverts de photos et d'affiches
sur le thème de la tauromachie composent
un cadre idéal pour la dégustation des tapas.
La Canoa – *Ronda de Tejares, pasaje
Cajasur*. Bar à arcades dans une lugubre
galerie marchande. Des tonneaux (nota : une
canoa est un entonnoir pour remplir les
tonneaux) font office de tables.
Gaudí – *Avenida Gran Capitán, 22* - ☎ *957
47 17 36 - 8h-1h*. Brasserie à la décoration
moderniste. Petit déjeuner, apéritif ou goûter
y sont servis. Grand choix de tapas.

Taverne San Miguel « El Pisto ».

B. Kaufmann/MICHELIN

HÉBERGEMENT

• À bon compte

Séneca – *Conde y Luque, 7 - ☎ 957 47 32 34 - 12 ch. : 31,85/39,07€*. Hôtel tranquille très proche de la mosquée. Décoration andalouse et patio fleuri. Chambres correctes, dont certaines avec salle de bains. Réservation conseillée.

Maestre – *Romero Barros, 4 et 6 - ☎ 957 47 24 10 - 26 ch. : 27/45€*. Dans sa catégorie, cet hôtel tout neuf situé près de la plaza del Potro offre le meilleur rapport qualité/prix. Décoration correcte et chambres de bonne taille. Les propriétaires possèdent un autre hôtel avec patio, de vingt-deux chambres *(28,55€)* et sept appartements *(48,08€)*.

• Valeur sûre

Marisa – *Cardenal Herrero, 6 - ☎ 957 47 31 42 - P - 28 ch. : 36,06/60€*. Hôtel simple mais admirablement situé face à la mosquée. Dix chambres à la décoration typique avec vue sur la mosquée. Petites salles de bain.

Mezquita – *Plaza de Santa Catalina, 1 - ☎ 957 47 55 85 - 21 ch. : 38/73€*. En face de la porte principale de la mosquée. Chambres spacieuses et confortables à la décoration soignée. Bon rapport qualité/prix.

Hotel Gonzàlez – *Manríquez, 3 - ☎ 957 47 98 19 - 16 ch. : 33,96/65,21€*. Petit palais du 16e s. transformé en hôtel, avec de grandes chambres fonctionnelles. Restaurant dans le patio d'inspiration arabe. Fort bien situé dans le triangle que forment la mosquée, la Judería et les jardins de l'alcázar.

Albucasis – *Buen Pastor, 11 - ☎ 957 47 86 25 - P - 15 ch. : 45/75€ - fermé 7 janv.-7 fév.* Hôtel simple situé dans une maison typique du quartier de la Judería auquel on accède par un patio. Chambres correctes et de bonne taille.

NH Amistad Córdoba – *Plaza de Maimónides, 3 - ☎ 957 42 03 35 - P - 84 ch. : 133€*. Près de la muraille arabe, cet hôtel de catégorie supérieure se compose de deux hôtels particuliers du 18e s. Vastes parties communes et grand patio mudéjar. Chambres de bon goût, confortables et fonctionnelles.

UNE PETITE PAUSE

La plupart des établissements se concentrent autour de l'avenida del Gran Capitán et dans la zone résidentielle El Brillante.

Málaga Café – *Málaga, 3 - ☎ 957 48 63 13 - lun.-jeu. 16h-2h, ven.-sam. 16h-4h, dim. 16h-22h*. Au centre de la ville, à côté de la plaza de las Tendillas, ce café est un endroit tranquille et confortable avec une décoration classique. Idéal pour passer l'après-midi à discuter devant un verre ou un café.

Siena – *Plaza de las Tendillas - 8h-24h*. Endroit emblématique de Cordoue, situé sur la place principale de la ville. Grande terrasse.

SORTIES

Chato – *Alhakem II, 14 - Bellver de Cerdanya - 16h-aube*. Dans le quartier du Gran Capitán, cet établissement moderne est fréquenté par des « branchés » de tous âges. Cet endroit animé est idéal pour prendre un café l'après-midi, ou un verre le soir.

Sojo – *Benito Pérez Galdós, 3 - 8h-4h*. Avec une clientèle plutôt jeune, c'est un endroit d'avant-garde. Différentes manifestations y sont organisées : concerts de solistes, expositions de peintures, de photographies, projections de films… N'hésitez pas à y aller à n'importe quelle heure de la journée.

El Puentecillo – *Poeta Emilio Prados - été : 21h30-5h ; hiver : jeu.-sam. 24h-5h*. C'est en grimpant vers le quartier El Brillante que vous découvrirez ce petit établissement. Dans le patio comme à l'intérieur, décoration chaude et accueillante. Une bonne adresse pour prendre un verre le soir.

SPECTACLES

Cordoue est une capitale à la vie culturelle animée. En hiver, le **Gran Teatro** *(avenida Gran Capitán, 3 - ☎ 957 48 02 37)* propose un programme de concerts et de théâtre. La filmothèque d'Andalousie a aussi son siège à Cordoue *(calle Medina y Corella, 5 - www.cica.es/filmo)* et offre un programme varié de cycles cinématographiques.

La municipalité édite *Qué hacer en Córdoba*, guide gratuit qui compile toutes les activités culturelles de la ville ; on peut se le procurer dans les offices de tourisme, les hôtels, etc.

ACHATS

Les rues commerçantes de Cordoue sont concentrées autour de la plaza de las Tendillas, avec des rues piétonnes animées comme les calles José Cruz Conde ou Conde de Gondomar. Dans l'avenida Ronda de los Tejares, on trouve plutôt les grands magasins comme El Corte Inglés, à l'angle de l'avenida del Gran Capitán. Enfin, Eroski est un grand centre commercial situé dans la zone de l'Arcángel, près du stade municipal.

Vous pouvez profiter de votre séjour pour acheter des *cordobanes* (morceaux de cuir travaillés au marteau) ou un bijou en or ou en argent (le travail en filigrane de ces métaux précieux est l'activité artisanale dominante à Cordoue où de nombreuses boutiques vous proposeront toutes sortes d'articles très travaillés. La Purísima, située derrière l'alcázar, est une bijouterie très appréciée des Cordouans.

Dans la calle Judíos se trouve le Zoco Municipal *(☎ 957 20 40 33)* : ce marché s'organise autour d'une petite place et de ruelles mauresques, en plein quartier de la Judería, et où se regroupent des artisans qui travaillent la céramique, la peau, la terre cuite…*(tlj sf dim. 10h-20h)*.

Des **marchés** se tiennent presque quotidiennement en divers points de la ville, comme sur la plaza de la Corredera *(sam. matin)* ou sur l'esplanade près du stade municipal *(dim. matin)*.

C

découvrir

MEZQUITA-CATEDRAL★★★

Janv. et déc. : 10h-17h30, dim. et j. fériés 10h-14h ; fév. et nov. : 10h-18h, dim. et j. fériés 10h-14h ; mars et juil.-oct. : 10h-19h, dim. et j. fériés 10h-14h ; avr.-juin : 10h-19h30, dim. et j. fériés 10h-14h. 6,50€ visite de la cathédrale, de la mosquée et du trésor). ☎ 957 47 05 12/56 13.

C'est l'histoire d'une époque fascinante que nous conte l'architecture de ce monument unique au monde, témoignage vivant de la foi des musulmans et des chrétiens.

La mosquée a été érigée entre le 8e et le 10e s. sur l'emplacement de l'église wisigothique St-Vincent. Après la Reconquête, les chrétiens élevèrent une cathédrale gothique au cœur de ses délicats vaisseaux. La mosquée et la cathédrale révèlent chacune à leur manière une croyance distincte, mais toutes deux ont en commun une sensibilité inégalée. C'est ainsi que de nos jours, le visiteur se trouve face à un édifice hétérogène fait de deux lieux de prière aussi splendides que différents.

Mosquée

C'est sans aucun doute un chef-d'œuvre de l'art musulman. Son plan répond au schéma traditionnel de la mosquée arabe, qui s'inspire de la maison du prophète Mahomet à Médina : enceinte rectangulaire crénelée, patio des ablutions, salle des prières et minaret. Les musulmans se satisfirent d'abord de partager avec les chrétiens l'église wisigothique St-Vincent ; mais, leur part de l'édifice s'avérant vite trop petite, Abd er-Rahman Ier (756-788) acheta la partie chrétienne et vers 780 entreprit la construction d'une splendide mosquée de onze vaisseaux ouvrant chacun sur la cour des Orangers. Dans la construction furent réemployés des colonnes de marbre et des chapiteaux d'autres édifices romains et wisigothiques. Une innovation architecturale et unique en son genre la rendit célèbre : pour augmenter la hauteur sous plafond, on eut recours à la superposition de deux étages d'arcs en édifiant au-dessus des colonnes un second étage avec des piliers. Abd er-Rahman II (833-848) fut à l'origine du premier agrandissement en déplaçant le mur de la *quibla* jusqu'à l'endroit où se trouve la chapelle de Villaviciosa ; Al-Hakam II (961) le déplaça à nouveau et construi-

> **LA MOSQUÉE : UNE ARCHITECTURE AU SERVICE DE LA POPULATION**
>
> Pendant la période arabe, Cordoue comptait trois mille mosquées. Nous nous trouvons ici dans la Grande Mosquée où se rendaient les musulmans pour la prière du vendredi. Au fur et à mesure que la population croissait, on agrandissait la mosquée. La conception de la mosquée, très différente de celle d'une église, permettait de l'agrandir aisément sans nuire à la beauté de l'ensemble : la juxtaposition de vaisseaux parallèles permettait d'en ajouter d'autres sans affecter l'unité de l'édifice.

sit l'actuel mihrab ; enfin, Al-Mansour (987) ajouta huit vaisseaux parallèles aux premiers *(on les reconnaît au pavement de briques rouges)* et lui donna ainsi ses dimensions définitives.

L'intérieur de la mosquée.

B. Kauffmann/MICHELIN

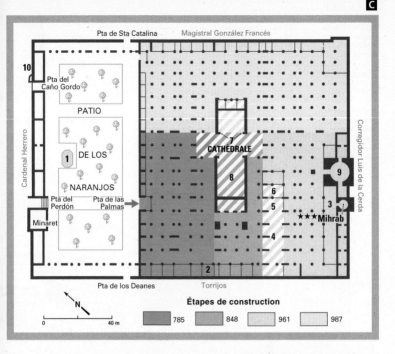

Pta de Sta Catalina Magistral González Francés

10

Pta del
Caño Gordo

PATIO

1 DE LOS

Cardenal Herrero

NARANJOS

Pta del   Pta de las
Perdón   Palmas

Minaret

Pta de los Deanes Torrijos

CATHÉDRALE

7

8

6

5

3

★★★**Mihrab**

4

9

Corregidor Luis de la Cerda

2

N

0   40 m

Étapes de construction

| | 785 | | 848 | | 961 | | 987 |

Patio de los Naranjos – La **cour des Orangers** bordée de galeries sur trois de ses côtés doit son nom aux orangers plantés par les chrétiens après la Reconquête ; tout son charme réside dans la simplicité de ses arbres et dans le parfum si particulier qu'ils diffusent. Comme la mosquée, elle pouvait être agrandie si besoin était. Avant de commencer leurs prières, les musulmans procédaient aux ablutions dans la fontaine pour purifier symboliquement leurs cinq sens. Certains jets sont d'époque, d'autres sont mudéjars et la **citerne d'Al-Mansour (1)** du 10ᵉ s. Le sol est en galets.

Intérieur – *Entrée par la porte des Palmes.* Le spectacle est surprenant ; on est plongé dans une véritable forêt de colonnes et d'arcs dans laquelle jouent ombre et lumière. Les arcs en fer à cheval d'inspiration wisigothique sont formés de claveaux alternativement blancs (pierre) et rouges (brique). Cette bichromie est rehaussée par la tonalité grise et rose des fûts des colonnes. Enfin, le rôle de la lumière est déterminant : elle adoucit les tonalités et crée ainsi une atmosphère irréelle et fascinante qui fait tout le charme de cette visite.

La **visite** débute par la partie ancienne de la construction. Le vaisseau situé dans l'axe de la porte est un peu plus large que les autres ; c'était la nef centrale de la mosquée primitive et au fond se trouve le mihrab, que l'on ne distingue pas. Les vaisseaux sont perpendiculaires au mur de la quibla vers lequel se tourne le musulman pour la prière. Dans toutes les mosquées, ce mur doit être orienté vers La Mecque mais on ignore pourquoi celui de la mosquée de Cordoue ne suit pas cette règle.

La construction d'**Abd er-Rahman Iᵉʳ** arrive jusqu'au mur de la cathédrale. Dans le vaisseau Ouest, on construisit après la Reconquête des chapelles chrétiennes, dont celle de la **Très-Pure-Conception (2)** (17ᵉ s.), entièrement recouverte de marbres de différentes couleurs.

Abd er-Rahman II (833) rasa le mur de la quibla et prolongea les onze vaisseaux vers le Sud, jusqu'à la chapelle de Villaviciosa. Il conserva le même système d'arcs mais la décoration devint de plus en plus raffinée comme l'attestent les travaux d'Al-Hakam II qui réutilisa des éléments de cette époque dans la zone du mihrab. C'est dans cette partie que fut érigée la cathédrale.

L'extension d'**Al-Hakam II** est la plus somptueuse. Il prolongea les onze vaisseaux vers le Sud jusqu'aux limites actuelles. Colonnes et chapiteaux furent tous sculptés dans cette partie. Quant au **mihrab**★★★ c'est une pure merveille : pour la décoration de cette niche octogonale, couverte d'une *venera* de plâtre, on fit appel à des artistes byzantins qui réalisèrent les merveilleuses mosaïques qui décorent son arc d'entrée et la superbe **coupole**★★ qui le précède. Les trois coupoles de la « **maksourah** » **(3)** – espace réservé au calife, et se trouvant devant le mihrab –, qui reposent sur un réseau d'arcs polylobés, n'ont rien à voir avec les coupoles des édifices chrétiens, car les nervures s'entrecroisent pour former un polygone central à la différence des coupoles romanes ou gothiques. Ce type de coupole est d'origine orientale. Le plafond de la Chapelle royale suit exactement le même schéma.

Córdoba

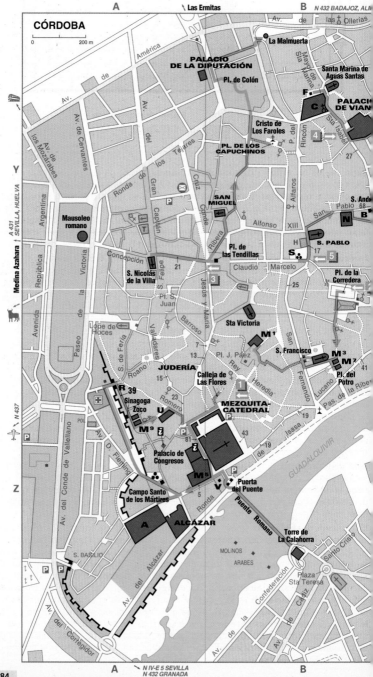

La dernière extension, la plus grande, fut l'œuvre d'**Al-Mansour**, mais n'apporta aucune innovation d'intérêt. La proximité du fleuve ne permettant pas la construction vers le Sud comme précédemment, elle se fit donc vers l'Est, avec un ajout de huit nouveaux vaisseaux.

Les réalisations chrétiennes

Lorsque le monument fut affecté au culte chrétien, on ferma les portes sur la cour des Orangers, à l'exception de la porte des Palmes. Lors de l'édification de la **première cathédrale (4)**, on élimina quelques colonnes et on couvrit cet espace d'un plafond à caissons gothique soutenu par des arcs brisés. Alphonse X situa le chœur dans la chapelle de **Villaviciosa** ou **Lucernario (5)** et à ses côtés construisit la **Chapelle royale★ (6)** au 13e s. dans le but d'en faire une sépulture royale, décorée de stucs mudéjars en harmonie avec le style général.

Cathédrale – Au 16e s., malgré l'opposition du chapitre, l'évêque Alonso Manrique obtint l'autorisation d'élever une cathédrale au centre de la mosquée. En dépit du talent des architectes Hernán Ruiz I, Hernán Ruiz II et Juan de Ochoa, malgré la beauté et la richesse de la cathédrale, quand Charles Quint la vit pour la première fois, il ne put s'empêcher de s'exclamer : « Vous avez détruit ce que l'on ne voit nulle part pour construire ce que l'on voit partout. »

Les différents styles des 16e et 17e s. se mêlent : arcs et voûtes hispano-flamandes, coupole Renaissance, voûte du chœur et maître-autel baroques. À signaler les deux **chaires★★ (7)** de Michel de Verdiguier, en acajou, marbre et jaspe.

Le **coro (8)** est spectaculaire. Les superbes **stalles★★** baroques sont l'œuvre de Pedro Duque Cornejo (vers 1750). En acajou sculpté, elles présentent toute une iconographie : saints, scènes de la vie du Christ ou de la Vierge et de l'Ancien ou du Nouveau Testament. Au centre, une Ascension du Christ domine. À signaler également les deux orgues des 17e et 18e s.

Trésor de la cathédrale – *À gauche du mihrab*. Il est installé dans la **chapelle du Cardinal (9)**, attribuée à l'architecte baroque Francisco Hurtado Izquierdo, ainsi que dans deux salles annexes. Parmi les divers objets liturgiques, on remarquera une **custode★** monumentale du 16e s. d'Enrique Arfe et un splendide Christ baroque en marbre.

Détail des voûtes de la cathédrale.

Extérieur

Le **minaret** d'Abd er-Rahman III, d'où le muezzin appelait les fidèles pour la prière, fut englobé dans une tour baroque à la fin du 16ᵉ s. ou au début du 17ᵉ s. À côté, donnant sur la rue, s'ouvre la **porte du Pardon**, de style mudéjar du 14ᵉ s., couverte de plaques de bronze repoussé.

Dans le mur Nord, un reposoir grillagé orné de lanternes abrite la **Vierge aux lanternes (10)**, particulièrement vénérée à Cordoue. C'est une copie d'une œuvre de Julio Romero de Torres.

Il faut faire le tour de la mosquée pour admirer la décoration élégante des portes, dont la plupart sont condamnées : dans la calle Torrijos, ne manquez pas d'observer la porte St-Étienne, l'une des portes primitives de la grande mosquée réalisée sous Abd er-Rahman Iᵉʳ, puis modifiée par Abd er-Rahman II, ainsi que la porte du Palais, richement ouvragée.

se promener

LE QUARTIER DE LA MOSQUÉE★★ 1

En suivant l'itinéraire indiqué, vous débuterez votre promenade en longeant les murs de la mosquée, vous vous dirigerez ensuite vers le Guadalquivir pour finalement arpenter les délicieuses ruelles de la **Judería**.

La calleja de las Flores

Cette étroite rue à arcades, typique de la Judería, est abondamment décorée de pots de fleurs. Elle débouche sur une petite place agrémentée d'une fontaine d'où l'on a un joli point de vue sur la tour de la mosquée.

Palacio de Exposiciones y Congresos

Le palais des Expositions occupe l'ancien hôpital St-Sébastien. Il fut ensuite un centre d'expositions et abrite maintenant l'**Office de tourisme**.

Son **portail★** date du début du 16ᵉ s. : le tympan et les jambages sont ornés de sculptures, le mur présente un décor de bordures, d'ajours, de feuilles d'acanthe et de cordons formant un travail remarquable.

Le sobre patio en brique totalement dénué d'éléments décoratifs contraste avec l'ensemble.

Museo Diocesano de Bellas Artes

Près du palais des Expositions et des Congrès. Juil.-août : tlj sf dim. 9h30-15h, sam. 9h30-13h30 ; le reste de l'année : tlj sf dim. 9h30-13h30, 16h-18h, sam. 9h30-13h30. Fermé j. fériés. 1,50€ (gratuit pour les détenteurs du billet d'accès à la mosquée). ☎ 957 49 60 85.

Le **musée diocésain des Beaux-Arts** est installé dans le palais épiscopal érigé au 17ᵉ s. sur les ruines de l'ancien *alcázar* arabe. On remarquera le patio et l'escalier baroque à double volée de marbre noir surmonté d'une coupole ornée de stucs.

Les salles du musée occupent le deuxième étage et présentent des sculptures, des peintures, des livres religieux et des tapisseries qui remontent au 13ᵉ s. La chapelle baroque Nuestra Señora del Pilar, qui a été restaurée, est également ouverte à la visite *(entrée par le patio, à droite de l'escalier)*.

Triunfo de San Rafael

Le « triomphe » le plus spectaculaire de la ville fut érigé au 18ᵉ s. L'archange est au sommet de la colonne et préside ce monument décoré de diverses figures allégoriques.

Puerta del Puente

De nos jours, la porte du Pont ressemble davantage à un arc de triomphe car elle ne fait plus office de porte. Construite au 16ᵉ s., elle suit un schéma classique avec de grandes colonnes doriques, un entablement, une frise et un fronton courbe orné d'un blason soutenu par deux guerriers. Observez le décor sur la partie qui donne sur le fleuve.

Puente Romano

Le pont romain enjambe le Guadalquivir entre la porte du Pont et la tour de la Calahorra. Édifié sous Auguste, il a été reconstruit plusieurs fois, particulièrement à l'époque arabe. À droite, vous pouvez apercevoir des moulins à eau d'origine arabe.

Sur le pont, à mi-chemin, un petit autel dressé sur un muret vers 1651 a reçu une statue de **saint Raphaël** à la suite d'une grande épidémie. Il est souvent orné de cierges et de fleurs témoignant de la dévotion populaire.

Traverser le pont. Au bout se profile la Torre de la Calahorra qui accueille le Museo vivo de al-Andalus (voir descriptif dans « visiter »), puis prendre la calle Amador de los Ríos jusqu'au Campo Santo de los Mártires.

À l'emplacement du Campo Santo de los Mártires, on peut voir des fouilles de **bains de l'époque califale**, puis un peu plus loin, sur la gauche, les remparts de l'**alcázar des Rois catholiques**★ *(voir descriptif dans « visiter »).*

Contiguës à l'alcázar, les **écuries royales** furent fondées par Philippe II au 16e s. Le bâtiment actuel date du 18e s. et n'est pas accessible au public ; mais si par hasard il était ouvert, jetez-y un coup d'œil.

Noria sur le Guadalquivir.

Au bout de la rue, après l'arc, s'étend le **quartier San Basilio**, célèbre pour les patios que l'on y voit. À signaler au n° 50 de la calle San Basilio, celui de l'Association des Patios cordouans.

Revenir au Campo Santo de los Mártires, puis s'engager dans la calle Cairuán.

Murailles et Puerta de Almodóvar

Une rue piétonne, la calle Cairuán, longe les murailles de la Judería, qui ne sont qu'une petite partie de celles qui protégeaient la ville à l'origine. Cet ensemble en bon état de conservation a été bâti avec des pierres de taille ; des cyprès verdoyants procurent une note de fraîcheur et de verdure qui adoucit la rigueur de la pierre.

> **LE POUMON DE LA VILLE**
> Le centre de Cordoue n'est pas seulement constitué d'un dédale de ruelles étroites et sinueuses, on y trouve également un grand axe aménagé, véritable havre de paix bucolique au sein de l'agitation et de la circulation de la avenida del Conde de Valledano, du paseo de la Victoria et de la avenida de Cervantes.

La porte d'Almodóvar donne sur le quartier de la Judería. D'origine arabe, elle subit une importante restauration au début du 19e s. et on lui ajouta une façade intérieure crénelée. À gauche de la porte, notez la statue de Sénèque. Ne manquez pas l'illumination de nuit.

Franchir la porte d'Almodóvar et pénétrer dans la Judería.

La Judería★★

Ruelles blanches, portes entrouvertes sur des patios fleuris, grilles ouvragées et bars typiques, il semble définitivement impossible de résister au charme du quartier juif.

Calle Judíos

Emblématique de la Judería, cette rue est parallèle aux murailles. Au n° 7, la bodega Guzmán est un endroit charmant ; on peut visiter au n° 12 une **maison andalouse** du 12e s. où l'on retrace la fabrication du papier à l'époque arabe.

Synagogue

Tlj sf lun. 10h-14h, 15h30-17h30, dim. et j. fériés 10h-13h30. 0,30€, gratuit pour les ressortissants des pays de l'UE. ☎ 957 20 29 28.

C'est, avec celles des deux synagogues de Tolède, l'une des rares synagogues médiévales subsistant en Espagne. Érigée au début du 14e s., elle est de petite taille et se présente sous la forme d'une pièce carrée ouverte d'un côté sur une tribune réservée aux femmes. Toute la partie supérieure des murs est couverte de plâtres mudéjars et d'inscriptions hébraïques ; les motifs décoratifs sont géométriques et végétaux.

Zoco

Environ 25 m plus bas. On accède au **souk** en passant sous les arcs en brique d'une impasse. Aujourd'hui, il réunit des artisans autour de deux charmants patios.

En continuant la calle Judíos une vingtaine de mètres plus loin, on passe devant la petite plaza de Tiberiades où se dresse le **monument à Maimonide**, ce juif dont la réputation de philosophe et de médecin est universellement reconnue.

Plazuela de Maimónides

Cette petite place est bordée par la Casa de las Bulas qui héberge le **Musée taurin** *(voir descriptif dans « visiter »)*. En face du musée, remarquez la belle maison seigneuriale et à droite, l'hôtel NH Amistad *(voir « carnet pratique »)*. *Prendre la calle Cardenal Salazar.*

Cette étroite ruelle bien typique monte légèrement et donne sur la plazuela del Hospital del Cardenal.

Facultad de Filosofía y Letras

La faculté des lettres et de philosophie occupe l'ancien hôpital du cardinal Salazar. Édifiée début 18e s., elle présente un portail baroque de pierre orné d'un blason cardinalice.

De la **calle Romero** *(au fond de la plazuela)*, on peut encore admirer la tour de la mosquée. Cette rue, au même titre que la calle **Deanes**, sur laquelle elle donne, et la calle **Judería** regorgent de boutiques de souvenirs.

> ### LES JUIFS ET CORDOUE
>
> Les juifs arrivèrent à Cordoue avant les Arabes et, très vite, occupèrent une place importante dans le commerce et l'enseignement des sciences. Ils accueillirent les musulmans avec sympathie et se regroupèrent dans ce quartier constitué d'une multitude de petites rues concentrées autour de la porte d'Almodóvar, avant d'entreprendre la construction d'une superbe synagogue dans la calle Judíos. Lorsque Ferdinand III eut achevé la reconquête de la ville (1236), les juifs conservèrent l'influence qu'ils avaient acquise grâce à leurs académies. Mais peu à peu, ils furent l'objet d'une persécution raciale (milieu du 13e s.), leur synagogue fut détruite et ils furent taxés au titre de l'entretien de l'Église catholique. Par la suite, on en vint à les accuser de tous les maux jusqu'à ce qu'en 1492 Isabelle la Catholique ordonnât leur expulsion d'Espagne.

QUARTIERS DE SAN ANDRÉS ET DE SANTA MARINA★ ②

Templo Romano

Calle Capitulares, à l'angle de la calle Claudio Marcelo. Les imposantes colonnes qui se découpent dans le ciel, ultimes vestiges de ce temple du 1er s., forment un ensemble saisissant. Les colonnes cannelées sont couronnées d'un chapiteau corinthien ; d'après les fouilles, le temple qui se dressait sur un podium devait avoir un portique frontal, dix colonnes de chaque côté dont sept devaient être adossées à la cella du temple où était la statue du dieu. Face à ces vestiges, on imagine la splendeur de Cordoue à l'époque romaine...

San Pablo★

9h-9h30, 10h30-13h, 17h30-18h30, 20h30-21h. S'abstenir de visiter pendant les offices. ☎ *957 47 12 00.*

L'église fait partie de l'ancien couvent St-Paul, fondé par Ferdinand III en souvenir de la reconquête de Cordoue le 29 juin 1236, jour de la Saint-Paul.

Un portail de style baroque a été construit en 1706 dans la calle Capitulares. Des colonnes torses flanquent l'arche d'entrée qui porte une statue de saint Paul. Après le portail, on traverse un parvis pour gagner l'église. Les cloches sont remplacées par un carillon.

À l'intérieur, trois grands vaisseaux aux proportions harmonieuses ont conservé le style transitoire du roman au gothique malgré les remaniements. Admirez les superbes **artesonados mudéjars**★ des voûtes.

La chapelle à gauche du *presbiterio* recèle la statue de **Notre-Dame des Angoisses** (17e s.) de Juan de Mesa, auteur également du célèbre Christ du Grand Pouvoir de Séville. La Vierge richement vêtue a le visage baigné de larmes et tient dans ses bras son Fils mort.

À l'entrée, dans le bas-côté droit, notez le plafond à caissons et les murs couverts de stucs sur un soubassement d'azulejos de la **chapelle mudéjare** du 15e s.

Descendre la calle de San Pablo. À droite, prendre la calle Villalones.

Palacio de los Villalones

C'est la façade couronnée d'une galerie de cette magnifique demeure seigneuriale qui retient l'attention. Un décor plateresque rehausse le tour des embrasures. Mais de ce palais se dégage une atmosphère mystérieuse... On raconte qu'au 17e s., un corregidor avait une fille de toute beauté qui disparut un jour mystérieusement dans les entrailles du palais... Son père, malgré tous ses efforts, ne parvint jamais à la retrouver. Serait-ce l'esprit de la malheureuse qui hante dorénavant le palais toutes les nuits ?

Se diriger vers la plaza de San Andrés.

Plaza de San Andrés

Des orangers et une fontaine apportent ombre et fraîcheur à cette petite place où se trouve la **Casa de los Luna** (16e s.) plus connue sous le nom de Casa de Fernán Pérez de Oliva. Observez les deux étranges fenêtres d'angle de la maison et appréciez le décor plateresque de la porte surmontée d'un blason et la fenêtre au sobre encadrement.

À gauche s'élève à nouveau une église ferdinandine, l'**église St-André**, reconstruite au 18ᵉ s. et à l'imposante tour en brique.

Prendre la calle Hermanos López Dieguez, puis la calle Enrique Redel jusqu'à la plaza de Don Gome.

Sur cette place se dresse le magnifique **palais de Viana**★★, accessible par un beau portail d'angle *(voir descriptif dans « visiter »)*.

Poursuivre dans la calle Santa Isabel jusqu'à la plaza de Santa Marina.

Santa Marina de Aguas Santas

Au 13ᵉ s., saint Ferdinand III reconquiert Cordoue et on va assister à l'édification de quatorze églises dites ferdinandines. Toute recherche ornementale abandonnée, la sobre **façade**★, divisée par quatre solides contreforts, met en valeur la beauté et la robustesse de la pierre. Le portail ébrasé a de simples moulures légèrement brisées suivant le style ogival primitif. La rosace a été remaniée et la tour reconstruite au 16ᵉ s.

Face à l'église, sur la plaza del Conde Priego, se dresse le **monument à Manolete** (1917-1947), ce torero mythique qui passa son enfance dans le quartier. Le mur de gauche appartient au **couvent Ste-Isabelle**.

Revenir sur ses pas et tourner dans la calle Rejas de Don Gome.

On aperçoit alors l'imposant clocher à arcades de l'église St-Augustin.

Continuer et s'engager dans la calle Pozanco pour arriver plaza de San Rafael.

Sur la **plaza de San Rafael** s'élève l'**église** (façade néoclassique) dédiée au même saint.

Prendre la rue à droite de l'église pour se rendre plaza de San Lorenzo.

UNE PÂTISSERIE ARTISANALE

Les religieuses du couvent Santa Isabel ont la réputation d'être d'excellentes pâtissières. Laissez-vous tenter par leurs spécialités et n'hésitez pas à leur acheter des *almendrados* (pâte d'amande), des *coquitos* (genre de palmiers), des *pasteles cordobeses* (spécialité de Cordoue), ou autres pâtisseries *(horaires de vente : 9h-12h45, 17h-19h15)*.

San Lorenzo★

10h-13h, 17h30-20h30. ☎ 957 48 34 79.

Cette église à l'écart, comme si elle souhaitait ainsi mettre en valeur sa beauté, est sans nul doute l'une de plus belles de Cordoue. Elle fait partie de ces églises ferdinandines bâties à la fin du 13ᵉ s. et au début du 14ᵉ s. dans un style gothique primitif. Son élégante et originale façade, qui présente une superbe **rosace**★ délicatement ouvragée, est précédée, chose rare dans ces régions, d'un porche à triple arcade en tiers-point. La partie inférieure du clocher, intégré à la façade, est probablement une grosse tour ancienne de la hauteur de la nef ; le reste de la construction est postérieur, et si vous observez bien vous remarquerez que les deux parties ne sont pas tout à fait dans le même axe. Le ton de la pierre parfait l'élégance du tout.

À l'intérieur, sobriété et équilibre règnent : les arcs brisés des trois vaisseaux reposent sur des piliers cruciformes. Les voûtes des vaisseaux sont en bois et celles du chœur gothiques. Trois grands vitraux étroits éclairent l'ensemble. Enfin, remarquez dans le chevet quelques fresques du 14ᵉ s.

DE LA PLAZA DE LAS TENDILLAS À LA PLAZA DE COLÓN ③

Plaza de las Tendillas

Nous nous trouvons ici au cœur de la ville. Au centre de la place domine une statue équestre du Cordouan Mateo Inurriade représentant Gonzalve de Cordoue, dit « le Grand Capitaine ». Les jets d'eau qui jaillissent à même le sol procurent une agréable sensation de fraîcheur l'été et font la joie des enfants en offrant un spectacle gai et animé dont on peut profiter depuis les terrasses.

San Nicolás de la Villa

10h30-11h30, 18h30, 19h30, 20h30. S'abstenir de visiter pendant les offices. ☎ 957 47 68 32.

La construction de cette église remonte à la fin du 13ᵉ s. et au début du 14ᵉ s., après la Reconquête. Observez l'étrange **tour**★ de style mudéjar : élevée au 15ᵉ s., elle présente une base carrée sur laquelle s'appuie un octogone de taille importante orné dans sa partie supérieure d'un encorbellement. À son sommet, les petites cloches modernes rompent un peu l'harmonie de l'ensemble. À la jointure de la base et de l'octogone, sur les demi-pyramides, notez les petits reliefs de personnages en buste et la légende de la patience et de l'obéissance. La façade, très sobre, date de la fin du 16ᵉ s.

À l'intérieur, les trois courts vaisseaux sont à deux travées. Le plafond de la nef centrale est en bois tandis que le chevet a conservé les voûtes en croisée. Cette église a subi de nombreux remaniements au 16ᵉ s. et c'est là que fut élevée la **chapelle du Baptême**, à la décoration chargée, ornée d'un relief illustrant le sacrement du baptême et d'une coupole ovale.

Retourner plaza de las Tendillas et prendre la calle V. Ribera et la calleja Barqueros.

San Miguel★

Réservé au culte 7h, 12h, 19h.

Cette église dite ferdinandine s'élève au centre de la plaza San Miguel dont les terrasses s'animent dès l'arrivée des beaux jours. Admirez la façade romane en ogive, soulignée par la sobriété et l'équilibre des formes. Deux contreforts encadrent la rue centrale égayée par une façade à simple archivolte en ogive et à grande rosace. Les trois vaisseaux intérieurs sont courts : la nef centrale a conservé une voûte de bois, les voûtes en croisée du chœur sont ornées de nervures dentelées et au centre d'un retable de marbre rouge du 18ᵉ s. trône une Immaculée Conception. Notez les éléments mudéjars qui subsistent, surtout dans la chapelle du Baptême *(bas-côté droit)*.

Derrière l'église, ne manquez pas d'aller prendre un verre ou au moins jeter un coup d'œil à la célèbre **Taberna San Miguel, el Pisto**. Elle vaut le détour !

Prendre la calle San Zoilo, derrière l'église et la calle Conde de Torres.

Plaza de los Capuchinos★

Le célèbre **Christ aux lanternes**, emblématique de Cordoue, semble être un *paso* de Semaine sainte abandonné de tous, au centre de cette place blanche... Le Christ de marbre blanc date de la fin du 18ᵉ s. ; il faisait partie d'un Chemin de croix que les capucins avaient installé sur cette place sur laquelle donnent l'église des Capucins, ainsi que l'église de l'ancien hôpital St-Hyacinthe du 18ᵉ s. qui abrite une Vierge aux douleurs richement vêtue.

Quitter la place par la calle Cabrera vers la plaza de Colón.

Plaza de Colón

Les jardins et la fontaine qui agrémentent cette place en font un lieu plaisant, dominé à l'Ouest par un impressionnant monument baroque, le palais de la Diputación.

Palacio de la Diputación★ – La Diputación, assemblée provinciale comparable aux conseils généraux français, occupe un bâtiment du 18ᵉ s., l'ancien couvent de la Merci, qui avait été fondé au 13ᵉ s. Utilisé comme hôpital par les Français au cours de la guerre d'Espagne, il servit ensuite d'hospice pendant quelques années. La façade imposante présente un grand corps central, deux ailes plus basses, le tout peint à l'imitation du faux marbre. Le portail principal de marbre blanc s'ouvre de colonnes torses, d'un fronton et de deux clochers. Remarquez à l'intérieur le patio *(entrée par la porte de gauche)*, de même style que la façade, l'escalier de marbre et l'église baroque *(entrée par la porte centrale)*, décorée de plâtres.

Torre de la Malmuerta – Cette majestueuse tour octogonale édifiée au 15ᵉ s. est en fait une tour de guet qui a conservé l'arc qui la reliait à la muraille. Elle servit alternativement de prison pour la noblesse et d'observatoire astronomique. Elle doit son nom à une légende qui narre comment un mari, furieux d'avoir une femme qui se dérobait à son devoir conjugal, la tua de ses propres mains. Apprenant comment la justice avait été rendue, le roi condamna l'époux criminel à faire bâtir cette tour en souvenir de son épouse qu'il avait tuée de manière indigne, d'où l'expression *mal muerta*.

visiter

Palacio de Viana★★

Visite guidée (1h) juin-sept. : tlj sf sam. ap.-midi et dim. 9h-14h ; oct.-mai : tlj sf sam. ap.-midi et dim. 10h-13h, 16h-18h. Fermé j. fériés, 1ʳᵉ quinzaine de juin. 6€ (3€ patios seulement). ☎ 957 49 67 41.

Le palais de Viana a connu des agrandissements successifs entre le 14ᵉ et le 19ᵉ s., ce qui donne une idée de l'évolution de l'architecture civile de Cordoue à cette époque. Nous nous trouvons ici au sein d'un ensemble unique et surprenant s'étalant sur 6 500 m² environ, dont plus de la moitié est occupée par douze patios et un jardin., Mais n'oublions pas que le musée actuel était autrefois la demeure d'une famille noble. C'est en 1980 que la Caisse d'Épargne Provinciale acheta le palais aux marquis de Viana.

L'entrée du palais de Viana.

B. Kaufmann/MICHELIN

LES COLLECTIONS

Au rez-de-chaussée :
– porcelaines (17ᵉ-20ᵉ s) ; diverses provenances ;
– arquebuses.
À l'étage supérieur :
– azulejos : 236 pièces du 13ᵉ au 19ᵉ s. ;
– cuirs : la plus fabuleuse collection réunissant des cuirs repoussés et cordouans du 15ᵉ au 19ᵉ s. ;
– tapisseries : flamandes, françaises, espagnoles et quelques tapisseries réalisées d'après des cartons de Goya ;
– plats et plateaux ;
– bibliothèque réunissant plus de 7 000 volumes (16ᵉ-19ᵉ s.).

Sur la plaza de Don Gome, l'accès au palais se fait par un grand portail en angle composé de deux registres : une porte à linteau ornée d'un fronton brisé et un balcon flanqué de deux guerriers arborant les armes des Argote et des Figueroa. Le balcon est couronné quant à lui par les armes des Saavedra.

À l'intérieur, on retiendra le superbe escalier principal du 16ᵉ s., de style Renaissance, le magnifique plafond artesonado mudéjar de la même époque et le mobilier en parfaite harmonie. Remarquez encore les plafonds artesonados de la salle à manger privée de la famille (Renaissance, 16ᵉ s.), du salon principal (époque mudéjare) ainsi que du bureau personnel de la marquise.

Cordoue doit sa célébrité à ses **patios**… Dans ce palais, douze merveilleux patios illustrent parfaitement cette tradition enracinée depuis des siècles. Ici, tous sont différents, mais à l'image du jardin, ils dégagent un charme et une grâce irrésistibles qui en font une véritable fête pour la vue et l'odorat.

Museo Arqueológico Provincial★★

Tlj sf lun. 9h-20h, mar. 15h-20h, dim. 9h-15h. Fermé j. fériés. 1,50€ (gratuit pour les ressortissants des pays de l'UE). ☎ 957 47 10 76.

Le plus grand musée d'archéologie d'Andalousie est installé dans un cadre exceptionnel, le **palais Renaissance des Páez**, œuvre de Hernán Ruiz (16ᵉ s.). Il recèle des œuvres provenant de la ville et de toute la province. Observez la **façade**★ au décor original de pages, de guerriers et de blasons… mais dont la pierre calcaire a hélas subi les outrages du temps.

La visite est particulièrement agréable. Tout s'organise autour d'élégants patios : au **rez-de-chaussée** sont exposés les vestiges préhistoriques, ibères – sculptures zoomorphes – et wisigoths. Autour des patios, la **collection romaine**★ souligne l'importance de Cordoue à cette époque : personnages sculptés en toge, bas-reliefs, sarcophages, mosaïques, chapiteaux, tambours de colonnes…

L'**étage supérieur** est consacré à l'art hispano-musulman : céramique, bronze, – admirez le **cerf**★ (10ᵉ s.) de Medina Azahara décoré de motifs végétaux et la petite cloche mozarabe de l'abbé Samson (10ᵉ s.) –, ainsi qu'une singulière collection de margelles de puits musulmans et mudéjars. Parmi tous les chapiteaux, le **chapiteau des Musiciens** retient particulièrement l'attention avec ses personnages décapités.

Alcázar de los Reyes Cristianos★

Mai-sept. : tlj sf lun. 10h-14h, 18h-20h, dim. et j. fériés 9h30-15h ; le reste de l'année : tlj sf lun. 10h-14h, 16h30-18h30, dim. et j. fériés 9h30-15h. 2,95€ (gratuit ven.), 7,05€ (billet combiné pour la visite du Musée taurin et du musée Julio Romero de Torres). ☎ 957 42 01 51.

Érigée au 14ᵉ s. par Alphonse XI, les murs de cette forteresse furent les témoins d'une entrevue entre Christophe Colomb et les Rois catholiques (1486), ainsi que des menées de l'Inquisition qui y eut son siège jusqu'en 1821.

On peut y admirer un exceptionnel **sarcophage romain**★ du 3ᵉ s. sur lequel visages et tissus sont traités de manière remarquable ainsi qu'une intéressante collection de **mosaïques**★, très bien mises en valeur *(Salón de los Mosaicos et Sala del Océano)*, qui nous rappellent la splendeur de Cordoue à l'époque romaine. Il est également possible de visiter des **bains** dont la structure est arabe mais dont la construction est chrétienne *(descendre l'escalier à droite, au fond du couloir)*.

Le patio de style mudéjar donne sur de ravissants **jardins**★ arabes. Prenez le temps de faire une petite promenade sur les terrasses ; les bassins, les jets d'eau, les cyprès et les fleurs chamarrées en font un véritable délice.

La Torre de la Calahorra : Museo vivo de al-Andalus

Mai-sept. : 10h-14h, 16h30-20h30 ; le reste de l'année : 10h-18h. 3,60€. ☎ 957 29 39 29.

Située à l'extrême Sud du pont, cette forteresse arabe était à l'origine composée de deux tours reliées par un arc. Au 14ᵉ s., Henri II de Castille la fit agrandir et l'arc fut bouché. Elle connut par la suite d'autres remaniements et, au fil des siècles, servit de prison pour la noblesse, de caserne et même d'école.

Actuellement, elle héberge un **musée audiovisuel** qui retrace l'histoire de Cordoue à cette époque de grande prospérité culturelle, artistique, philosophique et scientifique que fut le califat. Les grands courants de pensée des 12ᵉ et 13ᵉ s. sont représentés par le roi chrétien Alphonse X de Castille, le juif Maimonide et les musulmans Averroès et Ibn-Arabi. Une magnifique **maquette**★ représente la mosquée dans son aspect du 13ᵉ s. De la terrasse, la **vue** sur la ville est superbe.

Tour de la Calahorra.

Museo Municipal Taurino

Plazuela de Maimónides. De déb. mai à mi-oct. : tlj sf lun. 10h-14h, 17h30-19h30, dim. et j. fériés 9h30-14h30 ; de mi-oct. à fin avr. : tlj sf lun. 10h-14h, 16h30-18h30, dim. et j. fériés 9h30-14h30. Fermé 1ᵉʳ janv., Ven. saint et 25 déc. 2,95€ (gratuit ven.), 7,05€ (billet combiné pour la visite de l'alcázar et du musée Julio Romero de Torres). ☎ 957 20 10 56.

Installé dans une maison du 16ᵉ s., la Casa de las Bulas, on y accède tout d'abord par un patio d'influence mudéjare puis par un autre aux proportions harmonieuses, autour duquel s'ordonnent les salles du **Musée taurin**, qui réunit une collection de gravures sur la corrida, des affiches de la Feria, des photos, des habits de lumière ou des documents sur les grands toreros cordouans comme Lagartijo, Guerrita, Machaquito, Manolete et El Cordobés.

En face du musée, sur la place, remarquez la belle maison seigneuriale et à droite, l'hôtel NH Amistad.

Plaza del Potro

La place du Poulain tout en longueur doit son nom à la statuette qui couronne la fontaine située à l'une de ses extrémités. Jusqu'en 1874, cette fontaine du 16ᵉ s. était placée du côté opposé, là où se trouve actuellement un triomphe de saint Raphaël. Autrefois, cette place était très fréquentée car c'est là que se vendaient chevaux et mules.

Remarquez aussi sur la place l'**auberge du Poulain** (Posada del Potro), si bien décrite par Cervantès dans *Don Quichotte*, qui fait maintenant office de centre culturel et accueille des expositions temporaires. *Juil.-sept. : tlj sf w.-end 8h30-14h30 ; le reste de l'année : tlj sf w.-end 9h-21h. Fermé j. fériés. Gratuit. ☎ 957 48 50 01.*

Enfin, devant la fontaine, se trouve l'entrée commune au musée des Beaux-Arts et au musée Julio Romero de Torres, qui partagent le même patio aménagé en jardin.

Museo Julio Romero de Torres★ – *À droite du patio. Juil.-août : tlj sf lun. 8h30-15h, dim. et j. fériés 9h30-15h ; le reste de l'année : tlj sf lun. 10h-14h, 16h30-18h30, dim. et j. fériés 9h30-15h. 2,95€ (gratuit ven.), 7,05€ (billet combiné pour la visite de l'alcázar et du Musée taurin). ☎ 957 49 19 09.*

La maison natale du peintre Julio Romero de Torres (1880-1930), qui avait une prédilection pour les femmes brunes, réunit une intéressante collection de ses œuvres. Au rez-de-chaussée, jetez un coup d'œil aux affiches de la Feria. À l'étage supérieur, observez les portraits de femmes – *La chiquita Piconera* – véritable étude psychologique et intimiste du monde de la femme, qui traite le regard avec une acuité particulière. Enfin, *La Vierge aux lanternes*, dont la copie est vénérée sur l'autel situé à l'extérieur de la mosquée, illustre parfaitement le goût de l'artiste pour les thèmes religieux.

Prendre la calle San Francisco jusqu'à la calle San Fernando. À gauche, après avoir franchi un arc du 18ᵉ s., on arrive à l'**église St-François** qui fait partie d'un ancien couvent autrefois d'importance et dont il ne reste, à gauche de la façade, qu'une partie du cloître.

Museo de Bellas Artes – *À gauche du patio. Tlj sf lun. 9h-20h, mar. 15h-20h, dim. et j. fériés 9h-15h. 1,50€ (gratuit pour les ressortissants des pays de l'UE). ☎ 957 47 33 45.*

Le musée des Beaux-Arts expose principalement des œuvres d'artistes espagnols du 14ᵉ au 20ᵉ s. Il occupe l'ancien hôpital de la Charité, fondé au 15ᵉ s. L'escalier, dont le superbe plafond *artesonado* est de style mudéjar, a conservé des fresques des 16ᵉ et 17ᵉ s.

Au nombre des œuvres, il convient de remarquer une *Immaculée Conception* de Juan Valdés Leal, qui occupe une place de choix dans l'ancienne chapelle, ainsi que la collection d'art moderne cordouan et espagnol (seconde moitié du 19ᵉ s. et début du 20ᵉ s.) avec des œuvres de Ramón Casas, de José Gutiérrez Solana, de Rusiñol, de Zuloaga, etc. et des sculptures du Cordouan Mateo Inurria.

Plaza de la Corredera

On accède à cette vaste place rectangulaire, qui n'est pas sans rappeler les grand-places de Castille, par des passages voûtés. Pendant des siècles, ce fut un important lieu de réunion et la scène d'autodafés, de fêtes, d'exécutions, de marchés et même de corridas au 19ᵉ s. : les taureaux étaient enfermés dans une impasse étroite, la **calleja del Toril**.

Cette place toute simple et très ancienne a subi différentes transformations jusqu'au 17ᵉ s. mais depuis, elle n'a pas changé. Le samedi, elle abandonne sa quiétude habituelle et fourmille de monde car les Cordouans se rendent au **marché**.

Mausoleo romano

C'est au cours de travaux que l'on découvrit en 1993 ce mausolée romain dans les jardins de la Victoria. Cette solide construction circulaire du 1ᵉʳ s. date de l'époque romaine, époque de splendeur pour Cordoue.

Iglesia del colegio de Santa Victoria

Au fond de la plaza de la Compañía, on aperçoit la façade de l'église et ses imposantes colonnes. Ce bâtiment néoclassique date de la seconde moitié du 18ᵉ s. ; le dôme est l'œuvre de Ventura Rodríguez.

alentours

MEDINA AZAHARA★★

Quitter Cordoue par la A 431 (à l'Ouest du plan). À 8 km, prendre à droite (signalisation). La grande tache ocre que l'on aperçoit dans la montagne est le **monastère de San Jerónimo de Valparaíso** *(cette propriété privée ne se visite pas)*, fondé au 15ᵉ s.

Abd er-Rahman III commanda la construction de cette cité palatiale en 936. Les chroniqueurs de l'époque font état du luxe et de la splendeur déployée à Madinat al-Zahrah. Mais l'existence de cet ensemble de palais fut de courte durée car il fut pillé et incendié par les Berbères en 1013, lors de la guerre qui se solda par la chute du califat de Cordoue. Plus tard, on réutilisa les matériaux dans d'autres constructions, mais ce n'est qu'en 1911 que des fouilles archéologiques furent entreprises. Certes, elles sont loin d'être terminées, mais elles permettent aisément d'imaginer la splendeur de cet ensemble fastueux.

Bâti à flanc de colline, Medina Azahara s'étage sur des terrasses ; sur la terrasse supérieure, l'alcázar comprend la résidence du calife et des hauts dignitaires, ainsi que des dépendances militaires et administratives ; sur la terrasse intermédiaire s'étendent les jardins et le grand salon de réception ; enfin, la mosquée (mise au jour) et les bâtiments de la ville ont été érigés sur la terrasse inférieure.

Visite

Suivre l'itinéraire indiqué. Mai-sept. : tlj sf lun. 10h-20h30, dim. 10h-14h ; oct.-avr. : tlj sf lun. 10h-18h30, dim. 10h-14h. Fermé j. fériés. 1,50€. ☎ *957 32 91 30.*

L'accès se fait par l'extérieur de la muraille Nord, jalonnée de grosses tours carrées. On pénètre dans l'ensemble par une porte coudée, typique de l'architecture défensive musulmane.

Terrasse supérieure – À droite de la porte s'étend la **partie résidentielle**. Les bâtiments les plus importants sont ordonnés autour de deux grands patios carrés. À l'Ouest, sur la partie la plus élevée de l'alcázar se trouve la Maison royale (Dar al-Mulk), en cours de restauration *(fermé à la visite)*.

À gauche de la porte d'entrée s'organise la **partie officielle**. Admirez la maison des Vizirs et le grand portique. La **maison des Vizirs** est un ensemble de pièces comprenant un vaste salon basilical entouré de dépendances et de patios. C'est dans le salon que le vizir donnait ses audiences civiles. Le jardin de la partie avant est moderne.

Des rues pentues mènent au grand **Portique**, qui était la façade d'une grande place d'armes. Il ne reste qu'une petite partie de ce somptueux ensemble d'arcades : quinze arches constituaient l'entrée monumentale de l'alcázar et c'était par là que les ambassades étaient introduites.

Terrasse intermédiaire – En descendant vers cette terrasse, observez sur votre gauche les ruines de la **mosquée**, édifiée sur la terrasse inférieure. On peut distinguer les cinq nefs perpendiculaires au patio rectangulaire et, sur le mur Nord-Est du patio, la base du minaret.

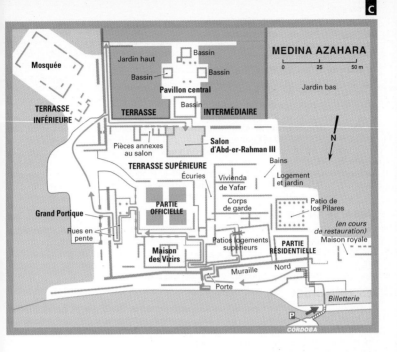

MEDINA AZAHARA

Mosquée

Jardin haut

Bassin

Bassin

Bassin

Pavillon central

TERRASSE INFÉRIEURE

TERRASSE

Bassin

INTERMÉDIAIRE

Jardin bas

N

Pièces annexes au salon

Salon d'Abd-er-Rahman III

TERRASSE SUPÉRIEURE

Bains

Écuries

Vivienda de Yafar

Logement et jardin

PARTIE OFFICIELLE

Corps de garde

Patio de los Pilares

Grand Portique

Rues en pente

(en cours de restauration)

Maison royale

Maison des Vizirs

Patios logements supérieurs

PARTIE RÉSIDENTIELLE

Muraille

Nord

Porte

Billetterie

P

CORDOBA

La terrasse intermédiaire domine les jardins et compte la plus belle partie de cet ensemble archéologique, le **salon d'Abd er-Rahman III**. Avant d'y pénétrer, jetez un coup d'œil aux bains dans les pièces annexes. Quant au salon, la restauration qui en a été faite laisse imaginer la splendeur de la ville du 10ᵉ s. et l'effet qu'elle devait produire sur ses visiteurs. Les matériaux les plus sophistiqués avaient dû être employés pour la construction et la décoration de la porte d'entrée et des trois nefs qui le composent. Arcs en fer à cheval et claveaux s'appuient sur de grandes colonnes de marbre gris et bleuté. Le pavement du sol est de marbre blanc. On retiendra les superbes panneaux de pierre sculptée qui recouvrent les murs à la décoration géométrique et végétale, stylisation de l'arbre de vie, comme il apparaît fréquemment dans l'art hispano-mauresque.

En face, au centre des jardins et entouré de quatre bassins se trouve le **pavillon central** où les visiteurs attendaient d'être reçus par le calife.

CASTILLO DE ALMODÓVAR DEL RÍO★★

25 km à l'Ouest de Cordoue par la A 431. Almodóvar provient de l'arabe *al-Mudaw-war* qui signifie le rond. Ce terme fait clairement allusion au coteau sur lequel se dresse le château. Au 8ᵉ s., une forteresse existait déjà du temps de la domination musulmane. Almodóvar appartint à plusieurs royaumes de *taifas* avant d'être finalement reconquis par Ferdinand III de Castille en 1240.

Almodóvar del Rio

Contourner le village par la route et monter jusqu'au château. Il est possible d'accéder en voiture à la forteresse en empruntant une route non goudronnée.

Le **château** actuel, érigé au 14e s. dans le style gothique, est l'un des plus importants d'Andalousie en raison de son état de conservation et de sa beauté. Restauré au début du 20e s., il accueillit en son sein une demeure néogothique, tandis que le village s'étendait à ses pieds, côté Sud, à proximité du Guadalquivir. *11h-14h30, 16h-19h30. 3€.* ☎ *957 63 35 16.*

Du château, on bénéficie de magnifiques **vues**★ sur le fleuve et la campagne de Cordoue. L'édifice compte deux enceintes fortifiées – l'une faisant fonction de barbacane – et huit tours de différentes tailles, dont la plus imposante, une tour flanquante, faisait office de **donjon**. Une promenade sur le chemin de ronde, dans les tours et la cour d'armes vous transportera dans un monde évocateur.

EMBALSE DE LA BREÑA

5 km au Nord-Ouest d'Almodóvar. Revenir vers le village et prendre la bifurcation signalée sur la gauche. Une route traverse des collines plantées d'oliviers avant d'arriver à la **retenue** de la Breña. Les barques du club nautique de Cordoue *(privé)* évoluent sur le plan d'eau. Au retour, on embrasse à la sortie d'un virage une vue magnifique sur la majestueuse silhouette du château d'Almodóvar.

LES ERMITAGES

13 km au Nord-Ouest de Cordoue par la carretera del Brillante ou 10 km de Medina Azahara. De ce site, revenir vers la A 431 ; au premier croisement, prendre à gauche et au suivant, suivre la pancarte « Ermitas ». Quel que soit le chemin, le **panorama**★ sur la montagne et la campagne est extraordinaire.

La tradition érémitique remonte à bien des siècles, mais cet ensemble de treize ermitages et d'une église édifiés dans ce site sauvage date du 18e s.

Dans l'élégant paseo de los Cipreses, un **calvaire** est là pour nous rappeler, grâce à un crâne et un court poème, la fuite du temps et combien il est nécessaire de résister au péché. Puis, à gauche suivent l'**ermitage de la Magdalena**, le cimetière des ermites et au fond l'**église**. Dans le narthex de l'**église** *(à droite)*, vous ressentirez peut-être un léger malaise en voyant ce crâne qui servait de tasse ou d'assiette à l'ermite. Mais ensuite, vous serez impressionné par la richesse de l'église (fruit de donations) qui contraste avec l'austérité notable des ermites. Derrière le maître-autel, dans la salle qui faisait office de salle capitulaire, admirez le soubassement d'azulejos à reflets métalliques.

Les autres ermitages sont dispersés dans la colline. En revenant sur vos pas, prenez le chemin qui mène au **balcon du Monde**. Ce grand belvédère dominé par un immense Sacré Cœur (1929) offre une **vue dégagée merveilleuse**★★ sur la campagne de Cordoue et sur la ville. À droite, vous pourrez même apercevoir le château d'Almodóvar del Río, perché sur une colline.

circuit

DE CORDOUE À FUENTE OBEJUNA *131 km.*

Cordoue★★★ *(voir Córdoba)*

Quitter Cordoue par la N 432 vers le Nord. 30 km plus loin, à un carrefour prendre à droite la CP 81 sur 17,5 km jusqu'à Obejo.

Obejo

L'**église paroissiale St-Antoine-Abbé** (13e s.) se dresse sur la gauche, à proximité des vestiges d'une forteresse oubliée. Cette charmante petite église présente trois vaisseaux séparés par des arcs surhaussés reposant sur des piliers ou des colonnes. Remarquez les deux colonnes du côté gauche ornées de **chapiteaux**★ dont la décoration d'*ataurique* ne manque pas de refléter l'origine arabe de l'édifice. Des chapiteaux renversés servent parfois de bases. À l'extérieur, observez la très sobre et rustique tour mudéjare. *En cas de fermeture, s'adresser en face au voisin qui se charge des visites.* ☎ *957 36 90 68.*

Rejoindre la N 432 par la CP 81.

La route descend parmi les oliveraies jusqu'au pont. Après avoir franchi la rivière s'offrent des vues splendides. Lorsque les lauriers-roses sont en fleur, ils apportent une touche de couleur dans cette austère végétation montagneuse. Puis la **route**★ traverse de beaux paysages montagneux. Vue splendide sur la vallée du río Guadalbarbo au détour d'un des derniers virages de la sinueuse montée. Il n'est pas rare de croiser des troupeaux de moutons, voire du gros gibier, dans cette région où abondent chênes, genêts et cistes.

Au croisement, prendre tout droit et parcourir 2,5 km.

Vue sur Belmez et le château.

El Vacar

Au sommet d'un coteau se dressent les ruines d'une imposante forteresse rectangulaire qui domine un vaste panorama ; vue sur le lac de Puente Nuevo, à l'Ouest. Emprunter un des deux chemins de terre au départ de la route, respectivement à 100 et 200 m avant le village, pour accéder à l'esplanade, qui dispense des vues sur les sobres murs érodés de ce bâtiment du 10e s.

Revenir sur la N 432 et poursuivre vers le Nord-Ouest.

Espiel

Ce petit village pittoresque aux rues escarpées bordées de maisons blanches se situe à l'écart de la N 432. L'hôtel de ville occupe l'ancien magasin à grains communal, construit en 1792. Des cigognes ont élu domicile dans le clocher de l'église paroissiale, qui date de la fin du 16e s.

Parcourir 21 km par la N 432 jusqu'à Bélmez.

Bélmez

Le village s'étend au pied d'un haut coteau rocheux sur lequel se dresse un **château** d'origine musulmane reconstruit après la Reconquête.

À proximité de l'hôtel de ville (19e s.), le **Musée historique de Bélmez et du Territoire minier** (Museo histórico de Bélmez y del territorio minero) occupe l'ancien magasin à grain communal. La tradition minière du village remonte au 18e s., avec la découverte d'un important filon de charbon. Aujourd'hui, Bélmez accueille une école universitaire des Mines. *Tlj sf dim. 10h-14h. Fermé j. fériés.* ☎ *957 58 00 12.*

Château – Il ne reste du château qu'une partie du donjon et des murailles flanquées de tours. Pour y accéder, prendre la rue partant de la place en face de l'**église paroissiale** (18e s.) ; 50 m plus loin sur la droite se trouve l'**ermitage de la Virgen del Castillo**, qu'une rampe relie à la muraille *(environ 5mn)*. Les plus courageux peuvent poursuivre l'ascension en empruntant un sentier rocailleux jusqu'au premier pan de mur. On aperçoit un cachot sur la gauche. Dans la cour, un escalier dessert d'abord une terrasse, puis *(à éviter en cas de vertige)* la partie la plus élevée, qui dispense des **vues** magnifiques sur le village et ses environs.

À deux pas du village, on peut pratiquer divers sports nautiques sur le **lac de Sierra Boyera**.

Fuente Obejuna

23 km à l'Ouest par la N 432. Une petite route paisible bordée d'arbres mène au village situé sur une colline, à proximité de la source du río Guadiato.

Une promenade à pied est la meilleure façon de découvrir cette ville historique qui conserve quelques maisons seigneuriales, témoins de son passé.

Plaza Mayor – Située dans la partie haute du village, c'est une imposante place au contour irrégulier et pavée de granit qui reçoit l'hôtel de ville et l'église paroissiale.

> ### « QUI A TUÉ LE COMMANDEUR ? FUENTEOVEJUNA, MONSIEUR »
>
> Lope de Vega (1562-1635) a immortalisé ce village dans son œuvre *Fuenteovejuna*, où il conte comment les habitants du village, ne tolérant plus les atrocités commises par le commandeur Fernán Gómez de Guzmán, se soulevèrent contre lui avant de l'assassiner. Le juge mandaté par les Rois catholiques afin d'enquêter sur les circonstances de l'événement obtint cette seule réponse à la question « Qui a tué le commandeur ? ». Les rois, en apprenant les abus du commandeur, approuvèrent la conduite des villageois. Fuenteovejuna est demeuré depuis un exemple d'union et de rébellion contre la tyrannie.

Nuestra Señora del Castillo – L'église (15ᵉ s.) abrite d'intéressantes œuvres d'art. La nef gothique conserve quelques restes de peinture murale. Le *presbiterio* accueille un magnifique **retable Renaissance**★ orné de hauts-reliefs représentant des scènes de la vie et de la Passion du Christ. Retrouvée dans une niche de l'ancienne muraille, la Vierge del Castillo (14ᵉ s.) domine l'ensemble. *Été : 20h30-21h30, dim. et j. fériés 8h30-10h ; le reste de l'année : 19h-20h, dim. et j. fériés 8h30-10h. En cas de fermeture, se renseigner au ☎ 957 58 41 63.*

La chapelle du Sacré-Cœur *(à gauche du presbiterio)*, qui présente un soubassement d'azulejos, compte un **retable gothique** (16ᵉ s.) à sept panneaux, qui retrace la vie de la Vierge. Un autre retable, de style baroque, présidé par la Vierge du Rosaire, se trouve dans la chapelle à droite du presbiterio. À l'extérieur, les quatre arcs en plein cintre surhaussés du porche s'appuient sur trois colonnes à chapiteaux ornés de feuilles d'acanthe, probablement d'origine romaine.

Casa Cardona – Ce curieux petit palais Art nouveau construit entre 1906 et 1911 attire indéniablement l'attention.

Costa de Almería★

Côte d'Almería

La côte d'Almería est une succession de plages immenses, de petites criques aux eaux cristallines, de villages de pêcheurs devenant l'été d'agréables lieux de villégiature. Elle accueille également nombre de complexes touristiques très aménagés et d'espaces naturels vierges très étonnants. Elle bénéficie d'un climat exceptionnel, d'un soleil éblouissant dans un ciel bleu azur sans égal que la pluie ne vient que très rarement perturber.

La situation

Carte Michelin nᵒ 578 V 20-24 à U 24 – Andalousie (Almería).
La côte d'Almería couvre le littoral Sud-oriental de la péninsule ibérique d'Adra à Mojácar, en passant par Almería. Elle est desservie par la N 340-E 15 puis par la N 344-E 15 après Almería vers le Nord-Est. Se succèdent bourgs côtiers, stations balnéaires ultra-équipées, villages pittoresques à l'intérieur des terres et cultures sous serres.
Vous pouvez poursuivre votre voyage en visitant : TABERNAS et la Sierra de Los FILABRES (au Nord), GUADIX (109 km au Nord-Ouest d'Almería), et les ALPUJARRAS (au Nord-Ouest).

Reflets argentés sur la « mer de plastique ».

circuits

D'ADRA À ALMERÍA [1]

117 km – une demi-journée.

Adra

Bourg côtier au cœur d'une plaine fertile, cette colonie phénicienne et romaine fut le dernier bastion arabe de la péninsule ibérique. Adra bénéficie d'un port de pêche et d'un port de plaisance, de belles plages et de quelques demeures nobles datant des 17e et 18e s. L'église de l'Immaculée Conception abrite le *Christ de l'Expiration*, attribué à Alonso de Mena. L'Office de tourisme se trouve dans la tour des Perdigones (45 m) qui faisait partie au 19e s. d'une fonderie de plomb.

Quitter Adra vers le Nord par la A 347.

Berja

L'ancienne Virgi romaine (verger) se trouve à l'intérieur des terres au pied de la sierra de Gádor. Le village aux belles maisons blasonnées de style Renaissance ou baroque renferme de nombreuses fontaines ainsi que les vestiges d'un amphithéâtre romain.

Revenir vers Adra par la même route et prendre la N 340 (E 15) vers Almería.

Sur la gauche, la route offre de belles **vues** sur la sierra de la Contraviesa ; le Cerrón (1 238 m) s'élève au premier plan.

Panorama sur la « mer de plastique » qui s'étend quasiment sur toute la **campagne de Dalías**. Entre Adra et Almería, la N 340–E 15 traverse l'immense étendue de serres si caractéristiques de cette province, où l'on cultive raisin, légumes et fleurs. Ici, plusieurs récoltes se succèdent dans l'année.

À la hauteur d'El Ejido, quitter la N 340 à la sortie n° 409 et prendre la A 389 vers Almerimar.

carnet pratique

Almerimar

Complexe touristique moderne avec pavillons, appartements et hôtels, golf et port de plaisance. Un soin particulier a été apporté à l'esthétique de cette charmante enclave sur la côte.

Revenir sur la N 340 (E 15) et sortir à l'échangeur n° 429 pour emprunter la A 391.

Roquetas de Mar

Le développement touristique a fait de ce village côtier une station balnéaire très animée avec port de plaisance, golf et parc aquatique. Près du phare, les ruines du château résistent encore au temps.

Une promenade de front de mer bordée de palmiers longe la belle plage de sable de l'**ensemble touristique** *(à 3,5 km).* Belle vue sur le golfe d'Almería, avec le cap de Gata juste en face. L'avenida del Mediterráneo, qui débouche sur le paseo del Mar, concentre nombre de petits commerces et restaurants.

Reprendre la même route en sens inverse. À El Parador, prendre à droite.

Aguadulce

Cette immense station touristique presque concentrationnaire, située au cœur d'une végétation abondante à 11 km seulement d'Almería, est très animée l'été, avec ses nombreux services et son front de mer. Au Sud-Ouest, le site protégé de Punta Entinas-Sabinar offre ses dunes littorales et ses marais où poussent sabines, joncs et cannes à sucre.

D'Aguadulce à Almería

On emprunte l'ancienne route nationale en corniche longeant la mer. Taillée dans de hautes falaises entre lesquelles elle disparaît dans des tunnels, on distingue Almería, la baie, le port et la forteresse.

Almería *(voir ce nom)*

D'ALMERÍA À MOJÁCAR ②

132 km – une journée.

Níjar *(voir Parque Natural de Cabo de Gata-Níjar)*

Parc naturel du cap de Gata-Níjar★★ *(voir Parque Natural de Cabo de Gata-Níjar)*

Agua Amarga

Toutes les maisons de ce village situé en bord de mer apparaissent au détour d'un virage. La belle plage de cette localité touristique soignée est délimitée par deux promontoires rocheux.

D'Agua Amarga à Mojácar Playa

32 km – 3/4h environ.

La route ménage de belles vues sur la côte qui conserve plusieurs tours de guet.

Très rapidement sur la droite, une bifurcation vous conduira au phare et à la tour de Mesa Roldán *(1,5 km)*. En rejoignant la route, vous passerez devant la centrale thermique, les installations du port artificiel d'Endesa et la plage des Marinicas, face à laquelle se dresse la **casa del Laberinto** ou d'André Block, typique maison blanche des années 1960, souvent reproduite sur les affiches touristiques.

Carboneras – Petit village de pêcheurs édifié au pied du **château de San Andrés**

La tour du Perulico.

construit au 16e s. par le marquis del Carpio pour surveiller la côte. Un **marché** s'installe autour du château le jeudi.

Entre Carboneras et le château de Macenas *(13 km)*, la route parcourt des montagnes arides qui découvrent de temps à autre de beaux panoramas de la mer. Et soudain, la **tour de guet du Rayo**, perchée sur un promontoire, se profile à l'horizon.

Château de Macenas – Cette tour de guet du 17e s. se dresse en bord de mer. Au Sud s'élève la tour du Perulico, érigée comme tant d'autres par les Arabes aux 13e et 14e s. pour surveiller le littoral. Le chemin de terre *(vers le Sud)* qui longe la côte dessert plusieurs plages naturistes, comme celle de Bordonares *(3 km)*, après la tour du Perulico.

Mojácar Playa – La commune de Mojácar compte 17 km de plages et de criques. Mojácar Playa est un ensemble de résidences et de complexes hôteliers parallèles à la côte.

carnet pratique

RESTAURATION ET HÉBERGEMENT

• *Valeur sûre*

Family – *La Lomilla - Agua Amarga* - ☎ 950 13 80 14 - 9 ch. : 55/85€ - *fermé nov.* Cet établissement en bord de plage, calme l'hiver, affiche complet l'été. Les chambres et le restaurant accueillent des touristes du monde entier. Un seul menu *(16€)*, vin et café compris.

HÉBERGEMENT

• *Valeur sûre*

El Puntazo – *Paseo del Mediterráneo - Mojácar* - ☎ 950 47 82 50 - 34 ch., 24 appt : 53/78€. Cet hôtel en bord de mer

propose de petites chambres, sans terrasse ni vue *(53€)*, des grandes, avec vue sur la mer *(60€)*, et de plus grandes, avec terrasse sur la mer *(78€)*. L'hôtel **Virgen del Mar** *(☎ 950 47 22 22)*, tout proche, offre les mêmes prestations pour 73/92€.

Mamabel's – *Embajadores, 5 - Mojácar* - ☎ 950 47 24 48 - 9 ch. : 60/72€ - *fermé 10 janv.-1er fév.* Dans le village. Établissement intéressant où « la qualité prime » d'après la propriétaire. À l'origine, ce n'était qu'un restaurant qui proposait la meilleure paella de la région. Aujourd'hui, il offre huit chambres très bien décorées, avec vue sur la vallée et la mer en toile de fond.

Mojácar★

Ce charmant village blanc perché sur un promontoire bénéficie d'un **site**★ privilégié qui offre de belles vues sur la côte *(à 2 km)* et sur les terres ponctuées d'étranges crêtes rocheuses. Les Arabes ont marqué de leur empreinte le noyau ancien, dont les ruelles étroites, escarpées et fleuries, parsemées de charmants recoins, escaladent la colline. Mojácar ne fut reconquise qu'en 1488.

Nombre d'étrangers se sont installés ici depuis plusieurs décennies et le village est devenu une « seconde tour de Babel ». Les petits restaurants, les terrasses, les nombreuses boutiques d'artisanat sont autant d'attraits de ce gros village qui accueille de nombreux touristes, en particulier l'été.

Le village – *Garer la voiture en bas du village et monter à pied.* La beauté de Mojácar réside essentiellement dans ses maisons soignées et ses vues magnifiques. Le mieux est de se promener au hasard des rues. Il convient néanmoins de citer quelques monuments intéressants.

La charmante **plaza Nueva** pourrait être le point de départ de la visite. Elle accueille le sobre ermitage Notre-Dame-des-Douleurs (18e s.), aujourd'hui transformé en magasin. Sur la place, une terrasse aménagée offre un ample panorama, qui embrasse notamment des restes de Mojácar la Vieja, le village primitif édifié sur une colline, un peu plus bas.

La Cuesta del Castillo, à gauche de la place, monte à une esplanade, site d'un **château** disparu, qui dispense une belle vue panoramique sur la côte.

La calle de la Iglesia, à droite de la plaza Nueva, mène à l'**église Ste-Marie**, dont les murs couleur ocre contrastent avec la blancheur des maisons. Construite après la Reconquête, elle ressemble à une forteresse aux murs solides, avec son clocher d'un côté et ses contreforts de l'autre. Plusieurs ruelles pittoresques entourent l'église.

De petits restaurants et bars se sont installés dans la rue parallèle à celle de l'église, la **calle de Enmedio**, qui conduit à la plaza del Ayuntamiento. De là, une rue descend à la **Puerta de la Ciudad** (15e s.), une des portes de l'ancienne muraille, qui s'ouvre sur la charmante **plaza de las Flores**.

Rejoindre la route côtière et poursuivre vers le Nord.

Garrucha

5,5 km au Nord. Ce petit village de pêcheurs est très animé l'été. Les touristes sont attirés par ses longues plages, son port de pêche et son port de plaisance ainsi que sa promenade de front de mer. Un fort côtier du 18e s. se dresse au Sud du village.

Quitter Garrucha en direction du Nord par la C 3327.

Vera

Sur la Plaza Mayor, l'imposante **église de l'Incarnation** (16e s.), flanquée aux quatre coins de massives tours carrées, ressemble plutôt à une forteresse. À gauche de l'église, on remarque l'**hôtel de ville** (19e s.) et son portail en pierre

> **PROMENADE EN MER**
> Excursions au départ de Garrucha vers la baie de Mojácar, Carboneras ou le Parc naturel du cap de Gata *(renseignements auprès de l'Office de tourisme* ☎ *950 13 27 83).*

– une bannière offerte à la ville par les Rois catholiques est exposée dans le salon des séances plénières –, ainsi que le **musée d'Histoire** (Museo Histórico Municipal) qui retrace l'histoire du village ; quelques salles sont consacrées à l'archéologie, d'autres à l'ethnographie. *Tlj sf dim. 10h-14h, 17h-20h, sam. 10h-14h. Fermé j. fériés. Gratuit.* ☎ *950 39 31 42.*

Le complexe naturiste **Vera Natura** se situe sur la côte.

Cuevas de Almanzora

6 km au Nord-Ouest par la C 3327 puis la N 340-E 15. Cuevas de Almanzora se situe à deux pas du barrage homonyme, dans une région très riche en gisements miniers et fouilles archéologiques. Le village a connu son apogée au 19e s. avec la découverte d'un filon d'argent dans la sierra de la Almagrera. Quelques belles demeures dans le centre et la chapelle del Carmen de l'église N.-D.-de-l'Incarnation, construite par une société minière, témoignent encore de la grandeur de cette époque. Des grottes troglodytiques ont été creusées dans les montagnes à proximité du village.

Un parc aquatique se trouve sur la route en direction de Vera.

Château – Il a été édifié au 16e s. par le marquis de los Vélez. Aujourd'hui, la Casa de la Tercia, extension néoclassique du château (18e s.), accueille la bibliothèque municipale. Le château conserve une enceinte fortifiée.

Museo Antonio Manuel Campoy – Le musée occupe un pavillon restauré et une grosse tour. À sa mort, un critique d'art célèbre du journal *ABC* a légué une collection privée d'œuvres d'art contemporaines espagnoles (tableaux, dessins et gravures), une collection d'armes ainsi que de nombreux bibelots personnels. *De déb. juil. à mi-sept. : visite guidée tlj sf lun. 10h-13h30, 18h-21h (mar., jeu.) ; le reste de l'année : tlj sf lun. 10h-13h30, 17h-20h, dim. 10h-13h30. Fermé j. fériés. Gratuit.* ☎ *950 45 80 63.*

Museo de Arqueología – Il rend hommage à la culture de El Argar et expose des pièces trouvées dans les sites archéologiques de la région (Antas, Fuente Álamo, etc.). Vue sur les grottes troglodytiques à gauche en sortant du château.

Huércal Overa

25 km au Nord par la N 340-E 15. La tour carrée de l'ancien château arabe se dresse en haut d'une colline aux abords du village. Dans l'**église de l'Assomption** (18ᵉ s.), située sur l'agréable petite plaza del Cura Valera, on découvre un retable baroque intéressant et les sculptures des *pasos*, dont une de Salzillo. Pendant les processions de la **Semaine sainte**, les trois confréries de Huércal Overa – blancs, violets et noirs – rivalisent de splendeur.

Costa de Huelva★

Côte de Huelva

La côte de Huelva déroule un littoral de plages d'une éclatante blancheur, interrompu par les embouchures des fleuves qui se jettent dans la mer après un long parcours (Guadiana, Guadalquivir, Tinto, etc.). La Costa de la Luz, qui s'étire de la frontière portugaise à la pointe de Tarifa, adopte dans la province de Huelva une physionomie singulière : le ciel semble s'élargir à l'infini et la vue de la côte se fond dans l'horizon mystérieux de l'Atlantique.

La situation

Carte Michelin nº 578 U 7-8-9-10 à V 10 – Andalousie (Huelva).
La côte de Huelva s'étend d'Ayamonte, à l'embouchure du Guadiana, signalant la frontière portugaise, au Parc national de Doñana. Ayamonte est relié à Huelva par la N 431. Puis, la A 494 prend le relais à Palos de la Frontera, à l'embouchure du Tinto, longeant le littoral jusqu'à Matalascañas.
Vous pouvez poursuivre votre voyage en visitant : LA RÁBIDA (au Sud de Huelva), EL ROCÍO (au Sud-Est de Huelva), SANLÚCAR DE BARRAMEDA (au Sud du Parc national de Doñana, à l'embouchure du Guadalquivir).

circuits

DU PARC NATIONAL DE DOÑANA À PALOS DE LA FRONTERA 1

49 km – une demi-journée.

Parc national de Doñana★★★ *(voir Parque Nacional de Doñana)*

Partir du centre d'information d'El Acebuche, sur la A 483, en direction du Sud. À Torre de la Higuera, tourner à droite vers Matalascañas.
La route traverse alors une partie splendide du parc naturel.

Matalascañas

C'est l'une des stations balnéaires les plus fréquentées d'Andalousie. Des gratte-ciel résidentiels, une multitude de discothèques, de bars, de terrasses bondées et un nombre incalculable d'activités permettent de passer de bonnes vacances d'été.
Revenir à Torre de la Higuera et prendre la A 494 vers le Nord-Ouest.

Mazagón

La **plage** de sable fin s'étend sur dix kilomètres, de l'embouchure du Tinto jusqu'à la tour du Loro. Cet endroit tranquille, sans immeubles, accueille des campings bien aménagés et un ensemble de petits pavillons. Le port de plaisance moderne propose diverses activités et le parador dispense de jolies **vues** sur la côte.
Poursuivre vers le Nord-Ouest sur la A 494.

Palos de la Frontera★

Ville natale des frères Pinzón, compagnons de Christophe Colomb, cette ville pittoresque s'étage sur la rive gauche du Tinto. Les maisons blanchies à la chaux, les ruelles étroites et l'ambiance joyeuse qui se dégage des plages constituent l'attrait principal de Palos. Elle est l'une des étapes de la route des « Sites colombins », comme le rappellent les azulejos à divers endroits.

Casa-Museo de Martín Alonso Pinzón – *Tlj sf w.-end 10h-13h30, 17h-19h. Fermé j. fériés. Gratuit.* ☎ *959 35 01 99.*
La maison-musée de Martín Alonso Pinzón est l'ancienne résidence du célèbre marin. On y voit certains de ses effets personnels (cartes, appareils de navigation, etc.) et dans une salle, photographies, coupures de presse et autres objets commémorant le premier vol transatlantique de l'hydravion *Plus Ultra* qui relia Palos de la Frontera à Buenos Aires en 1926.

carnet pratique

RESTAURATION

Nombre de restaurants se sont installés sur la grand-place de Matalascañas. Deux établissements attenants de style andalou méritent d'être mentionnés : **Manolo León**, et ses plats à base de viande, et **Manolo Vázquez**, spécialisé dans les poissons et fruits de mer.

• À bon compte

Miramar – *Miramar, 1 - Punta Umbría -* ☎ *959 31 12 43 - 18,03/24,04€ - à midi, le soir seulement les w.-end et j. fériés et tlj en été.* Restaurant en bord de plage spécialisé dans les poissons et les fruits de mer. Il s'agit plutôt d'un bar sobre, bruyant et enfumé, où les tables sont recouvertes de nappes en papier.

La **Plaza del Mercado** accueille de nombreux restaurants et bars fréquentés, où l'on peut savourer poissons et fruits de mer d'une grande fraîcheur.

Caribe II – *Calle Nao - El Rompido -* ☎ *959 39 90 27 - 18/30€ - 11h-17h (le soir également sam.).* Un bon restaurant pour le déjeuner spécialisé dans les poissons et les fruits de mer. Les délicieux calmars, les rougets, les grosses crevettes et les homards feront vos délices. Terrasse ouvrant sur le port de pêche.

• Valeur sûre

El Remo – *Avenida de Conquistadores, 123 - Mazagón (à la sortie de la station, vers Matalascañas) -* ☎ *959 53 61 38 - 20,30/30,40€ - fermé nov., mer. (sf juin-oct.).* L'une des meilleures tables du lieu avec terrasse (chaises tapissées) et bar ouvrant sur la plage. Spécialités : poissons, fruits de mer et viandes grillées.

HÉBERGEMENT

• À bon compte

Santa María – *Palos de la Frontera, près du monastère de La Rábida -* ☎ *955 53 00 01 - 18 ch. : 24,04/39,07€.* Petit hôtel mais grand restaurant avec vue sur l'estuaire du Tinto. Malheureusement, les chambres ne donnent pas sur le fleuve à l'exception d'une chambre double.

• Valeur sûre

Ayamontino Ría – *Avenida de La Ría, 1 - Punta Umbría -* ☎ *959 31 14 58 - 20 ch. : 59/88€.* Hôtel qui n'a de charme que dans ses chambres ouvrant sur le port. Les demander…

Carabela Santa María – *Avenida de Conquistadores - Mazagón -* ☎ *959 53 60 18 - 73 ch. : 67,16/83,48€.* L'hôtel se remarque immédiatement, dès que l'on pénètre dans le village par la route de Huelva. Chambres correctes et fonctionnelles. Bar et restaurant.

Parador de Mazagón – *Plage de Mazagón, 6 km à l'E de la station par la A 494 -* ☎ *959 53 63 00 - 42 ch., 1 suite : 95,50/119,38€.* Parador moderne dominant la plage. Chambres avec terrasse offrant une vue panoramique. Le restaurant propose des plats variés : poissons (loup de mer à la langouste), fruits de mer (langoustines et gambas) et viandes (aloyau de porc).

Pato Amarillo – *Urbanización Everluz - Punta Umbría -* ☎ *959 31 12 50 -* 🅿 *- 120 ch. : 83/120€.* Nombreuses chambres avec vue sur la mer. Hôtel agrémenté d'un jardin, d'une piscine, d'un bar et d'un restaurant.

La Pinta – *Rábida, 79 - Palos de la Frontera -* ☎ *959 35 05 11 - 30 ch. : 36,06/60,10€.* En plein centre du village, petit hôtel de charme réservant un bon accueil. Chambres correctes.

Real – *Falucho, 2 - Punta Umbría -* ☎ *959 31 04 56 - 24 ch. : 37/63€.* Petit hôtel dans la zone piétonne. Chambres très simples et propres.

À côté, l'**Hotel Emilio** *(calle Ancha, 21)* est de même style.

• Une petite folie !

El Cortijo – *Sector E, Parcela 15 - Matalascañas -* ☎ *959 44 87 00 - 51 ch., 2 suites : 152/161€.* Cet hôtel coiffé de plusieurs tours est doté d'une grande piscine, de deux restaurants et d'un bar de style andalou. Chambres confortables. L'été, l'hôtel propose diverses activités.

San Jorge – *Avr.-sept. : tlj sf lun. 10h-14h, 17h-21h, w.-end et j. fériés 11h-20h ; le reste de l'année : tlj sf lun. 10h-19h. Fermé 1ᵉʳ et 7-31 janv., 24, 25 et 31 déc. 3,01€.* ☎ *959 53 05 65.* Situé sur une jolie petite place, ce joyau de l'architecture gothique et mudéjare (15ᵉ s.) est célèbre. C'est dans cette église que Christophe Colomb se recueillit la veille de son départ, le 3 août 1492. Tous ses marins franchirent la « porte des fiancés » avant de gagner l'embarcadère où étaient amarrées les caravelles qui allaient les conduire vers le Nouveau Monde. L'eau chargée sur les trois bateaux fut puisée de La Fontanilla, fontaine recouverte d'un petit temple mudéjar, derrière l'église.

DE HUELVA À AYAMONTE [2]

77 km – une journée.

Huelva★ *(voir ce nom)*

Quitter Huelva par la A 497 à l'Ouest en direction de Punta Umbría.

Punta Umbría

L'été, un bac assure une liaison entre Huelva et Punta Umbría. Très agréable traversée de l'Odiel. Cet ancien lieu de repos des mineurs employés aux mines de Riotinto à l'extrémité méridionale de la ria de Huelva, au centre du site naturel des marais de l'Odiel, est aujourd'hui un lieu de villégiature très prisé avec son petit port de plaisance et ses jolies plages aux eaux cristallines à l'ombre d'épaisses pinèdes. Bien équipée pour distraire les vacanciers, Punta Umbría est aussi un port de pêche où

La barre d'El Rompido.

l'on peut assister à la vente du poisson à la criée ou à la pittoresque procession mariale en mer (*15 août*). À deux pas du centre, en direction de El Portil, s'étend un site naturel protégé, le **paraje de Enebrales de Punta Umbría**. Là, les sables marins accumulés par les vents ont été colonisés par les sabines, les genévriers, les lentisques et les aubépines, qui hébergent plusieurs variétés de lézards et des fauvettes.

Revenir sur ses pas et, après avoir parcouru 7 km, quitter la A 497 pour entrer dans El Portil.

El Portil

Cette station balnéaire est l'une des plus fréquentées de la côte, en raison de la splendeur de sa plage et de la proximité du chef-lieu. La **réserve naturelle de la lagune de El Portil** et ses paysages étonnamment beaux accueillent des hérons cendrés et des grèbes.

Poursuivre vers l'Ouest par la HV 4111.

El Rompido

La magnifique plage entourée de dunes de ce petit village de pêcheurs est foulée par de nombreux touristes l'été. Aux abords du village, vers La Antilla, les sédiments déposés par le fleuve à son embouchure ont donné naissance à l'étrange **zone marécageuse du Río Piedras** et à une flèche littorale, la **barre d'El Rompido★**. Des espèces ravissantes comme la mouette rieuse, le canard pilet, l'huîtrier et l'aigrette y ont élu domicile.

Reprendre la HV 4111 vers le Nord.

Cartaya

Village espacé et lumineux, proche des principaux foyers touristiques de la côte. Sur la **plaza Redonda**, lieu bucolique où s'entremêlent orangers, citronniers et lampadaires en fer, se dressent les bâtiments les plus importants de la ville : l'église San Pedro (16ᵉ s.) et son joli clocher décoré d'azulejos, la mairie et la seigneuriale maison de la culture.

Poursuivre par la N 431 en direction de Lepe au Sud-Ouest.

Lepe

Les habitants de ce bourg acceptent avec humour et résignation d'être la risée de l'Espagne (ils sont à l'Espagne ce que les Belges sont à la France : les protagonistes d'histoires drôles). Lepe est l'un des principaux centres agricoles de la région, réputé pour ses fraises extraordinaires, ses figues et ses melons.

Prendre la HV 412 vers le Sud.

La Antilla

Les maisons anciennes s'alignent en bord de mer. Le charme de cette localité paisible n'est pas dénaturé par le flot des visiteurs qui envahit ses plages sublimes. On peut visiter Islantilla, résidence moderne et luxueux terrain de golf, ainsi que le **port d'El Terrón** (*5 km au Nord-Est*) à l'embouchure du río Piedras, où les pêcheurs remaillent leurs filets après la journée de pêche. De nombreux restaurants proposent des fruits de mer d'une qualité exceptionnelle.

Revenir à Lepe et prendre la N 431 vers l'Ouest.

Ayamonte★ *(voir ce nom)*

Costa del Sol★★

La côte de la province de Málaga peut se définir en trois mots : soleil, plage et loisirs. Entre mer et montagnes, de pittoresques villages accrochés aux pentes paraissent tels des belvédères sur la Méditerranée, quand les stations balnéaires animées semblent flotter sur l'eau. Le développement du tourisme espagnol dans les années 1960 a littéralement métamorphosé la plupart de ces anciens villages de pêcheurs. Sur la Costa del Sol, l'été est vécu intensément. Les plages sont bondées, les plus noctambules occupent encore les bars au petit matin, les luxueuses demeures et les terrains de golf – si nombreux que la côte du Soleil est surnommée « **côte du Golf** » – accueillent les stars qui ont choisi cette destination pour y passer leurs vacances.

La situation

Carte Michelin n° 578 V 14, W 14, 15 et 16, X 14 – Andalousie (Málaga).
La côte malaguène s'étire de Sotogrande à Torremolinos, au Sud de Málaga.

Orientée au Sud, elle est protégée des influences continentales par la serranía de Ronda. Les localités côtières sont reliées entre elles par la N 340.
Vous pouvez poursuivre votre voyage en visitant : Algésiras et Gibraltar (ALGECIRAS, au Sud-Ouest), RONDA (50 km au Nord de San Pedro de Alcántara), MÁLAGA (9 km au Nord-Est de Torremolinos), et ANTEQUERA (55 km au Nord de Málaga).

Un climat privilégié

L'hiver, lorsque les frimas gagnent une grande partie de l'Espagne, prendre l'apéritif ou manger sans manteau sur la terrasse d'un restaurant ou d'un café en bord de mer semble difficilement imaginable. C'est le cas pourtant sur la Costa del Sol qui jouit d'un climat privilégié, aux étés chauds, aux hivers très doux et aux températures exceptionnelles presque toute l'année.

circuit

DE TORREMOLINOS À SOTOGRANDE

234 km – compter 2 jours. Voir itinéraire sur le schéma.

Torremolinos

Dans les années 1950, de nombreux artistes et intellectuels ont élu ce tranquille port de pêche comme lieu de villégiature. L'expansion touristique de l'Espagne a provoqué le développement spectaculaire de Torremolinos, surtout dans les années 1970. Aujourd'hui, l'architecture traditionnelle a laissé place à une avalanche de tours modernes et résidences qui accueillent un flot de touristes tout au long de l'année. Attirés par le soleil, les plages immenses, les inépuisables activités récréatives, ils sont séduits par l'ambiance agréable et cosmopolite de la ville. La **calle San Miguel**, centre névralgique de la vie commerçante, est parsemée de boutiques et de bars trépidants. Le **molino de la Torre** est l'unique représentant des nombreux moulins qui donnèrent le nom à la ville. Sur le **paseo Marítimo**, ravissante promenade bordée d'arbres, se pressent nombre de restaurants proposant de savoureux produits de la mer. Enfin, des tavernes et des bars animés se sont installés dans le « **pueblo andaluz** », quartier neuf de style architectural traditionnel.
Prendre la N 340 vers le Sud-Est.

Une des nombreuses plages de la Costa del Sol.

G. Bludzin/MICHELIN

carnet pratique

OFFICES DE TOURISME

Benalmádena – *Avenida Antonio Machado, 10 - Benalmádena Costa* - ☎ *952 44 12 95* - *www.benalmadena.com*

Estepona – *Avenida San Lorenzo, 1 - 29680 Málaga* - ☎ *952 80 09 13* - *www.pgb.es/estepona*

Fuengirola – *Avenida Jesús Santos Rein, 6 - Fuengirola* - ☎ *952 46 74 57/76 25* - *www.pta.es/fuengirola*

Marbella – *Glorieta de la Fontanilla - 29600 Málaga* - ☎ *952 77 14 42* - *www.pgb.es/marbella (d'autres bureaux de tourisme se trouvent à l'entrée de la ville sur la voie rapide).*

Nerja – *Puerta del Mar - 29780 Málaga* - ☎ *952 52 62 87.*

Salobreña – *Plaza de Goya - 18680 Granada* - ☎ *958 61 03 14.*

Torremolinos – *Plaza Pablo Ruiz Picasso - Torremolinos* - ☎ *952 37 11 59 - Glorieta de las Comunidades Autónomas - Playa del Bajondillo - Torremolinos* - ☎ *952 37 19 09.*

TRANSPORTS

Aéroport – Le seul aéroport de la Costa del Sol est celui de Málaga, à 9 km de la ville en direction de Torremolinos *(renseignements ☎ 952 04 88 84/04 ; arrivées ☎ 952 04 88 45/44 ; départs ☎ 952 04 88 04/42).* La liaison entre l'aéroport et toutes les villes de la côte est assurée par autocar (correspondances parfois). Trains reliant Málaga et Fuengirola, avec plusieurs arrêts entre les deux villes *(voir Trains)*. Taxis.

La **voiture** est sans aucun doute le moyen de transport idéal pour sillonner la Costa del Sol. Les transports publics fonctionnent très bien, mais le service n'est pas assuré toute la nuit (excepté les taxis). Une voie rapide, la N 340, en partie doublée d'une autoroute à péage, la A 49, traverse la Costa del Sol et permet de se déplacer très rapidement d'un lieu à un autre.

Trains – La gare principale de la Costa del Sol se trouve à Málaga *(Explanada de la Estación - ☎ 952 36 05 60 ; bureaux de la RENFE à Málaga - ☎ 902 24 02 02)*, certains trains ne s'arrêtant que dans cette ville.
Une ligne relie Málaga à Fuengirola en passant par La Colina, Torremolinos et Benalmádena ; certains trains s'arrêtent à l'aéroport de Málaga et d'autres villes sur le trajet. Trains toutes les demi-heures entre 6h33 et 23h15. Málaga-Fuengirola : 3/4h de trajet, tarif : 2,05€.

Benalmádena – *Avenida de la Estación* - ☎ *952 12 80 84.*

Fuengirola – *Avenida Juan Gómez « Juanito »* - ☎ *952 47 85 40.*

Marbella – *Calle Strachan, 2* - ☎ *952 21 31 22.*

Torremolinos – *Avenida de la Estación* - ☎ *952 12 80 85.*

Autocars interurbains – Moyen de transport très utilisé qui assure la liaison entre les différentes villes du littoral. La compagnie **Portillo** propose un transport rapide et confortable. Arrêts dans les principales villes, et, en saison, dans les ensembles touristiques et aux plages.

Des services interurbains assurent la liaison entre les principales villes de la Costa del Sol, certaines villes d'Espagne et même quelques capitales européennes.

Benalmádena – Il n'y a pas de gare routière à Benalmádena. Les autocars **Portillo** relient les trois zones de Benalmádena à Torremolinos de 7h à 22h30. Plusieurs arrêts sur le trajet. Tarif du billet 0,70€ environ en fonction du trajet. Achat dans l'autobus ou au kiosque situé avenida Antonio Machado (à côté du McDonald's).

Estepona – Gare routière sur l'avenida de España *(☎ 952 80 29 54).*

Fuengirola – Gare routière au coin de l'avenida Matías Sáenz de Tejada et de la calle Alfonso XIII *(☎ 952 47 50 66).*

Marbella – La gare routière *(avenida Ricardo Soriano, 21 - ☎ 952 77 21 92)* est à l'origine de lignes reliant toute l'Espagne et les principales capitales européennes.

Taxis – Benalmádena – ☎ *952 44 15 45/11 00.*

Estepona – ☎ *952 80 29 00/04 ou 952 89 00 12.*

Fuengirola – ☎ *952 47 10 00.*

Marbella – ☎ *952 77 44 88/00 53.*

San Pedro de Alcántara – ☎ *952 77 44 88.*

Torremolinos – ☎ *952 38 06 00.*

Autobus métropolitains – *Service de renseignement* – ☎ *922 36 72 00.*

Benalmádena – Des autobus relient Benalmádena Costa, Benalmádena (vieux village) et Arroyo de la Miel. Nombreux arrêts. Prix du billet : 0,75€.

Torremolinos – Deux lignes d'autobus (L1 et L2) sillonnent la ville. Prix du billet : 0,70€.

Fuengirola, Marbella et Estepona – Villes sans autobus.

Ports de plaisance – Les principales villes ont toutes un port de plaisance. Certains bénéficient d'une excellente réputation :

Puerto Banús – À 6 km du centre de Marbella, ce port dispose de neuf cent quinze anneaux pour des bateaux de 8 à 50 m de long. Il accueille certains des bateaux les plus luxueux du monde. Ce port inauguré en 1970 est aujourd'hui l'un des principaux attraits touristiques de la ville.

Puerto Marina – Situé à Benalmádena, plus récent que Puerto Banús, Puerto Marina est un port de plaisance important de mille anneaux. Ports de plaisance également à Estepona, Marbella et Fuengirola.

Puerto Banús.

J. Malburet/MICHELIN

RESTAURATION

• Valeur sûre

El Bodegón del Muro – *Santo Domingo, 23 - Benalmádena - ☎ 952 56 85 87 - réservation conseillée - 19/33€*. Un des endroits préférés des familles andalouses. Bonne cuisine locale. La salle voûtée d'allure rustique déroule une terrasse avec vue sur la mer.

Bar Vori – *Calle Aduar, 12 (vieille ville) - Marbella - ☎ 952 86 13 95 - 17/24€*. Excellents poissons et fruits de mer dans ce petit restaurant à la modeste façade. À deux pas de la plaza de los Naranjos, il déroule sa terrasse dans une ruelle typiquement andalouse.

El Balcón de la Virgen – *Calle Remedios, 2 (vieille ville) - Marbella - ☎ 952 77 60 92 - soir seulement - fermé mar., 14 janv.-13 fév. - 26,55€*. Dans une rue pittoresque du vieux quartier, où les terrasses de restaurants se succèdent sans interruption, l'établissement se remarque facilement : une Vierge trône sur la façade. Cuisine andalouse.

TAPAS

La Rada – *Avenida de España et calle Caridad, Edif. Neptuno - Estepona - ☎ 952 79 10 36*. Établissement fort agréable et… incontournable. Poissons et fruits de mer savoureux.

Los Rosales – *Damas - Estepona - ☎ 952 79 29 45*. Ce bar spécialisé dans les poissons et les fruits de mer est situé dans l'une des ruelles de la pittoresque plaza de las Flores.

La Venencia – *Avenida Miguel Cano, 15 - Marbella - ☎ 952 85 79 13*. Bar typique à deux pas de la mer. Les tapas se dégustent sur des tonneaux dressés sur le trottoir. Vous trouverez une petite place si vous avez de la chance.

Altamirano – *Plaza Altamirano, 3 - Marbella*. Sur une placette du quartier ancien de Marbella, restaurant sans prétention spécialisé dans les poissons et les fruits de mer. Tables en plastique sur la place et azulejos sur la façade.

À **Torremolinos**, le quartier piétonnier de **La Carihuela**, qui longe la plage, est la zone la plus pittoresque et commerçante de la ville. Plusieurs dizaines de bars, restaurants, hôtels et boutiques en tous genres se sont installés dans ces rues. Parmi les restaurants, **Casa Juan**, spécialisé dans les poissons et les fruits de mer depuis plus de trente ans, et **El Roqueo**, un classique avec terrasse sur la promenade de front de mer, sont de bonnes adresses.

HÉBERGEMENT

• À bon compte

Hostal El Pilar – *Plaza de las Flores, 10 - Estepona - ☎ 952 80 00 18 - 18 ch. : 39/45€ (TVA incluse)*. Le temps semble s'être arrêté dans cette jolie maison andalouse située sur la place principale. Elle est décorée de photos de famille en noir et blanc et possède un imposant escalier ancien qui mène aux chambres. Celles-ci sont simples et agréables.

Guadalupe – *Calle Peligro, 15 - Torremolinos - ☎ 952 38 19 37 - 10 ch. : 31/49€ (49/90€ en août)*. Auberge à 50 m de la plage, dans une ruelle commerçante. Chambres sobres et propres.

• Valeur sûre

Hotel La Fonda – *Calle Santo Domingo, 7 - Benalmádena - ☎ 952 56 83 24 - 26 ch. : 72/95€*. Lieu idéal pour profiter de la mer à l'abri des foules. Cet hôtel de charme, situé dans la Sierra de Castillejos, domine la Méditerranée. Chambres spacieuses, piscine intérieure, patios et terrasses offrant de belles vues sur les collines et la mer.

Santa Marta – *Sur la N 340, à quelques kilomètres d'Estepona vers Málaga - ☎ 952 88 81 77 - 37 ch. : 80/100€ - avr.-oct.* Hôtel avec bungalows et chambres ouvrant sur le jardin. Piscine, restaurant thaïlandais et bar au pied de la plage. Réserver longtemps à l'avance car les agences de voyages sont prioritaires.

Lima – *Avenida Antonio Belón, 2 - ☎ 952 77 05 00 - 64 ch. : 66,10/86,25€*. À 60 m de la plage et à 100 m du centre historique de Marbella.

Breakerslodge – *Avenida Mimosas, 189 - San Pedro de Alcántara - ☎ 952 78 47 80 - 6 ch. : 75/86€ - juin-oct.* À 300 m de la mer, agréable maison dans un quartier résidentiel, dotée de six grandes chambres joliment décorées dans cette propriété britannique.

Mediterráneo Carihuela – *Calle Carmen, 43 - Torremolinos - ☎ 952 38 14 52 - 33 ch. : 43/82€ (coût un peu moins élevé des chambres ne donnant pas sur la mer)*. Dans l'un des plus beaux quartiers de la ville, également très animé. Chambres correctes avec terrasse dominant le front de mer.

• Une petite folie !

El Fuerte – *Avenida del Fuerte - Marbella - ☎ 952 86 15 00 - 261 ch., 2 suites : 108/156€*. Hôtel de luxe en bord de mer. Jardins tropicaux et vestiges des remparts du 16e s.

B. Kaufmann/MICHELIN

La Carihuela.

Tropicana – *Calle Trópico, 6 - Torremolinos - ☎ 952 38 66 00 - 84 ch. : 101,30/135€*. Hôtel de luxe à l'architecture exotique, disposant d'une plage privée, d'un jardin avec piscine et d'un restaurant (Mango).

SORTIES

À **Benalmádena**, l'animation règne autour du port de plaisance et sur la plaza Solymar, à deux pas du port. La plaza de la Mezquita de Arroyo de la Miel, également très animée, n'égale pas le port de plaisance, où abondent des établissements pour tous les goûts qui vibrent 24h/24. La ville compte également un casino, le **Casino Torrequebrada** (☎ *952 44 60 00*). Arroyo de la Miel programme l'été des concerts d'artistes connus à **Tívoli World**, parc d'attractions très célèbre *(tlj avr.-déc. - ☎ 952 57 70 16)*.

Maracas – *Puerto Marina - Benalmádena - 11h-5h*. Grand établissement animé toute la journée. Parfait pour prendre un verre sur la terrasse, au comptoir ou pour danser sur la piste jusqu'à l'aube. Décor tropical soigné. Clientèle tous âges et tous genres confondus.

Monet – *Puerto Marina - Benalmádena - 10h-4h*. Café le jour, pub la nuit. Grande terrasse avec sièges en osier confortables, très agréable pour boire un café l'après-midi et admirer la vue sur le port. Comptoir extérieur et intérieur pour prendre un verre la nuit avant de rejoindre la piste de danse.

Tabú – *Puerto Marina - Benalmádena - 11h-6h*. Café-bar-discothèque dispensant de belles vues sur le port de plaisance. Décor antillais soigné. Lieu réputé pour ses innombrables cocktails et jus de fruits. Public hétéroclite de 25 à 99 ans. Cours de salsa pour les femmes le jeudi et le dimanche.

Disco Kiu – *Plaza Solymar - Benalmádena Costa - 24h-7h*. Immense discothèque typique des années 1980. Plusieurs salles de danse (salsa, musique commerciale et techno). Public jeune de toutes les nationalités.

La **calle Real**, au centre d'**Estepona**, et le **port de plaisance** sont les endroits les plus animés. L'après-midi, le port est un lieu paisible pour se promener ou prendre un verre sur une terrasse. En début de soirée, la calle Real s'anime et vibre toute la nuit, mais c'est sur le port que s'achève la nuit au petit matin.

L'été, la plage est la scène de concerts pop et rock.

Jazz Pub – *Tour de contrôle du port de plaisance - Estepona - 16h-3h*. Ce pub calme et accueillant aux fauteuils confortables est fréquenté par une clientèle d'âge mûr. Grande variété de cocktails. Concerts de musique douce de qualité le vendredi et le dimanche soir. Terrasse fort agréable l'après-midi.

Melodie Cool – *Calle Real, 25 - Estepona - 18h-3h*. Petit établissement étonnant au décor pop et cybernétique, fréquenté par un public cosmopolite. Grande variété de cafés, boissons et cocktails.

Chico Diez – *Port de plaisance, local 27 - Estepona - été : tlj ; hiver : w.-end 22h-5h*.

Ático – *Port de plaisance, niveau supérieur - Estepona - été : tlj ; hiver : w.-end 22h-6h*.

Sirocco – *Port de plaisance, niveau supérieur - Estepona - été : tlj ; hiver : tlj sf mar. 21h-5h*.

Ambiance assurée. L'été, ces trois établissements ne désemplissent pas. Clientèle : 20-40 ans. Les plus âgés préfèrent Chico Diez.

La majorité des endroits de **Fuengirola** appréciés des noctambules se concentrent au cœur de la ville, dans le quartier de la plaza de la Constitución et aux alentours.

Les calles Miguel de Cervantes et Emancipación ou encore le paseo Rey de España sont très animés.

La mairie organise en juillet, août et septembre diverses manifestations culturelles (expositions, concerts et représentations théâtrales).

Café La Plaza – *Plaza de la Constitución, 9 - Fuengirola - lun.-sam. 8h-2h*. Dans une maison ancienne, sur la plaza de Fuengirola, ce café sur deux étages, au décor traditionnel, est agréable pour prendre un petit déjeuner ou goûter quelques tapas. Clientèle principalement locale, tous âges confondus.

Pijama – *Calle Cervantes, 14 - Fuengirola - été : tlj ; hiver : w.-end 22h30-5h*. Agréable petit établissement. Bonne ambiance dans un décor soigné. Le vendredi l'hiver : concerts de rumbas, sevillanas… des groupes connus s'y produisent parfois. Public de 20 ans et plus. L'animation bat son plein entre minuit et 3h.

El Piso – *Avenida Condes de San Isidro, 24 (entrée calle Estación) - Fuengirola - lun.-sam. 22h-3h*. Cet établissement occupe le premier étage d'un édifice qui dispense une très belle vue sur la grand-place. Endroit paisible et accueillant décoré à l'ancienne. Les mardi, mercredi et jeudi, concerts de flamenco, musique latine, etc. Parfait pour discuter tranquillement.

Mahama – *Sur la rte de contournement, à Mijas Costa - juil.-août : 22h-7h ; sept. : ven.-sam. 22h-17h*. Vaste établissement autour d'un grand patio où l'eau et les plantes occupent une place déterminante. Mahama ressemble à une hacienda andalouse. Décoration très soignée. Coins tranquilles pour discuter. Immense piste de danse. Clientèle essentiellement espagnole, tous âges confondus. Plus on s'enfonce dans la nuit, et plus la moyenne d'âge diminue. Un grill ouvert toute la nuit propose des plats pour calmer la faim.

Marbella propose nombre d'activités ludiques, le touriste distrait peut s'y perdre facilement. On distingue plusieurs zones : des établissements tranquilles et très agréables se dissimulent dans les rues et les places peu fréquentées, de style andalou, du **quartier ancien** de Marbella, surtout aux abords de la plaza de los Naranjos. Les plus

Terrasses de la plaza de los Naranjos, à Marbella.

B. Kaufmann/MICHELIN

jeunes (16-20 ans) se donnent rendez-vous au **port de plaisance** de **Puerto Banús** où se concentre le plus grand nombre d'établissements branchés pour tous les goûts et tous les âges. Ils vibrent toute la journée. Quelques endroits très connus se trouvent un peu à l'écart le long de la voie rapide.

L'été, la mairie organise nombre d'événements culturels. Des concerts de genres divers et des représentations théâtrales sont donnés à l'**auditorium** du parc de la Constitution. La **galerie d'art municipale** *(Plaza José Palomo)* et le **musée de la Gravure espagnole contemporaine** *(calle Hospital Bazán)* proposent de nombreuses expositions de peinture et de photographie notamment. Le **casino** *(Hotel Andalucía Plaza,* ☎ *952 81 28 44, www.casinomarbella.com)* organise des spectacles variés et des expositions en sus de ses activités courantes.

Sinatra Bar – *Puerto Banús - Marbella - 9h-3h.* Agréable terrasse dispensant de magnifiques vues sur le port de plaisance. Clientèle essentiellement étrangère et jeune. Idéal pour prendre un verre devant le spectacle des voitures et des yachts de luxe. Petits déjeuners et repas sont également servis.

La Abadía – *Calle Pantaleón (à deux pas de la plaza de los Naranjos) - Marbella - de mi-mai à mi-sept. et pendant la Sem. sainte : 21h-4h.* L'établissement se cache dans une ruelle pleine de charme du quartier ancien de Marbella. Ambiance exceptionnelle de minuit à 2h du matin pour débuter la soirée. Public : 20-35 ans. Bonne musique commerciale. Vaut le détour.

Café del Mar / The Club – *Hotel Puente Romano, rte de Cadix – Marbella- Café del Mar : 22h-4h, The Club : 24h-6h30.* Ces deux établissements de luxe sont le rendez-vous des personnalités. La soirée débute en prenant un verre après le dîner au Café del Mar (belles vues sur la Méditerranée) et se poursuit en dansant au Club jusqu'au petit matin. Ambiance VIP.

Olivia Valère – *Rte d'Istán - Marbella - 21h-7h.* C'est l'endroit le plus luxueux et le plus privé de la côte. Dans ce palais de style arabe se succèdent patios, terrasses et jardins ; l'ambiance diffère en fonction du lieu. Certains dînent, d'autres prennent un verre en profitant d'un concert, d'autres encore se ruent sur la discothèque pleine à craquer. C'est le grand rendez-vous de la jet-set de Marbella.

Oh! Marbella – *Beach Hotel Don Carlos, rte de Cadix - Marbella - juil.-août et Sem. sainte : 23h-6h.* Grande discothèque de luxe réputée, la piste de danse est fantastique et la terrasse avec vue sur la mer très agréable. La soirée débute par de la musique latine, suivie de la *house* plus commerciale. Clientèle étrangère : 20-40 ans. Parfait pour des nuits effrénées.

Il n'y a pas vraiment de saison pour les touristes étrangers de Torremolinos bien que la population de la ville grossisse considérablement l'été. La mairie propose de nombreux spectacles sur la place tout au long de l'année. L'hôtel de ville et l'Office de tourisme distribuent un programme compilant toutes les activités culturelles et récréatives.

La calle San Miguel, la plaza Costa del Sol et l'avenida Palma de Mallorca comptent nombre d'établissements, mais les noctambules ont une préférence pour Puerto Marina et Benalmádena.

Lepanto – *Calle San Miguel, 54 - Torremolinos - 9h-22h.* Inauguré il y a trente-cinq ans, Lepanto fait partie d'une chaîne de cafétérias et de pâtisseries, représenté aussi à Fuengirola et Málaga. Excellentes pâtisseries. Confortable salon de thé traditionnel.

El Molino de La Torre – *Calle Cuesta del Tajo, 8 - Torremolinos - 12h-24h.* Café-restaurant idéal pour prendre un verre en bénéficiant de vues spectaculaires sur la côte.

ACHATS

La zone commerçante se concentre essentiellement à **Benalmádena** Costa et sur le port de plaisance. L'après-midi, des artisans vendent leurs produits sur les placettes et les rues du quartier du port. L'avenida d'Antonio Machado accueille un grand nombre de boutiques. À Arroyo de la Miel, les magasins traditionnels se trouvent calle de las Flores et aux alentours.

Le vendredi matin, sur le parking de Tívoli Park se tient le **marché** qui se déplace dans les localités de la côte en vendant un peu de tout. Au même endroit, le dimanche, le marché propose des objets d'occasion.

Le commerce est moins développé à Benalmádena Pueblo. Néanmoins, la Casa del Artesano sur la plaza de España mérite le détour. Le samedi, des artisans de tous les corps de métier y fabriquent leurs objets.

La rue commerçante d'**Estepona** est la calle Real (rue piétonne), entre l'avenida Juan Carlos I et la calle Terraza. Les magasins abondent également dans les rues transversales (Valladolid, Granada, Córdoba, Valencia).

Un **marché** se tient avenida Juan Carlos I le mercredi (9h-14h). Le dimanche matin, de petits artisans s'installent sur le port de plaisance.

À **Fuengirola**, la plupart des boutiques rayonnent autour de la plaza de la Constitución, l'avenida Matías Sáenz de Tejada y Ramón y Cajal, où abondent des petits commerces plus traditionnels. Les magasins plus modernes se sont installés dans le quartier de Los Boliches.

Le plus grand **marché** de toute la côte se tient le mardi dans le Recinto Ferial. Le samedi matin, au même endroit, se tient un petit marché aux puces très populaire.

Marbella, la « capitale » de la côte, exerce également une hégémonie commerciale. Les boutiques des principales marques internationales profitent du pouvoir d'achat élevé des clients de Marbella et les magasins de mode réputés en Italie, en France ou aux États-Unis servent une clientèle chic. La plupart de ces boutiques se sont installées à

Puerto Banús, grand conglomérat d'établissements modernes et intéressants, dans le quartier ancien de Marbella et autour de l'avenida Ricardo Soriano y Ramón y Cajal. Puerto Banús héberge également le plus grand centre commercial de toute la côte.

Tous les lundis, à côté du stade de football de Marbella, se tient un petit **marché** populaire. Le samedi matin, le grand marché itinérant, proposant objets de tous genres, s'installe près de Puerto Banús, à deux pas des arènes de Nueva Andalucía.

La calle San Miguel, au cœur de **Torremolinos**, est une voie piétonne animée où se pressent nombre de magasins. Cet axe commerçant se poursuit avenida Palma de Mallorca et dans les rues attenantes, concentrant boutiques modernes et magasins plus traditionnels. Au n° 4 de la calle Isabel Manoja, le magasin fondé en 1908, vend les tortas typiques de Torremolinos. La Cuesta del Tajo réserve quelques vues spectaculaires sur la mer tandis que des stands ambulants plus traditionnels et pittoresques animent cette rue en pente.

Le **marché** itinérant se tient jeudi matin dans El Calvario.

Benalmádena

Benalmádena Costa se trouve juste après **Arroyo de la Miel**, succession d'appartements et d'hôtels longeant la côte.

Importante station balnéaire située entre les derniers contreforts de la sierra de Mijas et la mer, elle bénéficie de températures exceptionnelles d'avril à novembre et le nombre de touristes y est constant tout au long de l'année. La ville, réunissant de belles plages, des terrains de golf, un port de plaisance et une multitude de restaurants, discothèques, terrasses et bars, propose d'intéressantes activités ludiques et sportives.

Situé à quelques kilomètres à l'intérieur des terres, le **vieux village** conserve tout le charme des villages andalous traditionnels : éclats de rires, événements festifs dans les rues et maisons aux fenêtres parées de fleurs. Le **Musée archéologique** et son intéressante collection d'objets précolombiens, le **château de Bil-Bil**, édifice moderne où sont organisées des activités culturelles, et les **tours de guet**

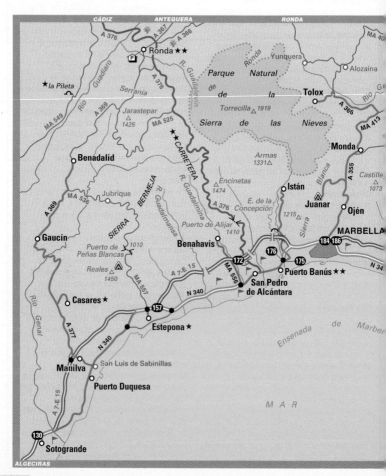

Torremuelle, Torrequebrada et Torrebermeja (16ᵉ s.) méritent d'être mentionnés. *Été : tlj sf w.-end 10h-14h, 17h-20h ; le reste de l'année : tlj sf w.-end 10h-14h, 16h-19h. Fermé j. fériés. Gratuit.* ☎ *952 44 85 93.*

Prendre la N 340, sortir à l'échangeur 217 pour prendre la A 368.

Mijas★ *(voir ce nom)*

Par la A 387, gagner Alhaurín au Nord-Est.

Alhaurín el Grande

Ce village lumineux et élégant se dresse sur une colline de la sierra de Mijas, parmi les arbres fruitiers, les cultures de légumes, d'agrumes et d'oliviers. Son quartier ancien est un dédale de rues pavées et de maisons blanches agrémentées des typiques balcons fleuris. Il conserve quelques monuments anciens, l'**arc du Cobertizo**, porte arabe qui appartenait à l'origine à l'enceinte, et l'**ermitage de la Vera Cruz**, étrange édifice néogothique (20ᵉ s.).

Prendre la A 366 vers le Nord-Ouest.

Coín

Ce village se profile parmi les cultures d'agrumes. L'**église St-Jean** (16ᵉ s.) renferme un magnifique retable baroque et de beaux azulejos dans les écoinçons et sur la corniche. L'**église Ste-Marie-de-l'Incarnation** (15ᵉ s.) est bâtie sur l'ancienne mosquée dont elle conserve le minaret ; l'**église St-André** est couverte à l'intérieur d'un joli plafond *artesonado* ; enfin, l'église du Christ-de-la-Vraie-Croix de l'ancien couvent de Trinitaires mérite également d'être mentionnée.

Revenir à Alhaurín el Grande et prendre la A 387, puis la MA 426 vers le Sud.

Fuengirola

Grand centre balnéaire de la Costa del Sol hérissé de tours modernes. Ses sept kilomètres de plage, ses installations sportives, appartements, hôtels, restaurants et bases de loisirs attirent nombre de touristes toute l'année.

Perché sur une colline, le **château de Sohail** domine la ville. Il porte ce nom curieux car les Arabes ont découvert ici l'étoile Sohail, que nous appelons Canope. Ses tours crénelées du 10ᵉ s. et ses murs sont d'origine. Le **quartier de Santa Fe de los Boliches** recèle d'intéressants **vestiges archéologiques** – des thermes (1ᵉʳ s.) et les restes d'une villa romaine – et un **musée** de peinture en **plein air** qui expose les fresques d'artistes connus (Sempere, Rafael Peinado, Elena Asins, etc.).

Gagner Marbella par la N 340.

Marbella★★ *(voir ce nom)*

Excursion jusqu'à Tolox – *Voir Marbella.*

Reprendre la N 340 vers l'Ouest.

Puerto Banús★★ *(voir Marbella)*

San Pedro de Alcántara

Des fermiers qui travaillaient dans les plantations de coton et de canne à sucre du marquis del Duero habitaient cet ancien village de la commune de Marbella. Aujourd'hui, c'est une grande station balnéaire en raison de sa proximité avec Marbella. D'importants vestiges archéologiques se dressent encore en bord de mer : **Las Bóvedas**, curieuse construction thermale octogonale aux pièces voûtées (3ᵉ s.), et la **basilique de Vega del Mar**, édifice paléochrétien (6ᵉ s.) à trois vaisseaux et deux absides en vis-à-vis, où l'on a trouvé plusieurs tombes contenant de précieux trousseaux funéraires. *Visite guidée (1h3/4) mar., jeu., sam. à 12h. Visite de Las Bóvedas également.* ☎ *952 78 13 60.*

Alhaurín el Grande.

Une **route**★★ sinueuse relie San Pedro de Alcántara à **Ronda**★★ *(voir ce nom).*
Prendre la MA 556 vers le Nord.

Benahavís
Ce village se trouve entre la mer et la montagne sur les rives du río Guadalmina, à proximité du beau défilé de Las Angosturas. Son nom rappelle son origine arabe. Il renferme les vestiges du château de Montemayor et plusieurs tours de guet, témoignages de l'ancien système défensif musulman. Cette petite localité réunit nombre de restaurants, installés dès les années 1980 à l'initiative d'un groupe d'Anglais.
Revenir à San Pedro de Alcántara et prendre la N 340 vers le Sud-Ouest.

Estepona★
Au pied de la sierra Bermeja, Estepona est l'une des grandes stations balnéaires de la Costa del Sol. Les nombreux hôtels et plages, qui bordent ses vingt kilomètres de côte, accueillent une population qui triple l'été. Important port de plaisance et de pêche (900 anneaux), Estepona est le lieu de vacances idéal avec son terrain de golf, son club de plongée sous-marine, sans oublier, sa multitude de discothèques, pubs, boutiques prestigieuses et restaurants de renom.
Sur la côte s'alignent plusieurs tours de guet, érigées entre les 15e et 16e s.

Quartier ancien★ – Entouré de quartiers bigarrés, il conserve la forme et le charme des villages blancs andalous. Ses ruelles étroites et ses maisons blanchies à la chaux, ornées de grilles et de balcons fleuris, en constituent les principaux attraits. On y verra quelques vestiges comme les **ruines du château**, avec la tour de l'Horloge et la tour de guet, sans oublier la charmante **plaza de las Flores**★ qui a beaucoup de cachet.

L'église Nuestra Señora de los Remedios (18e s.), qui faisait partie d'un couvent de tertiaires de St-François, dénote bien l'influence de l'architecture coloniale. Les trois vaisseaux sont séparés par des arcs en plein cintre reposant sur des pilastres. Le **portail**★★ baroque, orné de représentations du soleil, de la lune et des étoiles, est remarquable. Observez plus haut l'écusson flanqué de deux étranges têtes. Enfin, une tour surmontée d'une flèche pyramidale en céramique domine l'ensemble.

Plaza de Toros – Cette arène est singulière en raison de son tracé asymétrique.
Prendre la N 340 jusqu'à San Luis de Sabinillas, puis la A 377 sur la gauche.

> **SITE NATUREL DE LA SIERRA BERMEJA**
> La teinte rougeâtre des formations rocheuses et la présence du curieux pinsapo, espèce de sapin qui ne pousse qu'en Andalousie, sont les principaux attraits de ce beau cadre naturel qui se trouve derrière Estepona, à droite de la route qui mène à Jubrique *(MA 557).*

Manilva
Ce hameau s'étend sur un petit coteau de vignobles à quelques kilomètres de la mer. Son principal attrait est l'**église Ste-Anne** (18e s.) s'ouvrant par un original portail au curieux arc polylobé.
Belles plages sur la **côte** (la Paloma, el Salto de la Mora, Negra, etc.) entre la commune de San Luis de Sabinillas et **Puerto Duquesa.**
Poursuivre sur la A 377 vers le Nord et prendre à droite la MA 546.

Casares★

Ce petit village, dont les maisons enfouies dans une luxuriante végétation semblent suspendues sur un piton de la sierra Crestenilla, fut l'un des derniers bastions arabes dans les montagnes de Málaga. On y voit la maison natale du père du nationalisme andalou, **Blas Infante** (1855-1936) au n° 51 de la calle Carrera.

Son **quartier ancien**★, d'origine musulmane, est un labyrinthe de rues bordées de maisons basses typiques aux toits ocre. Sur la plaza de España se dresse l'église St-Sébastien, à vaisseau unique (17ᵉ s.) et dotée d'un élégant clocher baroque. Les vestiges de l'ancienne forteresse arabe et l'église de l'Incarnation (16ᵉ s.), très endommagée pendant la guerre civile, dominent le quartier ancien.

Revenir sur la A 377 et reprendre vers le Nord.

Gaucín

En pleine serranía de Ronda sur la route des Villages blancs, les maisons blanches et les rues typiques de Gaucín sont accrochées à une butte rocheuse. Des vestiges de l'ancien château, on embrasse de fantastiques **panoramas**★. Le moût *(mosto)* et l'eau de vie de Gaucín, de fabrication artisanale, sont célèbres.

Benadalid

12 km au Nord-Est par la A 369. Ce village d'origine arabe, entouré de vastes étendues d'oliviers et d'amandiers, se dresse à l'abri d'une saillie rocheuse. Les azulejos qui décorent ses rues illustrent les légendes et les anecdotes locales. Les vestiges de l'ancienne forteresse musulmane et ses trois tours cylindriques mutilées couronnent le tout.

Revenir à San Luis de Sabinillas et reprendre la N 340.

Puerto Duquesa

2 km au Sud. Port de plaisance animé. De nombreux restaurants, bars et terrasses contrastent avec la sobriété du château de Sabinillas, situé aux abords du port.

Sotogrande

Résidences de luxe et élégantes demeures à proximité du fameux terrain de golf de Sotogrande, qui a accueilli l'une des éditions de la prestigieuse Ryder Cup.

Parque Natural de **Despeñaperros**★

Parc naturel de Despeñaperros

Passage naturel entre l'Andalousie et le plateau castillan, le défilé creusé par le río Despeñaperros rompt brutalement la régularité de la sierra Morena. Ce défilé est maintenant inclus dans un Parc naturel de 7 717 ha se situant à plus de 1 000 m d'altitude, auquel il a donné son nom. De nombreux belvédères offrent d'extraordinaires **panoramas**★★★ sur les sinueuses falaises de craie et les profonds précipices qui entaillent le parc. La tradition veut que les chrétiens y précipitèrent les Arabes après la bataille de Las Navas de Tolosa, épisode qui serait à l'origine de son nom (*despeñaperros* : « les chiens que l'on a précipités »).

La situation

Carte Michelin n° 578 Q 19 – Andalousie (Jaén).
Situé à l'extrémité septentrionale de la province de Jaén, le Parc naturel de Despeñaperros est desservi par la N IV-E 5 reliant Séville, Cordoue et Madrid. *Vous pouvez poursuivre votre voyage en visitant : LINARES (au Sud par la N IV-E 5 et la N 322), ÚBEDA (au Sud-Est par la N IV-E 5 et la N 322), ANDÚJAR (au Sud-Ouest par la N IV-E 5) et JAÉN (au Sud par la N IV-E 5 et la N 323-E 902).*

> **DESPEÑAPERROS VU D'AVION**
>
> Despeñaperros fascine tant par sa beauté que par l'aspérité de son relief : ces formes arides et pointues, où toute forme de vie semble impossible, ces paysages rocailleux aux formes invraisemblables, enfin ces merveilleuses vues que l'on a des falaises en font un endroit idéal pour les amateurs de photo ou tout simplement pour ceux qui aiment laisser leur imagination vagabonder dans la nature à l'état brut.

visiter

Pour profiter du parc et de son relief impressionnant, il est préférable de parcourir les **différents itinéraires** balisés, tant pédestres qu'automobiles. *Renseignements au ☎ 953 12 50 18.*
On découvrira alors de magnifiques forêts de chênes, de chênes-lièges, de chênes rouvres et de pins parasols qui coiffent une végétation serrée d'arbousiers, de lentisques et de myrte. Au sein de cette étrange végétation, ou dans cet écosystème parfaitement adapté, différentes espèces se côtoient tels le loup, le lynx, la fouine,

la genette, le cerf et le sanglier, ou le vautour et le spectaculaire aigle impérial. En prenant le circuit de l'Arroyo del Rey qui traverse des ravins et des formes capricieuses produites par l'érosion et les pluies abondantes, on rejoint le site dit « Los Órganos » (Les Orgues), où les roches ont adopté la forme de gigantesques tubes. Dans la zone de las Correderas, on peut pratiquer la chasse ou la pêche.

Santa Elena

Ce petit village est, comme La Carolina, le point de départ d'élégantes chasses à courre à travers Despeñaperros.

À proximité se trouvent le **Collado de los Jardines** *(5 km au Nord en direction d'Aldeaquemada)*, étonnant sanctuaire ibère en pleine montagne, et la **grotte de los Muñecos** *(3 km à l'Ouest, direction Miranda de Rey)*, dont les extraordinaires peintures rupestres représentent des silhouettes d'animaux au tracé presque parfait. À 4 km au Nord-Est, le **site naturel de la cascade de Cimbarra** doit sa célébrité à ses spectaculaires chutes et aux superbes gorges que le río Guarrizas a creusées sur son passage.

alentours

La **Carolina**

10 km au Sud de Santa Elena par la N IV-E 5. La Carolina doit son nom au plan de repeuplement de la sierra Morena conduit par Charles III (1767), qui fit de cette petite ville la principale d'un ensemble de localités dispersées dans la montagne. Ses rues larges et perpendiculaires au tracé régulier révèlent bien le goût prononcé du Siècle des lumières pour l'ordre en matière d'urbanisme. Le grand poète mystique **saint Jean de la Croix** y demeura quelque temps comme le rappelle la statue élevée sur la plaza del General Moscardó.

La Inmaculada Concepción – *De mi-juin à fin août : 8h-20h30 ; de déb. sept. à mi-avr. : 8h-20h ; de mi-avr. à mi-juin : 8h-21h, dim. et j. fériés 12h-21h.* ☎ *953 66 00 37.* Édifiée sur les vestiges de l'ancien couvent de La Peñuela, où saint Jean de la Croix séjourna, cette vaste église au sobre portail accueille une belle statue de la Vierge des Douleurs (15e s.) ainsi que le *Martyre de saint Dominique*, de l'école de Ribera.

Palacio del Intendente Olavide – C'était la propriété de don Pablo de Olavide, qui avait dirigé la mise en valeur de la région. Remarquez sa façade monumentale néoclassique couronnée d'un grand blason royal.

Antigua cárcel – C'est dans l'**ancienne prison** de style néoclassique que fut retenu, avant d'être envoyé à Madrid pour son exécution, le général **Rafael del Riego** (1785-1823). Il avait contraint en 1820 le roi Ferdinand VII à accepter la Constitution de Cadix, puis s'était opposé par les armes à l'intervention française destinée à restaurer l'absolutisme royal.

G. Bludzin/MICHELIN

Parc national de Doñana

Les marécages, les dunes mouvantes et les cotos (zones sèches ondulées recouvertes de maquis) composent les splendides paysages du Parc national. Cette vaste zone humide, idéale au printemps comme en hiver, est le lieu de prédilection de plus de cent cinquante espèces d'oiseaux aquatiques qui viennent y passer l'hiver. Le spectacle de ces oiseaux variés est alors merveilleux : de fragiles statues pétrifiées sur les eaux ou des bolides rasant les joncs et atterrissant en piqué sur des tapis de nénuphars forment un incroyable ballet multicolore qui attire autant les spécialistes en ornithologie que les profanes désireux d'observer de leurs propres yeux ce singulier tableau. Mais le charme et l'intérêt du parc ne résident pas uniquement dans la contemplation des oiseaux ; le paysage varié tout en contraste permet d'apprécier les éléments naturels qui se côtoient, les dunes qui engloutissent progressivement toute la végétation, ne laissant plus que la cîme des arbres émerger de la surface sablonneuse, ou les forêts servant de refuge aux cerfs, aux daims, aux chevaux et aux sangliers.

La situation

Carte Michelin n° 578 U 9,10,11 V 10,11 – Andalousie (Huelva, Séville et Cadix).
Situé entre les provinces de Huelva et de Séville, le territoire de Doñana englobe les marécages de la rive droite du Guadalquivir depuis son embouchure à Sanlúcar de Barrameda jusqu'à Matalascañas à l'Ouest et El Rocío au Nord.
Vous pouvez poursuivre votre voyage en visitant : SANLÚCAR DE BARRAMEDA (extrémité Sud du parc), JEREZ DE LA FRONTERA (22 km au Sud-Est de Sanlúcar de Barrameda), EL PUERTO DE SANTA MARÍA (au Sud-Ouest de Jerez) et EL ROCÍO (extrémité Nord du parc).

R. Corbel/MICHELIN

Flamant rose.

comprendre

Avec ses 73 000 ha de zone protégée (parc et préparc), Doñana est l'un des plus grands parcs nationaux d'Europe. Il doit son nom à doña Ana Gómez de Mendoza y Silva (16ᵉ s.), épouse du septième duc de Medina Sidonia et fille de la célèbre princesse d'Éboli, qui fit de ces terres sa chasse particulière avant de s'y retirer.

Les écosystèmes du parc – Trois types d'écosystèmes cohabitent ici : les marécages, les dunes mouvantes et les *cotos*.
Les **marécages**, d'une superficie de 27 000 ha, constituent un refuge exceptionnel pour les oiseaux migrateurs. Le haut degré de salinité des terres donne lieu à divers phénomènes géologiques, comme les *caños* (sorte de canal), les *lucios* (sorte de lagunes en eau toute l'année), les *paciles* et les *vetas,* petites élévations émergées où pousse la soude *(almajo),* une des plantes caractéristiques de Doñana.
Les **dunes mouvantes** sont parallèles à la côte. Les vents marins les poussent vers l'intérieur et elles progressent d'environ six mètres par an, séparées par des *corrales.*
Les **cotos** sont des zones sèches ondulées, recouvertes de maquis (bruyère, ciste, thym et romarin).
Dans la partie centrale du Parc s'étendent entre bois et marais d'étroites franges de terre qui constituent la **vera** (bord). Enfin, dans les **lagunes**, comme celle de Santa Olalla par exemple, évoluent canards, oies et cygnes, tandis que les crustacés dont les flamants roses se nourrissent ont élu domicile dans celle de La Dulce.
Parque Natural Entorno de Doñana – Les similitudes végétales et animales de la zone périphérique du Parc national ont amené la création de ce parc naturel de 54 500 ha incluant les salines de Sanlúcar et situé à cheval sur les provinces de Huelva, Séville et Cadix. Ici, le paysage se compose d'eucalyptus et de pinèdes associés à quelques marécages ou à des lagunes.

CENTRES D'ACCUEIL

En raison du fragile équilibre écologique du Parc, les accès sont rigoureusement contrôlés. Les visites s'effectuent à partir des quatre centres d'accueil suivants situés à l'intérieur même du Parc et durent environ 3h1/2. Il est indispensable de réserver.

El Acebuche

Juin-sept : 8h-21h ; le reste de l'année : 8h-19h. Fermé 1ᵉʳ et 6 janv., 25 déc. ☎ 959 44 87 11.

C'est ici que les réservations sont centralisées. À l'intérieur, montage audiovisuel et exposition sur la zone humide du parc. Les sentiers qui partent d'ici mènent à des observatoires d'où l'on peut étudier les oiseaux marins de la lagune.

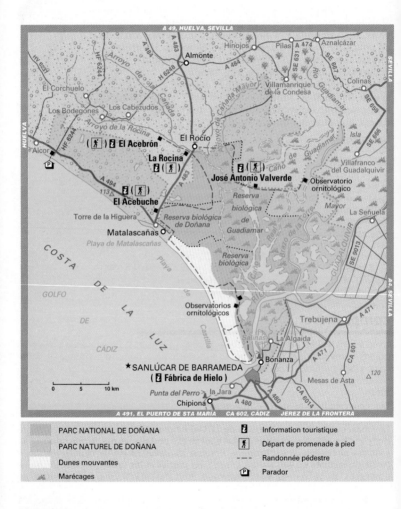

La Rocina

Juin-sept. : 9h-15h, 16h-21h ; le reste de l'année : 9h-15h, 16h-19h. ☎ 959 44 23 40.
Situé à quelques kilomètres d'El Rocío, sur la route qui va d'Almonte à Matalascañas, c'est le point de départ du populaire **sentier Charca de la Boca** *(14 km à pied)*, qui aboutit à une zone de détente et à divers observatoires d'oiseaux.

El Acebrón

Juin-sept. : 9h-15h, 16h-21h ; le reste de l'année : 9h-15h, 16h-19h. Fermé 1ᵉʳ et 6 janv., 25 déc. ☎ 959 44 23 40.
Un palais édifié en 1961 propose une intéressante exposition, *L'Homme et Doñana*, qui retrace l'évolution du parc et le rôle de l'homme dans cet environnement. Appréciez la superbe vue depuis l'étage supérieur. De là part un sentier de 12 km qui s'enfonce dans une très belle forêt.

José Antonio Valverde

Juin-sept. : 10h-20h ; le reste de l'année : 10h-18h30. Fermé 1ᵉʳ et 6 janv., 25 déc. ☎ *959 44 87 39.*

Ce centre inauguré en 1994 se situe sur la commune d'Aznalcázar, au lieu dit La Gallega. Ce bâtiment moderne percé de grandes baies, à proximité de la lagune, permet d'observer les oiseaux des alentours. À l'intérieur, projections audiovisuelles sur le parc et boutique de souvenirs.

EXCURSIONS DANS LE PARC

À pied

À partir des divers points indiqués, des itinéraires permettent d'apprécier toute la diversité du paysage du parc. Suivez attentivement les conseils des responsables qui vous informeront sur les degrés de difficulté et la durée des parcours. Prévoir de bonnes chaussures de marche.

En voiture

Il est indispensable de réserver. Il y a deux départs par jour, un le matin et un l'après-midi. Le parcours se fait en 4x4 avec accompagnateur. Les itinéraires varient selon les saisons et les souhaits des visiteurs.

À cheval

Autre solution intéressante qui permet une visite à cheval ou en voiture à cheval. Quand les groupes sont importants, la promenade inclut un pique-nique ; durée variable suivant l'itinéraire choisi.

En bateau

Excursion depuis Sanlúcar de Barrameda *(voir ce nom)*.

Écija★

Cette élégante ville jalonnée d'églises, de couvents, de palais et de maisons ornées de blasons, est signalée par ses sveltes tours. La « poêle à frire d'Andalousie », comme l'on a coutume de la surnommer, en raison des chaleurs paroxystiques enregistrées l'été, connut un grand essor économique, particulièrement au 18ᵉ s., où furent érigés certains monuments majeurs. Le baroque d'Écija, caractérisé surtout par l'élégance et la singularité de ses tours et de ses clochers-murs, connut un rayonnement sans précédent dans la région. Écija est également le berceau de l'écrivain Luis Vélez de Guevara (1579-1644), auteur du « Diable boiteux ».

La situation

37 113 habitants. Carte Michelin nº 578 T 14 – Andalousie (Séville).
La ville s'étire dans la dépression de la chaîne Bétique et sur la rive gauche du Genil, à mi-chemin entre Cordoue (au Nord-Est) et Séville (à l'Ouest), toutes deux reliées par la N IV-E 5.
Vous pouvez poursuivre votre voyage en visitant : OSUNA (34 km au Sud par la A 351), ESTEPA (38 km au Sud-Est), MARCHENA (38,5 km au Sud-Ouest), CARMONA (53 km à l'Ouest), Séville (SEVILLA), PALMA DEL RÍO (26 km au Nord-Ouest) et Cordoue (CÓRDOBA).

carnet pratique

FÊTES
Le mois de septembre est le mois des fêtes par excellence : le 8, une grande procession est organisée en l'honneur de la patronne, la Vierge de la Vallée ; vers le 21, c'est la Feria San Mateo, avec ses fêtes populaires, ses corridas, ses présentations de chevaux, etc. Enfin, on retrouve de grandes figures du flamenco lors du Festival de Cante Jondo.

visiter

Suivre les indications « Centro Ciudad » et laisser la voiture sur la plaza de España.

Plaza de España

Cette vaste place centrale est très appréciée des habitants de la ville qui la surnomment **« El Salón »** (salon). Remarquez l'**église Ste-Barbe** (à voir, les remarquables stalles du *coro*), le **couvent St-François** et les maisons adossées à l'église puis, enfin, l'hôtel de ville.

Hôtel de ville – La salle capitulaire recèle deux **mosaïques romaines★**. Le plafond *artesonado*, qui coiffe la salle (16ᵉ s.), provient du couvent de San Pablo y Santo Domingo.

ÉGLISES ET COUVENTS, TOURS ET CLOCHERS-MURS★

Clocher de San Juan★

Cette tour du 18ᵉ s. est sans aucun doute l'une des plus belles de la ville. Remarquez la délicatesse de son décor baroque qui révèle la parfaite maîtrise du travail de la céramique. Le tout forme un ensemble plein de charme et de grâce.

Santiago★

10h30-13h, 18h30-19h30.

Différents styles cohabitent dans l'**église St-Jacques** : le portail qui donne accès au porche ainsi que la tour sont baroques ; l'église est une construction gothico-mudéjare avec des modifications postérieures. Trois nefs aux proportions harmonieuses sont coiffées de bois sauf le chevet dont les voûtes sont gothiques. Le **retable★** gothique du maître-autel illustre la Passion et la Résurrection du Christ.

Santa María

9h30-13h, 18h-21h, dim. et j. fériés 10h-13h. ☎ *954 83 04 30.*

L'église du 18ᵉ s. s'élève sur la place du même nom. Le superbe portail baroque est rehaussé d'un grand arc et la **tour**, également baroque, présente un décor d'azulejos bleus. Dans le cloître, quelques pièces archéologiques sont exposées.

Convento de las Teresas

Il est installé dans un intéressant palais mudéjar (14ᵉ-15ᵉ s.), dont le beau **portail** en pierre présente un décor d'*alfiz*, des motifs héraldiques et un décor de corde empreint de mouvement.

La Concepción

10h-13h, 17h-19h, w.-end et j. fériés 10h-13h.

On accède à l'**église de la Conception** par un simple portail Renaissance de brique rouge. À l'intérieur, remarquez les beaux plafonds artesonados mudéjars.

Le clocher de St-Jean.

Los Descalzos

Fermé pour restauration.

La sobriété extérieure de l'**église des Carmes déchaux**, parfait exemple de l'art baroque local, ne laisse pas soupçonner l'exubérance du décor à l'**intérieur★**. De beaux **ouvrages de plâtre** recouvrent les voûtes, la coupole du transept et les murs à partir de la naissance des arcs.

Convento de los Marroquíes

Les habitants d'Écija sont fiers de son **clocher-mur★**, le plus beau de la région, à ce qu'ils disent... Et on appréciera les *marroquíes*, ces biscuits proposés par les religieuses du couvent qui en assurent la fabrication.

Santa Cruz

9h-13h, 18h-21h (dim. et j. fériés 21h30).

Ce curieux ensemble s'élève sur la plaza de la Virgen del Valle. On traverse tout d'abord des espaces à allure de patios formés de murs et d'arcs appartenant à une église antérieure. Notez l'élégante **tour Renaissance** ornée d'azulejos. L'église, de style néoclassique et à plan en croix grecque, héberge la statue de la **Vierge de la Vallée** (13ᵉ s.), patronne d'Écija. Admirez l'un des autels qui est un **sarcophage paléochrétien★** du 5ᵉ s. avec des décors de l'Ancien Testament.

PALAIS★

Mais tout l'intérêt d'Écija ne se limite pas à ses églises, ses tours et ses clochers ; une promenade dans la ville permet de découvrir une intéressante architecture populaire, avec des colonnes encastrées à des coins de rues, des maisons ornées de blasons, des patios, de charmantes petites places ainsi que d'intéressantes constructions civiles.

Palacio de Peñaflor

Le palais héberge actuellement un centre culturel. Sa grande **façade★** très originale, et légèrement concave, est ornée de fresques et d'un balcon de fer forgé. À noter, le beau portail de marbre rose, son décor héraldique et ses colonnes doriques alternant avec des colonnes torses.

Palacio de Valdehermoso

Calle Caballeros. Au registre inférieur d'une belle **façade plateresque★** du 16ᵉ s., on remarquera les fûts des colonnes qui datent de l'époque romaine.

À gauche de la façade, on bénéficie d'une belle vue sur le **clocher de l'église St-Jean**.

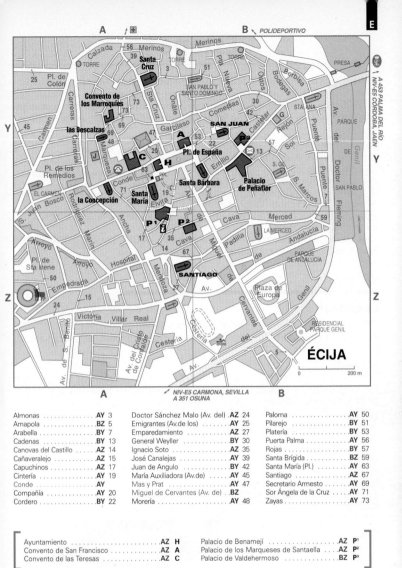

ÉCIJA

0   200 m

NIV-E5 CARMONA, SEVILLA
A 351 OSUNA

Palacio de Benamejí

Calle Cánovas del Castillo. Juin-sept. : tlj sf lun. 9h-14h ; le reste de l'année : tlj sf lun. 9h30-13h30, 16h30-18h30. Fermé 1ᵉʳ janv., 1ᵉʳ mai et 25 déc. Gratuit. ☎ *955 90 29 19.* Deux grosses tours d'angle flanquent cet élégant palais baroque (18ᵉ s.) de brique décoré de marbre. L'ordonnance du **portail**★ de marbre met en valeur un doux jeu de courbes, particulièrement sensible aux moulures et au balcon. Un blason monumental couronne l'ensemble, qui abrite le **musée municipal d'Histoire**.

Palacio de los Marqueses de Santaella

Tout près du précédent. Club privé. Accès soumis à l'autorisation du gardien. Ne manquez pas de franchir le modeste portail pour jeter un coup d'œil à la superbe **coupole décorée de fresques**★ coiffant l'escalier.

Estepa★

Les vestiges du château et de l'église Ste-Marie-de-l'Assomption dominent ce beau village de la campagne sévillane qui s'échelonne sur les versants du cerro de San Cristóbal. Cette ville tour à tour punique, romaine, arabe, puis siège des maîtres de l'ordre de Saint-Jacques au Moyen Âge, attire nombre de visiteurs.

La situation

11 654 habitants. Carte Michelin nº 578 U 15 – Andalousie (Séville).

Estepa se situe à l'extrémité Sud-Est de la province de Séville, sur les flancs de la sierra de Becerrero. À mi-chemin

> **N'OUBLIEZ PAS D'ACHETER...**
> les delicieux *polvorones, mantecados* et gâteaux de Noël, spécialités très prisées de la localité.

entre Séville (à l'Ouest) et Grenade (au Sud-Est), elle est desservie par la A 92 reliant les deux chefs-lieux.

Vous pouvez poursuivre votre voyage en visitant : OSUNA (24 km à l'Ouest), ÉCIJA (38 km au Nord-Ouest) et ANTEQUERA (50 km au Sud-Est).

visiter

LE CERRO★

Monter en voiture au sommet du Cerro de San Cristóbal.

Au sommet du coteau, sur une étendue entourée de pinèdes, plusieurs bâtiments méritent le détour.

Remparts

Jadis, les murailles entouraient le coteau. La ligne de fortification d'origine arabe fut reconstruite au 13e s. par l'ordre de Saint-Jacques. Des pans de muraille et des tours massives se dressent encore sur le coteau.

Donjon

Érigée au 14e s. dans l'ancien château, cette massive tour carrée s'élève entre les vestiges de la forteresse.

Santa María de la Asunción

À côté des ruines du château. Bâtie aux 15e et 16e s., cette église aux solides murs jalonnés de longs contreforts et d'une curieuse grosse tour ronde ressemble plutôt à une forteresse. Les offices n'y sont plus célébrés qu'exceptionnellement.

Balcon d'Andalousie

L'esplanade devant l'église et le château dispense de magnifiques **vues**★★ sur la campagne. La tour de la Victoire, qui domine les toits du hameau échelonnés sur le flanc de la colline, s'élève au premier plan. Au-delà s'étend à perte de vue un paysage légèrement vallonné, aux tons verts et ocre.

Convento de Santa Clara

Cet édifice de pierre et de brique (16e s.) se dresse à côté de l'église Ste-Marie. Sobre portail baroque paré d'ornements héraldiques.

LA VILLE

Torre de la Victoria★

Élégant et svelte, ce beau clocher du 18e s. se dresse solitaire dans le ciel d'Estepa depuis qu'a disparu le couvent auquel il appartenait. Ses cinq corps de brique reposent sur une base de pierre.

Portail de l'église du Carmel.

À droite du clocher, prenez donc la **calle Torralba**. Cette charmante rue étroite et escarpée s'ouvre par un arc, et caractérise certaines rues d'Estepa grimpant sur le flanc de la colline.

Carmen★

Calle Mesones, à proximité de la plaza del Carmen. Le **portail**★ en pierre et faïence noire de ce bâtiment du 18e s. est intéressant et original. Ce joyau du baroque andalou est surmonté d'un beau clocher-mur.

Casa-Palacio del Marqués de Cerverales

Calle Castillejos. Résidence privée. Le palais des marquis de Cerverales fut construit au 18e s. C'est la plus belle œuvre architecturale civile de la ville. Autour de la porte et du balcon principal, des colonnes torses et des balustres parées d'écussons et de figures ornent la façade. Les baies du rez-de-chaussée sont encadrées par des pilastres et celles de l'étage supérieur surmontées de frontons tronqués ornés en plein centre d'un visage.
À droite du palais, l'**église de l'Assomption** recèle des peintures intéressantes.

Sierra de los **Filabres**★

La sierra de los Filabres surprend par sa nudité, par la majesté de ses formes et la luminosité de son magnifique ciel, l'un des plus limpides d'Europe. Les routes sinueuses qui la parcourent offrent des vues étonnantes sur les carrières dont on extrait le marbre si prisé de Macael. Cette exploitation a donné lieu à la constitution de gigantesques terrils où l'homme accumule les blocs de pierre mis au rebut.

La situation

Carte Michelin n° 578 U 22-23 – Andalousie (Almería).
La sierra de los Filabres se situe à l'Est de la sierra Nevada et au Nord de la sierra Alhamilla. Elle est desservie par des routes de charme.
Vous pouvez poursuivre votre voyage en visitant : MOJÁCAR (à l'Est), la SIERRA NEVADA, BAZA (au Nord-Ouest), GUADIX et Grenade (GRANADA, à l'Ouest).

circuits

AU PAYS DU MARBRE

Circuit au départ de Macael – 79 km – 2h30.
Dans toute la partie Est de la sierra abonde une variété de marbre, généralement blanc, dit marbre de Macael, du nom de la principale localité de la région. Connu depuis la nuit des temps, ce marbre, utilisé pour la construction de nombreux édifices tel l'Alhambra de Grenade, procure aujourd'hui encore l'essentiel des ressources de l'ensemble de petits villages dont **Macael** est le centre.
Quitter Macael vers le Nord par la AL 841 ; à Olula del Río, prendre la A 334 vers l'Est puis tourner à droite.

Cantoria

À l'entrée de ce village blanc, un mirador domine une plaine fertile consacrée à l'horticulture. Le village montre la maison des marquis de la Romana et l'église Nuestra Señora del Carmen. À la périphérie, l'ancienne gare ferroviaire n'a pas changé depuis le passage du dernier train dans les années 1980.
Poursuivre vers l'Est jusqu'à la C 3325.
À la jonction avec la C 3325, on peut tourner à gauche et aller jusqu'à **Almanzora** où le palais des marquis d'Almanzora constitue un bel ensemble résidentiel autour d'un patio central. En tournant à droite, on gagne Albánchez.

Albánchez

Entre le thym et le genêt, les maisons blanches de ce village se succèdent sur le flanc de la sierra.
Après Albánchez, la route vers Cóbdar traverse un paysage impressionnant où montagnes et carrières se succèdent jusqu'à atteindre **Cóbda** et son église, perchés sur le grand piton marmoréen de Los Calares, qui fera la joie des amateurs d'escalade.
Vous pourrez faire une petite randonnée *(environ 3 km)* à la recherche des restes d'un moulin et d'une forteresse *(en sortant du village, suivre le chemin parallèle à la rivière)*.
Après Cóbdar, poursuivre en direction de Alcudia de Monteagud, puis tourner à droite.

Chercos

Ce village, voué également à l'extraction du marbre, renferme dans sa partie supérieure un quartier ancien appelé El Soto.

Trois kilomètres au Sud, **Chercos Viejo**★ s'accroche au flanc de la sierra *(laisser la voiture à l'entrée du village)*. Ses étroites ruelles tranquilles et escarpées méritent le détour. Les vestiges de la forteresse dominent le village tandis que les alentours recèlent quelques pierres taillées de l'époque préhistorique.

Revenir sur ses pas pour reprendre la route de Cóbdar à Alcudia de Monteagud.

On traverse **Alcudia de Monteagud** qui compte des aires de battage du 19ᵉ s. et d'anciens lavoirs publics.

Tahal

Ce très joli petit village blanc et son imposant château arabe du 15ᵉ s. sont situés au point de rencontre de plusieurs ravins.

Retourner à Macael par la A 349.

LA ROUTE DU CIEL BLEU

Gérgal

Gérgal se trouve au cœur de la partie la plus aride de la province d'Almería. Un château en parfait état de conservation domine le village, situé sur le flanc de la sierra de los Filabres. Pour accéder à la forteresse *(propriété privée ; ne se visite pas)*, prendre la route de Las Aneas sur la gauche à la sortie du village. L'ensemble, une tour carrée crénelée flanquée de petites tours cylindriques, règne sur le hameau blanc qui s'étend à ses pieds. Dans la grande église paroissiale, la nef principale est ornée d'un *artesonado* mudéjar.

Montée au Calar Alto★

Compter 1h1/2 de route jusqu'à l'observatoire, distant de 31 km. Parcourir 5 km vers l'Ouest sur la C 3326, avant d'emprunter à droite la AL 872.

Cette route sinueuse et escarpée à travers la sierra de los Filabres monte jusqu'à 2 168 m d'altitude. Après Aulago, dernier village en bordure de route, on voit peu à peu la végétation changer. Avec l'altitude, les terres arides disparaissent progressivement, et une vaste forêt replantée de pins couvre les parties hautes.

La route traverse de beaux sites naturels et offre de part et d'autre des **panoramas**★ étonnants par leur étendue et leur beauté : ils embrassent Almería et le cap de Gata au Sud, les sommets de la sierra Alhamilla au

Dôme du centre astronomique.

Sud-Est, la vallée du rio Almanzora au Nord et la sierra Nevada à l'Ouest.

Le sommet du Calar Alto porte les dômes imposants du **centre astronomique**, car ses deux cents nuits annuelles sans nuages en font le lieu idéal pour l'observation du firmament. *Visite mer. sur demande.* ☎ *950 23 09 88 ou 950 63 25 06.*

Granada★★★

Grenade

« Fais-lui l'aumône, ô femme, car rien n'est plus triste dans la vie que d'être aveugle à Grenade. » Cet adage populaire inscrit sur l'un des murs de l'Alhambra, l'un des plus beaux joyaux artistiques au monde, révèle bien la splendeur de Grenade, ville aux prestigieux monuments, qui jouit d'un site★★★ particulièrement privilégié.

Au milieu d'une riche plaine cultivée baignée par les ríos Genil et Darro, Grenade a été bâtie sur trois collines, l'Albayzín, le Sacromonte et l'Alhambra. Tandis que la ville chrétienne et moderne s'étend dans la plaine, la ville arabe se déploie sur les collines et cet ensemble harmonieux, où art et histoire sont intimement mêlés, s'élève majestueusement, couronné par les cimes altières et enneigées de la sierra Nevada.

Plongez-vous dans l'univers envoûtant de Grenade, perdez-vous dans le dédale de ses ruelles et goûtez la quiétude et la simplicité de ses petites places, arpentez les rues animées du centre... et, vous comprendrez pourquoi Grenade exerce sur ses visiteurs un charme irrésistible...

La situation

241 471 habitants. Carte Michelin n° 578 U 19 – Andalousie (Grenade).
Grenade se trouve à côté de la N 323-E 902, à la confluence du Genil et du Darro. Elle est reliée par autoroute à Jaén, Antequera et Málaga.
🛈 *Plaza Mariana Pineda, 18009 Granada,* ☎ *958 22 59 90/66 88.*
Vous pouvez poursuivre votre voyage en visitant : GUADIX (57 km au Nord-Est), JAÉN (94 km au Nord), LOJA (50 km à l'Ouest), ANTEQUERA (100 km à l'Ouest), ALHAMA DE GRANADA (60 km au Sud-Ouest), la SIERRA NEVADA (au Sud-Est) et les ALPUJARRAS (versant Sud de la sierra Nevada).

comprendre

FÊTES ET FESTIVALS

Prise de Grenade – Le calendrier andalou, particulièrement riche en événements, s'ouvre avec la grande fête du 2 janvier qui commémore la reddition historique de Boabdil à l'armée chrétienne. Ce jour-là, un défilé ouvert par la bannière des Rois catholiques monte à la tour de guet de l'Alhambra pour y faire sonner la cloche. La tradition veut que les jeunes gens de Grenade qui participent à la fête se marient avant la fin de l'année.

San Cecilio – Le jour de la saint Cecilio (1er février), patron de Grenade, une procession monte au Sacromonte. Là, près de l'abbaye, la mairie propose du vin en jarres et des fèves tandis que l'on chante et danse des sévillanes.

La Semaine sainte – À la différence d'autres villes andalouses, Grenade vit la Semaine sainte dans le silence et le recueillement. Du dimanche des Rameaux au dimanche de Pâques, les processions défilent dans les rues pavées en pente vers la Carrera Oficial, itinéraire obligé pour atteindre la cathédrale. De merveilleuses sculptures baroques de Diego de Siloé, de Pedro de Mena et de Giacomo Fiorentino ou de sculpteurs contemporains mettent à rude épreuve les porteurs, contraints de s'agenouiller pour faire passer les *pasos* par les petites portes en ogive.

Les Croix de mai – Le 3 mai, rues et patios sont ornés de croix de fleurs.

La Fête-Dieu, ou Corpus Christi – Tandis que la procession solennelle de la Fête-Dieu parcourt les rues de la ville toutes parées de fleurs et d'herbes aromatiques, c'est l'occasion de nombreuses festivités (corridas, feria, etc.) pendant toute une semaine.

Festivals – Grenade est le siège d'importants événements culturels : citons le Festival international de théâtre (en mai, au théâtre Manuel de Falla), le Festival international de musique et de danse (juin, juillet, dans l'Alhambra ; www.granada festival.org) et le Festival international de jazz (octobre, novembre).

DE LA CAPITALE DU ROYAUME NASRIDE À LA VILLE ACTUELLE

Grenade commence à prendre de l'importance avec l'arrivée des Arabes, mais les origines de la ville sont très lointaines ; on sait qu'il existait des implantations ibères, ainsi qu'une colonie romaine du nom d'Iliberis sur la colline de l'Albayzín.

Grenade sous la domination arabe – En 713, les troupes de Tarik prennent le contrôle de la ville : son noyau s'étend alors sur les collines de l'Alhambra et de l'Albayzín. La ville dépend du califat de Cordoue, mais lorsque ce dernier se disloque en 1013, Grenade devient la capitale d'un royaume indépendant et la **dynastie zayride** s'y établit. Les Zayrides renforcent les défenses de la ville et construisent les bains El Bañuelo et le pont du Cadí.

La ville tombe aux mains des **Almoravides** en 1090, puis des **Almohades** vers le milieu du 12e s. En dépit de nombreuses luttes intestines, elle s'agrandit : des travaux de canalisation sont entrepris et les fortifications sont renforcées.

Le royaume nasride – L'âge d'or de Grenade coïncide avec l'avènement de la dynastie nasride en 1238. Un accord passé entre Ferdinand III de Castille et Mohammed ben Nasr, fondateur de la dynastie nasride qui se reconnaît vassal du roi chrétien, favorise une période de paix.

Outre Grenade, le royaume compte les provinces actuelles d'Almería et de Málaga, ainsi qu'une partie de celles de Cadix, Séville, Cordoue et Jaén. Pendant cette période, Grenade est une capitale prospère qui s'embellit de jour en jour. La ville basse se développe et c'est le début de la construction de l'Alhambra. Les palais nasrides sont bâtis quant à eux sous les règnes de Yusuf Ier (1333-1353) et de Mohammed V (1353-1391) et Grenade devient la ville phare de son époque.

Au **15e s.**, les dissensions internes facilitent la tâche des chrétiens qui grignotent peu à peu le royaume nasride. Après un siège de six mois, les Rois catholiques prennent la ville le 2 février 1492 : ainsi s'achèvent huit siècles de domination musulmane dans la péninsule.

La Grenade chrétienne – Après la conquête, la population maure se concentre dans l'Albayzín. À la fin du 15e s., les premiers conflits surgissent alors que les musulmans se voient contraints au baptême. Au fil du temps, le problème s'aggrave ; éclate alors la révolte des Alpujarras *(voir ce nom)* menée par Mohammed Abén-Humeya en 1568. Philippe II envoie don Juan d'Autriche pour conduire la répression et l'expulsion des morisques de Grenade est alors édictée.

Aux **16e** et **17e s.**, la ville subit d'importantes transformations : on supprime les ruelles de l'époque musulmane, on crée des places et des voies plus larges et on élève la cathédrale, la chapelle royale, le palais de Charles Quint, la Bourse, l'hôpital royal, la chancellerie et la chartreuse.

Au **18e s.** et surtout au **19e s.**, nombreux sont les voyageurs qui visitent Grenade et ne résistent pas à son charme. C'est

> ### LES LARMES DE BOABDIL
>
> Après avoir rendu les clés de Grenade, Boabdil, dernier souverain nasride, prend le chemin de l'exil. À un endroit qui porte maintenant le nom émouvant de Suspiro del Moro (le soupir du Maure), il s'arrête et, jetant un dernier regard sur la ville qu'il a tant chérie, ne peut contenir ses larmes. « Pleure comme une femme ce que tu n'as pas su garder comme un homme », lui lance alors sa mère.

alors que naît le mythe de Grenade, mythe romantique qui célèbre la beauté mystérieuse et exotique de la ville, thème littéraire récurrent repris par Victor Hugo, Alexandre Dumas et bien entendu Washington Irving dans ses célèbres *Contes de l'Alhambra*.

Mais le 19e s. voit aussi l'arrivée des Français, visiteurs nettement moins appréciés qui, lors de l'occupation de la ville, causent des dégâts et vont même jusqu'à tenter sans succès de s'emparer de l'Alhambra. Quelques tours et certaines parties des murailles sont tout de même détruites.

Grenade aujourd'hui – Chef-lieu d'une province essentiellement agricole, la ville déborde d'animation tout au long de l'année. Dans les rues, on croise aussi bien les étudiants de sa célèbre université que des visiteurs de toutes nationalités, car le tourisme demeure la principale source de revenus. Les habitants de Grenade apprécient la taille humaine de leur ville, son emplacement privilégié au pied de la montagne, où l'on peut skier une grande partie de l'année sous un soleil éclatant, et non loin de la côte où il fait bon s'échapper quand la chaleur devient torride.

découvrir

L'ALHAMBRA ET LE GENERALIFE★★★ *une demi-journée*

L'Alhambra et le Généralife attirent les foules. Il est donc conseillé de s'y prendre suffisamment à l'avance pour la réservation ou l'achat du billet.

Mars-oct. : 8h30-20h (nocturne : tlj sf lun. et dim. 22h-23h30) ; nov.-fév. : 8h30-18h (ven.-sam. 20h-21h30). Dernière entrée 1h1/4 avant la fermeture. 7€, 7,88€ dans les succursales de la banque BBVA sur tout le territoire espagnol ou par Internet : www.alhambratickets.com. Billet combiné pour la visite de toutes les curiosités (ne pas oublier l'heure de visite des palais nasrides (Palacios Nazaríes) qui figure sur le billet d'entrée pour organiser la visite de l'Alhambra et du Généralife). ☎ 958 22 75 25 ou 902 44 12 21. Visite à thème en petits groupes, sur demande lun. (☎ 902 22 44 60).

On accède à l'Alhambra et au Generalife depuis la plaza Nueva par la cuesta de Goméraz. Après avoir franchi la première enceinte par la porte des Grenades (Puerta de Granadas) construite par Machuca sous Charles Quint, on s'engage dans des **bosquets★** ombragés.

L'Alhambra★★★

Le « Calat Alhambra », qui signifie « château rouge », est universellement considéré comme l'un des plus beaux palais arabes jamais conservés. Édifié sur la colline la plus élevée de la ville, la Sabika comme on l'appelait au Moyen Âge, l'Alhambra est évoqué par le poète Ibn Zamrak (1333-1393) en ces mots : « la Sabika est une couronne qui ceint le front de Grenade... et l'Alhambra (que Dieu le protège) est le rubis qui l'orne ».

Le raffinement de l'Alhambra, son architecture fascinante en parfaite symbiose avec les jardins et les pièces d'eau, tout semble évoquer cet éden coranique tant chanté dans la tradition musulmane. Mais cette beauté dissimule bien des contradictions : sous les décors somptueux et luxueux se cachent des matériaux bien pauvres. Car curieusement, c'est un pouvoir politique en pleine décadence qui a entrepris la construction de ce chef-d'œuvre qui a résisté à tous les avatars de l'histoire. De plus, malgré son apparente démesure, l'Alhambra est une construction à taille humaine.

carnet pratique

TRANSPORTS

Aéroport – Rte de Málaga -
☎ 958 24 52 00 ou 958 44 64 11.
Renseignements : ☎ 958 22 75 92.
L'aéroport est situé aux abords de Grenade.
Service d'autobus Grenade-aéroport, qui part
de la plaza Isabel la Católica, à côté de
Banesto (☎ 958 27 86 77/958 13 13 09).
Trains – La gare (☎ 958 27 12 72) se
trouve avenida de Andalucía. De là, des
lignes régulières desservent toute la province
et le reste de l'Espagne.
Renseignements RENFE – Calle Reyes
Católicos, 63 – ☎ 958 22 31 19/902 24
02 02.
Autobus métropolitains – C'est un moyen
pour sillonner toute la ville et se rendre dans
les différents monuments ou quartiers. Tarif du
billet 0,85€ ; forfait 6 billets 4€, 21 billets
10€, 30 jours 29€ (☎ 900 71 09 00).
Gare routière – Carretera de Jaén -
☎ 958 10 50 10/1. C'est le point de départ
des cars vers les principales villes
d'Andalousie, certaines villes d'Espagne et
même quelques capitales européennes.
Service d'autobus Granada-Sierra Nevada
(paseo de Violón au niveau du pont de la
Virgen – Bar Ventorrillo - ☎ 958 27 31 00)
avec des départs quotidiens.
Taxis – ☎ 958 15 14 61, 958 28 06 54
Calèches – Elles sillonnent toute la zone
touristique. Point de départ Puerta Real.

VISITE

Bonoturístico – Ce bon inclut la visite de
l'Alhambra et du Generalife, de la cathédrale,
de la Chapelle royale, de la chartreuse, du
monastère San Jerónimo et du parc des
Sciences. Il offre également dix trajets en
autobus sur tout le réseau de la ville.
Vous pourrez vous le procurer auprès des
guichets de l'Alhambra, de la Chapelle royale
et des agences de la Caisse d'Épargne de
Grenade (Caja de Ahorros de Granada),
situées au 60, plaza de Isabel la Católica, et
dans le Centre commercial Neptuno. Lors de
votre réservation ou au moment d'acheter le
bon, vous devrez préciser la date et l'heure
choisies pour votre visite des palais nasrides
de l'Alhambra.
Prix : 33,66€ ; durée de validité : 7j.
Renseignements et réservations auprès de la
Caja General de Ahorros de Granada,
☎ 902 100 095 (lun.-ven. 8h30-21h, sam.
9h-14h).

RESTAURATION

• **Valeur sûre**
Mariquilla – Calle Lope de Vega, 2 -
☎ 958 52 16 32 - 21,65/25,70€ - fermé
dim. soir, lun. et 16 juil.-31août. Ne vous fiez
pas aux apparences : malgré une décoration
impersonnelle, ce restaurant n'en est pas
moins l'une des meilleures tables de la ville.
Excellent rapport qualité/prix.
Chikito – Plaza del Campillo, 9 - ☎ 958 22
36 64 - 18/24€ - fermé mer.- réservation
conseillée. Le restaurant et le bar font partie
des incontournables aussi bien pour les
habitants de Grenade que pour les
touristes. Les artistes et les intellectuels
des années 1930 (comme García Lorca) s'y
retrouvaient. Spécialités locales et excellent
jambon.

Mirador de Morayma – Calle Pianista
García Carrillo, 2 - ☎ 958 22 82 90 -
21/27€ - fermé dim. soir. Restaurant très
romantique situé dans le quartier de
l'Albaizín. Décoration rustique et terrasse
regorgeant de plantes. Très belles vues sur
l'Alhambra. Spécialités locales, comme les
fèves au jambon et les côtelettes d'agneau.
La Ermita en la Plaza de Toros – Avenida
Doctor Olóriz, 25 (sur la plaza de Toros) -
☎ 958 29 02 57 - 25/31€. Emplacement
original, dans la partie basse des arènes.
Décoration soignée : brique apparente,
chaises rustiques, tableaux évoquant la
corrida. Cuisine traditionnelle andalouse. Bar
à tapas au rez-de-chaussée et restaurant au
premier étage.
• **Une petite folie !**
Ruta del Veleta, à Cenes de la Vega – Rte
de la sierra Nevada, à 8 km environ de
Grenade - ☎ 958 48 61 34 -
29,75/36,96€. Élégant restaurant très
fréquenté et décoré de nombreuses jarres de
céramique suspendues au plafond. En hiver,
les propriétaires ouvrent également un
second restaurant dans la station de ski de la
sierra Nevada.

TAPAS

Bodegas Castañeda – Almireceros, 1-3 -
☎ 958 21 54 64. Comptoir et tables
affichent complet dans cet établissement
typique, non loin de la plaza Nueva. Ce sont
les bouteilles qui font le décor. Excellents
produits ibériques : à signaler les fromages
et les aliments fumés.
Casa Enrique – Acera del Darro, 8 -
☎ 958 25 50 08 - fermé dim. Bon jambon
et vin excellent que l'on peut prendre au
verre. Le propriétaire est très aimable et très
fier de sa cave. Ce bar est situé dans une rue
très commerçante, entre une agence
bancaire et une bijouterie.
Los Diamantes – Navas, 28 - fermé dim.,
lun. Bar servant poissons et fruits de mer.
Situé dans une rue piétonne pleine de caves
et de restaurants. Produits d'excellente
qualité.
La Trastienda – Placeta de Cuchilleros, 11.
Établissement fondé en 1836. Passée la
petite porte d'entrée, on descend deux
marches pour arriver dans une vieille épicerie
qui conserve son petit comptoir. On peut soit
prendre un chorizo excellent au bar, soit
consommer des tapas en s'installant au fond
dans une petite salle très agréable.
Pilar del Toro – Hospital de Santa Ana, 12 -
☎ 958 22 38 47. Installé dans une maison
du 18e s., l'établissement vaut le coup d'œil.
La petite porte en fer s'ouvre sur un bar
doté d'un petit comptoir à gauche et sur un
grand patio andalou à droite. Au 1er étage :
joli restaurant.

HÉBERGEMENT

• **À bon compte**
Los Jerónimos – Calle Gran Capitán, 1 -
☎ 958 29 44 61 - 30 ch. : 53,49€. Hôtel
correct doté de chambres modernes. La 502
a une terrasse avec vue sur l'Alhambra et
une partie de la ville. Bon rapport
qualité/prix.

• *Valeur sûre*

Hotel Maciá Plaza – *Plaza Nueva, 4 -* ☎ *958 22 75 36 - 44 ch. : 44/65,50€*. Sur une place centrale, au pied de l'Alhambra, se trouve un hôtel tout simple, récemment rénové. Chambres sans surprise (mobilier en rotin et moquette).

Hotel Los Tilos – *Plaza Bib-Rambla, 4 -* ☎ *958 26 67 12 - 30 ch. : 47/74€*. Petit hôtel sobre mais confortable. Il est situé sur une charmante petite place au milieu des kiosques à fleurs, à deux pas de la cathédrale sur laquelle certaines chambres ont vue.

Hotel Palacio de Santa Inés – *Cuesta de Santa Inés, 9* - ☎ *958 22 23 62 - 13 ch. : 75/100€*. Petit hôtel situé dans un édifice du 16e s. aux influences mudéjares, dans le quartier de l'Albaizín. Son charmant patio conserve des restes de fresques Renaissance (16e s.). Certaines chambres ont vue sur l'Alhambra.

Hotel América – *Calle Real de la Alhambra, 53 -* ☎ *958 22 74 71 - 14 ch., 1 suite : 65/100€ – fermé déc.-fév.* Ce petit hôtel familial a été aménagé dans une demeure du 19e s. et bénéficie d'un emplacement enviable dans les jardins de l'Alhambra. Accueil convivial et atmosphère chaleureuse. Agréable patio.

Carmen de Santa Inés – *Placeta de Porras, 7 -* ☎ *958 22 63 80 - 9 ch. : 72/96€*. Si vous voulez prendre votre petit déjeuner sous une pergola en profitant de belles vues sur l'Alhambra et dormir dans des chambres élégantes, ce charmant hôtel installé dans un *carmen (voir encadré plus loin)* typique de l'Albayzín est pour vous.

• *Une petite folie !*

Parador de San Francisco – *Alhambra -* ☎ *958 22 14 40 - 34 ch., 2 suites : 165,88/207,39€*. Ce splendide parador est installé au cœur de l'Alhambra dans l'ancien couvent St-François (15e s.). Sa situation, au sein de l'Alhambra, et ses vues du Generalife et de la sierra Nevada en font une retraite digne des Mille et Une Nuits.

UNE PETITE PAUSE

Les frimas de l'hiver et la population estudiantine expliquent l'existence à Grenade de plusieurs cafés et salons de thé plaisants.

Bohemia Jazz Café – *Calle Santa Teresa, 17 - 15h-2h (3h le w.-end)*. Parfait pour prendre un verre et discuter dans une ambiance jazz.

Patio du Parador de San Francisco.

Paradores

Photos de chanteurs, de musiciens de jazz et d'acteurs de Hollywood des années 1930 à 1950 aux murs. Trois des quatre pianos sont d'authentiques pièces de collection sur lesquelles, plusieurs fois par semaine, un pianiste jazz se produit. Au choix : sept variétés d'excellent arabica.

El Tren – *Calle Carril del Picón, 22 - 8h-22h.* Grand choix de cafés, de thés et de tartes. Au plafond : les rails d'un train électrique. Fréquentation variable selon les heures de la journée.

Las Teterías – *Calle Calderería Nueva.* Situé dans une rue de type arabe, entre le centre-ville et l'Albayzín. Les *teterías (bars à thé)*, petites et intimes, bordent la rue et la rendent particulièrement accueillante. Parmi ces établissements, on peut distinguer le Pervane qui propose un grand choix de thés, de cafés, de « milk-shakes » et de tartes, et le Kasbah, décoré de coussins et de tapis au sol dans le pur style du café arabe.

SORTIES

Les discothèques animées tous les jours de la semaine et bars ne manquent pas non plus. Les plus jeunes préféreront aller calle Pedro Antonio de Alarcón (ambiance universitaire), ou carrera del Darro, près de l'Alhambra et de l'Albayzín.

La Fontana – *Carrera del Darro, 19 - 16h-3h.* Installé dans une maison ancienne, au pied de l'Alhambra et de l'Albayzín, cet endroit accueillant propose une grande variété de cafés, d'infusions et de cocktails. Idéal pour boire un verre dans une ambiance détendue.

El 3er Aviso – *Plaza de Toros, 1-18 - 16h-5h.* Grand établissement à plusieurs étages et différentes ambiances. Musique entraînante. Décoration moderne soignée. Clientèle : 25-45 ans.

El Príncipe – *Campo del Príncipe, 7 - été : mar.-dim. 23h-6h, hiver : mer.-sam. 23h-6h.* Des groupes de musique réputés se produisent dans cette salle des fêtes. Le rendez-vous des VIP de Grenade.

El Camborio – *Sacromonte, 47 (dans le Sacromonte) - mar.-sam. 24h-6h/7h.* Un endroit ouvert depuis plus de trente ans et bien ancré dans la vie grenadine. Il vaut mieux s'y rendre en voiture ou en taxi car la zone est peu recommandable. Bonne musique dans les quatre caves qui communiquent entre elles. Clientèle diverse, plutôt étudiante.

SPECTACLES

Le dynamisme culturel de Grenade n'est plus à démontrer ! Le théâtre Alhambra *(calle Molinos, 54 -* ☎ *958 22 04 47)* programme une saison de théâtre et l'auditorium Manuel de Falla produit des concerts de grande qualité.

Les spectacles et expositions ne manquent pas non plus. Guide mensuel (0,75€) vendu en kiosque. L'hôtel de ville de Grenade publie et distribue également tous les mois une revue de toutes les activités culturelles de la province (disponible également dans les offices de tourisme).

ACHATS

La zone commerçante de Grenade se concentre dans les grandes avenues du centre ainsi que dans les rues piétonnes

B. Kauffmann/MICHELIN

Les boutiques de l'Alcaicería.

Dans le même quartier, près de la cathédrale, l'Alcaicería, marché de la soie à l'époque musulmane, évoque un souk ou un bazar oriental avec ses boutiques de souvenirs et d'artisanat espagnol. Il fait bon se promener au milieu des kiosques à fleurs de la plaza de Bib-rambla, qui ajoutent une note pittoresque à l'endroit.

La marqueterie sur de petits objets en bois comme des coffrets à bijoux par exemple est l'une des activités typiques des artisans de Grenade. On en trouve surtout dans le quartier de l'Alcaicería.

Tous les dimanches, sur le champ de foire *(rte de Jaén)*, se tient un **marché** qui vend un peu de tout.

SPÉCIALITÉS

Dans le quartier de l'Alcaicería, ne manquez pas non plus les *piononos*, ces pâtisseries typiques de Grenade. À noter, la célèbre pâtisserie Flor y Nata, dans la calle Reyes Católicos mérite le détour.

annexes. Boutiques traditionnelles ou en vogue dans le quartier de la Gran Vía de Colón et de la calle Reyes Católicos. Le grand centre commercial, le Neptuno, se trouve calle Recogidas.

Palais nasrides ★★★

Ils constituent le noyau de l'Alhambra. Au premier coup d'œil, on est bien loin d'imaginer la richesse, la variété et l'originalité de tous les décors intérieurs : les voûtes de stalactites, les coupoles, les frises et les stucs jouent avec l'eau et la lumière et font de cet endroit une pure merveille.

Les palais sont distribués autour de

trois cours : la cour de la Chambre dorée (patio del Cuarto Dorado), la cour des Myrtes (patio de los Arrayanes) et la cour des Lions (patio de los Leones). L'absence de perspective crée un effet de surprise et le visiteur qui traverse les couloirs est sans cesse en proie à l'émerveillement et à la surprise.

Mexuar – La visite débute par cette pièce rectangulaire qui devait être réservée à l'administration. Quatre colonnes soutiennent un entablement recouvert d'un ouvrage de plâtre. Un beau soubassement d'azulejos et une décoration épigraphique courent le long des murs ornés de blasons royaux. Au fond, le Mexuar est prolongé par un petit oratoire.

Cour de la Chambre dorée (1) – Remarquez le **mur Sud**, entièrement recouvert d'une décoration raffinée, véritable précis de l'art nasride. Des azulejos décorés de motifs géométriques, des panneaux ornés de motifs végétaux, des bandes épigraphiques, des frises de stalactites et de bois sculpté ainsi qu'une remarquable corniche encadrant les deux portes et les cinq fenêtres en font un ensemble tout à fait étonnant.

À l'opposé, au fond du portique, se trouve la Chambre dorée, pièce en longueur avec des soubassements d'azulejos, de fins stucs travaillés et un beau plafond de bois. **Vue**★ magnifique sur l'Albayzín depuis les fenêtres.

Cour des Myrtes – On franchit la porte gauche du mur Sud et un petit couloir coudé donne sur la cour des Myrtes. Dans le bassin allongé bordé de massifs de myrtes se reflète l'imposante **tour crénelée de Comares**, qui forme un contraste surprenant avec la légèreté et la grâce des portiques de la galerie. Puis on arrive à la **salle de la Barca**, déformation de *Barakha* (bénédiction), coiffée d'une superbe coupole de bois percée à ses extrémités par deux baies. Les murs à la décoration chargée sont ornés de blasons de la dynastie nasride ainsi que d'inscriptions épigraphiques reprenant sa devise : « Dieu seul est notre sauveur ». Puis on accède au **salon des Ambassadeurs**, magnifique salle carrée qui devait abriter le trône royal et qui est richement décorée d'un soubassement d'azulejos aux reflets métalliques, de délicats ouvrages de stucs à motifs végétaux et géométriques et de bandes épigraphiques d'inspiration religieuse ou poétique. La merveilleuse **coupole** s'élève sur un corps de fenêtres à jalousies ; elle compte plus de huit mille pièces de bois de différentes teintes et représente les sept cieux du Coran. Des niches percent trois côtés de cette salle et tamisent agréablement la lumière.

Cour des Lions – La célèbre cour des Lions, en plein cœur du palais privé édifié sous Mohammed V, nous réserve un spectacle encore plus merveilleux et tout s'ordonne autour de l'antique fontaine gardée jalousement par douze lions rustiques qui datent du 11ᵉ s. mais dont l'origine demeure inconnue. Tout autour du patio, une élégante galerie à colonnes dessert les principales salles d'apparat tandis que

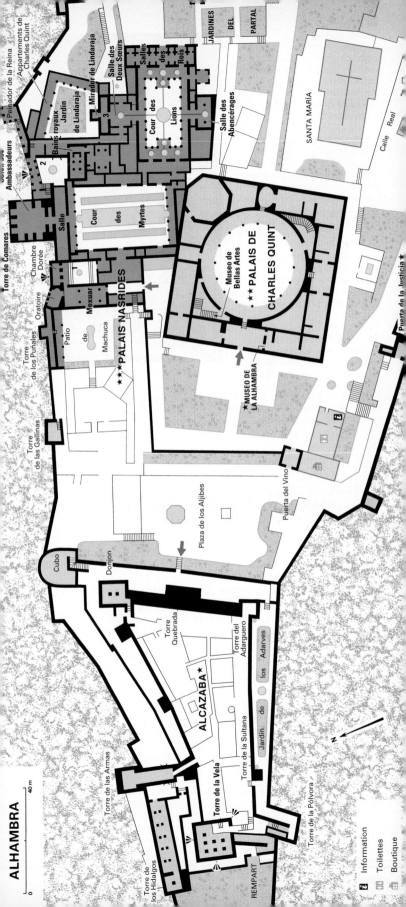

deux harmonieux petits kiosques à colonnades s'avancent sur les côtés Est et Ouest, ajoutant encore à cet ensemble raffinement et élégance.

Au Sud de la cour, la **salle des Abencérages** possède une merveilleuse voûte de stalactites couronnée d'une coupole en étoile à huit pointes, éclairée par six ouvertures. Là légende raconte que cette salle aurait été la scène du massacre des Abencérages dont les têtes auraient été ensuite déposées dans la vasque centrale.

À l'Est, la **salle des Rois** de forme rectangulaire se compose de trois unités carrées garnies de voûtes de stalactites séparées par des arcs géminés à la décoration chargée. Au fond de la salle s'ouvrent trois alcôves dont les voûtes furent probablement peintes à la fin du 14e s. Le style de ces peintures, représentant les distractions des princes maures et des seigneurs chrétiens, est si différent de ce qui les entoure

L'Alhambra : mirador de Daraxa.

que l'on ne sait s'il faut les attribuer à un artiste chrétien travaillant pour le sultan ou les croire postérieures à la Reconquête.

Au Nord, la **salle des Deux Sœurs** (Dos Hermanas) est une chambre carrée surmontée d'une coupole octogonale ornée de stalactites et aux parements richement décorés de stucs et d'azulejos. Elle doit son nom à deux grandes dalles de marbre identiques flanquant la fontaine. Mais une légende romantique raconte également que deux sœurs subirent une longue captivité entre ses murs. Puis, on gagne la salle des Fenêtres à meneaux (Los Ajimeces – **3**) et le **belvédère de Lindaraja**, à l'ornementation tout aussi raffinée. À l'époque de sa construction, la vue embrassait toute la région de Grenade mais, depuis l'érection du palais de Charles Quint, on n'aperçoit plus que le jardin de Lindaraja (16e s.).

Puis on emprunte le passage qui sort de la salle des Deux Sœurs ; à gauche, on peut admirer les coupoles des bains royaux *(ils ne se visitent pas en ce moment)*. Enfin, on traverse l'appartement de Washington Irving et on accède à une galerie ouverte qui offre une **vue**★ sur l'Albayzín et donne sur la cour de la Grille (patio de la Reja – **2**) et le jardin de Lindaraja.

On traverse la cour de Lindaraja pour gagner les jardins du Partal.

Jardins et tours de l'Alhambra★★

À l'Est des palais royaux, les **jardins du Partal** descendent en terrasses vers les tours de la muraille dont la première est la **tour des Dames**, au gracieux portique artesonado, édifiée par Yusuf Ier au début du 14e s. Sur la droite se trouvent la tour du Mihrab et l'ancienne mosquée nasride. Plus loin, la tour de la Captive (Cautiva) est de la même époque, tandis que la tour des Infantes est postérieure.

Du Partal, on accède directement au palais de Charles Quint.

Palais de Charles Quint★★

En 1526, l'empereur Charles Quint fait élever ce palais financé par l'impôt qui pèse sur les morisques. **Pedro Machuca**, architecte formé en Italie à l'école de Michel-Ange, est chargé de sa réalisation qui aboutit à une œuvre du plus pur classicisme. La simplicité du plan, un cercle inscrit dans un carré, et l'harmonie des lignes lui confèrent une beauté particulièrement majestueuse. Le corps inférieur des façades présente des bossages tandis que le corps supérieur est compartimenté par des colonnes ioniques.

Sur le portail principal, remarquons les médaillons et les superbes bas-reliefs de la partie inférieure représentant le triomphe de la paix *(au centre)* et des batailles *(sur les côtés)*, tandis que les armes de l'Espagne ornent la partie supérieure.

La vaste **cour circulaire** (31 m de diamètre) à deux étages de galeries, rythmée de colonnes doriques au rez-de-chaussée et de colonnes ioniques à l'étage, est l'une des plus belles réussites de l'architecture Renaissance en Espagne et impressionne tant par son aspect majestueux que par sa sobriété classique.

RÉPERTOIRE DES RUES ET SITES DE GRENADE

Le palais accueille deux musées :

Museo de la Alhambra★ – *Entrée à droite du vestibule.* Le musée de l'Alhambra réunit uniquement des œuvres d'art hispano-mauresque qui révèlent l'habileté des artistes et des artisans de cette période. Il rassemble des céramiques, des pièces de bois sculpté, des panneaux d'azulejos et d'*alicatados*, des plâtres, des bronzes, des tissus, etc. Remarquez la Pila de Almanzor, bassin à ablutions orné de lions et de cerfs, les lions servant de bouches d'alimentation, l'**amphore bleue** ou **amphore aux gazelles★**, chef-d'œuvre de finesse du 14ᵉ s., ainsi que de curieux petits jouets de céramique représentant des animaux ou des répliques d'objets domestiques.

Museo de Bellas Artes – *Entrée à l'étage du patio.* Les collections du musée des Beaux-Arts comportent surtout des peintures et des sculptures du 15ᵉ au 20ᵉ s. Les collections du 15ᵉ au 17ᵉ s. présentent des œuvres d'inspiration religieuse de Sánchez Cotán, Siloé, Alonso Cano ou Pedro de Mena. Mais parmi toutes ces œuvres religieuses, il convient de remarquer la ***Nature morte au cardon*★★** de Sánchez Cotán, dont la sobre maîtrise n'eut d'égale que celle de Zurbarán. Ces deux peintres illustrent l'achèvement de la tradition espagnole de la nature morte, si austère et si différente des somptueuses compositions hollandaises et flamandes.

Les salles des 19ᵉ et 20ᵉ s. présentent des œuvres de Rodríguez Acosta, de Muñoz Degrain, López Mezquita et Manuel Ángeles Ortiz.

Puerta del Vino

Construite par Mohammed V, la porte du Vin devait présenter un caractère commémoratif car elle n'a pas de fonction défensive à l'intérieur de l'enceinte. Remarquez la décoration en céramique de l'arc en fer à cheval surmonté d'une fenêtre cintrée géminée, flanquée de deux panneaux sculptés.

Franchir la porte pour accéder à l'Alcazaba.

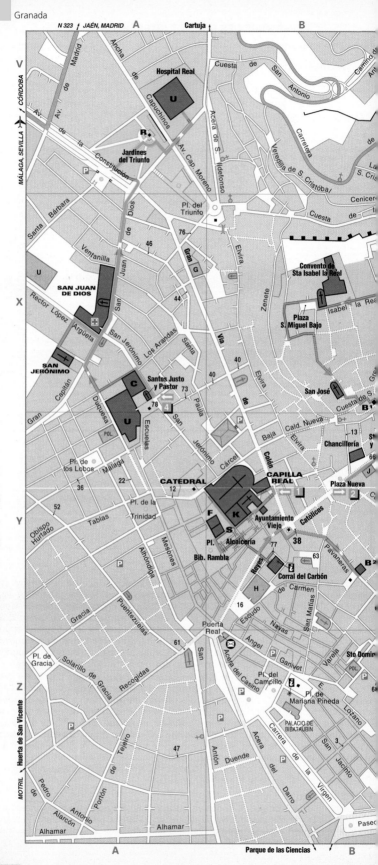

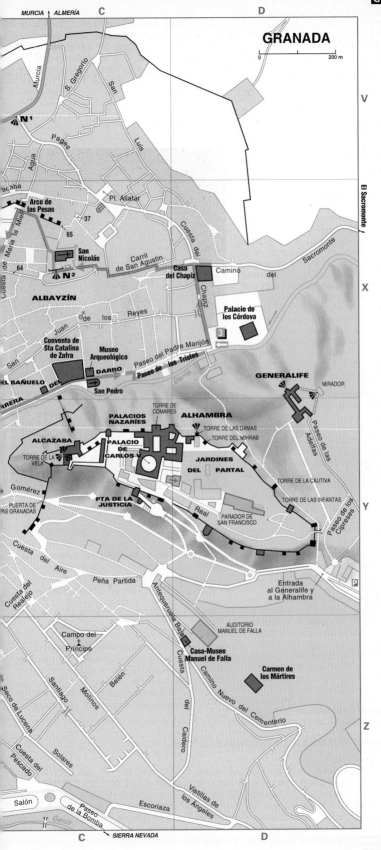

GRANADA

MURCIA ALMERÍA

0   200 m

El Sacromonte

N¹

Murcia

S. Gregorio

San

Luis

Pages

Agua

acaba

Arco de las Pesas

Cuesta de María la Miel

Pl. Aliatar

37

65

64

San Nicolás

Carril de San Agustín

N²

Cuesta del Chapiz

Casa del Chapiz

Camino del Sacromonte

ALBAYZÍN

de los Reyes

Juan

Convento de Sta Catalina de Zafra

Museo Arqueológico

Palacio de los Córdova

Paseo del Padre Manjón

EL BAÑUELO

DEL

DARRO

San Pedro

Paseo de los Tristes

Darro

GENERALIFE

MIRADOR

RRERA

PALACIOS NAZARÍES

TORRE DE COMARES

ALHAMBRA

TORRE DE LAS DAMAS

TORRE DEL MIHRAB

ALCAZABA

PALACIO DE CARLOS V

JARDINES

Paseo de las Adelfas

TORRE DE LA VELA

DEL PARTAL

TORRE DE LA CAUTIVA

Gomérez

PUERTA DE LAS GRANADAS

PTA DE LA JUSTICIA

Real

TORRE DE LAS INFANTAS

PARADOR DE SAN FRANCISCO

Paseo de los Cipreses

Cuesta del Aire

Peña Partida

Entrada al Generalife y a la Alhambra

P

Cuesta del Realejo

Campo del Príncipe

Antequeruela Baja

AUDITORIO MANUEL DE FALLA

Santiago

Belén

Molinos

Casa-Museo Manuel de Falla

Cuesta

Carmen de los Mártires

Seco de Lucena

Camino Nuevo del Cemeterio

Cuesta del Pescado

Solares

del

Caldero

Salón

Paseo de la Bomba

Escoriaza

Vistillas de los Ángeles

r Genil

SIERRA NEVADA

C   D

233

Alcazaba★

Sur la gauche de la plaza de los Aljibes (place des Citernes), tout à fait à l'Ouest, s'élève l'Alcazaba, partie la plus ancienne de l'Alhambra, austère forteresse ceinte de murailles et flanquée de tours dont trois donnent sur la place, la Torre del Adarguero, la Torre Quebrada et le donjon. Des jardins des Adarves – au Sud –, on a une vue merveilleuse sur les bosquets de l'Alhambra. À l'intérieur, sur la place d'armes, les vestiges du quartier militaire sont dominés par la silhouette massive de la **tour de Guet** (Torre de la Vela), bastion historique où les Rois catholiques hissèrent leur étendard après avoir reconquis la ville. Du haut de cette tour, on jouit d'un magnifique **panorama★★** sur les palais, le Generalife, le Sacromonte, Grenade et la sierra Nevada. On aperçoit également l'ensemble des **tours Vermeilles** – à l'Ouest –, qui faisaient partie de l'enceinte défensive de la ville ancienne et qui datent de la fin du 8e ou du début du 9e s. mais qui ont été reconstruites postérieurement.

Jardins du Généralife.

B. Kaufmann/MICHELIN

Puerta de la Justicia★

Construite par Yusuf Ier, la porte de la Justice est percée dans une tour des murailles extérieures. La partie externe présente un grand arc en fer à cheval ; une porte intérieure est également ornée d'un arc en fer à cheval qui porte une inscription et une longue bande d'azulejos avec une statue de la Vierge à l'Enfant du début du 16e s., commandée par les Rois catholiques. La main représentée sur la clé de l'arc externe ainsi que la clé et le cordon de l'arc interne ont une fonction symbolique inconnue.

Le Generalife★★

Dérivé de Yannat al-Arif, son nom peut signifier aussi bien le « jardin de l'Architecte » que « le noble jardin ». Cette résidence d'été, construite en 1319, précède immédiatement les palais de l'Alhambra. Ce palais aux dimensions modestes est entouré de **jardins** en terrasses où l'eau occupe encore une place déterminante. Par l'allée des Cyprès, on accède aux nouveaux jardins qui accueillent l'auditorium où se déroule le Festival de musique et de danse.

Les constructions s'ordonnent autour du **patio de la Acequia** qui possède en son centre un étroit bassin en longueur agrémenté de jets d'eau et bordé de plantes. Il est limité par deux pavillons reliés par une galerie dont le belvédère dispense une belle vue sur l'Alhambra. Au-delà du portique, le pavillon au fond héberge la salle royale ornée de stucs.

Le patio de la Sultane, dont l'un des côtés est clos par une galerie du 16e s., doit son nom au « **cyprès de la sultane** ».

Au-delà du palais se trouvent les jardins supérieurs, avec le célèbre **escalier d'eau**, véritable lieu enchanteur qui révèle bien le raffinement et la sensualité de toute une civilisation.

En s'engageant dans les allées des Lauriers-roses (Adelfas) et des Cyprès, on quitte cette oasis de fraîcheur.

> ### LE RENDEZ-VOUS DES AMANTS
>
> L'épouse du sultan Boabdil et un chef abencérage avaient pris l'habitude de se donner rendez-vous sous ce cyprès : le sultan, l'ayant découvert, ordonna le célèbre massacre des Abencérages dans la salle du palais qui porte aujourd'hui leur nom.

QUARTIER DE LA CATHÉDRALE 1 ★★ *2h*

Cathédrale★

Entrée par la Gran Vía de Colón. Avr.-sept. : 10h30-13h30, 16h-19h, dim. 16h-19h ; oct.-mars : 10h45-13h30, 15h30-18h30, dim. 15h30-18h30. 2,10€. ☎ 958 22 29 59.

L'édification de la cathédrale débuta en 1518, au centre de l'ancienne médina musulmane, et les travaux durèrent près de deux siècles. Le projet initial était la construction d'une cathédrale gothique du genre de celle de Tolède. Diego de Siloé, qui remplaça Enrique Egas et fut chargé de la construction de 1528 jusqu'à sa mort en 1563, modifia le projet en introduisant le style Renaissance.

Intérieur – *Entrée par le déambulatoire.* La cathédrale possède cinq vaisseaux larges et élevés avec des chapelles latérales et un déambulatoire. Des piliers carrés à colonnes adossées s'élèvent sur des piédestaux et soutiennent d'imposants entablements, ce qui augmente considérablement la hauteur. Voûtes gothiques.

La **capilla mayor**★, richement décorée et en forme de rotonde, superpose deux ordres géants. Sur les arches voûtées communiquant avec le déambulatoire avaient été prévus des emplacements pour les sépultures royales, mais ils furent par la suite recouverts de portraits de docteurs de l'église. Les colonnes du premier ordre soutiennent des statues des apôtres et des saints. Sept tableaux d'Alonso Cano illustrant des scènes de la vie de la Vierge ornent la partie supérieure tandis que les vitraux du 16ᵉ s. retracent des passages de l'Évangile, principalement de la Passion. Au centre du sanctuaire se trouve le **tabernacle d'argent**.

Un grand **arc de soutien** relie le chœur à la nef ; là se trouvent les statues orantes des Rois catholiques par Pedro de Mena, surmontées de deux médaillons représentant Adam et Ève en buste, par Alonso Cano. Dans la première travée de la nef, admirez les belles **orgues** (18ᵉ s.).

Dans le croisillon droit s'ouvre le magnifique **portail Nord de la Chapelle royale**★, ouvrage isabélin en gothique fleuri par Enrique Egas, que préside la Vierge à l'Enfant. Au-dessus de l'arc festonné, le blason des Rois catholiques est flanqué de leurs emblèmes, le joug et les flèches. À gauche, au centre du grand retable dédié à saint Jacques trône une statue équestre de l'apôtre par Alonso de Mena.

Deux chapelles méritent d'être mentionnées : la chapelle de la **Vierge des Angoisses** ainsi que celle de **N.-D.-de-l'Antique**. Ce n'est qu'en 1926 que le grand retable de marbre de la Vierge des Angoisses fut installé dans le *trascoro*. Au centre, accompagnée de quelques saints, apparaît la Vierge portant le Christ mort dans ses bras. Dans la chapelle N.-D.-de-l'Antique – la 1ʳᵉ du déambulatoire – une superbe statue de la Vierge à l'Enfant du 15ᵉ s. trône au milieu d'un magnifique retable baroque du début du 18ᵉ s., de Pedro Duque Cornejo. Dans le déambulatoire, une intéressante collection d'ouvrages liturgiques du 16ᵉ au 18ᵉ s. est également exposée.

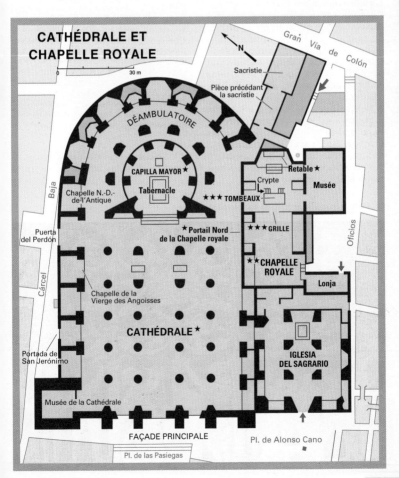

CATHÉDRALE ET CHAPELLE ROYALE

Le **musée de la Cathédrale** (Museo catedralicio) expose une petite statue de la Vierge de Bethléem, un buste de saint Paul par Alonso Cano, ainsi qu'un buste de la Vierge à l'Enfant de Pedro de Mena.

Dans la **sacristie**, aux pieds du Christ, remarquez une autre délicate statue de la Vierge par Alonso Cano.

Extérieur – Longez l'abside pour gagner la calle Cárcel Baja, où se trouvent deux portails auxquels Siloé apporta sa contribution. C'est à lui que l'on doit le registre inférieur de la **porte du Pardon**, où, appuyées sur l'arc, les figures de la Foi et de la Justice soutiennent une tablette. Sur les contreforts, on observe deux magnifiques blasons : celui des Rois catholiques *(à gauche)* et celui de l'empereur Charles Quint *(à droite)*. Le **portail de saint Jérôme** possède un arc en plein cintre entre des pilastres plateresques, ainsi que des médaillons ornés de chérubins sur les pendentifs de l'arc. Voyez le saint Jérôme pénitent.

La monumentale façade principale, qui donne sur la plaza de las Pasiegas, fut dessinée par Alonso Cano (1667).

Madraza ou ancien hôtel de ville

Dans la calle Oficios, en face de la Chapelle royale. La madraza, ou université coranique, fut bâtie au 15e s. par Yusuf Ier. Après la Reconquête, les Rois catholiques la cédèrent au conseil municipal. La façade, qui appartient à la dernière phase du style baroque grenadin, fut réalisée au 18e s. après la quasi-reconstruction du bâtiment. Seuls les grands balcons de l'étage supérieur présentent une décoration complétée par un blason entre chacun d'eux.

À l'intérieur, après avoir traversé le patio, on peut remarquer l'ancien **oratoire** de la madraza, qui a subi de nombreuses restaurations au 19e s. et présente des stucs polychromes, de petites voûtes de stalactites ainsi qu'une belle toiture octogonale avec lanterne.

Capilla Real★★

Avr.-oct. : 10h30-13h, 16h-19h, dim. et j. fériés 11h-13h, 15h30-18h30 ; nov.-mars : 10h30-13h, 15h30-18h30. Fermé 2 janv. (matin), Ven. saint et 12 oct. (matin). 2,10€. ☎ 958 22 92 39.

Les Rois catholiques firent construire la Chapelle royale afin d'être enterrés dans cette ville qui avait été à l'origine de tant de gloire. Sa construction débuta en 1506 pour s'achever en 1521. Chef-d'œuvre du gothique isabélin tant par l'unité du style que par la richesse de son ornementation, elle est l'œuvre d'Enrique Egas.

À l'**extérieur**, remarquez les beaux pinacles ainsi que l'élégante **crénelure** qui souligne les différents niveaux. Sur la crête inférieure figu-

> ### UN SANCTUAIRE HISTORIQUE
> C'est ici que reposent les **Rois catholiques**. Leur importance ne se limite pas au cadre de l'Espagne puisque ce fut sous leur règne que l'Amérique fut découverte, événement capital qui allait changer le sens des siècles suivants. En outre, les Rois catholiques jouèrent un rôle déterminant dans l'histoire de l'Espagne puisque la réunion des couronnes de Castille (avec Isabelle) et d'Aragon (avec Ferdinand) ainsi que la fin de la Reconquête allaient jeter les bases de l'État espagnol des temps modernes.

rent en guise de décoration les lettres F et Y, initiales des Rois catholiques. Le portail principal de la chapelle ayant été englobé dans la cathédrale, on entre par l'ancienne Bourse (Lonja).

Détail de la magnifique grille de Bartolomé de Jaén.

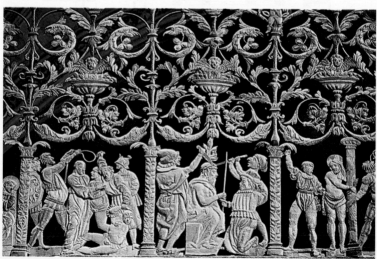

La **Lonja** est un élégant monument plateresque du 16ᵉ s. au plan rectangulaire et composé de deux étages. Des colonnes ornées de boules et de cordons en spirale soutiennent les arcs. Entre les arcs de la partie inférieure figurent les armes de la ville. La galerie de l'étage présente les emblèmes des Rois catholiques et de Charles Quint sur les balustres sculptés.

L'intérieur de la Chapelle royale se compose d'une nef unique et de chapelles latérales. Des piliers moulurés soutiennent des voûtes à nervures. Une bande bleue avec une inscription dorée court en haut des murs. Les éléments héraldiques caractérisent l'ornementation générale : murs et grilles sont ornés de blasons et d'emblèmes des Rois catholiques.

Une spectaculaire **grille**★★★ (16ᵉ s.) de Bartolomé de Jaén ferme le transept. Au centre figurent le blason et l'emblème (le joug et les flèches) des Rois catholiques et dans la partie supérieure des scènes de la vie du Christ.

Dans le transept se trouvent les deux **mausolées**★★★ doubles, celui des Rois catholiques et celui de leur fille Jeanne la Folle et de son époux Philippe le Beau. Le premier, en marbre de Carrare, fut réalisé à Gênes en 1517 par le Toscan Domenico Fancelli. De forme pyramidale, il est orné de hauts-reliefs des apôtres et de médaillons : au centre, le Baptême et la Résurrection. Dans la partie supérieure, les gisants des rois sont soutenus par des anges portant une guirlande ornée de blasons ; à leurs pieds, deux d'entre eux soutiennent une épitaphe. Le second mausolée est l'œuvre de Bartolomé Ordóñez (1519). Sur un piédestal orné de scènes religieuses repose un immense sarcophage avec les gisants de Jeanne et Philippe. Les corps quant à eux sont conservés dans la crypte dans de simples cercueils.

Autour du magnifique **retable**★ plateresque du maître-autel (1520-1522), Felipe Vigarny a su conférer à ses personnages une incroyable énergie dans le mouvement ainsi qu'une grande expression. Au centre, un Christ en croix est accompagné de la Vierge et de saint Jean. Sur le registre inférieur de la prédelle sont représentés la reddition de Grenade et le baptême des Maures. Les orants des Rois catholiques sur les côtés sont attribués à Diego de Siloé.

Musée – *Accès par le croisillon droit.* Le musée est installé dans la sacristie et renferme des objets à la valeur historique exceptionnelle : couronne et sceptre d'Isabelle la Catholique et épée de Ferdinand d'Aragon. On peut également y admirer une extraordinaire **collection**★★ d'œuvres de maîtres espagnols (Bartolomé Bermejo, Pedro Berruguete), flamands (Van der Weyden, Memling) et italiens (le Pérugin, Botticelli). Au fond, se situent le **triptyque de la Passion** (peintures centrales de Thierry Bouts) et deux statues orantes des Rois catholiques par Felipe Vigarny.

Curia eclesiástica

Le portail de la curie ecclésiastique, édifice plateresque du 16ᵉ s., présente sur son fronton semi-circulaire un blason archiépiscopal. À gauche, le **palais archiépiscopal** frappe par sa grande simplicité.

El Sagrario

Réservé au culte 9h, 9h30, dim. et j. fériés 10h, 12h, 13h.

L'église du Sacré-Cœur se trouve sur l'emplacement de l'ancienne grande mosquée de la ville. L'architecte Francisco Hurtado Izquierdo participa à sa construction au 18ᵉ s.

Plaza Bib-Rambla

Cette agréable place très populaire où abondent les petits fleuristes possède de jolies lanternes et une fontaine centrale couronnée par Neptune.

Alcaicería

Marché de la soie à l'époque musulmane, il a été reconstruit et est devenu un marché de « souvenirs » qui n'est pas sans évoquer les souks orientaux avec ses ruelles étroites, ses arcs en fer à cheval et ses décorations de style arabe.

Corral del Carbón

La **cour au Charbon** est une ancienne halle du 14ᵉ s. de construction arabe. Sa façade harmonieuse présente un arc en fer à cheval encadré d'un *alfiz* portant une inscription ainsi qu'une baie géminée flanquée de deux panneaux décorés de *sebka*. Un grand avant-toit de bois couronne l'ensemble et la voûte du porche est décorée de stalactites.

Le patio intérieur frappe par sa sobriété : trois étages de galeries à arcs déprimés soutenues par des piliers de brique avec socles de bois et une simple fontaine au centre forment un ensemble charmant. C'est là que se trouve l'Office de tourisme.

Casa de los Duques de Abrantes

Sur la petite plaza Tovar, à gauche du Corral del Carbón. D'influence gothique, le portail de la maison des ducs d'Abrantes (16ᵉ s.) présente une décoration héraldique.

LES CAPITULATIONS DE SANTA FE

Le 17 avril 1492, dans le village voisin de Santa Fe, les Rois catholiques et Christophe Colomb signèrent ces célèbres conventions. Colomb recevait le titre et les privilèges d'amiral, de vice-roi et de gouverneur général des terres découvertes.

Plaza de Isabel la Católica

Au centre de cette place se trouve le monument (1892) dédié aux capitulations de Santa Fe, œuvre de Mariano Benlliure, qui représente Christophe Colomb soumettant ses projets à la reine.

Casa de los Tiros

Construite vers le milieu du 16ᵉ s., cette maison a une curieuse façade de pierre sans autre décoration que cinq sculptures aux formes très arrondies représentant des guerriers.

se promener

CARRERA DEL DARRO ②★ *1h*

Cette rue pleine de charme où s'écoule le Darro part de la plaza de Santa Ana et aboutit au paseo de los Tristes. En s'engageant dans la carrera del Darro, on quitte la ville moderne et le paysage change brutalement : on se croirait transporté dans un village. Cette rue longe la rive droite de la rivière qu'enjambent de simples petits ponts de pierre donnant sur les deux collines mythiques de Grenade, l'Alhambra et l'Albayzín, dont les noms magiques évoquent tout un passé bouillonnant.

Avant d'emprunter cette rue, attardez-vous devant deux bâtiments intéressants sur la **plaza Nueva** et sur la **plaza de Santa Ana**.

Chancillería

Plaza Nueva. Jadis chancellerie, aujourd'hui tribunal, cet édifice du 16ᵉ s. est resté fidèle à sa vocation. Par leur diversité, quelques éléments de sa façade classique annoncent déjà le baroque. Un blason aux armes de l'Espagne orne le portail de marbre ; la balustrade qui couronne l'édifice est du 18ᵉ s. Élégant **patio**★ attribué à Siloé.

Santa Ana y San Gil

Plaza de Santa Ana. Cette petite église (16ᵉ s.) fut réalisée d'après un projet de Diego de Siloé. Son ravissant clocher est orné de mosaïques au-dessus des arcs et en son sommet. Trois niches abritant sainte Anne et deux autres saintes ainsi qu'une Vierge à l'Enfant en médaillon décorent le portail. À l'intérieur, remarquez les plafonds mudéjars de la nef et le chœur.

Toujours sur la plaza de Santa Ana, une fontaine du 16ᵉ s., le **bassin du Taureau**, est attribuée à Siloé. Les armes de la ville apparaissent sur la tête de taureau qui lui a donné son nom.

Prendre la carrera del Darro.

El Bañuelo★

Tlj sf lun. et dim. 10h-14h. Fermé j. fériés. Gratuit. ☎ *958 02 78 00.*

Les **bains arabes** sont situés en face des vestiges du **pont du Cadí** (11ᵉ s.), dont il ne reste qu'une partie de la tour et la naissance d'un arc en fer à cheval.

Ces bains traditionnels du 11ᵉ s. sont les mieux conservés d'Espagne. Plusieurs salles les composent (vestiaire, réunion et massage, bain). Remarquez les voûtes percées de lucarnes octogonales ou en forme d'étoiles ainsi que les arcades des dernières salles avec des chapiteaux romains, wisigoths et de l'époque califale.

C'est à ce niveau de la rue que l'on aperçoit au loin les tours et les murailles de l'Alhambra.

La carrera del Darro et le río encaissé.

Convento de Santa Catalina de Zafra

Le portail Renaissance de ce couvent du 16ᵉ s. présente un arc en plein cintre encadré de pilastres et de médaillons. Une niche flanquée de deux blasons abrite la sainte.

Casa Castril

Le **Musée archéologique** *(voir descriptif dans « visiter »)* loge dans ce palais Renaissance (1539) au beau **portail plateresque**★, décoré à profusion d'éléments héraldiques, de coquilles Saint-Jacques, d'animaux, d'anges, de personnages sculptés, etc.

San Pedro

En face du musée. Agréablement située sur la rive du Darro, l'église St-Pierre (16ᵉ s.) est dominée par la tour de Comares. Deux sculptures président son sobre portail : saint Pierre et ses clefs ainsi que saint Paul armé de son épée.

Paseo de los Tristes

La carrera del Darro aboutit à ce paseo d'où l'on a une **vue**★★ merveilleuse sur les tours et les murailles de l'Alhambra émergeant de la colline verdoyante. La nuit, la vue illuminée de l'Alhambra est fantastique ; on peut s'installer sur de petites terrasses pour prendre un verre et apprécier le panorama.

L'ALBAYZÍN★★ ③ *1h1/2*

Ce quartier, le plus typique de la ville, porte le nom de la colline sur laquelle il est situé et constitue un belvédère privilégié sur l'Alhambra. C'est là que fut érigée la première forteresse arabe de Grenade dont il ne reste que des murailles. D'étroites ruelles entrecoupées de coquettes petites places pittoresques grimpent sur la colline longeant des villas parfois cossues, les *carmens*. Il faut entreprendre cette visite à pied pour pouvoir saisir tout le charme de ce quartier au tracé arabe.

Palacio de los Córdova

Au début de la cuesta del Chapiz. On traverse le jardin par une allée de cyprès et on arrive devant ce palais dont le portail Renaissance est décoré d'éléments héraldiques. L'édifice abrite actuellement les archives municipales.

Casa del Chapiz

Entrée par le camino de Sacromonte. Tlj sf w.-end 9h-18h. Fermé j. fériés. ☎ 958 22 22 90.

C'est le siège de l'École d'études arabes. Deux maisons arabes (15ᵉ-16ᵉ s.) agrémentées de patios et de galeries composent l'ensemble ; depuis les jardins, on a une belle **vue** sur l'Alhambra.

> **LES CARMENS**
>
> C'est le nom donné aux petites villas que l'on rencontre sur l'Albayzín. Elles rappellent certaines résidences arabes qui comprenaient la maison et des jardins en terrasses.

Engagez-vous dans l'Albayzín par la cuesta de San Agustín qui monte au milieu des *carmens* ; vous aurez alors une première vue sur l'Alhambra.

Mirador de San Nicolás

Depuis la terrasse de l'**église St-Nicolas,** la **vue**★★★ est superbe : l'Alhambra rouge et ocre se détache sur la colline verdoyante et on distingue en toile de fond les sommets de la sierra Nevada.

Passer devant l'église et prendre le callejón San Cecilio ; au bout, tourner à droite et franchir l'arc des Poids.

Arco de las Pesas

Cette simple porte du 11ᵉ s. typiquement musulmane est percée dans les murailles de l'ancienne *alcazaba*, près de la plaza Larga. On y accède par une sorte de coude.

Repasser sous l'arc et, de là plaza de Minas, descendre par la cuesta de María de la Miel puis, prendre à droite le camino nuevo de San Nicolás.

Convento de Santa Isabel la Real

Franchissez la porte de ce monastère fondé par Isabelle la Catholique au début du 16ᵉ s. et admirez la belle façade gothique de l'église : encadrée par deux pinacles, elle est décorée du blason et de l'emblème (le joug et les flèches) des Rois catholiques. À l'intérieur, belle charpente mudéjare.

Plaza de San Miguel Bajo

Un Christ aux lanternes orne cette place qui porte le nom de l'église qui s'y trouve. Prenez la rue face à l'église ; au bout, on domine toute la ville basse.

Tourner à gauche, puis encore à gauche dans la calle Bocanegra et à droite vers San José.

San José

L'église St-Joseph a été construite au 16ᵉ s. sur une ancienne mosquée dont le minaret du 10ᵉ s. est maintenant transformé en clocher.

Poursuivre la descente et, après quelques marches, regarder à droite.

Casa de Porras

Remarquez la simple porte de pierre décorée d'éléments héraldiques.

Un ravissant carmen, le carmen aux Cyprès, se trouve en face. De la rue, on peut voir les arbres spectaculaires qui lui ont valu son nom.

> **POINT DE VUE**
>
> Depuis le **belvédère de San Cristóbal** (sur la route de Murcie), on a une belle **vue★** de l'Albayzín avec les murailles de l'ancienne alcazaba en premier plan, les carmens, l'Alhambra au fond et la ville basse à droite.

Descendre les escaliers de la cuesta del Granadillo et de la toute petite cuesta Aceituneros pour retrouver le début de la carrera del Darro, en face de l'église Ste-Anne-et-St-Gilles.

DE L'UNIVERSITÉ À L'HÔPITAL ROYAL★ 4️⃣ *2h*

Cette promenade vous réserve la découverte de plusieurs églises et monuments civils des 17ᵉ et 18ᵉ s.

Universidad

Cet édifice baroque, que l'université n'occupa qu'au 18ᵉ s., se dresse sur la plaza de la Universidad que domine la statue de son fondateur Charles Quint. Il abrite actuellement la faculté de droit. La façade est ornée de colonnes torses.

Santos Justo y Pastor

Cette église dédiée aux saints Just et Pastor d'Alcalá et située sur la place de l'Université appartient aux jésuites jusqu'à leur expropriation. Dans la partie inférieure du portail baroque (18ᵉ s.) sont sculptés saint François Xavier et saint François Borgia ; les armes de la Compagnie de Jésus figurent au-dessus de l'arc : la partie haute représente la conversion de saint Paul.

À l'intérieur, belles fresques ; observez les deux saints situés entre les fenêtres du tambour de la coupole du transept.

Colegio de San Bartolomé y Santiago

Le portail de ce collège fondé en 1621 est orné de colonnes doriques et des statues des saints Barthélemy et Jacques. À gauche, remarquez la grande coupole de l'église Sts-Just-et-Pastor. L'élégant patio vaut le coup d'œil avec ses colonnes doriques et ses arcs en anse de panier.

À l'angle des calles de la Duquesa et de Gran Capitán, on voit le **chevet** monumental de l'église du **monastère St-Jérôme★** *(entrée par la calle López Argüeta ; voir descriptif dans « visiter »).*

Dans la calle San Juan de Dios, on passe devant l'**hôpital St-Jean-de-Dieu** (16ᵉ au 18ᵉ s.), dont le sobre portail est dominé par le saint dédicataire.

San Juan de Dios★

Édifiée dans la première moitié du 18ᵉ s., c'est l'une des principales églises baroques de Grenade. Sa **façade★** est richement décorée et le portail est encastré entre deux tours-clochers rehaussées de chapiteaux. Les niches du registre inférieur abritent les archanges saint Gabriel et saint Raphaël. Au centre du registre supérieur se trouvent le saint dédicataire et des hauts-reliefs représentant saint Ildefonse et sainte Barbe.

L'**intérieur**, auquel on accède par un beau portique ciselé en bois d'acajou, s'ordonne autour d'un plan en croix latine et présente des chapelles latérales, une coupole élevée au-dessus de la croisée du transept et un *coro alto* à l'entrée de l'église. L'unité de style en fait un ensemble magnifique. Dans le chœur, un grand retable churrigueresque en bois doré cache, derrière le panneau central, le camarín dont les portes sont normalement fermées. Le **camarín**, auquel on accède par une porte à la droite de l'autel, se compose de trois pièces à la décoration chargée dans le plus pur style baroque. Dans la pièce centrale se trouve le tabernacle avec l'urne qui contient les restes de **saint Jean de Dieu**, fondateur des Frères de la Miséricorde, mort à Grenade en 1550. Les murs de bois doré renferment des reliques de saints romains.

Monumento a la Inmaculada Concepción

Le monument (17ᵉ s.) consacré à l'Immaculée Conception se trouve dans les charmants **jardins del Triunfo**. Au sommet de la colonne, la statue de la Vierge couronnée et auréolée de rayons est l'œuvre d'Alonso de Mena. On reconnaît derrière les murs de l'hôpital royal.

Hospital Real

L'hôpital royal, qui abrite de nos jours le rectorat de l'université, fut fondé par les Rois catholiques au début du 16ᵉ s. Enrique Egas fut le premier chargé de sa réalisation. Comme d'autres hôpitaux (Tolède et St-Jacques-de-Compostelle), il a la forme d'une croix inscrite dans un carré avec quatre cours intérieures. Sur la façade, remarquez les quatre fenêtres plateresques de l'étage. L'entablement du portail de marbre (17ᵉ s.) est orné du joug et des flèches surmontés d'une Vierge à l'Enfant qu'entourent des statues orantes des Rois catholiques. Les sculptures sont d'Alonso de Mena.

À l'intérieur, on remarquera l'harmonie des deux patios de l'aile gauche, décorés d'éléments héraldiques. Par le premier patio à droite, montez au premier étage jeter un coup d'œil à la Bibliothèque centrale de l'université : belle charpente et coupole centrale en bois reposant sur des trompes et décorée de niches.

visiter

Monasterio de San Jerónimo★

Entrée par la calle López Argüeta. Avr.-oct. : 10h-13h30, 16h-19h30 ; nov.-mars : 10h-13h30, 15h-18h30. 2,10€. ☎ 958 27 93 37.

La construction du monastère débuta en 1496 et deux célèbres architectes y participèrent, Jacobo Florentino jusqu'en 1526, puis Diego de Siloé.

Sur le parvis, avant de pénétrer dans le monastère, notez la **façade de l'église**. La partie supérieure exhibe les armes des Rois catholiques ainsi qu'une jolie fenêtre flanquée de médaillons et d'animaux fantastiques.

Le grand **cloître**, agrémenté d'un joli jardin d'orangers, était déjà achevé en 1519. De robustes colonnes ornées de chapiteaux à feuillages soutiennent des arcs en plein cintre au rez-de-chaussée, en anse de panier à l'étage – ainsi que des balustrades ajourées de style gothique. Plusieurs portails plateresques ou Renaissance, œuvres pour la plupart de Diego de Siloé, ouvrent sur le cloître. En traversant la cour, vous admirerez le mur de l'église et la jolie fenêtre plateresque ainsi qu'un blason monumental aux armes du Grand Capitaine.

L'église★★ – En arrivant par le cloître, on est impressionné par la superbe **façade plateresque** de Siloé. La décoration de l'église est telle qu'il faut prendre quelques instants pour se ressaisir et assimiler toutes ces ornementations : voûtes et coupoles avec des hauts-reliefs, magnifique retable et peintures murales.

Détail de la façade de l'église.

L'église fut commencée dans le style gothique, mais après avoir pris en charge les travaux, Siloé adopta le style Renaissance pour le transept et le chœur. Ce magnifique témoignage de la Renaissance espagnole fut construit grâce aux dons de la veuve de Gonzalve de Cordoue qui voulait en faire le panthéon du « Grand Capitaine ».

En entrant, on est frappé d'une part par la richesse de l'abside superbement illuminée par les fenêtres du transept et, d'autre part, par la tour-lanterne. La voûte d'ogives est dotée d'arcs doubleaux et de niches ornées de bustes ; sur les trompes, figurent les quatre évangélistes. Les voûtes des bras du transept sont décorées de hauts-reliefs de personnages bibliques, d'angelots, d'animaux, etc. Le cul-de-four du chœur présente le Sauveur entouré d'apôtres, d'anges et de saints. Le grand **retable**★★ est un joyau de l'école de Grenade sur lequel travaillèrent divers artistes. Il représente des saints, des scènes de la vie de la Vierge et du Christ et, sur l'attique, Dieu le Père au-dessus des nuées. Le retable est encadré des statues orantes du Grand Capitaine et de son épouse. Sur le perron, une simple pierre indique la sépulture de Gonzalve. Les peintures murales qui décorent l'église datent du 18e s.

Cartuja★

Avr.-oct. : 10h-13h, 16h-20h ; nov.-mars : 10h-13h, dim. et j. fériés 10h-12h. 2,10€. ☎ 958 16 19 32 (10h-12h).

La construction de la **chartreuse** remonte au début du 16e s. Une fois le portail plateresque franchi, on traverse le grand parvis au fond duquel s'élèvent l'église et les dépendances accessibles par le cloître.

La façade très sobre de l'église présente un blason de l'Espagne en haut et un saint Bruno au-dessus de la porte.

Dans certaines dépendances, on peut voir des peintures de Sánchez Cotán et de Vicente Carducho, tous deux chartreux ici.

Église – Elle abonde en décors de stucs baroques (1662) et en peintures. La nef est divisée en trois sections (pour les moines, les frères lais et le peuple). Les parties réservées aux religieux et aux lais sont séparées par une cloison dorée avec de riches portes ; sur les côtés figurent deux peintures de Sánchez Cotán : *Le Baptême du Christ* et *Repos lors de la fuite en Égypte*.

L'Assomption qui se trouve sous le baldaquin du maître-autel est l'œuvre de José de Mora. Derrière se trouve le **tabernacle**, un camarín décoré au début du 18e s. par Francisco Hurtado Izquierdo dans un baroque d'une exubérance telle dans les formes, la polychromie et les matériaux que le décor devient presque oppressant.

Sacristie★★ – Réalisée entre 1727 et 1764, c'est l'un des chefs-d'œuvre du baroque espagnol. La structure se dissimule sous un délire de stucs blancs, de moulures curvilignes et de corniches qui se brisent à l'infini, produisant un effet spectaculaire. La lumière vive qui se déverse des fenêtres joue avec les effets produits par ce décor éblouissant. À l'extrémité, une coupole ovale ornée de fresques sombres contraste avec la blancheur du reste. Un pavement de marbre de Lanjarón couvre toute la sacristie. Les retables du fond sont dans le même matériau. La porte et

La somptueuse sacristie de la chartreuse.

le mobilier de cèdre, incrustés d'écaille, d'ivoire et d'argent, sont l'œuvre d'un chartreux, le frère José Manuel Vázquez.

Museo Arqueológico

Tlj sf lun. 9h-20h, mar. 15h-20h, dim. 9h-14h30. Fermé j. fériés. 1,50€ (gratuit pour les ressortissants des pays de l'UE). ☎ 958 22 56 40.

Il est installé dans la casa Castril (1539), un palais Renaissance au beau **portail platéresque**★.

Le Musée archéologique possède une remarquable collection de vases d'albâtre sculpté (9e s. avant J.-C.) de provenance égyptienne trouvés à Almuñécar dans une nécropole punique, un taureau d'Arjona et de nombreux vestiges romains ou d'éléments d'art décoratif arabe. Une copie de la *Dame de Baza* (l'original se trouve au Musée archéologique de Madrid) y est exposée.

Le Sacromonte

La colline du Sacromonte s'élève à côté de l'Albayzín, en face du Généralife. Ce quartier troglodytique de gitans, en partie abandonné, conserve des grottes où se déroulent des **spectacles de flamenco**.

Casa-Museo Manuel de Falla

Avril-sept. : tlj sf lun. 10h-13h, 17h-20h, w.-end 10h-14h ; le reste de l'année : tlj sf lun. 10h-13h, 16h-19h, w.-end 10h-14h. Fermé j. fériés. 5€. ☎ 958 22 21 88.

Le compositeur Manuel de Falla (1876-1946), grand amoureux de cette ville qu'il ne connut qu'à plus de 40 ans, vécut dans cette demeure du 16e s. entre 1919 et 1939. La maison de l'auteur de *L'Amour sorcier* et du *Tricorne* a été conservée en l'état. Son piano, sa guitare et ses meubles nous emmènent dans l'univers intime du fabuleux musicien.

Carmen de los Mártires

Été : 10h-14h, 17h-19h, w.-end et j. fériés 10h-19h ; le reste de l'année : 10h-14h, 16h-18h, w.-end et j. fériés 10h-19h. Fermé août. Gratuit. ☎ 958 22 79 53.

Ce carmen se situe sur la colline de l'Alhambra. On peut visiter les **jardins**★ luxuriants en terrasses avec vue sur la ville et passer un agréable moment dans cet ensemble romantique du 19e s. au milieu des fontaines et des statues. Remarquez le jardin et le portique de style arabe près de la maison.

Santo Domingo

L'église St-Dominique se situe sur la place à laquelle elle a donné son nom. C'est une construction Renaissance qui conserve cependant quelques éléments gothiques. Sur la façade, admirez le beau portique de pierre aux trois arcades en plein cintre dont les écoinçons portent les initiales des Rois catholiques, leur blason et celui de l'empereur Charles Quint. Remarquez également la jolie fenêtre géminée.

Parque de las Ciencias★

Tlj sf lun. 10h-19h, dim. et j. fériés 10h-15h. Fermé 2ᵉ quinzaine de sept., 1ᵉʳ janv., 1ᵉʳ mai, 24 et 25 déc. 3,60€, 1,60€ (planétarium). ☎ *958 37 78 10.*

Ce vaste complexe consacré au monde de la science a été conçu pour nous aider à mieux appréhender notre propre monde. Il se compose d'un musée interactif, d'un planétarium, d'un observatoire astronomique et d'une serre à papillons tropicaux. Grands ou petits peuvent y passer un agréable moment instructif en procédant à diverses manipulations et expériences. Les plus jeunes (enfants de 3 à 7 ans) ont leur espace propre : Explora.

Huerta de San Vicente

Visite guidée (1/2h) avr.-sept. : tlj sf lun. 10h-13h, 17h-20h, oct.-nov. : tlj sf lun. 10h-13h, 16h-19h. 1,80€. ☎ *958 25 84 66.*

Les admirateurs de **Federico García Lorca** (1898-1936) ne manqueront pas de saisir l'occasion de pénétrer dans l'univers familier de l'un des plus grand poètes et écrivains d'Espagne. Située dans le parc García Lorca, qui était un riche bassin cultivé encore récemment, la maison est demeurée telle qu'elle était lorsque le poète y séjournait l'été.

Guadix★

Guadix, qui semble être une ville sans limites aux contours indéfinis, est pourtant parfaitement encadrée tant par les collines d'argile sur lesquelles elle s'appuie que par les cimes de la sierra Nevada qui forment une remarquable toile de fond... Ville mystérieuse, elle dissimule ses secrets dans un inextricable monde souterrain que seules révèlent les étranges cheminées blanches à l'allure de termitières surgissant ici et là du sol. Passerelle entre l'« Occident » et l'« Orient » andalous, elle a vu des populations très diverses s'établir sur ses terres et marquer de leur empreinte son architecture. Si l'alcazaba témoigne de son rayonnement sans précédent sous la domination arabe, la majeure partie de son patrimoine architectural date des 17ᵉ et 18ᵉ s.

La situation

20 322 habitants. Carte Michelin nᵒ 578 U 20 – Andalousie (Grenade).

Guadix se situe au centre de la cuvette du même nom, 57 km au Nord-Est de Grenade par l'A 92. C'est un bon point de départ pour visiter les Alpujarras – le col de la Ragua est à 30 km au Sud – et la partie orientale de la province (Baza, Huéscar...).

> **L'ORIGINE DU NOM DE GUADIX**
> Les musulmans avaient baptisé ce vieux camp romain d'**Acci** (d'où le nom d'*accitanos* donné aux habitants) du joli nom de Guadh-Haix, qui signifie « fleuve de vie ».

🛈 *Avenida Mariana Pineda, 18500 Guadix,* ☎ *958 66 26 65.*

Vous pouvez poursuivre votre voyage en visitant : Grenade (GRANADA), BAZA (46 km au Nord-Est), la SIERRA NEVADA et les ALPUJARRAS (au Sud).

carnet pratique

HÉBERGEMENT

• À bon compte

Comercio – *Mira de Amezcua, 3 -* ☎ *958 66 05 00 - 24 ch. : 36,06/57,10€.* Hôtel installé dans une jolie maison du début du 20ᵉ s. Chambres spacieuses. Bon restaurant proposant des spécialités comme l'agneau au miel, le potage de Guadix et le *tocino de cielo* (pâtisserie).

Cuevas Pedro Antonio de Alarcón – *San Torcuato (à la sortie, rte de Murcia) -* ☎ *958 66 49 86 - 20 grottes : 54,69€.* Ces maisons troglodytiques très bien décorées ont le chauffage central. Seul défaut : la proximité de l'autoroute, compensée néanmoins par leur insonorisation naturelle presque parfaite. Restaurant typique et piscine.

visiter

Plaza de la Constitución

Charmante place à arcades des 16ᵉ et 17ᵉ s. d'où se détache, sur l'un des côtés, l'**hôtel de ville** construit au tout début du 17ᵉ s. sous le règne de Philippe III.

Cathédrale★

8h30-13h, 16h-17h30, dim. et j. fériés 9h-14h, 16h-17h30. ☎ *958 66 08 00.*

Diego de Siloé avait amorcé sa construction, mais l'essentiel de l'édifice fut élevé selon ses plans entre 1597 et 1715, année qui vit l'achèvement de l'imposante tour baroque. L'intérieur démontre d'emblée la durée des travaux : le style gothique des nefs de l'entrée laisse place, après le transept, à un style Renaissance qui atteint l'apogée de son expression avec l'immense coupole à lanterne qui coiffe le faux transept. La **chapelle de St-Torquat** *(2ᵉ chapelle sur la gauche du déambulatoire)* est l'œuvre de Diego de Siloé ; elle présente un arc d'entrée dit en « corne de taureau », car sa largeur diminue au fur et à mesure qu'il s'incurve. La **façade de l'Incarnation**★ *(en face de la place)* illustre parfaitement le mouvement et la théâtralité de l'architecture baroque. Les trois registres horizontaux se font de plus en plus complexes tout en convergeant vers un point imaginaire.

Derrière la cathédrale, dans la calle Santa María, se trouvent le **palais épiscopal** du 16ᵉ s., l'hôpital de la Charité et le **palais de Villalegre** (1592), dont le beau portail Renaissance est flanqué de deux solides tours de brique.

Quartier de Santiago★

C'est l'un des plus caractéristiques de la ville avec ses maisons seigneuriales comme le **palais de Peñaflor**, qui s'articule autour d'un élégant patio Renaissance et se distingue par son curieux **balcon** de bois. Par le Petit Séminaire contigu, on accède à l'ancienne **alcazaba** arabe du 11ᵉ s. dont on ne peut que déplorer l'état d'abandon. C'est de ses tours que l'on jouit des meilleurs panoramas sur Guadix et son quartier troglodytique. *Tlj sf dim. et sam. ap.-midi 9h-14h, 16h-19h. Fermé j. fériés. 0,60€.* ☎ *958 66 01 60.*

En revenant calle Barradas, des escaliers desservent la petite plaza de Santiago, au bout de laquelle s'élève l'**église St-Jacques,** dont le magnifique **portail**★ plateresque est surmonté des armes de Charles Quint (aigle à deux têtes et Toison d'or). À l'intérieur, très beaux plafonds mudéjars. *Sur demande.* ☎ *958 66 10 97/08 00.*

La **calle Ancha**, qui part de la place, offre de bons exemples de demeures seigneuriales du 19ᵉ s.

Barrio de las cuevas★

Enclavé dans la partie haute de Guadix, le **quartier troglodytique** s'étend entre des ravines, des chemins creux et de petits tertres ocre. Les grottes s'étagent sur les pentes, l'entrée de l'une se trouvant occasionnellement sur le toit de l'autre, ou occupent, fières et solitaires, tout un tertre.

Cueva-Museo – *Juil.-août : 9h-14h, 17h-19h, dim. et j. fériés 10h-14h ; le reste de l'année : 9h-14h, 16h-18h, dim. et j. fériés 10h-14h. 1,30€.* ☎ *958 66 93 00.*

On a reconstitué à l'intérieur d'une grotte *(signalisée)* les conditions dans lesquelles on y vivait au 19ᵉ s. Dans les dépendances, on peut découvrir les outils de labour ou l'équipement des bergers de la région.

Museo de Alfarería

Dans le quartier mozarabe de San Miguel. Été : 10h-14h, 16h-20h, dim. et j. fériés 11h-14h ; le reste de l'année : 10h-14h, 17h-20h30, dim. et j. fériés 11h-14h. 2€. ☎ *958 66 47 67.*

Le **musée de la Poterie** est installé dans une grotte creusée à l'époque arabe et gardant de son passé quelques témoins, tels un puits en brique (1650) et une jarre (1640) enterrée qui servait sans doute à conserver le vin. La riche tradition potière de la province de Grenade, incluant celle des célèbres **jarres locales**, dites « **accitanas** », est très clairement exposée dans les différentes salles.

Le quartier troglodytique.

B.Kaufmann/MICHELIN

Barrio de Santa Ana

On est au cœur de l'ancien quartier morisque. Tout le long de ruelles étroites, les maisons blanches nous transportent dans une autre époque et fleurent bon les senteurs de la cuisine et des espèces florales andalouses. Au centre s'élève l'**église Ste-Anne**, construite au 15e s. sur une mosquée ; contre la façade, fontaine Renaissance (1567).

alentours

MAISONS TROGLODYTIQUES

Ce sont les caractéristiques bien particulières du terrain argileux de la **cuvette de Guadix** qui ont rendu possible cet habitat insolite. En effet, l'argile, molle en surface lorsqu'on la travaille, durcit au contact de l'air. On peut ainsi rendre les grottes imperméables et les isoler thermiquement. Leur température constante de 18° C tout au long de l'année les rend fraîches l'été malgré la chaleur extérieure torride et agréables pendant les rigueurs de l'hiver. On compte deux mille grottes habitées dans la seule ville de Guadix et la région possède l'ensemble de maisons troglodytiques le plus important d'Europe. On discerne mal l'origine lointaine de ce type d'habitat, mais il semble que cette pratique ait connu son apogée après la conquête chrétienne notamment en raison de la ségrégation grandissante dont souffrit la population morisque. À Guadix, cette population fut peu à peu expulsée du quartier de Santa Ana et occupa progressivement l'actuelle zone des grottes.

Purullena

À 6 km en direction de Grenade. À partir de Guadix, la **route**★★ traverse un magnifique paysage de tuf calcaire. Purullena doit sa réputation à ses maisons troglodytiques et aux boutiques de céramique qui bordent la rue principale du village. À 6 km se trouvent les **thermes de Cortes y Graena**, que l'on gagne par une route traversant une jolie région de petites collines argileuses et aboutissant à **La Peza** *(13 km)*.

La Calahorra★

18,5 km au Sud-Est par la A 92. Blotti derrière les cimes de la sierra Nevada, tel une île entourée d'amandiers, le village de La Calahorra a conservé de nombreuses traces de son riche passé. C'est en arrivant par la Sierra Nevada et le **col de la Ragua**★★ que l'on a la vision la plus surprenante. C'est là que s'exprime dans toute sa force et sa beauté le contraste entre la sierra et le haut plateau ; le village, couronné par une imposante forteresse, surgit insolemment, aussi orgueilleux qu'au temps où il était le siège du marquisat de Zenete.

Non loin *(4 km)*, les mines du Marquisat, délaissées depuis 1997, occupent un site affligeant d'abandon.

Castillo de La Calahorra★★ – *Visite guidée mer. 10h-13h, 16h-18h. Gratuit.* ☎ 958 67 70 98. Derrière l'aspect d'austère forteresse militaire que lui confèrent ses quatre tours cylindriques, le château de La Calahorra recèle l'un des plus beaux **patios Renaissance**★★ d'Espagne. Construit au début du 15e s. selon les critères artistiques du Quattrocento italien, il s'élève sur deux étages réunis par un splendide **escalier**★★ à trois volées. Le décor des portes et des chapiteaux reprend tout le répertoire classique : moulures, candélabres, fleurs, colonnes historiées...

Huelva★

Cette ville maritime, chef-lieu de la province la plus occidentale d'Andalousie, ne bénéficie pas d'une vue directe sur l'océan Atlantique, mais se dissimule dans un estuaire entre marais et canaux. Lieu colombin par excellence, Huelva a su perpétuer au fil des siècles ses liens étroits avec les nations hispano-américaines. Son climat très doux, la proximité des plages, des espaces naturels d'une grande beauté attirent nombre de touristes l'été.

La situation

150 000 habitants. Plan dans le Guide Rouge España & Portugal. Carte Michelin n° 578 U 10 – Andalousie (Huelva).
Huelva est située entre les embouchures du Tinto et de l'Odiel, au carrefour des routes qui mènent au Portugal, à Cadix, en Estrémadure et à Séville.
🚹 *Avenida de Alemania, 12, 21001 Huelva,* ☎ *959 25 74 03 ; Avenida de Italia, 21001 Huelva,* ☎ *959 24 56 16.*
Vous pouvez poursuivre votre voyage en visitant : AYAMONTE (à l'Ouest par la N 431), MOGUER (à l'Est, sur l'autre rive du Guadalquivir), LA RÁBIDA (au Sud)), EL ROCÍO (au Sud-Est de Huelva) et Séville (SEVILLA, 82 km à l'Est).

comprendre

Au fil des siècles – Attirés dès la plus lointaine Antiquité par les richesses minières de la région, différents peuples de la Méditerranée occidentale, dont les Phéniciens et les Grecs, s'installèrent ici à la fin de l'âge du bronze et se mêlèrent aux civilisations locales pour fonder la mythique Tartesse. L'origine de cette ville légendaire demeure incertaine, même si de nombreuses études s'accordent à la situer près des ríos Tinto et Odiel, à proxi-

mité de Huelva (alors appelée Onuba). Plus tard, Onuba fut occupée par les Romains, puis au 8e s. par les Arabes qui la baptisèrent Guelbar. C'est alors que furent introduites de nouvelles techniques agricoles et des activités artisanales, comme la poterie et la faïence. Après la reconquête par Alphonse X le Sage (13e s.), Huelva traversa une période instable de cessions entre nobles et familles fortunées jusqu'au 15e s. et passa alors aux mains de la maison de Medina Sidonia. Elle doit sa célébrité à **Christophe Colomb** qui débarqua dans la ville au 15e s. Le marin italien et ses compagnons de voyage

Le port.

marquèrent la vie de cet endroit tranquille, appelé le berceau de la Découverte. Huelva connut ensuite une brève période d'expansion commerciale grâce à sa situation géographique et traversa une époque de déclin après le tremblement de terre de Lisbonne (1755) et la guerre d'Indépendance. Aujourd'hui, Huelva est devenue une destination touristique grâce à la proximité du Parc national de Doñana, et la construction du pôle chimique a définitivement relancé l'industrie.

visiter

Cathédrale

Culte 19h, dim. et j. fériés 11h, 19h. ☎ 959 24 30 36.
Ce bâtiment doté d'une façade de style Renaissance fut édifié en 1605 et proclamé cathédrale en 1953. Elle conserve la sculpture du Christ de Jérusalem et une belle représentation de la Vierge au ruban, patronne de la ville, par Martínez Montañés.

San Pedro

L'**église St-Pierre** se dresse sur un petit promontoire au bout de la promenade de Santa Fe. Elle fut érigée sur les vestiges d'une ancienne mosquée mudéjare. La blancheur de son revêtement extérieur est caractéristique des bâtiments de Huelva. Son clocher se découpant sur un ciel dégagé est une des images les plus typiques de la ville.

carnet pratique

RESTAURATION

• Valeur sûre
Jeromo – *Plaza de la Merced, 6 -* ☎ *959 26 16 18 - 21,04/24,04€ - fermé sam. en juil.-août.* Situé sur une place très bruyante où les bars abondent. L'un des meilleurs restaurants de poissons et de fruits de mer de la ville, recommandé malgré sa décoration inesthétique.

TAPAS

La gastronomie s'inscrit dans la pratique traditionnelle du *picoteo* (aller de bar en bar picorer des tapas).
Taberna El Condado – *Sor Ángela de la Cruz, 3.* Typique taverne avec des tonneaux en guise de tables. Grand choix de charcuteries, de poissons et de fruits de mer grillés.
Portichuelo – *Gran Vía, 1 -*
☎ *959 24 57 68 - fermé dim. en été et dim. soir le reste de l'année.* Bar-restaurant central. Bon choix de tapas.

HÉBERGEMENT

• À bon compte
Los Condes – *Alameda Sundheim, 14 -*
☎ *959 28 24 00 - 54 ch. : 34,73/50,50€.* Hôtel situé dans une avenue très large. Les chambres spacieuses, modernes et propres compensent l'allure extérieure dénuée de charme. Bon rapport qualité/prix.
• Valeur sûre
Monte Conquero – *Pablo Rada, 10 -*
☎ *959 28 55 00 - 164 ch., 2 suites : 83/98€.* Ce grand hôtel, moderne et très confortable, avec garage privé, est situé dans l'une des rues les plus animées de la ville.

ACHATS

Nombre de magasins ponctuent les rues piétonnes autour de l'église de la Conception.

La Concepción

Très endommagée par le tremblement de terre de Lisbonne (1755), cette église Renaissance est en reconstruction. Elle abrite des stalles remarquables et plusieurs peintures de Zurbarán.

Nuestra Señora de la Cinta

19h30, dim. et j. fériés 13h30, 19h30. ☎ *959 25 11 22.*

Lors de son passage à Huelva, Christophe Colomb fit une halte au sanctuaire de **N.-D.-du-Ruban**, qui se trouve en dehors de la ville, au bout de l'élégant paseo del Conquero. Il convient de citer les beaux azulejos de Daniel Zuloaga et une fresque représentant la Vierge. La légende raconte que le marin italien s'est recueilli devant cette Vierge à son retour d'Amérique pour accomplir une promesse. La grille d'accès au *presbiterio* est intéressante.

Museo Provincial

Tlj sf lun. 9h-20h, dim. et j. fériés 9h-15h. Gratuit. ☎ *959 25 93 00.*

C'est un abrégé de l'histoire de Huelva des origines à nos jours. Les salles consacrées à la culture de Tartesse, aux vestiges archéologiques et au peintre de Huelva Daniel Vázquez Díaz méritent que l'on s'y rende.

Quartier Reina Victoria★

L'étrangeté de cet ensemble architectural très particulier se remarque dans le noyau urbain uniforme de Huelva. Ces maisons individuelles de style anglais furent construites par la compagnie minière du río Tinto pour y loger des ouvriers.

Monumento a la Fe Descubridora

À l'autre extrémité de la ville, sur une langue de terre formée par les ríos Tinto et Odiel et appelée Punta del Sebo, se dresse une grande sculpture de l'artiste américaine Gertrud Vanderbilt Whitney (1929).

alentours

Paraje Natural de las Marismas del Odiel★★

2 km au Sud-Est. Quitter Huelva par l'avenida Tomás Domínguez. Le site naturel des marais de l'Odiel, déclaré Réserve de la biosphère, se situe entre les embouchures des ríos Tinto et Odiel, à proximité d'une zone de production de produits chimiques. Il couvre une superficie de 7 150 ha et s'étend sur les communes de Huelva, Gibraleón, Aljaraque et Punta Umbría. C'est une merveilleuse zone marécageuse et sablonneuse, à la fois maritime et continentale, où le niveau de l'eau varie en fonction des marées, la différence pouvant atteindre trois mètres d'amplitude. Malgré la proximité des usines, les particularités physiques de ce site attirent une multitude d'oiseaux ; plus de deux cents espèces y ont été répertoriées et offrent un spectacle étonnant, surtout aux mois de février et mars. La visite se fait en **canoë** et sur de petits bateaux qui traversent lentement les deux grandes parties du site : la réserve du Burro et celle de l'île d'Enmedio, où la terre semble se déplacer de façon rythmée et où le silence est rompu par les cris stridents et les brusques envolées des spatules et des hérons. *Ven.-dim. et j. fériés 10h-14h, 16h-18h (bureau d'accueil). Réserver à l'avance.* ☎ *959 50 05 12.*

San Juan del Puerto

12 km au Nord-Est par la A 472. Le principal attrait de la ville est l'**église St-Jean-Baptiste**. Ce bâtiment de style Renaissance, de plan basilical à trois vaisseaux, abrite le Christ de la Miséricorde, sculpture polychrome de Juan de Oviedo (16ᵉ s.).

Huéscar

Huéscar est un bon point de départ pour partir à la découverte de l'extrémité orientale de la province de Grenade, zone archéologique de premier plan, aux paysages contrastés, qui s'étend du semi-désert des environs d'**Orce** aux neiges hivernales sur les sommets de la **sierra de la Sagra** (dite aussi sierra Seca).

La ville de Huéscar fut fondée en 1241 par l'**ordre de Saint-Jacques**. Au début du 14ᵉ s., elle fut conquise par les musulmans puis reprise par Ferdinand le Catholique en 1488.

La situation

8 013 habitants. Carte Michelin nᵒ 578 S 22 – Andalousie (Grenade). Huéscar est perchée à 960 m d'altitude sur un haut plateau, au cœur de la région nord-orientale de la province de Grenade.

Vous pouvez poursuivre votre voyage en visitant : BAZA (47 km au Sud-Ouest), GUADIX (46 km au Sud-Ouest de Baza) et le Parc naturel des SIERRAS DE CAZORLA, SEGURA Y LAS VILLAS (à l'Ouest).

carnet pratique

HÉBERGEMENT

• **À bon compte**

Casas-Cueva – *Cervantes, 11 - Galera* -
☎ *958 73 90 68 - 32 grottes : 43,30/49,30€
(TVA incluse).* Original et bon marché.
Plaisantes maisons troglodytiques avec salon,
cheminée, salle de bains et grande baignoire
blanche. Vues magnifiques sur la sierra grise
parsemée d'arbres et d'arbustes.

Laveranda – *Rte SE 35 à 7 km d'Orce
vers Vélez Blanco -* ☎ *958 34 43 80 -
6 ch., 3 appt : 35/46€* ⚏ *- fermé janv.*
Hôtel situé sur les vastes cultures de maïs
qui précèdent la sierra. Paysage d'une rare
beauté. Idéal pour dormir à 900 m d'altitude
dans une grotte décorée avec goût.

---

visiter

Plaza Mayor

Au centre du village, la « Grand-Place », bordée de demeures du 19ᵉ s., accueille
l'hôtel de ville. Une étrange maison de style Art nouveau se trouve dans une des
rues débouchant sur la place.

Colegiata de la Encarnación

La construction fut entreprise au début du 16ᵉ s. Cette collégiale de style Renaissance est ornée de quelques éléments gothiques. La voûte polygonale du transept
est immense.

alentours

Galera

8 km au Sud par la A 330. Entre les 13ᵉ et 15ᵉ s., Galera fut une ville frontalière,
tantôt arabe, tantôt chrétienne. L'aspect du village reflète cette donnée historique.
La partie basse, chrétienne, ordonnée et quadrillée, contraste avec la partie haute,
de forte influence morisque, où s'entremêlent rues et maisons troglodytiques. À
Galera se trouve la **nécropole ibère de Tutugi** (6ᵉ s. avant J.-C.) et le gisement
archéologique du **Castellón Alto** (1600 avant J.-C.). *W.-end et j. fériés 10h30-13h,
16h-18h. En semaine, sur demande préalable.* ☎ *958 73 92 73.*
L'église de l'Annonciation, au centre du village, fut érigée au 15ᵉ s.

Orce★

16 km au Sud-Est par la A 330, puis la SE 34 à gauche sur la déviation de Galera. Orce
se trouve sur la partie orientale du bassin de Baza, en plein cœur d'une contrée
sauvage et désertique impressionnante, aux variations de lumière et de couleur
magiques et évocatrices. La tour de pierre de l'**église paroissiale** (16ᵉ s.) et le **palais
des Segura** (16ᵉ s.), récemment restauré, doté d'une façade sobre et d'un élégant
patio aux colonnes de pierre, se dressent entre les maisons blanchies à la chaux.
Museo de Prehistoria y Paleontología José Gibert – *Juin-sept. : tlj sf lun. 11h-13h,
18h-20h ; oct.-mai : tlj sf lun. 11h-14h, 16h-18h. 1,50€.* ☎ *958 74 61 71 (Office de tourisme).*
Le musée de Préhistoire et de Paléontologie José-Gibert occupe le **château des
Sept Tours**, forteresse chrétienne du 16ᵉ s. qui fut maintes fois restaurée. Il expose
des ossements et des pierres taillées découverts dans les sites archéologiques de la
région. Il abrite le fragment de crâne qui rendit célèbre le village au début des
années 1980, ainsi qu'un humérus d'enfant de 1,5 millions d'années. Il s'agirait du
site paléontologique d'hominidés le plus ancien d'Europe.

Fuencaliente

À 2 km d'Orce, vers Galera. Cette source d'eau naturelle à 18 °C surgit dans un paysage désertique. Lieu idéal pour se rafraîchir l'été.

Castril

22 km vers l'Ouest par la A 326. Castril est un village de montagne typique, au pied
d'un rocher impressionnant, à la limite du **Parc naturel de la sierra de Castril**,
très beau parc encore méconnu. Son origine semble remonter à un petit campement militaire fondé par les Romains et son nom provient de l'arabe (*Qastal*, ou
forteresse). Après la reconquête de la ville au 15ᵉ s., Castril passa sous l'autorité de
Hernando de Zafra. Il construisit une verrerie qui fit la gloire de Castril jusqu'à sa
disparition en 1878. Aujourd'hui, les objets de couleur verte ou jaune sont devenus
des pièces de collection, pour certaines exposées au Musée archéologique de
Grenade. L'**église paroissiale** du 15ᵉ s. se trouve dans le vieux quartier.
Parc naturel de la sierra de Castril★ – Il est le prolongement naturel du Parc des
Sierras de Cazorla, Segura et las Villas. Pour les besoins de la verrerie, il fut livré à un
déboisement irraisonné ; l'érosion à laquelle il fut ensuite soumis n'est pas étrangère
aux formes spectaculaires de son relief. De la partie basse de Castril part un sentier
qui longe la rivière et fait le tour du village *(2h)*. Le **centre d'accueil** (Centro de
Visitantes), qui renferme un Musée ethnographique intéressant, donne toutes les
informations sur les chemins balisés du Parc. *Été : mer.-dim. et j. fériés 9h-14h, 18h-20h ;
le reste de l'année : jeu. 10h-14h, ven. 16h-18h, w.-end et j. fériés 10h-14h, 16h-18h. Autres
jours de la semaine sur demande.* ☎ *958 00 20 18 ou 607 39 19 23.*

Iznájar★

Sa **situation**★ exceptionnelle, au sommet d'une colline, qui à l'instar d'une péninsule s'avance dans les eaux du **barrage d'Iznájar**, est un avant-goût des charmes de ce village enchâssé dans un cadre naturel d'une rare beauté. Les rues très escarpées de cette localité pittoresque grimpent jusqu'à sa partie haute où se dresse un ensemble de pierres ocre qui comprend l'église paroissiale et les vestiges du château arabe.

La situation
5 200 habitants. Carte Michelin nº 578 U 17 – Andalousie (Cordoue).
À la pointe méridionale de la province de Cordoue, Iznájar se situe dans la chaîne Subbétique, aux portes des provinces de Málaga et Grenade.
🛈 *Calle Julio Burell, 14970 Iznájar,* ☎ *957 53 40 33.*
Vous pouvez poursuivre votre voyage en visitant : PRIEGO DE CÓRDOBA (26 km au Nord), LUCENA (37 km au Nord-Ouest), CABRA (11 km au Nord-Est de Lucena) et MONTEFRÍO (au Nord-Est).

se promener

La nature qui entoure Iznájar s'associe parfaitement au paysage urbain composé de rues blanches. Dans la ville, des **terrasses** offrent des perspectives surprenantes. Le château et l'église paroissiale dispensent de belles vues sur le paysage tapissé d'oliviers.

Château
Au 8ᵉ s., les Arabes choisirent un emplacement stratégique pour ériger le château qu'ils baptisèrent Hisn Ashar. Actuellement à l'état de ruine, il ne reste du château que quelques pans de muraille et quelques tours.

Bibliothèque municipale
Ce bâtiment, construit à l'époque de Charles III, occupe l'ancien magasin à grain communal.

Santiago
L'église Renaissance (16ᵉ s.) dédiée à saint Jacques et édifiée avec de grandes pierres de taille conserve une tour découronnée.

Mirador de la Cruz de San Pedro
Au bout de la calle Cruz de San Pedro. **Vues**★ intéressantes sur l'ensemble de la forteresse, l'église paroissiale, le lac et le village qui s'étire sur une langue de terre.
La **Casa de las Columnas** et le **Musée ethnographique** (Museo Etnográfico) sont situés dans la partie basse du village. La façade de la maison des Colonnes est décorée d'ornements héraldiques. Le musée, quant à lui, expose une collection d'outils, de tissus, etc. employés dans les travaux des champs. *Sur demande.* ☎ *957 53 40 02/33.*

Lac d'Iznájar
Cette nappe d'eau dormante du río Genil, considérée comme « le » lac d'Andalousie, s'étire sur plus de 30 km de long, en partie sur la province de Grenade. La plage de Valdarenas se prête idéalement à la baignade et aux sports nautiques.

Le village et le barrage.

Jaén★

Sur une plaine ondoyante couverte d'oliveraies qui lui valent d'être le premier producteur d'olives d'Espagne, la ville de Jaén s'étend au pied de la colline Santa Catalina, que domine son imposante forteresse arabe. Jaén possède un patrimoine artistique de tout premier ordre, composé avant tout de vestiges arabes et d'édifices Renaissance conçus pour beaucoup par Andrés de Vandelvira. Ville de contrastes, Jaén voit vivre en parfaite symbiose la ville ancienne et la ville moderne, dont les artères commerçantes convergent vers le **parc de la Victoire**, tout près du central et célèbre monument des Batailles.

La situation

107 413 habitants. Carte Michelin n° 578 S 18 – Andalousie (Jaén).
La ville s'étend au pied de la sierra de Jabalcuz, à côté de l'autoroute N 323-E 902, qui la relie à Grenade (94 km au Sud), et près du Parc naturel de la sierra Mágina.
🛈 *Calle Maestra, 13 bajo, 23002 Jaén, ☎ 953 24 26 24.*
Vous pouvez poursuivre votre voyage en visitant : MARTOS (17 km au Sud-Ouest), BAEZA (48 km au Nord-Est), ÚBEDA (57 km au Nord-Est), PRIEGO DE CÓRDOBA (67 km au Sud-Ouest), ALCALÁ LA REAL (au Sud) et Grenade (GRANADA).

comprendre

Peuplée dès le paléolithique, Jaén reçut le nom d'*Aurigis* après la conquête de Scipion l'Africain (207 avant J.-C.), puis celui de *Djayyán* (lieu de passage des caravanes) - devenu *Geen* – après son occupation par les Arabes en 712. Reconquise en 1246 par saint Ferdinand III, elle devint l'une des places à partir desquelles se poursuivit la lutte contre les musulmans. Le siège de l'évêché y ayant été transféré à cette époque, la ville obtint de nombreux privilèges qui furent à l'origine d'un nouvel élan économique. Mais dès le 14ᵉ s. Jaén entamait une période de déclin qui dura jusqu'à la fin du 19ᵉ s. De nos jours, l'économie locale repose sur l'importante production d'olives de la région.

visiter

AU CŒUR DE LA VILLE *Une demi-journée*

Cathédrale★★

Été : tlj sf dim. ap.-midi 8h30-13h, 17h-20h ; le reste de la semaine : 8h30-13h, 16h30-19h. 3,01€. ☎ 953 23 42 33 ou 953 22 46 75.
Édifiée entre le milieu du 16ᵉ s. et la fin du 17ᵉ s. d'après un projet d'Andrés de Vandelvira, c'est l'un des plus beaux exemples d'architecture Renaissance d'Andalousie. Sa monumentale silhouette domine tout le cœur historique de Jaén, véritable dédale de rues et de charmants recoins, parsemé de petites places sur lesquelles se dressent les principales églises ou les plus importants couvents de la ville.

Façade principale★★ – Elle évoque plutôt celle d'un palais, avec ses imposantes pierres de taille ocre sur lesquelles se découpent de gigantesques statues et avec ses détails sculptés avec raffinement. Elle se divise en deux registres soulignés par une **balustrade★**, élément dominant de l'ensemble, que flanquent deux robustes tours carrées à quatre corps, terminées par des lanternons hexagonaux portant un dôme. Le registre inférieur, composé de deux niveaux de baies délimités par un cordon, est rythmé par d'énormes colonnes adossées dans l'axe desquelles se détachent la séquence de statues (le roi saint Ferdinand, les quatre évangélistes et les docteurs de l'Église) de la balustrade, les pilastres du registre supérieur et les candélabres couronnant l'attique. Les magnifiques reliefs sculptés au-dessus des trois portes représentent l'Assomption de la Vierge, l'archange saint Michel et sainte Catherine, très vénérée à Jaén où le jour de sa fête commémore la reconquête de la ville par saint Ferdinand III.

Intérieur★★ – Les trois vaisseaux couverts de superbes coupoles sur pendentifs et séparés par de robustes piliers cannelés de quatre colonnes corinthiennes fasciculées forment un ensemble saisissant. Le transept, à l'imposante coupole, est un pur chef-d'œuvre de Pedro del Portillo et de Juan de Aranda d'où l'on peut admirer l'ampleur de l'édifice, et où la lumière jouant sur tous les détails du décor apporte une note de solennité raffinée. Au centre de la nef principale, le *coro*, rompant la perspective, présente d'exceptionnelles **stalles★★** de noyer, délicatement sculptées par José Gallego et Oviedo del Portal, disciples d'Alonso Berruguete. La *capilla mayor*, où trône un extraordinaire retable Renaissance, recèle le

carnet pratique

TRANSPORTS

Aéroport – L'aéroport le plus proche est celui de Grenade (☎ 958 24 52 00), à 50 mn en voiture par la voie rapide qui relie les deux villes.

Trains – La gare (☎ 953 27 02 02) se trouve paseo de las Culturas. Seules lignes directes : Jaén-Madrid ou Jaén-Cadix (arrêts à Cordoue et Séville).

Autocars interurbains – La gare routière (☎ 953 25 01 06) se trouve plaza de Coca de la Piñera. Des autobus relient Jaén à tous les chefs-lieux andalous et aux principales villes d'Espagne.

Autobus métropolitains – Jaén dispose de son propre réseau d'autobus. Billet : 0,65€ ; carnet de 10 billets : 4,20€. ☎ 953 21 91 00/88.

Taxis – ☎ 953 22 22 22.

Calèches – Elles parcourent toute la zone touristique et s'arrêtent en différents points du centre.

VISITE

Pour apprécier Jaén, il faut se familiariser avec ses quartiers : **La Magdalena**, où la pierre dorée des églises côtoie la chaux si fréquente dans l'héritage arabe ; **San Juan**, centre de la vie nocturne et lieu de prédilection des amateurs de tapas ; **Santa María**, qui recense les principaux monuments de la ville.

RESTAURATION

• *Valeur sûre*

Casa Vicente – *Francisco Martín Mora, 1 -* ☎ *953 23 28 16 - 22,25/31,85€ - fermé dim. soir, lun., août.* À deux pas de la cathédrale, ce restaurant est installé dans une pittoresque maison andalouse. Les salles sont réparties autour d'un agréable patio. Les murs sont décorés de photos de famille ou de personnalités. Cuisine régionale élaborée avec de bons produits.

Mesón Nuyra – *Pasaje Nuyra -* ☎ *953 24 07 63 - 24/30€ - fermé dim. soir, 2e quinzaine d'août.* Restaurant typique aménagé dans une grotte, tout près de la calle Nueva. Spécialités de cochon de lait et de filet de bœuf.

TAPAS

La Manchega – *Consuelo, 7 -* ☎ *953 23 21 91.* Fondé en 1886, ce bar fidèle à ses origines est resté à l'écart des modes. Sandwichs, tapas de charcuterie et bon vin. Les tabourets sont en bois et le grésillement d'un vieux transistor fournit la musique d'ambiance.

Río Chico – *Calle Nueva, 12 -* ☎ *953 24 08 02 - fermé dim. soir, lun., 15 août-7 sept.* Dans une rue débordant de bars et de restaurants, une grotte vous accueille pour déguster d'excellentes rations de poisson, des *flamenquines* (roulés de jambon et de veau), des clovisses à la marinière et des rognons de veau. À l'étage supérieur, restaurant avec menu du jour (6,61€).

HÉBERGEMENT

• *À bon compte*

Hotel Europa – *Plaza Belén, 1 -* ☎ *953 22 27 00 - 37 ch. : 34/54€.* Au cœur de la vieille ville. La façade un peu négligée cache un hôtel refait à neuf. Chambres fonctionnelles, confortables et bien équipées. Bon rapport qualité/prix.

• *Valeur sûre*

Rey Fernando – *Plaza Coca de la Piñera, 5 -* ☎ *953 25 18 40 -* 🅿 *- 36 ch. : 69/89€.* Cet hôtel situé près de la gare routière se reconnaît facilement à sa façade rose clair. Chambres modernes et spacieuses.

Parador Castillo de Santa Catalina – *Carretera del Castillo de Santa Catalina -* ☎ *953 23 00 00 – fax 953 23 09 30 - 45 ch. : 87,96/109,96€.* Ce *parador*, installé dans une impressionnante forteresse du 13e s., domine toute la ville. La vue sur la sierra et les immenses oliveraies est merveilleuse. Même sans y loger, on appréciera un dîner dans la salle à manger aux arcs en ogive ou, pourquoi pas, un verre dans l'un des majestueux salons.

UNE PETITE PAUSE

Dans la zone commerçante environnant la plaza de la Constitución et dans le quartier de San Ildefonso, on trouve de nombreux endroits où prendre tranquillement un verre. Les jeunes apprécient plutôt les bars de l'avenida de Muñoz Grandes, ou de certaines rues perpendiculaires comme la calle Santa Alicia ou la calle San Francisco Javier.

Café-Bar del Pósito – *Plaza del Pósito, 10 - 9h-1h30.* Situé dans le quartier historique, près de la cathédrale, cet endroit est particulièrement apprécié pour sa musique : un mélange de jazz et de flamenco. Décoration classique. Clientèle : 25-40 ans. Fréquentes expositions de peinture.

Chubby-Cheek – *San Francisco Javier, 7 - 16h30-2h.* Café à l'ambiance et au décor très jazz où trône un beau piano à queue. Concerts le jeudi. Grand choix de cafés. Très plaisant pour prendre un verre tranquille. Clientèle variable suivant l'heure.

Ábaco – *Avenida Muñoz Grandes, 5 - 16h-7h le w.-end et 16h-5h en semaine.* Décor moderne et soigné. Idéal pour prendre un verre l'après-midi et le soir, et même pour danser. La nuit, la clientèle rajeunit au fil des heures.

Trujal – *Calle Hurtado, 5 - 16h-3h.* Lieu de prédilection d'une clientèle trentenaire. Décor accueillant et rustique, et, dans la soirée, l'éclairage à la bougie en fait un lieu particulièrement intime et plaisant.

SPECTACLES

L'*Agenda Turístico-Cultural*, mensuel édité par la municipalité, liste tous les événements culturels de Jaén et de sa province ; ce guide est distribué gratuitement dans les offices de tourisme et les services municipaux. On peut aussi le consulter sur Internet, *www.promojaen.es*. Le **Théâtre Darymelia**, dans la calle Maestra (☎ 953 21 91 80), organise une saison essentiellement théâtrale.

Jaén

plus précieux trésor de la cathédrale, le **linge de la Sainte Face**★. La tradition veut que cette relique jalousement conservée dans un joli coffre soit le linge utilisé par sainte Véronique pour essuyer le visage du Christ pendant la montée au Golgotha ; ses traits se seraient alors imprimés sur le linge qui aurait été ensuite apporté en Espagne par saint Euphrase, évêque d'Andújar.

On recense dans la cathédrale dix-sept chapelles latérales : on s'attardera dans la chapelle St-Ferdinand, qui abrite une belle statue de Jésus de Nazareth. La salle capitulaire, où est exposée une *Sainte Famille* de Pedro Machuca, et la **sacristie**, de Vandelvira, qui héberge le musée de la cathédrale, méritent également d'être mentionnées.

Musée – *Accès par le bras droit du transept. Été : 10h-13h, 17h-20h ; le reste de l'année : 10h-13h, 16h-19h. 2,10€. ☎ 953 23 42 33.*

Le **trésor** de la cathédrale recèle d'intéressantes œuvres, comme une *Vierge à l'Enfant* de l'école flamande, deux toiles de Ribera, divers antiphonaires, ou encore les candélabres en bronze de maître Bartolomé, l'une des pièces maîtresses de l'importante collection d'orfèvrerie religieuse.

Sagrario

La sobre église néoclassique du Sacré-Cœur est adossée à la cathédrale et sa pureté architecturale contraste avec la richesse du retable principal, chef-d'œuvre baroque du 18ᵉ s.

Convento de Santa Teresa o de las Descalzas

Le monastère des carmélites déchaussées conserve une copie manuscrite du *Cantique spirituel* de saint Jean de la Croix. Les délicieuses **confiseries** des religieuses sont renommées...

Palacio Provincial

Le siège de l'assemblée provinciale est un ancien couvent franciscain réalisé par Vandelvira. À l'intérieur, le délicieux patio présente une double galerie à colonnes.

Vue partielle de la façade de la cathédrale.

B. Kaufmann/MICHELIN

San Ildefonso★

8h30-12h, 18h-20h. S'abtenir de visiter pendant les offices. ☎ *953 19 03 46.*

C'est la plus grande église de la ville après la cathédrale. De style gothique des 14e et 15e s., elle possède trois portails : l'un, gothique, est orné d'une mosaïque illustrant l'apparition de la Vierge de la Chapelle, patronne de Jaén qui, selon la tradition, libéra la ville d'un siège mauresque ; un deuxième, Renaissance, dû à Vandelvira ; le dernier, néoclassique du 18e s., par Ventura Rodríguez. À l'intérieur, on remarquera le magnifique **retable principal**, sculpté par Pedro et Julio Roldán, ainsi que le beau tabernacle de Pedro Duque Cornejo. La **chapelle de la Vierge**, ornée de peintures à fresque et d'élégants vitraux, accueille une statue de la patronne de Jaén.

Un petit musée rassemble diverses œuvres inspirées par la dévotion populaire est installé dans la **Casa de la Virgen**, qui communique avec l'église. *Fermé pour restauration.*

Convento de las Bernardas

8h30-13h, 16h30-19h. Fermé Sem. sainte. ☎ *953 24 38 54.*

Fondé au 17e s. le couvent présente un portail d'inspiration classique, un agréable cloître, ainsi qu'une église abritant les retables de l'Annonciation et de l'Assomption de la Vierge d'un artiste italien, Angelo Nardi.

Real Monasterio de Santa Clara

On retiendra surtout le superbe **cloître** de ce monastère érigé au 13e s. L'église recèle une curieuse statue du Christ réalisée en bambou (16e s.).

San Bartolomé

L'église St-Barthélemy a été élevée sur le site d'une mosquée aux 16e et 17e s. La sobre façade (17e s.) dissimule un joli patio doté d'un « artesonado » **mudéjar** de grande qualité. L'une des chapelles recèle la statue du Christ de l'Expiration, que l'on sort pour la procession de la Semaine sainte.

Capilla de San Andrés★

Culte le matin. Visite sur demande. ☎ *953 23 74 22.*

La chapelle mudéjare St-André, aux réminiscences judaïques (16e s.), fut commandée par le trésorier du pape Léon X, Gutierre González Doncel. Sa façade d'une blancheur immaculée cache un véritable joyau architectural, la **chapelle dite de la Purísima Inmaculada★★**. Sa voûte à nervures étoilées repose sur un tambour octogonal au minutieux décor platéresque ; cet espace réduit est une merveille de délicatesse où chaque détail et chaque personnage atteignent un haut degré de précision. La **grille★** qui clôt la chapelle est elle aussi extraordinaire : véritable dentelle de fer forgé repoussé et doré à l'or fin, elle fut réalisée (16e s.) par maître Bartolomé, originaire de Jaén.

Palacio de Villardompardo

Tlj sf lun. 9h-20h (dernière entrée 1/2h av. la fermeture), w.-end 9h30-14h30. Fermé j. fériés. Gratuit. ☎ *953 23 62 92.*

Cet élégant édifice du 16e s. fut la demeure de Fernando de Torres y Portugal, vice-roi du Pérou et comte de Villardompardo. Derrière la sobre façade se cache un **patio★** à arcades desservant plusieurs pièces. Différentes salles du palais accueillent le **musée des Arts et Traditions populaires**, qui évoque la vie quotidienne dans la province de Jaén (outils d'artisans, ustensiles de la vie quotidienne, costumes traditionnels, etc.), le **musée international d'Art naïf**, dont l'étonnante collection de peintures et de sculptures comprend de nombreuses œuvres haïtiennes, et des expositions temporaires d'artistes originaires de Jaén. Mais le clou de la visite est celle des bains arabes, redécouverts sous le palais en 1913.

Bains arabes★★ – Ce sont les plus grands existant encore en Espagne. Une magnifique restauration a permis de bien

Bains arabes.

H. Belmenouar/MICHELIN

J

JAÉN

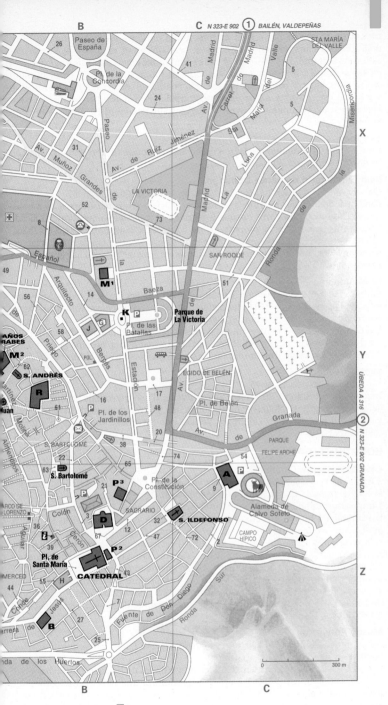

mettre en valeur la perfection architecturale de l'ensemble. La lumière filtre délicatement dans les salles sombres et ce clair-obscur crée une agréable sensation de sérénité. Les différentes salles communiquent entre elles par des arcs en fer à cheval ; le vestibule est sur toute sa longueur voûté en berceau plein cintre ; une lucarne assure l'éclairage et la ventilation de la salle fraîche ; la salle tempérée est couverte d'une élégante coupole semi-sphérique ; enfin, la salle chaude est agrémentée d'alcôves à coupoles sur pendentifs et d'ouvertures en étoiles.

San Juan

Érigée après la conquête de Jaén, l'église St-Jean conserve une remarquable collection de sculptures gothiques.

Real Monasterio de Santo Domingo

Été : 9h-13h ; le reste de l'année : 8h30-14h. ☎ *953 23 85 00.*
Fondé par Jean Ier sur les ruines de l'ancien palais des rois musulmans, le monastère St-Dominique fut à une époque le siège du tribunal de l'Inquisition. La façade Renaissance aux élégantes proportions est l'œuvre de Vandelvira. Le rez-de-chaussée du **patio**★ (17e s.) présente une délicate galerie voûtée, tandis que l'étage est percé de belles fenêtres ouvragées. Le monastère héberge aujourd'hui les **archives provinciales**.

La Magdalena

Édifiée dans le style gothique isabélin (16e s.) sur les vestiges d'une ancienne mosquée arabe, l'église de la Madeleine en a conservé le charmant **patio**★ agrémenté du bassin aux ablutions et d'arbres fruitiers qui lui confèrent un air bucolique. À l'intérieur, le maître-autel est surmonté d'un beau retable de Jacopo Florentino, dit l'Indaco, et du relief de *La Madeleine* par Mateo Medina (18e s.). Face à l'église, la **fontaine du Raudal** fournissait l'eau potable aux habitants de Jaén.

Santa Úrsula

Sur demande. ☎ *953 19 01 15.*
L'église du monastère Ste-Ursule est couverte d'un artesonado mudéjar particulièrement raffiné. Nous recommandons aux gourmets de s'adresser aux religieuses qui proposent les célèbres « **yemas** » de Ste-Ursule, de délicieux gâteaux traditionnels.

HORS DU CENTRE

Castillo de Santa Catalina★

5 km à l'Ouest. Il vaut mieux s'y rendre en voiture. Été : tlj sf lun. 10h-14h, 17h30-21h30 ; le reste de l'année : tlj sf lun. 10h-14h, 15h30-19h30. 3€. ☎ *953 12 07 33.*
L'imposante silhouette de l'ancienne forteresse arabe, transformée par saint Ferdinand III après la reconquête de Jaén, s'élève au sommet de la colline Ste-Catherine, toujours prête à défier l'ennemi. C'était le point d'origine des remparts qui ceignaient la ville et dont il ne reste que la **porte de l'Ange**, remaniée dans le style baroque, et les arcs de **San Lorenzo** et du Réconfort (Consuelo). Du château même, il ne subsiste qu'une intéressante **chapelle**, dédiée à sainte Catherine (*dans la tour de guet*), où l'on pénètre par un délicat arc en fer à cheval, et surtout le donjon, svelte construction qui domine le tout et dispense de fantastiques **panoramas**★★ sur la silhouette azurée de la sierra de Jabalcuz et les oliveraies. La forteresse héberge de nos jours un parador.

Museo Provincial

Tlj sf lun. 9h-20h, mar. 15h-20h, dim. et j. fériés 9h-15h. 1,50€ (gratuit pour les ressortissants des pays de l'UE). ☎ *953 25 06 00.*
Les portails de l'édifice principal (1920) proviennent de l'ancien entrepôt à grain (16e s.) – comme l'attestent les reliefs reproduisant une faux et une corbeille à pain – et de l'église St-Michel, du 16e s. également. À côté, deux autres bâtiments accueillent des expositions temporaires et une exposition consacrée à la gravure contemporaine. Le musée comprend deux sections : archéologie *(rez-de-chaussée)* et Beaux-Arts *(étage)*. La première expose notamment l'une des plus importantes découvertes concernant la culture ibère, un ensemble de **sculptures ibériques**, dites **de Porcuna**★ (taureaux, sphinx, prêtres et guerriers), réalisées au 6e s. avant J.-C. Dans les salles consacrées à l'art romain, on remarquera nombre de bustes, amphores, chapiteaux et mosaïques, dont celle de **Bruñel**, étonnante par sa complexité et ses couleurs. On s'intéressera aussi aux fibules wisigothiques et surtout, au **sarcophage de Martos**★, chef-d'œuvre paléochrétien de marbre, illustrant sept miracles du Christ présentés entre des portiques à colonnes (remarquez entre autres les Noces de Cana et la guérison du paralytique). La section des Beaux-Arts présente des œuvres de Berruguete, Alonso Cano, José et Federico de Madrazo, Mariano Benlliure et Antonio López *(Mujeres en diálogo)*.

alentours

La Guardia de Jaén
10 km au Sud-Est par la N 323 (E 902). Le petit village s'étend au pied de la forteresse arabe, dont le donjon offre de beaux **panoramas** sur le Cerro de San Martos qui se découpe sur les vergers et les champs de blé.

Parc naturel de la sierra Mágina
35 km à l'Est. Quitter Jaén par ② *du plan et emprunter la A 316, puis la A 320 jusqu'à Mancha Real ; poursuivre par la JV 3242.* Renseignements au **centre d'information** (centro de interpretación) **de Jodar.** *Renseignements,* ☎ *953 78 76 56.*
C'est l'écrivain Antonio Muñoz Molina qui fit connaître cet endroit, choisissant pour certains de ses romans un cadre fictif appelé Mágina. Le parc de 19 900 ha s'étend dans la cordillère Subbétique, entre la dépression du Guadalquivir et la sierra de Lucena. Couvrant les plaines de Jaén, il présente d'épaisses forêts de chênes verts et chênes rouvres où logent, entre autres espèces animales, l'aigle royal, le faucon pèlerin et le chamois.

Jerez de la Frontera★★

Jerez, même si cela peut sembler une banalité de le dire, doit depuis toujours sa célébrité à son vin, le xérès, et à ses chevaux qui demeurent les rois de toutes les fêtes. Par sa situation géographique, la ville tourne le dos à la mer en direction de la campagne fertile qui l'entoure, contrairement à Cadix qui, pourtant si proche, semble perdue dans ses rêves, le regard éternellement tourné vers l'Océan. Le patrimoine architectural de Jerez, digne d'intérêt, occupe une place de choix dans la province ; quant à la vie culturelle animée, elle est rythmée par le flamenco. Car la ville revendique la paternité de cet art à l'instar de Séville et c'est bien dans ses humbles quartiers qu'est né l'art de la *bulería*, ce chant andalou si populaire.

La situation
181 602 habitants. Carte Michelin nº 578 V 11 – Andalousie (Cadix).
Jerez est située sur un des sommets de la ville d'origine : Jerez-Xérès-Sherry. Entourée de champs, cette ville se trouve à 35 km au Nord-Est de Cadix et à 30 km à l'Ouest d'Arcos de la Frontera. La A 4-E 5, toute proche, la relie à Séville, 90 km au Nord.
🛈 *Calle Larga, 39, 11403 Jerez de la Frontera,* ☎ *956 33 11 50/62.*
Vous pouvez poursuivre votre voyage en visitant : au Sud-Ouest, EL PUERTO DE SANTA MARÍA et Cadix (CÁDIZ), au Nord-Ouest, SANLÚCAR DE BARRAMEDA, à l'Est, ARCOS DE LA FRONTERA et les Villages blancs (PUEBLOS BLANCOS).

comprendre

ABC du xérès
Dans le triangle formé par **Jerez, Sanlúcar** et **El Puerto de Santa María**, les vins de Jerez possèdent l'**appellation d'origine jerez-xerès-sherry**. Ils sont contrôlés par le Conseil de surveillance, créé en 1935 (www.sherry.org).

Albariza – Terre de couleur claire composée de marnes d'origine marine. Sa capacité à retenir l'humidité en fait la terre idéale pour la culture de la vigne.

Uva Palomino – Le cépage palomino a été introduit à l'époque d'Alphonse X et constitue 95 % du cépage de Jerez.

Uva Pedro Jiménez – Le pedro jiménez a été introduit en 1680 par un soldat des *tercios* (régiment) des Flandres.

Botas – On utilise trois types de barriques : les *bocolles* à la contenance la plus importante, puis les tonneaux et les *botas* (500 l). Les *botas* sont les barriques les plus courantes, elles sont fabriquées en chêne américain.

Solera y criaderas – C'est le système d'élevage du xérès. La *solera* est la rangée de barriques la plus proche du sol, qui contient le vin le plus vieux. Au-dessus, on dispose des rangées de *botas* appelées *criaderas*. Le vin est transvasé de la rangée la plus haute (*1ª criadera*) jusqu'à la *solera*, en un processus qui s'appelle *correr la escala* ou « descendre l'échelle ».

Fleur du vin – C'est la fine couche de levure qui recouvre le vin et qui produit la fermentation, tout en empêchant l'oxydation.

Sobretabla – C'est le vin le plus jeune que l'on met dans la première *criadera*. Il s'agit en fait du moût fermenté auquel on ajoute l'eau-de-vie pour atteindre le titre de 15˚.

J. Malburet/MICHELIN

Bodega González Byass

Vins

Fino – Vin sec, pâle et un peu doré (15° environ). Il accompagne à merveille les fruits de mer et les poissons.

Amontillado – Vin ambré, sec, au bouquet aromatique. Il atteint les 17°.

Oloroso – Vin sombre et long en bouche. Environ 18°.

Cream – Vin doux obtenu à partir de l'*oloroso*. Robe sombre ; idéal pour les desserts.

Pedro Ximénez – Vin doux élaboré à partir du cépage du même nom. Robe rubis.

Principales caves

Pedro Domecq – *Visite sur demande. 3,01€ j. ouvrables (matin), 5,41€ w.-end et j. fériés ap.-midi.* ☎ *956 15 15 16.* Fondée en 1730, la plus importante est la cave del Molino.

Bodegas González Byass (Tío Pepe) – *Visite (1h) 11h-13h, 17h-19h, dim. 10h-13h. 7€.* ☎ *956 35 70 16.* Fondée en 1835, on retiendra en priorité la cave de la Concha, conçue par Eiffel en 1892 et La Constancia, qui recense les noms les plus prestigieux. C'est ici que se trouve la salle primitive des échantillons.

William&Humbert – *9h-15h, w.-end et j. fériés visite l'ap.-midi sur demande. 3,91€, 4,36€ (w.-end et j. fériés).* ☎ *956 35 34 06.* Musée.

Sandeman – *Visite sur demande mai-nov. : 10h-17h, sam. 11h30-13h30 ; déc.-avr. : 10h-16h, sam. 11h30-13h30. 3€.* ☎ *956 15 17 00.*

se promener

LE QUARTIER HISTORIQUE★★

Jerez a conservé un important patrimoine architectural gothique. En suivant l'itinéraire que nous vous suggérons, vous commencerez par sillonner tout le centre de la ville médiévale, en prévoyant des haltes dans les églises de la Reconquête *(en général, elles sont ouvertes tous les jours aux heures des offices, à partir de 19h)* ; puis vous rejoindrez les faubourgs médiévaux de San Miguel et de Santiago, où ont été érigés différents couvents comme celui de St-Dominique et qui constituent l'un des quartiers les plus animés de Jerez, où les terrasses de café alternent avec les magasins.

JEREZ AU 13ᵉ S.

La prise de Séville en 1248 par saint Ferdinand III ouvrit aux troupes chrétiennes la basse vallée du Guadalquivir et permit la conquête de villes importantes comme Arcos, Medina ou Jerez de la Frontera. Jerez passa définitivement aux mains des chrétiens le 9 octobre 1264, jour de la Saint-Denis, une fois la révolte mudéjare étouffée. La ville était alors ceinte d'une muraille rectangulaire de plus de 4 000 m, legs de l'époque almohade, dont il reste quelques tronçons calle Porvera et calle Ancha. On y accédait par trois portes et elle était divisée en six paroisses ou *collaciones* (Cadix n'en comptait qu'une), baptisées symboliquement du nom des quatre Évangélistes, de saint Denis (patron de la ville) et du Sauveur. Hors de l'enceinte se trouvaient les faubourgs de San Miguel et Santiago, ainsi que les couvents St-Dominique et St-François. Dans un premier temps, Jerez joua un rôle de choix dans le système défensif et l'organisation des frontières entre chrétiens et nasrides.

carnet pratique

TRANSPORTS

Aéroport – Aéroport de La Parra, à 10 km au NE de la ville (☎ *956 15 00 00/83*), sur la route N IV. N'est desservi que depuis Madrid et Barcelone.

Trains – *Plaza de la Estación* (☎ *956 34 23 19*). Les principaux trains au départ de la gare desservent Séville, Madrid/Barcelone et Cadix (nombreux départs pour cette dernière destination).

Renfe – *Renseignements calle Tonería, 4 -* ☎ *956 33 79 75 ou 902 24 02 02 (RENFE)*.

Autobus métropolitains – Très grand réseau d'autobus qui relie tous les différents points de la ville. Tarifs : 1 trajet 0,70€, coupon de 10 trajets 4,70€, coupon de 20 trajets 8,40€, forfait mensuel 25,25€. ☎ *956 14 36 08/9*.

Autocars interurbains – La gare routière se trouve calle Cartuja (☎ *956 34 52 07*). C'est le point de départ des cars qui desservent régulièrement toute la province de Cadix, ainsi que Madrid, Séville, Málaga et Cordoue.

Taxis – ☎ *956 34 48 60*.

Calèches – Elles sillonnent toute la zone touristique de la ville et proposent de nombreuses haltes.

RESTAURATION

• *Valeur sûre*

Tendido 6 – *Circo, 10* - ☎ *956 34 48 35 - 16€* - *fermé dim*. Situé aux abords des arènes, c'est l'un des meilleurs restaurants de la ville avec ses spécialités régionales de viande et de poisson.

La Taberna Flamenca – *Angostillo de Santiago, 3* - ☎ *956 32 36 93 - 24€* - *fermé dim*. Vaste taverne occupant une ancienne cave à vin. Dîner à partir de 20h, avec spectacle de flamenco mar., jeu., sam. Possibilité d'assister seulement à la représentation (22h30).

Gaitán – *Gaitán, 3-5* - ☎ *956 34 58 59 - 22/29,60€* - *fermé dim. soir*. Cuisine régionale avec quelques innovations de bon niveau. Petite salle à manger tout en longueur où les objets abondent.

TAPAS

Casa Juanito – *Pescadería Vieja, 8-10 -* ☎ *956 33 48 38 - fermé dim. (été), lun. (le reste de l'année)*. Ce bar fondé en 1943 est situé dans une rue piétonne dans laquelle se succèdent restaurants et terrasses. Décoration andalouse : azulejos et tableaux sur le thème de la corrida.

HÉBERGEMENT

• *À bon compte*

Hotel El Coloso – *Calle Pedro Alonso, 13 -* ☎ *956 34 90 08 - 24 ch. : 34/56€*. Dans un quartier tranquille, à 5mn de la plaza del Arenal, cet hôtel propose des chambres climatisées avec télévision. Une remise à neuf ne lui ferait pas de mal.

• *Valeur sûre*

Hotel Doña Blanca – *Bodegas, 11 -* ☎ *956 34 87 61 - 30 ch. : 55,20/66,20€*. Hôtel moderne et central aménagé dans un bel édifice typique. Chambres confortables et fonctionnelles.

• *Une petite folie !*

Jerez – *Avenida Alcalde Álvaro Domecq, 35* - ☎ *956 30 06 00 - 120 ch., 9 suites : 96/142€ (250€ en période de feria ou de courses)*. Grand hôtel de catégorie supérieure dont les chambres donnent sur le jardin ou la piscine. Son éloignement du centre-ville est son seul point faible.

UNE PETITE PAUSE

La Rotonda – *Calle Larga, 40 - 9h-23h*. Un classique dans tous les sens du terme : décoration, ambiance, patine du temps... Terrasse très agréable sur la rue et excellent service. On peut y déguster du vin, du fromage, de la charcuterie. Petite confiserie bien fournie.

Cafetería La Vega – *Plaza Estévez, 1 - 9h-23h*. Une cafétéria située sur une des places les plus animées du centre-ville. Terrasse agréable où touristes et citadins se retrouvent à toute heure de la journée.

Cafetería Bristol – *Plaza Romero Martínez, 1 - 9h-24h*. Sur la plaza del Teatro Villamarta, un classique de la ville très fréquenté. Clientèle assidue du théâtre et ambiance décontractée.

Don José – *Letrados - 16h-24h*. Clientèle très sélecte d'âge mûr ; décoration classique et accueillante, tout à fait « british ». Parfait pour prendre un verre dans une ambiance détendue.

Carbonería – *Letrados (derrière l'hôtel de ville) - 16h30-3h*. Ambiance moderne et d'avant-garde avec une clientèle jeune très détendue. Idéal pour prendre un verre l'après-midi ou en début de soirée.

LOISIRS

Toute la vie socioculturelle de Jerez tourne autour du vin et du flamenco, sans pour autant négliger la musique ou le théâtre ; le **Théâtre Villamarta** *(plaza Romero Martínez* - ☎ *956 32 93 13)* propose une saison lyrique très complète de musique, de danse, de théâtre et même de flamenco.

Jerez est célèbre pour ses *peñas flamencas*, sortes de cercles qui organisent des représentations, des expositions, des réunions et des récitals de flamenco, comme les célèbres *zambombás flamencas* de Noël. Citons la **Peña Tío José de Paula** *(calle Merced, 11* - ☎ *956 30 32 67/01 96)* ou la célèbre Peña el Garbanzo *(calle Santa Clara, 9* - ☎ *956 33 76 67)*.

L'hôtel de ville édite deux fois par mois un guide culturel très précis sur toutes les activités de la ville. On peut se le procurer dans les kiosques et les offices de tourisme.

ACHATS

Le quartier commerçant de Jerez s'organise autour d'une agréable rue piétonne pleine de boutiques, la calle Larga. Au début de cette rue, sur la plaza Estévez, un marché traditionnel récemment rénové mérite le détour.

On trouve à Jerez toutes sortes d'articles ayant un lien avec le monde de l'équitation. Deux selleries de choix : **Arcab** *(avenida*

Duque de Abrantes - ☎ 956 32 41 00) et **Duarte** *(Lancería, 15 - ☎ 956 34 27 51)*. L'achat du vin est bien sûr de rigueur. L'idéal est de s'arrêter dans l'une des caves connues de la ville ou de se rendre dans un magasin spécialisé comme La Casa del Jerez *(Divina Pastora, 1 - ☎ 956 33 51 84)*.

Marché – Tous les lundis matin, dans le **parc González Hontoria**, là où a lieu la Foire du cheval ; on y vend un peu de tout.

FÊTES

C'est à la fin du mois d'avril qu'a lieu le **Festival de Jerez**, consacré au monde du flamenco. Mais la fête la plus célèbre est la **Foire du cheval** (Feria del caballo) qui se tient en mai dans le parc González Hontoria *(avenida Alcalde Álvaro Domecq)*. Deux fêtes importantes se déroulent en septembre : la **Fête des vendanges** et la **Fête de la bulería** (musique et danses).

Plaza del Mercado

La place du Marché se situe dans le quartier populaire de San Mateo, là où se trouvait le marché arabe. Remarquez à l'une de ses extrémités, telle un décor de cinéma, la façade chargée du **palais de Riquelme**, seul vestige du bâtiment Renaissance. Sur les colonnes corinthiennes du premier registre, on observera un couple de « sauvages » accompagné de deux lions rampants, protecteurs symboliques des portes depuis l'Antiquité.

Le **Musée archéologique** *(voir descriptif dans « visiter »)* et l'**église St-Matthieu** se trouvent également sur cette place.

San Mateo – C'est l'une des églises primitives édifiées par Alphonse X au 13ᵉ s., sur les anciennes mosquées arabes. L'édifice actuel date du 15ᵉ s. Quant aux murs extérieurs, ils sont soutenus par de robustes contreforts.

Prendre la calle Cabezas jusqu'à la plaza de San Lucas.

San Lucas

L'origine médiévale de l'église est très nettement occultée par les modifications postérieures apportées essentiellement pendant la période baroque. À l'extérieur, remarquez sa curieuse tour formant façade, au portail ébrasé.

Prendre la calle Ánimas de San Lucas et tourner à gauche calle Santa María jusqu'à la plaza Orbaneja. De là, prendre la calle Liebre jusqu'à la plaza Carrizosa, où l'on remarquera le balcon arrondi de la façade d'un petit palais du 18ᵉ s. Retourner plaza Orbaneja et continuer par la calle San Juan jusqu'à l'église St-Jean-des-Chevaliers.

San Juan de los Caballeros★

L'église actuelle, d'extérieur très sobre, est dans son ensemble du 15ᵉ s., malgré certains ajouts ultérieurs comme la façade (17ᵉ s.). À l'intérieur, une superbe **abside polygonale★**, à neuf côtés (14ᵉ s.), est coiffée d'une voûte à dix nervures décorées en zigzag, qui s'appuient sur de fines colonnes.

Derrière, plaza San Juan, le palais Pemartín héberge le **Centre andalou de flamenco**.

Prendre la calle Francos et tourner à gauche dans la calle Canto. Poursuivre jusqu'à la plaza Ponce de León.

C'est ici que se trouve l'ancien **palais des Ponce de León**, dont la belle **fenêtre★★** d'angle est un excellent exemple d'art platéresque.

TOCINO DE CIELO

C'est dans les caves de Jerez que ce délicieux dessert (le « lard du ciel ») a sans doute vu le jour. Pour clarifier les vins, on avait l'habitude d'y ajouter des blancs d'œuf battus en neige. Et que faire des jaunes restants, sinon de délicieux desserts ? Les religieuses des couvents voisins imaginèrent ce dessert raffiné.

Continuer par la calle Juana de Dios Lacoste et prendre à gauche la calle Almenillas. Traverser la calle Francos et prendre la calle Compañía en dépassant l'église de la Compagnie de Jésus ; on arrive ensuite à St-Marc.

Convento de Santa María de Gracia

Plaza de Ponce de León. Possibilité d'acheter des confiseries. Tocino de cielo sur commande : 9h30-12h45, 16h45-17h30.

San Marcos

Fondée à l'époque d'Alphonse X, l'église a été totalement reconstruite sans doute en 1480, comme l'atteste la nef avec sa belle **voûte en étoile** du 16ᵉ s. L'abside est dissimulée par un **retable★** polygonal du 17ᵉ s., que préside une peinture sur bois (19ᵉ s.) à l'effigie de saint Marc. Les treize autres panneaux de bois (16ᵉ s.) sont d'influence flamande. Le bas-côté gauche héberge la **chapelle baptismale** du 15ᵉ s.

Plaza de Rafael Rivero

Sur cette petite place se trouve le palais des Pérez Luna, dont la belle **façade** date de la fin du 18ᵉ s. À côté, la maison des Villavicencio est dotée d'un agréable patio.

Prendre la calle Tornería jusqu'à la plaza del Plateros.

JEREZ
DE LA FRONTERA

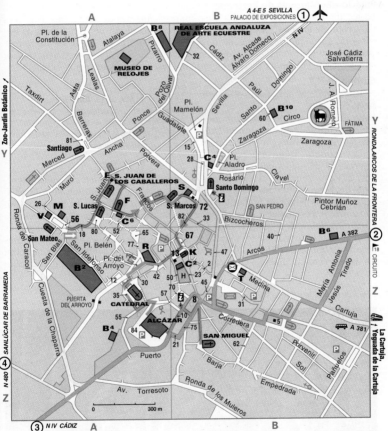

Plaza de Plateros

C'est l'une des places les plus plaisantes de la partie ancienne de Jerez. Au Moyen Âge, c'était un quartier très commerçant dont les rues se réfèrent aux activités exercées : Chapinería (chaussure), Sedería (soieries) et Tornería (tourneur). C'est ici que s'élève la **torre Atalaya**, tour de guet érigée dans la première moitié du 15e s. Remarquez les fenêtres gothiques à arcs polylobés du deuxième corps.

Plaza de la Asunción★

Le bâtiment Renaissance du **Cabildo**★★ (1575) se dresse sur l'un des côtés de la place : sa façade présente un décor de grotesques et d'amours, accompagnés d'Hercule et de Jules César, flanqués des Vertus Cardinales en éléments principaux. Sur la gauche s'ouvre une galerie voûtée, trois ouvertures en plein cintre soutenues par de fines colonnes qui contrastent largement avec les robustes colonnes corinthiennes de la porte et les fenêtres du côté opposé. Au centre de la place trône une statue dédiée à l'Assomption de la Vierge, datant des années 1950.

San Dionisio – L'église d'influence très nettement mudéjare est dédiée au patron de la ville, saint Denis. Le portail principal ébrasé est surmonté d'un petit auvent. Tout l'ensemble est plutôt dénué de grâce, mais on remarquera les étranges corbeaux au niveau de la toiture.

Descendre par la calle José Luis Díez jusqu'à la plaza del Arroyo.

Palacio del Marqués de Bertemati★

La façade du palais est l'une des plus impressionnantes de Jerez. Des deux portails, celui de **gauche**★ présente deux registres séparés par un beau balcon de ferronnerie sur lequel les lettres du nom Dávila apparaissent. Au registre inférieur dédié au monde profane, remarquez les deux cavaliers sculptés soutenant chacun leur monture ; quant au registre supérieur, il est consacré au monde religieux.

Cathédrale★★

18h-20h, w.-end et j. fériés 11h-14h.
☎ 956 34 84 82.

> **PLAZA DE LA ASUNCIÓN...**
> Depuis le 18e s., chaque année en septembre, un événement important se tient à Jerez devant la cathédrale : c'est la **Fête des vendanges**, où l'on pressure le raisin.

Bâtie elle aussi sur le site d'une mosquée, la collégiale du Sauveur est l'une des premières églises consacrées après la Reconquête. L'église actuelle est légèrement décalée vers l'Est par rapport à l'église primitive ; c'est l'un des ouvrages religieux de Jerez les plus importants du 18e s., et sa construction a même entraîné la modification de rues adjacentes et la création de nouveaux espaces comme la **plaza de la Encarnación**. Son allure imposante et le **dôme**★ en brique du transept se remarquent depuis de nombreux points de la ville. D'aspect assez éclectique, elle combine des éléments baroques sur les portails et les tours avec des éléments gothiques comme les voûtes et les arcs-boutants, dont le rôle est purement décoratif. La décoration intérieure est excessivement chargée, tandis que la nef principale est couverte d'une voûte en berceau.

Détail de la façade principale de la cathédrale.

Alcázar★

Alameda Vieja. De déb. mai à mi-sept. : 10h-20h (dernière entrée 1/2h av. la fermeture) ; de mi-sept. à fin avr. : 10h-18h. Fermé 1ᵉʳ et 6 janv., 25 déc. 1,30€. ☎ 956 33 73 06 ou 956 31 97 98. Cámara oscura – même horaire que l'alcázar. 3,25€ (billet combiné pour la visite de l'alcázar et de la cámara oscura).

C'est d'ici que l'on a la plus belle **vue**★★ de la cathédrale. L'alcázar faisait partie de l'enceinte fortifiée longue de 4 000 m qu'érigèrent les Almohades au 12ᵉ s. et dont on peut encore voir des vestiges dans les rues. On accède à l'alcázar, situé à l'angle Sud-Est de l'enceinte, par la **porte de la ville**, typique porte almohade en angle droit. Les tours de guet, telle la tour Octogonale, sont caractéristiques des constructions défensives almohades. On reconnaît également le donjon, et la tour Ponce de León (15ᵉ s.). *Voir description de l'intérieur dans « visiter ».*

Plaza del Arenal

Aire de jeux à l'époque musulmane, cette place demeure encore aujourd'hui un lieu de réunions et de festivités. Le monument central, par Mariano Benlliure, est dédié à un enfant de Jerez, **Miguel Primo de Rivera**, qui gouverna l'Espagne en dictateur de 1923 à 1930.

De la place, prendre la calle San Miguel, qui dispense une bonne perspective sur la tour baroque de St-Michel.

San Miguel★★

La **façade dite de saint Joseph**, la plus ancienne de l'église, fut élevée en 1480 dans un style très inspiré des Flandres. Remarquez la statue de saint Joseph sur le tympan, flanqué de deux imposants piliers flamboyants et couronné d'un arc en accolade. La façade principale, dédiée à saint Michel, est une robuste tour baroque qui se compose de trois corps. Le corps supérieur porte une flèche tapissée d'azulejos, typique de Jerez. La nef à trois vaisseaux est d'une grande élégance. Le transept et la *capilla mayor*, à l'ornementation chargée, sont coiffés d'une complexe voûte nervurée. Dans le chœur, le **retable**★ est un extraordinaire ouvrage de la fin de la Renaissance, réalisé par Martínez Montañés, avec quelques éléments baroques que l'on doit à José de Arce. La **chapelle du St-Sacrement**, de style baroque, est adossée à l'église.

Retourner à la plaza del Arenal et prendre la calle Lencería jusqu'au populaire Gallo Azul. La calle Larga mène au couvent St-Dominique.

Convento de Santo Domingo

Fondé à l'époque d'Alphonse X, le couvent St-Dominique a un très beau cloître gothique qui accueille des expositions temporaires.

Casa Domecq★

Cet élégant bâtiment de la fin du 18ᵉ s. est un modèle typique de palais baroque de Jerez. Remarquez surtout le **portail**★ de marbre à l'ornementation chargée. Entre les deux registres de la porte, une fine balustrade de fer s'appuyant sur une corniche rampante confère à l'ensemble un dynamisme certain.

visiter

Museo de Relojes★★

Fermé pour travaux. Renseignements, ☎ 956 18 21 00.

Ce surprenant **musée des Horloges**, l'un des seuls en Espagne, occupe le petit palais de la Atalaya, bâti au 19ᵉ s. dans un style classique et tout entouré de jardins, où évoluent fièrement nombre de paons. Riche de plus de trois cents pièces, la collection du musée a pour noyau celle constituée par Mme de Gabia, acquise plus tard par José María Ruiz Mateos. L'horloge la plus ancienne date du 17ᵉ s. ; son **boîtier italien** est en ébène et en pierres dures. Le reste de la collection des 18ᵉ et 19ᵉ s. provient essentiellement d'Angleterre ou de France. À noter, un intéressant cadran solaire anglais du 18ᵉ s.

Real Escuela Andaluza del Arte Ecuestre★

Visite guidée (1/2h) des installations et du manège lun., mer., ven. 10h-13h (et mar. nov.-fév.). Les spectacles équestres ont lieu mar. et jeu. à 12h (et jeu. en hiver). Fermé j. fériés. Visite seule : 6€. Spectacles : 12€, 15€ pour les galas de feria (meilleures places : 18€, 21€ en période de feria). ☎ 956 31 96 35/80 08.

Dans un bel hôtel particulier de style français (19ᵉ s.), construit par **Charles Garnier** (l'architecte de l'Opéra de Paris) et entouré de jardins soignés, l'École royale andalouse d'art équestre a installé ses bureaux. On peut assister au **spectacle**★★ *La Danse des chevaux andalous (Cómo bailan los caballos andaluces)*, véritable ballet équestre exécuté par d'impressionnants chevaux andalous et des cavaliers en costume du 18ᵉ s., sur fond de musique espagnole.

Alcázar

Voir description dans « se promener ». Dans l'enceinte de l'alcázar, la **mosquée**★★ est un bon exemple de l'art dépouillé des premiers Almohades. La salle de prière est couverte d'une ravissante **coupole octogonale**. À l'extrémité opposée de l'enceinte, au bout du jardin, se trouvent les bains construits au 12ᵉ s. suivant le modèle romain.

Cámara oscura – Installée dans la tour du **palais de Villavicencio**, c'est la seconde chambre noire installée en Espagne. Un subtil jeu de loupes et de miroirs offre une **perspective**★★ différente de Jerez. Une façon originale de commencer la visite de la ville.

Museo Arqueológico

De mi-juin à fin sept. : tlj sf lun. 10h-14h30, w.-end et j. fériés 10h-14h30 ; de déb. oct. à mi-juin : tlj sf lun. 10h-14h30, 16h-19h, w.-end et j. fériés 10h-14h30. Fermé 1ᵉʳ et 6 janv., Ven. saint et 25 déc. 1,65€, gratuit 1ᵉʳ dim. du mois. ☎ 956 34 13 50.

Il occupe un palais restauré du 18ᵉ s. qui a conservé une belle façade. Les salles s'articulent autour d'un patio et présentent l'histoire de Jerez et de sa région. Remarquez surtout l'élégant **casque grec**★ du 7ᵉ s. avant J.-C., découvert dans le río Guadalete. À noter également les **idoles cylindriques**★ de marbre, pièces d'une grande simplicité mais particulièrement expressives, datant de l'âge du cuivre et provenant du Cerro de las Vacas (Lebrija) et de Torrecera.

Santiago

Située dans le quartier populaire de Santiago, l'**église St-Jacques** (fin du 15ᵉ s.) s'élève sur un petit ermitage fondé par Alphonse X au 13ᵉ s. D'allure assez imposante, on remarquera surtout les solides contreforts terminés en pinacles. La façade principale est, comme de coutume à cette époque, d'inspiration flamande. Deux corps flamboyants flanquent le portail, aux arcs ébrasés, qui se termine par un arc en accolade surmonté du blason des Rois catholiques. À l'intérieur, la nef est coiffée de voûtes en croisée d'ogives.

Zoo-Jardín Botánico

Juin-sept. : tlj sf lun. 10h-20h ; oct.-mai : tlj sf lun. 10h-18h. 4€ (enf. : 2,60€). ☎ 956 18 23 97/42 07.

Créé dans les années 1950 sur l'emplacement d'un ancien jardin botanique tout à fait au Nord de la ville, cet intéressant zoo est l'un des parcs les plus plaisants de Jerez et l'endroit idéal pour les enfants, qui ne manqueront pas de s'extasier devant plus de quatre cents espèces animales dont des tigres, des éléphants et des lions.

alentours

La Cartuja★

6 km au Sud-Est par la A 381, route de Medina Sidonia. Fermé temporairement pour travaux de restauration. ☎ 956 15 64 65.

La construction de cette chartreuse débuta en 1478, mais les travaux se prolongèrent pendant une bonne partie du 16ᵉ s. La façade du monastère est un ouvrage Renaissance (1571), qui donne sur une grande cour pavée : au fond, on est frappé par l'impressionnante **façade**★★★ de l'église qui forme une sorte de retable divisé en quatre registres, offrant un ensemble spectaculaire. Les deux registres principaux sont décorés latéralement de colonnes jumelées entre lesquelles des niches abritent les statues des saints de l'ordre ; sur l'axe central, l'Immaculée Conception et, surmontant la rosace, saint Bruno, fondateur de l'ordre. À l'intérieur, la nef unique est coiffée de voûtes en croisée d'ogives.

Yeguada de la Cartuja★

Finca Fuente del Suero, à 500 m de la chartreuse en allant vers Medina Sidonia. Visite (2h) sam. 11h. 9,02€ (enf. : 4,81€). ☎ 956 16 28 09.

La manade de la Chartreuse est exploitée par une entreprise publique, EXPASA, chargée de l'amélioration de la race du cheval andalou, dit en espagnol **cartujano**, car c'est aux frères chartreux, alors en charge du haras royal de Jerez, que l'on doit la création de la race au 16ᵉ s. La visite organisée le samedi sera l'occasion de voir s'ébrouer les chevaux et d'apprécier leur beauté au cours de numéros d'attelage et d'un exercice de travail en groupe.

Club de golf Montecastillo

Près du circuit. L'un des meilleurs clubs de golf d'Espagne, siège depuis 1997 du prestigieux **Volvo Masters**. *Information : www.montecastillo.com*

Circuit de Jerez

10 km à l'Est par la A 382, route d'Arcos. Les mordus de moto ont leur rendez-vous annuel au Grand Prix de motocyclisme *(pour de plus amples informations, consultez www.circuitodejerez.com ou ☎ 956 15 11 00).*

Lebrija

32 km au Nord par la N IV puis par la A 484 que vous prendrez à gauche à El Cuervo. Le berceau d'**Elio Antonio de Nebrija** (1442-1522), premier grammairien de la langue espagnole, est perché sur un petit promontoire, en bordure des marécages de l'estuaire du Guadalquivir.

> **LES « JÚAS »**
> Les habitants de Lebrija fabriquent ces mannequins de chiffons qu'ils brûlent la nuit de la Saint-Jean (23-24 juin), lors d'une grande fête populaire.

Santa María de la Oliva – *10h-14h, 18h-21h.* ☎ *955 97 23 35.*
Située sur la jolie plaza del Rector Merina, cette ancienne mosquée marie en son sein plusieurs styles : le style mudéjar, sur les arcs en fer à cheval qui séparent la nef principale des collatéraux, le style gothique, sur les ouvertures des chapelles latérales, le style Renaissance dans le transept et l'abside, et enfin, le style baroque, sur le clocher. L'église accueille une statue de la Vierge et un **grand retable** de toute beauté d'Alonso Cano.

Santa María del Castillo – *Fermé pour travaux de restauration.*
Cette église mudéjare située dans la partie haute de la ville, près des ruines de l'ancien château arabe, a conservé de beaux plafonds à caissons d'origine et un patio de l'ancienne mosquée.

Capilla de la Vera Cruz – *Tlj sf w.-end 20h-21h30. Fermé j. fériés.* ☎ *955 97 54 53.*
Au cœur de la ville, tout près de la plaza de España, une intéressante chapelle néoclassique (17e s.) recèle un somptueux **crucifix** réalisé par Martínez Montañés.

Jimena de la Frontera

Niché dans un magnifique cadre naturel et dominé par son château-forteresse arabe, ce ravissant village s'étage sur le flanc du coteau San Cristóbal, depuis les rives du Hozgarganta. Une seule tache rougeâtre vient souiller ce manteau blanc : au milieu des maisons blanchies à la chaux s'élève le clocher néoclassique de brique rouge de l'église Ste-Marie-la-Couronnée. En arpentant ses rues, vous ne tarderez pas à rencontrer ces Anglais qui ont élu domicile à Jimena.
Du Moyen Âge jusqu'à sa reconquête définitive en 1454 par le roi Henri IV, Jimena demeura un important poste frontalier entre chrétiens et Nasrides. Difficile d'accès, cette région stratégique, délimitée au Sud par la campagne de Gibraltar et la plaine de Jerez au Nord, fut la terre d'asile des brigands et des contrebandiers du 19e s. jusqu'après la guerre civile.

La situation

8 949 habitants. Carte Michelin n° 578 W 13 – Andalousie (Cadix). Jimena se situe à la limite orientale du **Parc naturel des Alcornocales** *(voir « alentours »).* En descendant sur le village par le Nord de la province de Cadix, la route traverse un spectaculaire paysage de chênes verts, chênes-lièges et rouvres, qui ne se transforme qu'à proximité de Jimena. La forêt fait alors place aux pâturages des taureaux de combat.
Vous pouvez poursuivre votre voyage en visitant : RONDA (au Nord-Est), les Villages blancs (PUEBLOS BLANCOS, au Nord) et, au Sud, Algésiras et Gibraltar (ALGECIRAS).

visiter

La Misericordia

Le **Centre d'information du Parc naturel des Alcornocales** occupe la simple église gothique (15e s.), à nef unique, qui a été restaurée avec la plus grande précision. Il s'agirait de la première église construite après la reconquête de la ville.
Été : 11h-13h, 16h-19h, w.-end et j. fériés 10h-13h, 15h-16h ; le reste de l'année : 11h-13h, 15h-17h, w.-end et j. fériés 10h-13h, 15h-16h. ☎ *956 64 05 69.*

Château

Le château-forteresse se dresse sur le coteau de San Cristóbal, probablement l'ancien site de la ville romaine d'Oba. Le bâtiment actuel, d'origine musulmane, date du 13e s. On y accède par le double arc outrepassé de l'imposante tour flanquante qui servait de tour de guet. L'esplanade sur la colline accueille le cimetière du village, plusieurs grandes citernes et l'enceinte du château avec son imposant **donjon**.

LES TOURS FLANQUANTES
Elles furent l'une des innovations de l'architecture militaire almohade. Détachées du corps principal de la forteresse, elles lui étaient reliées par un arc ou un muret. Postes de guet, on y montait la garde en permanence. La plus connue est la **tour de l'Or** à Séville.

Peintures de la Laja Alta★

Pour la visite, contacter un guide sur place. Les peintures de la Laja Alta sont au nombre des représentations rupestres les plus intéressantes de la province de Cadix. Leur récente découverte et leur difficulté d'accès expliquent leur excellent état de conservation. Ces peintures réalisées à même la pierre comprennent six embarcations phéniciennes d'une grande beauté, datées environ de 1000 avant J.-C.

Castillo de Castellar★

29 km au Sud par la A 369 jusqu'à Almoraima, puis une route à droite. Les rois de Grenade édifièrent ce village-forteresse au 13ᵉ s., bastion défensif de leur tout nouveau royaume. Il fut pendant deux siècles le théâtre de luttes frontalières, jusqu'à la reconquête définitive en 1434 par les troupes chrétiennes. C'est au début des années 1970 que Castellar de la Frontera (ancien nom) traversa sa période la plus difficile lors de la mise en eau du **réservoir de Guadarranque**, qui inonda les plaines cultivées. La plupart des habitants se virent contraints d'abandonner Castellar pour la nouvelle ville, Nuevo Castellar, distante de 7 km environ. La route d'accès au vieux Castellar, qui serpente entre les maisons blanches jusqu'au sommet de la colline, traverse un paysage d'une grande beauté. Le village, à moitié

Coin typique de Castillo de Castellar.

déserté, semble tout droit sorti d'un conte médiéval. Pour pénétrer à l'intérieur de la forteresse, qui englobe tout le village, franchir la porte du palais des ducs d'Arcos.

Parque Natural de los Alcornocales★

Plusieurs routes sillonnent le parc, traversant de beaux paysages : la A 375 depuis Alcalá de los Gazules, la CA 503 depuis Arcos de la Frontera et la A 369 de·San Roque (Algésiras). Elles se croisent à Puerto Galis, carrefour depuis la nuit des temps. Renseignements, ☎ *956 41 33 07.*

Chênes verts, chênes rouvres, oliviers sauvages et chênes-lièges couvrent près de la moitié du parc. Le Parc naturel des

---

HÉBERGEMENT

La Almoraima – *Route A 369, entre la N 340 et Jimena de la Frontera près de Castillo de Castellar* - ☎ *956 69 30 02* - *17 ch. : 55,89/90,15€.* Ce magnifique hôtel de campagne, couvent au 17ᵉ s. et pavillon de chasse d'un duc au 19ᵉ s., se dresse au centre d'un immense parc. Chambres sobres et rustiques. Tranquillité assurée.

Alcornocales renferme probablement la plus grande forêt de chênes-lièges d'Europe. Il propose de multiples possibilités aux amoureux de la nature, qui peuvent arpenter ses nombreux chemins et sentiers balisés, tracés souvent sur les anciennes voies empruntées par le bétail. Nous avons sélectionné deux parcours qui feront la joie des randonneurs : l'excursion au village de la Sauceda *(environ 5h)* et l'ascension, un peu plus difficile, du **Picacho** *(environ 3h).*

LE LIÈGE

L'extraction du liège est un processus délicat qui requiert la dextérité et l'habileté du décortiqueur. Depuis ses débuts en 1830, l'exploitation des chênes-lièges n'a pratiquement pas changé. On utilise toujours une hache spéciale pour découper les longues lanières d'écorce. Cette opération est particulièrement ardue car il s'agit de ne pas endommager l'arbre afin de lui permettre de se régénérer au bout de dix ans. Une fois l'écorce décortiquée, les récolteurs et les découpeurs chargent les lanières sur des mules. Un chêne-liège exploitable dès ses 30 ans si le diamètre du tronc dépasse les 60 cm. Si l'on considère que le chêne-liège a une durée de vie moyenne de 150 ans, on compte environ dix récoltes par arbre. Le décorticage a lieu de juin à septembre, période de plus forte capacité de régénération du chêne-liège.

Linares★

Linares est la deuxième ville de la province par le nombre d'habitants après le chef-lieu. Cette ancienne ville minière, située dans une dépression au pied de la sierra Morena, est proche de la voie romaine qui reliait autrefois Cadix et Rome. La ville natale du grand guitariste Andrés Segovia (1893-1987), plantée dans un paysage d'oliveraies, où se profile de temps à autre la silhouette d'une propriété, conserve un certain nombre d'intéressantes curiosités.

La situation

58 410 habitants. Carte Michelin n° 578 R 19 – Andalousie (Jaén).
Linares se trouve au Sud-Ouest d'une région de lacs de barrage, à 14 km de la N IV-E 15, qui assure la liaison entre la Castille, la Manche et l'Andalousie. La N 322 qui la borde la relie à Úbeda.
Vous pouvez poursuivre votre voyage en visitant : ÚBEDA (27 km à l'Est), BAEZA (22 km au Sud-Est), ANDÚJAR (44 km à l'Ouest) et JAÉN (45 km au Sud-Ouest).

comprendre

L'origine de la ville, tragiquement associée au mythique torero **Manolete** qui trouva la mort dans ses arènes, remonte à l'époque romaine, lorsque Linares n'était alors qu'un petit bourg de passage du nom de *Linarium*. Après la destruction de la ville gréco-romaine voisine, *Castulo*, qui vivait de l'exploitation de mines, de nombreuses familles de mineurs s'installèrent à Linares, qui devint une cité prospère. La ville fut reconquise par saint Ferdinand III au milieu du 13e s. et poursuivit ses activités minières (plomb argentifère), qui contribuèrent amplement à lui faire surmonter des périodes de crise, notamment sous le règne de Charles III. Ces dernières années, avec la fermeture de certaines entreprises et la crise du secteur sidérurgique, Linares a traversé une période de récession économique.

visiter

Museo Arqueológico★

Tlj sf ven. 12h-13h, w.-end 12h-13h, 19h-21h. Gratuit. ☎ *953 54 40 04.*
Le Musée archéologique occupe l'élégant palais Dávalos, dont la façade est surmontée d'un mirador gracile. Il expose d'importantes collections archéologiques de l'âge du bronze à l'époque médiévale. Parmi les nombreuses pièces provenant de Castulo, remarquez la Victoire (Niké) de bronze du 1er s. dont le drapé du vêtement est impressionnant de délicatesse. La **collection de statuettes d'Astarté**, (6e s. avant J.-C.) est également très intéressante.

Santa María la Mayor

Ce bâtiment magnifique (16e s.), construit sur les vestiges d'une autre église, allie les styles roman, gothique et Renaissance. À l'intérieur, il convient de citer les portails de certaines chapelles latérales *(1re et 2e à droite)* et le **grand retable**, qui illustre de belles scènes de l'Ancien Testament.

Hôpital des marquis de Linares

Son architecture exubérante contraste avec l'élégance et la simplicité de la place qui porte son nom. Cette construction néoclassique, érigée au début du 20e s., abrite la crypte des marquis, œuvre de Coullaut Valera.

Palais de justice

La façade sculptée, richement décorée, de cet imposant bâtiment du 18e s. est un vrai prodige de composition où alternent scènes à caractère religieux, scènes de genre et scènes de la vie quotidienne.

> ### MANOLETE
>
> L'après-midi du 28 août 1947, *Islero*, un taureau de l'élevage d'Eduardo Miura, donna la mort au grand Manolete (Manuel Rodríguez Sánchez) dans les arènes de Linares. Depuis ce jour, ce torero svelte et austère est devenu l'une des principales légendes de la tauromachie.

San Francisco

Son aspect extérieur austère, sa belle façade couronnée d'un clocheton et flanquée d'une tour élancée, servent d'écrin au merveilleux **retable** baroque du maître-autel.

Hôtel de ville

Le beau parvis de cette construction imposante du 18e s. occupe tout un côté de la place qui l'accueille.

Ruines de Castulo

7 km au Nord-Est par la A 312 vers Arquillos. Fondée par les Grecs puis peuplée par les Phéniciens et les Romains, Castulo, où naquit Himilce, épouse du Carthaginois Hannibal, fut l'une des villes les plus prospères de la région grâce aux exploitations minières de plomb et d'argent. Aujourd'hui, c'est un important site archéologique où ont été faites d'intéressantes découvertes.

Baños de la Encina

11 km au Nord-Ouest par la J 6030. Ce village paisible se fond dans les oliveraies et les petites ondulations de terrain du **Parc naturel de la Sierra de Andújar**★ *(voir ce nom)*. Une impressionnante « **alcazaba** », où l'on distingue encore le tracé des rues et une ancienne mosquée, gardait la cité du haut du rocher. Les tours de guet dispensent des **panoramas** fantastiques sur le village et les alentours.

Loja

Loja, ville d'origine mythique, est posée sur des collines de la vallée fertile du **río Genil**, à mi-chemin entre Málaga et Grenade. Elle est dominée par sa forteresse autour de laquelle s'est construit le quartier historique qui conserve une indéniable allure mauresque. Pour les Arabes, Loja fut un bastion stratégique de la vallée de Grenade. Plusieurs fois rasée pendant la Reconquête, elle fut remise définitivement entre les mains des Rois catholiques par Boabdil en 1486. La localité vit également naître en 1800 le général Narváez, celui même qui dirigea d'une main de fer la politique espagnole sous le règne d'Isabelle II.

La situation

20 143 habitants. Carte Michelin n° 578 U 17 – Andalousie (Grenade).
Située sur la route des vestiges nasrides, au Sud du lac de barrage d'Iznájar, Loja borde la A 92 qui la relie à Grenade (55 km à l'Est) et à Antequera (44,5 km à l'Ouest).
🛈 *Calle Duque de Valencia, 1, 18300 Loja,* ☎ *958 32 39 49.*
Vous pouvez poursuivre votre voyage en visitant : ALHAMA DE GRANADA (32 km au Sud-Est), IZNÁJAR (au Nord-Ouest), PRIEGO DE CÓRDOBA (au Nord), MONTEFRÍO (au Nord-Est) et Grenade (GRANADA).

Clocher de l'église de l'Incarnation.

B.Kaufmann/MICHELIN

carnet pratique

RESTAURATION

Le village de **Riofrío** était déjà réputé au 17ᵉ s. pour ses truites. Les restaurants proposent des plats variés et des desserts typiques de la région, comme les célèbres « **roscos** » de Loja.
La **zone de pêche** surveillée **de Riofrío** est l'endroit idéal pour pêcher la truite presque toute l'année. *Permis, renseignements et réservations auprès de l'Albergue de Pescadores de Riofrío,* ☎ *958 32 31 77/11 56.*

HÉBERGEMENT

• Une petite folie !
Finca La Bobadilla – *Rte d'Iznajar (A 328) -* ☎ *958 32 18 61 - 52 ch : 211/283€ - 10 suites : env. 601€.* Hôtel très luxueux dans une propriété de 350 ha. Les suites ont accueilli des personnalités du monde entier, comme les rois d'Espagne, Plácido Domingo ou Tom Cruise. L'ensemble est un véritable village et les cloches de la petite église carillonnent tous les matins.

se promener

QUARTIER DE LA FORTERESSE

Le centre historique de Loja est juché sur un petit promontoire, accessible par la cuesta del Señor ou en contournant l'immense **église de l'Incarnation**, bâtie entre les 16e et 18e s. On raconte que de somptueux trésors se cachent dans les ruelles étroites. De la **forteresse**, qui domine la localité, subsistent le donjon, la résidence des gouverneurs chrétiens (Caserón de los Alcaides Cristianos), maison du 17e s. d'appareil tout à fait simple, la tour octogonale, et, sur la place d'armes, les restes d'une citerne. La calle Moraima mène au bout de l'enceinte médiévale. D'une terrasse dite belvédère archéologique s'ouvre une belle vue sur l'**église St-Gabriel**, beau bâtiment de style Renaissance du 16e s. *Forteresse fermée pour travaux de restauration.* ☎ *958 32 39 49 (Office de tourisme).*

> **FAÇADE DE L'ANNONCIATION DE L'ÉGLISE ST-GABRIEL**
> Attribuée à **Diego de Siloé**, elle représente les modèles de style Renaissance typiques du 16e s. La partie inférieure est comme celle d'un arc de triomphe, une embrasure flanquée de deux colonnes ioniques identiques. La partie supérieure est couronnée d'un fronton et est flanquée de deux colonnes corinthiennes. Dans la niche, un groupe sculptural avec l'archange saint Gabriel et la Vierge illustre l'Annonciation qui donne son nom au portail et à l'église.

Sur la plaza de Abajo, anciennement place de Joaquín Costa, se dresse une des portes d'accès de la forteresse, celle de **Jaufin** (13e s.). À proximité, il ne reste que la partie inférieure de l'ancien magasin à grain communal.

Lucena

Au milieu d'un paysage ondulé, planté d'oliviers, non loin de la limite occidentale du Parc naturel de la Sierra Subbética, s'étire Lucena, l'une des localités les plus prospères et actives de la province cordouane. L'église St-Matthieu est le monument le plus intéressant et son exubérante chapelle du Sacré-Cœur requiert une visite.

La situation

35 564 habitants. Carte Michelin n° 578 T 16 – Andalousie (Cordoue). Située au Sud de la province de Cordoue, Lucena est bien desservie par la N 331, à 2 km, la reliant à Antequera au Sud et à Aguilar de la Frontera au Nord-Ouest avant de se diriger vers Cordoue au Nord. La A 340, toute proche également se dirige au Nord-Est, se transformant en A 316 vers Cabra et Jaén. À noter la petite route de charme partant de Lucena en direction d'Iznájar au Sud-Est *(voir « alentours »).*

> **TOUR À TOUR ROMAINE, ARABE ET JUIVE**
> Les origines de cette ville historique remontent à l'époque romaine, mais c'est sous la domination arabe, aux 10e et 11e s., que Lucena se développa le plus. Elle devint plus tard une importante enclave juive connue sous le nom de « Perle de Sefarad », et hébergea même une prestigieuse université hébraïque. Lucena connut au 18e s. une véritable renaissance économique et artistique.

🄸 *Calle Castillo del Moral, 14900 Lucena,* ☎ *957 51 32 82.*
Vous pouvez poursuivre votre voyage en visitant : CABRA (14 km), AGUILAR DE LA FRONTERA (21,5 km), PRIEGO DE CÓRDOBA (37 km à l'Est) et ANTEQUERA (49 km).

visiter

San Mateo★

Plaza Nueva, en face de l'hôtel de ville. Été : 7h30-13h30, 19h-21h ; le reste de l'année : 7h30-13h30, 18h30-21h. ☎ *957 50 07 75.*
Mêlant à la fois les styles gothique et Renaissance, l'église St-Matthieu a sans doute été élevée avec la participation d'Hernán Ruiz I et II sur le site d'une ancienne mosquée.

carnet pratique

RESTAURATION
• *À bon compte*
Araceli – *Avenida del Parque, 10 -* ☎ *957 50 17 14 - 18,75/27,25€ - fermé 2e quinzaine d'août.* Malgré une apparence ordinaire, c'est le meilleur restaurant de poissons et de fruits de mer de la ville.

HÉBERGEMENT
• *Valeur sûre*
Husa Santo Domingo – *El Agua, 12 -* ☎ *957 51 11 00 - 30 ch. : 58,70/92,70€.* Hôtel de luxe, installé dans un ancien couvent du 18e s. Chambres spacieuses et confortables.

Extérieur – C'est le jeu des volumes qui donne à cette grande construction tout son dynamisme. La façade principale est dotée d'un beau portail Renaissance d'inspiration classique, encadré de deux contreforts. La tour se situe sur sa gauche et à droite, on distingue l'extérieur de la chapelle du Sacré-Cœur et son dôme.

Intérieur – On est séduit par les proportions harmonieuses de ce vaste ensemble. La nef est couverte de plafonds en bois, tandis que la triple abside présente des voûtes gothiques. Un superbe **retable**★ Renaissance trône dans le *presbiterio*. Les reliefs polychromes des cinq corps illustrent des scènes de la vie du Christ et des personnages de l'Ancien et du Nouveau Testament.

Chapelle du Sacré-Cœur★★ – *Bas-côté droit, près de l'entrée de l'église.* C'est un véritable bijou rococo de la première moitié du 18ᵉ s. Les murs et la coupole sont recouverts de **plâtres**★★ polychromes d'une grande variété, qui forment un ensemble d'une exubérance ornementale sans égale. Tous les éléments constitutifs de la décoration s'entremêlent inextricablement pour recevoir des angelots, des statues d'évêques et de saints.

Castillo del Moral
El Coso. Il ne reste que deux tours de la forteresse d'origine médiévale, souvent modifiée. On raconte que Boabdil a été retenu prisonnier dans la grosse tour octogonale. La tour carrée (torre de las Damas) devait être l'ancien donjon.

Santiago
8h30-13h, 18h30-21h, w.-end et j. fériés 8h30-10h30, 18h30-21h. ☎ *957 50 05 45.*
Église édifiée sur une ancienne synagogue. La façade en brique, protégée par deux contreforts, possède un portail gothique tardif. À l'intérieur, les piliers de pierre qui soutiennent les arcs brisés de brique, semblent ployer sous le poids, ce qui leur confère une certaine fragilité. On s'arrêtera devant *Le Christ à la colonne* sculpté par Pedro Roldán.
Les églises **St-Jean-de-Dieu** et **St-Augustin**, aux beaux portails baroques, méritent également d'être mentionnées ; à noter le plan elliptique assez rare en Andalousie de l'église St-Augustin.

alentours

Santuario de la Virgen de Araceli★
6 km au Sud, au bout d'une route au fort dénivelé (20 %). La route grimpe en lacet jusqu'au sommet de la sierra de Aras, où s'élève le sanctuaire. De l'esplanade, on bénéficie d'un immense **panorama**★ sur la campagne d'oliveraies et les sierras en toile de fond.

circuit

De Lucena à Iznájar
35 km par la C 334. À l'exception des premiers kilomètres, la route traverse de beaux paysages montagneux plantés d'oliviers. À 20 km de Lucena, dans un merveilleux cadre naturel, le village de **Rute** célèbre pour ses anis, est accroché au versant de la montagne qui porte son nom. À titre de curiosité, sachez que dans les alentours du village se trouve une réserve naturelle vouée à la protection de l'âne.
Le **trajet**★ *(15 km)* jusqu'à **Iznájar**★ *(voir ce nom)* se poursuit dans un paysage assez semblable, avec des vues, à droite, sur la retenue d'Iznájar ; puis on arrive au village, admirablement perché sur sa colline.

Málaga★

Ouvrant sur les eaux azur de la mer Méditerranée et dominée par le Gibralfaro, la « colline du phare », Málaga s'enorgueillit des avatars d'une longue histoire qui a semé dans la ville nombre de monuments singuliers. Aujourd'hui, son port de commerce et de grand cabotage, ses élégantes promenades agrémentées de jardins et ses quartiers résidentiels, comme la Caleta, dont les villas témoignent de l'essor économique de la ville au 19ᵉ s., en ont fait une ville gaie et animée.

La situation
534 683 habitants. Carte Michelin nº 578 V 16 – Schéma : COSTA DEL SOL – Andalousie (Málaga). Située à l'embouchure du Guadalmedina, Málaga se trouve entre le Parc naturel des Monts de Málaga et la mer, à 59 km à l'Est de Marbella et à 124 km au Sud-Ouest de Grenade. Son aéroport est fréquenté par les innombrables touristes qui se ruent sur la Costa del Sol. 🛈 *Pasaje de Chinitas, 4, 29015 Málaga,* ☎ *952 21 34 45 ; avenida Cervantes, 1, 29015 Málaga,* ☎ *952 60 44 10.*
Vous pouvez poursuivre votre voyage en visitant : la COSTA DEL SOL et ANTEQUERA (48 km au Nord).

Vue du port et de la ville depuis Gibralfaro.

comprendre

FÊTES MALAGUÈNES

Semaine sainte – Comme toutes les grandes villes d'Andalousie, Málaga vit la Semaine sainte avec intensité depuis le 16e s., où les confréries sortaient déjà leurs statues en procession.

La Semaine sainte de Málaga présente ses propres particularités : les *pasos* portant les statues s'appellent ici « **tronos** » et leur montage doit souvent s'opérer à l'extérieur de l'église en raison de leur taille imposante. Les porteurs ne se placent pas en dessous comme à Séville, mais bien en vue du public. Deux moments s'avèrent particulièrement spectaculaires : le départ du « trône » et son « bercement » à plusieurs reprises tout au long du trajet.

Les **processions** les plus marquantes sont celles du Seigneur des gitans (Lundi saint), du Christ prisonnier (Cautivo, Mercredi saint), du Christ de la Belle Mort et de l'Espérance du Perchel, du nom d'un quartier de Málaga (toutes deux le Jeudi saint). La libération d'un prisonnier, lors de la procession du Mercredi saint, privilège octroyé par le roi Charles III à la confrérie de Nuestro Padre Jesús el Rico, est un autre temps fort des célébrations de la Semaine sainte.

La Feria – Elle se déroule pendant la semaine du 15 août et commémore la prise de la ville par les Rois catholiques : c'est la traditionnelle fête andalouse, avec ses corridas, ses *casetas*, petits pavillons où l'on danse, boit et mange jusqu'à l'aube ; l'animation y est assurée... Elle attire de plus en plus de monde, dont de nombreux touristes séjournant sur la Costa del Sol.

> ### VINS DE MÁLAGA
>
> Les vins de Málaga étaient déjà très prisés sous l'Antiquité. Les plus appréciés sont les vins doux ou semi-doux, affichant une teneur en alcool de 15 à 23°. Les deux cépages utilisés pour leur élaboration sont le Pedro Ximénez et le muscat. Cette deuxième variété, très appréciée aussi pour la table, sert à l'élaboration du **málaga dulce** qui accompagne les desserts. À citer également le **lágrima**, très doux et le **Pedro Ximénez**, à base exclusivement du raisin du même nom.

AU FIL DES SIÈCLES

L'Antiquité – À la fin du 8e s. ou au début du 7e s. avant J.-C., les Phéniciens fondèrent une colonie du nom de Malaca ; plus tard, Grecs et Carthaginois y établirent des comptoirs commerciaux. Conquise par les Romains à la fin du 3e s. avant J.-C., Málaga fut une ville fédérée de Rome jusqu'à l'octroi du statut de municipe en l'an 81. À l'époque, son port exportait vin, huile, raisins secs et produits de salaison. Au 4e s., la région fut christianisée et les deux siècles suivants furent marqués par les luttes entre tribus barbares.

La domination musulmane – Après la conquête musulmane (714-716), la ville passa sous l'hégémonie du califat de Cordoue puis, à sa chute, sous l'influence du royaume de Grenade. Le 11e s. vit la construction de la forteresse et la ville connut la prospérité grâce au travail par les textiles. Après les périodes almoravide et almohade, la ville passa sous la juridiction du royaume nasride de Grenade dont elle devint le port principal. Au 14e s., Yusuf Ier procéda à la reconstruction et à l'agrandissement de la forteresse de Gibralfaro. Puis, les Génois s'établirent à Málaga et y développèrent l'activité commerciale en ouvrant de nouvelles voies maritimes.

carnet pratique

TRANSPORTS

Aéroport international Pablo Picasso – Il se trouve à une dizaine de kilomètres de la ville par la route de la côte (☎ 952 04 84 04/88 84).

Liaison aéroport-Málaga, toutes les 25mn, assurée par la compagnie d'autobus Portillo. Taxis. Train de banlieue reliant Málaga à Fuengirola, arrêt à l'aéroport toutes les 1/2h.

Trains – La gare (☎ 952 36 05 60) se trouve explanada de la Estación. De là, lignes desservant la plupart des grandes villes d'Espagne.

Train de banlieue reliant Málaga à Fuengirola avec des arrêts dans toutes les localités (Torremolinos, Benalmádena, Fuengirola) qu'il traverse.

RENFE – Calle Divina Pastora, 8 - ☎ 952 36 02 02.

Autocars – La gare routière (☎ 952 35 00 61) est située paseo de Los Tilos.

Au cœur de la région espagnole la plus touristique, les autocars au départ de Málaga rayonnent dans la péninsule et vers les principales capitales européennes.

Autobus métropolitains – Réseau d'autobus (S.A.M.) très complet et bon marché. Prix du billet : 0,80€ ; carnet de 10 billets : 5,30€, ☎ 952 35 72 00.

Une société privée, **Portillo**, dessert quotidiennement la côte, reliant les principales villes et localités.

Taxis – ☎ 952 32 00 00, 952 33 33 33.

Calèches – On les trouve en divers points du centre-ville pour parcourir le quartier touristique.

Bateaux – Le port de Málaga est avant tout un port commercial. Une ligne régulière pour le transport des personnes dessert le Maroc. Port d'escale de certains navires de croisière.

RESTAURATION

• **Valeur sûre**

El Campanario – Paseo de la Sierra, 36 - ☎ 952 20 24 48 - 🅿 - 30,65€ - fermé dim., juin. Restaurant typique assez difficile à trouver. Magnifique vue sur la baie. Spécialités de poissons et de viandes.

Adolfo – Paseo Marítimo Pablo Ruiz Picasso, 12 - ☎ 952 60 19 14 - 24,50/30€ - fermé dim. Restaurant gastronomique de grande qualité. Excellente cuisine locale et nationale.

Paseo Marítimo – El Pedregal – Zona de Pedregalejo. Le front de mer, idéal pour flâner en fin de journée, compte nombre de bars et restaurants, dont **La Posada II**, avec ses grillades et **Maricuchi**, et son large choix de poissons et de fruits de mer.

TAPAS

Orellana – Moreno Monroy, 5 - ☎ 952 22 30 12 - fermé dim. La décoration est plutôt à revoir et l'atmosphère un peu chargée, mais c'est un classique de la ville. Ambiance animée garantie.

La Posada de Antonio – Granada, 33 - ☎ 952 21 70 69. Au cœur de la vie nocturne de Málaga, bar typique décoré avec des barriques en bois. Spécialités locales et viande cuite à la braise devant la clientèle. Même propriétaire que **La Posada II** (ci-dessus).

Bar La Mesonera – Gómez Pallete, 11. Célébrités, artistes et gens distingués fréquentent ce petit bar avant et après les spectacles de flamenco du Théâtre Cervantès en face. Délicieuses tapas. Cadre coloré et fleuri, typiquement andalou.

HÉBERGEMENT

• **Valeur sûre**

California – Paseo de Sancha, 17 - ☎ 952 21 51 64 - 25 ch. : 51,45/74,55€. Petit hôtel situé à deux pas de la mer, quelque peu éloigné du centre. Vastes chambres modernes.

Venecia – Alameda Principal, 9 - ☎ 952 21 36 36 - 40 ch. : 67,20/84€. Malgré sa situation dans une grande rue bruyante et une façade peu engageante, cet hôtel est tout à fait correct intérieurement. Pour plus de calme, demander une chambre donnant sur une ruelle.

Hotel Don Curro – Sancha de Lara, 7 - ☎ 952 22 72 00 - 120 ch. : 65/95€. Il occupe une grande tour sombre qui se dresse depuis 1973 dans le centre de la ville. Chambres confortables et accueillantes. Décoration classique. Ne manquez pas de jeter un coup d'œil à la salle de jeux située au rez-de-chaussée, elle est toujours comble.

Parador de Málaga-Gibralfaro – Castillo de Gibralfaro - ☎ 952 22 19 02 - 38 ch. : 95,50/119,38€. Bénéficiant du confort qui fait la réputation des paradors espagnols, celui de Málaga domine la ville. Allez donc prendre un verre sur la terrasse, vous bénéficierez d'un superbe panorama.

Paradores

Parador de Málaga-Gibralfaro.

UNE PETITE PAUSE

Le climat méditerranéen se prête merveilleusement à la vie dans la rue et les habitants bénéficient d'un grand nombre d'établissements où il fait bon sortir et se divertir. Dans le centre, autour de la cathédrale et de la calle Larios, on trouve aussi bien de vieux bistrots que des cafés plus animés, fréquentés par les jeunes et les touristes. Ceux qui préfèrent la tranquillité apprécieront les cafés ou les salons de thé, à proximité du futur musée Picasso. En été, l'affluence est grande dans les établissements bordant le front de mer. Si vous préférez les établissements moins populaires, portez vos pas vers le quartier résidentiel d'El Limonar, au pied de la sierra.

Cheers – *Plaza del Obispo, 1 - 10h-2h*. Café s'inspirant du décor du feuilleton télévisé. Superbe terrasse devant la majestueuse façade de la cathédrale. Ambiance jeune et tranquille.

La Tetería - Tetería Alcazaba – *Calle San Agustín, 9 et 21 - 16h-1h*. Ambiance mauresque pour ces deux petits salons de thé situés dans une agréable rue piétonne, où l'odeur caractéristique du thé embaume. Clientèle jeune et atmosphère feutrée.

Café Central – *Plaza de la Constitución, 11 - 8h-22h*. Un classique de Málaga. Ceux qui fréquentent cette cafétéria y viennent « depuis toujours ». Grand salon de thé et terrasse agréable.

Casa Aranda – *Herrería del Rey, 2 - 9h-21h*. Cet établissement charmant et populaire occupe tous les locaux de la rue étroite sur laquelle il se trouve. Bonne ambiance autour d'un chocolat avec des *churros*.

SORTIES

Siempre Así – *Calle Convaleciente, 5 - jeu.-sam. 21h30-5h*. En plein centre-ville et fréquenté par une clientèle sélecte. À partir de minuit, on vient y prendre un verre et danser des rumbas, des sévillanes et les derniers tubes flamenco.

Liceo – *Calle Beatas, 21 - 22h-5h*. Bar animé installé dans une vieille rue. Le week-end, une clientèle internationale fréquente cette vieille maison au décor d'une autre époque.

El Pimpi – *Calle Granada, 6 - 16h-4h*. Un incontournable de Málaga. Situé dans une petite rue piétonne, cet établissement possède plusieurs salles sur deux étages. L'après-midi, on vient y boire un verre ou un café. Le soir, ambiance de cave, on vient y boire du vin doux servi très frais et chanter des chansons. Tapas.

PLAGES DE MÁLAGA

À l'Est de la ville s'étendent plusieurs plages, depuis celle de La Malagueta, au début du front de mer, jusqu'à celle del Palo *(5 km à l'E)* en passant par Las Acacias. Toutes ces plages sont bien aménagées et proposent tous les services d'une station balnéaire aux baigneurs et aux promeneurs.

SPECTACLES

Le caractère cosmopolite de Málaga se reflète également dans sa vie culturelle et sociale. Le **Théâtre Cervantes** *(calle Ramos María -* ☎ *952 22 41 00/09)*, inauguré en 1870, propose une intéressante saison théâtrale et musicale. Nombreuses salles d'expositions, mais les plus belles expositions d'art ont lieu au palais épiscopal *(Plaza del Obispo)*, au Musée municipal *(Paseo Reding, 1)* et au Centre provincial culturel *(calle Ollerías)*.

ACHATS

Les principales rues commerçantes sont comprises entre la calle Puerta del Mar, qui aboutit plaza de Félix Sáez et continue sous le nom de calle Nueva, et la **calle Marqués de Larios**. Nombreux étalages très animés ; les gourmands, quant à eux, seront surpris par le grand nombre de pâtisseries (goûtez absolument aux célèbres pâtes feuilletées de Málaga).

Hors du centre-ville, la calle Armengual de la Mota propose deux grands magasins (El Corte Inglés), ainsi que des boutiques plus modernes.

Les grandes surfaces sont plutôt dans la périphérie (Pryca, Continente...).

Marché – Le dimanche matin, c'est le jour du marché à côté du stade de football de La Rosaleda. On y trouve de tout, depuis les fripes jusqu'aux antiquités.

SPÉCIALITÉS

L'« ajoblanco » – On savourera en été le célèbre *pescaíto frito* (poisson frit) de Málaga mais aussi l'*ajoblanco*, variante locale du *gazpacho* (potage glacé) à base d'amandes, d'ail, de mie de pain, le tout assaisonné de sel et de poivre et accompagné généralement de grains de raisin muscat.

La ville chrétienne – En août 1487, après une lutte acharnée, les Rois catholiques reprirent la ville. Au 16e s., sous le règne de Philippe II, Málaga connut une période prospère avec la construction du nouveau port et au 18e s., la libéralisation du commerce avec les Amériques favorisa son développement.

Le 19e s. – Entre 1810 et 1812, la ville fut aux mains des Français. Après le retour de Ferdinand VII, les conflits entre absolutistes et libéraux se soldèrent par un épisode tragique, l'exécution en 1831 du général libéral Torrijos et de ses fidèles, accusés à tort d'avoir tenté une insurrection. Mais le 19e s. fut avant tout le siècle de la révolution industrielle. Deux familles de la haute bourgeoisie de Málaga, les Heredia (sidérurgie) et les Larios (textile) placèrent la ville en tête du développement industriel et on vit se développer à l'Ouest une importante zone industrielle et ouvrière. La crise de la fin du 19e s. coupa court à cette euphorie, plongeant la ville dans un abîme dont le développement du tourisme ne la sortit qu'à la fin des années 1950.

découvrir

MONUMENTS DE LA VILLE ARABE ET ROMAINE

Alcazaba★

Été : tlj sf lun. 9h30-20h ; le reste de l'année : tlj sf lun. 8h30-19h. Fermé 1er janv., 24, 25 et 31 déc. 1,80€ (3€ visite du château de Gibralfaro incluse). ☎ *952 22 51 06.*

Édifiée à partir de 1040 sur une colline dominant la ville, la forteresse est l'une des plus importantes constructions militaires musulmanes conservées en Espagne. Elle faisait partie du système défensif de la Malaka arabe et était reliée aux remparts de la ville, aujourd'hui disparus. Elle se compose d'une double enceinte et de tours rectangulaires.

De la rampe d'accès en zigzag qui part de la calle Alcazabilla, on appréciera la vue sur les restes des murailles de brique qui grimpent la colline. L'agréable promenade

est jalonnée de portes fortifiées, ornées parfois de
colonnes et de chapiteaux
romains. Ce dédale de portes
et de recoins rend le périple
d'autant plus plaisant. Après
avoir franchi l'arc du Christ, où
fut célébrée la première messe
après la Reconquête, on
accède aux jardins arabes dont
les allées sont merveilleusement bordées de bougainvilliers, jasmins et chèvrefeuilles.
Belle **vue**★ sur la ville et le
port du haut des murailles.

Museo Arqueológico★ – *Fermé
pour travaux.* ☎ *952 21 60 05 ou
952 22 04 43.*
Le Musée archéologique
occupe l'ancien palais, à l'intérieur de la seconde enceinte.
Le palais, qui rappelle le style
nasride, s'ordonne autour de
deux patios et réunit des
œuvres allant de la Préhistoire au Moyen Âge. On
remarquera les antiquités
romaines (têtes, pieds gigantesques, mosaïques) et surtout arabes (10ᵉ-15ᵉ s.), qui

Tours et remparts de la forteresse.

proviennent en majeure partie de la forteresse même. À noter aussi les maquettes
de la forteresse et de la cathédrale.

Teatro romano

Au bas de la forteresse, sur le versant Ouest, les ruines du théâtre témoignent du
passé romain de la ville. On peut encore voir certains gradins de la *cavea* s'éche-
lonner le long de la colline.
Tout près, l'ancienne **douane**, néoclassique, héberge actuellement le siège du parlement provincial.

Castillo de Gibralfaro

*Accès : autobus nᵒ 35 ; descendre au paseo del Parque. Été : 9h30-20h ; le reste de
l'année : 9h30-18h. 1,80€.* ☎ *952 22 51 06.*
En haut d'une colline dominant la ville, se dressent les vestiges du château de
Gibralfaro (14ᵉ s.), voué à la protection de l'alcazaba. Depuis le chemin de ronde
du rempart un peu délabré, la **vue**★★, qui embrasse la forteresse, la ville et le port,
est superbe. Le passage fortifié qui relie la forteresse au château date du 14ᵉ s.
Le bâtiment de l'ancienne poudrière héberge une exposition retraçant la vie du
château en tant que garnison militaire du 15ᵉ au 20ᵉ s., depuis sa réintégration au
sein de la Couronne de Castille en 1487. On y voit une collection d'uniformes,
d'armes, de cartes et d'instruments de navigation.

visiter

LE CENTRE-VILLE

Le centre de Málaga a conservé d'intéressants monuments chrétiens, mais les nombreuses ruelles, pour la plupart piétonnes, dégagent tout le charme des villes
arabes, tel le **pasaje de Chinitas**. Toute cette zone commerçante animée s'articule
autour de la **calle Marqués de Larios**, la rue principale de la ville.

Cathédrale★

9h30-18h45, sam. 9h30-18h, dim. et j. fériés réservés au culte. 1,80€. ☎ *952 22 03 45.*
La construction de la cathédrale s'étala du 16ᵉ au 18ᵉ s., d'où le mélange de styles très
apparent, avec une prédominance du style Renaissance. Les parties basses sont
gothiques, tandis que les couvrements et les façades sont baroques. L'édifice aurait été
conçu sur les plans de Diego de Siloé, à qui l'on doit aussi la cathédrale de Grenade.

Extérieur – La façade principale sur la plaza del Obispo est de style baroque. Deux
tours, dont celle de droite inachevée, lui ont valu le surnom populaire de « la Man-
chote » (La Manquita) ; trois portails très décoratifs sont de marbres de différentes
couleurs. À noter, sur le portail central, entre les colonnes torses, le relief de l'Incarnation, vocable de la cathédrale.

Intérieur – *Entrée par le jardin, portail latéral de gauche.* On est d'emblée frappé par
la monumentalité de cette église-halle à trois vaisseaux, chapelles latérales et déambulatoire. Pour assurer le soutien de la haute nef, l'architecte eut recours à une

méthode originale, la superposition des supports ; sur des piliers de colonnes fasciculées à chapiteaux corinthiens, il plaça des entablements soutenant un niveau de piliers. Les travées sont couvertes de belles **coupoles sur pendentifs**★ très ornées. Les superbes **stalles**★ (17ᵉ s.) du *coro*, qui occupe une grande partie de la nef principale, ont été partiellement réalisées par Pedro de Mena. Notez aussi les deux magnifiques orgues baroques (18ᵉ s.) et les chaires de marbre (même époque), ornées de blasons ecclésiastiques. Le tabernacle de la *capilla mayor* est du 19ᵉ s.

Les **chapelles latérales** recèlent d'intéressantes œuvres : dans le collatéral droit, la chapelle des Morts abrite une belle *Mater Dolorosa* de Pedro de Mena au pied d'un *Christ en croix* d'Alonso de Mena, tous deux du 17ᵉ s., et dans la chapelle du Rosaire se trouve une grande *Vierge du Rosaire* d'Alonso Cano.

On retiendra autour du **déambulatoire** : la chapelle Notre-Dame-des-Rois et son exquise *Vierge à l'Enfant*, présent des Rois catholiques après la reconquête de la ville, accompagnée de deux statues des donateurs par Pedro de Mena ; la chapelle Ste-Barbe héberge un beau **retable gothique**★ sculpté et peint du début du 15ᵉ s. ; la chapelle de l'Incarnation ou du Sacré-Cœur (18ᵉ s.), chapelle axiale totalement en marbre avec quatre monumentales colonnes d'agate.

El Sagrario

10h45, 11h45, 18h, 18h30, sam. 10h45, 11h45, 12h45. ☎ *952 21 34 45 (Office de tourisme).*
Cette étrange église rectangulaire du 16ᵉ s. s'élève dans les jardins de la cathédrale. On s'attardera sur la technique et le détail de son **portail latéral**★, ouvrant sur la calle Santa María, de style gothique isabélin et remarquablement ouvragé.
L'intérieur baroque, à nef unique avec un *coro alto* situé à l'entrée, date du 18ᵉ s., période de la reconstruction de l'église. Dans le chœur, splendide **retable**★★ maniériste.

Palacio Episcopal

Le palais épiscopal baroque (18ᵉ s.) s'élève sur la plaza del Obispo et s'ouvre par un beau portail de marbre gris et rose à colonnes corinthiennes et entablements à ressauts. La niche supérieure abrite une Pietà.

Santiago

9h-13h, 18h30-20h. ☎ *952 21 03 99.*
Dans l'étroite calle Granada, tout près de la plaza de la Merced, l'église St-Jacques, fondée après la Reconquête, conserve de son décor mudéjar d'origine une **tour** de brique ornée de panneaux de *sebka* au registre supérieur et l'ancien portail, aujourd'hui aveugle, aux entrelacs géométriques. L'intérieur baroque (18ᵉ s.) recèle, dans une chapelle du bas-côté gauche, la **statue de Jésus le Riche**, objet d'une grande vénération qui doit son nom à la croix de bois et d'argent portant le Christ. C'est dans cette église, au grand retable baroque, que fut baptisé Picasso.

Plaza de la Merced

L'obélisque érigé au centre de cette grande place carrée commémore le général Torrijos et ses hommes fusillés à Málaga en décembre 1831, en raison de leurs idées libérales. C'est dans l'une des deux maisons identiques occupant le côté Nord-Est de la place que naquit Picasso.
Museo-Casa Natal Picasso – *Nᵒ 15. De mi-juin à mi-sept. : 11h-14h, 18h-21h, dim. 11h-14h ; le reste de l'année : 11h-14h, 17h-20h, dim. 11h-14h. Fermé j. fériés. Gratuit.* ☎ *952 26 02 15.*
La maison natale de Picasso (construite vers 1850) expose au premier étage quelques gravures et céramiques de l'artiste. Le reste de l'édifice accueille la fondation Pablo Ruiz Picasso et des expositions temporaires.

Palacio de los Condes de Buenavista

Cet élégant bâtiment Renaissance (16ᵉ s.) abritera prochainement le **musée Picasso** *(ouverture prévue fin 2003).*

Los Mártires

8h-13h15, 19h-20h (culte). J. fériés : offices à 9h, 13h, 20h.
C'est dans une zone piétonne très animée, aux rues étroites bordées de boutiques, que s'élève l'**église des Martyrs**, fondée au 15ᵉ s.
D'une grande sobriété extérieure, elle éblouit par la richesse baroque de l'intérieur totalement remanié au 18ᵉ s. Elle comprend trois vaisseaux avec chapelles latérales et les extrémités des croisillons sont arrondies. Une corniche portant un petit balcon en fait le tour. Des plâtres ornent les murs et les plafonds mais c'est dans le *presbiterio* et le transept que le décor se montre le plus exubérant. Dans la *capilla mayor* trônent un retable et son *camarín* abritant les statues de sainte Paule et de saint Cyriaque, patrons de la ville. Un impressionnant blason couronne l'ensemble. Sur une petite place de la calle Mártires, tout près de l'église, on remarquera un **Christ aux lanternes**, typique.

Museo de Artes y Costumbres Populares

De mi-juin à fin sept. : tlj sf dim. 10h-13h30, 17h-20h, sam. 10h-13h30 ; le reste de l'année : tlj sf dim. 10h-13h30, 16h-19h, sam. 10h-13h30. Fermé j. fériés. 2€. ☎ *952 21 71 37.*
Installé dans la Mesón de la Victoria, une belle auberge du 17ᵉ s., le **musée des Arts et Traditions populaires** donne un aperçu du quotidien rural et urbain d'antan. Les salles s'organisent autour d'un charmant patio.

Málaga

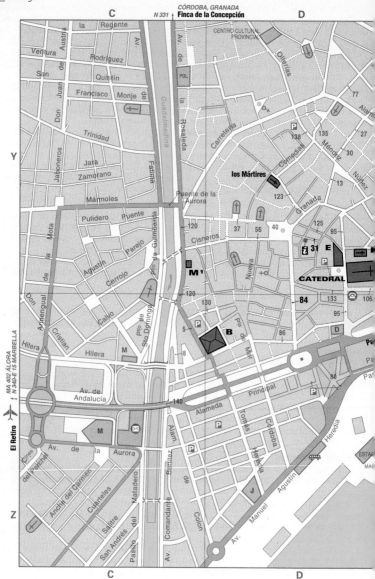

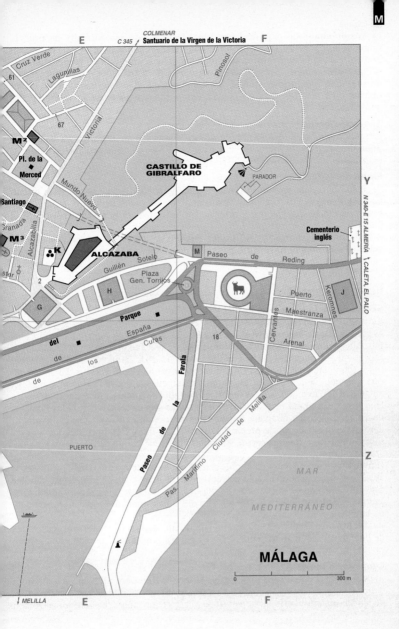

Le **rez-de-chaussée** expose divers objets concernant les animaux de trait, la forge, la boulangerie, la pêche, ainsi que l'élaboration du vin et de l'huile ; on peut voir aussi la reconstitution d'une cuisine et d'une salle à manger rustique. Au **premier étage** : collection de figurines de terre cuite représentant des personnages typiques de Málaga, ainsi que des meubles bourgeois du 19ᵉ s., des instruments traditionnels de labour, des outils d'artisan, de la vaisselle, des dentelles, etc.

Mercado Central

Le grand marché de Málaga (19ᵉ s.), édifice à structure de fer érigé sur l'emplacement des anciens chais musulmans, a conservé l'arc d'entrée de l'ancien bâtiment mauresque.

Paseo del Parque

Véritable havre de paix au beau milieu d'une circulation dense, le parc est un jardin botanique à la végétation luxuriante, où de petits panneaux indiquent le nom et l'origine des plantes et arbres, espèces tropicales et subtropicales pour la plupart.

À l'extrémité Est du paseo del Parque, le **paseo de la Farola**, sur lequel s'élève la **statue du « Cenachero »**, figure populaire de la ville et vendeur ambulant de poissons, bifurque vers le port, qu'il longe. Plus loin, le quartier de La Malagueta signale le début des plages.

HORS DU CENTRE

Santuario de la Virgen de la Victoria★

Au bout de la calle Compás de la Victoria. Tlj sf lun. 8h-13h, 16h-20h. ☎ *952 25 26 47.*
L'**église N.-D.-de-la-Victoire**, édifice de brique tout simple avec porche et clocher-mur, fut fondée par les Rois catholiques au 15ᵉ s. et reconstruite à la fin du 17ᵉ s. L'intérieur est particulièrement représentatif du style baroque andalou, relativement sobre, où seuls certains éléments architecturaux sont pourvus d'une décoration végétale. La nef unique est dotée de chapelles latérales et de petits balcons au-dessus des arcs. Remarquez les anges porteurs de torches qui défient les lois de la gravité... Un grand retable sculpté illustre des scènes de la vie de saint François de Paule. Dans une chapelle à gauche se trouve une *Dolorosa* particulièrement expressive due à Pedro de Mena. Néanmoins, les deux éléments les plus intéressants sont le *camarín* et la crypte, auxquels on accède par un escalier baroque situé à droite du transept.

Œuvre maîtresse du baroque le plus exubérant, le fastueux **camarín★★** qui s'ouvre au centre du retable principal est entièrement tapissé de chérubins, de feuilles d'acanthe, de cadres de miroirs, de blasons, etc. en plâtre. Y trône une superbe Vierge à l'Enfant allemande (15ᵉ s.), don des Rois catholiques après la reconquête de la ville.

Autant le camarín est d'un baroque joyeux, autant la **crypte★**, panthéon des comtes de Buenavista, est d'un baroque lugubre avec ses symboles de la mort et de la fuite du temps sur un fond noir.

Cementerio inglés

Avenida Pries, 1. Situé dans un agréable jardin, le **cimetière anglais** est le premier cimetière protestant d'Espagne ; il s'étend sur un terrain donné par le gouverneur de Málaga au consul britannique en 1829. C'est ici que repose le poète Jorge Guillén (1893-1984).

alentours

Finca de la Concepción★

7 km au Nord. Visite guidée (1h1/4). De mi-juin à mi-sept. : tlj sf lun. 10h-19h30, de mi-sept. à mi-oct. : tlj sf lun. 10h-17h30, de mi-oct. à mi-déc. : tlj sf lun. 10h-16h30, de mi-déc. à fin mars : tlj sf lun. 10h-16h, de déb. avr. à mi-juin : tlj sf lun. 10h-18h30. 2,76€. ☎ *952 25 21 48/07 45.*

Ce splendide jardin fut créé au milieu du 19ᵉ s. par un couple de la haute bourgeoisie de Málaga, Jorge Loring et Amalia Heredia. Amalia fit rapporter par la flotte de son père, important armateur, de nombreuses espèces tropicales et subtropicales (plus de trois cents de nos jours) qui s'acclimatèrent parfaitement. La visite de cette propriété est un enchantement pour les sens, l'occasion de flâner dans une « forêt tropicale » raffinée (des spots publicitaires et des films y ont été tournés), parsemée de ruisseaux, d'étangs, de cascades et de vestiges romains. Près de la résidence, une magnifique tonnelle de fer forgé, où grimpent glycines, lierre et bougainvilliers, fut le témoin muet des réunions mondaines auxquelles participait l'homme politique et ami de la famille, **Antonio Cánovas del Castillo** (1828-1897), qui fut plusieurs fois Premier ministre, assura le retour sur le trône du roi Alphonse XII en 1875 et rédigea la Constitution de 1876.

El Retiro : parque ornitológico y jardín histórico, à Churriana★

15 km au Sud-Ouest. Suivre la signalisation vers l'aéroport, après lequel on prend la A 366 à droite. Après Churriana, tourner encore à droite (signalisation). Fermé temporairement.
☎ *952 62 16 00.*

Les petits et leurs aînés apprécieront cette superbe propriété fondée au 17ᵉ s. par un évêque de Málaga. On visite deux parties bien distinctes : le parc ornithologique et le jardin historique.

Sur un vaste espace ombragé de pins, les volières comptent plus de cent cinquante espèces d'oiseaux exotiques et méditerranéens.

Le **jardin historique**★ est constitué de jardins des 17ᵉ et 18ᵉ s. Le jardin potager agrémenté d'espèces tropicales est la partie la plus ancienne. À sa gauche, on remarquera la fontaine aux sept bouches, un étonnant cadran solaire et un étroit canal d'agrément, dit la « *ría* ». Le jardin à la française est certainement l'endroit le plus spectaculaire du parc. Un superbe **escalier d'eau** prenant naissance à la fontaine au Lion évoque le jardin d'un palais baroque. Enfin, autour de la fontaine de Gênes s'organise le jardin baroque à l'italienne, où se succèdent parterres et statues.

Un coin romantique du jardin de la Finca de la Concepción.

B. Kaufmann/MICHELIN

PARC NATUREL DES MONTS DE MÁLAGA

Au Nord de Málaga, à quelques kilomètres de la ville, ce parc naturel occupe 4 762 ha de montagnes de moyenne altitude, que traversent des ruisseaux formant de petites vallées. La végétation très nettement méditerranéenne compte de grands espaces repeuplés de pins d'Alep. Nombre de reboisements furent opérés pour mettre un terme aux inondations dont souffrit Málaga pendant des siècles. La route qui y mène est jalonnée de points de vue et d'auberges, où l'on pourra faire une pause et savourer la délicieuse cuisine locale arrosée des vins du terroir…

Marbella★★

Entre le bleu turquoise de la Méditerranée et l'éclatante blancheur des montagnes, Marbella est le grand centre du tourisme international de la Costa del Sol. Son climat exceptionnel, ses plages magnifiques, ses innombrables équipements touristiques, et la présence d'un grand nombre de protagonistes de la presse du cœur, ont métamorphosé ce village de pêcheurs d'antan en une station balnéaire hétéroclite. Une rangée interminable de tours borde la côte, tandis que les luxueux quartiers résidentiels, avec leurs villas merveilleuses, leurs grandes demeures et leurs palaces, s'étendent vers l'intérieur des terres. Marbella n'en conserve pas moins un quartier ancien très pittoresque. Les maisons blanches ornées de grilles sont décorées de dentelles et de fleurs et le charme traditionnel andalou en émane.

La situation

98 377 habitants. Plan dans le Guide Rouge España & Portugal – Carte Michelin n° 578 W 15 – Schéma : COSTA DEL SOL – Andalousie (Málaga). Enclavée au fond d'une baie abritée par la sierra Blanca, Marbella borde la N 340 qui dessert toutes les localités côtières de la Costa del Sol. 32 km la séparent de Málaga (au Nord-Est) et de son aéroport international. 🛈 *Glorieta de la Fontanilla, 29600 Marbella,* ☎ *952 77 14 42 ; plaza de los Naranjos, 29600 Marbella,* ☎ *952 82 35 50.*
Vous pouvez poursuivre votre voyage en visitant : la COSTA DEL SOL, Málaga (MÁLAGA), et, à l'intérieur des terres, RONDA (au Nord-Ouest) et MIJAS (29 km à l'Est).

comprendre

Une station balnéaire cosmopolite

Les fameuses soirées estivales accueillent magnats arabes, journalistes réputés, acteurs connus et sportifs de renom. Marbella, lieu de prédilection de la *jet-set*, symbolise le *glamour*.

Les boutiques de luxe, les maisons de repos et de cure, les nombreux terrains de golf, les équipements sportifs dernier cri complètent l'offre touristique de la localité qui héberge également deux mosquées, une synagogue et plusieurs chapelles protestantes.

> **CARNET PRATIQUE**
>
> Souhaitez-vous loger à Marbella ? Vous y détendre quelques jours ? Vous ne savez pas comment occuper vos soirées ? Consultez le carnet pratique du chapitre Costa del Sol.

se promener

VIEILLE VILLE★ *2h*

L'ancien quartier arabe et son dédale inextricable de ruelles étroites et tortueuses servent de cadre aux bâtiments anciens, aux boutiques, aux bars et restaurants disparates qui ont élu domicile dans les maisons blanches traditionnelles.

Plaza de los Naranjos★

La ravissante « place des Orangers », centre névralgique du quartier ancien, est un endroit pour s'asseoir à une petite terrasse entre les parterres de fleurs qui entourent la fontaine de pierre du 16ᵉ s. et le petit bosquet d'orangers. Trois édifices intéressants donnent sur la place, la **mairie** du 16ᵉ s. ornée de balcons en fer forgé et d'un beau portail mudéjar, la **maison du corregidor** (17ᵉ s.) dotée d'une **façade**★ monumentale en pierre et d'un balcon raffiné, enfin l'**ermitage St-Jacques**, première église chrétienne de la ville (15ᵉ s.).

Santa María de la Encarnación

Située sur la place du même nom, au bout de la très fréquentée calle Nueva où se dresse encore une des tours de l'ancien château arabe, cette église baroque (17ᵉ s.) se distingue par son étonnant **portail** de pierre et son clocher. À l'intérieur, on remarque une sculpture en bois de saint Barnabé, patron de Marbella, et le somptueux **orgue** dit du « Grand Soleil ».

Museo del Grabado Español Contemporáneo★

De mi-juin à fin sept. : tlj sf dim. et lun. 10h-14h, 18h-21h ; le reste de l'année : tlj sf dim. et lun. 10h-14h, 17h30-20h30. Fermé j. fériés. 2,50€. ☎ 952 82 50 35.

Le musée de la Gravure espagnole contemporaine occupe le bâtiment de l'ancien hôpital de Bazán (16ᵉ s.). Ce petit musée est le seul en Espagne à proposer une monographie de la gravure du 20ᵉ s. Les œuvres d'artistes de la gravure comme Tàpies, Alberti, Chillida et Maruja Mallo sont très bien présentées.

Hospital de San Juan de Dios

Grand édifice fondé par les Rois catholiques, l'hôpital se trouve calle Misericordia. Joli cloître et chapelle au plafond *artesonado* mudéjar.

Plaza de los Naranjos.

H. Champollion/MICHELIN

Ensemble de maisons seigneuriales

Entre la plaza Ancha et celle d'Altamirano se dressent plusieurs résidences élégantes et raffinées : la maison du richissime Enrique Grivegnée, celle de Ferdinand de Lesseps, ingénieur qui réalisa le canal de Suez, et celle des Cano Saldaña, imposant édifice du 16e s.

alentours

Villa romaine de Río Verde

2 km à l'Ouest par la N 340. Datée des 1er et 2e s. de notre ère, elle conserve de beaux pavements de mosaïques.

Puerto Banús★★

5 km à l'Ouest par la N 340. Aux quais de ce magnifique port de plaisance sont amarrés les plus luxueux bateaux du monde. De somptueuses voitures de sport sont garées entre les superbes voiliers et yachts ou la multitude de restaurants, bars, antiquaires et boutiques de luxe. Puerto Banús est une étape obligatoire pour les touristes de la Costa del Sol qui envahissent les rues de la ville l'été et font leurs emplettes dans les boutiques ouvertes toute la nuit. Pendant la journée et surtout hors période estivale, le port est un endroit paisible et agréable, offrant de belles vues sur la côte et les villages avoisinants.

Istán

15 km au Nord-Ouest par la MA 409. Quitter Marbella vers l'Ouest et prendre la bifurcation signalée. Ce vieux village arabe s'élève dans un vallon dominant la fertile vallée du río Verde, zone fertile, où cultures fruitières et maraîchères occupent des terrasses. L'église St-Michel (16e s.) avec son imposant clocher-mur est le monument à visiter.

circuit

À L'INTÉRIEUR DES TERRES

51 km, trajet de retour non compris.
Quitter Marbella vers le Nord par la A 355.

Ojén

Ce petit village blanc se détache sur un paysage contrasté, entre les orangeraies et les pinèdes. Son vieux quartier, d'origine arabe, s'étend au pied de l'**église N.-D.-de-l'Incarnation** (15e s.) dont l'unique vaisseau présente un joli plafond artesonado. Ojén est réputé pour son anisette.
Continuer sur la A 355 et tourner à gauche après le col.

Refuge de Juanar

Fantastiques **belvédères**★ sur les forêts de la sierra Blanca.
Revenir sur la A 355 que l'on reprend vers le Nord.

Monda

Sur le versant d'une petite colline, à l'abri des vestiges d'un ancien château arabe, s'élève l'**église St-Jacques** bâtie au 16e s. et remodelée au 18e s. Les voûtes sont richement décorées.
Quitter Monda par la MA 413 vers le Nord. En débouchant sur la A 366, prendre à gauche, puis à nouveau à gauche la MA 412.

Tolox

Dissimulée dans les plantations d'agrumes, Tolox se profile dans la chaîne du même nom, dans les limites du **Parc naturel des sierras de las Nieves**. Son centre, d'origine arabe, recèle l'**église St-Michel** (16e s.), dont les trois vaisseaux séparés par des arcs

> **HÉBERGEMENT**
> **Castillo de Monda** – *Monda* - ☎ *952 45 73 36 - 29 ch. : 114/135,60€.* Si tous les hôtels de la Costa del Sol sont complets et que votre budget vous l'autorise, choisissez cet hôtel magnifique perché au sommet de la colline de Monda et installé dans un château du 8e s., qui offre des vues imprenables. Mobilier ancien dans les chambres.

en plein cintre sont couverts de beaux artesonados. Une surprenante calotte elliptique décorée de peintures ouvre sur le *presbiterio. 11h-14h, 18h-21h.* ☎ *952 48 73 33.*
Aux environs, la station thermale de Fuente Amargosa fut construite en 1867 dans un site magnifique.

Marchena

Ce village de la Campiña sévillane, qui connut son plus grand rayonnement aux 15e et 16e s., sous la protection des ducs d'Arcos, conserve les grosses tours de la muraille arabe qui la ceignait jadis. Une visite s'impose dans le monument le plus intéressant, la magnifique église St-Jean-Baptiste.

La situation

18 018 habitants. Carte Michelin n° 578 T-U 13 – Andalousie (Séville).
Marchena se trouve en pleine campagne, à 7,5 km au Nord de la A 92 qui relie Grenade à Séville, au cœur d'une importante région archéologique, où des traces de peuplement datant de l'âge du bronze ont été identifiées.
🚩 *Calle San Francisco, 43, 41620 Marchena,* ☎ *955 84 51 21.*
Vous pouvez poursuivre votre voyage en visitant : UTRERA (43,5 km au Sud-Ouest), CARMONA (27 km au Nord-Ouest), ÉCIJA (40 km au Nord-Est), OSUNA (37,5 km au Sud-Est) et Séville (SEVILLA, 66,5 km à l'Ouest).

se promener

Arco de la Rosa

Cette porte formée par un arc en fer à cheval entre deux tours rectangulaires s'ouvrait dans les remparts d'origine almohade. Elle fut reconstruite au 15e s. et une partie de la muraille est encore visible.

San Juan Bautista★★

De style gothico-mudéjar, l'église St-Jean-Baptiste (15e s.) s'élève sur une agréable place où s'ouvrent quelques beaux portails. Sa sobre façade est épaulée par un clocher dont le sommet est décoré d'azulejos.
Elle comprend cinq vaisseaux : les trois centraux sont couverts d'un plafond *artesonado*, tandis que les deux bas-côtés, ajoutés lors d'une extension au 16e s., présentent des voûtes d'arête. La profusion et la qualité des **œuvres d'art** qui ornent ses murs est réellement stupéfiante.
Dans le *presbiterio*, le somptueux **retable**★★★ peint et sculpté illustrant des scènes de la vie du Christ date du début du 16e s. ; les peintures sont d'Alejo Fernández et les groupes sculptés de son frère, Jorge. La **clôture** de la *capilla mayor* fut exécutée dans un atelier local au 16e s. Les chaires de fer forgé sont du 18e s., tout comme la belle **clôture** du *coro*. Les magnifiques **stalles**★ d'acajou et de cèdre furent sculptées au début du 18e s. par Jerónimo de Balbás ; dans la tribune *(coro alto)* sont représentés des saints, tandis que la partie supérieure du *coro* bas présente dans de petits médaillons les bustes des Saintes Femmes. Le *coro* est encadré par les orgues, l'un rococo et l'autre néoclassique.
Dans la chapelle du Sacré-Cœur, à gauche du *presbiterio*, trône un magnifique **retable sculpté**★★ (16e s.) de Roque Balduque et de Jerónimo Hernández. Remarquez au centre la curieuse disposition de la Cène.
D'autres statues méritent d'être mentionnées, telles la Vierge de Pedro de Mena *(première chapelle du bas-côté droit)* et le saint Joseph à l'Enfant *(chapelle droite de l'abside)*, qui serait l'œuvre de Pedro Roldán.
Museo Zurbarán★★ – *Accès par l'église. Sur demande 10h30-13h30. 1,50€ (musée).* ☎ *955 84 51 21 (Office de tourisme).*
Les tableaux du musée paroissial furent commandés pour la sacristie de l'église et sont contemporains des toiles du monastère de Guadalupe. Neuf

Église St-Jean-Baptiste.

magnifiques toiles de Zurbarán (1598-1664), peintre baroque de génie, y sont conservées : *Le Christ, L'Immaculée Conception, Saint Pierre, Saint Jacques, Saint Jean l'Évangéliste, Saint Jean-Baptiste, Saint Paul, Saint André* et *Saint Barthélemy*. À voir aussi l'ostensoir et quelques livres liturgiques, autres curiosités du musée.

Dans une autre salle, on peut admirer d'intéressantes pièces de broderie et d'orfèvrerie des 16e, 17e et 18e s.

Monter jusqu'en haut du village.

Plaza Ducal

La place correspond à l'ancienne cour d'honneur du château et accueille l'hôtel de ville du 18e s., au sobre portail de pierre.

Elle est entourée de quelques vestiges du château, en état de conservation ou en ruine. Franchir la porte de l'Alcazaba (11e s.)

Santa María la Mayor ou La Mota

Cette sobre église gothico-mudéjare qui s'élève dans l'enceinte du palais ducal a subi quelques modifications, visibles notamment sur le clocher. Son portail ébrasé est décoré de dents-de-scie.

Parmi les autres curiosités, mentionnons l'**église St-Augustin**, édifiée à la transition du baroque au néoclassique, et la **porte de Morón**, robuste tour crénelée hébergeant l'Office de tourisme et un petit musée consacré au sculpteur local, Lorenzo Coullaut-Valera.

alentours

Paradas

8 km au Sud-Ouest par la SE 217. Le village se trouvait sur la route des caravanes se rendant à Séville, d'où son nom évocateur (*parada* signifie arrêt). On retiendra surtout l'**église St-Eutrope** et son **musée** exposant d'intéressantes collections d'orfèvrerie religieuse, des livres miniatures et surtout une splendide *Madeleine* du Greco. *Sur demande.* ☎ 954 84 90 39.

El Arahal

15 km au Sud-Ouest par la SE 217. Dans le quartier historique de ce paisible village d'origine arabe, les petites maisons blanches côtoient d'élégantes constructions néoclassiques et baroques. On pourra voir l'ancienne chapelle de la Vraie Croix (18e s.), de style colonial, l'église mudéjare N.-D.-de-la-Victoire, l'**église Ste-Marie-Madeleine** (17e s.), qui conserve un bel ensemble d'ouvrages liturgiques et des pièces d'orfèvrerie, et l'église **St-Roch**, avec ses retables du 18e s. dans les chapelles latérales et au maître-autel.

Morón de la Frontera

27 km au Sud ; prendre la A 364 jusqu'à Montepalacio, puis la A 361. Voisine d'une importante base aérienne, cette bourgade agricole s'étend autour des ruines du château arabe. On pourra voir l'**église St-Michel**, construction gothique au portail néoclassique, dont le bel intérieur présente des éléments décoratifs baroques ; l'**église St-Ignace** (dite aussi « église de la Compagnie » car elle avait été commandée au 18e s. par les jésuites), qui recèle un remarquable ensemble de peintures flamandes ; et enfin l'**église St-François** (16e s.), bâtiment Renaissance pourvu de diverses toiles du peintre baroque José de Ribera, dit « lo Spagnoletto » ou « l'Espagnolet ».

Martos

Totalement consacrée à l'olive, Martos se profile sur l'une des collines de la campagne de Jaén, dans une immense mer d'oliviers.

Dans les ruelles tortueuses du quartier ancien de la ville, certains recoins dégagent un charme absolu. Plusieurs maisons nobles des 15e et 18e s., disséminées à travers la ville, confèrent à Martos son allure élégante et seigneuriale, tandis que les principaux commerces se sont installés aux abords de la plaza Fuente de la Villa.

La situation

22 391 habitants. Carte Michelin n° 578 S 18 – Andalousie (Jaén).
Martos est à 26 km au Sud-Ouest de Jaén, par la A 316.
Vous pouvez poursuivre votre voyage en visitant : JAÉN, BAENA (au Sud-Ouest), ALCALÁ LA REAL (au Sud) et Cordoue (CÓRDOBA, au Nord-Ouest).

UN RICHE PASSÉ

En 142 avant J.-C., la Tucci des Ibères servit de quartier d'hiver à Viriathe et ses Lusitaniens en révolte contre Rome. En 27 avant J.-C., Auguste en fit une colonie pour les légionnaires vétérans, qui devint le siège épiscopal au début du christianisme. En 1225, après la domination musulmane, elle fut reconquise par saint Ferdinand III, avant d'être cédée plus tard à l'ordre de Calatrava.

visiter

Plaza de la Constitución

Sur cette élégante place au cœur du quartier ancien se dressent l'église Ste-Marthe et l'hôtel de ville.

Santa Marta – *10h-12h. S'abstenir de visiter pendant les offices.* ☎ *953 55 02 68.*
Cette église de style gothico-mudéjar fut érigée après la conquête chrétienne. Elle fut rénovée maintes fois (16ᵉ s.) par l'architecte Francisco del Castillo. Un merveilleux **portail** isabélin ouvre sur une sobre église-halle dont les monumentaux piliers sont unis par des arcs doubleaux.

Ayuntamiento – L'intéressant bâtiment Renaissance (fin du 16ᵉ s.) qui abrite l'**hôtel de ville** est une ancienne prison. Le porche aux arcs en plein cintre de la façade principale et le balcon orné de reliefs en fer forgé méritent d'être mentionnés.

Forteresse de la Virgen de la Villa

Elle se dresse sur une abrupte colline à deux pas de la localité. L'ancien château arabe avec ses massifs remparts devait être vraiment imposant si l'on juge de la taille du donjon et de celle de la tour d'Almedine, seuls vestiges actuels.

Fuente Nueva★

Dans un parc proche des arènes, au bout d'une longue avenue commerçante, un disciple de Vignola (architecte italien du 16ᵉ s.), le sculpteur del Castillo (16ᵉ s.), a érigé cette monumentale fontaine à bossages. Dans la partie centrale, sous un arc surmonté d'un fronton, figure l'écusson de la ville.

Calle Real

Cette rue voit cohabiter des édifices d'inspiration Art nouveau et des bâtiments plus anciens, telles l'une des massives tours des anciennes fortifications et l'église des mères trinitaires, de style baroque (18ᵉ s.), qui porte les stigmates de la guerre civile.

San Francisco

L'élégant portail de style colonial est l'élément le plus ancien.

Santa María de la Villa

Il ne reste de l'église (13ᵉ s.) que les quatre étages du monumental clocher.

alentours

Torredonjimeno

7 km au Nord. Cette localité agricole aux maisons blanchies est pratiquement coupée en deux par la route principale, orientée Nord-Sud. À gauche, en arrivant de Martos, se trouve la ville moderne et sur la droite le vieux quartier historique.

Si elle est connue pour le travail des métaux - fer forgé et l'unique fonderie de cloches d'Andalousie -, la ville est également réputée pour l'*encebollado*, un ragoût de morue relevé avec force oignons, tomates, ail et épices, plat très prisé des touristes.

> **LE TRÉSOR DE TORREDONJIMENO**
> En 1931, des paysans découvrirent à deux pas du village une grande marmite de l'époque wisigothe, pleine d'objets précieux. Le trésor est réparti dans les musées archéologiques de Madrid et Barcelone.

Quartier ancien – Les principaux bâtiments sont l'**hôtel de ville** Renaissance (17ᵉ s.) qui se dresse sur l'agréable plaza de la Constitución, l'**église St-Pierre** (16ᵉ s.), monumental bâtiment Renaissance orné d'éléments mudéjars, le **château**, érigé au 13ᵉ s. sur le site d'une ancienne forteresse romaine et wisigothe, enfin, l'**église Ste-Marie** (16ᵉ s) de style gothique. Une inscription à l'entrée de l'église rappelle qu'elle fut la première consacrée à l'Immaculée Conception.

Ermita Nuestra Señora de la Consolación – Situé aux abords du village, cet ermitage Renaissance accueille nombre de pèlerins.

Medina Sidonia★

Medina Sidonia s'élève au cœur de la province de Cadix, dans une campagne fertile drainée par une voie naturelle vers la mer, à proximité du **Parc naturel de los Alcornocales**. De sa position stratégique sur une hauteur, on distingue par temps clair El Puerto de Santa María et Vejer de la Frontera. Cette ravissante localité conserve un tracé urbain de type arabe, avec ses ruelles escarpées et ses maisons chaulées. Plusieurs curiosités intéressantes la jalonnent en sus de son site archéologique romain.

La situation

10 872 habitants. Carte Michelin n° 578 W 12 – Andalousie (Cadix). Medina Sidonia est à l'Est de Cadix, son chef-lieu, par la A 390, la N 340-E 5 puis la N IV. ◼ *Plazuela de la Iglesia Mayor, 11170 Medina Sidonia,* ☎ *956 41 00 05. Vous pouvez poursuivre votre voyage en visitant : Cadix (CÁDIZ, 44 km), EL PUERTO DE SANTA MARÍA et JEREZ DE LA FRONTERA (au Nord-Ouest), ARCOS DE LA FRONTERA (au Nord) et VEJER DE LA FRONTERA (au Sud).*

> **TOUR À TOUR PHÉNICIENNE, ROMAINE, WISIGOTHE, ARABE ET CHRÉTIENNE**
>
> Son nom évoque deux temps forts de son histoire : l'époque phénicienne, tout d'abord, où la ville était connue sous le nom d'Assido, d'où dérive Sidonia, puis la période arabe (dès 712), qui lui valut celui de Medina. Importante cité romaine, elle fut au 6e s. le siège du concile d'Assido, l'un des premiers conciles wisigothiques, avant d'être reconquise définitivement au 13e s. par Alphonse X le Sage. En 1430, Jean II en fit un duché qu'il octroya à la famille Guzmán (c'est le 7e duc de Medina Sidonia, Alonso Pérez de Guzmán, qui conduisit l'« Invincible » Armada au désastre).

carnet pratique

RESTAURATION

Mesón Machín – *Plaza de la Iglesia Mayor -* ☎ *956 41 13 47 - 15,03€ - fermé lun. soir.* Tout près de l'**Office de tourisme**. Terrasse ouvrant sur la vallée. Spécialités d'omelette aux asperges et de queue de taureau.

SPÉCIALITÉS

Pâtisseries – Depuis les temps arabes, Medina Sidonia doit sa célébrité à ses délicieuses pâtisseries ; sa spécialité est l'*alfajor*, sorte de pain d'épice, à base d'amandes, d'œufs et de miel.

Convento de Jesús, María y José – Ce couvent situé dans la **ville médiévale**, derrière Sta María propose des *alfajores* et des *tortas pardas* (sortes de galettes). *9h30-12h15, 16h30-18h15.* **Convento de San Cristóbal** – *Calle Hércules, 1.* Situé dans la **ville moderne**, derrière le marché municipal. *Alfajores, amarguillos* et *tortas pardas. Vente : 10h-14h, 16h-18h.*

se promener

VILLE MÉDIÉVALE

Monter la calle Espíritu Santo jusqu'à l'arc de la Pastora.

Arco de la Pastora

Avec l'arc du Soleil et celui de Belén, c'est l'une des trois portes subsistantes de l'époque médiévale. Élevé au 10e s., il se compose d'un double arc brisé en fer à cheval, porté par deux imposantes colonnes de marbre, sans doute d'origine phénicienne.

Sta. María la Mayor, la Coronada★

Visite guidée (1/2h.) Été : 10h-14h, 18h-20h, le reste de l'année : 10h-14h, 16h-18h. Fermé 1er janv. et 25 déc. 1,65€. ☎ *956 41 24 04.*

La construction de cette église, exemple d'architecture gothique dite aristocratique, commença à la fin du 15e s. Sa tour baroque a été achevée en 1623. Elle remplaça une église antérieure élevée sur une ancienne mosquée arabe. On y accède par un patio, vestige de l'église précédente, de très nette inspiration mudéjare. Le plan intérieur en croix latine détermine trois vaisseaux voûtés en croisée d'ogives, tandis que le transept et le chœur présentent des voûtes nervurées au décor chargé. L'élément le plus remarquable est le superbe **retable plateresque★** du maître-autel, dû à Roque Boldaque, Juan Bautista Vázquez et Melchor de Turín. Avec le mystère du couronnement pour thème principal, il illustre des scènes de la vie de Jésus et de la Vierge. À gauche du maître-autel se trouve une statue de Notre-Dame de la Paix (17e s.), patronne de Medina. La chapelle de droite du transept recèle un ostensoir en argent du Mexique, de Martínez Montañés. En sortant, remarquez la porte plateresque ouvrant sur le patio.

Alcázar et vieille ville

Visite guidée (20mn). Été : tlj sf lun. 10h-14h, 17h-19h, le reste de l'année : tlj sf lun. 10h-14h, 16h-18h. 1,65€. Fermé 1ᵉʳ janv. et 25 déc. ☎ *956 41 24 04.*

Ce site accueillait autrefois la forteresse arabe, qui allait devenir en 1264 une place forte chrétienne à l'intérieur de laquelle s'édifia au Moyen Âge un quartier habité jusqu'au 16ᵉ s. puis utilisé, après son abandon, comme carrière. À son apogée, le quartier était fermé par un triple mur d'enceinte, dont il reste quelques tours, la porte d'accès en coude typiquement almohade, différentes maisons du 16ᵉ s. et un intéressant ensemble de silos à grain. L'entrée de l'enceinte était protégée par la **tour de guet de Doña Blanca**, d'où l'on a actuellement une belle vue sur la délicate crête de l'église (16ᵉ s.).

VILLE MODERNE

Franchir l'**arc de Belén** (15ᵉ s.), puis flâner dans les ruelles bordées de maisons blanches qui descendent vers la ville moderne (16ᵉ-19ᵉ s.).

Plaza de España

C'est sur cette place triangulaire, cœur de Medina, que s'élève l'**hôtel de ville**, édifice néoclassique du 18ᵉ s.

À voir aussi, le **marché** (1871), et, à côté, sur la plaza de la Cruz, l'église baroque de la Victoria (fin 17ᵉ s.).

Tout le long de la **calle de Fray Félixa**, ou calle de la Loba, des maisons blanches arborent de superbes balcons et grilles de fer forgé des 18ᵉ et 19ᵉ s. Enfin, hors les murs, l'église St-Jacques (16ᵉ s.) possède un bel *artesonado* mudéjar.

visiter

Site archéologique★

Juin-sept. : tlj sf lun. 10h-13h30, 17h30-20h ; oct.-mai : tlj sf lun. 10h-13h30, 16h30-19h. ☎ *956 41 00 05 (Office de tourisme).*

Cet extraordinaire ensemble de plus de trente mètres de galeries souterraines appartenait à un système compliqué de conduites d'eau conçu par des ingénieurs romains du 1ᵉʳ s. de notre ère. C'est en 1963 que la découverte intervint par hasard, les fouilles, quant à elles, ne commençant qu'en 1991. On y voit un système d'égouts romains, avec une galerie principale voûtée en berceau dont le sol est recouvert des dalles de terre cuite d'origine, où devaient se déverser les eaux d'autres galeries plus petites. On a également mis au jour sur le même site un ensemble de cryptoportiques (constructions romaines qui servaient à rattraper les dénivellations du terrain).

alentours

Ermita de los Santos Mártires Justo y Pastor

Sur le contournement de Medina Sidonia. 10h30-13h30, 17h-20h. ☎ *956 41 24 04.*

Fondé par l'évêque Pimenio en 630, l'**ermitage** est l'une des plus anciennes églises andalouses. Sa robuste tour médiévale est probablement d'origine romaine. À l'intérieur règnent beauté et simplicité. Certains éléments romains ont été réutilisés pour produire stèles et chapiteaux.

Château de Gigonza

14 km, au Nord de Paterna de Rivera. De ce château d'origine arabe, il ne reste que le donjon.

Alcalá de los Gazules

25 km à l'Est par la A 381. Une tache blanche gagnant le haut d'une colline, voilà tout ce que distingue le visiteur en s'approchant d'Alcalá, porte d'entrée du **Parc naturel de los Alcornocales**. Le nom du petit village rappelle celui du château arabe *(alcalá)*, qui exista jusqu'au 19ᵉ s. et dont il ne reste que quelques vestiges. Dans la partie haute de la localité, l'**église St-Georges** présente une tour baroque du 18ᵉ s. et une façade gothique, dont le tympan est orné d'un saint Georges à cheval. À côté, derrière la façade de l'ancien **hôtel de ville** (16ᵉ s.) s'abrite le **bureau d'accueil du Parc naturel** (Centro de Interpretación del Parque Natural de los Alcornocales), qui propose des itinéraires de visite du parc : nous recommandons l'**ascension du Picacho** et la « route des Moulins ». *Bureau d'accueil - Été : tlj sf lun. 10h-14h, 17h-19h ; le reste de l'année : tlj sf lun. 10h-14h, 16h-18h. Fermé 1ᵉʳ janv. et 25 déc.* ☎ *956 41 24 04.*

Benalup

20 km au Sud-Est par la A 393. Ce petit village est passé dans les annales de l'histoire depuis les tristes événements de **Casas Viejas** ancien nom de Benalup. En 1933, un groupe d'anarchistes particulièrement mécontents de l'échec de la réforme agraire se retrancha dans le village. Le gouvernement d'**Azaña** réprima durement la rébellion, ce qui fut l'une des raisons de l'ascension de la droite républicaine aux élections de 1934.

Cueva del Tajo de las Figuras – *8 km à l'Est de Benalup par la CA 212, direction Algésiras. Grottes à gauche de la route.* Ces grottes, déclarées Monument national en 1924 et datées sans doute du paléolithique supérieur, présentent un intéressant ensemble de peintures rupestres. *Tlj sf lun. et mar. 9h-15h. Fermé j. fériés.* ☎ *600 59 01 42 ou 667 62 16 29.*

Mijas ★

Localité pittoresque au bieu milieu des pins, Mijas est perchée sur l'une des nombreuses collines de la sierra du même nom, bénéficiant de fantastiques panoramas★ sur la Costa del Sol. C'est l'endroit parfait pour flâner au hasard des rues tortueuses, des recoins charmants, des maisons ornées de fleurs et des nombreuses places minuscules qui parsèment la ville.

La situation

37 490 habitants. Carte Michelin nº 578 W 16 – Andalousie (Málaga).
Mijas est proche de la N 340 qui la sépare de la Méditerranée et la relie à Málaga, 24 km au Nord-Est, ainsi qu'à Marbella, 33 km au Sud-Ouest.
Vous pouvez poursuivre votre voyage en visitant : Málaga (MÁLAGA) et la COSTA DEL SOL.

> ### LE « BURRO-TAXI »
> L'âne-taxi est le « moyen de transport » le plus utilisé par les visiteurs. Les ânes harnachés enchanteront petits et grands, malgré la lenteur des déplacements.

carnet pratique

RESTAURATION
• *À bon compte*
El Padrastro – *Paseo del Compás, 22 -* ☎ *952 48 50 00 - réservation conseillée - 19/34€.* Ce restaurant offre le meilleur point de vue de la côte, du village et des montagnes. Carte originale et terrasse très romantique le soir.

HÉBERGEMENT
• *Valeur sûre*
Hotel Mijas – *Urb. Tamisa, 2 -* ☎ *952 48 58 00 - 197 ch., 4 suites : 91/112,70€.* Hôtel confortable à la décoration andalouse. Sa grande façade blanche se fait discrète devant les pins qui l'entourent. Jolies chambres meublées d'éléments en bois. Excellent rapport qualité/prix.

visiter

Noyau ancien★

Les maisons basses qui bordent les rues lumineuses du vieux quartier sont ornées de grilles artistiques. Ce quartier de Mijas est surprenant, et une infinité de détails méritent d'être photographiés. Les commerces les plus importants de la ville et les magasins de souvenirs les plus fréquentés se sont installés dans les calles de Charcones, San Sebastián ou Málaga.

Un « taxi » officiel.

Murailles – Quelques courtines de la muraille arabe parsèment encore le centre-ville. Elles permettent de reconstituer le périmètre fortifié de la ville.

La Inmaculada Concepción – Cette église fut élevée au 16e s. sur le site d'une ancienne mosquée. Elle conserve une imposante tour mudéjare et renferme une chapelle latérale décorée de plâtres polychromes aux motifs végétaux.

San Sebastián – Cette église à nef unique fut érigée au 18e s. L'intérieur de la coupole est décoré de plâtres rococo.

Museo de Miniaturas – *Été : 10h-22h ; le reste de l'année : 10h-19h. 3€.* ☎ *952 48 59 00.*

R. Mattès/MICHELIN

Cet étrange musée des Miniatures, également appelé le « Carromato de Max » (la roulotte de Max), recèle, entre autres, la *Dernière Cène* de Léonard de Vinci peinte sur un grain de riz ainsi qu'une tête réduite par les Jivaros.

Ayuntamiento – À l'intérieur de l'hôtel de ville, un **musée** expose des collections d'instruments de labour et des objets de la vie agricole. *9h-15h.* ☎ 952 48 59 00/952 59 03 80.

Plaza de Toros – De petites dimensions, les arènes surprennent par leur forme rectangulaire. Elles abritent le **Musée taurin** (Museo taurino). *Été : 10h-22h ; le reste de l'année : 10h-17h30. 3€ (musée et arènes), 1,50€ (musée seul).* ☎ 952 48 55 48.

Santuario de la Virgen de la Peña
À l'entrée du village. 9h-21h. ☎ 952 48 50 22.

Le sanctuaire de la Vierge du Rocher fut creusé par une congrégation de frères de la Merci (16ᵉ s). Près de l'ermitage, dédié à la patronne de Mijas, une terrasse dite El Compás dispense de belles vues sur la vallée et la Méditerranée.

Minas de Riotinto★★

La vocation minière de la région de Riotinto depuis l'Antiquité ne fait aucun doute. En foulant son sol, on découvre un paysage exceptionnel aux couleurs intenses. Les forêts de chênes verts et de chênes-lièges se reflètent sur les eaux immobiles des nombreux lacs de barrage (Cobre-Gossan, Campofrío, Agua, etc.), et tranchent avec les spectaculaires montagnes creusées de cratères d'un rouge éclatant, où l'on peut observer les traces de l'exploitation humaine. La localité même, qui nous familiarise avec le monde de l'exploitation minière, se signale par le quartier anglais de Bellavista, ses nombreux centres d'artisanat et ses auberges.

La situation
5 500 habitants. Carte Michelin nº 578 S 10 – Andalousie (Huelva).
Minas de Riotinto se trouve dans la région montagneuse de la sierra de Aracena à quelques kilomètres du Parc naturel Sierra de Aracena y Picos de Aroche, et à la limite orientale de la province de Huelva. 73 km la séparent de Huelva (au Sud-Ouest par la A 461, la N 435 et la A 49) et Séville est à 85 km au Sud-Est.
Vous pouvez poursuivre votre voyage en visitant : ARACENA (35 km au Nord par la A 461 et la A 479) et le Parc naturel SIERRA DE ARACENA Y PICOS DE AROCHE (au Nord).

carnet pratique

HÉBERGEMENT
• *Valeur sûre*
Santa Bárbara – *Cerro de Los Embusteros -* ☎ 959 59 11 88 - 19 ch., 1 suite : *45,67/58 €.* Récemment construit en haut du village, cet hôtel offre des vues magnifiques sur la montagne et les mines à ciel ouvert. Grandes chambres modernes.

SPÉCIALITÉS
Goûtez donc aux *migas* (pain émietté imbibé de lait et frit), aux *gurumelos* (variété de champignons typiques de la région), aux *pestiños* (sorte de beignets) et aux divers produits à base de porc.

découvrir

PARQUE MINERO DE RIOTINTO★★
10h-15h, w.-end et j. fériés 10h-18h. 13,22€ (musée, Corta Atalaya, train touristique minier). Fermé 1ᵉʳ et 6 janv., 25 déc. ☎ 959 59 00 25.

Le **parc minier de Riotinto** est un parc à thème qui couvre le village et ses environs. Des visites guidées sont organisées dans les mines.

Museo Minero y Ferroviario★
10h30-15h, 16h-19h. 2,40€. ☎ 959 59 00 25.

Le **Musée minier et ferroviaire** existe depuis peu. Ce grand espace installé dans l'hôpital anglais retrace toute l'histoire des mines et de la métallurgie. Il recèle des locomotives du début du 20ᵉ s. ainsi que le célèbre **wagon de maharadjah★★★**, construit à Birmingham pour un voyage que la reine Victoria d'Angleterre devait effectuer en Inde. Transférée ici pour une visite du roi Alphonse XIII, cette authentique œuvre d'art, en bois sculpté et cuir repoussé, est un prodige de luxe et de somptuosité qui ne manquera pas d'éveiller l'imagination des visiteurs. Le musée comporte également un belle collection d'objets archéologiques remontant parfois à l'âge du bronze, qui vit les débuts de la métallurgie.

Au sous-sol, vous pourrez voir la reconstitution d'une **mine romaine**.

L'impressionnante Corta Atalaya.

Corta Atalaya★★★

2 km au Nord-Ouest. 10h30-15h, 16h-19h. 4,21€. ☎ 959 59 00 25.

Cette gigantesque exploitation à ciel ouvert – plus de 1 000 m de long sur 900 de large et 350 de profondeur – est spectaculaire. D'une plate-forme établie sur ses bords, des **vues**★★★ plongent dans le cratère, traversé par des veines qui semblent tracées au tire-ligne. Les terrasses mettent en évidence les différentes coupes réalisées et dévoilent en même temps une gamme chromatique parfaite sur les versants du cratère. À proximité, des installations assurent la séparation des impuretés et de l'oxyde ferrique naturel (limonite), que d'énormes camions emportent ensuite par lots de près de 200 tonnes.

Cerro Colorado★★

2,5 km au Nord-Ouest du village. C'est la deuxième exploitation de Riotinto par la taille. Sa couleur rougeâtre particulière produit, à la tombée du jour, des scintillements d'une rare beauté.

Ferrocarril Turístico-minero★★

Sur demande. 8,41€. ☎ 959 59 00 25.

L'ancienne petite gare, située en dehors de la localité de Riotinto vers Cerro Colorado, est le point de départ du train touristique minier. Deux itinéraires possibles – 10 ou 23 km – longent le fleuve sur la voie ferrée construite à la fin du 19ᵉ s. par la compagnie anglaise Río Tinto Company Limited pour transporter le minerai jusqu'à Huelva, et l'exporter ensuite en Grande-Bretagne. Ce voyage attrayant dans des wagonnets anciens réserve de belles surprises. Ainsi vous aurez l'occasion d'admirer la belle couleur rougeâtre du río Tinto, qui serpente dans des forêts touffues de chênes verts ; vous pourrez découvrir les premières gares construites dans la région ou encore traverser le pont de Salomé, qui dispense de belles vues sur le fleuve et les alentours.

Quartier de Bellavista

Comme à Huelva, l'architecture de style victorien de ce quartier du début du 20ᵉ s., construit pour loger les nombreux travailleurs installés à Riotinto, est surprenante. Il y subsiste une église presbytérienne, un club social et un cimetière où les épitaphes sont écrites en anglais.

> #### LES ANGLAIS DE RIOTINTO
> Une étrange sensation vous envahit en pénétrant dans les sites désertés de Riotinto et en découvrant les traces de la culture anglo-saxonne, si étrangère à celle des autochtones ou à la physionomie du lieu. Il faut en effet rappeler qu'au début du 20ᵉ s., devenue une nation puissante grâce à son empire colonial, l'Angleterre consacrait une part importante de ses moyens à exploiter hors de son empire des mines comme celles de Riotinto.

visiter

Nécropole de la Dehesa

3 km au Nord par la A 461. Sur demande au ☎ 959 59 00 25.

Ce grand cimetière romain était celui de Corta de Lago (2ᵉ s. de notre ère). Les tombes et les épitaphes reflètent le niveau social des défunts.

Pozo Alfredo

1 km au Nord-Ouest. Cette mine souterraine, reliée à Corta Atalaya, atteindra bientôt plus de 600 m de long. Seule une partie du chantier est accessible à la visite.

alentours

Nerva

4 km au Sud-Est par la A 478. Le village doit son nom à une dalle funéraire romaine dédiée à l'empereur Nerva. Il est situé au beau milieu d'un paysage lunaire fait de terrils s'élevant près de bassins d'eau rougeâtre et dégageant une odeur âcre, comme celle du soufre.

Zalamea la Real

12 km au Sud-Ouest. Emprunter la A 461 et, après El Campillo, la N 435. La **route**★★ sinueuse qui s'enfonce dans les contreforts montagneux offre une belle vue sur la retenue de Cobre-Gossan. Réputée pour son anis, Zalamea propose à la visite l'église N.-D.-de-l'Assomption et le dolmen d'El Pozuelo.

Valverde del Camino

45 km au Sud-Ouest. Prendre la A 461 et, après El Campillo, poursuivre sur la N 435. Cette petite localité est mondialement connue pour sa fabrication artisanale de chaussures (bottes à revers, bottes à soufflets, chaussures de danse, etc.).Vous ne quitterez donc pas Valverde del Camino sans une paire de *botos* (bottes à revers), car sinon vous risqueriez de vous exposer à l'étonnement critique des Andalous : ils estiment ces bottes à un point tel qu'ils n'hésitent pas à faire le déplacement rien que pour se les procurer.

Moguer★

La ville seigneuriale de Moguer et ses élégantes demeures gothiques et baroques, ses paisibles avenues ou ses recoins s'étirent sous un ciel étonnamment limpide, le célèbre ciel de la région de Huelva. Outre le fait de figurer au nombre des fameux « lieux colombins », cette charmante localité de marins et de paysans est surtout le berceau du poète et prix Nobel de littérature en 1956, Juan Ramón Jiménez (1881-1958), dont les vers illustrent sur des panneaux d'azulejos les endroits les plus beaux du cœur de sa ville natale. Enfin, dans un tout autre registre, la description de Moguer serait incomplète, si on ne mentionnait pas sa spécialité gastronomique, à savoir ses petits biscuits, les *pastelillos*, à base de pâte d'amande et de fruits confits.

La situation

11 000 habitants. Carte Michelin n° 446 U 9 – Andalousie (Huelva).
Moguer est perchée sur une petite colline, sur la rive gauche du Tinto, à 20 km à l'Est de Huelva par le réseau routier.
🖪 *Avenida de Andalucía, 5, 21800 Moguer, ☎ 959 37 23 77.*
Vous pouvez poursuivre votre voyage en visitant : LA RÁBIDA (10 km au Sud-Ouest), HUELVA et la côte de Huelva (COSTA de HUELVA).

découvrir

Casa-Museo « Zenobia y Juan Ramón »★

Visite guidée (3/4h) tlj sf lun. 10h15-13h15, 17h15-19h15, dim. 10h15-13h15. Fermé j. fériés. 1,80€. ☎ 959 37 21 48.
Cette élégante maison blanche de deux étages, aux balcons ornés de grilles en fer forgé typiquement andalouses, fut la demeure du poète Juan Ramón Jiménez et de son épouse Zenobia. Elle a été transformée en un musée qui expose toute une série de photos, meubles, livres et autres objets ayant un lien avec l'homme de lettres et sa femme.

> #### UN HABITANT DE MOGUER, JUAN RAMÓN JIMÉNEZ
>
> Juan Ramón Jiménez présente deux facettes : d'un côté, le poète raffiné, altier et cultivé, de l'autre, l'écrivain populaire, passionné et simple, qui avait pour compagnon un petit âne, Platero. Toute l'amertume et la colère de Juan Ramón contre les littéraires de son époque se dissipent, dès qu'il prend sa plume pour évoquer avec enthousiasme les paysans de Moguer, leurs coutumes et leur vocabulaire.

Maison natale de Juan Ramón Jiménez

Sur demande. ☎ 959 37 23 77 (Office de tourisme).
Dans la typique calle Ribera, cette ancienne demeure seigneuriale, où naquit le prix Nobel de littérature, est actuellement le siège d'importants jurys littéraires.

visiter

Monasterio de Santa Clara★

Visite guidée (50mn) tlj sf lun. 11h-13h, 17h-19h. 1,80€. ☎ *959 37 01 07.*

Ce monastère (14e s.), le plus important édifice gothique mudéjar de la province de Huelva, est intimement lié à l'histoire de la découverte de l'Amérique : c'est ici que Colomb se recueillit au petit matin du 16 mars 1493, rendant grâce à Dieu d'avoir épargné l'une de ses caravelles lors d'une forte tempête. L'intérieur, qui hébergeait jusqu'en 1955 une congrégation de religieuses, compte diverses pièces monacales ainsi que des patios dotés de galeries aux élégantes ouvertures et plantés de merveilleux orangers ou bananiers, qui ne sont pas sans évoquer les latitudes exotiques et tropicales. En face des contreforts du couvent s'ouvre la **plaza de Portocarrero**, l'une des places les plus caractéristiques de Moguer.

Église – Cet édifice tout simple, dont la nef est voûtée en croisée d'ogives, renferme le **tombeau des Portocarrero**★, seigneurs de Moguer, l'un des plus beaux ouvrages de la Renaissance andalouse, réalisé en marbre de Carrare par Giacomo, le maître de Michel-Ange. On s'intéressera également au retable principal (16e s.), à la belle statue de l'Immaculée Conception (17e s.), et au remarquable groupe de **tombes du maître-autel**★, dont celle de Beatriz de Henríquez, qui apporta son soutien financier au voyage de Christophe Colomb.

Cloître – Ce paisible cloître ceint de galeries à arcs brisés héberge sur ses côtés, entre autres, l'ancienne infirmerie, vaste salle qui recèle des vêtements sacerdotaux des 16e-18e s., et la réserve, qui abrite des objets appartenant aux évêques du diocèse, ainsi qu'une calotte du pape Jean-Paul II.

Coro et antecoro – Séparé de l'église par une grille, le *coro* possède d'exceptionnelles **stalles de style mudéjar nasride**★★ (14e s.). Chaque bras de ce bel ensemble est une reproduction des lions de l'Alhambra, réalisée grâce à une technique d'un incroyable raffinement, tandis que sur les dossiers figure le blason de chaque religieuse. À droite, notez le petit confessionnal réservé à la clôture. L'*antecoro* est couvert d'un élégant plafond à caissons mudéjar ; dans des vitrines sont exposés des ouvrages de chant grégorien du 15e s.

Calle Andalucía★

Cette voie piétonne relie la plaza del Cabildo, devant l'hôtel de ville, au bâtiment des **archives municipales** et **bibliothèque ibéro-américaine** (Archivo Histórico Municipal y Biblioteca Iberoamericana), qui renferme toute une collection de vieux documents très précieux. *11h-15h.* ☎ *959 37 27 13.*

Elle est l'un des endroits les plus charmants de Moguer, et accueille le **Théâtre Felipe Godínez**, édifice moderne, dont la belle façade est décorée d'azulejos de Séville, la chapelle de l'hôpital du Corpus Christi, le curieux **pasaje de Nuestra Señora de la Esperanza**, dont les maisons ont conservé toute la saveur du Moguer d'antan, et enfin, le couvent St-François.

San Francisco – Ce couvent du 15e s., érigé à l'initiative de Pedro Portocarrero, joua un rôle prédominant dans l'évangélisation du Nouveau Monde. On appréciera son remarquable cloître maniériste, un clocher-mur du 17e s., et dans l'église, un intéressant grand retable baroque (18e s.).

Hôtel de ville

Imposant exemple d'architecture Renaissance civile, dû à l'Italien Tomas Bottani, dominant la belle plaza del Cabildo avec ses palmiers, ses bancs de fer forgé et ses lampadaires anciens. La superbe **façade**★ à portiques, dont les deux niveaux sont coiffés d'un plafond à caissons en bois et de galeries voûtées de cinq arcs en plein cintre, présente d'élégantes colonnes doriques sur le registre inférieur et des colonnes ioniques sur le registre supérieur.

Nuestra Señora de la Granada

Cette église du 18e s. s'élève sur le site d'une ancienne église mudéjare en face de la plaisante plaza del Marqués, agrémentée de lampadaires anciens, et bordée de façades, aux fenêtres polychromes. Outre la statue de Notre-Dame de la Granada, abritée sous un baldaquin au centre du *presbiterio*, on remarquera le célèbre **clocher**★, principal emblème de Moguer et seul vestige du bâtiment primitif, qui rappelle la Giralda de Séville.

Montefrío★

Montefrío est l'un des plus beaux villages de l'Ouest de la province de Grenade, et bénéficie d'un cadre★★ impressionnant. Ses maisons blanches aux toits en tuiles claires sont délicatement perchées sur les deux collines qui le bornent, telles des îlots sur une mer d'oliviers. Comme nombre de localités dans la région, Montefrío devint une forteresse largement convoitée par les Arabes et les chrétiens. Plusieurs rois de Castille tentèrent à maintes reprises de la conquérir, en vain, jusqu'en 1486, année de sa capitulation face aux Rois catholiques.

La situation
7 030 habitants. Carte Michelin nº 578 U 17 – Andalousie (Grenade).
Dans un paysage ondulé, au pied de la sierra de la Parapanda, Montefrío est à 58,5 km au Nord-Ouest de Grenade, par la A 329, la A 92 et la A 335.
🛈 *Plaza de España, 1, 18270 Montefrío, ☎ 958 33 60 04.*
Vous pouvez poursuivre votre voyage en visitant : PRIEGO DE CÓRDOBA (au Nord-Ouest), ALCALÁ LA REAL (24 km au Nord), IZNÁJAR (à l'Ouest), LOJA (au Sud-Ouest) et Grenade (GRANADA).

se promener

Environ 2h

Plaza de España
Lieu idéal pour commencer la visite. Sur la place se trouvent l'église de l'Incarnation, impressionnante par sa taille, l'**Office de tourisme**, vivement recommandé, et l'**hôtel de ville**, qui occupe un bâtiment du 18ᵉ s.

La Encarnación
Surprenante église néoclassique, au plan circulaire, attribuée sans fondement réel à Ventura Rodríguez. De tout point de la ville, on distingue son énorme demi-dôme.
Monter à la Villa par la rue de l'Arco Gracia.

La Villa★
10h-14h, 16h-18h. ☎ 958 33 60 04 (Office de tourisme).
Cette église fut érigée au sommet de la colline sur les vestiges de la **forteresse nasride**, dont il demeure entre autres restes une citerne. **Diego de Siloé** participa à la construction de l'église, mêlant le style gothique (gros œuvre) et le style Renaissance (ornements). La nef unique est recouverte d'une élégante voûte en croisée d'ogives et s'achève par une chapelle polygonale, surmontée d'une coupole en forme de coquille.
Descendre jusqu'à la plaza de España et prendre la calle Enrique Amat jusqu'à la placeta del Pósito.

Placeta del Pósito
Le bâtiment simple de l'ancien **magasin à grain** (*pósito*), du 18ᵉ s., domine la tranquille petite place.
Monter jusqu'au Monte del Calvario, où se dresse l'église St-Antoine.

Montefrío.

San Antonio

Autrefois, l'église faisait partie de l'ancien couvent franciscain St-Antoine. Après les expropriations du 19ᵉ s., elle devint une fabrique de farine, dite « La Máquina ».

L'**église St-Antoine-de-Padoue**, de style baroque, est dotée d'une belle façade principale, en forme de triptyque. Dans une des niches du registre supérieur se cache une statue de saint Antoine.

En suivant la rue Cruz del Calvario, on bénéficie d'une des plus belles **vues**★★ sur le village.

alentours

Peña de los Gitanos★

5 km à l'Est. Prendre la route d'Illora. Dépasser Mesón Curro sur la droite, et poursuivre jusqu'à la Peña de los Gitanos. Propriété privée. Laisser la voiture à l'entrée du chemin de terre, puis continuer à pied (1/4h).

Le chemin grimpe légèrement entre les oliviers jusqu'à une bifurcation. Prendre le sentier à droite, longer une mine désaffectée et traverser la première prairie, où un dolmen se dresse sur la droite. La deuxième prairie est parsemée de massifs de chênes verts et recèle les tombes mégalithiques les mieux conservées, parfois disséminées. La plus spectaculaire se trouve tout de suite à droite, derrière un massif de chênes verts. Ce **dolmen**★ est doté d'un couloir et d'une chambre mortuaire, dont le toit est parfaitement conservé.

Moclín

33,5 km à l'Est, vers Illora. Prendre ensuite la N0 19 jusqu'à la N 432. Poursuivre sur la N 432 en direction d'Alcalá la Real jusqu'à Puerto López.

La route traverse le village d'**Illora**, dominé par l'immense église de l'Incarnation (16ᵉ s.). Puis, soudain, au détour d'un virage de cette route escarpée et sinueuse, surgit l'impressionnant **château de la Mota**★, qui domine le petit village de Moclín. Cette forteresse est dotée d'un double mur d'enceinte d'origine nasride ; on y pénètre par une porte en angle, qui dessert le magasin à grain communal (16ᵉ s.), l'église de l'Incarnation (16ᵉ s.) et, sur la hauteur, les vestiges du donjon.

Montilla

Nichée au cœur d'un paysage de doux coteaux, la ville cordouane de Montilla doit sa célébrité à son importante viniculture, qui produit les vins d'appellation d'origine Montilla-Moriles.

La ville connut un rayonnement sans précédent au 16ᵉ s., avec l'installation d'illustres personnages comme Garcilaso de la Vega (1549-1616), dit l'Inca, auteur péruvien retiré en Espagne en 1560, ou saint Jean d'Avila, écrivain mystique qui eut des démêlés avec l'Inquisition avant de mourir à Montilla en 1569. Cette période vit également la construction des principaux monuments.

La situation

22 792 habitants. Carte Michelin nᵒ 578 T 16 – Andalousie (Cordoue).
Montilla est à 48,5 km au Sud de Cordoue par la N IV-E 5, la N 331 et la A 309.
🖪 *Calle San Luís, 8 – bajo, 14550 Montilla,* ☎ *957 65 24 62.*
Vous pouvez poursuivre votre voyage en visitant : AGUILAR DE LA FRONTERA (10 km au Sud), LUCENA (26,5 km au Sud-Est), CABRA (28 km au Sud-Est), BAENA (40,5 km à l'Est) et Cordoue (CÓRDOBA).

comprendre

La cité des Fernández de Córdoba – Quelques historiens assimilent Montilla à la cité romaine de Munda, théâtre de la bataille qui opposa César et Pompée (45 avant J.-C.). Ce qui est certain c'est qu'à partir de 1375, l'histoire de la ville devint intimement liée à celle des **Fernández de Córdoba**, qui en firent leur fief à la place d'Aguilar. C'est donc là que naquit le membre le plus célèbre de cette famille, **Gonzalve de Cordoue** (1453-1515), illustre homme d'armes plus connu en

LES VINS D'APPELLATION D'ORIGINE MONTILLA-MORILES

La réputation de ces vins produits au Sud de la province de Cordoue remonte à l'Antiquité. C'est l'influence du climat continental qui leur confère leur caractère si particulier et les distingue des vins de la région de Jerez. Le cépage le plus utilisé pour leur élaboration est le Pedro Jiménez.

Ici sont produits quatre types de vins : les « finos », vins secs, dorés et légèrement amers, les « amontillados », vins ambrés, secs, au bouquet légèrement noisette, les « olorosos », vins moelleux, à la robe acajou, longs en bouche, et le Pedro Jiménez vin doux, élaboré à partir du cépage du même nom, à la robe rubis, idéal pour accompagner les desserts.

Une visite de l'une des caves de la région permettra de connaître le processus d'élaboration des vins. La cave d'Alvear (1729), l'une des plus anciennes, jouit d'une excellente réputation.

B. Kaufmann/MICHELIN

Espagne sous le nom de **Grand Capitaine**, qui participa à la prise de Grenade et joua un rôle primordial dans la conquête du royaume de Naples, d'où il évinça les troupes françaises qu'il vainquit notamment à Cérignole (1503) et au Garigliano (1504).

En 1508, le roi Ferdinand d'Aragon ordonna la destruction du château qui dominait le village, pour punir son propriétaire, Pedro Fernández de Córdoba, de sa conduite déloyale.

carnet pratique

RESTAURATION
• *Valeur sûre*
Las Camachas – *Avenida de Europa, 3 -* ☎ *957 65 00 04 - 15,90/21,30€.* L'une des tables les plus réputées de la région. Très typique, installé dans une maison de Montilla avec patio couvert ; le comptoir est orné d'azulejos et la cave déborde de tonneaux. Excellente cuisine : artichauts à la mode de Montilla, artichauts blancs aux palourdes et gambas, perdrix, *salmorejo* (gazpacho local), queue de taureau…

HÉBERGEMENT
• *À bon compte*
Bellido – *Enfermería, 57 -* ☎ *957 65 19 15 - 21 ch. : 24/42€.* On reconnaîtra aisément cet hôtel central à sa façade rose clair. Chambres correctes et assez confortables.

• *Valeur sûre*
Don Gonzalo – *Sur la N 331, en direction de Cordoue -* ☎ *957 65 06 58 - 30 ch., 1 suite : 37,30/59,10€.* Hôtel moderne doté de chambres correctes. Bar et restaurant. Jardin et piscine à l'arrière.

SPÉCIALITÉS
La pâtisserie Manuel Aguilar *(calle Corredera, 25)* qui a plus de cent ans propose toutes sortes de spécialités locales : *alfajores* au miel et aux amandes, *roscos de Pedro Ximénez* ou gâteaux aux cheveux d'ange.

visiter

Suivre les indications « centro ciudad », puis se garer sur les parkings signalés.

Santiago
Calle Iglesia. Construite au 16ᵉ s. en récupérant des matériaux provenant du château, l'**église St-Jacques** fut largement remaniée au 18ᵉ s., notamment à l'extérieur. On remarque surtout l'élégante tour de brique aux baies encadrées d'azulejos bleus et le dôme recouvert de céramique vernissée.

Prenez le temps de flâner dans les ruelles abruptes bordées de maisons chaulées, d'où l'on a de belles perspectives sur le clocher de l'église. Au nº 2 de la calle Miguel Molina, le **Musée historique** (Museo histórico) expose des pièces allant de la Préhistoire aux Temps modernes. *Dim. et j. fériés 10h30-13h30 ; les autres jours de la semaine (sf sam.) sur demande préalable. Gratuit.* ☎ *957 65 24 62/957 65 59 81.*

San Francisco Solano

Calle San Francisco Solano. L'**église St-François-Solano** (17ᵉ-18ᵉ s.) a été bâtie sur le site même de la maison natale du saint, évangélisateur du Pérou. Sa singulière **façade**★, qui n'évoque en rien un édifice religieux, est précédée d'un atrium servant de porche, à arcades en plein cintre soutenues par des colonnes doriques. Une statue du saint, patron de la localité, domine l'entrée. La pierre dorée embellit l'édifice qui se distingue par sa symétrie et son indéniable élégance. Une tour fut adossée à l'église en 1910. Le clocher et sa flèche sont entièrement recouverts d'azulejos. Voir à l'intérieur le grand retable.

Hôtel de ville

Calle Corredera. Il fut édifié sur l'emplacement du couvent-hôpital St-Jean-de-Dieu, dont il ne reste que l'église (18ᵉ s.) au sobre portail, utilisée de nos jours comme salle d'expositions. Le patio central est orné d'arcades en plein cintre reposant sur des colonnes doriques.

Convento de Santa Clara

C'est Pedro Fernández de Córdoba, 1ᵉʳ marquis de Priego, qui confia la construction du **couvent Ste-Claire** à l'architecte Hernán Ruiz l'Aîné. Achevé en 1524, il fut néanmoins agrandi à plusieurs reprises jusqu'à atteindre ses dimensions définitives au 18ᵉ s.

La façade de l'**église** s'ouvre par un beau **portail**★ de style gothique flamboyant. Au-dessus de la porte, entre deux cercles ornés de croix pattées, le blason des marquis de Priego vient embrasser la niche abritant la statue de sainte Claire. Voir le bel *artesonado* couvrant la nef et le grand retable.

En sortant du couvent, passer sous un arc pour gagner un terrain plat, dit llano de Palacio. C'est là que se trouve le **palais des ducs de Medinaceli**, contemporain du couvent, que les marquis de Priego (devenus ducs de Medinaceli) firent construire après la destruction de leur château.

Convento de Santa Ana

Du **couvent Ste-Anne** fondé au 16ᵉ s., il ne reste que l'église du 17ᵉ s. et son simple portail. À l'intérieur, une Vierge du sculpteur Pedro Roldán règne sur le grand retable. Difficile, en revanche, d'apercevoir le joli clocher recouvert d'azulejos, occulté par les bâtiments du nouveau couvent et les maisons environnantes.

Casa-Museo del Inca Garcilaso

10h-14h, 17h-20h, w.-end et j. fériés 11h-14h. Fermé juil.-août ap.-midi. Gratuit. ☎ *957 65 24 62.*

Garcilaso de la Vega, que les Espagnols appellent l'Inca parce qu'il était le fils d'un conquistador et d'une princesse inca, résida dans cette maison de 1561 à 1591 et y rédigea quelques-uns de ses principaux ouvrages, tels *Histoire de la Floride, ou relation de ce qui s'est passé au voyage de Ferdinand de Soto pour la conquête de ce pays* et le *Commentaire royal*.

À l'intérieur de ce bel exemple d'architecture civile de l'époque, où la sobriété et la pierre dorée dominent, on verra des meubles d'époque et des copies.

Le centre-ville présente d'autres monuments d'intérêt comme **La Tercia** sur la plaza de la Rosa, le **théâtre Garnelo** (1921), le **collège des Assomptionnistes** (ancienne demeure des comtes de la Cortina) et l'**église St-Augustin**.

alentours

Espejo

13,5 km au Nord-Est par la A 309. Dans un beau paysage vallonné planté d'oliviers, Espejo s'étage sur une colline couronnée par son imposant château. Charmant village aux maisons blanches bordant des ruelles escarpées, parfois coupées d'escaliers, seul moyen de maîtriser un terrain accidenté...

Se garer paseo de Andalucía et grimper jusqu'au château.

Château – *Propriété privée, ne se visite pas.* Construite sur une hauteur offrant de superbes **vues**★ sur la campagne, cette solide construction du 15ᵉ s. au centre de laquelle s'élève un majestueux donjon appartient aux ducs d'Osuna.

Non loin, l'**église paroissiale St-Barthélemy**, de style gothique mais très remaniée à l'intérieur, recèle des toiles de Pedro Romaña (retable de saint André) et des pièces d'orfèvrerie dont une custode du 18ᵉ s.

Montemayor

14 km au Nord-Ouest par la N 331. Sur une petite colline, les maisons de Montemayor se regroupent autour du **château** mudéjar du 14ᵉ s. très bien conservé (beau donjon) qui domine l'ensemble.

La Asunción – L'**église de l'Assomption** (16ᵉ-17ᵉ s.) trône sur une place piétonne, la **plaza de la Constitución**, qui accueille également l'hôtel de ville. Remarquez son clocher Renaissance et les vestiges d'un moulin romain incorporés dans un mur.

L'intérieur, à trois vaisseaux, présente une abside triple richement décorée et trois coupoles baroques. Un grand retable Renaissance sculpté (17e s.) domine le *presbiterio ;* de chaque côté, des chapelles baroques étalent une profusion de décors de plâtre. La chapelle du Rosaire expose des pièces d'orfèvrerie en or et en argent, ainsi qu'un devant d'autel sculpté du 18e s.

Sous l'église, à l'emplacement qu'occupaient un ossuaire et une citerne, le **Museo de Ulía** *(possibilité de visite uniquement lorsque l'église est ouverte)* expose divers objets (5e s. avant J.-C.-15e s.).

Les abords de la place constituent un bel exemple d'architecture populaire, où la simplicité des maisons blanches est toujours rehaussée par l'élégance du portail d'une demeure noble ou par des recoins pittoresques.

Fernán Núñez

18 km au Nord-Ouest par la N 331. La localité fut fondée, vers le milieu du 13e s., sur le site même de l'ancienne Ulia romaine par le premier membre connu d'une famille de l'aristocratie locale qui lui donna son propre nom. Le centre historique propose deux édifices intéressants, le palais ducal et l'église Ste-Marine-des-Eaux-Saintes.

Palais ducal – Ce surprenant ensemble entoure une place du 18e s. Son crépi rouge vermillon et le blanc des chambranles et des corniches atténuent la sobriété décorative, rompue par les seuls motifs héraldiques.

Santa Marina de Aguas Santas – À l'intérieur de l'église (18e s.), on remarquera un décor baroque de fresques et de plâtres sur les voûtes et les coupoles.

La Rambla

16 km à l'Ouest par la N 331, puis la A 386 à gauche. Ce village typique de la campagne cordouane, de tradition potière, eut pour collecteur d'impôts et commissaire aux vivres (c'est-à-dire chargé de la surveillance des entrepôts royaux) Miguel de Cervantes. Quelques monuments méritent d'être mentionnés.

La Asunción – L'**église paroissiale de l'Assomption** date de la Reconquête bien qu'elle fut presque totalement reconstruite au 18e s. On doit à Hernán Ruiz Ier son beau **portail plateresque**★ délicatement ouvragé. Dans la chapelle baroque du Sacré-Cœur *(à gauche de la capilla mayor)*, retable de stuc et coupole recouverte d'ouvrages de plâtre. Quelques statues sont attribuées à Martínez Montañés : *Saint Joseph à l'Enfant, Sainte Anne et la Vierge, Saint Jean-Baptiste* et *sainte Rose.*

Dans la même rue, calle Iglesia, on voit une massive tour carrée, vestige de la **forteresse**.

Clocher de l'ancien couvent de la Consolation – Cette belle tour baroque en brique affiche une ornementation chargée, surtout sur sa face Ouest, principalement autour des baies.

Colegio del Espíritu Santo – Son église recèle la superbe statue de bois de **Jésus de Nazareth**★ portant sa croix, par Juan de Mesa, dont les habitants du village sont si fiers. Remarquez l'expression contenue du visage du Christ.

Santaella

32 km à l'Ouest par la N 331, puis la A 386 à gauche. De la route, jolie vue du petit village dominé par l'imposante église de l'Assomption.

Sur la Plaza Mayor, à droite de l'hôtel de ville, on voit les vestiges de l'ancienne forteresse arabe.

Plusieurs demeures seigneuriales méritent d'être mentionnées, comme la Maison des Colonnes (18e s.), en cours de restructuration pour offrir plus d'espace au **musée d'Archéologie** (Museo de arqueología), installé dans l'ancien entrepôt à grain. Outre une section d'ethnologie, le musée possède une belle collection d'archéologie : on s'attardera en particulier sur la *Lione de Santaella*, des ex-voto ibères, un lion ibéro-romain, de la céramique romaine et une collection de monogrammes wisigothiques. *Été : sam. 18h30-21h, dim. et j. fériés 11h-13h ; le reste de l'année : sam. 17h-19h30, dim. et j. fériés 11h-13h.* ☎ *957 31 32 44.*

Monter la rampe juste devant le château.

La vue embrasse toute la campagne et on arrive à l'église.

La Asunción – On est d'emblée surpris par les proportions de l'**église de l'Assomption** (16e-17e s.) et on appréciera mieux la monumentalité de l'édifice en le contournant. La façade **baroque** est précédée d'un mur qui protège la porte du vent, empêchant le visiteur d'avoir une vue de face du portail. À gauche, la **tour Renaissance** présente des décors héraldiques. Le mur latéral gauche conserve un décor original sous un arc aveugle. À voir à l'intérieur, le plafond mudéjar de la chapelle des Âmes, un retable et la chaire.

Non loin du village, le sanctuaire baroque de **N.-D.-de-la-Vallée** (18e s.) abrite la statue de la sainte patronne de Santaella.

Montoro★

C'est au détour de la route que surgit soudain Montoro : lovée dans un méandre du Guadalquivir qu'enjambe un svelte pont du 15ᵉ s., elle s'élève sur la terre rougeâtre de la colline qui s'harmonise merveilleusement avec les tons blancs et ocre de ses maisons. De la ligne ondulée des toits, qui descendent vers le fleuve, s'élance la tour baroque de l'église St-Barthélemy.

La situation

9 489 habitants. Carte Michelin nᵒ 578 R 16 – Andalousie (Cordoue).
Située à l'extrémité orientale de la province de Cordoue, Montoro est à 44 km à l'Est de Cordoue par la N IV-E 5 qui longe le Guadalquivir.
🅱 *Plaza de España, 8, 14600 Montoro,* ☎ *957 16 00 89.*
Vous pouvez poursuivre votre voyage en visitant : ANDÚJAR (34 km à l'Est) et Cordoue (CÓRDOBA).

se promener

Il est préférable de laisser la voiture à l'entrée de la ville, car il est très difficile d'y circuler et d'y stationner.

Plaza de España★

Au cœur du centre historique, sur cette charmante place se dressent trois intéressants édifices en pierre rouge, matériau typique de la région qui confère une réelle harmonie à l'ensemble.

San Bartolomé – *11h-14h.* ☎ *957 16 00 89.*
La belle église St-Barthélemy (15ᵉ s.), dont l'imposant clocher baroque jouxte le chevet, domine la place. Un élégant **portail**★ gothico-mudéjar, finement ouvragé, orne la façade. Sur le registre supérieur, un *alfiz* souligne l'arc et une statue de la Vierge à l'Enfant. À gauche de la porte, une pierre portant une inscription wisigothique est enchâssée dans le mur. Deux blasons apparaissent sur le portail et un autre orne la fenêtre baroque sur la droite de la façade. L'intérieur, à trois vaisseaux, présente un intéressant plafond *artesonado* tandis que, sur la gauche, une chapelle latérale recèle une délicate Vierge du Rosaire, de fine facture.
Jouxtant l'église, statue décapitée de l'archange Raphaël.

Hôtel de ville – À gauche de l'église, cet édifice Renaissance présente une élégante façade à deux étages, dominée par le blason de la maison ducale d'Albe et Montoro. L'intérieur est doté de beaux artesonados mudéjars. Entre la façade et l'arc voûté de gauche, une pierre rappelle que c'est le roi Philippe III qui fit construire l'ancienne prison, adossée à l'hôtel de ville.

Demeure seigneuriale – *À droite de l'église.* Cette maison noble, qui présente quatre blasons au deuxième niveau, devait être un tribunal à l'époque. Chacune des portes est surmontée d'un visage d'homme ou de femme pour indiquer l'entrée réservée aux accusés masculins ou féminins.

Montoro, lovée dans un méandre du Guadalquivir.

En flânant autour de la place, vous découvrirez des recoins pittoresques, des ruelles pavées, ainsi que de beaux exemples d'architecture populaire. Les portes des maisons blanches, parfois blasonnées, sont encadrées de pierre rouge du pays, et tout l'ensemble se découpe harmonieusement sur le ciel limpide de la région. Attention à l'indication **Casa de las Conchas**, en aucun cas il ne s'agit d'une maison comme celle de Salamanque ; c'est tout simplement une étonnante construction des années 1960, totalement recouverte de coquillages *(conchas)*.

ARTISANAT

On trouve encore dans la calle Corredera quelques ateliers d'artisans, comme celui des fils de Manuel Mohedo, au n° 39, spécialisé dans la sellerie.

Par la calle Bartolomé Camacho, juste à côté de l'église, on parvient à l'**ermitage Ste-Marie** (13e s.), qui héberge le **Musée archéologique** (Museo arqueológico). *W.-end et j. fériés 11h-13h ; en semaine sur demande.* ☎ *957 16 00 89.*
De retour sur la place, la vue sur le clocher est impressionnante.

visiter

Iglesia del Carmen
Calle El Santo. Une statue de saint Jean de la Croix domine la façade de l'église du Carmel, en pierre rouge locale. À l'intérieur, la *capilla mayor* accueille un **retable** baroque du 18e s. avec, au centre, une Vierge à l'Enfant sur un trône.

Hospital de Jesús Nazareno
Cet hôpital des 17e et 18e s., transformé de nos jours en maison de retraite, a subi de nombreux remaniements. Les décors aux tons or et bleu de la coupole de l'église dégagent une étonnante luminosité.

alentours

Adamuz
24 km à l'Ouest. Prendre la voie rapide E 5 vers Cordoue et sortir à l'échangeur n° 367 vers Adamuz. Au beau milieu d'une végétation exubérante, la route longe le large cours du Guadalquivir qu'elle franchit au barrage d'El Salto, puis continue sur l'autre rive. Après avoir quitté le fleuve, elle grimpe en sinuant jusqu'à Adamuz, qui surgit dans une forêt d'oliviers.
Les rues blanches sont dominées par l'**église St-André**, de style gothique, construite en pierre rouge du pays (fin 14e-début 15e s.) ; la sobriété de l'édifice attire l'œil, et seul le jeu des volumes architecturaux compense l'absence d'ornements. Le bâtiment civil le plus important du village, la **tour de l'Horloge**, construite à l'initiative du marquis de El Carpio en 1566, a été nettement remanié depuis.

El Carpio
19 km au Sud-Ouest par la E 5 ; sortir à l'échangeur n° 374. Les maisons s'échelonnent sur une colline dominée par la **tour mudéjare de Garci Méndez** (14e s.). Depuis la plaza de la Constitución, fleurie et plantée d'orangers, où s'élève l'église paroissiale (17e s.), on aperçoit nettement l'imposante silhouette de la grosse tour carrée de brique.

Parc naturel de la sierra de Cardeña y Montoro
15 km au Nord par la N 420. Le parc couvre les versants Sud de la sierra Morena. Plus on progresse vers l'Ouest, et plus le paysage devient accidenté, coupé par de nombreux ravins. Le chêne vert domine et côtoie l'arbousier, le chêne pubescent et certaines zones repeuplées de pins. C'est le pays du loup, de la loutre, du lynx, du sanglier, de la genette, du cerf et de bien d'autres espèces animales ; divers sentiers de randonnée sillonnent le parc.

Bujalance
14 km au Sud par la A 309. Ce joli village est entouré d'oliviers, et tout le charme de l'architecture andalouse se retrouve dans ses nombreuses maisons nobles, bâties au 17e s. pour la plupart.
Suivre les indications « Centro Ciudad » et se garer à côté de la Plaza Mayor.

Plaza Mayor – C'est sur cette place rectangulaire, inclinée et festonnée d'orangers que se détache le clocher de l'église de l'Assomption. La partie haute de la place est close par l'**hôtel de ville** (18e s.), aux ornements héraldiques, à proximité d'un arc en plein cintre qui l'unit à l'église.

La Asunción – *On accède à l'église par la sacristie (première maison à gauche en quittant la Plaza Mayor par l'arc).* Élevée sur le site d'une première église, l'**église de l'Assomption** date du 16e s. Son plan à trois vaisseaux sans transept, avec triple abside plane, s'inspire de celui de la plupart des églises cordouanes de la même époque. Les collatéraux sont couverts d'un plafond de bois, la nef principale d'une voûte (18ᵉ s.), la *capilla mayor* de voûtes gothiques en croisée d'ogives et les chapelles orientées de voûtes à tiercerons.

L'église renferme deux œuvres d'art particulièrement intéressantes : le retable Renaissance sculpté et peint du *presbiterio* (16ᵉ s.) et le retable baroque de la chapelle orientée de droite.

À l'extérieur s'élève une belle **tour** baroque (18ᵉ s.), la plus haute de la province (55 m).

Forteresse – *L'entrée s'effectue à gauche de l'église.* De grosses tours et des pans de muraille en ruine sont les seuls vestiges de son enceinte extérieure. Érigée sous le règne d'Abd er-Rahman III, elle fut remaniée après la Reconquête. Les sept tours figurent sur le blason de la localité.

San Francisco – *Quitter la Plaza Mayor puis descendre la calle E. Sotomayor jusqu'à la calle Ancha de Palomino.* L'église est de construction récente, à l'exception du portail. L'ancienne église, véritable joyau du baroque cordouan, fut détruite pendant la guerre civile ; seule son élégante tour baroque fut épargnée.

Ermita de Jesús – *Situé aux abords du village. Descendre la calle San Antonio, à gauche de l'église St-François.* L'ermitage de Jésus est situé dans le parc du même nom, tout en haut d'un promontoire d'où l'on voit les oliveraies à perte de vue. L'édifice illustre parfaitement le style architectural du 18ᵉ s., bien que sa fondation soit antérieure. Le portail baroque est orné de colonnes diminuées et d'une abondante décoration ouvragée.

Osuna★★

Cette élégante ville andalouse possède, sur la colline qui la domine, un bel ensemble monumental★ que lui a légué son passé de ville ducale. Le duché, l'un des plus puissants de la péninsule ibérique, fut octroyé en 1562. Les beaux bâtiments civils et religieux du centre-ville témoignent de l'essor que connut Osuna dans les siècles qui suivirent.

La situation

17 306 habitants. Carte Michelin nº 578 U 14 – Andalousie (Séville).
Osuna se trouve dans un paysage de plaines au Sud de la dépression du Guadalquivir, à côté de l'autoroute A 92, qui relie Grenade (160 km à l'Est) à Séville.
🛈 *Calle Sevilla, 22, 41013 Osuna, ☎ 954 81 22 11.*
Vous pouvez poursuivre votre voyage en visitant : MARCHENA (34 km au Nord-Ouest), ÉCIJA (34 km au Nord), ESTEPA (24 km à l'Est), ANTEQUERA (67 km au Sud-Est), Cordoue (CÓRDOBA, 85 km au Nord-Est) et Séville (SEVILLA, 92 km à l'Ouest).

UNE VILLE HISTORIQUE

La passionnante histoire de cette ville de la campagne sévillane remonte très loin puisqu'on va même jusqu'à l'identifier à la cité ibère d'Urso ; conquise plus tard par César, elle connut la domination musulmane, avant d'être reconquise définitivement par saint Ferdinand III en 1239, puis cédée par Alphonse X le Sage en 1264 à l'ordre de Calatrava. Néanmoins, son apogée demeure liée à la maison d'Osuna, dont elle dépendit dès 1562, quand le roi Philippe II octroya le titre de duc d'Osuna au 5ᵉ comte d'Ureña. Ce titre favorisa sans conteste l'embellissement d'Osuna ainsi que son développement artistique et culturel.

carnet pratique

HÉBERGEMENT-RESTAURATION
• À bon compte
El Caballo Blanco – *Granada, 1 -* ☎ *954 81 01 84 - 13 ch. : 27,05/42,05€.* En plein cœur de la ville, motel aux chambres de plain-pied, propres et agréables. Bon rapport qualité/prix.

• Valeur sûre
Palacio del Marqués de la Gomera – *San Pedro, 20 -* ☎ *954 81 22 23 - 18 ch., 2 suites : 90,15/120€.* Ce petit joyau architectural du 18ᵉ s., ancienne propriété des marquis de la Gomera, héberge des chambres tenues.
Son **restaurant**, **La Casa del Marqués** *(14,11/26,59€)*, desservi par l'élégant patio, vous proposera ses recettes élaborées avec le plus grand soin.

se promener

CENTRE MONUMENTAL★

Suivre les indications Centro Ciudad et Zona Monumental.

Colegiata★

Visite guidée (3/4h) mai-sept. : tlj sf lun. 10h-13h30, 16h-19h (juil.-août : 10h-14h), le reste de l'année : tlj sf lun. 10h-13h30, 15h30-18h30. Fermé 1ᵉʳ et 6 janv. (ap.-midi), Jeu. et Ven. saints, 24 (ap.-midi), 25 et 31 (ap.-midi) déc. 1,80€. ☎ 954 81 04 44.

Au sommet de la colline, l'imposante masse de pierre de la collégiale Renaissance (16ᵉ s.) domine la ville. Beau portail platéresque au décor raffiné.

Intérieur – *On l'utilise pour des événements culturels.* L'**église** présente trois vaisseaux sur lesquels s'ouvrent des chapelles et une abside baroque, dont l'intéressant retable du même style arbore les armoiries ducales d'Osuna. Orgue du 18ᵉ s.

Les murs sont ornés de véritables chefs-d'œuvre : *Jésus le Nazaréen* du « divin » Morales, un *Christ de Miséricorde* de Juan de Mesa, la merveilleuse toile « ténébriste », **Le Calvaire★★**, réalisée par José de Ribera, dit l'Espagnolet, et un singulier petit orgue (16ᵉ s.), qui était porté en procession.

La **sacristie** est couverte d'un original *artesonado* agrémenté d'azulejos du 16ᵉ s. Elle conserve des livres de chant grégorien (16ᵉ s.), ainsi que quatre **peintures de Ribera★★** : *Saint Jérôme, Les Larmes de saint Pierre, Le Martyre de saint Barthélemy* et *Le Martyre de saint Sébastien,* datés de 1616-1618.

D'autres salles exposent une *Immaculée* d'Alonso Cano, une croix processionnelle en argent (1534), des peintures flamandes, des vêtements sacerdotaux de l'époque de la fondation de la collégiale, des pièces d'orfèvrerie, etc.

Panteón Ducal★★ – C'est en 1545 que fut érigé le panthéon des ducs d'Osuna, dans le style platéresque. Il est précédé d'un charmant patio du même style. Située juste au-dessous du maître-autel de la collégiale, la chapelle, malgré ses dimensions réduites (8 m de long sur 4,5 m de large et 2,5 m de haut), compte trois vaisseaux et un *coro.* Ses voûtes à caissons polychromes, dans les tons bleu et or, sont noircies par la fumée des cierges. Le retable, peint par Roque Balduque, représente l'Enterrement du Christ.

Dans la **crypte**, sous la chapelle, se trouvent les tombeaux des principaux ducs d'Osuna et des fondateurs de la collégiale (parents du premier duc).

Ancienne université

C'est à Juan Téllez, comte d'Ureña et père du premier duc d'Osuna, que l'on doit la fondation en 1548 de cette université, active jusqu'en 1824. Ce grand édifice carré en pierre présente aux angles des tours circulaires couronnées de chapiteaux, aux azulejos bleus et blancs. Beau patio intérieur.

Monasterio de la Encarnación★

Été : tlj sf lun. 10h-13h30, 16h30-19h30 ; le reste de l'année : tlj sf lun. 10h-13h30, 15h30-18h30. 2€. ☎ 954 81 11 21.

Ce couvent de religieuses de l'ordre de la Merci fut fondé au 17ᵉ s. par l'épouse du 4ᵉ duc d'Osuna. Le patio est orné d'un magnifique **soubassement★** d'azulejos de Séville (18ᵉ s.), sur le thème des cinq sens, que l'on retrouve dans l'escalier et à l'étage supérieur du patio. Le couvent recèle nombre de peintures, sculptures et objets d'art, dont une collection d'Enfants Jésus, diverses pièces d'orfèvrerie et un retable baroque du 18ᵉ s. Église également baroque.

Dans un tout autre registre, les religieuses proposent des pâtisseries variées.

Torre del Agua

En descendant vers la Plaza Mayor. Cette tour défensive médiévale (12ᵉ-13ᵉ s.), d'origine carthaginoise, héberge un petit **Musée archéologique** (Museo Arqueológico), qui expose des œuvres et objets ibères et romains découverts à Osuna, ainsi que des reproductions des taureaux ibères et des bronzes romains d'Osuna dont les originaux sont conservés au Musée archéologique national de Madrid. *Été : 10h-13h30, 17h-19h (juil.-août : 10h-14h) ; le reste de l'année : 11h-13h30, 15h30-18h30. 1,60€. ☎ 954 81 12 07.*

LA VILLE

Dans le centre historique, l'architecture civile est à l'honneur avec un véritable déploiement de beaux **palais** et **demeures seigneuriales★★** baroques.

Calle San Pedro★

Outre les maisons nobles et une église qui méritent d'être mentionnées, la calle San Pedro compte deux superbes palais :

Cilla del Cabildo – Original édifice baroque (18ᵉ s.), l'**ancien chapitre** est une œuvre d'Alonso Ruiz Florindo, à qui l'on doit aussi le clocher de l'église de la Merci *(voir plus loin).* Les deux constructions présentent de singuliers pilastres au décor compartimenté. La porte est couronnée d'une étrange copie de la Giralda.

Palacio de los Marqueses de la Gomera – Le palais des marquis de la Gomera, baroque, date du 18e s. ; remarquez son intéressante corniche, animée par des volutes et des vagues, ainsi que son beau portail en pierre couronné d'un grand blason. Il héberge un hôtel-restaurant *(voir carnet pratique)*.

Antiguo Palacio de Puente Hermoso
Calle Sevilla, 44. Beau **portail**★ baroque (18e s.), dont les colonnes torses du registre inférieur sont ornées de feuilles de vigne et de grappes de raisin.
Dans la même rue se trouvent d'autres édifices civils ou religieux intéressants.

Palacio de los Cepeda
Calle de la Huerta. Cette belle construction du 18e s. est actuellement le siège du tribunal ; beau portail orné d'une corniche tout en mouvement,

L'ancien chapitre.

qui couronne l'édifice. Notez les colonnes tronconiques inversées du portail et, surtout, le grand blason flanqué de deux hallebardiers.

Antigua Audiencia
Carrera Caballos, 82. Sobre édifice de l'époque de Charles III.

Clocher de l'église de la Merci★
Belle tour baroque construite par le même architecte que l'ancien chapitre, avec lequel elle présente de nombreux éléments décoratifs communs.
Enfin, Osuna séduira par ses nombreux couvents et églises (St-Dominique, la Compañía, la Concepción...), essentiellement des 17e et 18e s.

Palma del Río

Au cœur de la campagne cordouane, la paisible ville de Palma del Río, qui a conservé une bonne partie de sa muraille arabe, s'étend près de la confluence des ríos Guadalquivir et Genil. En arrivant de Cordoue par la A 431, on bénéficie d'un agréable panorama avec, sur la droite, perché sur sa colline et resplendissant sous le soleil, l'ermitage de la Vierge de Belén, patronne du lieu. Puis, une route à gauche indique la direction de Palma del Río ; on franchit alors un long pont de fer et de béton (19e s.) sur le Guadalquivir.

La situation
18 948 habitants. Carte Michelin n° 578 S 14 – Andalousie (Cordoue).
À l'extrémité occidentale de la province de Cordoue, Palma del Río est reliée à Cordoue par la A 453 puis la A 431, 58 km à l'Est.
🛈 *Plaza de Judá Levi, 14700 Palma del Río,* ☎ *957 20 05 22 ;*
🛈 *Calle Cardenal Portocarrero, 14700 Palma del Río,* ☎ *957 54 43 70.*
Vous pouvez poursuivre votre voyage en visitant : ÉCIJA (29 km au Sud-Est par la A 433), Cordoue (CÓRDOBA) et CARMONA (52 km au Sud-Ouest).

> **... OU TU PORTERAS MON DEUIL.**
> C'est à Palma del Río que naquit en 1936 un certain Manuel Benítez Pérez, qui, sous le nom d'**El Cordobés**, allait être entre 1964 et 1971 l'un des toreros les plus adulés et les plus discutés de l'histoire de la corrida. Belle revanche sur le destin, le paria qui dans sa jeunesse vivait de rapines et fut plus d'une fois interpellé par la garde civile, s'est vu décerner en novembre 2002 par la municipalité de Cordoue, en présence de toutes les sommités de la province, le titre honorifique de « Calife du toreo »...

carnet pratique

visiter

Suivre l'indication « Centro Ciudad » et se garer près de la plaza de Andalucía.

Plaza de Andalucía

Sur la grand-place de Palma del Río se trouvent l'hôtel de ville, la poste et le tribunal. On remarquera la **puerta del Sol** et le **balcon Renaissance** du 16ᵉ s. (qui faisait partie du palais des Portacarrero, sur la droite après l'arc), donnant sur le clocher de l'église de l'Ascension.

Les murailles★

Élevées au 12ᵉ s., elles faisaient partie de la longue enceinte almohade qui protégeait la ville. Il en reste encore une bonne partie, notamment les pans les plus solides, des tours carrées et une grosse tour octogonale.

Museo Municipal

De mi-juin à mi-sept. : tlj sf lun. 10h-14h, dim. et j. fériés 11h-14h ; de mi-sept. à mi-juin : tlj sf lun. 17h-20h, dim. et j. fériés 11h-14h. Gratuit. ☎ *957 64 43 70.*

Installé dans les anciennes écuries royales, le Musée municipal se divise en trois sections : archéologie, ethnologie et beaux-arts.

La Asunción

Tlj sf jeu. 11h-13h. ☎ *957 64 56 76 (Office culturel).*

L'église date du 18ᵉ s. Remarquez surtout la belle **tour**★, qui rappelle très nettement les constructions d'Ecija, et s'élève au centre de la façade, au-dessus du portail baroque de brique rouge. La décoration chargée des corps de clocher (colonnes diminuées, grecques et torses) est rehaussée par des azulejos dans les tons bleutés.

L'**intérieur**★, où l'harmonie domine, se compose d'une vaste nef et d'un transept couvert d'une coupole centrale dont les écoinçons sont ornés de plâtres aux formes végétales. La nef est jalonnée de pilastres imposants qui soutiennent une corniche elle-même décorée de plâtres. L'alternance de grilles aux balcons confèrent du dynamisme à l'ensemble. Les chapelles latérales, qui donnaient sur la nef, ont disparu car on a abattu les murs qui les séparaient les unes des autres, créant ainsi deux étroits collatéraux. Remarquez le retable baroque.

San Francisco

Fondé au 16ᵉ s., le couvent a subi des modifications aux 17ᵉ et 18ᵉ s. À l'extérieur, les dômes des chapelles latérales et du transept apportent du volume à l'ensemble. L'hôtellerie jouxte l'église.

À voir aussi à Palma la **chapelle baroque de la Vierge du Rosaire** (18ᵉ s.) dans l'église St-Dominique et l'**hôpital San Sebastián** (maison de retraite), avec un beau patio et une église dotée d'une façade d'influence mudéjare. À l'intérieur, curieux retable de la Vierge des Douleurs et le beau soubassement d'azulejos et plafond à caissons mudéjar de l'une des chapelles.

alentours

Jardins de Moratalla

11 km à l'Est par la A 431. Les amateurs de jardins peuvent visiter ceux de cette propriété privée, qui ont été dessinés en 1918 par J. N. Forestier, créateur également des jardins du parc María Luisa de Séville.

Hornachuelos

18 km au Nord-Est. Emprunter la A 431, sur 10 km, puis prendre à gauche la CO 141. Ce petit village blanc, situé dans la sierra du même nom, a conservé quelques vestiges du château et la muraille de l'époque califale. Différents belvédères, dont l'un sur la plaza de la Iglesia, dispensent de belles vues sur la montagne. Goûtez absolument aux spécialités gastronomiques de la région, à base de viande de cerf ou de sanglier.

La calle Palmera, qui doit son nom à un palmier dessiné sur son revêtement, mène à l'**église Ste-Marie-des-Fleurs** (16e s.), qui présente un beau **portail** de style gothique tardif attribué à Hernán Ruiz I, ainsi qu'une tour du 18e s.

Près de Hornachuelos *(à l'Est)*, sur le site karstique de **Las Erillas**, l'action de l'eau a donné naissance à d'étranges formations, telles les « maisons suspendues ».

Parc naturel de la sierra de Hornachuelos

Ce parc de 67 000 ha s'étend à l'Ouest de la province de Cordoue. Malgré sa faible altitude – son point culminant est sierra Alta (722 m) –, il est sillonné de cours d'eau qui ont creusé des gorges encaissées et permis la création de réservoirs comme celui del Retortillo, où l'on peut se baigner. Si chênes, chênes-lièges, jeunes rouvres et oliviers sauvages prédominent, peupliers, aulnes et frênes bordent les cours d'eau. C'est une zone privilégiée pour la chasse car les cerfs et les sangliers côtoient aussi bien les vautours noirs, les aigles royaux et les perdrix que les loutres, les loups ou les lynx ibériques.

Bureau d'accueil Huerta del Rey – *1,5 km au Nord-Ouest de Hornachuelos par la CO 142. Été : tlj sf lun. 10h30-14h30, 16h-19h ; le reste de l'année : tlj sf lun. 10h-14h, 16h-19h.* ☎ *957 64 11 40 ou 957 45 32 11.*

Exposition interactive sur le parc ; on peut se procurer ici des autorisations de camper et toutes les informations concernant les sentiers de randonnée. Possibilité de visites à dos d'âne ou en 4x4 *(réservations obligatoires).*

San Calixto – *À 16 km du bureau d'accueil, par la CO 142, vers le Nord-Ouest.* Dans ce village, issu du processus de colonisation initié par Charles III dans la région, on retiendra le palais des marquis de Salinas et ses jardins, un couvent de carmélites déchaussées (16e s.), ainsi que l'église N.-D.-de-la-Sierra, reconstruite au 18e s. Les religieuses du couvent confectionnent des produits de qualité et proposent nappes brodées, plateaux décorés à la main et récipients ornés de pattes et de peaux de gibier.

Priego de Córdoba★★

La belle ville de Priego de Córdoba s'étend au pied du pic de la Tiñosa (1 570 m). Véritable capitale du baroque cordouan, ses rues témoignent d'un passé glorieux. Mais c'est au 18e s. que l'industrie de la soie lui apporta une apogée économique qui fut à l'origine de toute une période de splendeur artistique et culturelle.

La situation

22 196 habitants. Carte Michelin no 578 T 17 – Andalousie (Cordoue).
La ville est située dans une plaine au cœur de la partie cordouane des chaînons Subbétiques, isolée des grandes voies de communication.
🛈 *Calle Real, 46, 14800 Priego de Córdoba,* ☎ *957 59 44 27 ;*
🛈 *Calle Río, 3, 14800 Priego de Córdoba,* ☎ *957 70 06 25.*
Vous pouvez poursuivre votre voyage en visitant : CABRA (29 km à l'Ouest), LUCENA (36 km à l'Ouest), ALCALÁ LA REAL (24 km à l'Est), BAENA (36 km au Nord), JAÉN (67 km au Nord-Est), Grenade (GRANADA, 79 km au Sud-Est) et ANTEQUERA (85 km au Sud-Ouest).

> **LES ENFANTS ILLUSTRES DE PRIEGO**
> Priego est le berceau de nombreux **personnages célèbres** : le politicien **Niceto Alcalá-Zamora** (1877-1949), président de la République de 1932 à 1936, et certains artistes baroques comme Juan de Dios Santaella (1718-1802) et Francisco Javier Pedrajas (1736-1817).

carnet pratique

RESTAURATION
La Fuente de Zagrilla – *À Zagrilla, à 100 m environ de la Villa Turística* - ☎ *957 70 37 34 - 15,03€ - fermé lun. en hiver.* Petite terrasse ouvrant sur un patio. Cuisine simple mais excellente : soupe de légumes, filet aux champignons et au jambon, flan à l'ananas.

HÉBERGEMENT
• *Valeur sûre*
Villa Turística de Priego – *À Zagrilla, 7 km au NO de Priego* - ☎ *957 70 35 03 - 52 ch. : 53,33/72,92€.*

Appartements pour une à quatre personnes au cœur d'un univers de grenadiers, de jasmin et de fleurs variées.

FÊTES
Les **fêtes** sont bien entendu à l'honneur : la Semaine sainte, le Festival international de musique, de théâtre et de danse *(août)* et la Feria Real *(1er-5 sept.).*

se promener

Suivre les indications « Centro Ciudad » et se garer près de la plaza de la Constitución, sur laquelle donne l'hôtel de ville.

Hôpital et église de San Juan de Dios

Plaza de la Constitución, à droite de l'hôtel de ville. Hôpital fondé en 1637 par Juan de Herrera et achevé en 1717. À l'entrée, on remarquera l'agréable patio claustral. Au fond, sur la droite, belle église baroque à nef unique et élégante coupole en ove au-dessus du transept. Des corniches à ressauts courent en haut des murs latéraux, conférant un certain dynamisme à l'édifice. À l'intérieur, le blanc des murs est agrémenté d'un décor végétal, sans surcharge, en légères guirlandes ou en bandeaux. Le retable baroque est présidé par la Vierge des Mercis.

Quitter la calle Ribera et prendre le paseo del Abad Palomino.

Château

Le **paseo del Abad Palomino** dispense une belle vue sur les vestiges de cette sobre et imposante forteresse d'origine arabe, qui fut modifiée aux 13e et 14e s. Le rempart est jalonné de tours carrées et le **donjon** présente des baies géminées. Prenez le temps de faire le tour de l'enceinte, vous remarquerez alors les maisons adossées à la muraille.

Asunción★

Visite sur demande. Été : tlj sf lun. et dim. ap.-midi 11h-14h, 17h30-20h ; le reste de l'année : tlj sf lun. et dim. ap.-midi 10h30-13h30, 16h-19h. S'abstenir de visiter pendant les offices. ☎ 606 17 16 53.

L'**église de l'Assomption** fut construite en style gothique tardif (16e s.) et remaniée suivant le style baroque au 18e s. On y accède sur le côté droit par un beau portail Renaissance. À l'intérieur, les trois vaisseaux, amples et clairs sont couverts de voûtes d'arêtes dont les clefs sont décorées. Au-dessus du transept, une coupole en ove repose sur des pendentifs. Dans le *presbiterio* trône le beau **retable** maniériste sculpté et peint (16e s.). Dans les chapelles, on retiendra quelques retables baroques et un Christ attribué à Alonso de Mena.

El Sagrario★★ – Chef-d'œuvre de l'art baroque andalou, la **chapelle du Sacré-Cœur** s'ouvre sur le bas-côté gauche. Elle se compose d'un vestibule rectangulaire desservant un octogone bordé d'un déambulatoire. La lumière contribue largement à l'atmosphère quasi magique du lieu : rendue plus intense par la blancheur des murs et des plafonds, elle inonde le centre et glisse sur la décoration exubérante des **plâtres★★★**, réalisés par un artiste local, Francisco Javier Pedrajas (1736-1817). Observez la clef de voûte de la grande coupole en ove, parsemée de petites têtes. Dans la partie basse, une statue d'apôtre s'adosse à chaque pilier. La décoration combine les éléments végétaux, la rocaille et les personnages illustrant des scènes de l'Ancien ou du Nouveau Testament. Malgré la profusion décorative, l'ensemble se signale par sa légèreté et sa délicatesse, véritable régal pour les yeux.

Barrio de la Villa★★

Derrière l'église, vous découvrirez un superbe quartier médiéval d'origine arabe, aux rues sinueuses et aux maisons chaulées, abondamment agrémentées de pots de fleurs. Tout respire l'Andalousie et les calles Jazmines, Bajondillo, Reales, aux noms si évocateurs, sont tout comme la plaza de San Antonio des endroits enchanteurs.

El Adarve★

Il entoure le quartier de la Villa au Nord et se présente comme un magnifique balcon ouvert sur les chaînons Subbétiques. Les **vues,** les réverbères et les bancs de fer forgé contribuent à créer une atmosphère paisible.

Revenir au tout début du paseo del Abad Palomino et prendre la carrera Álvarez.

La Aurora

Église du 15e s. repensée elle aussi dans le style baroque au 18e s. par l'artiste local Juan de Dios Santaella. Seuls la tour et le clocher sont du 16e s. Le beau portail baroque de marbre polychrome se divise en deux registres et abrite en son centre, entre deux colonnes torses, la Vierge de l'Aurore. L'intérieur, à nef unique, présente une exubérante décoration baroque.

Revenir sur vos pas et poursuivre jusqu'à la plaza de San Pedro.

LES FRÈRES DE L'AURORE

La confrérie de l'église de l'Aurore a conservé une jolie tradition en l'honneur de la Vierge et chante tous les samedis à minuit des cantiques à la Vierge dans les rues de la ville.

San Pedro

10h-13h.

Église totalement repensée en style baroque en 1690, recelant d'intéressantes sculptures. On s'attardera sur la magnifique **Immaculée Conception★** du *camarín* du retable principal, attribuée tantôt à Diego de Mora et tantôt à Alonso Cano. La première chapelle du bas-côté gauche abrite la **Vierge de la Solitude** et la dernière chapelle du bas-côté droit conserve un superbe **Christ gisant** (1594) de bois attribué à Pablo de Rojas.

Prendre la calle Pedrajas.

Carnicerías Reales

13h-14h, 19h-22h.

Ancien marché et abattoir du 16ᵉ s., aux lignes très classiques, qui surprendra peut-être dans ce cadre baroque. Le simple portail de pierre surmonté d'un blason des Fernández de Córdoba présente deux curieuses colonnes baguées adossées. De plan carré, l'édifice est doté d'un patio central et de tours d'angles. Au fond, à droite de la fenêtre s'ouvrant sur la plaine, un escalier en colimaçon descend dans la salle où l'on abattait les bêtes, actuellement salle d'exposition.

Retourner à la plaza de la Constitución, au début de la calle del Río.

Las Angustias

Si l'église est fermée, adressez-vous à la porte d'à côté ; les religieuses du collège la font visiter. Église construite en 1772 par Juan de Dios Santaella. Le portail polychrome à deux registres présente de nombreuses lignes brisées. Une étonnante Vierge à l'Enfant dans la niche et les colonnes en tronc de pyramide inversée, étonnamment travaillées, méritent d'être mentionnées. Un clocher s'élève sur la gauche.

Cette église qui surprend par sa taille réduite est de style rococo. L'autel est surmonté d'une éclatante coupole en ove sur pendentifs. Le retable doré accueille une Pietà de l'école de Grenade (fin du 18ᵉ s.) en son centre et deux terres cuites de José Risueño en-dessous.

Prendre la **calle del Río**, bordée de demeures seigneuriales. L'Office de tourisme est installé dans la **maison natale de Niceto Alcalá-Zamora** (1877-1949), président de la IIᵉ République.

El Carmen

L'**église du Carmel** fut repensée au 18ᵉ s. à la transition du baroque au néoclassicisme. La façade est un mélange des éléments des deux styles et englobe totalement la tour. Le portail, élément le plus récent, est très nettement néoclassique.

Fuentes del Rey y de la Salud★★

Au bout de la calle del Río. Ces deux fontaines forment un ensemble étonnant.

La plus ancienne, la **fontaine de la Santé**★, est une œuvre de Francisco del Castillo (16ᵉ s.) occupant la partie haute de l'ensemble. Elle se compose d'un frontispice de pierre maniériste au-dessus d'un mur à bossages et au centre d'un petit temple abritant la Vierge de la Santé. La végétation luxuriante contraste avec la pierre dorée et la proximité de la **fontaine du Roi**★★ ne fait qu'accroître le charme de la scène. Achevée au début du 19ᵉ s., celle-ci nous transporte dans les jardins d'un palais baroque, tant par sa taille que par sa forme et ses courbes et contre-courbes. Elle s'organise sur trois niveaux et comprend cent trente-neuf bouches jaillissant des lèvres de grotesques. Les groupes sculptés sont des œuvres de Remigio

Détail de la fontaine du Roi.

B. Kaufmann/MICHELIN

del Mármol : le groupe central représente le char de Neptune et d'Amphytrite, son épouse. Au niveau supérieur, le lion aux prises avec le serpent est attribué au sculpteur néoclassique J. Álvarez Cubero.

Prendre la calle Obispo Pérez Muñoz jusqu'au niveau de la carrera de las Monjas.

Museo Histórico Municipal

Tlj sf lun. 10h-13h30, 17h-19h30, dim. et j. fériés 10h-13h30. Fermé 1ᵉʳ janv., Ven. saint et 25 déc. ☎ 957 54 09 47.

Le musée installé dans la maison natale du peintre Adolfo Lozano Sidro (1872-1935), également illustrateur de la revue *Blanco y Negro*, expose des découvertes archéologiques mises au jour dans la région.

À voir également les églises baroques des **Mercis** et **St-François**, au portail néoclassique pour la dernière.

alentours

Carcabuey

8 km à l'Ouest. Dans un merveilleux paysage vallonné tapissé d'oliveraies, Carcabuey s'étire au pied d'une colline couronnée par les ruines d'un château et un ermitage à l'abri des sierras Subbéticas en toile de fond. *Prendre la rue entrecoupée de marches, en face de l'hôtel de ville, puis une rue pavée en pente.* L'ascension qui mène au château vaut la peine, on découvrira dans l'enceinte l'**ermitage de la Vierge du Château**. Très beaux panoramas sur le village et la campagne environnante. Contourner l'ermitage par la droite pour voir les vestiges du château, la muraille et les grosses tours entre autres.

En haut du village s'élève l'**église de l'Assomption**, solide édifice de pierre (16e-17e s.). On remarquera les deux robustes contreforts de la façade du bas, reliés par un arc et la tour de brique.

De Carcabuey, un sentier d'observation des vautours à l'intérieur du **Parc naturel des sierras Subbéticas** *(voir Cabra, alentours)* part vers Luque.

Ruta de los **Pueblos Blancos**★★

Route des Villages blancs

La route des Villages blancs, bien qu'elle soit l'une des plus belles d'Espagne, reste pourtant assez méconnue. Elle parcourt de fabuleux paysages montagneux et des sites encore sauvages, désolés par endroits, ou très verts dans certaines vallées. Au fil du voyage, s'égrainent de pittoresques villages blancs d'origine mauresque, aux tortueuses ruelles, que dominent les ruines d'un château ou la silhouette imposante d'une église.

La situation

Carte Michelin n° 446 V 12, 13 et 14 – Andalousie (Cadix, Málaga).
Entre Ronda et Arcos de la Frontera s'étend une région montagneuse formée par les sierras de Grazalema, d'Ubrique, de Margarita et de Ronda.
Vous pouvez poursuivre votre voyage en visitant : la COSTA DEL SOL (au Sud de Ronda), Algésiras et Gibraltar (ALGECIRAS, au Sud de Ronda), MÁLAGA (98 km à l'Est de Ronda), JEREZ DE LA FRONTERA (24 km à l'Ouest d'Arcos de la Frontera).

L'ABIES PINSAPO

Cette variété de sapin, la plus connue de la sierra, est communément appelée sapin d'Espagne ou tout simplement pin, mais c'est en réalité un sapin caractéristique de toute la zone méditerranéenne. Espèce rare, ce vestige de l'ère tertiaire ne se trouve plus que dans les sierras de Grazalema et de Ronda *(voir ces noms)* en Andalousie ainsi que dans le Rif marocain. C'est au Suisse Edmond Bossier que l'on doit sa classification dans les espèces d'arbres (1837). De grande taille, il peut atteindre 30 m de haut et son tronc 1 m de large ; ses branches horizontales et la forme hélicoïdale de ses feuilles en font un arbre étonnant. Les amoureux de la nature sauront l'apprécier…

carnet pratique

HÉBERGEMENT

• À bon compte

Hostal Casa de las Piedras – *Las Piedras, 32 - Grazalema -* ☎ *956 13 20 14 - 16 ch. : 27/42€.* Cet hôtel agréable est une bonne adresse. Les chambres sont simples, confortables. Le meilleur reste la délicieuse cuisine que l'on peut savourer dans l'accueillant patio.

Hostal Marqués de Zahara – *San Juan, 3 - Zahara de la Sierra -* ☎ *956 12 30 61 - 10 ch. : 30/40€.* Hôtel familial situé au centre du village, dans une maison blanchie à la chaux. Joli patio. Chambres un peu vieillottes mais convenables.

• Valeur sûre

Villa Turística – *El Olivar - Grazalema -* ☎ *956 13 21 36 - 24 ch., 38 appt : 33,38/54,43€.* ⊑. Hôtel de campagne d'où l'on jouit d'une vue magnifique sur tout le village. Chambres et appartements très fonctionnels. Calme assuré.

Il faut compter environ trois jours pour la visite des villages blancs, en incluant celles d'Arcos et de Ronda. Le point de départ proposé est Arcos de la Frontera, puis on pénètre peu à peu dans la **sierra de Grazalema**, le plus beau tronçon de la route, avant d'arriver à **Ronda**, pour ensuite repartir sur Arcos par une route au Nord de la précédente, qui longe les contreforts de la sierra.

Arcos de la Frontera★★ *(voir ce nom)*

Quitter Arcos par la A 372 vers El Bosque, à l'Est.

La route réserve alors une des plus belles **vues**★ sur Arcos.

À 7 km au Nord de la route *(bifurcation avant d'atteindre El Bosque)* s'élève **Prado del Rey**, village fondé au 18ᵉ s. par **Charles III,** dont le surprenant plan orthogonal, caractéristique du Siècle des lumières, le distingue des autres villages blancs.

El Bosque

30 km à l'Est d'Arcos. Le **bureau d'accueil** (centro de visitantes) du **Parc naturel de la sierra de Grazalema** est installé dans ce petit village. *Avr.-sept. : 10h-14h, 18h-20h, w.-end 9h-14h ; oct.-mars : 10h-14h, 16h-18h, w.-end 9h-14h.* ☎ *956 72 70 29.*

Dans la partie haute de la localité, un petit jardin botanique regroupe les différentes espèces de la région, comme le sapin d'Espagne *(abies pinsapo)*, le chêne rouvre ou le chêne vert.

Depuis El Bosque, vous pouvez rejoindre directement Grazalema par la A 372, ou faire un crochet par Ubrique. La route de Grazalema *(voir descriptif plus loin)* traverse **Benamahoma**, où un petit **musée de l'Eau** (Museo del Agua) est installé dans un ancien moulin. C'est également ici que le río Bosque prend sa source (débit supérieur à 450 l/s).

Ubrique

12 km au Sud-Est d'El Bosque par la A 373. La **route**★ qui s'enfonce alors dans la sierra de Grazalema constitue la plus belle partie de l'itinéraire. La petite ville d'Ubrique s'étire nonchalamment, telle une grande tache blanche, sur la colline de la Cruz del Tajo et bénéficie de l'un des plus beaux **sites** de toute la sierra. Ses origines remontent à la fin du 15ᵉ s., quand des colons venus des environs s'établirent sur ses terres. La localité est devenue aujourd'hui le principal centre commercial et industriel de la région, en particulier dans le domaine de la maroquinerie (confection des traditionnels blagues à tabac et sacoches de bergers, et, désormais, des cartables et porte-monnaie). La partie haute du village est la plus intéressante. Située au-delà de la **plaza del Ayuntamiento**, elle est dominée par l'église **N.-D.-de-la-O** (18ᵉ s.).

Quitter Ubrique en prenant la A 374 vers Benaocaz.

2 km plus loin, au niveau du lieu dit Salto de la Mora, se trouve la **ville romaine d'Ocurri** (2ᵉ s. de notre ère). *Visite guidée (1h1/2) w.-end et j. fériés 12h. 4,20€.* ☎ *956 73 11 85 ou 956 46 49 00 (Office de tourisme).*

Puis, la route de montagne se poursuit, avant d'atteindre deux intéressantes localités, Benaocaz *(6 km)* et Villaluenga del Rosario *(11 km).*

Grazalema.

H. Champollion/MICHELIN

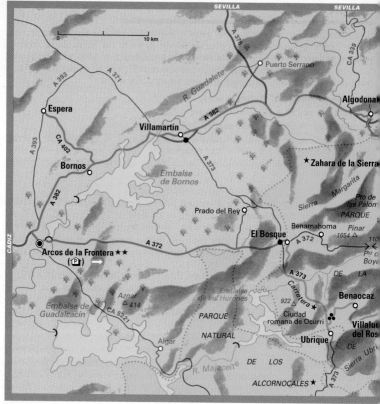

Benaocaz

Élégant hôtel de ville construit au 18e s. sous Charles III, et petit **Musée municipal**. *W.-end et j. fériés 11h-13h30, 18h-20h30 ; en semaine sur demande. Gratuit.* ☎ *956 12 55 00.*

Villaluenga del Rosario

Ce paisible petit village, le plus élevé de la province, a tout le charme des villages peu touristiques. Une halte s'impose afin de parcourir ses ruelles en pente bordées de maisons chaulées. Une tour de brique délabrée couronne le haut du village et un portail néoclassique dessert un cimetière. À l'autre bout du village, les **arènes** présentent l'originalité d'être bâties à même le roc.

On franchit ensuite le défilé de la Manga par une agréable route, avant d'atteindre Grazalema.

Grazalema★

C'est sans aucun doute l'un des villages les plus charmants du circuit. La route qui y mène est bordée d'une surprenante végétation dense et, une fois passé le col de los Alamillos, surgit le **pic del Peñón Grande**, se dressant, tel un aiglon aux aguets, veillant sur Grazalema.

Grazalema vient de l'arabe « Ben-Zalema » ; de la période mauresque il reste la configuration des rues et le clocher de l'**église St-Jean**. La tour de l'**église de l'Incarnation** (16e s.), la plus ancienne du village, est d'origine mudéjare. Sur la belle **plaza de**

> **GRAZALEMA : LE VILLAGE LE PLUS PLUVIEUX D'ESPAGNE**
>
> Aussi paradoxal que cela puisse paraître, le village à la pluviométrie la plus forte d'Espagne ne se trouve pas en Galice mais ici même, en Andalousie. C'est un étrange caprice météorologique, l'**effet foehn**, qui est à l'origine de ce curieux phénomène. Les nuages chauds chargés d'humidité en provenance de l'océan Atlantique pénètrent sur les terres, se heurtant dans la région de Cadix à une succession de chaînes qui les contraignent à prendre de l'altitude puis à se refroidir ; leur condensation dégénère alors en fortes pluies pouvant atteindre les 2 200 l/m², comme c'est le cas à **Grazalema**.

España, agrémentée d'une jolie fontaine, l'**église de l'Aurore** (18e s.) rappelle la période faste du village. Enfin, Grazalema est célèbre pour son industrie textile (couvertures et étoffes) qui atteignit son apogée au 18e s. Possibilité de visite des **ateliers de tissage à la main** situés à l'entrée du village. *Tlj sf w.-end 8h-14h, 15h-18h30 (ven. le matin seulement, seule la boutique ouvre aussi l'ap.-midi) ; juil. : tlj sf w.-end 7h-15h. Fermé j. fériés et août. Gratuit.* ☎ *956 13 20 08.*

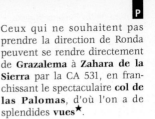

Ceux qui ne souhaitent pas prendre la direction de Ronda peuvent se rendre directement de **Grazalema** à **Zahara de la Sierra** par la CA 531, en franchissant le spectaculaire **col de las Palomas**, d'où l'on a de splendides **vues**★.

Ronda★★ *(voir ce nom)*
Quitter Ronda en direction d'Arriate par la MA 428.

Setenil★
Singulier village que Setenil qui est le seul dans cette région de l'Andalousie à compter des habitations troglodytiques. Ici la plupart des maisons sont creusées dans le roc. Contrairement à la région grenadine, aucune cheminée ne dépasse et on ne voit que des rangées de maisons à flanc de rocher. Toutes semblent ployer sous le poids des collines dans lesquelles elles sont taillées. Les **calles Cuevas del Sol** et **Cuevas de la Sombra** en sont un parfait exemple.
Dans l'**Office de tourisme**, on remarquera le superbe *artesonado* du 16ᵉ s. *Juin-juil. : tlj sf lun. 10h-15h, w.-end et j. fériés 10h-15h ; août-mai : tlj sf lun. 10h-15h, 16h-19h, dim. et j. fériés 12h-15h, 16h-19h.* ☎ *956 13 42 61.*

Dans la partie haute du village se détache le donjon, d'où l'on contemple le village voisin d'Olvera. Plus haut encore, l'**église de l'Incarnation**, gothique, est ornée de peintures à fresque néogothiques.

Olvera
13 km au Nord-Ouest de Setenil par la CA 4222. Le village occupe une admirable **situation**★★ en haut d'une colline. D'emblée, on est frappé par la taille massive du donjon du château et la silhouette néoclassique de l'église de l'Incarnation, qui dominent le quartier ancien aux typiques maisons blanches et rues escarpées. Le **château** triangulaire (fin du 12ᵉ s.) fit partie du système défen-

> #### LA CHAUX, ÉLÉMENT OMNIPRÉSENT...
> S'il y a une caractéristique architecturale commune à toute l'Andalousie, c'est bien l'emploi de la chaux. L'origine de cette pratique remonte au Moyen Âge ; la chaux passée sur les murs permet entre autres la consolidation de la maison et isole également de la chaleur ; autrefois, elle faisait même office de désinfectant en période d'épidémie.

sif nasride, avant d'être reconquis définitivement en 1327 par le roi Alphonse XI. *De déb. juin à mi-oct. : tlj sf lun. 10h30-14h, 16h-19h ; de mi-oct. à fin mai : tlj sf lun. 10h30-14h, 16h-18h30. 1,20€ (musée).* ☎ *956 12 08 16 (Office de tourisme).*
Olvera doit surtout sa renommée à son **huile d'olive**, épaisse et savoureuse, qui passe pour être l'une des meilleures d'Espagne.

Algodonales
22 km au Sud-Ouest d'Olvera par la CA 454. Algodonales est l'endroit idéal en Espagne pour la pratique du deltaplane.

Zahara de la Sierra★
6 km au Sud d'Algodonales par la CA 531. Anciennement appelé Zahara de los Membrillos en raison de son importante production fruitière (*membrillo* signifie coing), son **site**★★ privilégié au sommet d'une colline en fit aussi l'un des maillons du système défensif nasride. En 1483, à la suite de sa reconquête par Ponce de León, le village passa aux mains chrétiennes. Au pied de Zahara de la Sierra s'étirent une vallée verdoyante de cultures potagères et le **lac du barrage de Zahara**, achevé en 1991. C'est la silhouette du château nasride (12ᵉ s.) qui attire l'attention depuis la route : de là-haut, de merveilleux panoramas balaient le lac, ainsi que les villages voisins d'Algodonales et d'Olvera. Après avoir dépassé la tour de l'Horloge (16ᵉ s.), on pénètre dans un village blanc tout à fait typique, où la place accueille l'église baroque **Ste-Marie-de-Mesa** (18ᵉ s.).

Villamartín

Villamartín est tout à fait à part. Ses larges rues planes révèlent des origines plus récentes. La « ville de Martín » fut fondée en 1503 par un groupe de colons, essentiellement des cultivateurs, qui s'établirent sur des terres cédées par la ville de Séville. On remarquera surtout la **plaza del Ayuntamiento**. La **calle de El Santo**, qui part de la place, est bordée de différentes demeures nobles comme le **palais de Los Ríos** (19e s.) et le palais des Topete (16e s.). Cette rue, qui fut redessinée à l'occasion de l'**Exposition ibéro-américaine** de 1929, est un parfait exemple d'architecture urbaine du début du 20e s.

La calle de la Feria nous conduit au **Musée municipal**. *Été : tlj sf lun. 10h-14h, 18h-21h ; le reste de l'année : tlj sf lun. 10h-14h, 16h-18h. Fermé j. fériés. 1,50€.* ☎ *956 73 33 96.*

Environ 4 km au Sud de Villamartín, le **dolmen d'Alberite** (vers 4000 avant J.-C.) comporte une galerie de 20 m formée de grandes dalles de pierre et une chambre funéraire. *Renseignements,* ☎ *956 71 50 15.*

À 1 km du village par la A 382 vers Jerez se trouve la plus grande plantation de tamaris d'Europe.

Bornos

13 km à l'Est de Villamartín par la A 382. Bornos s'étend paisiblement au bord de la retenue d'eau qui porte son nom et n'a rien d'un village blanc de montagne. Néanmoins, son patrimoine architectural a le mérite d'être l'un des plus riches de cette partie d'Andalousie. Sur la même place que l'hôtel de ville se dresse le **palais des Ribera**★, qu'occupent aujourd'hui l'**Office de tourisme** et une école-atelier. Du donjon, partie la plus ancienne de ce château d'origine arabe, on bénéficie d'une belle vue sur le village et sur le lac. À l'intérieur, on remarquera l'élégant **patio**★ Renaissance avec sa galerie supérieure dotée d'une balustrade en arcs brisés ; il donne accès à l'un des bijoux les mieux cachés de Bornos, un jardin du 16e s., l'un des premiers parcs Renaissance d'Andalousie, dont l'une des extrémités est bordée par une galerie couverte. *Été : 10h-14h, 15h-20h, w.-end et j. fériés 10h-13h ; le reste de l'année : 10h-14h, 16h-19h, sam. 10h-13h.* ☎ *956 72 82 74.*

Sur la même place s'élève l'**église St-Dominique**, édifice gothique de la fin du 15e s.

Espera

10 km au Nord-Ouest de Bornos par la CA 402. Perché sur une petite colline, au cœur d'une campagne fertile, le **château arabe de Fatetar** domine de sa hauteur le village ; tout proche, l'ermitage del Cristo de la Antigua présente une façade baroque. À voir, l'**église Ste-Marie-de-Grâce**.

Regagner Arcos par la A 393.

El **Puerto de Santa María**★

Bien que son aspect ne manque pas de noblesse, El Puerto de Santa María conserve son caractère bourgeois et commerçant d'antan. C'est aux 16e et 17e s., après la découverte de l'Amérique que la ville s'enrichit grâce au commerce avec les Indes. Elle attira alors le constant va-et-vient des marchands qui édifièrent de petits palais ou de grandes demeures. Vous découvrirez le quartier ancien, construit essentiellement aux 18e et 19e s., en arpentant ses rues rectilignes.

Mais au-delà de l'histoire et de l'art, El Puerto illustre parfaitement la joie et le savoir-vivre andalou. L'été, des touristes des quatre coins de l'Espagne, séduits par la gastronomie succulente et la vie nocturne animée, envahissent les rues de la ville.

La situation

73 728 habitants. Plan dans le Guide Rouge España & Portugal – Carte Michelin n° 578 W 11 – Andalousie (Cadix). Située au fond de la baie de Cadix, à l'embouchure du Guadalete, El Puerto de Santa María est reliée à Cadix par la N 443 et la N IV. ▯ *Calle Luna, 22, 11500 El Puerto de Santa María,* ☎ *956 54 24 13.*

> **VILLE COLOMBINE PAR EXCELLENCE...**
> El Puerto de Santa María est étroitement lié à la découverte de l'Amérique : c'est ici en effet que les caravelles de **Christophe Colomb** appareillèrent par deux fois pour l'Amérique et que **Juan de la Cosa** réalisa la première **mappemonde** (1500) faisant figurer le Nouveau Monde.

Vous pouvez poursuivre votre voyage en visitant : JEREZ DE LA FRONTERA (14 km au Nord), Cadix (CÁDIZ), ARCOS DE LA FRONTERA (au Nord-Est), SANLÚCAR DE BARRAMEDA (23 km au Nord) et MEDINA SIDONIA (au Sud-Est).

carnet pratique

TRANSPORTS

Aéroport – Le plus proche est celui de Jerez de la Frontera, à 20 km environ par la N IV (☎ 956 15 00 00).

Trains – L'unique gare (☎ 956 54 25 85) se trouve sur la plaza de la Estación. Toutes les 20mn passe le train assurant la liaison Cadix-Séville, villes reliées toutes deux à toute l'Espagne.

Autocars interurbains – L'unique arrêt se trouve aux arènes.

Transportes Comes (☎ 956 21 17 63) pour voyager dans la province et pour se rendre à Séville.

Transportes Los Amarillos (☎ 956 28 58 52) pour voyager principalement dans les provinces de Séville et de Malaga.

Autobus métropolitains (☎ 956 85 75 50) – Six lignes d'autobus desservent l'agglomération.

VISITE

El Vaporcito del Puerto est le nom que les habitants d'El Puerto de Santa María et de Cadix donnent à l'*Adriano III*, un bac sympathique qui relie les deux villes. Son propriétaire, Juan Fernández, Galicien d'origine, arriva à El Puerto en 1927 et se chargea depuis cette date d'assurer cette liaison indispensable jusqu'à la construction du pont de Carranza. La traversée de 40mn environ offre une perspective différente de Cadix. L'été, des promenades nocturnes de deux heures sont proposées dans la baie de Cadix. Le départ se fait de la plaza de las Galeras Reales où se trouve une belle **fontaine** du 18ᵉ s. *Dép. de mi-juin à mi-sept. : 9h, 11h, 13h, 15h30, 19h30 (croisière nocturne 21h45) ; de mi-sept. à mi-juin : 9h, 11h, 13h, 15h30. Dim. et j. fériés, dép. également à 17h30. Fermé déc.-fév. Dép. plaza de las Galeras Reales. 2€. ☎ 956 54 24 13 ou 956 85 59 06.*

RESTAURATION

Ribera del Marisco – Ce quartier, dont font partie la belle **plaza de la Herrería** et la Ribera del Río et qui doit son nom à l'une des rues qui le composent, est un endroit très animé, regorgeant de bars et de restaurants. Nous vous recommandons **Casa Flores** et **Los Portales**, deux établissements de la Ribera del Río au décor typique et jouissant d'une excellente réputation. Il convient de citer deux bars incontournables : **Romerijo 1** et **Romerijo 2**, où le poisson et les fruits de mer sont vendus au kilo et dégustés ensuite en terrasse sur des tables recouvertes de nappes en papier. Aux heures d'affluence, difficile de trouver une table libre...

El Faro del Puerto – *Rte de Rota, 15 - ☎ 956 87 07 50 ou 956 85 80 03 - 25€ - fermé dim. soir.* À l'écart du tumulte de la ville, ce restaurant est l'un des plus élégants et des meilleurs d'El Puerto. Cuisine internationale et andalouse.

HÉBERGEMENT

• *Valeur sûre*

Chaikana – *Javier de Burgos, 17 - ☎ 956 54 29 02 - 25 ch. : 39,07/57,70€.* Ce petit hôtel simple, moderne et propre, néanmoins sans grand charme, se trouve au cœur de la ville.

Los Cántaros – *Curva, 6 - ☎ 956 54 02 40 - 39 ch. : 75/100,95€.* Hôtel situé sur une placette du centre qui doit son nom à la centaine de cruches (*cántaros*) du 17ᵉ s. entreposées dans les caves. Chambres soignées.

Dunas Puerto – *Camino de Los Enamorados - ☎ 956 85 03 11 - 62 ch. : 82/103€.* Pour ceux qui préfèrent la nature à la ville, hôtel situé à proximité de la mer et d'une zone arborée. Bungalows avec accès indépendant.

• *Une petite folie !*

Monasterio de San Miguel – *Calle Larga, 27 - ☎ 956 54 04 40 - 140 ch., 10 suites : 130/162€.* Ancien couvent capucin du 18ᵉ s. Chambres décorées avec goût, restaurant voûté et piscine dans le jardin.

UNE PETITE PAUSE

Au cœur de la ville, à deux pas de la Ribera del Marisco, se pressent la plupart des cafés et des bars.

Blanco y Negro – *Ricardo Alcón, 10 - 17h-aube.* L'endroit, une ancienne cave réhabilitée, se trouve dans une ruelle un peu cachée. Le café, torréfié sur place à El Puerto de Santa María, est la spécialité de cet établissement. Des peintures et des photographies d'artistes locaux y sont exposées. Clientèle de plus de 25 ans.

Café Central – *Luna, 41 - 8h30-15h, 17h-24h - fermé dim.* Clientèle hétéroclite. Cet établissement avec terrasse, situé dans le quartier commerçant et piétonnier du port et installé dans un bâtiment réhabilité du 17ᵉ s., expose également peintures et photographies. En hiver s'y produisent des auteurs-interprètes et des conteurs.

SORTIES

El Convento – *Avenida de la Bajamar, 30 - lun.-sam. 23h-6h.* Ce pub-musée en face du marché aux poissons occupe un ancien couvent du 18ᵉ s. L'odeur d'encens et la cabine du disc-jockey s'intègrent parfaitement dans le décor. Si la piste de danse du patio est bondée le week-end, c'est plus tranquille le reste de la semaine. Musique douce et moderne.

La Pescadería – *Ribera del Marisco.* Des bars, très animés de 2h du matin au lever du jour, remplacent aujourd'hui les étals de poissons et les petits magasins de pêcheurs qui occupaient cette ancienne halle aux poissons. Clientèle différente dans chaque établissement ; les 25-40 ans optent pour le **Barroco** et l'**Okendo**, aux deux extrémités du bâtiment.

VISITE DES « BODEGAS »

Un séjour à El Puerto de Santa María serait incomplet sans la visite d'une de ses caves. **Bodegas Osborne** : renseignements au ☎ 956 86 91 00.

Bodegas Terry : la visite inclut celle du **Museo de Carruajes** (voitures). Renseignements au ☎ 956 54 36 90.

ACHATS

La plupart des boutiques se trouvent au centre, dans la zone formée par les **calles Luna, Palacios** et **Larga**. Les deux premières, essentiellement piétonnes, partent de l'**église Mayor Prioral**. Cadre parfait pour flâner et faire quelques courses.
L'**Arte Sano** *(lun.-sam. 10h-14h)*, dans la calle Santo Domingo *(parallèle à la calle Palacios)*, fera la joie des amateurs de

céramique et de vannerie, entre autres produits artisanaux, par la qualité et l'originalité de ceux qu'il propose.
Le mardi, sur la Rotonda de la Puntilla s'installe un **petit marché** où l'on peut trouver les objets les plus divers.

LOISIRS

Comme la ville se veut avant tout station estivale et privilégie les activités balnéaires, les seuls « attraits » permanents d'El Puerto sont ses caves à vin, ses bars à *tapas* et ses terrains de golf…

visiter

Iglesia Mayor Prioral

8h30-12h45, 18h30-20h30, sam. 8h30-12h, 18h30-20h30, dim. 8h30-13h45, 18h30-20h30. Gratuit. ☎ *956 85 17 16.*
La **grande église du Prieur** fut fondée au 13ᵉ s. sous le règne d'Alphonse X. L'édifice actuel (fin du 15ᵉ s.) est représentatif de la fin de la période gothique, qui coïncide avec le règne des Rois catholiques. L'expressif **portail du Soleil**★ (17ᵉ s.), qui s'ouvre latéralement sur la plaza de España, allie une multitude d'ornements plateresques et baroques. L'intérieur, plusieurs fois restauré, marie sans grâce plusieurs styles.

Prendre la calle Pagador, où se trouve le **Musée municipal**, jusqu'à la calle Santo Domingo. *Tlj sf lun. 10h-14h, w.-end 10h30-14h. Fermé j. fériés. Gratuit.* ☎ *956 54 27 05/75.*

Fundación Rafael Alberti

De mi-juin à mi-sept. : tlj sf w.end 10h30-14h30 ; le reste de l'année : tlj sf w.-end 11h-14h30. Fermé j. fériés. 2€. ☎ *956 85 07 11.*
Si vous ignorez qui est Rafael Alberti, c'est à la fondation portant son nom que vous découvrirez la vie passionnante de cet illustre enfant du pays, disparu récemment. Des photos, des lettres et des manuscrits retracent la vie du poète et dramaturge. Son œuvre est un abrégé des joies et des peines de l'Espagne au cours des cent dernières années.

Castillo de San Marcos

Visite guidée (1/2h) juil.-sept. : tlj sf dim. et lun. 10h-13h30 ; janv.-juin : mar. et sam. uniquement 10h-13h30 ; le reste de l'année sur demande. 1,80€. ☎ *956 85 17 51 (Bodegas Caballero).*
Au 13ᵉ s., Alphonse X édifia un premier château-église sur la Grande Mosquée de la cité musulmane d'**Alcanatif**. Le château fut ensuite transformé et agrandi aux 14ᵉ et 15ᵉ s. Au milieu du 20ᵉ s., on entreprit la restauration des créneaux et des tours. L'ancienne criée aux poissons se trouve derrière le château.

Plaza del Polvorista

C'est là que s'élève le **palais de Imblusqueta** (18ᵉ s.), aujourd'hui occupé par l'hôtel de ville.

Plaza de toros

Tlj sf lun. 11h-13h30, 18h-19h30. Fermé veilles et lendemains de corridas. Gratuit. ☎ *956 54 15 78.*
Les arènes, construites en 1880, comptent parmi les plus vastes d'Espagne avec leur diamètre de 60 m et leurs gradins en mesure d'accueillir douze mille spectateurs. Leur robuste aspect extérieur alourdi par de multiples arcades contraste avec la légèreté de l'intérieur.

Monasterio de Nuestra Señora de la Victoria

Au Nord-Est de la gare ; accès depuis la plaza de la Estación. L'exubérance des ornements du **portail**★, flanqué de deux contreforts prolongés par des pinacles élaborés, tranche avec l'austérité extérieure. Au-dessus de la porte, un gâble porte l'écusson des Cerda. Le couvent, qui entre autres usages servit de prison pendant une bonne partie du 19ᵉ s., est aujourd'hui utilisé pour des cérémonies officielles.

alentours

Rota

27 km à l'Ouest par la A 491. La route contourne la base militaire avant d'atteindre cette petite ville côtière située à l'entrée Nord de la baie de Cadix. Ses 16 km de plages, à l'abri des vents violents qui soufflent sur les autres villages de la côte de Cadix, regorgent de vacanciers l'été.

Visite de la vieille ville★ – Le quartier ancien de Rota se trouve sur une langue de terre entre les plages de **la Costilla**★ et du Rompidillo. Les rues étroites et les maisons basses concourent à préserver l'aspect de petit village de pêcheurs. On pourra voir l'**église paroissiale** N.-D.-de-la-O, dont le bel **intérieur**★ remonte à la fin de la période gothique, et le **château de Luna**, qui fait office aujourd'hui d'hôtel de ville.

Puerto Real

10 km au Sud. Fondé en 1483 par les Rois catholiques pour être le port du domaine royal, Puerto Real atteignit son apogée au 18ᵉ s. Mais l'invasion napoléonienne en 1808 marqua le début de son déclin. La ville, qui accueille quelques facultés de l'**université de Cadix**, connaît aujourd'hui des problèmes liés à la reconversion des chantiers navals. On pourra visiter l'**église St-Sébastien**, bâtie au milieu du 19ᵉ s.

> ### Un mets de fête : l'« urta a la roteña »
> Ce plat, sans nul doute le plus typique de Rota, est depuis une trentaine d'années un des protagonistes de l'un des événements les plus caractéristiques d'Andalousie. Les habitants de Rota célèbrent à la mi-août la **Fête de l'« urta »** (poisson proche de la daurade), au cours de laquelle se déroule un concours culinaire consistant à préparer un plat d'*urta a la roteña*, mijoté à base de poivrons, tomates, vin blanc et thym.

La **Rábida**★

À quelques kilomètres de Palos de la Frontera, sur la rive gauche du Tinto, le site de La Rábida, avec ses quelques petites maisons blanchies à la chaux blotties autour d'un monastère et d'autres monuments intéressants, constitue l'un des plus célèbres « lieux colombins ».

La situation

Carte Michelin nº 578 U 9 – Andalousie (Huelva).
Située à l'embouchure du Tinto, La Rábida est reliée à Huelva par la H 624 puis, après avoir traversé le pont qui enjambe le fleuve, par la N 442 au Nord. C' est la première halte du circuit au départ de Huelva *(voir circuit de découverte* 🄆 *dans le chapitre Informations pratiques).*
🆔 *« La Casita de Zenobia », centre d'information et bureau d'accueil, vous proposera plans, cartes et nombre de renseignements intéressants sur La Rábida. De mi-avr. à mi-sept. : tlj sf lun. 10h-14h, 17h-21h, w.-end et j. fériés 11h-20h ; de mi-sept. à mi-avr. : tlj sf lun. 10h-19h. Fermé 1ᵉʳ janv. et 25 déc.* ☎ *959 53 05 97.*
Vous pouvez poursuivre votre voyage en visitant : HUELVA, MOGUER (11 km au Nord-Est) et EL ROCÍO (57 km au Sud-Est par la A 494 et la A 483).

découvrir

MONASTÈRE SANTA MARÍA DE LA RÁBIDA

Juin-sept. : tlj sf lun. 10h-13h, 16h-19h ; oct.-mars : tlj sf lun. 10h-13h, 16h-18h15 ; avr.-mai : tlj sf lun. 10h-13h. 2,50€.
☎ *959 35 04 11.*

Ce couvent franciscain (14ᵉ s.) de style gothico-mudéjar avait pour prieur en 1485 Juan Pérez, qui accueillit **Christophe Colomb**, l'écouta et accorda suffisamment de crédit à sa thèse sur la sphéricité de la Terre et la possibilité d'en faire le tour qu'il joua de son influence auprès des souverains d'Espagne pour en obtenir les moyens de monter une expédition. C'est ici que, secondé par le prieur, les frères Pinzón et le moine Antonio de Marchena, Colomb prépara sa traversée ; les splendides fresques de **Daniel Vázquez Díaz** (1930), situées dans des salles du rez-de-chaussée, illustrent magnifiquement cette épopée.

Le monastère.

B. Kaufmann/MICHELIN

Avant de pénétrer dans le monastère, on remarquera dans une grande rotonde la colonne des Découvreurs, un grand monument de pierre blanche sculpté représentant diverses scènes de la colonisation et érigé à l'occasion du quatrième centenaire de la Découverte.

Église★

Plus proche de la chapelle que de l'église, elle recèle quelques œuvres d'un grand intérêt artistique. Les fresques anciennes des chapelles et l'*artesonado* polychrome, parcouru de filigranes, contrastent admirablement avec l'austérité architecturale de l'édifice ; quelques tableaux de Juan de Dios (18ᵉ s.) illustrent des scènes de la vie de saint François, et on retiendra surtout la populaire **Vierge aux Miracles★**, patronne du monastère, qui se trouve dans une chapelle à droite du maître-autel. D'après la légende, c'est devant cette superbe statue réalisée par un atelier andalou que Colomb et son équipage se recueillirent pendant les deux journées précédant leur départ. En 1992, à l'occasion des célébrations du cinquième centenaire de la Découverte, le pape Jean-Paul II bénit la statue.

Cloître

Le cloître mudéjar se compose de deux galeries de colonnes. Si la galerie inférieure date du 15ᵉ s., la galerie supérieure, crénelée et réalisée au 18ᵉ s., accueille trois maquettes, parfaites répliques des caravelles la *Pinta*, la *Niña* et la *Santa María*. Malgré son allure de forteresse, le cloître a conservé le charme qui caractérise les patios andalous, et le murmure de la fontaine accompagne le bruissement d'une végétation exubérante bercée par le vent.

Réfectoire

Sur l'un des côtés de cette austère salle rectangulaire se trouve un pupitre chaulé, derrière lequel se tenait autrefois le moine lecteur.

Salle capitulaire

Au centre de cette vaste salle lumineuse dotée d'un remarquable artesonado mudéjar du 18ᵉ s. trône la grande table autour de laquelle Colomb et ses conseillers se seraient réunis pour discuter de leur projet.

Sala de las Banderas

La **salle des Drapeaux** présente le pavillon de chaque pays d'Amérique avec un coffret contenant une poignée de leur terre d'origine. À droite, dans une petite pièce, on peut voir, réalisée par Juan de la Cosa, la première **mappemonde★** qui ait représenté les côtes américaines.

visiter

Muelle de las Carabelas★

Les répliques grandeur nature des trois caravelles qui conduisirent Christophe Colomb aux Amériques sont amarrées **quai des Caravelles**, bassin moderne situé sur les rives de la ría du Tinto. C'est l'occasion de découvrir les cabines, les soutes et les ponts de ces navires d'antan, et d'apprécier les nombreux détails décoratifs, sans oublier l'équipement (armes à feu, ancres, voiles, etc.) utilisé par les marins qui menèrent à bien l'expédition. Dans le bâtiment d'entrée, des montages audiovisuels détaillent les avatars du voyage et un petit **musée** renferme des objets ayant un lien avec le monde de la navigation au 15ᵉ s. ; une boutique propose également des souvenirs. *De mi-avr. à mi-sept. : tlj sf lun. 10h-14h, 17h-21h, w.-end et j. fériés 11h-20h ; de mi-sept. à mi-avr. : tlj sf lun. 10h-19h. Fermé janv.* 3€. ☎ *959 53 05 97/03 12.*

Muelle de la Reina – Près du quai des Caravelles, on remarquera sur ce petit quai le monument du Triomphe d'Icare, commémorant le premier vol transatlantique (1926) par l'hydravion *Plus Ultra*, de Palos de la Frontera à Buenos Aires.

Avenida de los Descubridores

La grande avenue qui relie Palos de la Frontera à La Rábida arbore les écussons de tous les pays hispano-américains. Tout au bout, sur la glorieta del Pueblo Argentino, on remarquera le calendrier aztèque en céramique vernissée.

Parque Botánico José Celestino Mutis

En arpentant chemins, ponts et canaux de ce parc botanique dédié au célèbre savant andalou, on se familiarisera avec les espèces végétales les plus représentatives des cinq continents.

Foro Iberoamericano de la Rábida

Ce bâtiment doté d'un grand auditorium en plein air accueille congrès, concerts et représentations théâtrales.

Universidad Internacional de Andalucía
Prestigieux centre universitaire consacré à la culture américaine.

Plaza de Macuro
Une sculpture moderne rappelle la traversée en hélicoptère de Macuro (Venezuela)
à La Rábida.

El **ROCÍO**

Le petit village d'El Rocío, dont les maisons blanches s'alignent le long des
rues sablonneuses, abrite l'église de la Vierge du Rocío, lieu de pèlerinage
le plus populaire d'Espagne. Pendant l'année, cet endroit tranquille et
faiblement peuplé n'est fréquenté que par quelques habitants d'Almonte
circulant généralement à cheval, par les personnes y possédant leur résidence secondaire ou encore par les membres de confréries religieuses
qui y ont établi leur siège. Mais quand le week-end de Pentecôte arrive,
l'atmosphère change du tout au tout et El Rocío prend un nouveau visage :
près d'un million de pèlerins envahissent ce havre de paix pour vénérer
la « Colombe blanche ».

La situation
*Carte Michelin n° 578 U 10 – Schéma : Parque Natural de DOÑANA – Andalousie
(Huelva).* Sur la commune d'Almonte, en lisière des premiers marécages du Parc
national de Doñana, El Rocío est relié à la Costa de Huelva au Sud par la A 483 et
au Parc naturel Sierra de Aracena y Picos de Aroche au Nord par la A 483, la
HV 5131 et la A 461.
*Vous pouvez poursuivre votre voyage en visitant : la côte de Huelva (COSTA DE
HUELVA) et MINAS DE RIOTINTO (79,5 km au Nord).*

découvrir

LE PÈLERINAGE DU ROCÍO

Cet événement haut en couleur, dont le sens profond demeure impénétrable pour
qui n'est pas Andalou, attire chaque année toujours plus d'étrangers qui, sous le
charme, n'hésitent pas à revenir y participer.
La tradition fait remonter la construction de l'église de la Vierge du Rocío au 15ᵉ s.,
afin de donner un toit à une statue découverte par un chasseur au creux d'un chêne.
Au milieu du 17ᵉ s., alors qu'une terrible épidémie sévissait dans la région, l'église
devint un lieu de pèlerinage attirant les fidèles venus de tous les villages prier la
Vierge de recouvrer la santé.
C'est à Almonte, puis à Villamanrique, que furent constituées les deux premières
confréries ou associations de fidèles. Puis d'autres suivirent, jusqu'à en recenser
actuellement près d'une centaine.

Un simpecado qu'accompagnent les pèlerins en route vers l'ermitage.

R. Mattes/MICHELIN

« El Camino »

La semaine précédant la Pentecôte, chaque confrérie quitte son église d'attache et gagne l'ermitage par des itinéraires parfaitement établis. Les pèlerins « cheminent » à pied, dans des charrettes ornées de rubans et de guirlandes de fleurs en papier, à cheval ou parfois même en véhicule tout terrain. Les femmes portent généralement le costume traditionnel, composé d'une jupe ornée d'un ou deux volants et d'un chapeau qui les protègera des ardeurs du soleil ; les hommes, en chemise blanche et pantalon ajusté, arborent le chapeau cordouan ou une simple casquette. Pour fouler plus aisément le sable, on opte pour les bottes de cuir. Enfin, un brin de romarin et la médaille de la confrérie complètent la tenue du pèlerin. Chaque confrérie suit son *simpecado*, un char d'argent tiré par des bœufs et transportant un étendard à l'effigie de la Vierge. Tard dans la soirée, autour d'un feu de joie, on chantera et on dansera sans oublier à la nuit tombante la récitation du rosaire, et dès l'aube on ira entendre la première messe.

Une fois dans la bourgade... – Le **samedi** durant, les foules de pèlerins se succèdent et rendent hommage à la « Colombe blanche » ou à Notre-Dame des Marais, deux des nombreuses désignations de la Vierge. Le **dimanche**, on va à la messe, on récite le rosaire ou on se rend visite, puis à **l'aube du lundi de Pentecôte** arrive le moment tant attendu. Peu avant le lever du soleil, les jeunes gens d'Almonte enjambent la grille de l'ermitage et sortent la Vierge en procession, en formant autour d'elle un cordon de sécurité pour freiner les ardeurs des pèlerins. La nuit est longue et l'émotion est à son comble, mais après cette semaine d'efforts et de dévotion une certaine lassitude se mêle à une immense allégresse collective.

carnet pratique

RESTAURATION
Aires de Doñana – *Avenida de la Canaliega, 1* – ☎ 959 44 27 19 - 🅿 - 27,74/38,77€. Restaurant rustique au toit de chaume avec vues sur l'ermitage de la Vierge et les chevaux paissant dans les marais.

HÉBERGEMENT
Toruño – *Plaza del Acebuchal, 22* - ☎ 959 44 23 23 - 30 ch. : 48/63€. Au centre du bourg, grande demeure traditionnelle dont les chambres sont décorées dans le style du pays. Restaurant typique au rez-de-chaussée.

circuit

LA ROUTE DU VIN : du Rocío à Niebla

36 km – une demi-journée.

Cet itinéraire a pour fil conducteur les excellents vins blancs ou doux que l'on regroupe sous l'appellation d'origine Condado de Huelva. Il faut s'arrêter dans les nombreuses caves et goûter les spécialités les plus typiques comme le vieil *oloroso*, le blanc fruité, la mistelle (sorte de cognac parfumé), le muscat et le vin doux d'orange.

Almonte

15 km au Nord du Rocío par la A 483. C'est l'un des villages les plus connus de la province de Huelva en raison de la présence du Parc national de Doñana *(voir ce nom)*, de la plage populaire de Matalascañas *(voir Costa de Huelva)* et surtout du célèbre village du Rocío. Malgré tout, cette pittoresque localité doit l'essentiel de sa renommée à son vin dont l'odeur semble imprégner ses rues blanches, avec leurs traditionnels balcons ornés d'élégantes grilles de fer forgé et les superbes portes devant lesquelles il est courant à l'époque des vendanges de découvrir une remorque transportant le raisin... La **plaza Virgen del Rocío**, cœur de la vie sociale d'Almonte, est un véritable havre de paix où se dressent les deux principaux monuments de la ville : l'église paroissiale, bel exemple d'architecture de style colonial, et l'hôtel de ville, avec son élégante galerie à arcades à l'étage.

Bollullos del Condado

9 km au Nord d'Almonte. On est ici en pleine tradition vinicole. Tout respire le vin... Dans les rues élégantes et soignées, outre la singulière architecture qu'elles dévoilent, nombre de caves anciennes révèlent les processus ancestraux d'élaboration du vin ; et pourquoi ne pas acheter un excellent vin blanc ou un vin doux de Bollullos, que l'on extraira de grandes cuves et que l'on vous fera déguster dans de pittoresques gobelets de terre cuite. Bollullos propose aussi des fruits de mer et des produits d'artisanat (ustensiles en fer, attelages, broderies au fil d'or et... les traditionnels tonneaux). La pittoresque **plaza del Sagrado Corazón de Jesús** réunit l'**église de St-Jacques-Apôtre**, avec sa façade et ses tours de style typiquement baroque andalou, et l'hôtel de ville, à l'élégante façade à deux étages ornée d'arcs surhaussés.

La Palma del Condado

4 km au Nord-Ouest de Bollullos. Ce village lumineux et noble, réputé pour l'excellence de ses vins, compte de nombreuses places bordées d'élégantes maisons chaulées et d'intéressants édifices monumentaux. Ne manquez pas la **Fiesta de la vendimia**, une fête des vendanges très appréciée qui a lieu fin septembre et dont l'origine remonte au 14ᵉ s.

Hôtel de ville – L'ancien hôpital de l'Immaculée Conception (16ᵉ s.) fut remanié en 1929 d'après l'esthétique régionale de l'Exposition ibéro-américaine de la même année, avant de devenir l'hôtel de ville.

Plaza del Corazón de Jesús – La statue du Cœur Immaculé de Jésus due au sculpteur local Antonio Pinto Soldán (1927) trône sur cette élégante place bordée de constructions d'inspiration coloniale.

Plaza de España – Cette place aux proportions harmonieuses est le centre de la vie locale. Sur l'un des côtés, vous remarquerez les façades de l'ancien Palacio del Señorío, le théâtre et la Casa de los Arcos, et sur l'autre, la Casa de Tirado, ornée d'une délicieuse **grille** et d'azulejos intérieurs reproduisant *Les Ménines* et *Les Fileuses* de Vélasquez. Néanmoins, l'édifice le plus intéressant demeure l'**église St-Jean-Baptiste**, sobre édifice baroque dont la façade blanchie à la chaux est couronnée d'une svelte tour qui fait la joie des cigognes.

Iglesia del Valle – Dans cette église mudéjare (15ᵉ s.), le *camarín* du maître-autel recèle une statue de la Vierge de la Vallée, patronne de La Palma.

Niebla★

8 km au Sud-Ouest de La Palma del Condado par la A 472. De l'Office municipal de tourisme, installé dans l'hôpital N.-D.-des-Anges, partent différents circuits culturels. 9h30-14h, 16h-18h. ☎ 959 36 22 70.

Cette localité très ancienne (8ᵉ s. avant J.-C.) et située à 29 km de Huelva possède un centre historique et d'intéressants monuments. En arrivant, on sera d'emblée frappé par les **murailles★**, qui figurent parmi les plus complètes d'Espagne. Édifiées à l'époque almohade (12ᵉ s.), elles furent faites avec de la terre prélevée sur les rives du Tinto – d'où leur belle teinte rougeâtre – ; s'étendent sur plus de deux kilomètres, elles comptent cinquante tours défensives et cinq portes d'accès. L'**église Ste-Marie-de-la-Grenade**, élevée sur l'emplacement de l'ancienne mosquée, mêle aussi bien des éléments de l'édifice antérieur, comme le bucolique patio aux orangers s'ouvrant face à l'église, que des éléments gothiques. On remarquera dans l'**alcázar, ou château des Guzmán** (15ᵉ s.), d'intéressants vestiges de l'époque arabe. L'**église St-Martin**, coupée en deux par une rue, fut jadis une mosquée et une synagogue. Enfin, aux abords de Niebla, un grand pont romain enjambe le Tinto.

Ronda★★

La ville est enclavée au centre de la serranía de Ronda – chaîne à qui elle a donné son nom – dans un site de plate-forme entaillée par les célèbres gorges du Guadalevín, le Tajo★ qui divise Ronda en deux quartiers. Sa situation exceptionnelle, son isolement et son rôle légendaire de repaire de bandits de grand chemin en firent un lieu de pèlerinage cher aux voyageurs romantiques du 19ᵉ s. Encore aujourd'hui, Ronda demeure une destination très prisée.

La situation

35 788 habitants. Carte Michelin nᵒ 578 V 14 – Schéma : Ruta de los PUEBLOS BLANCOS – Andalousie (Málaga).
133 km séparent Ronda de Cadix par la A 376, la A 382 et la A 4-E 5. La Costa del Sol *(50 km)* dont elle n'est séparée que par la sierra Bermeja est encore plus proche.
🛈 *Plaza de España, 9, 29400 Ronda,* ☎ *952 87 12 72 ;*
🛈 *Paseo Blas Infante, 29400 Ronda,* ☎ *952 18 71 19.*
Vous pouvez poursuivre votre voyage en visitant : la COSTA DEL SOL, MÁLAGA (96 km à l'Est), ANTEQUERA (94 km au Nord-Est) et ARCOS DE LA FRONTERA (à l'Ouest).

comprendre

Ronda et la présence arabe – Quand en 711 **Tarik ibn Ziyad** débarqua dans la péninsule à la tête des premiers contingents de troupes arabes, il emprunta pour pénétrer dans les terres l'ancienne voie romaine reliant Gibraltar à la ville romaine d'**Acinipo** et fonda, à 20 km de celle-ci, une ville fortifiée du nom d'Izna-Rand-Onda, l'actuelle Ronda. La ville fit partie du territoire soumis aux Omeyyades de Cordoue, puis, après l'effondrement du califat, devint la capitale d'un *taifa* berbère. L'arrivée des Almohades favorisa la croissance de la ville jusqu'à l'époque nasride. Enfin, les troupes chrétiennes la reprirent en 1485.

carnet pratique

VISITE

La ville est littéralement tranchée en deux par le **Tajo** (l'Entaille), une gorge de plus de cent mètres au fond de laquelle coule le **río Guadalevín** : d'un côté, la médina musulmane au riche passé, que l'on appelle de nos jours **La Ciudad** (la ville), de l'autre, le faubourg dit **EL Mercadillo**. Plus au-delà, au Sud, la **porte d'Almocabar** précède le quartier moderne, dit quartier de San Francisco, à l'origine marché hors les murs (15ᵉ s.).

RESTAURATION

• Valeur sûre
Don Miguel – *Plaza de España, 5 -* ☎ *952 87 10 90 - 24,90€ - fermé dim. midi juin-août.* Agréable terrasse avec vue sur le Puente Nuevo, la gorge du Tajo et le Guadalevín. Très bonne cuisine avec spécialités de queue de taureau, cerf rôti et agneau à la menthe. Quelques chambres *(42,06/63,10€).*
Casa Santa Pola – *Santo Domingo, 3 -* ☎ *952 87 92 08 - 24/36€ - fermé dim. en été et mer. en hiver.* Plusieurs salles du restaurant dominent le Tajo. Spécialités : viande de bœuf et volailles en tout genre.
• Une petite folie !
Tragabuches – *José Aparicio, 1 -* ☎ *952 19 02 91 - 36/40€ - fermé dim. soir et lun.* Ce restaurant passe pour être une des meilleures tables de la ville. Il est situé à deux pas du parador et des arènes et propose une cuisine moderne dans un cadre avant-gardiste. Aux fourneaux : Sergio López, lauréat du prix Bidasoa attribué au meilleur jeune chef.

HÉBERGEMENT

• À bon compte
Virgen de los Reyes – *Lorenzo Borrego, 13 -* ☎ *952 87 11 40 - 52 ch. : 40€.* Hôtel correct pour un prix modeste ; chambres simples mais très propres.
• Valeur sûre
Alavera de los Baños – *Hoyo San Miguel -* ☎ *952 87 91 43 - 10 ch. : 50/70€* ⌂ *fermé 8 déc.-8 janv.* Dans la partie basse de la ville, près des bains arabes, hôtel récent très plaisant. Toutes les chambres sont différentes et l'hôtel est doté d'une terrasse et d'un restaurant.
Hotel San Gabriel – *Marqués de Moctezuma, 19 -* ☎ *952 19 03 92 - 16 ch. : 66/79€.* Une adresse de choix à la hauteur d'une ville monumentale. Cet hôtel est installé dans une jolie demeure de 1736 magnifiquement décorée. Si possible, demandez une chambre qui donne sur le patio, la vue en vaut la peine.
• Une petite folie !
La Fuente de la Higuera, à **Los Frontones** *– À 3 km ; prendre la A 376 vers Séville, tourner à droite avant de traverser le Guadiaro et suivre les indications -* ☎ *952 11 43 55 - 4 ch., 6 suites, 1 appt : 120/135€* ⌂. Paradis allemand en pleine terre espagnole, cet hôtel a été fondé par un couple d'Allemands établi en Andalousie. Les ruines acquises il y a quelques années se sont transformées en un excellent hôtel. Il est préférable de réserver longtemps à l'avance en raison du nombre réduit de chambres.

RONDA

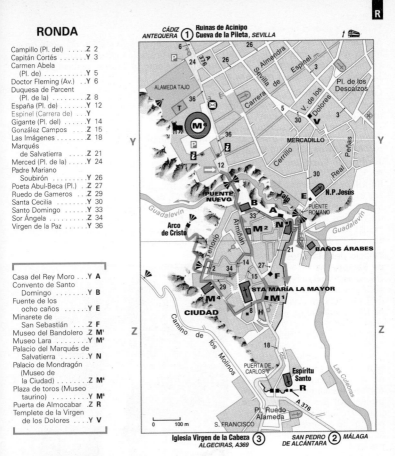

se promener

LA CIUDAD★★

Au cœur de la vieille ville arabe, vous découvrirez, en arpentant ses rues, musées et bâtiments civils et religieux dignes d'intérêt, sans compter les recoins pittoresques et les belles perspectives.

Puente Nuevo★

D'un effet architectural exceptionnel, ce pont au-dessus du Tajo date de la seconde moitié du 18e s. Si l'on prend le chemin menant à la cafétéria du parador, on bénéficie d'une **vue** magnifique sur le pont, et, un peu plus loin, sur la vallée du Guadiaro et la sierra de Grazalema.

Puente Nuevo.

Franchir le pont et prendre la calle Santo Domingo.

À gauche s'élèvent le couvent St-Dominique, première fondation des Rois catholiques après la conquête de la ville en 1485, et à droite la maison où naquit en 1839 Francisco Giner de los Ríos, fondateur d'une célèbre institution pédagogique.

Descendre la calle Santo Domingo.

Casa del Rey Moro

C'est ici, dit-on, que s'élevait la maison du roi de Ronda, Almonated, qui avait coutume de boire son vin dans le crâne de ses ennemis. Le bâtiment actuel date du 18e s. D'extérieur, les tours de brique et les balcons en bois sont très nettement d'influence mudéjare. À l'intérieur, un impressionnant escalier arabe taillé dans le rocher, la **Mina**, descend jusqu'à la rivière.

Jardins de Forestier★ – *Printemps et été : 10h-19h ; le reste de l'année : 10h-18h. 4€.* ☎ 952 18 72 00.

En 1912, on chargea **Forestier**, paysagiste français de renom qui allait être à l'origine du parc Maria Luisa à Séville (1929), de dessiner ce joli jardin. Malgré de nombreuses difficultés techniques en raison de l'étroitesse du terrain, il obtint un résultat surprenant, un véritable petit bijou : trois terrasses mêlant les éléments traditionnels musulmans, tels que les fontaines, les jets d'eau et les azulejos, et ceux de tradition européenne, comme les pergolas et les parterres.

Palacio del Marqués de Salvatierra

On ne visite pas l'intérieur. Ce petit palais tout à fait typique de l'architecture aristocratique du 18e s. est doté d'un **portail**★★ exceptionnel. Le premier registre est constitué par la porte, flanquée de colonnes gémellées de style corinthien portant une architrave ornée de médaillons. Au second registre, les colonnes sont remplacées par des pilastres à mi-hauteur desquels des culots portent de curieuses cariatides de conception très nettement précolombienne.

Descendre jusqu'au vieux pont et, après avoir franchi la porte de Philippe V, prendre le chemin de pierre qui conduit aux bains arabes.

Baños àrabes★

Mar. 9h-13h30, 16h-18h, mer.-sam. 9h30-15h30, dim. (sf en été) 10h30-13h. Fermé 1er janv. et 24 déc. Gratuit. ☎ 952 87 38 89.

Ces bains arabes sont les mieux conservés d'Espagne. Ils furent construits à la fin du 13e s. tout près de la rivière, dans le quartier des artisans

Détail de la façade du palais des marquis de Salvatierra.

et des tanneurs. Une première pièce aujourd'hui découverte précède les bains proprement dits, composés de trois salles couvertes, elles, de voûtes en berceau et éclairées par des lunettes en forme d'étoiles. La salle centrale est divisée elle-même en trois parties séparées par des arcs en fer à cheval et des colonnes en brique. Dans le fond, on reconnaît la chaudière où l'on faisait chauffer l'eau.

Prendre l'escalier de pierre qui longe la muraille et passer la puerta de la Acijara (13e s.).

Minarete de San Sebastián★

Sur la plaza del poeta Abul-Beca. Ce svelte minaret, le plus petit de tous les minarets encore existants en Andalousie, est le seul vestige de la mosquée nasride du 14e s., qui après la conquête chrétienne fut transformée en église dédiée à saint Sébastien. Il ne reste de l'époque musulmane que le premier corps en pierres de taille, tandis que le second corps en brique est un ouvrage mudéjar. Remarquez l'arc en fer à cheval qui encadre la porte.

Museo del Bandolero

Été : 10h30-20h ; le reste de l'année : 10h30-18h. 2,70€. ☎ 952 87 77 85.

Ce petit musée consacré aux **brigands** de toutes espèces, depuis les contrebandiers jusqu'aux bandits de grand chemin, évoque des personnages légendaires comme Diego Corrientes et **José María el Tempranillo**, malheureux personnages ou cruels assassins. Une vidéo *(en espagnol uniquement)*, ainsi qu'une série de documents et de petites mises en scène illustrent ce thème traité avec originalité.

Santa María la Mayor★

Été : 10h-20h (21h en août) ; le reste de l'année : 10h-19h. 1,20€. ☎ *952 87 22 46.*
Cette collégiale dédiée à l'Incarnation, comme tant d'églises andalouses de l'époque, a été édifiée sur l'ancienne grande mosquée de Ronda, après la prise de la ville par les Rois catholiques en 1485. Il ne reste du bâtiment primitif qu'une partie de l'arc du mihrab *(dans l'entrée)*, décoré d'ataurique et de motifs calligraphiques. L'intérieur se divise en une partie gothique et une partie Renaissance.

> ### LA LÉGENDE DE TRAGABUCHES
> Au début du 19e s., un Gitan de Ronda, nommé José Ulloa et surnommé Tragabuches, connut une certaine gloire en qualité de torero. Las, au soir d'une corrida, alors qu'il arrivait chez lui, il aperçut la silhouette d'un homme qui s'esquivait furtivement par une fenêtre de son domicile. Fou de rage, Tragabuches tua son rival avant de défenestrer son épouse et de disparaître. On raconte qu'il rejoignit alors la terrible bande des « sept enfants d'Écija » dont il devint l'un des membres les plus impitoyables.

Faire un crochet vers le Sud par la calle Las Imágenes.

Espíritu Santo

Sa proximité des murailles confère à cette église élégante et sobre une allure de forteresse. Sa construction fut ordonnée par les **Rois catholiques** à la fin du 15e s. L'intérieur à nef unique, très reconstruit, est couvert par une voûte d'ogives à tiercerons.

Puerta de Almocabar

La présence dans le secteur, jadis, d'un cimetière arabe *(al-maqabir)* est à l'origine du nom de la porte, qui comporte trois arcs en fer à cheval flanqués de deux tours du 18e s. Avec la **porte de Charles Quint**, à côté, elle permet d'accéder, hors les murs, au **quartier de San Francisco**, dont le seul élément remarquable est son couvent de franciscaines du 17e s.

Revenir sur ses pas puis prendre à gauche en direction de la plaza de la Duquesa de Parcent. De là, emprunter la calle Manuel Montero.

Palacio de Mondragón (Museo de Ronda)★★

Avr.-oct. : 10h-19h, w.-end et j. fériés 10-15h ; nov.-mars : 10h-18h, w.-end et j. fériés 10-15h. Fermé 1er janv., Ven. saint et 25 déc. 2€. ☎ *952 87 84 50.*
Édifié sur les fondations d'une ancienne résidence arabe du 14e s., le palais mêle le style mudéjar (tours et patios) et les éléments Renaissance (portail de la façade). À l'intérieur, il reste quelques traces des azulejos et des plâtres disposés autrefois entre les arcs du charmant **patio mudéjar**★★. Le musée qui occupe aujourd'hui les lieux présente, entre autres, une intéressante exposition sur le milieu naturel de la serranía.
Poursuivre jusqu'à la plaza del Campillo.
De la place, un chemin mène à l'**Arco de Cristo** (18e s.) ; la **vue**★★ sur la gorge du **Tajo** et le pont y est splendide.
Prendre la calle Sor Ángela jusqu'à la plaza del Gigante.
Cette place doit son nom à un Hercule sculpté, presque invisible aujourd'hui, qui orne l'une des maisons (14e s.).
Tourner dans la calle Armiñán.

Museo Lara

10h-20h. 2,50€. ☎ *952 87 12 63.*
Le propriétaire du musée, Juan Antonio Lara, a réuni au cours des années une surprenante **collection**★, allant des horloges d'émail du 18e s. aux ravissants éventails en passant par une salle d'armes où est présenté un curieux pistolet à sept canons. Le musée est installé dans le palais des comtes de las Islas Batanes (belle façade).
La calle Armiñán ramène vers la plaza de España.

EL MERCADILLO

Ce faubourg, qui se développa au 16e s. au-delà du Tajo, est relié à **La Ciudad** par le **Puente Nuevo** et le vieux pont romain. C'est le quartier commerçant de la ville, avec de nombreuses rues piétonnes comme les calles Nueva, **Remedios**, Ermita et la **plaza del Socorro**, qui comporte de beaux édifices des 19e et 20e s.

Plaza de toros (Museo taurino)★

Été : 10h-20h ; printemps et automne : 10h-19h ; hiver : 10h-18h. 4€. ☎ *952 87 41 32.*
Construites en 1785, les arènes, qui comptent parmi les plus anciennes et les plus belles d'Espagne, sont une des plus larges du monde avec leur diamètre de 66 m. Devant l'entrée, des statues immortalisent deux dynasties de toreros de Ronda : les Romero et les Ordóñez. L'intérieur néoclassique, d'une grande simplicité, se divise en deux étages dotés de colonnes toscanes et surmontés d'une balustrade en pierre. On peut y voir le curieux **Musée taurin**.

Templete de la Virgen de los Dolores★

L'étrange **chapelle de la Vierge-des-Douleurs** se compose d'un simple auvent adossé à un mur et porté par deux piliers et deux colonnettes engagées. Sur chaque pilier figurent **quatre corps★** décharnés se tenant par les bras et portant une corde au cou : notez l'expression de ces silhouettes mi-humaines, mi-fantastiques. La chapelle fut aménagée en 1734 à l'endroit où s'élevait auparavant le gibet.

Nuestro Padre Jesús

Cette église a connu de nombreuses restaurations et sa partie la plus ancienne est la tour gothique (15ᵉ s.) de la façade. En face, la **fontaine à huit bouches** a été édifiée sous Charles III, au 18ᵉ s.

alentours

Église rupestre de la Virgen de la Cabeza★

2,7 km au Sud par ③ du plan et la A 369. En sortant de Ronda, prendre (à 700 m environ) un chemin à droite menant à l'ermitage (signalisation). Printemps et été : tlj sf lun. 10h-14h, 17h-19h, w.-end et j. fériés ; le reste de l'année : tlj sf lun. 10h-14h, 17h-18h, w.-end et j. fériés 10h-15h. Fermé 1ᵉʳ janv. et 24 déc. 1,20€. ☎ 649 36 57 72.

Un petit monastère mozarabe fut fondé au 9ᵉ s., probablement par des Hispano-Wisigoths, sur un site élevé, face à Ronda dont il est séparé par le Guadalevín ; superbes **vues★★** sur Ronda. Ce monastère taillé dans le roc occupe environ 280 m² : on distingue aisément un magasin, des dépendances et l'église. À l'intérieur, fresques du 18ᵉ s.

À la mi-août, on transporte la Vierge de la Cabeza depuis l'église jusqu'à l'ermitage qui se trouve à côté du monastère.

> **HÉBERGEMENT**
>
> **Molino del Santo** – *Barriada Estación - Benaojàn* - ☎ *952 16 71 51 - 18 ch. : 140/200€* ☐ *- fermé 15 nov.-18 fév.* Ancien moulin à huile et à farine (19ᵉ s.) entouré de figuiers et de saules ; en mai et septembre, on ne peut se loger qu'en demi-pension *(208,40€ pour deux).*

Ruines d'Acinipo

19 km au Nord-Ouest. Quitter Ronda par ① du plan et la A 376, puis prendre la MA 449 à droite jusqu'à Ronda la Vieja. Avr.-sept. : tlj sf lun. 11h-19h, ven.-dim. 9h-19h, j. fériés 10h-14h30 ; oct.-mars : tlj sf lun. 10h-18h, ven.-dim. 9h-19h, j. fériés 10h-14h30. Fermé mar. en août, 1ᵉʳ janv. et 24 déc. Gratuit. ☎ 952 22 75 60 ou 630 42 99 49.

Plus connue sous le nom de **Ronda la Vieja**, l'ancienne Acinipo dont parle Pline l'Ancien a conservé un important **théâtre** du 1ᵉʳ s. avant J.-C. avec une partie de la scène et des gradins. Remarquez aussi les vestiges d'une muraille phénicienne, sans doute, et quelques demeures au plan circulaire du 8ᵉ s. avant J.-C.

Cueva de la Pileta★

20 km au Sud-Ouest. Quitter Ronda par ① du plan et la A 376, et prendre bientôt à gauche la MA 555 jusqu'à Benaoján, puis la MA 561. Visite guidée (1h) en été : 10h-13h, 16h-18h ; le reste de l'année : 10h-13h, 16h-17h. Fermé 1ᵉʳ janv. et 24 déc. 6,50€. ☎ 952 16 73 43.

La **grotte de la Pileta** fut découverte en 1905 par José Bullón Lobato alors qu'il était à la recherche d'un curieux engrais pour ses terres, la fiente de chauve-souris. La découverte parut d'une telle importance qu'en 1912 on fit appel, entre autres, au célèbre préhistorien français, l'**abbé Breuil**, pour en étudier les dessins. Les peintures rouges ou noires couvrent une longue période : des motifs figuratifs du paléolithique (20 000 ans avant J.-C.) jusqu'à l'art très symbolique du néolithique (4 000 avant J.-C.). Cette formation calcaire présente plus de 2 km de galeries dont on ne visite que 500 m.

circuit

La A 376 de Ronda à San Pedro de Alcántara★★ *49 km – 1h environ.*

Cette route impressionnante a été construite dans les années 1970 pour relier la Serranía de Ronda à la Costa del Sol. On ne traverse aucun village, mais on franchit les deux chaînes les plus spectaculaires de la province de Malaga, en longeant à gauche le **Parc naturel de la sierra de las Nieves** et à droite la sierra Bermeja. La route monte peu à peu dans un décor de sapins d'Espagne *(abies pinsapo)*, franchit le col d'Alijar (410 m), puis descend brutalement sur la côte.

Parque Natural de la sierra de las Nieves – Déclaré **Réserve de la biosphère** en 1994, ce petit parc naturel (16 564 ha) voit croître quantité de **sapins d'Espagne** et se multiplier l'une des plus importantes colonies de **chamois** de la péninsule. Le territoire est caractérisé par des pentes abruptes et un relief karstique, indices de l'existence de nombreux gouffres ; il n'est donc pas surprenant de trouver dans le parc l'un des gouffres les plus profonds du monde, le **G.E.S.M.**

> **UN DICTON...**
>
> On a coutume de dire dans ces régions « *eres más malo que la madera de pinsapo* » (tu es pire que du bois de sapin) en référence à la mauvaise qualité de ce bois, qui n'a peut-être pas été étrangère à la conservation de cette espèce dont certains représentants ont plus de 200 ans.

Sanlúcar de Barrameda★

Face à l'océan Atlantique, sur les marais du Guadalquivir, la ville lumineuse et paisible de Sanlúcar s'étend sur une terre sablonneuse qui produit l'un des meilleurs vins secs de l'Andalousie, le « manzanilla ». La mer et le vin, qui conditionnent la vie de la cité, influencent aussi l'urbanisme. La ville haute, ancienne et monumentale, voit foisonner les caves ; la ville basse, tournée vers la mer, est animée par le commerce : là, une population bigarrée d'autochtones ou de touristes aime à se retrouver autour de savoureux poissons ou fruits de mer.

La situation

61 382 habitants. Carte Michelin n° 446 V 10 – Schéma : Parque Natural de DOÑANA – Andalousie (Cadix).
Située à l'embouchure du Guadalquivir, en face de la pointe méridionale du Parc national de Doñana, Sanlúcar de Barrameda est toute proche de Jerez de la Frontera et de El Puerto de Santa María, respectivement à 22 et 23 km au Nord-Ouest.
🖪 *Calzada del Ejército, 11540 Cádiz, ☎ 956 36 61 10.*
Vous pouvez poursuivre votre voyage en visitant : JEREZ DE LA FRONTERA, EL PUERTO DE SANTA MARÍA, Cadix (CÁDIZ, au Sud), MEDINA SIDONIA (au Sud-Est) et VEJER DE LA FRONTERA (au Sud-Est).

carnet pratique

RESTAURATION
• Valeur sûre
Casa Bigote – *Bajo de Guía, 10 -*
☎ *956 36 26 96 - 20,60/24€ - fermé dim., nov.* Situé dans le quartier de Bajo Guía, cette ancienne taverne est devenue une véritable institution. Dirigée par la même famille depuis cinquante ans, elle est décorée d'objets anciens et de photos d'époque sur le thème de la pêche. Excellents poissons et grosses crevettes de la région.

HÉBERGEMENT
• Valeur sûre
Posada de Palacio – *Caballeros, 11 (Barrio Alto) -* ☎ *956 36 48 40 - 22 ch. : 68/78€*

🖵*- fermé déc.-janv.* Hôtel familial installé dans un petit palais du 17ᵉ s., en face de la mairie. Chambres correctes, bien décorées avec un mobilier d'époque, donnant sur un joli patio.
Tartaneros – *Tartaneros, 8 -* ☎ *956 38 53 93 - 22 ch., 2 suites : 90,15/102,17€.* Hôtel aménagé dans ce charmant petit palais jaune du début du 20ᵉ s., agrémenté de colonnes et balcons.

FÊTES
Carnaval *(février)*, Feria du manzanilla *(fin mai)*, courses de chevaux *(août)*.

comprendre

Une ville tournée vers la mer – Sa position stratégique à l'embouchure du Guadalquivir en a fait au 15ᵉ s. le passage obligé des galères d'Amérique de retour à Séville. C'est d'ici même que partit, en 1519, l'expédition de **Magellan** qui revint au bout de trois années sous le commandement de **Juan Sebastián Elcano**, après avoir bouclé le premier tour du monde. La ville connut alors son apogée et devint un important foyer commercial. Mais la disgrâce du duc de Medina Sidonia après l'indépendance du Portugal en 1640 et la disparition de la galère au profit de plus grands vaisseaux, incapables de franchir les bancs de sable de Sanlúcar, entraînèrent le déclin de la ville. Enfin, à la fin du 19ᵉ s., avec le développement de la viniculture, l'économie prit un nouveau départ.
La manzanilla – C'est le nom du xérès de Sanlúcar, à la robe claire, sec au palais et long en bouche. Dès le mois de mai, les vastes vignobles du triangle formé par Sanlúcar, El Puerto de Santa María et Jerez, se couvrent de feuilles. Le cépage employé pour son élaboration est surtout le **palomino**, récolté en septembre. Le moût est ensuite transvasé dans de grands conteneurs métalliques, avant de produire le moût fermenté dit *sobretabla* (11° environ). Puis, le vin sec se fortifie, atteignant le titre de 15°, et passe dans des barriques de chêne américain ; c'est le début de l'élevage du xérès dit *crianza de solera y criaderas (voir ABC du xérès au chapitre Jerez de la Frontera).* La différence entre la manzanilla et le *fino* tient du climat particulier de Sanlúcar, qui fait que la fleur du vin reste à la surface pendant le vieillissement, empêchant ainsi l'oxydation. L'élevage de la manzanilla dure au minimum trois ans.

Visite des caves – Possibilité de visite guidée des caves de **Barbadillo** *(près du château)*, une véritable institution depuis le 18ᵉ s., de **Pedro Romero** *(calle Trasbola, 84)* et de **La Cigarrera** *(plaza Madre de Dios). Informations sur les horaires d'ouverture* ☎ *956 38 30 32.*

Le plus bel hippodrome du monde – Depuis plus de cent cinquante ans, un instant exceptionnel et magique se produit sur les plages de Sanlúcar : d'étonnantes courses de chevaux où la mer, la lumière et la vigueur des chevaux se conjuguent pour offrir un spectacle de toute beauté. Ces courses, les plus anciennes d'Espagne, remontent au 19e s., époque de l'émergence des courses hippiques. Elles se déroulent en août, à marée basse, ce qui explique les changements de date. *Informations auprès de l'Office de tourisme.*

se promener

DE LA PLAZA DEL CABILDO AU BARRIO ALTO *1h*
Ce circuit permet d'apprécier les principales curiosités du quartier haut (Barrio Alto).

Plaza del Cabildo
Cette vaste place très animée, d'aspect 19e s., est parsemée d'orangers et de palmiers. Cœur de la ville, elle est également son lieu le plus animé où il fait bon boire un verre... Sur l'un de ses côtés, vous remarquerez le « **cabildo** », ancien hôtel de ville et bel édifice du 18e s.

Plaza de San Roque
Tous les matins, un petit marché s'installe sur cette placette pleine d'animation.

La Trinidad
10h-13h30, dim. réservé au culte exclusivement.
À demi cachée sur la place du même nom, l'**église de la Trinité** borde l'un des côtés de la plaza de San Roque. Cette petite église à nef unique conserve un magnifique « **artesonado mudéjar** »★★ du 15e s., tandis que le retable baroque du 17e s. recèle une élégante statue de Notre-Dame des Douleurs.
Poursuivre dans la calle Regina.

Convento de Regina Coeli
Commandé au début du 16e s. par l'ordre des Clarisses, le couvent arbore une belle façade rouge pompéien et deux élégants frontispices accueillant les statues de sainte Claire et de la Vierge à l'Enfant.

Retourner plaza de San Roque et prendre la calle Bretones. Dépasser le marché municipal avant de grimper la cuesta de Belén.

> **QUELQUES GOURMANDISES...**
> Convento de la Madre de Dios :
> les « tocinos de cielo » des religieuses de ce couvent du 17e s. à la belle façade Renaissance comptent parmi les meilleurs de la région *(voir Jerez)*. L'entrée se trouve calle del Torno. *10h-13h, 17h-19h ; fermé dim.* On appréciera l'allure coloniale de la place.

Covachas★
L'air marin et l'érosion de la pierre accentuent le caractère mystérieux de l'endroit qui devait sans doute faire partie du palais commandé par les ducs de Medina Sidonia au 15e s. L'ensemble *(récemment restauré)* est formé de cinq arcs en accolade, richement ornés de nervures gothiques et de dragons ailés.

Palacio de Orleans y Borbón
Entrée par la calle Caballeros. Été : 10h30-13h30 ; le reste de l'année : 8h-14h. ☎ *956 38 80 00.*
Ce magnifique palais du 19e s., inspiré de l'architecture arabe, était la résidence d'été des ducs de Montpensier, descendants du roi Louis-Philippe et naturalisés espagnols. Ce romantique édifice, dont les merveilleux **jardins** dispensent un beau panorama sur la ville, sert aujourd'hui d'hôtel de ville.

Nuestra Señora de la O
19h30 réservé au culte, dim. 9h, 12h, 19h30.
Isabel de la Cerda y Guzmán, petite-fille d'Alphonse X le Sage, commanda la construction de cette église. Sa façade principale s'orne d'un spectaculaire **portail mudéjar**★★ (14e s.) et l'intérieur d'un **artesonado**★ également mudéjar (16e s.). À proximité, le **palais des comtes de Niebla** est la résidence de la duchesse de Medina Sidonia. *Visite guidée dim. 10h-13h30.* ☎ *956 36 01 61.*
Prendre la calle Luis de Eguilaz.

Au n° 21, la **Casa de la Cilla** est un beau petit palais baroque construit au 18e s. pour le recouvrement de la dîme. Depuis 1939 c'est la propriété des *bodegas* Barbadillo.

N'hésitez pas à aller flâner dans le callejón de las Comedias et la calle Eguilaz, où l'odeur envoûtante du manzanilla a imprégné toutes les constructions blanches.

Castillo de Santiago

La partie la plus ancienne du château, où résida la reine Isabelle la Catholique, est l'impressionnant donjon érigé au 13e s., à l'époque de Guzmán el Bueno *(voir Tarifa)*. C'est au 15e s. que l'on ajouta à partir de cette tour hexagonale le reste de l'enceinte jalonnée de quatre tours.

LA VILLE MODERNE ET BAJO DE GUÍA

Le bas-quartier, ou *Barrio Bajo*, qui s'étire depuis la calle Ancha jusqu'au Guadalquivir, surgit au 16e s. avec le développement de Sanlúcar consécutif à la découverte des Amériques. Ce quartier commerçant et animé est idéal pour savourer des tapas ou prendre un repas tout simplement.

Santo Domingo

10h-12h, 15h30-20h. S'abstenir de visiter pendant les offices. ☎ *956 36 04 91.*
L'église St-Dominique appartenait jadis à l'ancien couvent du même nom, aujourd'hui disparu et fondé en 1548 pour servir d'étape aux dominicains de retour d'Amérique. Un beau portail, attribué à l'ingénieur Cristóbal de Rojas, dessert une cour cloîtrée en forme de compas. La sévérité extérieure est atténuée par le décor platéresque des balustrades et des fenêtres intérieures.

Poursuivre calle de Santo Domingo jusqu'à la plaza de San Francisco.

Sur cette place se dresse l'imposante masse de l'**église St-François** (17e s.).

Prendre la calle de San Nicolás et l'avenida del Cabo Nobal jusqu'à l'avenida Bajo de Guía.

Centro de Visitantes Bajo de Guía

10h-14h, 16h-19h, w.-end 10h-14h30. Gratuit. ☎ *956 36 07 15.*
Le centre fournit diverses informations sur les espaces préservés de la région, dont le Parc national de Doñana *(voir ce nom)*. Présentation vidéo quelque peu désuète.

Centro de Visitantes Fábrica de Hielo

Été : 9h-20h ; le reste de l'année : 9h-19h. ☎ *956 38 16 35.*
Ce bureau d'accueil est installé dans une ancienne fabrique de glace (fermée en 1978), d'où son nom. Aux deux niveaux est dispensée une présentation moderne et attrayante de différentes facettes du **Parc national de Doñana**.

Excursion à Doñana à bord du Fernando

Départ de Sanlúcar de Barrameda, arrivée à la Plancha, point de départ d'une randonnée avant le retour sur Sanlúcar. Pendant la traversée, informations sur le Parc de Doñana. La visite est organisée par la municipalité de Sanlúcar de Barrameda ; les billets sont en vente au **Centro de Visitantes Fábrica de Hielo**.

alentours

Parque Nacional de Doñana★★★

(voir ce nom)

Bonanza

4 km au Nord par la CA 624. Tous les jours, un peu avant 17h, on peut assister à la vente de poissons à la criée et ceux d'entre vous qui maîtrisent l'espagnol seront sans doute surpris ou amusés par le langage codé employé par les pêcheurs...

> **HÉBERGEMENT**
> **Cruz del Mar** – *Avenida de Sanlúcar, 1 - Chipiona -* ☎ *956 37 11 00 - 93 ch. : 63,10/87,14€ - fermé de mi-nov. à mi-fév.* Cet hôtel moderne en bord de mer, à proximité du Parc national de Doñana, propose toutes sortes d'activités, depuis la piscine jusqu'à la plage et le fitness. Golf à 6 km.

Chipiona

9 km au Sud-Ouest par la A 480. Cette petite station balnéaire, paisible l'hiver, se transforme en un haut lieu de villégiature l'été. Nombre de touristes, pour la plupart des familles espagnoles, y affluent pour profiter des délicieuses plages, telle la **playa de la Regla★**, et de l'agréable climat. Chipiona peut se révéler un bon point de départ pour explorer la région. À noter dans le village, l'**église N.-D.-de-la-O** (16e s.), gothique bien que largement remaniée par la suite. Seul le portail Nord de style gothique isabélin est d'origine. On ne manquera pas de visiter le **sanctuaire de N.-D.-de-la-Règle**, dont l'église fut reconstruite au début du 20e s. dans un style très éclectique. À l'intérieur, le **cloître** *(accès par la sacristie)* a conservé son architecture du 15e s. ; il est parcouru d'une longue frise d'azulejos du 17e s. relatant l'histoire du sanctuaire. Tous les angelots diffèrent et on remarquera aux angles les armes du royaume d'Espagne et des Ponce de León. Sur l'un des côtés, belle fenêtre à meneaux romane subsistant du cloître primitif du 10e s. *Été : 8h-12h, 17h-20h30 ; le reste de l'année : 8h-12h, 17h-19h30.* ☎ *956 37 01 89.*

Sevilla★★★

Séville

Cité d'art et d'histoire, capitale de l'Andalousie, Séville a su perpétuer toutes ses traditions sans pour autant tourner le dos à la modernité. Cette ville à l'élégance féminine est consciente de son charme et sait en jouer avec le visiteur qui la découvre. Les Sévillans en sont littéralement amoureux et ne manquent pas une occasion de la parer de toutes les qualités. Mais Séville représente avant tout un art de vivre où la gaieté et le sens de la fête prennent souvent une teinte passionnée...

Le seul nom de Séville évoque immédiatement le Guadalquivir, dans lequel elle se mire depuis toujours et qui a marqué toute son histoire, la Semaine sainte, si poignante, et la Feria ; si pour certains Séville est indissociable de Vélasquez et Murillo, pour tous elle est la ville de don Juan et de Carmen... Mais plus que ces images traditionnelles, Séville intime c'est le parfum des fleurs d'oranger, les cafés animés, les sévillanes, la corrida... Séville, c'est la lumière, c'est la couleur, c'est la chaleur...

La situation

701 927 habitants. Carte Michelin n° 578 T 11-12 – Andalousie (Séville).
La ville, traversée par le Guadalquivir, jouit d'un bon réseau de communication (autoroutes et routes nationales) qui la relie aux autres villes : Huelva (92 km à l'Ouest) ; Jerez de la Frontera (90 km au Sud), Cadix (123 km au Sud-Ouest) et Cordoue (143 km au Nord-Est).
Avenida de la Constitución, 21 B, 41004 Sevilla, ☎ 954 22 14 04 ; paseo de las Delicias, 9, 41012 Séville, ☎ 954 23 44 65.
Vous pouvez poursuivre votre voyage en visitant : CARMONA (38 km à l'Est), ÉCIJA (91 km à l'Est), UTRERA (31 km au Sud-Est), MARCHENA (66,5 km au Sud-Est) et HUELVA.

comprendre

SÉVILLE EN LIESSE

Au printemps, Séville vit au rythme des fêtes qui ont fait sa réputation : la Semaine sainte et la Feria d'avril. Il est difficile d'imaginer leur splendeur et les passions que suscitent ces deux événements ; aussi radicalement différents qu'ils soient, ils n'en expriment pas moins l'âme sévillane.

La Semaine sainte – Elle a lieu en mars ou en avril, en fonction du calendrier liturgique, entre le dimanche des Rameaux et celui de Pâques. L'origine de la Semaine sainte de Séville remonte au 16e s. avec l'apparition des associations et confréries corporatives (*herman-dades* ou *cofradías*).

Place d'Espagne de nuit.

Ch.Sappa/HOA QUI

De nos jours, plus de cinquante d'entre elles participent aux processions.

Toute la ville descend dans la rue pour vivre avec le Christ sa Passion et accompagner la Vierge dans sa douleur. Spectacle impressionnant et exceptionnel car les rues et les placettes reculées de Séville forment un cadre parfait pour ces processions. Ainsi se répète chaque année ce rituel religieux presque baroque, au rythme des *pasos* richement décorés d'or et d'argent, au cours duquel la population de Séville laisse exploser une incroyable ferveur confinant parfois à l'extase.

Les processions – Elle se succèdent tout au long de la Semaine sainte. Chaque confrérie quitte son église ou sa chapelle avec, en général, deux pasos : l'un avec une représentation du Christ, l'autre avec celle de la Vierge. Les membres de la confrérie participant à la procession revêtent un costume comprenant souvent une cagoule, et certains pénitents marchent pieds nus en portant une croix. Chaque procession emprunte un parcours particulier, dit *la carrera*, jusqu'à la cathédrale, puis revient à son point de départ, mais toutes passent à tour de rôle par la calle Sierpes et devant l'hôtel de ville. Les pasos, lourdes plates-formes drapées jusqu'au sol, sont portés par de jeunes hommes, les *costaleros*, qui se disputent le privilège de transporter les statues. Camouflés sous les draperies du paso, ils sont guidés par un chef, le *capataz*, et leur progression est rythmée par une formation musicale. Cet exercice de force et d'adresse est suivi avec passion par une foule considérable. C'est aux premières heures du Vendredi saint, dites la « **madrugá** », que se déroulent les plus célèbres processions : El Silencio (confrérie observant un silence total), La Macarena (confrérie vénérant la sainte patronne de la ville), La Esperanza de Triana, Los Gitanos et, l'après-midi, El Cachorro.

Les statues exhibées sont parfois de véritables chefs-d'œuvre d'artistes du 17e s : *Jesús del Gran Poder* et *El Crucificado del Amor*, par Juan de Mesa ; *El Cristo de la Pasión*, par Martínez Montañés ; *La Virgen de la Esperanza*, œuvre anonyme plus connue sous le nom de La Macarena ; le Très Saint Christ de l'Expiration (« *El Cachorro* »), par Francisco Antonio Gijón ; *Nuestro Padre Jesús el Nazareno*, par Francisco Ocampo, etc.

La Feria d'avril – Vers le milieu du 19e s., ce n'était qu'une foire au bétail mais elle perdit très vite son aspect commercial pour donner lieu à une véritable explosion de joie, de couleurs et d'animation. Elle révèle tout l'esprit d'une population qui a le sens de la fête comme nulle part ailleurs !

> **ATTENTION !**
> La Feria est une réunion exclusivement sévillane. La plupart des pavillons sont privés et, à moins de connaître quelqu'un qui puisse vous introduire, vous risquez de vous sentir seul au milieu de la fête !

La Feria se déroule deux ou trois semaines après la Semaine sainte, dans le quartier de los Remedios. À l'intérieur d'une enceinte particulière est installé un vaste campement avec ses rues ; constitué de *casetas*, éphémères pavillons le plus souvent de toile appartenant à des clubs, des familles ou des groupes d'amis (quelques casetas sont publiques), il est illuminé par des milliers de lanternes et d'ampoules multicolores. L'ouverture de la Feria intervient dans la nuit du lundi au mardi, marquée par l'illumination de toute l'enceinte, et on clôt la fête le dimanche, avec un grand feu d'artifice.

L'enceinte grouille de monde. Dans les *casetas*, on chante, on danse des sévillanes, on boit du xérès et de la manzanilla de Sanlúcar, et on picore des tapas jusqu'à l'aube.

La journée, les femmes rivalisent d'élégance, vêtues de leurs superbes robes à volants quand elles dansent ou fièrement campées sur leurs montures quand elles traversent la Feria. Des équipages les déposent parfois devant les pavillons. Les hommes élégamment vêtus et coiffés de leurs sombreros cordouans ou les chevaux luxueusement harnachés forment un ensemble bigarré...

Dans la calle del Infierno, les attractions font la joie des petits et des grands.

Le Rocío – Une autre fête chère aux Sévillans, le Rocío *(voir ce nom)*, mérite d'être mentionnée. Ce pèlerinage qui mêle la dévotion à la Vierge et le sens de la fête a pour destination un petit ermitage proche d'Almonte.

Les confréries sévillanes vivent le Rocío avec intensité et ferveur. Les pèlerins se rendent à l'ermitage à pied, à cheval ou en carriole, accompagnant le carrosse portant l'étendard de la Vierge, le *Simpecado*. En chemin, on chante et on danse des sévillanes en l'honneur de la Vierge.

AU FIL DES SIÈCLES

« *Hércules me construyó, Julio César me rodeó de murallas y altas torres y el Rey Santo me conquistó* » (Hercule me bâtit, César m'entoura de murs et de tours et le Roi Saint me prit) dit une épigraphe de la porte de Jerez, dont la destruction remonte au 19e s. Plus probablement fondée par les Ibères, Séville, dont l'histoire est liée depuis des siècles à l'activité de son port fluvial, fut ensuite colonie grecque, phénicienne puis carthaginoise avant d'être conquise par les Romains en 205 avant J.-C. après un long siège.

Romains et Wisigoths – Les débuts de l'occupation romaine sont marqués par des luttes opposant les différentes factions. Après l'avoir conquise (42 avant J.-C.), Jules César ceint de murailles la ville, qui va connaître une période de splendeur et devenir l'une des principales villes de la Bétique.

Au 5e s. arrivent les Vandales, bientôt suivis des Wisigoths qui les chassent et font de Séville la capitale de leur royaume avant de transporter leur cour à Tolède. Au début du 7e s., la ville a pour évêque saint Isidore, auteur des *Étymologies*, qui exerce une influence considérable sur la culture de l'Europe médiévale.

La domination arabe – Conquise par les Arabes en 712, Séville dépend du califat de Cordoue, mais à la chute (1031) de celui-ci devient la capitale d'un royaume de *taifa*. Sous le règne de Mohammed II Al-Motamid, souverain épris d'art et de littérature, la ville connaît un rayonnement culturel sans précédent. Les Almoravides, venus en Espagne à la demande du roi de Grenade qu'ils ont ensuite détrôné, s'emparent du royaume de Séville en 1091. Mais en 1147 les Almohades enlèvent aux Almoravides une partie de leur royaume, dont Séville et Cordoue, et la ville, à nouveau capitale, commence à se développer : on construit de nouveaux quartiers hors les murs, ainsi que la Giralda et la grande mosquée que remplacera la cathédrale actuelle.

La Reconquête – Le 23 novembre 1248, saint Ferdinand III reprend la ville et y établit sa cour. Alphonse X le Sage et Pierre Ier réorganisent l'alcázar pour s'y installer.

16e s. : l'âge d'or – C'est la découverte de l'Amérique (1492) qui va marquer de manière déterminante l'histoire de Séville : la ville a le monopole du commerce avec le Nouveau Monde et c'est d'ici que partent toutes les expéditions vers l'Amérique, entre autres celles d'Amerigo Vespucci, qui succède à Christophe Colomb dans le rôle de *piloto mayor*, et celle de Magellan (en 1519) pour tenter le premier tour du monde. En 1503 est fondée la chambre de commerce, la **Casa de Contratación**, pour stimuler et contrôler les échanges commerciaux avec l'Amérique.

Cette formule en forme de rébus qui figure sur l'écusson de Séville fut octroyée à la ville par le roi Alphonse X le Sage (1221-1284). Il voulait ainsi rappeler la fidélité et le soutien que la ville lui avait accordés lors des importantes crises qui avaient marqué les dernières années de son règne. Le petit dessin central représente un écheveau, en espagnol *madejo*. Le rébus, qui se lit donc « **No madeja do** », doit se comprendre « **No me ha dejado** », qui signifie en français : « Elle ne m'a pas laissé tomber ».

La ville s'enrichit ; marchands et banquiers étrangers y affluent, attirés par l'or des Amériques. Séville déborde d'activité, on construit des palais, on crée des ateliers, et cet étalage de richesse y attirent filous *(pícaros)* et gagne-deniers de tout poil. La population va presque doubler en un siècle et atteint les deux cent mille habitants, d'après certains historiens.

carnet pratique

TRANSPORTS

Aéroport – Aéroport international San Pablo, *8 km par la N IV direction Madrid,* ☎ *954 44 90 00.* Outre les taxis, service d'autobus jusqu'au centre-ville et à la gare ferroviaire Santa Justa *(prix du transfert : 2,10€).*

Trains – *Estación de Santa Justa,* ☎ *954 41 41 11.* La gare de **Santa Justa** est située avenida de Kansas City. De là partent des trains vers la province et l'étranger : l'AVE, Séville-Madrid, assure la liaison en 2h25 et atteint Cordoue en 3/4h. Renseignements et réservations : ☎ *902 24 02 02.*

Autocars – Séville possède deux gares routières : la **Estación Plaza de Armas** (☎ *954 90 77 37/80 40)* est la tête des lignes vers les provinces de Séville et Huelva, le reste de l'Espagne, le Portugal et les autres pays européens, et la **Estación del Prado de San Sebastián** (☎ *954 41 71 11)* dessert le reste de l'Andalousie.

Autobus métropolitains – Gérés par **Tussam** (☎ *954 22 81 77/53 60),* ils représentent la meilleure solution pour se déplacer dans la ville. Prix du billet : 0,81€ ; il existe des carnets de 10 tickets (vendus 3,75€ avec possibilité de changement de ligne pendant une heure après compostage, 3,45€ sans changement).

Taxis – ☎ *954 58 00 00 et 954 62 22 22.*

VISITE

Publications – Des publications bilingues (espagnol-anglais), **Welcome Olé** et **The Tourist,** gratuites et mensuelles, sont consacrées au tourisme à Séville. On peut se les procurer dans quelques hôtels et établissements.

Le service culturel municipal de Séville, le **NODO,** édite une petite brochure sur les événements culturels du mois. Pour l'ensemble de l'Andalousie paraît une publication mensuelle, **El Giraldillo,** qui donne des informations sur les foires, expositions, spectacles, restaurants, cinémas etc. **Internet** : *www.elgiraldillo.es*

Calèches – C'est un moyen agréable pour avoir un aperçu des édifices historiques de la ville. Les principales stations se trouvent plaza Virgen de Los Reyes, Torre del Oro, plaza de España et avenida de la Constitución.

En bateau sur le Guadalquivir – Le bateau part toutes les demi-heures de l'embarcadère de la Torre del Oro pour une promenade agréable sur le fleuve. Le parcours dure une heure pendant la journée et une heure et demie la nuit. Vous pourrez même vous rendre à Sanlúcar de Barrameda et jusqu'à l'embouchure du fleuve, en passant par le Parc national de Doñana. ☎ *954 56 16 92.*

Bus touristique – Il part de la Torre del Oro et, au cours de son parcours dans la ville, s'arrête aux principaux monuments ; possibilité de descendre et d'en reprendre un autre un peu plus tard.

Le plan de la ville vous suggère différents parcours pour profiter de votre visite.

RESTAURATION

• *Valeur sûre*

Corral del Agua – *Callejón del Agua, 6 -* ☎ *954 22 48 41 - 18/24€ - fermé dim.* Une surprise fraîche et agréable dans cette tranquille ruelle exhalant les parfums d'antan. Sa terrasse, nichée au sein d'une abondante végétation, constitue un délice en été. Cuisine andalouse classique.

La Albahaca – *Plaza de Santa Cruz, 12 -* ☎ *954 22 07 14 - 27/37€ - fermé dim.* Pour déjeuner dans cette ancienne maison seigneuriale, vous aurez le choix entre trois salons. Cuisine internationale. Terrasse aux beaux jours.

• *Une petite folie !*

El Burladero – *Canalejas, 1 -* ☎ *954 50 55 99 - 39/44€ - fermé 17 juil.-août.* Restaurant (et bar à tapas) très fréquenté et de haut niveau. Décoration sobre et soignée. Spécialité de queue de taureau.

Taberna del Alabardero – *Zaragoza, 20 -* ☎ *954 56 06 37 - 47€ -* Une des meilleures tables de Séville, qui offre également la possibilité de se loger dans l'une de ses 7 chambres. Elle abrite l'École hôtelière de Séville ainsi qu'un salon de thé fort agréable. À lui seul, l'endroit est digne d'une visite.

TAPAS

QUARTIER DE SANTA CRUZ

Calle Mateos Gago – Bars et restaurants abondent dans cette rue proche de la Giralda. Citons la **Bodega de Santa Cruz,** fréquentée surtout par une clientèle jeune qui consomme ses tapas dans la rue. La taverne **La Giralda** *(au n° 1)* est l'un des établissements les plus traditionnels du quartier et sa réputation est à la hauteur de son nom. Un peu plus haut, la **Bodega Belmonte** *(au n° 24)* est un bar récent. Laissez-vous tenter par son entrecôte au poivre.

Las Teresas – *Santa Teresa, 2 (Santa Cruz) -* ☎ *954 21 30 69.* Petite taverne typique située dans une ruelle pittoresque. Un classique du quartier qui nous transporte au début du 19ᵉ s. En face, les tapas froides de la **Casa Plácido** sont également à goûter.

Puerta de la Carne – *Santa María La Blanca, 36.* Idéal pour découvrir Séville sous un aspect original : on y vend des fruits de mer et des poissons de toutes sortes dans des cornets en papier.

TRIANA

Kiosco de Las Flores – *Plaza del Altozano.* Près du pont de Triana, ce bar à tapas doté d'une terrasse donnant sur le Guadalquivir est tenu par la même famille depuis 1930. Spécialité de poisson frit, de fruits de mer et d'*ortiguillas* (algues frites).

Sol y Sombra – *Castilla, 149-151 -* ☎ *954 33 39 35 - fermé lun. et mar. à midi.* Ses tapas sont une institution à Séville. Jambon à l'os, vins et affiches tauromachiques constituent le meilleur décor pour déguster son steak à l'ail et ses œufs brouillés.

Casa Cuesta – *Castilla, 3 - fermé mar.* Bar fondé en 1917 spécialisé dans les préparations à base de viande de taureau. Aux beaux jours, on installe même des tables sur la petite place à proximité.

ARENAL ET PLAZA NUEVA

Bodeguita A. Romero – *Harinas, 10 - fermé août et lun.* Près des arènes, ce célèbre bar offre une délicieuse *pringá* (viande de pot-au-feu que l'on prend avec du pain). À midi, clientèle d'hommes d'affaires en général.

Casablanca – *Zaragoza, 50 - fermé dim.* Petit bar célèbre à Séville et toujours comble, fréquenté par les gens du quartier.

CENTRE

El Patio de San Eloy – *San Eloy, 9 - ☎ 954 22 11 48.* Cette taverne surprenante propose différentes ambiances : en entrant, à droite, petit comptoir pour déguster du vin ; au bar central, vente de sandwichs variés (andalous, catalans, galiciens, français, belges…) ; enfin, au fond, de petits bancs tapissés d'azulejos (un peu comme dans les bains arabes) permettent de prolonger une conversation. Salle comble à midi.

SANTA CATALINA

El Rinconcillo – *Gerona, 40.* L'endroit vaut le déplacement, ne serait-ce que pour voir la plus ancienne taverne de Séville fondée au 17ᵉ s., bien que sa décoration actuelle relève du 19ᵉ s., comme ses magnifiques soubassements d'azulejos. Admirez le beau plafond à caissons.

Le bar d'El Rinconcillo.

ALFALFA

Bodega Extremeña – *Calle Águilas au coin de Candilejo.* Au cœur de l'Andalousie, un curieux étalage de produits d'Estrémadure ; à goûter absolument : les excellents fromages (comme la célèbre Torta del Casar), les jambons et la charcuterie, sans oublier les vins.

HÉBERGEMENT

Avertissement : le prix des chambres durant la **Semaine sainte** et la **Feria** peut doubler ou plus. Pour éviter les mauvaises surprises, si vous voulez vous rendre à Séville durant ces périodes, renseignez-vous avant de partir.

• À bon compte

Hotel Sevilla – *Daóiz, 5 - ☎ 954 38 41 61 - 35 ch. : 35/55€.* Très bien situé sur une agréable petite place proche du palais de la comtesse de Lebrija. C'est un hôtel qui convient à ceux qui ne veulent pas trop dépenser sans pour autant renoncer à un certain confort. La décoration un peu vieillotte fait partie de son charme.

Hostal Londres – *San Pedro Mártir, 1 - ☎ 954 21 28 96 - 25 ch. : 41/54€.* En plein centre. Chambres simples et propres. Choisissez plutôt les chambres donnant sur la rue, elles sont plus calmes ; certaines ont un balcon. À signaler que cet hôtel n'a pas d'ascenseur.

• Valeur sûre

Hotel Doña Blanca – *Plaza Jerónimo de Córdoba, 14 - ☎ 954 50 13 73 - 19 ch. : 47,18/64,85€.* Jolie demeure à la façade rouge. Chambres à un prix raisonnable, compte tenu de leur taille, leur décoration et leur confort. L'hôtel est situé dans un quartier du centre très animé, à côté du couvent Santa Paula.

Hostal Nuevo Picasso – *San Gregorio, 1 - ☎ 954 21 08 64 - 20 ch. : 75,15€.* Cette élégante maison sévillane, à l'entrée du quartier de Santa Cruz, conserve presque intact son ancien cadre. Escalier en bois, patio luxuriant, chambres agréables sans prétention. Clientèle jeune.

Hotel Simón – *García Vinuesa, 19 - ☎ 954 22 66 60 - 30 ch. : 48,08/78,13€.* À deux pas de la cathédrale, cette grande bâtisse blanche agencée autour d'un patio semble d'une autre époque. Les couloirs sont décorés de meubles anciens et de miroirs. Toutes les chambres sont confortables, les plus belles sont tapissées d'azulejos.

Hotel Corregidor – *Morgado, 17 - ☎ 924 38 51 11 - 76 ch., 1 suite : 90/130€.* La façade, légèrement en retrait par rapport aux autres bâtiments, est ravissante ; belle entrée et petit jardin. Chambres très confortables.

Hotel Las Casas de la Judería – *Callejón Dos Hermanas, 7 - ☎ 954 41 51 50 - 53 ch. : 93,76/117,20€.* Une agréable surprise dans l'ancien quartier juif. Élégance et tradition dans une architecture de type classique. Un hôtel lumineux et haut en couleur, installé dans une demeure appartenant au duc de Béjar.

• Une petite folie !

Hotel Doña María – *Don Remondo, 19 - ☎ 954 22 49 90 - 66 ch., 2 suites : 129,20/174,30€.* Ancien bâtiment restauré avec goût tourné vers la Giralda. Même si vous n'y logez pas, ne manquez pas d'aller jeter un coup d'œil à la superbe terrasse.

Casa Imperial – *Imperial, 29 - ☎ 954 50 03 00 - 18 ch., 8 suites : 205/225€.* Situé dans une rue tranquille, derrière la Casa de Pilatos, cet hôtel occupe une belle demeure baroque 17ᵉ-18ᵉ s. Remarquable patio principal.

Hotel Alfonso XIII – *San Fernando, 2 - ☎ 954 91 70 00 - 🅿 - 127 ch. : 321/421€.* Construit en 1928 dans le style néomudéjar. C'est l'hôtel le plus luxueux et le plus emblématique de Séville.

UNE PETITE PAUSE

Café de la Prensa – *Betis, 6 - 13h-3h.* Café situé sur les rives du fleuve. Décoration moderne, ambiance jeune et intellectuelle. Tables sur la rue avec vue magnifique sur le Guadalquivir et le centre historique de la ville. Parfait pour y passer l'après-midi ou y prendre le premier verre de la soirée.

Horno San Buenaventura – *Avenida de la Constitución, 16 - 8h-22h*. Il appartient à une chaîne sévillane de fours *(horno)* qui a plus de six siècles d'existence. Situé en face de la cathédrale, il possède un vaste salon de thé au rez-de-chaussée. Très bonne confiserie.

La Campana – *Plaza de la Campana, 1 - 8h-22h*. Une des classiques cafétérias sévillanes. La décoration rococo crée un cadre très agréable pour goûter les pâtisseries réputées dans toute la ville. Clientèle variée : Sévillans et touristes.

À la terrasse de La Campana

SORTIES

Le soir, vous apprécierez le quartier de la cathédrale ou celui, plus pittoresque, de Santa Cruz, ou encore celui des arènes, El Arenal, pour aller prendre un verre dans un cadre exceptionnel. Et pourquoi pas non plus le quartier de Triana si populaire (surtout la calle Betis, au bord du fleuve) ? Les jeunes préféreront les bars du quartier de Nervión, où se trouvent les discothèques les plus animées. Les plus branchés se dirigeront plutôt vers la Alameda de Hércules, quartier moins sûr où le Fun Club organise souvent des concerts ; ou encore, ils pourront aller jeter un coup d'œil à la curieuse collection de cafetières anciennes du café Habanilla. En été, l'animation se déplace au bord du Guadalquivir et, sur plusieurs kilomètres, bars et terrasses accueillent une clientèle variée.

Antigüedades – *Calle Argote de Molina, 40 - 20h-3h*. C'est un des lieux les plus bigarrés de Séville. Le décor n'a rien de bien particulier mais change de thème à peu près tous les mois. Clientèle jeune, plutôt la trentaine. À minuit, l'animation bat son plein.

Abades – *Abades, 16 - 16h-aube*. Ce petit palais du 18e s. situé au cœur du quartier de Santa Cruz compte plusieurs salons baroques décorés avec des antiquités. Il est agréable de venir y prendre un verre dans un cadre élégant, une atmosphère détendue et sur un fond de musique classique.

La Carbonería – *Levíes, 18 - 20h-4h*. Une véritable institution à Séville, siège de la vie culturelle la plus bohème de la ville. Installé dans un ancien dépôt de charbon du quartier juif, il possède plusieurs salles où l'on peut écouter le récital d'un chanteur-poète autour d'un feu de bois dans un cadre intime, ou bien le flamenco le plus authentique (musique *live* tous les soirs). Expositions de peintures et de photos. Incontournable.

El Tamboril – *Plaza de Santa Cruz, 12 - 22h-5h*. Dans un endroit paisible du quartier de Santa Cruz, cette taverne est toujours comble. Elle est fréquentée par des habitués qui y chantent *sevillanas* et rumbas dans une ambiance décontractée. Et, surprenant témoignage de la ferveur sévillane à l'égard de la Vierge du Rocío mais aussi de l'imprégnation flamenco de toute expression par le chant, on entonne chaque jour à minuit le *Salve Rociera*.

Sala Mandra – *Calle Torneo, 43 - jeu.-sam. 22h-6h*. Tous les vendredis et certains jeudis, des concerts de rock et de pop sont organisés dans cette vaste salle moderne sans grand charme. On y joue même parfois des pièces de théâtre. À la fin des représentations, la salle se transforme en discothèque : jeudi et samedi, musique latina ; vendredi, musique plus commerciale. Lieu d'avant-garde.

Voulé-Bar / Wall Street – *Calle Balbino Marrón, edificio Viapol - mer.-sam. 24h-6h*. C'est l'endroit préféré des jeunes, dans le quartier de Nervión. Le **Voulé-bar** organise des concerts de musique salsa et de flamenco, et des groupes célèbres s'y produisent parfois. Au **Wall Street**, on choisit son verre en fonction du cours des consommations, affiché sur les panneaux du bar. Beaucoup de monde, qui passe sans cesse d'un endroit à l'autre. Âge moyen 25-35 ans.

Sopa de Ganso – *Calle Pérez Galdós, 8 - 13h-2h, w.-end jusqu'à 6h*. Décor de bois, musique variée, ambiance assurée. Public hétérogène – peu d'étrangers – pour cet endroit branché très divertissant. L'après-midi, allez donc goûter les gâteaux.

La Sonanta – *Calle San Jacinto, 31 - 20h30-aube*. Dans la journée, on y déguste des tapas, et la nuit les inconditionnels y écoutent du flamenco. Le jeudi et le vendredi, chant. Deux fois par an, un festival de flamenco y est organisé. Public varié, mais composé essentiellement de touristes et d'amateurs de flamenco.

Paseo de las Delicias – Sur ce paseo se trouvent quatre établissements *(Chile, Libano, Alfonso, Bilindo)* qui, même s'ils sont ouverts toute l'année, battent leur plein en été, avec notamment des bals en plein air jusqu'à l'aube. En hiver, ce sont de bons endroits pour boire un verre tranquillement au cœur du parc de María Luisa, entouré des bâtiments de l'Exposition ibéro-américaine de 1929. Clientèle : 25-40 ans.

SPECTACLES

Capitale dynamique et ouverte sur le monde extérieur, Séville propose en permanence un large éventail d'activités culturelles.

Teatro de la Maestranza – *Paseo de Cristóbal Colón, 22 - ☎ 954 22 65 73/33 44*. Le théâtre de la Maestranza offre une saison lyrique complète ainsi que des concerts et des spectacles de danse. Remarquables opéras avec de grands noms de l'art lyrique *(www.maestranza.com)*.

Teatro Lope de Vega – *Avenida María Luisa - ☎ 954 59 08 53*. Spectacles de théâtre et de flamenco.

Teatro Central – *Avenida José de Gálvez - ☎ 954 46 07 80*. Dans l'île de la Cartuja, ce bâtiment moderne construit à l'occasion de l'Exposition universelle de 1992, propose théâtre et musique d'avant-garde, interprétés par les principales compagnies étrangères de ce domaine. À noter d'intéressants programmes de flamenco *(www.teatrocentral.com)*.

Séville propose encore maintes activités culturelles, avec ses nombreuses salles d'expositions ou ses locaux consacrés à l'art. Signalons les expositions organisées dans le monastère de la Chartreuse (la Cartuja) par le Centre andalou d'art contemporain.

ACHATS

De tous les quartiers commerçants de Séville, le plus traditionnel demeure le centre historique, surtout la calle Tetuán, la plaza del Duque de la Victoria, la calle San Eloy, ainsi que les autres rues piétonnes du quartier. À mentionner la célèbre **calle Sierpes**, qui regorge de boutiques traditionnelles ou originales. Vous trouverez plusieurs établissements du nom de Foronda, célèbre artisan sévillan connu pour ses châles brodés à la main. N'oublions pas non plus la très classique confiserie Ochoa, cadre rêvé pour prendre le petit déjeuner ou un verre l'après-midi, et dont la pâtisserie est réputée. Les rues perpendiculaires à la calle Sierpes et celles qui entourent l'église du Sauveur

Le 20ᵉ s. – Deux expositions ont eu lieu à Séville : l'Exposition ibéro-américaine en 1929 et l'Exposition universelle en 1992, qui toutes deux eurent une influence décisive sur la physionomie de la ville.

SEVILLA

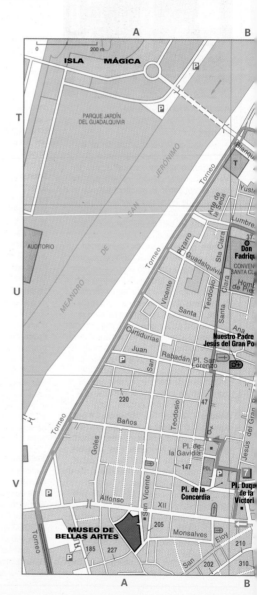

sont également très commerçantes ; nombreuses bijouteries plaza del Pan et calle Alcaicería.

Dans le quartier de **Los Remedios**, sur la rive opposée du Guadalquivir, des boutiques de marques se concentrent dans la calle Asunción. Le quartier moderne de Nervión dispose de deux grands magasins (El Corte Inglés et Nervión Plaza) ainsi que de nombreux représentants de chaînes de magasins de vêtements.

Un grand centre commercial est installé dans l'**ancienne gare** de la **plaza de Armas,** curieux édifice régional du début du 20e s. C'est là que se trouve la Fábrica de Cerveza, où l'on peut déguster une bière tout en regardant le processus de fabrication de la bière.

Marchés – Les marchés en plein air sont nombreux à Séville, et chacun a sa spécialité. Le jeudi, un pittoresque marché d'antiquités et d'objets usagés s'installe dans la calle Feria ; idéal pour les chineurs… Le dimanche matin, des marchés s'installent dans toute la ville : la plaza de la Alfalfa accueille le marché d'animaux, très apprécié des Sévillans ; sur la plaza del Cabildo se retrouvent les collectionneurs de timbres et de monnaies anciennes ; sur la Alameda de Hércules, des marchands ambulants proposent dès les premières heures de la journée des objets d'occasion.

L'Expo 92 a entraîné d'importants travaux de modernisation des infrastructures, comme le rattachement à la ville de l'île de la Cartuja, où l'on a créé par la suite le parc à thème Isla Mágica et le Centre andalou d'art contemporain.

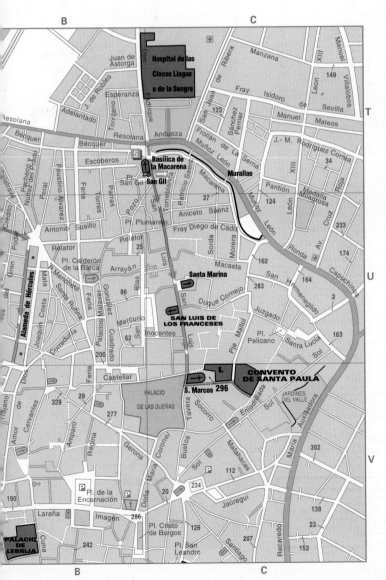

SEVILLA

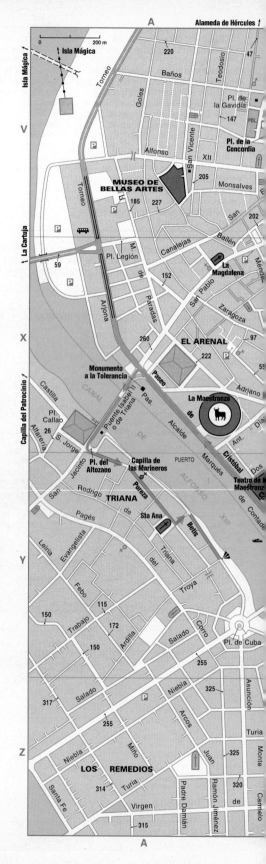

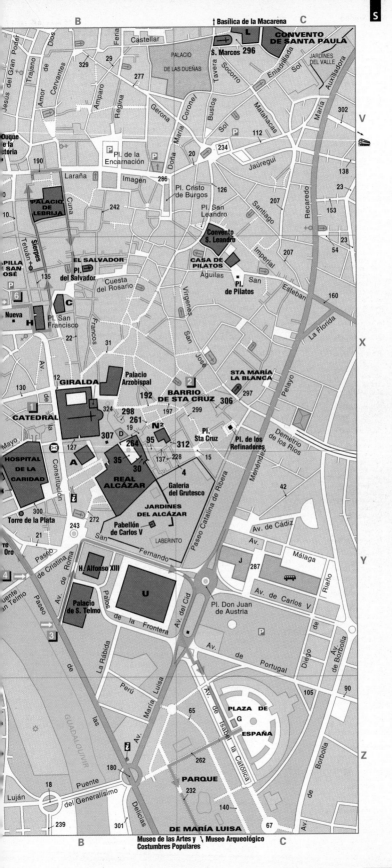

RÉPERTOIRE DES RUES ET SITES DE SEVILLE

découvrir

Les deux monuments majeurs de Séville, la cathédrale et l'Alcázar, ainsi que le fameux quartier Santa Cruz sont concentrés au cœur de la ville.

LA GIRALDA ET LA CATHÉDRALE★★★

11h-17h, dim. 14h30-18h. Horaires restreints les Mar., Jeu. et Ven. saints. Fermé 1ᵉʳ et 6 janv., 30 mai, le jour de la Fête-Dieu, 15 août, 8 et 25 déc. 6€, gratuit dim. ☎ 954 21 49 71.

La Giralda★★★

Symbole de Séville, la Giralda offre au visiteur une silhouette élégante et altière. Construit en brique à la fin du 12ᵉ s., le minaret (96 m) de l'ancienne mosquée était couronné de trois boules dorées qui disparurent au 14ᵉ s. au cours d'un tremblement de terre. C'est au 16ᵉ s. que l'architecte cordouan Hernán Ruiz lui conféra son aspect actuel de clocher en le surmontant de la chambre des cloches et des quatre corps supérieurs et en ajoutant les balcons. On couronna alors l'ensemble d'une énorme statue symbolisant la Foi et faisant office de girouette (*giralda*), d'où le nom de la tour et le surnom de Giraldillo pour la statue.
Chef-d'œuvre de l'art almohade, sa décoration discrète et délicate traduit bien les principes du mouvement religieux almohade, rigoriste, austère et adversaire de toute forme de luxe, qui fut à l'origine d'un courant artistique associant beauté et simplicité. La tour de la Koutoubia à Marrakech, construite peu auparavant, a certainement servi de modèle. Chacune de quatre faces est divisée en trois sections verticales à ornementation de brique du type *sebka* (répétition de petits arcs polylobés formant un réseau de losanges). *On accède à la Giralda depuis l'intérieur de la cathédrale (voir plus loin).*

Cathédrale★★★

« Bâtissons une église si grande que ceux qui la verront nous prendront pour des fous », décida le chapitre de la cathédrale en 1401 quand il fallut abattre la mosquée. De fait, la taille de la cathédrale est impressionnante, puisqu'elle en fait la troisième du monde chrétien après St-Pierre du Vatican et St-Paul de Londres. C'est l'une des dernières cathédrales gothiques espagnoles, et le style Renaissance s'y manifeste déjà.

CHAPELLES ET AUTELS...

Une fois la visite principale terminée, ne manquez pas le tour des chapelles qui regorgent d'œuvres d'art.

– **Autel de Notre Dame de la Crèche (2)** : beau tableau de la Vierge par Alonso Cano.

– **Chapelle de saint Antoine (3) :** intéressantes toiles parmi lesquelles se détache une superbe *Vision de saint Antoine de Padoue*, par Murillo *(mur de droite)*. Notez aussi le *Baptême du Christ*, toujours par Murillo, et deux saint Pierre de Valdés Leal.

– **Autel du Saint Ange (4)** : remarquez le beau Murillo, *L'Ange gardien*.

– **Chapelle de saint Herménégilde (5)** : tombeau du cardinal Cervantes (15e s), œuvre en albâtre de Lorenzo Mercadante.

– **Chapelle de la Vierge de l'Antiquité (6)** : la plus grande, couverte d'une haute voûte ; à l'autel, belle fresque de la Vierge du 14e s.

– **Monument funéraire de Christophe Colomb (7)** : mausolée romantique du 19e s. où quatre personnages symbolisant les royaumes de Castille, de León, de Navarre et d'Aragon portent le cercueil de Colomb.

– **Chapelle de saint Pierre (8)** : sur ses murs est accrochée une incomparable série de peintures de Zurbarán illustrant la vie du saint.

L'extérieur met particulièrement en valeur l'art apporté par l'architecte, dont le nom n'est hélas pas parvenu jusqu'à nous, à jouer avec les volumes. Les portails de Saint-Christophe (ou du Prince), de l'Assomption et de l'Immaculée Conception, dans la cour des Orangers, sont modernes (19e et 20e s.) mais respectent tout à fait le style de l'ensemble. Remarquez les belles sculptures (1460) de Mercadante de Bretaña qui ornent les portes de la Nativité et du Baptême, sur l'avenida de la Constitución. Au chevet, de part et d'autre de la Chapelle royale (1575) aux formes arrondies et toute décorée de blasons, les portes des Bâtons (Palos) et des Clochettes (Campanillas), de facture gothique, surprennent par le style Renaissance de leurs tympans, où le maître Miguel Perrin a utilisé avec brio la perspective.

Intérieur de la cathédrale – Le visiteur est d'emblée frappé par la taille et la richesse de cet univers de pierre, de vitraux et de fer forgé. La légèreté des colonnes accentue la hauteur de cette église-halle à cinq vaisseaux – la nef principale étant plus large et plus élevée – et chapelles latérales. Les simples voûtes à croisée d'ogives couvrent la nef, sauf à la croisée du transept où les magnifiques voûtes flamboyantes s'élèvent à 56 m de hauteur. Un **miroir (1)** au sol permet d'apprécier leurs superbes ciselures.

Montée à la Giralda – On peut monter jusqu'à la chambre des cloches (70 m) par un escalier de trente-quatre volées. Prenez votre temps (*c'est long mais ce n'est pas dur*) et profitez des vues sur la cour des Orangers, sur les gargouilles et les pinacles de la cathédrale et sur l'alcázar. Une fois en haut, vous ne regretterez pas l'effort que vous aurez fourni car le **panorma**★★★ sur la ville est superbe.

> **UNE CHARMANTE TRADITION, « LOS SEISES »**
> Ce groupe de douze enfants en costume d'apparat chante et danse devant le maître-autel de la cathédrale lors des huitaines de la Fête-Dieu et de l'Immaculée Conception, poursuivant ainsi une tradition qui remonte au 16e s. À l'origine, six *(seis)* enfants constituaient le groupe, d'où le nom Seises. Ils accompagnent également la procession de la **Fête-Dieu**, quand celle-ci fait une pause sur la place de l'hôtel de ville et devant l'église du Sauveur, ils effectuent une danse.

Capilla mayor – Elle est d'une richesse inouïe et fermée par de splendides **grilles plateresques**★★ (16e s.) ; celle du centre est due au frère Francisco de Salamanca. L'immense **retable**★★★ flamand (1482-1525), le plus grand d'Espagne (20 m de haut), sculpté avec profusion et délicatesse, illustre des scènes de la vie du Christ et de la Vierge, à l'exception de la prédelle qui représente quelques saints. Ce gigantesque polyptyque comprend sept volets et quarante-cinq compartiments, et ses milliers de statues, que l'on regrettera de ne pas pouvoir admirer de plus près, donnent l'impression de grandir avec l'éloignement.

Coro – Dans la nef principale, de magnifiques grilles du 16e s. par le frère Francisco de Salamanca précèdent les belles stalles (15e-16e s.). Les majestueuses orgues datent du 18e s. Le « **trascoro** », composé de marbres multicolores, de jaspe et de bronze, a été réalisé au 17e s.

Trésor – Dans la **sacristie des Calices** (16e s. – belle voûte) sont présentées d'intéressantes peintures : *Sainte Juste et sainte Rufine*, par Goya, un Zurbarán, un triptyque d'Alejo Fernández et quelques toiles de Valdés Leal. Dans l'antichambre de la sacristie, on conserve le **Tenebrario**, candélabre plateresque à quinze bras et mesurant 7,80 m, que l'on utilise lors des processions de la Semaine sainte.

La **grande sacristie**, belle salle du 16e s. en forme de croix grecque, abrite le superbe **ostensoir** Renaissance en argent de Juan de Arfe, de 3,90 m et 475 kg ; enfin, une *Sainte Thérèse* par Zurbarán et *Le Martyre de saint Laurent* par Lucas Jordán ornent le mur du fond.

Salle capitulaire – Bel exemple de l'architecture Renaissance du 16e s., cette vaste salle où trône une *Immaculée Conception* de Murillo est couverte d'une magnifique coupole elliptique à lanterne.

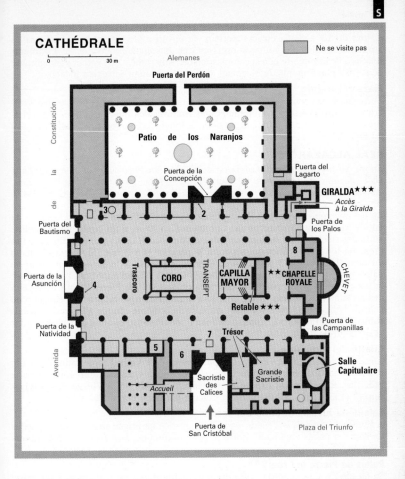

CATHÉDRALE

Ne se visite pas

Alemanes

Puerta del Perdón

Constitución

Patio de los Naranjos

Puerta de la Concepción

Puerta del Lagarto

GIRALDA★★★
Accès à la Giralda

la

de

3

2

Puerta de los Palos

Puerta del Bautismo

Puerta de la Asunción

4

Trascoro

CORO

TRANSEPT

CAPILLA MAYOR

★★**CHAPELLE ROYALE**

CHEVET

1

8

Retable★★★

Puerta de la Natividad

Puerta de las Campanillas

7

Trésor

5

6

Salle Capitulaire

Accueil

Sacristie des Calices

Grande Sacristie

Avenida

Puerta de San Cristóbal

Plaza del Triunfo

Capilla real★★ – *Fermée à la visite.*
La Chapelle royale a été reconstruite sur une chapelle antérieure à l'époque de Charles Quint. De style plateresque, elle impressionne par sa monumentalité et s'ouvre par un arc immense. De plan carré, elle est couverte d'une élégante coupole richement ornée de caissons dans lesquels sont sculptés des bustes, tandis que la petite abside présente un cul-de-four en forme de coquille Saint-Jacques décorée de personnages. Sur l'autel trône la statue en bois de **Notre-Dame des Rois**, patronne de Séville ; devant elle, une belle urne d'argent contient les restes de saint Ferdinand III. Sur les côtés, tombeaux d'Alphonse X et de sa mère, Béatrice de Souabe. La majestueuse grille qui clôt la chapelle a été réalisée en 1771.

Patio de los Naranjos – C'est dans la **cour des Orangers**, original patio adossé au flanc Nord de la cathédrale, que les fidèles pratiquaient les ablutions rituelles.
Quitter la cour des Orangers par la porte du Pardon.

Puerta del Perdón – Jadis entrée majestueuse dans la cour de la mosquée, la porte du Pardon a gardé son arc almohade et ses vantaux d'origine. Les impressionnantes sculptures et le bas-relief représentant Jésus chassant les marchands du Temple datent du 16e s.

Palacio Arzobispal
Le **palais archiépiscopal** s'élève sur la plaza de la Virgen de los Reyes, célèbre pour ses lanternes monumentales et ses calèches qui semblent guetter le client hypothétique… Son élégante façade de la fin du baroque a été réalisée au début du 18e s.

Plaza de Santa Marta
Prendre le callejón de Santa Marta, en face du palais archiépiscopal. Cette coquette petite place n'est accessible que par cette impasse. Les façades blanchies, les modestes grilles et la petite croix de pierre à l'ombre des orangers lui confèrent ce charme paisible que l'on retrouve dans tant de petites places sévillanes.

Archivo General de Indias
Fermé temporairement pour travaux. ☎ *954 50 05 28.*
L'ancienne Bourse (fin 16e s.) que construisit Juan de Herrera, l'architecte de l'Escurial, accueille aujourd'hui les **Archives générales des Indes**, fondées sous Charles III en 1785. D'un style Renaissance sobre, l'édifice présente deux étages à

ouvertures architravées. Remarquez à l'intérieur le superbe escalier de marbre rose et noir du 18e s. Seul l'étage supérieur est ouvert à la visite et les grandes salles aux superbes plafonds voûtés conservent une inestimable collection de documents relatifs à la découverte et à la colonisation de l'Amérique. On y voit des autographes de Christophe Colomb, de Magellan, de Cortès, de Juan Sebastián Elcano, etc.

Plaza del Triunfo

Cette place, au centre de laquelle trône sur une colonne la Vierge Immaculée, s'inscrit entre divers édifices somptueux : les Archives des Indes, la cathédrale, l'alcázar et la Maison de la province (Casa de la Provincia), qui occupe l'ancien hôpital du Roi.

REAL ALCÁZAR★★★

Entrée par la porte du Lion (León). Avr.-sept. : tlj sf lun. 9h30-20h ; oct.-mars : tlj sf lun. 9h30-18h, dim. et j. fériés 9h30-14h. Dernière entrée 1h av. fermeture. Fermé 1er et 6 janv., Ven. saint et 25 déc. et lors de cérémonies officielles. 5€. Appartements : 3€. ☎ 954 50 23 23.

Ce bel ensemble palatial se distingue des autres résidences royales d'Espagne du fait de sa diversité architecturale. Commencé au 10e s., il fut complété et modifié au fil des siècles. Il ne subsiste de l'alcázar almohade (12e s.) que le patio du Plâtre (Yeso) et les arcs fortifiés qui séparent le patio de la Vénerie (Montería) du patio du Lion (León). Au 13e s., le roi de Castille Alphonse X le Sage fit construire le palais gothique (actuels salons de Charles Quint). Chef-d'œuvre de l'art mudéjar, le noyau principal du palais fut bâti à partir de 1362 par Pierre Ier, qui fit appel à des artisans de Grenade ; c'est pourquoi la décoration se rapproche beaucoup de celle de l'Alhambra *(voir à Grenade)*, qui date de la même époque. Plus tard, le palais subit des modifications à l'époque de Jean II, des Rois catholiques, de Charles Quint et de Philippe II.

Cuarto del Almirante

Aile droite du patio de la Vénerie. L'**appartement de l'Amiral** fut le cadre de la fondation de la Chambre de commerce par Isabelle la Catholique en 1503. Dans la salle des Audiences est exposé le merveilleux retable de la **Vierge des Navigateurs★** (1531-1536), admirablement exécuté par Alejo Fernández.

Sala de la Justicia et patio del Yeso

À gauche du patio de la Vénerie. La salle de Justice fut érigée au 14e s. sur les restes de l'ancien palais almohade. Notez la belle décoration de plâtre et la magnifique coupole.

Palais de Pierre le Cruel★★★

Sa façade évoque celle du patio de la Chambre dorée de l'Alhambra : un grand auvent de bois sculpté abrite un décor de *sebka (voir plus haut La Giralda)*, de graciles arcades polylobées et une grande frise épigraphique.

Le palais s'organise autour de deux patios : le patio des Demoiselles (Doncellas), centre de la vie officielle, et le petit patio des Poupées (Muñecas), réservé à la vie privée.

Un vestibule conduit au vaste **patio des Demoiselles**. Il est décoré de façon exquise par une galerie d'arcs polylobés reposant sur des colonnes de marbre jumelées ; les retombées sont ornées de plâtres moulés ; dans la galerie, remarquez également le superbe soubassement d'*alicatados* (14e s.). L'étage, dans le style italien, est un ajout disparate de l'époque de Charles Quint.

De superbes salles de style mudéjar ouvrent sur le patio : la **salle du plafond de Charles Quint** (salón del techo de Carlos V – **1**), ancienne chapelle du palais, dont le magnifique plafond Renaissance est orné de caissons polygonaux ; la **chambre à coucher des Rois maures** (dormitorio de los Reyes Moros – **2**), deux salles décorées de ravissants plâtres bleutés et d'un plafond artesonado de toute beauté ; le **salon des Ambassadeurs** (salón de Embajadores – **3**), le plus spectaculaire de l'alcázar, que couronne une impressionnante **coupole★★★** hémisphérique de cèdre du 15e s. ornée d'un entrelacs ajouré. Remarquez les pendentifs décorés de moçarabes. Le soubassement d'azulejos et la décoration raffinée des murs apportent la touche finale à cet ensemble exceptionnel. Le salon communique avec la **salle du plafond de Philippe II** (salón del techo de Felipe II – **4**), au magnifique plafond à caissons de cèdre Renaissance.

Le salon des Ambassadeurs mène au petit **patio des Poupées** (Muñecas – **5**), dont les arcs dentelés encadrés d'*alfiz* reflètent l'influence de Grenade. La galerie de l'étage, restauration du 19e s., dessert l'appartement du Prince.

Se diriger vers le patio de la Vénerie et prendre, sur le côté Est, le couloir dit de Charles Quint, pour gagner le patio de la Croisée (Crucero).

LES APPARTEMENTS ROYAUX

Une visite guidée (en option) de 1/2h permet de visiter la résidence officielle des rois d'Espagne à Séville. Du mobilier et des pendules du 19e s., des tapisseries du 18e s., des lustres de fabrication française et de superbes plafonds constituent le décor de ces pièces. Les plus remarquables d'entre elles sont la chapelle des Rois catholiques – un précieux oratoire avec un petit autel d'azulejos, œuvre de Niculaso Pisano – et la salle d'audience, de style mudéjar.

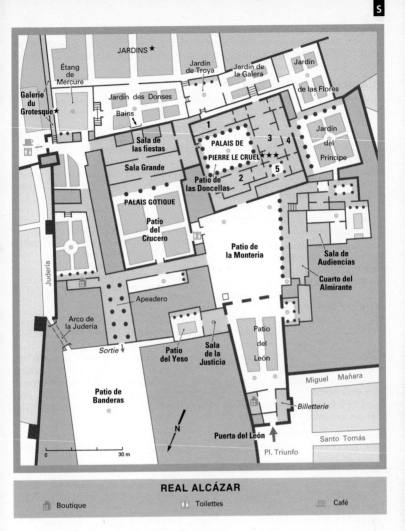

REAL ALCÁZAR

Boutique · Toilettes · Café

Palais gothique ou salons de Charles Quint

C'est par un portique baroque, au fond du **patio de la Croisée**, que l'on accède au palais. Construit par Alphonse X, il subit d'importantes transformations au 18ᵉ s. à la suite du tremblement de terre de Lisbonne. C'est de cette époque que date la **Grande Salle**, où est exposée une partie de la collection de **tapisseries★★** exécutées à la Manufacture royale de tapisseries de Madrid (18ᵉ s.) et illustrant la conquête de Tunis en 1535. La **salle des Fêtes ou des Voûtes** (sala de las fiestas o de las bóvedas – 13ᵉ s.), la partie la plus ancienne du palais, a conservé sa structure et ses voûtes en croisée d'ogives d'origine. C'est ici que fut signé le contrat de mariage de Charles Quint et d'Isabelle de Portugal. Remarquez le beau soubassement d'azulejos du 16ᵉ s. ainsi que l'autre partie de la collection de tapisseries. Les grandes baies offrent un aperçu des délicieux jardins.

Jardins★

Petits ou grands, mais tous aussi charmants, ce sont de véritables jardins d'Éden. Tout comme le palais, ils ont été dessinés à différentes périodes : époque arabe, Renaissance, période baroque... Ils occupent les 4/5 de la surface totale de l'Alcázar et sont distribués en terrasses où, comme à l'habitude, l'eau occupe une place de choix.

À gauche en sortant des salons de Charles Quint, on rejoint l'étang de Mercure et la **galerie du Grotesque★** du 17ᵉ s., qui occupe le pan entier d'une ancienne muraille. C'est de là que l'on a la meilleure vue d'ensemble des jardins.

Depuis le jardin des Danses, qui se trouve à droite en contrebas, un couloir passant sous les salons de Charles Quint mène aux bains de María de Padilla, une vaste « grotte » installée sous les voûtes portant le patio de la Croisée.

Au-delà du **pavillon de Charles Quint** (16ᵉ s.) se trouvent le labyrinthe et ses massifs bien taillés, ainsi qu'un jardin moderne de goût anglais, sur la droite. Y flâner, avec le murmure de l'eau pour unique compagnie, est un pur voyage hors du temps...

Par l'ancienne entrée du palais, vestibule baroque à colonnes jumelées dit *apeadero* car c'était là que les cavaliers mettaient pied à terre, on rejoint le patio de Banderas.

Patio de Banderas

La **cour des Pavillons** est l'ancienne place d'armes de l'alcázar primitif. Cette petite place fermée, avec ses orangers et sa simple fontaine, est bordée d'élégantes façades sur lesquelles se détache la silhouette de la Giralda.

QUARTIER DE SANTA CRUZ★★★

On est ici au cœur de Séville : impossible de résister au charme de ce quartier, avec ses ruelles sinueuses, ses pittoresques maisons chaulées, ses délicats patios fleuris à peine visibles et ses modestes petites places. Quartier juif au Moyen Âge, il bénéficia de la protection de la Couronne après la Reconquête, mais à la fin du 14e s. il fut investi par les chrétiens qui transformèrent toutes les synagogues en églises.

Aujourd'hui, c'est un véritable havre de paix au cœur de la ville, où le temps semble s'être figé... Le jour, on appréciera son charme sous le soleil éblouissant d'Andalousie, et, le soir, on ne résistera pas à une balade à la lueur des réverbères. À la tombée du jour, tout le quartier s'éveille, bars et restaurants s'animent et... la fête commence !

Une promenade dans le quartier vous donnera l'illusion d'avoir remonté le temps... Partez de l'**arc de la Judería** (un passage couvert communiquant avec la cour des Pavillons), et suivez le **callejón del Agua**, qui longe la muraille. Ou bien, en sortant de cette même cour sur la plaza del Triunfo, prenez tout de suite à droite la **calle Romero Murube** ; c'est peut-être un peu moins théâtral, mais c'est tout aussi agréable. Vous longez l'alcázar jusqu'à la plaza de la Alianza, que vous traversez pour continuer par le **callejón de Rodrigo Caro**, qui se rétrécit peu à peu en une charmante ruelle sinueuse et débouche sur la **plaza de Doña Elvira**, l'une des places les plus typiques du quartier avec ses bancs d'azulejos et sa petite fontaine de pierre sous les orangers. Puis, par la calle Gloria, rendez-vous à la coquette **plaza de los Venerables** où se trouve l'hôpital auquel elle a donné son nom.

> **COULEUR DE SÉVILLE...**
>
> Comme le disent les paroles d'une célèbre chanson :
> « J'aime les couleurs de Séville,
> Le parfum de ses orangers,
> J'aime son charme tranquille,
> Car je ne m'y sens pas étranger... »

Hospital de los Venerables★

Visite guidée (25mn) 10h-14h, 16h-20h. Fermé 1er janv., Ven. saint et 25 déc. 3,60€. ☎ *954 56 26 96.*

Fondé en 1675, l'hospice destiné aux prêtres âgés – et donc vénérables – et conçu par Leonardo de Figueroa est l'un des meilleurs exemples du baroque sévillan du 17e s. Aujourd'hui, c'est le siège de la fondation culturelle Focus. Beau patio décoré d'azulejos du 19e s.

L'**église**★, à nef unique, voûte en berceau et lunettes, est ornée de **fresques**★★ de Valdés Leal et de son fils Lucas Valdés ; admirez dans le chevet *La Dernière Cène*, par Valdés fils, et, au-dessus, *L'Apothéose de saint Ferdinand*, par Valdés père. Dans la nef, on peut voir quatre œuvres flamandes sur cuivre et deux petits ouvrages peints sur marbre ; à l'entrée de l'église, deux belles sculptures de Pedro Roldán : *saint Ferdinand* et *saint Pierre*. On y donne de nos jours des concerts d'orgue, d'où la disposition des bancs.

Dans la **sacristie**, remarquez la fresque de Valdés Leal sur le thème du triomphe de la Foi et la balustrade ; par un étrange effet d'optique, il semble, quand on traverse la pièce en fixant la balustrade, que les balustres changent de position. Admirables christs d'ivoire du 18e s.

> **DON JUAN**
>
> Le personnage de don Juan, mythe universel, archétype du séducteur frivole et sans scrupules, apparaît pour la première fois dans *Le Séducteur de Séville et le Convive de pierre* de Tirso de Molina (1630). Peut-être se serait-il inspiré de don Miguel de Mañara, fondateur de l'hôpital de la Charité *(voir p. 344)*.
>
> L'histoire littéraire – et musicale – ne compte plus les grands auteurs qui, de Molière à Montherlant en passant par Gluck, Mozart, Alexandre Dumas père, Pouchkine et Byron, ont été fascinés par ce caractère que chacun a interprété à sa manière. En Espagne, l'interprétation la plus connue est celle de Zorrilla avec *Don Juan Tenorio* (1844), statufié sur la plaza de los Refinadores.

Le superbe **escalier principal**★ se développe sous une coupole elliptique baroque décorée de stucs et du blason papal. Remarquez également *La Présentation de Jésus au Temple*, autre peinture murale de Lucas Valdés.

Places et rues

Nombre de rues intéressantes portent des noms évocateurs : Mesón del Moro (rue de la Maison-du-Maure), Gloria (rue de la Gloire), Pimienta (rue du Poivre), ou cette calle Susona sur laquelle court une légende sur les amours malheureuses d'une juive et d'un chrétien.

Par la calle Santa Teresa (au n° 7, maison de Murillo, aujourd'hui salle d'exposition) ou de la plaza de Alfaro, on accède à la **plaza de Santa Cruz**, qui a donné son nom à ce charmant quartier. Au centre de la place s'élève la superbe croix de la Serrurerie (Cerrajería – 17ᵉ s.). C'est là qu'est enterrée une figure emblématique de Séville, le peintre Murillo. Tout près se trouvent les jardins Murillo.

La calle Mezquita donne sur la majestueuse **plaza de los Refinadores** où s'élève la statue érigée en l'honneur de don Juan Tenorio, immortalisé à l'ombre de cinq palmiers. Une ruelle mène à la **plaza de las Tres Cruces** avec ses trois colonnes portant des croix de fer forgé.

Dans la **calle Mateos Gago**, qui part de la plaza de la Virgen de los Reyes, on trouve de nombreux bars très fréquentés et quelques demeures intéressantes du début du 20ᵉ s. On a de là une vue impressionnante sur la Giralda. Laissez-vous tenter par quelques tapas accompagnées d'une chope de bière ou d'un verre de xérès pour profiter encore de ce quartier si plaisant...

se promener

LE PALAIS SAN TELMO ET LE PARC MARÍA LUISA★ [1]

Palacio de San Telmo

Ce bâtiment en longueur édifié à la fin du 17ᵉ s. abrite aujourd'hui la présidence de l'Assemblée (Junta) d'Andalousie. D'abord école navale, puis résidence des ducs de Montpensier, il faisait office au début du 20ᵉ s. de séminaire. Son **portail principal★**, l'un des plus beaux exemples de baroque sévillan, a été dessiné par l'architecte Leonardo de Figueroa ; les trois registres sont somptueusement décorés de colonnes, de motifs marins et de statues. À son sommet, une statue de saint Telmo se découpe sur le ciel andalou.

Hotel Alfonso XIII

Ce célèbre hôtel de Séville bâti à l'occasion de l'Exposition ibéro-américaine de 1929 présente un style régional avec des caractéristiques néomudéjares en vogue à l'époque comme l'attestent d'autres édifices construits au même moment.

Universidad

L'université est installée dans l'**ancienne manufacture des tabacs** (18ᵉ s.), superbe édifice aux harmonieuses lignes classiques et aux dimensions impressionnantes. La façade principale (calle San Fernando) de cet imposant quadrilatère de deux étages est dotée d'un magnifique **portail** sur deux niveaux avec des colonnes jumelées ; le fronton orné d'un grand blason est surmonté de l'effigie de la Renommée. L'arc de la porte est décoré de reliefs et de médaillons portant les bustes de Christophe Colomb et d'Hernán Cortés. Un coup d'œil à l'intérieur vous permettra d'apprécier les beaux patios et l'escalier monumental. Et souvenez-vous que Prosper Mérimée puis Georges Bizet ont fait de Carmen l'une des cigarières qui travaillaient ici jadis.

R. Mattès/MICHELIN

En attendant les touristes...

Parque de María Luisa★★

Ce parc, l'un des lieux de prédilection de tous les Sévillans, fut donné à la ville par l'infante María Luisa, duchesse de Montpensier. Il faisait partie des jardins du palais San Telmo. Jean Claude Nicolas Forestier le modifia à l'occasion de l'Exposition ibéro-américaine de 1929 et lui donna son aspect actuel.

Ce merveilleux jardin romantique à la végétation variée et agrémenté de bassins et de tonnelles accueille des édifices dont la construction pour l'Exposition a contribué à son embellissement.

Plaza de España★

C'est l'architecte sévillan Aníbal González qui est à l'origine de cette étonnante place immense en demi-cercle ornée d'azulejos et parcourue par un canal *(possibilité de louer des barques)*. Devant le grand bâtiment de brique flanqué à chaque extrémité d'une haute tour, cinquante-huit bancs sont logés dans des niches décorées d'azulejos, illustrant des épisodes historiques de chaque province d'Espagne.

Plaza de América

Le même architecte est encore à l'origine de trois édifices réalisés ici à l'occasion de l'Exposition de 1929 : le pavillon Royal, à l'une des extrémités, de style isabélin, et, face à face au centre de la place, le pavillon Renaissance, siège du **Musée archéologique de Séville**★ *(voir descriptif dans « visiter »)*, et le pavillon mudéjar, hébergeant le **musée des Arts et Traditions populaires** *(voir descriptif dans « visiter »)*.

PROMENADE
LE LONG DU FLEUVE★ 2

Le **paseo de Cristóbal Colón**, l'un des plus plaisants de la ville, longe le fleuve entre les ponts San Telmo et Isabel II. De vastes jardins en terrasses offrent une agréable vue sur le fleuve et le quartier de Triana et invitent à prendre quelques minutes de repos en admirant le panorama et quelques-uns des édifices les plus marquants de la ville, telles la tour de l'Or et les arènes.

Torre del Oro

Cette belle tour almohade du 13e s., qui surplombe le Guadalquivir, faisait partie du système défensif de la ville, tout comme la tour de la Plata. À l'origine

> **AU BEAU MILIEU DE LA VERDURE...**
>
> Vous apprécierez dans le parc María Luisa non seulement ses constructions et ses grandes avenues arborées, mais aussi le doux murmure de ses fontaines, les cabinets de verdure et les statues d'hommes célèbres, qui animent cet endroit intime et romantique. Signalons le cabinet dédié au poète Gustavo Adolfo Bécquer et son gigantesque conifère central, celui de Cervantès *(à l'une des extrémités de la plaza de América)*, où des azulejos illustrent des épisodes de *Don Quichotte*, ceux des frères Machado, deux célèbres poètes du début du 20e s. originaires de Séville, ou de deux autres frères, les Álvarez Quintero, auteurs de comédies ayant l'Andalousie pour cadre.

couverte d'azulejos dorés, elle permettait, à l'aide d'une autre tour située sur la rive opposée, de fermer le fleuve par des chaînes. Elle se compose de deux corps à douze pans, l'inférieur en pierre, le supérieur, qui semble la réduction du premier, en brique. Elle est couronnée de créneaux et surmontée d'une tourelle ajoutée au 18e s. Elle accueille aujourd'hui le **musée de la Marine** (Museo de la Marina), consacré bien évidemment au monde de la mer. *Tlj sf lun. 10h-14h, w.-end et j. fériés 11h-14h. Fermé août. 1€. ☎ 954 22 24 19.*

À quai, des vedettes proposent d'agréables promenades sur le Guadalquivir.

Face à la tour d'Or se dresse le **Théâtre de la Maestranza** et sa fausse façade qui ne manque pas d'intriguer. Derrière, dans la calle Temprado, se trouve l'hôpital de la Charité, qui recèle d'importantes œuvres d'art.

Hospital de la Caridad★

L'hôpital de la Charité fut fondé en 1667 par don Miguel de Mañara (1627-1679). La façade de l'église, aveuglante au soleil, comporte cinq panneaux d'azulejos blanc et bleu réalisés, pense-t-on, d'après les dessins de Murillo : au registre supérieur figurent les trois vertus théologales, la Foi, l'Espérance et la Charité, et au registre intermédiaire saint Georges luttant contre le dragon et saint Jacques Matamore. *Voir descriptif dans « visiter ».*

En face de l'hôpital, remarquez la statue de son fondateur, et à gauche, parmi d'autres édifices, la **tour de la Plata**, vestige de l'ancienne muraille.

Reprendre le paseo de Cristóbal Colón et se diriger vers le pont de Triana.

La Maestranza

Visite guidée 9h30-14h, 15h-19h. 3€. ☎ 954 22 45 77.

Les célèbres **arènes** blanc et jaune de Séville, construites entre 1758 et 1881, ont la particularité de ne pas être totalement rondes. L'élément intérieur le plus intéressant est la porte par laquelle sortent les toreros lors de leurs triomphes, appelée Puerta del Príncipe. Le **musée** expose des affiches, des tableaux, des bustes, des habits de lumière et des souvenirs variés se rapportant au monde de la corrida.

Juste avant le pont Isabel II, une grande sculpture de pierre signée Eduardo Chillida et placée là en avril 1992 glorifie la **Tolérance**.

Triana★

Une fois franchi le pont de Triana, ou pont Isabel II (1845), on a de jolies **vues** sur les berges du fleuve et on pénètre alors dans un quartier de Séville particulièrement savoureux : Triana. Traditionnellement quartier de marins et de potiers, c'est aussi le berceau de toreros et de chanteurs de flamenco.

> **CARMEN**
>
> Ce personnage légendaire sorti tout droit de l'imagination de Mérimée en 1845 est repris par Bizet dans son célèbre opéra (1874) qui raconte les amours tumultueuses de Carmen la cigarière, d'un brigadier et d'un picador.
> Juste devant les arènes, où s'achève tragiquement l'opéra, s'élève la statue de bronze de Carmen, qui incarne désormais l'amour passionnel féminin.

À gauche, sur la **plaza del Altozano** s'élève un monument en l'honneur d'une figure célèbre dans l'histoire de la tauromachie, Juan Belmonte (1882-1962), illustre enfant de Triana bien qu'il soit né dans la calle Feria.

Entrer dans Triana par la **calle Pureza**. Au n° 55, coincée entre de modestes petites maisons soignées, la **chapelle des Marins** abrite la statue de la **Vierge de l'Espérance de Triana**, l'une des plus vénérées de Séville (sa sortie en procession au cours de la Semaine sainte rivalise avec celle de la Macarena). À droite du maître-autel, crucifix (fin du 16ᵉ s.) dit Christ des trois chutes par allusion aux chutes de Jésus lors de la montée au Golgotha.

Santa Ana

Calle Pureza. Église la plus ancienne de Séville, elle fut fondée par Alphonse X le Sage. Considérablement transformée au fil des siècles, surtout au 18ᵉ s., elle n'a conservé que peu d'éléments du 13ᵉ s.

Extérieur – Il est difficile de parler d'un style précis en raison de toutes les modifications apportées à sa construction ; néanmoins, la tour est très nettement d'inspiration mudéjare comme l'attestent les arcs polylobés des parties inférieures, ainsi que le décor d'azulejos des parties supérieures.

Intérieur – *Entrée latérale, calle Vázquez de Leca.* Dans les trois hauts vaisseaux couverts de voûtes sexpartites sont réunis nombre de tableaux et de sculptures dont nous ne citerons que les plus importants.

La *capilla mayor* est pourvue d'un superbe **retable Renaissance** orné de peintures – certaines sont l'œuvre de Pedro Campaña – et de sculptures dédiées à la Vierge. Un groupe sculpté comprenant sainte Anne, la Vierge et l'Enfant occupe la niche centrale ; l'Enfant est de facture moderne, mais les statues féminines, du 13ᵉ s., ont subi quelques transformations postérieures.

Dans le *trascoro* se trouve la **Vierge à la rose**, chef-d'œuvre de délicatesse d'Alejo Fernández (début du 16ᵉ s.). Une chapelle du collatéral gauche est ornée d'un beau soubassement et d'un autel en azulejos.

Calle Betis

C'est la façade de Triana sur le fleuve. Descendez tranquillement cette rue d'où l'on a de superbes vues sur l'autre rive : la tour d'Or, sous un autre angle, les arènes et l'ensemble urbain d'où émerge la silhouette élégante de la Giralda. Ce quartier, traditionnellement habité par les marins, forme avec ses petites maisons pimpantes, ses bars et ses bistrots un ensemble charmant et raffiné que le visiteur ne manquera pas d'apprécier. Et le soir, une promenade romantique au clair de lune qui se mire dans les eaux du Guadalquivir s'impose…

LA MACARENA ET LA CALLE SAN LUIS★ ③

Basilique de la Macarena
9h30-13h, 17h-20h. Fermé pendant la Semaine sainte et 15 jours avant et après pour la préparation des processions solennelles. Musée : 2,70€. ☎ 954 90 18 00. Sur le maître-autel de l'église Nuestra Señora de la Esperanza, qui fut érigée au milieu du 20ᵉ s.,

Procession du Vendredi saint

Ch. Sappa/RAPHO

trône la statue la plus célèbre de Séville, **La Macarena**★, l'une des représentations de la Vierge protectrice de Séville, ciselée au 17e s. par un artiste inconnu. Les Sévillans affirment que seul un ange a pu être à l'origine d'un tel chef-d'œuvre... La beauté du visage en larmes déclenche la ferveur populaire lors de la procession du Vendredi saint. Une chapelle latérale du bas-côté droit accueille le Christ du Jugement, très vénéré aussi, qui accompagne la Vierge lors de la procession.

Le **musée** expose des capes et des robes, ainsi que les impressionnants pasos sur lesquels sont portées les statues lors des processions de la Semaine sainte, dont ils reflètent la splendeur.

En face de l'église se trouvent l'**arc de la Macarena** et une partie des anciennes **murailles** arabes, qui rejoint la porte de Cordoue. Précédés de barbacanes, les murs sont jalonnés de grosses tours carrées.

Hospital de las Cinco Llagas, o de la Sangre

En face de l'arc de la Macarena. L'**hôpital des Cinq Plaies, ou du Sang**, est actuellement le siège du Parlement andalou. Ce grand bâtiment sobre de style Renaissance qui donne sur une place avec jardin était jusqu'aux années 1950 l'hôpital central de la ville. De proportions harmonieuses, il se compose de deux étages et est flanqué de grosses tours aux angles. Le blason des Cinq Plaies surmonte le portail de marbre blanc.

Revenir à la basilique, derrière laquelle se trouve l'église **St-Gilles** (13e s. mais avec des remaniements postérieurs) et descendre la calle de San Luis.

Santa Marina

Cette église en brique du 14e s. présente un simple portail de pierre en ogive avec une petite décoration sculptée et une tour mudéjare toute simple surmontée de créneaux. Contournez l'église pour admirer ses beaux contreforts et les grandes baies gothiques du chevet.

San Luis de los Franceses★

Tlj sf dim. et lun. 9h-14h, ven.-sam. 9h-14h, 17h-20h. Fermé j. fériés. ☎ *954 55 02 07.* Conçue par Leonardo de Figueroa, l'**église St-Louis-des-Français** est l'un des meilleurs exemples de l'architecture baroque sévillane. La compartimentation de sa **façade** est parfaitement marquée : deux étages flanqués de tours octogonales encadrant une coupole centrale ornée de céramique.

L'**intérieur**★★ surprend par l'exubérance de sa décoration : les peintures murales de la magnifique coupole par Lucas Valdés, les somptueux retables de Pedro Duque Cornejo, les ravissants azulejos... composent un ensemble d'une parfaite harmonie. Et regardez bien le parement du maître-autel... C'est un bien curieux reliquaire.

San Marcos

La façade élégante (14e s.) de cette église mêle parfaitement éléments gothiques et mudéjars. La superbe **tour mudéjare**★ a très nettement été influencée par la Giralda (arcs polylobés et frise supérieure ornée de sebka). Toute la construction est en brique, à l'exception du portail gothique qui est en pierre : trois sculptures du 18e s. (Dieu le Père, la Vierge et l'ange) ont remplacé les sculptures primitives et une élégante frise de sebka lui confère une certaine originalité.

À l'intérieur, d'une blancheur épurée, belle statue de **saint Marc** du 17e s. *(bas-côté gauche)* et **Christ gisant** du 18e s. *(bas-côté droit).*

Derrière l'église, sur la **plaza de Santa Isabel**, le portail du **couvent** homonyme est orné d'un relief (début du 17e s.) de la Visitation de la Vierge à sa cousine Élisabeth par Andrés Ocampo. Il est difficile de visiter l'église, intéressante au demeurant, car elle n'est ouverte que le matin très tôt pour la messe quotidienne.

Un peu plus loin se trouve le **couvent Ste-Paule**★, l'un des plus riches de la ville *(voir descriptif dans « visiter »).*

LE CENTRE★ ④

Plaza Nueva

Cette grande place rectangulaire occupe l'emplacement de l'ancien couvent St-François. Au centre s'élève la statue équestre de saint Ferdinand III qui reprit la ville aux Maures. Ses palmiers élancés, ses bancs et ses réverbères en font un endroit très plaisant.

Ayuntamiento

Sur cette place s'élève la façade Ouest de l'**hôtel de ville,** néoclassique et réalisée au 19e s. ; en revanche, la ravissante **façade**★ (16e s.) Est, œuvre de Diego de Riaño donnant sur la plaza de San Francisco, relève du plus pur style platéresque. Une exquise et délicate décoration classique (animaux fantastiques, grotesques, médaillons à effigies, blasons) couvre les architraves, les colonnes, les pilastres, les pendentifs des arcs et le pourtour des ouvertures.

Face à l'hôtel de ville, sur la plaza de San Francisco, la **Caisse d'Épargne San Fernando** occupe le beau palais où siégeait autrefois le tribunal de l'Audience. La façade (fin 16e s.) très classique est attribuée à Alonso de Vandelvira.

Calle Sierpes

Dans cette grande rue piétonne, sans doute la plus célèbre de Séville, on trouve une multitude de magasins traditionnels et modernes. L'après-midi, l'animation est à son comble et les Sévillans s'y promènent volontiers pour y faire du lèche-vitrines ou prendre une collation dans ses célèbres pâtisseries. Pendant les périodes de grande chaleur, on recouvre la rue d'un vélum qui rafraîchit l'atmosphère. Au bout de la rue *(à l'angle de la calle Martín Villa)* se trouve La Campana, une célèbre confiserie fondée en 1885 qui fait office également de cafétéria.

Calle Sierpes.

Capilla de San José★

19h-21h, dim. 11h-12h. ☎ *954 22 31 42/32 42.*
La délicieuse chapelle St-Joseph est un véritable chef-d'œuvre du baroque sévillan de la fin du 17ᵉ s. Du coin des calle Sierpes et calle Jovellanos, on aperçoit sa façade (18ᵉ s.) et son clocher-mur voyant, décoré d'azulejos dans les tons bleu clair. Saint Joseph et l'Enfant Jésus dominent l'entrée. À l'intérieur, cette petite chapelle surprend par son exubérante ornementation baroque qui culmine dans l'abside. Le grand **retable** du presbiterio, avec ses anges, ses saints et Dieu le Père, fait preuve d'une grande exaltation ornementale au centre de laquelle figure saint Joseph.

Au bout de la calle Sierpes, gagner à droite la calle Cuna, qui lui est parallèle.

Dans la calle Cuna, vous découvrirez le magnifique **palais Lebrija★** *(voir descriptif dans « visiter »).*

Poursuivre jusqu'à la plaza del Salvador.

Plaza del Salvador

Cette grande place tout en longueur qui accueille la monumentale église du Sauveur est l'une des préférées des Sévillans à l'heure de l'apéritif : tous les jours, et surtout le dimanche, avant le déjeuner, elle abandonne son aspect paisible pour une surprenante animation.

Iglesia del Salvador★ – *9h-10h, 8h30-21h.* ☎ *954 21 16 79.*
Cette église s'élève majestueusement sur un côté de la place à l'emplacement même de l'ancienne Grande Mosquée qui fut rasée en 1671. Les travaux de construction durèrent jusqu'en 1712 et de nombreux artistes intervinrent dans son édification, tels José Granados, à qui l'on doit le plan, et Leonardo de Figueroa, qui est à l'origine des coupoles. L'élégante façade baroque à l'ornementation chargée mêle harmonieusement la brique rose et la pierre.
L'intérieur frappe par sa monumentalité. Église-halle composée de trois courts vaisseaux ; une coupole ovale élevée coiffe la croisée du transept.
L'église abrite les plus beaux **retables baroques★★** de la ville – tous du 18ᵉ s. Celui de la capilla mayor, dû au génial Cayetano Acosta, est dédié à la Transfiguration. De taille impressionnante, il occupe tout le mur et présente une ornementation chargée qui masque l'organisation de la scène.
Dans le bras gauche du transept, le même Cayetano Acosta conçut la porte de la **chapelle du Saint-Sacrement** (capilla del Sagrario) comme un gigantesque retable dédié à l'exaltation de la Sainte Hostie et présentant le même type de décoration que le retable principal. Dans la chapelle, un riche retable d'argent présente le **Christ de la Passion** (17ᵉ s.), chef-d'œuvre de Juan Martínez Montañés, qui a su donner au visage souffrant du Christ une expression de sérénité. Dans le bras droit, admirez encore, dédié à la Vierge, un superbe retable avec *camarín* de José Maestre.
Dans la chapelle située à droite de la capilla mayor se trouve une Crucifixion (17ᵉ s.) de Juan de Mesa, où le visage du Christ, dit le **Crucificado del Amor**, exprime la souffrance et la solitude de manière pathétique.

DE LA PLAZA DEL DUQUE DE LA VICTORIA
À LA ALAMEDA DE HÉRCULES ⑤

La **Plaza del Duque de la Victoria**, centre du commerce sévillan, propose toutes sortes de boutiques ou de grands magasins.

Sur la **plaza de la Concordia**, juste à côté, une salle d'exposition municipale est installée dans l'ancienne église du collège San Hermenegildo (1616-1620), qui a conservé une belle coupole ovale.

Traverser la plaza de Gavidia où s'élève la statue de Daoíz, pour prendre la calle Cardenal Spínola et déboucher sur la plaza de San Lorenzo.

Nuestro Padre Jesús del Gran Poder

8h-13h30, 18h-21h. ☎ *954 38 45 58.*

Contigu à l'église St-Laurent (13ᵉ s., modifiée au 17ᵉ s.), ce sanctuaire moderne (1965) abrite la superbe statue du **Christ du Grand Pouvoir**★ (Jesús del Gran Poder, 1620). Ce chef-d'œuvre de Juan de Mesa, entouré d'œillets rouges que les fidèles déposent dévotement à ses pieds, trône dans un *camarín* : le visage légèrement incliné du Christ, traité avec un grand réalisme, est empreint d'une grande lassitude et d'une profonde tristesse.

Prendre la calle Santa Clara, où se situe le couvent Ste-Claire *(fermé à la visite)*, et tourner dans la calle Lumbreras. À l'angle avec la calle Becas, faites demi-tour pour voir la **tour de don Fadrique**, unique vestige du palais de don Fadrique. Cette tour crénelée édifiée au 13ᵉ s. est d'un style de transition entre le roman et le gothique.

Continuer par la calle Lumbreras jusqu'à la Alameda de Hércules.

Alameda de Hércules

À chaque extrémité de cette grande promenade dessinée au 16ᵉ s. se trouvent deux colonnes : celles du Nord, placées au 18ᵉ s., soutiennent deux lions qui portent des blasons, celles du Sud sont romaines et couronnées de statues d'Hercule et de Jules César. Le dimanche, un curieux **marché** apporte son animation.

visiter

AU NORD DE LA CATHÉDRALE

Museo de Bellas Artes★★★

Entrée par la plaza del Museo. 9h-20h, mar. 15h-20h, dim.-lun. et j. fériés 9h-14h. 1,50€ (gratuit pour les ressortissants des pays de l'UE). ☎ *954 22 18 29/07 90.*

Cette magnifique pinacothèque, qui offre un panorama de la peinture espagnole du Siècle d'or, est installée dans l'ancien couvent de la Merced (17ᵉ s.), œuvre de Juan de Oviedo. Le portail baroque a été ajouté au 18ᵉ s. Les bâtiments conventuels sont regroupés autour de trois beaux patios et on remarquera un magnifique escalier surmonté d'une coupole ornée de stucs maniéristes.

Ce musée expose des œuvres de grande qualité du Moyen Âge au 20ᵉ s. À noter deux magnifiques salles.

L'ancienne église, où est mise en valeur une Immaculée Conception *de Murillo.*

Salle V★★★ – *Rez-de-chaussée.* C'est sans aucun doute le joyau du musée ; l'ancienne église, ornée de fresques du 18ᵉ s. de Domingo Martínez, forme un cadre incomparable pour cette extraordinaire collection d'œuvres de Murillo et le chef-d'œuvre de Zurbarán, *Le Triomphe de saint Thomas d'Aquin (dans le bas-côté gauche).* **Murillo** (1617-1682), qui maîtrise la technique picturale et l'emploi de la lumière, est un grand peintre des thèmes religieux et d'enfants ; de ses personnages, toujours très humains, se dégagent tendresse et délicatesse dans un monde équilibré, dénué de toute vision exagérément dramatique. De toutes ses œuvres, placées dans le transept et dans l'abside, la principale est une monumentale *Immaculée Conception* pleine de mouvement dans les drapés. Entourés de saints et de saintes, *Sainte Rufine et sainte Juste*, qui soutiennent la Giralda, et *Saint Léandre et saint Bonaventure* méritent une attention toute particulière. Dans le croisillon droit, on remarque la *Vierge à la serviette*, pleine de tendresse avec l'Enfant qui semble tendre les bras au visiteur, *Saint François au pied de la croix*, et une autre *Immaculée*, appelée souvent la Niña. Dans le croisillon gauche, parmi d'autres tableaux, on peut admirer le *Saint Antoine de Padoue avec l'Enfant Jésus*, une *Mater Dolorosa* et *Saint Félix de Cantalice avec l'Enfant Jésus*.

Salle X★★ – *Étage*. Elle est consacrée à **Francisco de Zurbarán** (1598-1664). Personne n'a été capable comme lui de rendre les nuances de blanc sur les robes des moines ou la pureté des vêtements du Christ, comme le prouve la splendide *Crucifixion* où le corps sur fond noir semble quasiment sculpté. Ses compositions sont simples et paisibles ; certaines d'entre elles font apparaître son manque de souci de la perspective, ce qui l'amène à commettre des imperfections, comme dans *Saint Hugues au réfectoire*, si remarquable par ailleurs. Son soin dans le traitement des drapés, que l'on a déjà pu observer dans les habits des pères de l'Église dans *Le Triomphe de saint Thomas d'Aquin*, se retrouve aussi dans le splendide brocart de velours de *Saint Ambroise*. À ses portraits de saints *(Saint Jérôme)*, il faut aussi ajouter *La Vierge des Grottes* et la *Visite de saint Bruno à Urbain II*. Dans cette même salle se trouve le *Saint Dominique de Guzman pénitent*, sculpté par Martínez Montañés. Remarquez le très beau plafond à caissons de la salle intérieure.

Autres salles – La **salle I** présente d'intéressantes œuvres d'art médiéval. Dans la **salle II** – l'ancien réfectoire –, l'art de la Renaissance est évoqué avec une splendide statue de *saint Jérôme* par Pietro Torrigiani, contemporain de Michel-Ange. À noter également une *Annonciation* d'Alejo Fernández, où l'on perçoit nettement les influences flamandes et italiennes ; un portrait de son fils *Jorge Manuel*, par le Greco, et un diptyque, *L'Annonciation et la Visitation*, de Coffermans. Dans la **salle III** sont exposés deux magnifiques portraits de *Dame et chevalier* par Pedro Pacheco.

À l'**étage**, la **salle VI** (galerie) expose une belle collection de saintes (peintres anonymes de l'école de Zurbarán) richement vêtues et deux saints. La **salle VII** renferme d'autres œuvres de Murillo et de ses disciples ; la **salle VIII**, quant à elle, est entièrement consacrée à un autre grand peintre baroque sévillan, **Valdés Leal**, plus dramatique et expressif que Murillo. La **salle IX** conserve des œuvres baroques de toute l'Europe, dont un portrait de *saint Jacques apôtre* par Ribera, qui dégage une grande force, les peintures de Breughel et le magnifique *Portrait d'une dame* par Cornelis De Vos. Dans la **salle XI** *(galerie)*, consacrée au 18e s., auprès d'œuvres de Lucas Valdés, remarquez le tableau du chanoine *Don José Duato* par Goya. Les deux salles suivantes (**XII** et **XIII**) exposent des œuvres du 19e s. comme les superbes portraits d'Esquivel. La dernière salle (**XIV**) compte quelques tableaux du 20e s. (Vázquez Díaz, Zuloaga).

Casa de Pilatos★★

De mi-mars à mi-sept. : 9h-19h ; de mi-sept. à mi-mars : 9h-18h. 8€, rez-de-chaussée : 5€. ☎ 954 22 52 98.

Ce qui est peut-être le monument le plus singulier de la ville se situe sur la plaisante **plaza de Pilatos**, qui lui doit son nom et où se trouve la statue de Zurbarán. Construit à la fin du 15e s., ce palais, où se mêlent les styles mudéjar – dominant –,

Casa de Pilatos : détail du superbe décor.

Renaissance et gothique flamboyant, fut achevé au début du 16e s. par don Fadrique, premier marquis de Tarifa, qui lui donna l'essentiel de sa physionomie. On dit qu'il se serait inspiré de la maison de Ponce Pilate à Jérusalem, où il avait effectué un voyage, ce qui expliquerait le nom.

Le merveilleux **patio** évoque un élégant palais arabe avec ses magnifiques arcs aux stucs finement ciselés et ses splendides **azulejos**★★ (16e s.) aux reflets métalliques. Notez que les arcs sont inégaux et que les motifs de chaque panneau d'azulejos sont différents. Au centre se trouve une fontaine sculptée venant de Gênes (16e s.). Si plusieurs statues décorant le patio sont romaines, la plus remarquable est celle de **Pallas Athéna**, une œuvre grecque originale du 5e s. avant J.-C. Des niches arrondies abritent une extraordinaire collection de bustes d'empereurs romains. Les salles ouvrant sur le patio présentent de beaux artesonados, des soubassements d'azulejos, des décors de stuc, des voûtes en croisée d'ogives ; une sculpture paléochrétienne du Bon Pasteur orne la chapelle (la partie la plus ancienne de la maison). On peut également visiter les jardins.

À un angle du patio, un précieux **escalier**★★ orné d'azulejos se développe sous un superbe **cul-de-four**★ plaqué de bois.

À l'étage, les galeries du patio ont conservé des restes de fresques du 16e s. où l'on reconnaît quelques personnages de l'Antiquité. Certaines salles ont de beaux plafonds, comme celui peint par Francisco Pacheco en 1603 sur le thème de l'apothéose d'Hercule.

En sortant, ne manquez pas de vous rendre au **couvent San Leandro** tout proche *(église difficile à visiter)* pour acheter les délicieux « **yemas** » de San Leandro, une exquise pâtisserie à base de jaune d'œuf.

Convento de Santa Paula★

Tlj sf lun. 10h30-12h30, 15h30-18h30. Fermé j. fériés et jours de prière. ☎ *954 53 63 30.* Fondé à la fin du 15e s., c'est l'un des plus beaux et des plus riches couvents de clôture de Séville. Son élégant clocher-mur (17e s.) se découpe sur les maisons environnantes et invite à la visite. Sachez aussi – raison supplémentaire d'y pénétrer – que les religieuses hiéronymites préparent et proposent de délicieuses confiseries et des confitures.

Église★ – *S'adresser à la porte de gauche, là où vous verrez l'azulejo de Santa Paula.* Après avoir franchi le porche, on se trouve sur un agréable parvis qui donne sur la superbe **façade**★ de l'église, achevée en 1504 par Niculoso Pisano. Elle est entièrement de brique en assises de deux tons alternées et ornée d'azulejos à profusion. Malgré le mélange des styles, mudéjar pour la brique, gothique pour les arcs et Renaissance pour les médaillons et le parapet, le résultat est tout à fait harmonieux. Remarquez sur le tympan le blason des Rois catholiques et sur le médaillon central, attribué à Lucca Della Robia, la Nativité.

L'**intérieur**★ à nef unique est couvert d'un plafond artesonado du 17e s. Le *presbiterio* à voûtes gothiques est totalement couvert de précieuses peintures à fresque polychromes. De part et d'autre du maître-autel, deux niches abritent les sépulcres des marquis de Montemayor, bienfaiteurs de l'église, tandis que le frère de la marquise repose dans une autre niche. Le retable principal, exécuté au début du 18e s., conserve en son centre une statue de sainte Paule provenant d'un retable plus ancien. Admirez le mouvement des deux anges portant les lampes.

Voûte du presbiterio de l'église du couvent Santa Paula.

Dans la nef, deux autels dédiés à saint Jean l'Évangéliste et à saint Jean-Baptiste se font face. Les deux statues, de belle facture, sont l'œuvre de Martínez Montañés. Dans le bas-côté droit, un Christ gothique occupe une grande vitrine. Le *coro* est clôturé et séparé du reste de l'église par une grille.

Musée★ – *Entrée par le n° 11 de la place.* Il occupe les étages de certaines dépendances du couvent, pourvues parfois de superbes plafonds artesonados. On peut y admirer des chefs-d'œuvre de Ribera *(Saint Jérôme* et *L'Adoration des Bergers)*, de Pedro de Mena *(Mater Dolorosa* et *Ecce homo)*, une *Immaculée Conception* d'Alonso Cano, ainsi qu'une adorable crèche du 18ᵉ s. comprenant de nombreux personnages.

Palacio de Lebrija★
Avr.-sept. : tlj sf dim. 10h30-13h, 16h30-20h, sam. 10h-13h ; oct.-mars : tlj sf dim. 10h30-13h, 16h30-19h, sam. 10h-13h. 3,60€ (6,60€ les 2 niveaux). ☎ 954 22 78 02.
La visite de cette résidence privée typiquement sévillane donne une idée de l'organisation des palais sévillans (vestibule, patio central à galerie et jardin intérieur) et réserve une surprise unique : au rez-de-chaussée, les pavements sont faits de **mosaïques romaines**★ en provenance d'Itálica *(voir cu-après « alentours »).* Toutes sont superbes, mais admirez celles du patio, magnifiques, et, pour leurs formes, celles du salon octogonal. Le patio présente en outre d'élégants arcs dentelés, des trumeaux et des *alfiz* d'influence arabe, un éclatant soubassement d'azulejos de Séville et des vitrines exposant des vestiges archéologiques. L'**escalier**★ est une pure merveille, tout recouvert d'azulejos, avec sa rampe d'acajou, ses marches de marbre et son superbe plafond artesonado mudéjar provenant d'un palais de Marchena.
À l'étage, vous découvrirez divers salons et galeries aux éléments décoratifs Renaissance, baroques et romantiques.

La Magdalena
Cette église, œuvre de Leonardo de Figueroa, fut édifiée à la fin du 17ᵉ s. sur les fondations d'une église antérieure. De l'extérieur, on distingue aisément la nef, le transept et la légère coupole ornée d'azulejos.
L'**intérieur**★ recèle d'intéressants trésors. Les fresques des plafonds ont été réalisées par Lucas Valdés. L'exubérant retable de la **capilla mayor**, de style baroque, date du début du 18ᵉ s. Les peintures de la voûte illustrent des allégories de saints. La **chapelle du Christ du Calvaire** (capilla del Cristo del Calvario, *à droite du presbiterio)* doit son nom au Christ (18ᵉ s.) de Francisco Ocampo. Dans le bas-côté droit, un superbe **haut-relief de l'Assomption** porté par quatre petits anges (1619), par Juan de Mesa, attire l'attention au même titre que la chapelle du Saint Sacrement (capilla Sacramental) et la chapelle de la Cinquième Douleur (Quinta Angustia).
La chapelle du Saint Sacrement est ornée de deux toiles de **Zurbarán** : *Entrée miraculeuse du véritable portrait de saint Dominique au monastère de Soriano* et *Guérison miraculeuse du Bienheureux Réginald d'Orléans.* C'est dans le vestibule d'entrée que se trouve la **chapelle de la Quinta Angustia**★. L'autel est orné d'un magnifique groupe sculpté attribué à l'école de Pedro Roldán, comportant un Christ, dit Cristo del Descendimiento, tout en sensibilité. Aux murs sont pendus dix tableaux de saints par Valdés Leal ; au plafond s'ouvrent trois coupoles de tradition arabe.
Dans le croisillon gauche, près de la porte, se trouve une Vierge à l'Enfant élégante et maternelle, dite **Virgen de la Fiebre** (Vierge de la Fièvre – 16ᵉ s.).

AUTOUR DE LA CATHÉDRALE

Hospital de la Caridad
9h-13h30, 15h30-19h30, dim. et j. fériés 9h-13h. Fermé certains j. fériés. 3€. ☎ 954 22 32 32.
Pour visiter l'église, entrer par l'hôpital puis traverser l'élégant double patio décoré de panneaux d'azulejos illustrant des scènes de l'Ancien et du Nouveau Testament.
Église★★ – Cette église baroque à nef unique recèle des joyaux artistiques, que Mañara fit réaliser par les meilleurs artistes sévillans de l'époque. Cet ensemble iconographique illustrant les thèmes de la mort et de la charité avait pour but de mener les frères de la Charité sur le bon chemin.
À l'entrée de l'église, sous la tribune faisant office de *coro,* deux **tableaux**★★ de **Juan de Valdés Leal** se distinguent par leur réalisme cru. Le macabre *Finis Gloriæ Mundi* (appelé aussi *Ni más, ni menos* : Ni plus, ni moins) présente les cadavres d'un évêque et d'un chevalier en putréfaction ; la main du Christ soupesant leurs vertus et leurs péchés (figurés par des animaux) évoque le Jugement dernier. *In Ictu Oculi (En un clin d'œil)* est une allégorie de la mort, figurée par un squelette piétinant les symboles du monde terrestre (la sphère terrestre, une couronne, des livres, etc.). Au-dessus du *coro* se trouve une *Exaltation de la Croix,* également de Valdés Leal.
Dans la nef, diverses **œuvres**★ de Murillo illustrent le thème de la charité. Le superbe *Sainte Élisabeth de Hongrie soignant les teigneux* exalte le sens du dévouement, tandis que *Saint Jean de Dieu portant un malade sur ses épaules* révèle la parfaite maîtrise du clair-obscur chez l'artiste. Les peintures d'enfants des autels latéraux sont également dues à Murillo. Un autel latéral présente un Christ ensanglanté réalisé par Pedro Roldán (17ᵉ s.) ; remarquez son douloureux

regard tourné vers le ciel. À hauteur de la croisée du transept se font face deux grandes toiles horizontales : *La Multiplication des pains et des poissons* (donner à manger à ceux qui ont faim) et *Le Miracle des eaux* (donner à boire à ceux qui ont soif). Les peintures de la coupole de la croisée sont de Valdés Leal : dans chaque ove apparaît un ange portant les instruments de la Passion, et, sur les pendentifs, les évangélistes. Admirez les magnifiques anges portant des lampes.

Le maître-autel est orné d'un superbe **retable** baroque de Pedro Roldán, dont le panneau central comprend un **groupe sculpté**★★ représentant la mise au tombeau ; les visages empreints d'émotion contenue ont été admirablement traités par l'artiste.

Santa María la Blanca★

De l'église qui résulta des profonds remaniements apportés à cette ancienne synagogue au 14ᵉ s. il ne reste que le simple portail gothique. Une reconstruction presque totale intervint au 17ᵉ s., qui vit la réalisation de la façade ainsi que l'aménagement de l'**intérieur**★. Les arcs en plein cintre qui séparent les trois vaisseaux reposent sur des colonnes de marbre rose. Les voûtes en berceau et la coupole de la croisée sont revêtues en totalité d'un décor de plâtres tout en masses arrondies se combinant sans retenue. Ce foisonnement baroque est compensé par la légèreté des colonnes et le résultat est assez harmonieux. La nef de l'Évangile recèle une *Cène* attribuée à Murillo, où le traitement dramatique de la lumière n'est pas sans évoquer le plus pur style ténébriste.

AU SUD DE LA CATHÉDRALE

Museo Arqueológico★

Mar. 15h-20h, mer.-sam. 9h-20h, dim. 9h-14h. Fermé j. fériés. 1,50€ (gratuit pour les ressortissants des pays de l'UE). ☎ 954 23 24 01.

Le pavillon Renaissance de la plaza de América du parc María Luisa héberge le Musée archéologique, riche en collections préhistoriques et romaines.

Au rez-de-chaussée, la section préhistorique présente des objets découverts lors de fouilles réalisées dans la province. Arrêtez-vous tout particulièrement dans la **salle VI**, qui expose le **trésor de El Carambolo**★ (7ᵉ-6ᵉ s. avant J.-C.), merveilleux ensemble de bijoux tartessiens en or et d'influence phénicienne à la modernité surprenante, ainsi que la **déesse Astarté** (8ᵉ s. avant J.-C.), petite figurine de bronze dont l'inscription est l'un des plus anciens témoignages d'écriture de la péninsule.

L'étage principal est presque totalement consacré à la **collection romaine**★ (salles XII à XXV), qui provient en majeure partie d'Itálica (*voir « alentours »*). De magnifiques sculptures et mosaïques, bien mises en valeur, nous démontrent l'importance prise par la civilisation romaine en Andalousie. Notez dans les vitrines les intéressantes reconstitutions de la vie quotidienne à l'époque romaine (vie familiale, religion, commerce, monnaies, etc.).

Il convient de distinguer un Mercure ayant à ses pieds une grande mosaïque (salle XIV) ; une curieuse collection de plaques de marbre creusées d'empreintes de pieds et dédiées à la déesse Némésis à l'occasion des jeux (salle XVI) ; une Vénus (salle XVII) ; de superbes sculptures – dont une Diane – et les plaques de bronze de la Lex Irnitana, qui promulgua Vespasien (salle XIX et annexe) ; un Trajan en héros (salle XX) ; et, dans la salle XXV consacrée au monde funèbre, les sarcophages, les trousseaux funéraires, le colombarium, etc.

LA CÉRAMIQUE HISPANO-ROMAINE

L'exportation de produits agricoles vers la péninsule italique favorise le développement de l'industrie céramique en Bétique où l'on se spécialise dans la fabrication d'amphores connues sous le nom de Dressel 20. De nos jours, on a localisé dans la basse vallée du Guadalquivir plus de soixante-dix fours destinés à leur cuisson.

Les autres ateliers, toujours situés hors des villes afin d'éviter la propagation des incendies, produisent une céramique domestique à l'usage très répandu, la *sigillata hispanica,* de couleur rouge clair et décorée de motifs végétaux ou animaux.

Museo de las Artes y Costumbres Populares – *Tlj sf lun. 9h-20h, mar. 15h-20h, dim. et j. fériés 9h-14h30. 1,50€ (gratuit pour les ressortissants des pays de l'UE).* ☎ 954 23 25 76/55 40.

Installé dans le pavillon mudéjar, le **musée des Arts et Traditions populaires** expose des collections à caractère ethnographique (costumes de pèlerins, tenues pour la Feria, reconstitutions du cadre de vie, instruments de musique, outils agricoles...), ainsi qu'une collection d'affiches de la Feria de Séville.

ÎLE DE LA CHARTREUSE

Isla Mágica★

Ce parc à thème, qui occupe 40 ha sur l'île de la Chartreuse, propose un passionnant voyage dans le temps au rythme des découvertes. Il se divise en huit zones : « Séville, Port des Indes », « Quetzal, la Fureur des dieux », « Le Balcon d'Andalousie », « Porte de l'Amérique », « Amazonie », « Le repaire des Pirates », « La Fontaine de Jouvence » et « L'Eldorado ».

carnet pratique

Renseignements ☎ 902 16 17 16 –
Réservations ☎ 902 16 00 00
Internet : www.islamagica.es
Période d'ouverture :
Ouv. 23 mars-3 nov. : tlj mai-mi-sept. ; le
reste de la saison, w.-ends et certains jours
(se renseigner).
Horaires
Juin-sept. : 11h-22h (ou minuit) ; le reste de
l'année : se renseigner.

Tarifs d'entrée
– Adultes : 21€
– Enfants 5-12 ans et seniors de plus de
65 ans : 14,50€
– Enfants de moins de 5 ans : gratuit
Le prix d'entrée comprend l'accès à toutes
les attractions et à tous les spectacles.

Le parc propose aux visiteurs une infrastructure ludique très complète : d'amusantes attractions, des spectacles de rues, des boutiques de souvenirs, des restaurants et des bars pour reprendre des forces.

Le parc propose nombre d'attractions ; nous n'en citerons que quelques-unes :
Quetzal, la Furia de los Dioses – Un trépidant voyage dans le monde maya. Sur un serpent à plumes, on traverse les terres d'Amérique en fuyant la fureur des dieux.

El Balcón de Andalucía – Une agréable promenade à travers les monuments et les accidents géographiques les plus importants d'Andalousie.

Anaconda – Les montagnes russes sur l'eau avec des chutes spectaculaires qui feront la joie des marins les plus intrépides.

Iguazú – Ces chutes d'eau spectaculaires permettront aux amoureux de sensations fortes de se précipiter dans les eaux d'une lagune à plus de 50 km/h.

El Jaguar – Si tout cela ne vous suffit pas et si vous en voulez toujours plus, rendez-vous au Jaguar, une gigantesque montagne russe à boucles complètes avec des pointes de vitesse à 85 km/h.

La Fuente de la Juventud – Le paradis des **tout-petits**... Un univers de rêve, peuplé d'étangs et de ruisseaux, où sont réunies presque toutes les activités des plus jeunes. Les **Belles Histoires du Crapaud** (El Sapo Cuenta Cuentos) et les **Ranacuajos** racontent d'amusantes histoires pleines d'humour.

Los Rápidos del Orinoco – Du rafting à bord de canots pneumatiques pour franchir les dénivellations spectaculaires de ce fleuve.

La Casa de la Superstición – Un film réalisé avec les technologies les plus sophistiquées, projeté sur écran géant sphérique qui introduit le spectateur dans un monde de sensations étonnantes.

La Cartuja-Centro Andaluz de Arte Contemporáneo

Avr.-sept. : tlj sf lun. 10h-21h, sam. 11h-21h, dim. 10h-15h ; le reste de l'année : tlj sf lun. 10h-20h, sam. 11h-20h, dim. 10h-15h. Dernière entrée 1/2h av. fermeture. Fermé j. fériés. 3€, gratuit mar. pour les ressortissants des pays de l'UE. ☎ 955 03 70 70.
Autobus C-1 et C-2. Le Centre andalou d'art contemporain est aménagé dans l'ancien monastère de la Chartreuse.
Curieux ensemble architectural, la **Chartreuse** eut une histoire très compliquée. Le monastère, fondé à la fin du 14e s. à la suite d'une apparition de la Vierge dans les environs, connut des périodes de splendeur et reçut la visite de rois et de personnalités (Colomb y prépara son second voyage aux Amériques). Au 19e s., son destin fut totalement bouleversé : les troupes napoléoniennes en firent une caserne avant que, bien plus tard, Charles Pickman n'en fit l'acquisition pour y installer une usine de céramique qui fonctionna jusqu'en 1982 (on peut encore voir les cheminées des fours).

Dépendances conventuelles★ – Elles appartiennent en majeure partie aux 15e,16e et 17e s. et certaines ont conservé de beaux azulejos. Remarquez surtout la précieuse rosace d'azulejos de l'église, les décors de stucs baroques de la sacristie, le merveilleux cloître mudéjar en brique et ses fines colonnes de marbre, les intéressants tombeaux exposés dans la salle capitulaire et le beau plafond artesonado (17e s.) du réfectoire.

Musée – Sont exposées nombre d'œuvres réalisées au début du 20e s. par des artistes majeurs (Miró, Chillida, etc.) ou de jeunes créateurs andalous, pour la plupart. Des expositions temporaires s'y tiennent également.

alentours

Itálica★

9 km au Nord-Ouest par la N 630/E 803. Après Santiponce, tourner à gauche. Avr.-sept. : tlj sf lun. 8h30-20h30, dim. 9h-15h ; le reste de l'année : tlj sf lun. 9h-17h30, dim. 10h-16h. 1,50€ (gratuit pour les ressortissants des pays de l'UE). ☎ 955 99 73 76/65 83.
Sur une colline plantée de cyprès dominant la plaine du Guadalquivir, on découvre les vestiges de cette ville romaine que fonda Scipion l'Africain en 206 avant J.-C. et qui connut son apogée au 2e s. après J.-C. Son histoire est intimement liée à deux

figures de l'histoire romaine, les empereurs **Trajan** (53-117) et **Hadrien** (76-138), qui y naquirent. Hadrien lui conféra le titre de colonie et la dota de monuments, mais elle déclina à partir du Bas-Empire.

L'immense enceinte archéologique correspond à une partie du quartier créé par Hadrien. Les rues perpendiculaires voyaient alterner édifices publics et luxueuses demeures privées. Il subsiste quelques **mosaïques** d'origine comme celle de Neptune, les Oiseaux, les Divinités planétaires, etc.

Amphithéâtre – Avec ses vingt-cinq mille places, c'est l'un des plus grands de l'Empire romain. De forme elliptique, il est assez bien conservé et on peut voir une partie des gradins et des galeries situées sous l'arène.

Le théâtre se trouve dans le vieux noyau de **Santiponce**, village édifié sur la partie la plus ancienne d'Itálica.

Bollullos de la Mitación

18 km à l'Ouest par la A 49 (direction Huelva), que l'on quitte à la sortie n° 5 pour se diriger vers le Sud.

San Martín – *19h-21h, dim. et j. fériés 11h-12h, 17h-19h (culte).*
Cette église se trouve sur la plaza de Cuatrovitas, où s'élève aussi l'hôtel de ville. Construction baroque (18ᵉ s.), elle est pourvue d'une tour de brique ornée d'azulejos ; à l'intérieur, intéressant **retable** avec quatre tableaux de Zurbarán.

Sanctuaire de Cuatrovitas – *Quitter Bollullos en direction d'Aznalcázar ; après 4 km, prendre une route à gauche juste après une pinède (attention, on la dépasse facilement), puis parcourir 2 km de route non revêtue. W.-end et j. fériés 10h-13h, 17h-19h (pendant la fermeture, demander la clé au gardien de l'église en face).*
Un chemin très agréable conduit à ce petit ermitage tout simple érigé dans un secteur plat ; c'est l'une des rares mosquées rurales encore debout. D'époque almohade, elle est caractérisée par sa **tour** de brique combinant arcs polylobés et fer forgé. À l'intérieur, un parement d'autel en céramique (16ᵉ s.) représente la Vierge à l'Enfant et les quatre Évangélistes.

Alcalá de Guadaira

20 km à l'Est par la A 92 (N 334). Entrer dans le village et se garer près de l'église St-Jacques.

Santiago – Cette église a été construite aux 15ᵉ et 16ᵉ s. Un élégant décor de céramique orne les corps supérieurs et le chapiteau du clocher. À l'intérieur, le *presbiterio* présente une curieuse voûte à niches.

Château – *Monter par la rue en escalier près de l'église.* En haut d'une colline, dominant le village et les collines environnantes, se dressent des murailles et de grosses tours, vestiges d'une forteresse almohade. C'est un endroit délicieux, aménagé avec une aire de jeux. Au centre s'élève l'**ermitage N.-D.-de-l'Aigle** (Nuestra Señora del Águila – 14ᵉ-16ᵉ s.), doté d'une solide tour en brique crénelée ; à l'intérieur, traces d'une fresque médiévale *(à droite du presbiterio).*

Sierra Nevada★★

L'ampleur d'un tel relief montagneux à cette latitude méridionale pourrait surprendre le voyageur non averti. La sierra Nevada qui dresse au-dessus de Grenade une perpétuelle couronne de neige, est, après les Alpes, la chaîne de montagnes la plus haute d'Europe. Les beaux paysages de haute montagne entrecoupés de vallées encaissées et de profonds ravins ainsi qu'une magnifique station de sports d'hiver comptent au nombre de ses charmes. Et, le Parc national de la Sierra Nevada protège la moitié de sa superficie totale.

La situation

Carte Michelin n° 578 U 19-20-21 – Andalousie (Grenade).
Située au Sud-Est de Grenade, la sierra Nevada est desservie par quelques routes de charme *(voir les circuits proposés plus loin).*
Vous pouvez poursuivre votre voyage en visitant : Grenade (GRANADA), GUADIX (au Nord) et les ALPUJARRAS (au Sud).

comprendre

Cette monumentale sierra s'étire sur plus de 90 km, occupant une superficie de plus de 170 000 ha (86 208 pour le **Parc national**). La neige et la glace, abondantes la majeure partie de l'année, ont érodé au fil du temps cette jeune chaîne montagneuse, créant un profil très modelé aux contours arrondis. Ses quatorze pics dépassent les 3 000 m d'altitude, culminant dans la partie la plus occidentale à 3 482 m pour le **Mulhacén**, 3 394 m pour le **Veleta** et 3 371 m pour l'**Alcazaba**.

Hidalgo-Lopesino/MARCO POLO

Quelle saison choisir ?

N'importe laquelle. L'hiver, la sierra Nevada propose les activités d'une **station de ski** et une multitude de randonnées entre ses sommets enneigés. L'été, elle offre également des activités sportives, comme la randonnée et les promenades à cheval. La neige peut tomber dès le mois d'octobre et tenir parfois jusqu'au mois de juin. Le soleil, présent huit mois sur douze, illumine un paysage exceptionnel où se côtoient la blancheur immaculée de la neige et le bleu azur du ciel.

séjourner

Randonnées

Une multitude de sentiers sillonnent la chaîne. Le centre d'accueil fournit des informations sur les chemins balisés (parcours, temps...). Les points de départ sont : le village de Güejar-Sierra, le centre d'accueil d'El Dornajo et l'**auberge universitaire**. Les itinéraires les plus intéressants sont les ascensions du **pic Veleta**, du **Mulhacén**, et celle qui mène à l'**étang de las Yeguas.**

carnet pratique

À SAVOIR AVANT DE S'Y RENDRE...
Centro de Visitantes del Dornajo – *Carretera de Sierra Nevada km 23. Été : 9h30-14h30, 16h30-20h ; le reste de l'année : 10h-14h30, 16h30-19h.* ☎ *958 34 06 25.* Il faut impérativement passer par ce centre d'accueil avant toute visite de la sierra Nevada : on y trouve une multitude d'informations (maquettes, expositions...) et on peut s'y procurer nombre d'ouvrages. Il permet également de nouer un premier contact avec l'artisanat et la gastronomie de la région. Il propose des randonnées de haute montagne, des excursions, la location de vélos.
Bureau d'information du col de la Ragua – *Rte du col de la Ragua -* ☎ *958 76 02 31. www.laragua.net*
Bureau d'information du Parc national de la Sierra Nevada – Il se trouve à **Pampaneira** *(plaza de la Libertad -* ☎ *958 76 33 01).* Au même endroit, **Nevadensis** (☎ *958 76 31 27)* organise des activités et des randonnées dans la sierra et les Alpujarras.

Alpinisme – *Federación Andaluza de Montañismo - camino de Ronda, 101 (edificio Atalaya) -* ☎ *958 29 13 40 - www.fedamon.com*

ACCÈS
En voiture – De Grenade, la A 395 constitue l'accès le plus direct et le plus rapide, et on laisse la voiture au parking souterrain de **Pradollano**. Cette formule permet en outre de combiner le séjour avec les deux promenades que nous proposons plus loin !
En autocar – La compagnie **BONAL** (☎ *958 27 31 00)* assure plusieurs liaisons quotidiennes entre Grenade et Pradollano (départ de Grenade à côté du **palais des congrès**).

HÉBERGEMENT
• À bon compte
Don José – *Sur la rte de Grenade, à 9 km au NO de Pradollano -* ☎ *958 34 04 00 - 18 ch. : 68/147€* ☒ *- réductions pour les séjours de plus d'une nuit.* Petit hôtel familial très fonctionnel.

Station de ski de Sierra Nevada★★

Créée en 1964, elle accueillit en 1977 un grand événement sportif, la **Coupe du monde de ski alpin**. Néanmoins, deux ans plus tard, l'entreprise chargée de son exploitation envisagea la fermeture de la station en raison de sa faible rentabilité. La situation s'améliora cependant dans les années 1980, tandis qu'en même temps se développait un mouvement de protection de la montagne. La station fut chargée d'organiser les **Championnats du monde de ski** en 1995 ; ceux-ci furent reportés d'un an en raison du manque de neige, mais les investissements engagés pour l'événement permirent à la station de devenir l'une des mieux équipées d'Espagne. Aujourd'hui, le domaine skiable compte soixante kilomètres de pistes, quarante-cinq pistes et vingt remontées mécaniques et il est possible de skier la nuit (le week-end). Un grand complexe résidentiel et hôtelier a été édifié à **Pradollano**.

> ### LES « GLACIERS »
> C'est ainsi que l'on nommait (en espagnol *neveros*) ceux qui jadis transportaient la glace de la montagne à Grenade. Ils montaient jusqu'aux glaciers – naturels – par groupe de dix, avec des mules et des ânes qu'ils chargeaient de glace. Ils la découpaient en fin d'après-midi et profitaient de la fraîcheur de la nuit pour revenir en ville, évitant ainsi que la glace ne fonde. Ils la distribuaient ensuite dans les hôpitaux, les magasins et les auberges de Grenade. L'activité fut très intense puisqu'elle fut même régie au 17ᵉ s. par des licences et des règlements. Ce métier disparut vers 1920 avec l'apparition des premières usines de glace.

circuits

On entreprit de construire la première route de la sierra en 1914. En 1923, elle atteignait Pinos Genil, et en 1935 on inaugurait le tronçon accédant au pic Veleta. Depuis lors, c'est l'itinéraire d'accès aux sommets de la chaîne. La sierra Nevada ayant été classée **Parc naturel** (1989), puis **Parc national** (1999), la circulation connaît désormais un certain nombre de restrictions. Deux contrôles, l'un sur le versant Nord (Cruce de Borreguiles) et l'autre sur le versant Sud (Hoya del Portillo), limitent la circulation des véhicules de tourisme. Les deux circuits suivants peuvent être effectués de jour en voiture. *Avant de partir, il est préférable de se renseigner sur l'état des routes.*

DE GRENADE À EL DORNAJO★★

En été uniquement – 1h.

Prendre à Grenade l'ancienne route de la sierra. Au bout de 8 km, bifurquer vers Pinos-Genil. La route traverse un beau paysage et longe le réservoir de Canales pour atteindre le village de **Güejar-Sierra**. Quitter le village en direction de la station de Maitena. Après avoir franchi le Genil, la route suit le cours de la rivière et grimpe par des courbes serrées en forte pente jusqu'à l'Hotel del Duque, transformé actuellement en séminaire, pour se diriger ensuite jusqu'au centre d'accueil.

D'EL DORNAJO AU CARREFOUR DE BORREGUILES★★

Au **centre d'accueil d'El Dornajo**, prendre à gauche la route montant vers le colado de las Sabinas. La montée très forte s'effectue par des virages en épingle à cheveux très fermés. Profitez du beau paysage de pins d'Andalousie et des belles vues sur la vallée du Genil. Après avoir franchi le col, la route se poursuit jusqu'à Pradollano, d'où l'on peut poursuivre jusqu'au carrefour de Borreguiles.

> ### LE MULHACÉN, TOIT DE LA PÉNINSULE
> La légende veut que le point culminant de la péninsule doive son nom au père de Boabdil, le roi de Grenade Abd ul-Hassan, appelé aussi Moulay Hassan. Il était tombé amoureux d'une belle demoiselle chrétienne appelée Zoraya, qui, après la mort du roi au château de Mondújar, l'aurait fait enterrer sur le plus haut sommet de la sierra, à l'abri de ses ennemis.

alentours

Valle del Lecrín★

De Grenade, prendre la route N 323 vers le Sud et bifurquer vers Dúrcal. Peu connue, la vallée du Lecrín est un petit joyau touristique. La route sillonne des orangeraies et traverse de petits villages posés sur les flancs de la vallée.

Dúrcal – Ce village d'origine arabe propose l'intimité de sa **plaza de España**.

Nigüelas – Un des plus jolis villages de la vallée. L'hôtel de ville occupe le palais Zaya (16ᵉ s.). Mais l'édifice le plus intéressant du village est un **moulin à huile★** (almazara de las Laerillas – *demander la clé à l'hôtel de ville*) du 14ᵉ s. qui abrite des presses, des mesures, des greniers, et surtout deux **grands moulins** : un moulin dit « à sang » *(de sangre)* car il était mû par la force animale, et un moulin hydraulique. *Visite sur demande.* ☎ *958 77 76 07 (hôtel de ville).*

Mondújar – L'église mudéjare de ce village est dotée d'une tour remarquable.
À deux pas se situe le village de Lecrín, mot d'origine arabe qui signifie « joie » et donne son nom à la vallée. La route se poursuit dans la vallée du rio Torrente, par les villages de Murchas, Restábal, **Melegís** et **Saleres**. Dans ces deux derniers, les clochers présentent de jolis restes d'azulejos mudéjars.

Parque Natural de la
Sierra Norte de Sevilla

Parc naturel de la Sierra Nord de Séville

Superbe site naturel de 164 840 ha, le parc occupe la région sévillane de la sierra Morena. Arrosé par les ríos Viar, Huéznar et Retortillo, il recèle une végétation luxuriante, où abondent chênes-lièges, châtaigniers, ormes et noisetiers, sans oublier la faune, riche en sangliers, busards et vautours fauves.

La situation

Carte Michelin n° 578 T, S et R 12 et 13 – Andalousie (Séville). Le parc couvre une magnifique zone de la sierra Morena, au Nord de Séville, et en bordure des provinces de Huelva, de Cordoue et de l'Estrémadure.
Vous pouvez poursuivre votre voyage en visitant : Séville (SEVILLA), CARMONA (au Sud) et le Parc naturel SIERRA DE ARACENA Y PICOS DE AROCHE (dans le prolongement à l'Ouest).

carnet pratique

VISITE

Le **Centre d'information** de Constantina distribue cartes et plans, et fournit des renseignements sur les activités proposées dans le parc. *Avr.-sept. : ven.-dim. et j. fériés 10h-14h, 16h-18h ; janv.-mars et oct.-déc. : ven.-dim. et j. fériés 10h-14h, 18h-20h ; de janv. à mi-juin et de mi-oct. à fin déc. : jeu. également 10h-14h.*
☎ 955 88 15 97.

HÉBERGEMENT

• **À bon compte**
Posada del Moro – *Paseo del Moro - Cazalla de la Sierra -* ☎ *954 88 48 58 - 14 ch. : 36/55€.* Petit hôtel familial et agréable en face du parc del Moro. Restaurant de qualité et jardin avec piscine. Bon rapport qualité/prix.

San Blas – *Miraflores, 4 - Constantina -* ☎ *955 88 00 77 - 15 ch. : 41/57€.* Seul hôtel de la ville digne de ce nom. Vastes chambres correctes dans cet établissement moderne, sans grand charme. Petite piscine sur la terrasse.

• **Valeur sûre**
Las Navezuelas – *Cazalla de la Sierra - sur la A 432, à 3 km au S du village en direction de Fábrica del Pedroso, prendre un chemin de terre (1 km environ) -* 🅿 *-* ☎ *954 88 47 64 - 6 ch., 2 suites, 3 appt : 50/63€ (appt : 75€).* Un petit paradis « auquel j'ai consacré douze années de ma vie » déclare le propriétaire. Les chambres sont soigneusement décorées et la piscine offre une vue magnifique sur la sierra Morena. Le silence règne, seul retentit au loin le son des clochettes des moutons.

circuit

DE LORA DEL RÍO À GUADALCANAL

90 km – une journée.

Lora del Río

En dehors du parc naturel. Situé sur la rive droite du Guadalquivir, en face des premiers contreforts de la sierra Morena, ce village traditionnel et paisible présente des rues soignées et des édifices majestueux.
Au rang de ses spécialités gastronomiques, il convient de citer les escargots, les *sopeaos*, variante du traditionnel gazpacho et les populaires *gachas con coscurros*.

Iglesia de la Asunción – Église gothico-mudéjare (15ᵉ s.) élevée sur les vestiges d'une ancienne mosquée puis remaniée plusieurs fois. Le clocher (19ᵉ s.) est l'un des plus élevés de la province.

Hôtel de ville – Bâtiment baroque (18ᵉ s.) doté d'une magnifique **façade** au décor floral.

Casa de los Leones – Bel exemple d'architecture civile baroque, dont on remarquera surtout la façade à sgraffites et l'élégant patio intérieur.

Casa de la Virgen – Singulier palais de la fin du 18ᵉ s. Portail orné d'élégantes colonnes en marbre.

Santuario de Nuestra Señora de Setefilla – À l'extérieur de la ville, ce beau sanctuaire mudéjar reconstruit au 17ᵉ s. s'élève dans un site montagneux et solitaire. Il abrite la statue de la Vierge de Setefilla, qui attire chaque année, le 8 septembre, nombre de pèlerins.

Constantina

29 km au Nord de Lora par la A 455. Cette curieuse ville, qui doit son nom à l'empereur romain Constantin, se trouve dans un **cadre** de toute beauté, au milieu de belles forêts et de ruisseaux aux eaux cristallines. Au centre, les constructions arabes côtoient les maisons nobles des 15e-17e s., qui confèrent à Constantina sa distinction.

Barrio de la Morería★ – Le quartier s'étire au pied de l'ancien château qui domine la ville. Ses ruelles blanches et sinueuses, entrecoupées d'interminables escaliers, conservent toute la saveur et le charme arabes. Dans ce véritable labyrinthe se dresse l'**église de l'Incarnation**, élégant édifice mudéjar à la belle façade platéresque où se détachent les magnifiques reliefs en pierre de la porte du Pardon ; remarquez également la délicate sculpture de l'archange Gabriel. L'**église N.-D.-des-Douleurs** conserve un beau cloître Renaissance et un intéressant retable baroque au-dessus du maître-autel.

Ermita de El Robledo – *5 km au Nord-Est de Constantina par la SE 156. Mars-sept. : 9h-21h ; oct.-fév. : 10h-19h.* ☎ *955 95 41 14.*
La blanche silhouette mudéjare de cet ermitage isolé abrite la statue de la Vierge d'El Robledo.

El Pedroso

18 km à l'Ouest de Constantina par la A 452. Nichée dans un cadre naturel d'exception, la ville compte au nombre de ses principales curiosités l'ermitage St-Sébastien et l'église N.-D.-du-Pin. Les collines avoisinantes de Monteagudo et La Lima dispensent de merveilleux **panoramas** sur les montagnes.

Cazalla de la Sierra

17 km au Nord d'El Pedroso par la A 432. Ce charmant petit village cerné par les contreforts de la Sierra Morena s'élève dans une région recouverte de forêts denses de chênes verts et de chênes-lièges. Le centre conserve des rues très pittoresques, bordées de belles maisons seigneuriales aux élégantes façades en pierre. L'eau-de-vie de Cazalla est aussi très populaire.

Plaza Mayor – Cette vaste place rectangulaire, cœur de Cazalla, reflète l'architecture populaire andalouse du 16e s. Elle accueille le tribunal (observez sa belle façade baroque) et l'**église N.-D.-de-la-Consolation** (14e s.), couronnée par une tour mudéjare de brique rouge. Ses fenêtres en arc brisé et trilobé viennent éclairer ses voûtes à caissons Renaissance.

San Francisco – Le couvent abrite un remarquable cloître baroque aux sveltes colonnes soutenant des arcs en plein cintre.

Ruines de la chartreuse – *3 km au Nord de Cazalla. 10h-14h, 16h-20h. Fermé 23-25 déc. 3€.* ☎ *954 88 45 16.*
Les vestiges monumentaux de l'ancienne chartreuse (15e s.) se trouvent au milieu d'une forêt à la végétation exubérante. Vous remarquerez les peintures mudéjares du cloître. L'ancienne maison du moine gardien a été transformée en un petit hôtel.

Alanís

17 km au Nord de Cazalla par la A 432. Au cœur d'une région montagneuse inexpugnable, Alanís s'étend au pied des vestiges de l'ancien château médiéval. Les principaux bâtiments sont la demeure de Matilde Guitart, avec son élégant patio distribué sur deux étages, et surtout l'**église N.-D.-des-Neiges**, sanctuaire gothique reconstruit dans le style néoclassique qui conserve de belles peintures à fresque sur la voûte au-dessus du maître-autel. La chapelle de Melgarejo (16e s.) présente d'exceptionnelles **céramiques vernissées** mudéjares.

Guadalcanal

11 km au Nord-Ouest d'Alanís par la A 432. Cette ancienne ville fortifiée conserve d'intéressants vestiges des remparts médiévaux. Les édifices les plus intéressants sont l'église de l'Assomption, élevée sur la forteresse arabe, et l'ermitage de Guaditoca, haut lieu de pèlerinage.

Tabernas

Tabernas est située en plein cœur du désert d'Almería, dans un paysage très aride, voire quasi lunaire. Ses nombreux coteaux pelés confèrent à la région un aspect très particulier, qui rappelle l'Ouest américain, offrant ainsi le décor idéal à l'industrie cinématographique pour tourner dans les années 1960 et 1970 la majorité des « westerns-spaghetti ».

La situation

3 241 habitants. Carte Michelin n° 578 U 22 – Andalousie (Almería).
La localité s'étend dans une plaine au pied d'un coteau, entre la sierra de los Filabres au Nord et la sierra Alhamilla au Sud. Située à 29 km au Nord d'Almería, elle est reliée à son chef-lieu par la A 370-N 340 A puis par la A 92.
🚩 *Plaza del Pueblo, 1 (hôtel de ville), 04200 Tabernas,* ☎ *950 36 50 02.*
Vous pouvez poursuivre votre voyage en
visitant : la *SIERRA DE LOS FILABRES, ALMERÍA, la COSTA DE ALMERÍA (au Sud)* et le *Parc naturel du cap de GATA-NÍJAR (CABO DE GATA-NÍJAR, au Sud-Est).*

> ### SITE NATUREL DU DÉSERT DE TABERNAS
> Sa localisation entre deux sierras produit la dénommée ombre orographique qui limite fortement les précipitations. La pluie est une denrée rare. La faune et la flore, généralement de petite taille, se sont adaptées à des conditions extrêmement arides. La flore compte l'immortelle, tandis que la faune est composée d'insectes, grenouilles, scorpions et hérissons morunos.

visiter

Les ruines partiellement restaurées de la forteresse dominent la ville *(accès par un chemin qui débouche à côté de la salle omnisports).* La A 370 en provenance de Sorbas offre une très belle vue sur les vestiges.
À deux pas d'une agréable place ombragée se dresse l'église paroissiale, en brique comme la plupart des églises de cette région, dont les deux portails sont d'un style Renaissance dépouillé.

Mini-Hollywood

5 km au Sud-Ouest par la A 370 ; suivre les indications. 10h-21h. ☎ *950 36 52 36.*
Décor cinématographique d'un village typique de l'Ouest américain avec ses maisons en bois, son « saloon », sa banque, son réservoir et tous les éléments caractéristiques. Des films comme *La mort avait un prix, Pour une poignée de dollars, On l'appelait Trinita* furent tournés ici à l'instar de beaucoup d'autres. Une route principale poussiéreuse, des montagnes rocheuses et dénudées apparaissent au second plan derrière les maisons et transportent le visiteur dans une époque légendaire. De nos jours, des spectacles avec bagarres et coups de feu sont organisés, dans le plus pur style de l'Ouest américain.
Une petite réserve zoologique et un musée africain ont été ouverts à deux pas du Mini-Hollywood tandis que d'autres plateaux cinématographiques longent la A 370.

Dans l'Ouest américain ?

DE TABERNAS À LOS MOLINOS DEL RÍO AGUAS

41 km. À Tabernas, prendre la A 370 vers l'Est, 17 km plus loin, prendre la bifurcation sur la droite.

Lucainena de las Torres

C'est un ancien village minier de la sierra de la Alhamilla, aux rues blanches avec une église paroissiale du 18e s., un arbre centenaire sur la place et, aux alentours, les fonderies du minerai de fer. Une **auberge-musée** (Mesón-Museo) qui expose des œuvres d'art dans une salle et une collection d'outils traditionnels propose aussi la roborative cuisine régionale : *gurullos*, blé, *migas*, etc.

Revenir sur la A 370 et parcourir 9 km.

Sorbas

Ce joli village, entouré par un méandre du fleuve Aguas, est situé sur une pente argileuse escarpée. La route en provenance de Los Molinos del Río Aguas offre la meilleure vue sur son pittoresque **emplacement**★. Vous comprendrez pourquoi on l'appelle la « Cuenca chica » (petit bassin).

Garer la voiture sur la plaza de la Constitución, au centre du village.

> **ARTISANAT**
>
> Sorbas est la ville traditionnelle de la poterie. Sa céramique en terre rouge, utilisée essentiellement pour la fabrication des ustensiles de cuisine, est célèbre pour sa résistance à la chaleur. Dans le quartier de la poterie, en bas du village, quelques ateliers méritent d'être visités.

Plaza de la Constitución – Sur le centre névralgique du village se trouve l'église Ste-Marie (16e s.), l'hôtel de ville, la maison de Francisco García Roca, tous deux du 19e s., et le palais des ducs d'Albe, bâti au 18e s. pour un administrateur du duc.

Plusieurs **belvédères** dispensent de belles vues sur le lit du fleuve et la plaine cultivée. Il est surprenant de voir des maisons construites juste au bord du ravin.

Site naturel karstique

Sur la route vers Molinos del Río Aguas, prendre la AL 140. Renseignements, ☎ 950 36 44 81/45 63.

L'érosion a creusé des milliers de grottes dans la roche. Ce site singulier est incontournable des « aventuriers ». Le matériel nécessaire est fourni (lanterne, casque, combinaison, bottes...) et des moniteurs spécialisés accompagnent les visiteurs dans leur expédition (il faut monter, descendre, s'accroupir...). C'est l'occasion de voir comment le plâtre se cristallise et crée des cavités aux formes capricieuses.

Molinos del Río Aguas

5 km au Sud-Est de Sorbas par la AL 140. Cet écart de Sorbas a été baptisé « Moulins du fleuve Eaux » en raison du grand nombre de moulins à farine qui s'y trouvaient. Après avoir traversé le village, la route grimpe et offre de magnifiques vues sur la vallée.

Au cours des années 1960 et 1970, plusieurs familles étrangères se sont installées dans cette région et se sont consacrées au développement d'un projet de recherche sur les techniques alternatives pour les zones désertiques pauvres (cuisines solaires, purificateurs d'eau, agriculture écologique, etc.).

Très belles randonnées sur des parcours balisés *(compter 2h maximum)*. Vous pourrez voir des canaux d'irrigation pour le transport de l'eau (héritage des Romains), des vestiges de moulins, des fours, etc.

Tarifa

Tarifa se trouve à la pointe Sud de la péninsule ibérique, à 13 km seulement de la côte africaine qu'elle semble défier par-delà le détroit de Gibraltar. Sa situation au point de rencontre des masses d'air océanique et méditerranéen explique son climat caractérisé par un vent régulier qui en fait, au large de ses longues plages sauvages, l'un des grands centres de la planche à voile en Europe. Ponctuée de places et recoins intimes, elle dégage un charme un peu hippy lui conférant une certaine douceur de vivre, sans pour autant abandonner sa vocation balnéaire.

La situation

15 118 habitants Carte Michelin n° 578 X 13 – Andalousie (Cadix).
Tarifa est desservie par la N 340-E 5 qui la relie au Nord-Est à Algésiras (21 km) et Gibraltar ainsi qu'au Nord-Ouest à Vejer de la Frontera (50 km).
🖪 *Paseo de la Alameda, 11380 Tarifa,* ☎ *956 68 09 93.*
Vous pouvez poursuivre votre voyage en visitant : Algésiras et Gibraltar (ALGECIRAS) et VEJER DE LA FRONTERA.

UN NOM BERBÈRE

Le nom de Tarifa rappelle celui du général berbère **Tarif ibn Malluk**, qui, en juillet 710, y aurait débarqué à la tête de près de quatre cents hommes, lors de la première incursion arabe dans la péninsule ibérique. Contrairement à certaines légendes, telle celle du comte Julien faisant appel aux Maures pour venger l'honneur de sa fille, le coup de main musulman a pour origine les querelles qui opposaient le roi wisigoth **Rodéric** aux héritiers de son prédécesseur, **Vitiza**. Les Arabes, qui semblent avoir été « invités » par la faction de Vitiza, réalisèrent très vite la faiblesse des structures wisigothiques et préférèrent renoncer aux accords conclus avec les fils de Vitiza pour se lancer à la conquête de la péninsule.

B. Kaufmann/MICHELIN

Le port.

se promener

Une première surprise nous attend à l'entrée de Tarifa : pour pénétrer dans la partie ancienne de la ville, on franchit l'emblématique **porte de Jerez**.

Castillo de Guzmán el Bueno

Été : 10h-18h ; le reste de l'année : 10h-17h. 1,80€. ☎ *956 68 46 89 ou 956 78 09 93.*
Abd er-Rahman III, premier émir arabe à prendre le titre de calife, s'attacha au contrôle du détroit, ce qui l'amena à conquérir les places fortes de Ceuta et Melilla. En 960, il entreprit la construction de la forteresse de Tarifa. Le château, tel qu'il se présente aujourd'hui, est le résultat d'agrandissements successifs et de modifications remontant aux époques musulmane ou chrétienne. On y accède par le **passage fortifié almohade** (13ᵉ s.), puis on laisse à droite la **tour du « brave Guzmán »** ; on raconte que c'est du haut de cette tour de guet du 13ᵉ s. qu'Enrique

carnet pratique

EXCURSIONS DANS LE DÉTROIT

Deux sociétés proposent depuis quelques années des **excursions en bateau** dans le détroit de Gibraltar à la découverte des baleines ou des dauphins ; réservation obligatoire.

Whale Watch – *Point de rendez-vous : café Continental, sur la plaza de la Alameda -* ☎ *956 68 09 93.*

Firmm – *Pedro Cortés, 3, près du café Central -* ☎ *956 62 70 08 ou 679 79 65 08.*

RESTAURATION

Casa Juan Luis – *San Francisco, 15 -* ☎ *956 68 48 03 - 18€ - fermé dim.* Situé dans une rue piétonne du centre historique, dans un bâtiment ancien, ce petit restaurant sert uniquement de la viande de porc. Bon menu avec un grand choix de plats. On appréciera, non loin de là, la petite terrasse du restaurant, le **Rincón de Juan**.

HÉBERGEMENT

• *À bon compte*

Aparthotel La Casa Amarilla – *Sancho IV el Bravo, 9 -* ☎ *956 68 19 93 - 8 studios/3 appt : 54,20/90,15€.* Installée dans une vieille maison du centre de Tarifa, cette résidence hôtelière, à côté de l'église San Mateo, est décorée avec goût. Les propriétaires possèdent aussi un café très animé, le Café Central, qui se trouve à deux pas.

• *Valeur sûre*

Balcón de España – *À 8 km au NO, sur la rte de Cadix -* ☎ *956 68 43 26 - 38 ch. : 75/100€ - fermé 5 nov.-24 mars.* Hôtel tout proche de la plage. Les bungalows abritant les chambres parsèment le vaste jardin. Piscine et court de tennis.

---

de Guzmán préféra voir mourir son fils plutôt que de céder la place. On pénètre au centre du château par une porte coudée du 14ᵉ s., siècle également de l'érection de l'**église Ste-Marie**, à l'intérieur.

Quitter le château et prendre la calle Guzmán el Bueno jusqu'à la plaza Santa María.

Plaza Santa María

Autour de cette place s'organisent l'**hôtel de ville** et le **Musée municipal**. Une jolie fontaine ornée d'azulejos agrémente l'ensemble.

La calle de la Amargura aboutit à la plaza del Viento. Le **belvédère du détroit** dispense un inoubliable **panorama**★★ sur l'Afrique.

San Mateo Apóstol

L'église paroissiale dédiée à saint Matthieu fut édifiée au début du 16ᵉ s. dans le style gothique flamboyant. Achevée au 18ᵉ s., la façade principale baroque présente un fronton brisé et d'imposantes colonnes salomoniques. À l'intérieur, les proportions sont impressionnantes ; la nef centrale est couverte d'une voûte nervurée et les collatéraux de voûtes en croisée d'ogive. Remarquez la petite pierre tombale wisigothique à l'entrée de la chapelle du Sacré-Cœur.

Sur la plaza de Oviedo, face à l'église St-Matthieu de nombreux cafés permettent de faire une pause.

San Francisco

L'église St-François se trouve sur une petite place écartée, la plaza del Ángel. Le **clocher-mur**★ baroque présente un grand cordon reposant sur deux colonnes aux chapiteaux corinthiens.

Tarifa est également pourvue de deux agréables plages : la **playa chica** (petite plage), une petite crique près du port, et l'extraordinaire **playa de los Lances**★, de l'autre côté de l'île dite de las Palomas. En face, en haut de la colline Santa Catalina, s'élève un curieux édifice du début du 20ᵉ s.

alentours

De Tarifa à la pointe Paloma

Prendre la N 340 en direction de Cadix. Ce petit tronçon de route longe la **playa de los Lances** dont elle n'est séparée que par une étroite pinède. Elle est bordée de campings et d'hôtels, et on peut facilement se garer pour aller se baigner.

À 4 km de Tarifa, une bifurcation à droite mène au **sanctuaire de Nuestra Señora de la Luz** (patronne de Tarifa). En poursuivant par la route nationale, les **plages de Valdevaqueros**★ et de la **pointe Paloma** révèlent des dunes spectaculaires.

Ruines romaines de Baelo Claudia★

22,5 km au Nord-Ouest par la N 340 en direction de Cadix, puis la CA 9004 à gauche. Juin-sept. : tlj sf lun. 10h-20h, dim. et j. fériés 10h-14h ; oct., mars-mai : tlj sf lun. 10h-19h, dim. et j. fériés 10h-14h ; le reste de l'année : tlj sf lun. 10h-18h, dim. et j. fériés 10h-14h. Dernière entrée 1/2h av. fermeture. Fermé 1ᵉʳ et 6 janv., 24, 25 et 31 déc. 1,50€ (gratuit pour les ressortissants des pays de l'UE). ☎ *956 68 85 30.*

La ville, fondée au 2ᵉ s. avant J.-C. comme centre de salaison, reçut de l'empereur Claude le titre de municipe au 1ᵉʳ s. de notre ère. C'est de cette époque que datent la plupart des vestiges subsistants. Baelo était une ville fortifiée où l'on entrait par de grandes portes dont on reconnaît les fondations. À l'intérieur des murs, deux rues principales, le *decumanus maximus* (orienté Est-Ouest) et le *cardo maximus* (Nord-Sud), limitaient les quartiers ; à leur intersection s'élevaient les bâtiments publics. Les vestiges les plus importants sont les colonnes de la basilique, le forum – délimité par trois temples dédiés à la Triade capitoline (Jupiter, Junon et Minerve) –, un petit théâtre et un **atelier de salaison** près de la plage.

LE « GARUM »

La côte gaditane est depuis les temps les plus reculés un lieu privilégié pour la pêche au thon. En mai et juin, les thons franchissent le détroit pour aller frayer en Méditerranée, ce que n'ignoraient ni les Phéniciens ni les Romains, dont la technique de pêche, la madrague *(almadraba)*, est encore en usage dans la province de Cadix. Le commerce de poisson salé avait tant d'ampleur que de nombreuses cités romaines, comme Baelo, furent d'abord des centres de salage. Les thons, découpés en cubes ou en triangles, étaient ensuite stockés entre des couches de sel dans de grands réservoirs, où ils restaient des mois avant d'être exportés dans tout l'Empire. Le **garum** fut sans nul doute la saumure la plus réputée et la plus chère de toutes : préparation à base de tête, d'entrailles, de sang et autres déchets, cette sauce était consommée comme condiment, voire comme plat principal, additionnée d'huile ou de vinaigre. On lui attribuait même des vertus thérapeutiques.

Úbeda★★

Úbeda, l'une des plus belles villes d'Andalousie, doit sa célébrité à son fantastique patrimoine culturel et artistique. La cité natale de l'écrivain Antonio Muñoz Molina et du compositeur Joaquín Sabina a sans cesse été louée par de grands noms comme Antonio Machado, pour qui elle est « reine et gitane » ou Eugenio d'Ors qui s'est même risqué à établir une comparaison entre Úbeda et les superbes villes d'Italie du Nord. Prenez le temps de visiter Úbeda afin de pouvoir apprécier pleinement la sobriété des palais ou l'élégance des petites places et saisir les moindres détails qui nous révèlent toute la splendeur de l'art andalou.

La situation

32 524 habitants. *Carte Michelin nº 578 R 19 – Andalousie (Jaén).* Au cœur de la province de Jaén, comme sa voisine Baeza, Úbeda est entourée d'oliviers et se trouve entre les vallées du Guadalquivir et du Guadalimar, au carrefour de la A 316 qui la relie à Jaén (57 km au Sud-Ouest), et de la N 322 qui se dirige vers Cordoue à l'Ouest et vers Valence au Nord-Est. **i** *Plaza Baja del Marqués, 4 (Palacio de Contadero), 23400 Úbeda,* ☎ *953 75 08 97.*

« IRSE POR LOS CERROS DE ÚBEDA »

La légende raconte que, alors que Ferdinand III assiégeait la ville, l'un de ses chevaliers, sans doute peu enthousiaste, n'arriva qu'après la bataille. Le roi l'interrogeant sur la cause de son retard, l'homme lui expliqua qu'il s'était égaré dans les nombreuses collines *(cerros)* entourant la ville... Et depuis, l'expression espagnole courante *« Irse por los cerros de Úbeda »* signifie « s'écarter de son sujet »...

Vous pouvez poursuivre votre voyage en visitant : BAEZA (9 km à l'Ouest), JAÉN, LINARES (29 km à l'Ouest), CAZORLA (45 km au Sud-Est) et le Parc naturel de CAZORLA (à l'Est).

comprendre

L'origine d'Úbeda remonte à l'époque romaine, mais c'est au cours de la domination musulmane qu'est fondée Ubbadat-Al-Arab qui allait devenir l'une des plus grandes villes d'al-Andalus, célèbre surtout pour ses *ubedíes*, ces tapis de sparte tissés et brodés à la main. En 1234, saint Ferdinand III reconquiert la ville et c'est au 16e s., sous les règnes de Charles Quint et de Philippe II, qu'Úbeda connaît un rayonnement sans précédent. Certains de ses habitants occupant alors des postes importants, on assiste à la construction de splendides édifices Renaissance et une partie de la noblesse s'y installe, faisant d'Úbeda l'un des plus importants centres politique, économique et culturel du moment.

se promener

QUARTIER ANCIEN★★ *une journée*

Plaza Vázquez de Molina★★

Cette place aux proportions extraordinaires, centre monumental d'Úbeda, révèle bien toute l'élégance de ses édifices. En un instant, l'ensemble des constructions nous transporte dans une autre époque : la chapelle du Sauveur, le palais des Chaînes, l'église Ste-Marie-des-Forteresses et la maison du doyen Ortega

carnet pratique

RESTAURATION

Mesón Gabino – *Fuente Seca* - ☎ *953 75 42 07 - 15,03€*. Restaurant pittoresque au plafond en pierre, installé dans les murs de la forteresse. Spécialité de viande à la braise et d'oreilles de porc.

TAPAS

Rincón del Jamón – *Avenida de la Constitución, 8* - ☎ *953 75 38 38*. La spécialité de ce bar est la *tostá* (pain à l'huile) accompagnée de charcuterie. La boisson est gratuite, on ne règle que ce que l'on mange !

Zoraida – *Cronista Pasquau* - ☎ *953 75 67 19*. Ce bar a ses habitués. Ambiance très conviviale et familiale, où toutes les générations se côtoient.

Josema y Anabel – *Corredera San Fernando, 46* - ☎ *953 75 16 30 - 7h30-15h*. Sans être un lève-tôt, vous pourrez toujours y déguster un bon café au lait avec des *churros*.

HÉBERGEMENT

• *À bon compte*

Hotel Victoria – *Alaminos, 5* - ☎ *953 75 29 52 - 15 ch. : 18/33€*. La propreté et les prix sont les atouts de ce petit hôtel familial. Les chambres sont simples, confortables et soignées. La meilleure option pour de petits budgets.

• *Valeur sûre*

Palacio de la Rambla – *Plaza del Marqués, 1* - ☎ *953 75 01 96 - 8 ch. : 72/120€ - fermé de mi-juil. à mi-août*. Une famille aristocratique ouvre les portes de sa belle demeure (un palais du 16e s.) pour vous recevoir comme un hôte dans un cadre raffiné. Magnifique patio Renaissance.

Parador de Úbeda – *Plaza Vázquez Molina* - ☎ *953 75 03 45 - 36 ch. : 93/116,24€*. Palais du 16e s. situé sur l'une des plus belles places d'Andalousie. Le blason de son premier propriétaire, Fernando Ortega Salido, orne la façade.

ACHATS

Le **quartier de San Millán**, mérite à lui seul le détour, authentique labyrinthe de ruelles arabes où l'on pourra trouver les célèbres tapis d'Úbeda, la céramique ou les lanternes de fer blanc et de verre qui font la réputation de cette petite ville.

SPÉCIALITÉS

L'artisanat d'Úbeda mérite que l'on s'y intéresse : prenez le temps d'apprécier la céramique, la poterie, le fer forgé, et surtout les ravissantes lanternes et autres objets qui ornent les monuments de la ville.

FÊTES

Pendant la Semaine sainte, la procession nocturne du Vendredi saint est particulièrement solennelle.

– actuellement *parador* national. Vous visiterez également la **prison de l'Évêque** (cárcel del Obispo), appelée ainsi car les religieuses y purgeaient les peines canoniques imposées par l'évêque, ou l'**ancien magasin à grain**, le **palais des marquis de Mancera**, dont la façade Renaissance est surmontée d'une tour rectangulaire et la **maison du Régisseur** (casa del Regidor).

Palacio de las Cadenas★ – *8h-21h*. ☎ *953 75 04 40*.

Le palais fut édifié par Vandelvira vers le milieu du 16e s. à la demande de Juan Vázquez de Molina, neveu de Francisco de los Cobos, haut personnage de la vie politique et culturelle sous les règnes de Charles Quint et Philippe II. En 1566, il fut transformé en couvent, puis en prison, et depuis 1868 c'est le siège de la mairie.

Ce palais, qui doit son nom aux chaînes (*cadenas*) tendues entre les colonnes entourant la place, présente une **façade**★★ ornée des armes des propriétaires. Le décor marie savamment style andalou et style classique : alternance de baies et de pilastres, auxquels se substituent à l'étage cariatides et atlantes influencés par le sculpteur Jamete. Les deux sveltes lanternons situés aux extrémités apportent une touche légère à l'ensemble.

Une fontaine agrémente le centre du plaisant patio Renaissance aux fines arcades. Le sous-sol accueille le **musée de la Céramique** (Museo de la Alfarería) qui expose des produits de l'artisanat local et à l'étage supérieur (beau plafond artesonado) se trouvent les **archives municipales**, d'où l'on a une belle vue sur la place et ses alentours. *Fermé pour transfert*. ☎ *953 75 04 40*.

Santa María de los Alcázares★ – *Fermé pour travaux de restauration*.

Construite au 13e s. sur les ruines d'une ancienne mosquée, l'église présente une façade assez hétérogène. Ses deux clochers qui abritent trois grandes cloches ajoutent une note originale à la plaza Vázquez de Molina. Remarquez la porte principale (16e s.), attribuée à López de Alcaraz et à Pedro del Cabo, ainsi que la porte de la Consolada, à gauche (fin du 16e s.).

L'intérieur a connu de graves détériorations pendant la guerre civile, mais les **chapelles**★ aux encadrements finement sculptés et à la décoration chargée ont de belles **grilles**★ réalisées par Bartolomé. En outre, cette ancienne collégiale conserve des sculptures qui méritent d'être mentionnées comme le *Christ abattu* de Mariano Benlliure et le *Christ des Toreros*, provenant d'un couvent proche.

Enfin, à la place du patio de l'ancienne mosquée se trouve un beau **cloître** Renaissance (16e s) au tracé irrégulier, aux fins arcs brisés et voûté en croisée d'ogives.

Casa del Deán Ortega – Le parador national Condestable Dávalos (16ᵉ s.) occupe la maison du doyen Ortega, édifice Renaissance auquel Vandelvira apporta sa contribution. Au-delà de sa façade austère se cache un merveilleux patio intérieur.

Capilla del Salvador★★ – *Tlj sf lun. 10h30-14h, 16h30-18h. 2,10€.* ☎ *953 75 08 97.* Cette chapelle conçue par Diego de Siloé en 1536 et réalisée par Andrés de Vandelvira entre 1540 et 1556 est l'un des exemples les plus représentatifs de l'art religieux andalou à la Renaissance. Cet édifice destiné à servir de panthéon familial est une commande de Francisco de los Cobos, secrétaire de Charles Quint, mécène fortuné, qui occupa une place de choix dans l'Espagne impériale du 16ᵉ s.

La **façade** principale réunit certains thèmes récurrents dans l'ornementation Renaissance. Au-dessus de la porte, entre les statues de saint Pierre et de saint Paul, figure la Transfiguration. L'intrados de l'arc d'entrée est décoré de reliefs illustrant des scènes de la mythologie grecque et l'ensemble est complété par les blasons des familles Cobos et Molina.

Le somptueux **intérieur**★★ se compose d'une seule nef à la voûte bleue rehaussée d'or. La partie centrale devait abriter le mausolée de Francisco de los Cobos et de son épouse, isolé par une grille monumentale attribuée à Villalpando. Le *presbiterio*, œuvre de Vandelvira, est une sorte de rotonde ornée d'un grand retable (16ᵉ s.) en forme de baldaquin sur lequel figurait, comme incrusté, le groupe de la Transfiguration (attribué à Alonso Berruguete) mais dont il ne subsiste que le Christ.

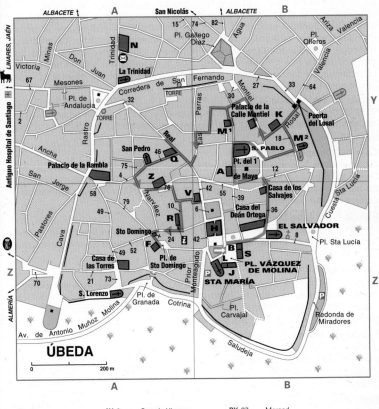

ÚBEDA

La **sacristie**★★, œuvre de Vandelvira également, est une merveille architecturale. La décoration, d'inspiration Renaissance italienne, mêle les caissons, les cariatides, les atlantes et les médaillons. À signaler également l'élégant portail du côté Sud et la remarquable grille, ouvrage d'artistes locaux, qui clôt la nef.

Casa de los Salvajes

Cette construction Renaissance (16e s.), connue aussi sous le nom de maison du camérier Vago – du nom d'un officier de la chambre de l'évêque –, s'appelle ainsi car deux sauvages vêtus de peaux de bête supportent le blason aux armes de l'évêque Francisco de Yago, qui résidait ici.

Plaza del Primero de Mayo

C'est sur cette place plus communément appelée plaza del Mercado que se déroulaient la plupart des événements importants d'Úbeda (corridas, autodafés, foires, exécutions, représentations théâtrales, etc.). Remarquez l'ancien hôtel de ville et l'église St-Paul.

Antiguo Ayuntamiento – D'inspiration très nettement palladienne (17e s.), l'**ancien hôtel de ville** se divise en deux étages. Le rez-de-chaussée est précédé d'un portique à triple arcade en plein cintre et colonnes géminées ; à l'étage, derrière six arcs en plein cintre, un balcon permettait au Conseil de présider les cérémonies célébrées sur la place.

San Pablo★ – *Réservé au culte, 19h-21h.*
Le style gothique du portail principal (clocher plateresque) de l'église St-Paul contraste avec le style isabélin du **portail Sud** (1511), orné de superbes reliefs. À l'angle Sud-Ouest, à gauche de la façade principale, on remarquera la tribune Renaissance où se faisait la lecture des édits du Conseil. À signaler, à l'intérieur, la splendide **chapelle des Têtes de mort** (Calaveras – *la troisième à droite*), dont l'élégant arc est attribué à Vandelvira, ainsi que la **chapelle des Grâces**, ouvrage isabélin fermé par d'extraordinaires **grilles**★★ réalisées à Úbeda – observez la prodigieuse scène représentant Ève sortant de la côte d'Adam.

Museo de San Juan de la Cruz – *Tlj sf lun. 11h-13h, 17h-19h. 1,20€.* ☎ 953 75 06 15.
C'est dans le couvent St-Michel que se trouve l'oratoire baroque de saint Jean de la Croix. Une visite guidée à travers le couvent reconstitue les derniers jours du poète mystique à Úbeda.

Casa del Obispo Canastero

Située près de la **porte du Losal**, cet ouvrage mudéjar du 15e s. faisait partie de l'enceinte fortifiée à l'entrée du quartier de San Millán. Cette construction plateresque doit son nom à l'un des nombreux reliefs de la façade qui représente un évêque tressant un panier *(canasta)*.

Palacio de la calle Montiel

C'est l'un des meilleurs exemples de style plateresque primitif. L'état de dégradation des blasons est l'indice que les propriétaires ont soutenu les *comuneros* contre Charles Quint.

Casa Mudéjar

Ce bâtiment du 14e s. récemment restauré accueille le **Musée archéologique** qui réunit des pièces trouvées à Úbeda et dans la région, qui vont du néolithique jusqu'à l'époque musulmane. *Tlj sf lun. et mar. matin 9h-20h, dim. 9h-14h. 1,50€ (gratuit pour les ressortissants des pays de l'UE).* ☎ 953 75 37 02.

Palacio del Conde de Guadiana

Édifié au début du 17e s., ce palais possède une jolie **tour**★ avec des balcons d'angle et des galeries au troisième étage.

San Pedro

Située sur la paisible place du même nom, l'église St-Pierre a conservé son abside romane d'origine, une harmonieuse façade Renaissance et quelques chapelles gothiques.

> ### LA CALLE REAL
> C'est l'une des artères les plus élégantes de la ville ; elle permet d'imaginer l'aspect général d'Úbeda au 16e s., alors que la ville connaissait un rayonnement culturel et économique sans précédent. Parsemée d'édifices monumentaux, de boutiques typiques et de détails décoratifs raffinés, la calle Real, qui transporte le visiteur dans le temps, est le lieu de prédilection des habitants de la ville.

Real Monasterio de Santa Clara

Le monastère royal de Ste-Claire est le plus ancien monument chrétien d'Úbeda (1290), mais il possède également des éléments gothico-mudéjars et Renaissance.

Palacio de Vela de los Cobos

Édifié au milieu du 16e s. par Vandelvira à la demande de Francisco Vela de los Cobos, régisseur d'Úbeda, ce palais Renaissance est couronné d'une élégante galerie en plein cintre prolongée par des balcons d'angle, où apparaissent deux curieuses colonnes blanches.

Palacio del Marqués del Contadero

La façade fin 18ᵉ s. révèle encore une certaine inspiration Renaissance. À l'étage s'ouvre une galerie à arcs surbaissés.

Plaza de Santo Domingo

Cette paisible place accueille l'**église St-Dominique**, dotée d'une façade plateresque, ainsi que la **maison des Morales** dont une réplique a été réalisée au Pueblo Español de Barcelone.

EN DEHORS DU CENTRE ANCIEN

Casa de las Torres

De fins reliefs sculptés ornent la façade plateresque de cette ancienne propriété du connétable d'Ávalos ; remarquez les deux tours monumentales et les gargouilles gothiques de la corniche.

San Lorenzo

L'emplacement de sa façade, au-dessus du chemin de ronde de l'ancienne muraille, adossée à la barbacane de la porte de Grenade, constitue le principal attrait de l'église.

Palacio de la Rambla

Sur l'élégante plaza del Marqués, ce palais offre une façade décorée d'un blason, aux armes des propriétaires, soutenu par deux spectaculaires guerriers grandeur nature. Un hôtel est installé dans ses murs *(voir carnet pratique)*.

La Santísima Trinidad

L'église s'ouvre par un **portail**, excellent exemple d'art baroque d'Úbeda, au-dessus duquel s'élève un sobre clocher à trois niveaux.

Palacio de los Bussianos

Cet édifice Renaissance de la fin du 16ᵉ s. est agrémenté d'un escalier pittoresque ; à l'étage s'ouvre une charmante galerie à arcs brisés.

San Nicolás

Église gothique qui possède à l'entrée une belle voûte Renaissance ébrasée, œuvre de Vandelvira.

Ancien Hospital de Santiago

Quitter la ville par la calle Obispo Cobos. Cet hôpital avait été commandé par Diego de los Cobos, originaire d'Úbeda et évêque de Jaén. Il est précédé d'une grande cour flanquée de deux tours et sa façade aux sobres proportions est encore une œuvre de Vandelvira. À noter en uniques décors le haut-relief équestre représentant saint Jacques le Majeur sur le portail et les modillons de céramique vernie qui agrémentent la corniche. La chapelle a conservé un beau retable de bois tandis que le **patio** à double galerie dévoile

Patio de l'hôpital St-Jacques.

G. Bludzin/MICHELIN

un élégant escalier couvert d'une voûte à caissons, et des colonnes réalisées en marbre d'Italie. Aujourd'hui, le **musée de la Semaine sainte** (Museo de la Semana Santa) est installé dans les dépendances. *8h-22h, w.-end et j. fériés 11h-14h30, 18h-21h30.* ☎ *953 75 08 42.*

alentours

Sabiote

9 km au Nord-Est par la J 6040. C'est dans ce paisible village aux élégantes demeures et aux ruelles pittoresques que vécut Alonso de Vandelvira, auteur de certaines résidences seigneuriales comme celle des Mendoza, des Melgarejo et des Higuera

Sabater. Remarquez aussi l'**église de St-Pierre-Apôtre**, église gothique monumentale du 15ᵉ s. et le **château** restauré par Vandelvira et construit hors les murs sur les ruines d'une ancienne forteresse arabe.

Torreperogil

10 km à l'Est par la N 322. Ce charmant petit village médiéval aux ruelles pittoresques possède une belle église gothique, l'**église de l'Assomption** qui a conservé un portail à double entrée, et à colonne centrale. À l'intérieur, notez le retable de pierre représentant une Descente de croix.

Villacarrillo

32 km au Nord-Est par la N 322. Cette localité agricole et industrielle est l'une des plus anciennes de la région puisque ses origines remontent à l'âge du bronze.

La Asunción – *19h30-21h. Pendant la fermeture, s'adresser au voisin qui vous l'ouvrira.* Cette église, œuvre de Vandelvira (16ᵉ s.) fut édifiée à la place d'un ancien château dont il reste trois tours monumentales. Elle présente trois vaisseaux et des chapelles latérales couvertes de voûtes sur pendentifs.

Casa de la Inquisición – N'insistons pas sur les misérables activités qui se déroulèrent ici au Moyen Âge... et contentons-nous d'admirer les superbes balcons de fer forgé de cet édifice monumental de trois étages, dont l'intérieur est, au demeurant, fort sobre.

Utrera★

Se dressant sur une hauteur de la campagne sévillane, Utrera se trouve au cœur d'une région où se succèdent forêts d'eucalyptus et vastes cultures. La ville date de l'époque romaine, mais son expansion réelle ne débuta qu'au 16ᵉ s. Au milieu du 17ᵉ s., survint une épidémie qui entraîna une période de déclin qui dura jusqu'au 19ᵉ s. En dépit de toutes ces vicissitudes, le noyau urbain de cette élégante cité conserve nombre d'édifices dignes d'intérêt.

La situation

45 947 habitants. Carte Michelin nᵒ 578 U 12 – Andalousie (Séville).
Utrera est au carrefour de la A 376 qui mène à Séville (33 km au Nord-Ouest) et à Ronda puis la Costa del Sol au Sud-Ouest, et de la A 364 se dirigeant au Sud-Ouest vers Jerez de la Frontera puis Cadix.
Vous pouvez poursuivre votre voyage en visitant : Séville (SEVILLA), MARCHENA (38,5 km au Nord-Est) et OSUNA (68 km à l'Est).

visiter

Château

Ce bâtiment almohade faisait partie des remparts entourant la ville, dont ne subsistent que quelques pans de murailles et l'arc de la Ville, que l'on rehaussa au 18ᵉ s. d'une sorte de chapelle. Le château est doté d'un donjon élancé et d'une vaste cour d'honneur.

Santa María de la Asunción ou Santa María de la Mesa★

Cette église gothique, ornée d'éléments Renaissance et baroques, domine une charmante place du centre de la ville. La magnifique façade s'articule autour d'un portail ébrasé, surmonté d'une svelte tour baroque. À l'intérieur, on s'arrêtera sur les stalles du « **coro** », réalisées par Duque Cornejo (1744), le grand retable, ainsi que le remarquable tombeau du comte d'Arcos.

Santiago

Église gothique du 15ᵉ s. à trois vaisseaux. La sobriété de son aspect défensif contraste avec la somptuosité de la **porte du Pardon**, de style gothique isabélin, à l'ornementation fleurie chargée.

Plaza del Altozano★

Cette élégante place se trouve au cœur d'Utrera. Elle est bordée de belles maisons des 17ᵉ et 18ᵉ s. distribuées sur trois niveaux, avec un toit à deux pentes et de longs et délicats balcons.

Hôtel de ville

Sur l'un des côtés de l'élégante place de Gibaxa, il occupe un palais du 18ᵉ s. paré d'une magnifique façade rococo. À l'intérieur se succèdent plusieurs salons romantiques (le mobilier du salon Bleu est digne d'intérêt).

Casa Surga

Construite à la fin du 18ᵉ s., la demeure possède une belle façade baroque et renferme plusieurs pièces décorées selon le goût de l'époque.

San Francisco
18h-21h, dim. 16h-21h. ☎ *955 86 09 31.*
L'église fin Renaissance (17ᵉ s.) se distingue par son principal élément, sa grande coupole ornée de peintures.

Nuestra Señora de la Consolación★
Quitter la ville par l'avenida de Juan XXIII. 9h-14h, 16h-18h30. ☎ *954 86 03 30.*
Ce bel exemple d'architecture mudéjare (17ᵉ-18ᵉ s.) a été élevé sur le site d'un ancien couvent de moines minimes. On s'attardera sur la belle façade baroque et le délicat plafond à caissons. Tous les ans, le 8 septembre, le sanctuaire se transforme en un haut lieu de pèlerinage dédié à la Vierge de la Consolation.

alentours

El Palmar de Troya
13 km au Sud d'Utrera par la A 364. Cette localité est le siège de l'ordre des Carmélites de la Sainte Face, un ordre religieux schismatique fondé par un prêtre ô combien controversé, Clemente Rodríguez. Cœur du village, la monumentale église recèle les statues très vénérées de plusieurs saints, dominées par celle de Notre-Dame d'El Palmar. La visite s'impose l'après-midi, pendant la célébration de la messe en latin, selon le rite en vigueur avant le concile Vatican II.

> **ATTENTION !**
> Les femmes souhaitant assister aux cérémonies religieuses d'El Palmar de Troya doivent obligatoirement porter des pantalons et se couvrir la tête d'un voile.

Vejer de la Frontera★

Perché sur sa colline qui domine le río Barbate et à quelques kilomètres seulement de la côte, Vejer est sans nul doute l'un des plus charmants villages blancs d'Andalousie. Ici, l'enracinement arabe est très net : rues étroites et tortueuses, maisons badigeonnées à la chaux, patios luxuriants, toitures planes à terrasses, tout contribue à accentuer son côté mauresque.

La situation
12 731 habitants. Carte Michelin nº 578 X 12 – Andalousie (Cadix). Vejer de la Frontera se trouve à une quinzaine de kilomètres du littoral de la Costa de la Luz, à mi-chemin entre Cadix (au Nord-Ouest) et Tarifa (au Sud-Est, à l'extrémité méridionale de la péninsule), auxquelles elle est reliée par la N 340-E 5.
🖪 *Calle Marqués de Tamaro, 10, 11150 Vejer de la Frontera,* ☎ *956 45 01 91.*
Vous pouvez poursuivre votre voyage en visitant : TARIFA (50 km), MEDINA SIDONIA (26 km au Nord) et Cadix (CÁDIZ, 51 km).

> **LES « COBIJADAS », OU FEMMES VOILÉES**
> C'est le nom donné aux femmes de Vejer jusqu'à la guerre civile. Le *cobijado* est une coiffe noire dont on peut difficilement établir l'origine, il est également porté par les femmes d'Afrique du Nord.
> **Quand se rendre à Vejer ?** À l'occasion de la « Velada de agosto », fêtes en l'honneur de la **Vierge de la Oliva**, patronne de Vejer, entre le 10 et le 24 août.

carnet pratique

RESTAURATION
• *Valeur sûre*
Trafalgar – *Plaza de España, 31 -* ☎ *956 44 76 38 - 23/27€ - fermé lun. (sf en juil. et août), janv.* Une agréable surprise pour le palais ! Ce petit restaurant accueillant se trouve sur la plaza de los Pescaítos et propose d'excellents poissons frais. Possibilité de prendre des tapas au comptoir et de manger sur la terrasse en été.

HÉBERGEMENT
• *À bon compte*
La Posada – *Los Remedios, 21 -* ☎ *956 45 02 58 - 6 ch. : 33,76€.*
Hôtel familial, chambres correctes dont trois avec une vue superbe sur la vallée ; il y a également des appartements *(36€)*, dont un avec terrasse.

• *Valeur sûre*
Convento de San Francisco – *La Plazuela -* ☎ *956 45 10 01 - 25 ch. : 40,87/57,43€ - restaurant 16,37/28,54€.* Cet ancien couvent de clarisses du 17ᵉ s. se trouve dans la vieille ville de Vejer. Chambres décorées avec sobriété, accueillantes avec de hauts plafonds et des poutres apparentes. Bon restaurant **(El Refectorio)**.

visiter

Visite guidée (1h1/2) de tous les monuments de la ville. 3€. ☎ 956 45 17 36.

Remparts

Cette enceinte édifiée au 15ᵉ s. pour se protéger des incursions nasrides a conservé quatre portes d'origine. Après avoir franchi l'**arc de la Segur**, en anse de panier, on accède à la partie la plus monumentale du village.

El Divino Salvador

11h-13h30, 18h30-20h30 (sf jeu.). ☎ *956 45 17 36.*

Comme presque toutes les églises d'Andalousie, l'**église du Divin-Sauveur** fut érigée sur l'ancienne mosquée et en a conservé le minaret. À l'**intérieur**★, les trois vaisseaux manquent d'unité de style. La partie la plus ancienne se situe dans le chœur où les éléments romans se mêlent aux éléments gothiques.

H. Champollion/MICHELIN

Convento de las Concepcionistas

Dans un quartier typique de Vejer, à côté de l'étrange **arc des Religieuses**, ce couvent du 17ᵉ s. à la façade classique abrite actuellement des activités culturelles.

Château

Très dégradé par le poids des ans, on pénètre à l'intérieur par un patio. Très belle vue sur le village.

Casa del Mayorazgo

Privé. Cette demeure baroque du 17ᵉ s. à la façade sans fioritures s'appuie sur les remparts. De l'intérieur, on peut monter à l'une des tours.

L'arc de la Ville mène à la plaza de España.

Plaza de España

Elle doit son autre nom de plaza de los Pescaítos aux poissons ornant la fontaine centrale. C'est l'endroit le plus animé et le plus plaisant de la localité. Remarquez l'**hôtel de ville** entouré de palmiers et de maisons chaulées qui donnent à la place un semblant d'air colonial.

alentours

Entre **Chiclana** et **Zahara de los Atunes**, les villages ne sont pas particulièrement jolis mais en revanche les plages sont magnifiques et moins exploitées par le tourisme que le reste de la côte. C'est ainsi une destination rêvée pour ceux qui veulent passer un été tranquille au bord de la mer, soleil assuré !

Conil de la Frontera

15,5 km au Nord-Ouest. À l'image des autres villages de pêcheurs, Conil est tranquille l'hiver. En été, il devient beaucoup plus animé car ses 14 km de plages commencent à attirer les touristes. Le quartier le plus ancien se situe entre la mer et la **porte de Conil**. À l'écart de ce noyau se trouve l'**église de la Miséricorde** (18ᵉ s.), à l'aspect très nettement colonial, transformée en école aujourd'hui. Sur la plaza Santa Catalina s'élèvent la **tour des Guzman**, unique vestige maintes fois restauré du **château** (Castillo de los Guzmanes), la chapelle de Jésus et un musée consacré à l'histoire locale, le **Museo de**

> ### LA ALMADRABA
>
> Ce mot vient de l'arabe *al-madraba*, qui veut dire « endroit où l'on se bat ». La almadraba est une madrague, réseau compliqué de filets, qui mesurent parfois plusieurs kilomètres et entraînent le thon vers un piège, le *buche* dont il ne peut plus s'échapper. Deux formes de madragues existent, la *almadraba de buche*, permanente, et la *monteleva*, installation saisonnière. Le thon passe deux fois par an sur ces côtes : à la fin du printemps-début de l'été, quand il se rend en Méditerranée pour la ponte, et ensuite sur son chemin de retour vers l'Atlantique en automne.

Raíces Conileñas. *Château – de mi-juin à mi-sept. : 10h30-14h, 18h30-21h30 ; le reste de l'année sur demande. Gratuit.* ☎ *956 44 09 11. Musée – Juil.-sept. : tlj sf lun.11h-14h, 20h30-23h30, dim. et j. fériés 11h-14h. 1€, gratuit dim.* ☎ *956 44 05 01.*

Plages – Au Nord du village, vers le port, on trouvera de petites plages comme la **cala del Aceite**, mais au Sud, les grandes plages, **playa de la Fontanilla** et **playa de los Bateles**, sont à moitié sauvages. Un peu plus au Sud, **El Palmar** est « la » plage de Vejer de la Frontera.

Barbate

10 km au Sud. Ce village côtier sans grand intérêt est un village de pêcheurs depuis longtemps et les amateurs de poissons et crustacés apprécieront ainsi sa succulente cuisine. Importante conserverie de thon.

Parc naturel La Breña et Marismas de Barbate★

On y accède depuis Vejer par la CA 2141 ou depuis Barbate. Les falaises rocheuses qui cachent des criques insoupçonnées et les forêts de pins parasols qui mènent à de merveilleuses plages font tout le charme de ce Parc naturel. La plage la plus célèbre est la plage de **Los Caños de Meca★★**.

> **LA BATAILLE DE TRAFALGAR**
>
> Le 21 octobre 1805, au large du cap de Trafalgar se déroule la célèbre bataille navale où s'affrontent les flottes anglaise commandée par l'amiral **Nelson** et franco-espagnole sous les ordres de Villeneuve. Bien que Nelson et les Espagnols **Gravina** et **Churruca** soient tués, la bataille se solde par une déroute franco-espagnole et porte le coup de grâce à la marine espagnole. Napoléon perd en même temps toute chance de vaincre l'Angleterre.

Zahara de los Atunes

20 km au Sud. Ce petit village de pêcheurs aux grandes plages sauvages fut à partir du 15e s. propriété des ducs de Medina Sidonia, qui intensifièrent la pêche au thon. Mais les ducs perdirent leur seigneurie au 19e s. et le village déclina ; de nos jours, la population vit surtout de la pêche et du tourisme. Du **château** du 15e s., il ne reste que quelques ruines.

Vélez Blanco

Situées sur les contreforts de la sierra de María, les maisons de Vélez Blanco s'étirent sur les flancs d'une colline dominée par son majestueux château Renaissance. Son histoire et celle de Vélez Rubio, village voisin, sont intimement liées à celle du marquisat des Vélez, titre de noblesse octroyé par les Rois catholiques en 1506 à Pedro Fajardo y Chacón.

Sa région recèle d'importants sites archéologiques ornés de peintures rupestres, comme celui de la cueva de los Letreros (grotte des Écriteaux).

La situation

2 190 habitants. Carte Michelin n° 578 T 23 – Andalousie (Almería).
La région de Vélez Blanco et Vélez Rubio est située au Nord de la province d'Almería, à deux pas de la province de Murcie.
Vous pouvez poursuivre votre voyage en visitant : BAZA (77 km au Sud-Ouest) et la Sierra de los FILABRES (au Sud).

> **L'INDALO**
>
> Cette sympathique figurine trouvée dans la grotte des Écriteaux symbolise Almería. C'est au 19e s. que furent découvertes la grotte et ses peintures rupestres, aux représentations humaines et animales très schématiques, qui datent de 5 000 avant J.-C. environ.
>
>

carnet pratique

RESTAURATION
El Molino – *Curtidores* - ☎ *950 41 50 70* - *22,15/30€ - fermé jeu. et 7-20 juil.* Bon restaurant spécialisé dans les viandes grillées. Repas servis en terrasse l'été.

HÉBERGEMENT
• *À bon compte*
Casa de los Arcos – *San Francisco, 2* - ☎ *950 61 48 05 - 8 ch., 6 suites : 33,05/42,05€.* Belle maison noble du 18e s. dotée de grandes chambres ouvrant sur le fleuve. Hôtel encore peu fréquenté. Excellent rapport qualité/prix.

visiter

Château★

11h-13h30, 16h-18h. ☎ 950 41 50 01 (hôtel de ville).

Il fut érigé au 16ᵉ s. par des artistes italiens, à la demande du premier marquis des Vélez. L'un de ses principaux attraits, le ravissant patio Renaissance en marbre, fut malheureusement vendu au début du 20ᵉ s. à un antiquaire français, qui s'en dessaisit par la suite au profit d'un Américain, qui à son tour en fit don au Metropolitan Museum de New York, où il se trouve actuellement.

Le château n'a rien d'une forteresse traditionnelle comme l'attestent les grandes terrasses qui dispensent de vastes panoramas, ainsi que les nombreuses baies qui percent les hauts murs. Remarquez le donjon carré. Dans les salons du Triomphe et de la Mythologie, vous ne verrez pas non plus les frises en bois représentant le triomphe de César et les travaux d'Hercule, qui sont actuellement au musée des Arts décoratifs de Paris.

Vue générale de Vélez Blanco.

B. Kaufmann/MICHELIN

Centro de visitantes del Parque Natural de la Sierra de María

Le bureau d'accueil occupe un ancien entrepôt de blé et fournit une mine d'informations sur le Parc et la visite de la grotte des Écriteaux.

L'église St-Jacques (16ᵉ s.) et son beau plafond à caissons mudéjar et celle du couvent St-Louis, dont le portail arbore les armes des marquis, méritent d'être vues. Les nombreuses fontaines sont également dignes d'intérêt.

alentours

Vélez Rubio

6 km au Sud. Les tours et le dôme de l'église paroissiale dominent le village, qui s'étend dans une petite plaine. Les rues principales, la carrera del Carmen et la carrera del Mercado, sont bordées de demeures seigneuriales, et accueillent également l'église baroque du couvent de l'Immaculée, ainsi que l'église du Carmel, la plus ancienne du village (17ᵉ s.).

Parroquia de la Encarnación★ – *Tlj sf lun. 17h-20h.*

Sur la belle place du même nom s'élève ce magnifique édifice du 18ᵉ s. L'église paroissiale, construite à la demande du 10ᵉ marquis des Vélez, surprend par sa taille monumentale. Le riche **portail★** baroque en pierre, divisé par des pilastres et des architraves, est flanqué de deux clochers ; son registre inférieur présente le blason, tandis que l'attique est orné d'un beau relief de l'Annonciation. À l'intérieur, on remarquera le grand retable et l'orgue, tous deux en bois monochrome. Un saint Antoine de Padoue du grand sculpteur Salzillo domine le retable de la chapelle de l'Incarnation.

Sur la même place se dresse l'**hôtel de ville**, installé dans une demeure seigneuriale du 18ᵉ s.

Museo Comarcal Velezano – *10h30-14h, 17h-20h. Gratuit.* ☎ *950 41 25 60.*
À l'intérieur de l'ancien hôpital royal (18ᵉ s.), le musée expose une importante collection archéologique de pièces provenant de la région, du Sud-Est de l'Andalousie, et même du Sahara. Une autre section est dédiée à la culture populaire.

María

9 km au Nord-Ouest. Sur la place de ce petit village blanc de la sierra de María, on retiendra l'église paroissiale (16ᵉ s.) de style mudéjar, le bâtiment de la Tercia (18ᵉ s.), et la fontaine à trois bouches. María conserve également un curieux lavoir public.
Au Sud-Ouest *(à 3 km)* se trouve l'ermitage de la Vierge de la Cabeza (16ᵉ s.).

Parc naturel de la Sierra de María

Il est bon de passer par le **bureau d'accueil Umbría de María** *(à 2 km de María, sur la A 317). Tlj sf w.-end 9h-13h, 15h-17h.* ☎ *950 27 70 12.*
Ce Parc de 22 500 ha s'étend sur les communes de Vélez Rubio, Vélez Blanco, María et Chirivel. Ses formes accusées – certains endroits dépassent les 2 000 m d'altitude – couvertes de thym, de chênes verts, de pins et même de genêts de haute montagne laissent néanmoins place à des cultures de céréales. Le Parc est doté de plusieurs refuges et aires de loisirs.

Notes

Index

Éditions des Voyages

46, avenue de Breteuil – 75324 Paris Cedex 07
☎ 01 45 66 12 34
www.ViaMichelin.fr
LeGuideVert@fr.michelin.com

Manufacture française des pneumatiques Michelin
Société en commandite par actions au capital de 304 000 000 EUR
Place des Carmes-Déchaux – 63 Clermont-Ferrand (France)
R.C.S. Clermont-Fd B 855 200 507

Dépôt légal mars 2003 – ISBN 2-06-100960-3 – ISSN 0293-9436
Printed in France 03-03/2.1

Compogravure : LE SANGLIER, Charleville-Mézières
Impression - brochage : I.M.E., Baume-les-Dames

Conception graphique : Christiane Beylier à Paris 12ᵉ
Maquette de couverture extérieure : Agence Carré Noir à Paris 17ᵉ